KB115540

퇴계
이황의

예학
사상

지은이

한재훈 (韓在熏, Han Jaehoon)

1971년 서울 출생. 서당(書堂)에서 15년 동안 한학(漢學)을 수학한 뒤 고려대학교 철학과를 졸업하고, 고려대학교 대학원에 진학하여 석사학위와 박사학위를 받았다. (재)한국고등교육재단의 한학연수장학생(21기)과 동양학연구장학생(16기)으로 선발되었다. 고려대학교 강사와 겸임교수를 지냈고(2012년~2020년), 성공회대학교 대우교수(2008년~현재)와 연세대학교 연구교수(2012년~현재)로 재직 중이며, 한국학중앙연구원 부설 청계서당과 (재)한국고등교육재단 한학·중국어심화과정에 출강하고 있다. 유가철학 가운데서도 특히 예(禮)를 철학적 주제로 해명하고, 이를 인문학적 담론으로 설명해내는 작업에 관심이 많다. 주요 논문으로는 「先在'와 '後名'의 대립구도로 읽은 다산의 심성론」, 「『喪祭禮答問』分析을 통한 退溪의 俗禮觀 考察」, 「朱子의 '新民' 해석과 '道統論'의 함수관계」, 「退溪의 書院享祀禮 定礎에 대한 考察-白雲洞書院 享祀禮 修正을 중심으로」, 「성리학적 '예'담론의 이론적 구도」, 「유학의 시대적 대응논리로서의 聖人觀-맹자와 주자를 중심으로」, 「『대학사변록』에 나타난 박세당의 '격물치지' 해석과 주희 비판의 성격」, 「퇴계 이황과 고봉 기대승의 예학 논의」, 「The Confucian Concept of Li 禮-The Transition from "Worship Rituals" to "Governance Norms"」, 「한국과 베트남의 유교 수용과 예교 시행 비교」 등이 있고, 저서로는 『서당공부, 오래된 인문학의 길』 등이 있다.

퇴계 이황의 예학사상

초판 1쇄 발행 2021년 7월 5일

초판 2쇄 발행 2022년 9월 30일

글쓴이 한재훈 **펴낸이** 박성모 **펴낸곳** 소명출판 **출판등록** 제1998-000017호

주소 서울시 서초구 사임당로14길 15 서광빌딩 2층

전화 02-585-7840 **팩스** 02-585-7848

전자우편 somyungbooks@daum.net **홈페이지** www.somyong.co.kr

값 37,000원 ⓒ 한재훈, 2021

ISBN 979-11-5905-601-7 93190

잘못된 책은 바꾸어드립니다.

이 책은 저작권법의 보호를 받는 저작물이므로 무단전재와 복제를 금하며,

이 책의 전부 또는 일부를 이용하려면 반드시 사전에 소명출판의 동의를 받아야 합니다.

(재)한국연구원은 학술지원사업의 일환으로 연구비를 지급, 그 성과를 한국연구총서로 출간하고 있음.

한국연구총서 98

퇴계 이황의

한재훈 지음

예학 사상

TOEGYE'S STUDY ON LI

책의 출간을 앞둔 나의 마음은 민망과 회한으로 가득하다. 이 책은 2012년에 고려대학교 철학과 박사학위 논문으로 제출했던 「퇴계 예학 사상 연구」를 수정·보완한 것이다. 논문을 제출하고 10년 가까운 시간이 흘러서 책으로 출간하는 것인 만큼 당연히 논문보다 훨씬 세련되게 다듬고 풍성하게 보탠 것이 있어야 할 것이다. 하지만 논문에 약간의 자구 수정만 가하고 몇 편의 논문을 추가하는 수준에서 책을 출간하게 되었으니 스스로 게으름을 탓하는 마음이 들지 않을 수 없다.

퇴계退溪 이황李滉의 예학사상으로 박사학위 논문을 준비할 당시 나에게는 당찬 포부가 있었다. 지금 와서 생각해보면 무모하고 치기 어린 생각에 웃음이 나지만 그때는 나름 진지했다. 퇴계와 관련하여 다양한 분야에서 논문이 발표되었고 그 가운데 퇴계 철학도 많은 연구가 축적되어 있었다. 하지만 퇴계의 예학禮學에 관해서는 거의 연구가 이루어지지 않은 상황이었다. 이런 상황을 비판하면서 나는 이 논문으로 퇴계 관련 연구의 학술적 공백을 메워 보겠다고 생각했다. 더 나아가 '예禮'가 철학 분야에서 거의 연구되지 않는 현실을 개탄하면서 왜곡된 연구 경향을 시정하겠다는 일종의 학문적 정의감마저 충만했다. 또한 조선시대 예학이 흔히 알려진 것처럼 한강寒岡 정구鄭逑와 사계沙溪 김장생金長生부터가 아니라 실은 퇴계로부터 그 본류가 시작되었음을 밝히는 것 역시 이 논문의 야심 찬 목표였다.

이런 당찬 포부를 갖고 박사학위 논문을 준비하기 시작했지만, 그 과정에서 나의 연구는 전혀 예상하지 못했던 방향으로 흘러가게 되었다. 성리학자인 퇴계의 예학사상 연구에 착수해보니 성리학을 집대성한 주자의 사상을 검토하지 않을 수 없었고, 그것은 다시 그 이전에 유학을 개창한 공자의 사상까지 올라가야 할 필요성으로 이어졌다. 이렇게 예학사상의 시원으로 거슬러 올라간 연구의 여정은 결국 예가 처음 어떻게 시작되었는지를 밝히는 데까지 나아가게 되었다. 그리고 예란 하늘에 제사를 지내고 신을 섬기던 의식에서 비롯되었다는 사실과 만나게 되고서야 나의 연구는 방향을 바꿔서 다시 아래로 내려올 수 있었다.

예의 시원에서부터 내려오는 길에서 나는 예상하지 못했던 선물 같은 성과들을 얻게 되었다. 제사의식에서 시작된 예가 덕德과 만나 도덕규범으로 변모하였고, 그것이 지도층의 자기규율의 원리로 확정된 주례周禮의 본질이었음을 알게 되었다. 주례를 이해하고 나자 『논어』에서 공자가 예의 붕괴 현상을 한탄한 이유를 알 수 있었고, 공자 철학의 핵심인 인仁의 내용을 새롭게 재인식하는 기회를 얻게 되었다. 이런 과정을 통해 유학이 출현하게 된 이유와 그것이 지향하는 바가 무엇인지에 관한 그림을 그릴 수 있었다. 다시 한참을 내려온 나는 성리학이 도통론道統論을 제기하면서 맹자 이후 1000년 이상을 학문과 사상의 암흑기로 비판한 이유가 예와 관련이 있다는 사실을 알게 되었고, 거경居敬·궁리窮理와 같은 수양론이나 공부론 역시 예를 배제하고는 설명할 수 없다는 사실도 확인할 수 있었다. 이러한 검토와 확인 과정을 거친 결과 퇴계의 예학사상에 의리義理적 성격이 짙은 이유를 납득할 수 있었고, 그것이 이후 전개된 조선의 예학에 학파를 초월하여 동일하게 관통되는 정신임을 발견할 수 있었다.

내가 퇴계의 예학사상을 연구하면서 퇴계라는 인물과 그의 사상을 조금 더 깊이 알 수 있게 된 것은 두말할 나위 없다. 하지만 의도치 않게 그 과정을 통해 그동안 각각의 편린처럼 산재해 있던 유학 관련 개념과 이론들이 유기적으로 조응하면서 정리되는 느낌을 받았던 것도 사실이다. 이처럼 스스로 공부가 한 뼘만큼은 성장한 것 같은 작은 희열을 맛보게 된 것은 이 연구의 뜻하지 않은 선물이었다. 뜻하지 않은 선물을 받게 되자, 퇴계 관련 연구의 공백을 메우고 예를 철학 차원에서 연구하지 않는 잘못을 시정하겠다던 당초의 모난 각오도 다소 다듬어졌다. 물론 당초에 가졌던 문제의식 자체는 여전히 유효하다. 다만 외부의 문제를 겨누면서 시작했던 연구가 내 공부의 성장으로 연결되는 경험을 하면서 연구가 도달해야 할 목표 역시 조금은 더 성숙한 곳으로 조정되었다.

이 책은 나의 공부 여정에서 기존에 써 오던 두 번째 페이지의 마침표이자 새롭게 써 내려가야 하는 세 번째 페이지의 시작점이다. 내 공부의 첫 번째 페이지는 서당에서 15년 동안 한학을 공부한 시간들이다. 그리고 고려대학교 철학과에 입학하고 대학원에 진학하여 동서양의 다양한 철학사상을 접하면서 학문적 시야를 넓혀간 시간들이 두 번째 페이지에 해당한다. 이 책은 이 두 번째 페이지를 마무리하는 결과물이다. 이제는 서당에서 공부한 것들과 대학에서 공부한 것들을 바탕으로 홀로 선 학자로서 나의 이름으로 나의 공부를 해야 하는 세 번째 페이지로 넘어가야 할 시간이다. 넉넉한 것보다 부족한 것이 많고, 해놓은 것보다 해야 할 것들이 많지만 페이지를 넘기지 않을 수는 없다. 새로 시작하는 페이지에는 지금의 이 민망함과 회한을 거두어들일 수 있도록 문제의식을 더 예리하게 벼르고 자료를 정리하고 글을 짓는 솜씨를 더 세련되게 다듬어서 충실한 내용들로 채워야겠다는 다짐을 한다.

페이지를 넘기기 전에, 지금이 아니면 그럴 기회가 없을 것 같아서, 많은 분들께 감사의 인사를 드려야 하고 미안한 마음도 고백해야겠다. 서당에서 공부할 때 한 글자 한 글자 짚어가며 한학의 길로 인도해주신 선생님들의 훈도薰陶와 선후배 동학들의 이택麗澤을 잊지 못한다. 그리고 나에게는 신학문이었던 철학 공부에서 텍스트를 읽는 방법부터 자료를 정리하고 글을 쓰는 것에 이르기까지 학자로 성장하는 데 필요한 모든 것을 가르쳐주신 고려대학교 철학과 선생님들의 은혜 역시 가슴에 새긴다. 특히 한국철학의 큰 어른이신 윤사순 선생님, 석사학위논문을 지도해주신 이승환 선생님, 박사학위논문을 지도해주신 김형찬 선생님께 더욱 심심한 감사의 인사를 드린다. 예학이라는 생소한 학문 세계에 발을 디딜 수 있도록 친절하게 안내해주신 이봉규 선생님과 장동우 선생님을 비롯한 '삼례역락' 선생님들의 가르침도 잊을 수 없으며, 함께 공부한 많은 동학들이 있지만 그 가운데 전성건 교수의 우정과 배려에 각별한 고마움을 전한다. 아울러 학부와 대학원 과정에서 학업에만 전념할 수 있도록 지원해주신 (재)한국고등교육재단의 배려에 감사드린다.

가족들에게는 감사한 마음과 함께 미안한 마음도 크다. 아들 셋을 일곱 살만 되면 시골로 떠나보내야 했던 어머니께는 더 큰 학자의 모습을 보여드리지 못해 송구하다. 함께 서당공부를 한 뒤 혼자만 신학문을 하게 된 나를 언제나 응원하고 격려해준 형님과 동생에게 고맙고 또 미안하다. 늘 변함없는 지지와 성원을 보내주시는 자형께도 깊이 감사드린다. 낯선 사람을 가족으로 맞아주시고 말없이 성원해주시는 장인어른과 얼마 전 극락정토로 가신 장모님, 처가 가족 모두에게도 감사의 마음을 전한다. 그리고 전혀 다른 삶을 살아온 나를 만나 마음고생 많이 하면서도 항상 의지처가 되어준 아내에게는 고맙고 미안하다는 말과 함께 사랑한다는 말을 더하며, 선물처럼 우리에게 와준 사랑하는 아들 지호에게는 많은 시간을 함께 하지 못하는 미안함과 더불어 이 책에 대해 함께 토론할 날을 아버지가 손꼽아 기다린다는 말을 남긴다. 이밖에 사랑하는 나의 조카들과 일일이 거론하지 못한 모든 가족들에게 두루 고마움을 전한다.

이 책이 책으로서 세상에 나올 수 있었던 것은 오직 (재)한국연구원의 지원 덕분이다. 한 번의 기한을 넘겼음에도 다시 기회를 주며 기다려주신 김상원 원장님을 비롯한 (재)한국연구원 관계자 여러분에게 깊은 감사의 인사를 드린다. 아울러 교정이라는 수고로운 일을 기꺼이 감내하였을 뿐 아니라, 필자의 귀찮은 요구사항들을 빠짐없이 수용하여 멋진 책으로 만들어주신 소명출판 관계자 여러분에게도 깍듯한 고마움을 표한다.

마지막으로, 매우 엄하셨으면서도 한없이 따뜻하고 자상하신 모습으로 나의 모든 공부 여정에 늘 함께 계셨던 아버지 영전에 세상 모든 감사를 모아도 부족할 만큼의 큰 감사로 부족한 이 책을 공손히 올린다.

2021년 3월 뇌화재雷花齋에서
한재훈

차례

서론

1. 연구의 목적

본 연구는 퇴계退溪 이황李滉(1501~1570)[1]의 예학사상禮學思想에 대한 전반적인 논구를 그 목적으로 하며, 이러한 연구목적은 크게 다음의 두 가지 문제의식을 기반으로 한다. 첫째는 퇴계철학에 대한 연구를 예학사상으로까지 확장하는 문제에 대한 것이고, 둘째는 조선시대 예학사상사에서 갖는 퇴계의 역할과 위상을 평가하는 문제에 대한 것이다.

먼저, 퇴계철학에 대한 연구 범주를 예학사상으로까지 확장한다는 것은 기존의 퇴계철학 연구가 이기심성론理氣心性論을 중심으로 진행되어 오던 것을 토대로 하되 그것이 예학사상으로 어떻게 수렴되고 전개되는지에 대해서까지 고찰하겠다는 뜻이다. 그동안 퇴계학과 관련해서

---

1   퇴계는 신유년(연산군 7년) 음력 11월 25일 진시에 예안현 온계리에서 태어났고, 경오년(선조 3년) 음력 12월 8일 유시에 운명했다. 그런데 신유년(연산군 7년)은 서기로 1501년에 해당하고, 경오년(선조 3년)은 1570년에 해당한다. 따라서 퇴계의 생몰연대를 서기로 표기할 경우 1501년~1570년으로 표기하는 것이 일반적이다. 하지만 퇴계가 태어난 신유년 음력 11월 25일은 서기로는 양력 1502년 1월 13일이고, 운명한 경오년 음력 12월 8일은 서기로는 양력 1571년 1월 13일이다. 그렇기 때문에 달과 날짜까지 엄격하게 따져서 퇴계의 생몰연대를 서기로 표기할 경우라면 1502년~1571년으로 하는 것이 맞다고 볼 수 있다. 그러나 큰 틀에서 연도만을 표기하는 것이라면, 신유년이 1501년이고 경오년이 1570년임을 감안하여 1501년~1570년이라고 해도 무방할 것으로 보아 그동안의 일반적 표기방식을 따랐다.

는 철학·문학·교육 등 각 분야별로 많은 연구가 진행되었으며, 질적으로나 양적으로 괄목할 만한 성과들을 축적해 왔다. 철학사상분야만 하더라도 다양하게 제기된 논점들의 축적과 함께 퇴계철학의 면모가 구명되었을 뿐만 아니라, 퇴계를 기점으로 조선유학의 전반적 수준이 향상되고 심화되었다는 사실 또한 밝혀졌다. 이러한 연구 성과에도 불구하고, 지금껏 미루어두었거나 깊이 있게 다루지 못했던 분야가 퇴계의 예학사상 관련 분야이다. 유가철학이 단순히 이론철학만을 지향하지 않고 실천철학적 성격이 매우 강하다는 것은 주지의 사실이다. 그리고 그러한 실천철학적 성격이 가장 잘 드러난 분야가 예학禮學이라는 것 또한 이론의 여지가 없다. 그렇다면 유학자인 퇴계의 철학사상에 대한 연구 역시 이기심성론과 같은 이론철학적 논의에서 예학이라는 실천철학적 영역으로 확장되고 통섭되었을 때 비로소 그 완정한 체계가 드러날 것이라는 점도 지극히 당연하다.

다음으로, 조선시대 예학사상사에서 갖는 퇴계의 역할과 위상에 대한 평가를 분명히 한다는 것은 조선시대 예학의 실질적 기원에 해당하는 인물이 바로 퇴계임을 밝힘으로써 기존의 이해를 반성적으로 검토하겠는 뜻이다. 즉, 기존의 조선유학사에서는 퇴계 이황과 율곡栗谷 이이李珥(1536~1584)가 활동했던 16세기는 '사단칠정논변'과 '인심도심논쟁'으로 대표되는 이기·심성 등을 주제로 하는 담론이 정치해지고 심화된 시기로 평가하고, 예학과 관련한 논의는 이들의 후학인 한강寒岡 정구鄭逑(1543~1620)와 사계沙溪 김장생金長生(1548~1631)이 활동하던 17세기에 이르러서야 비로소 본격화된 것으로 보았다. 하지만 조선유학에 있어서 예학은 16세기 퇴계에 의해 이미 상당한 수준에 도달하게 되었을 뿐만 아니라, 이후 전개되는 예학의 성질과 방향 또한 그를 발전적으로 계승하거나 비판적으로 극복하는 과정 속에서 정립되었다. 실제로『퇴계전서退溪全書』에는 수많은 예 관련 답문과 논변들이 수록되어 있을 뿐 아니라, 이들 중 일부는 후학들에 의해『퇴계상제례답문退溪喪祭禮答問』등과 같은 별본으로 정리되어 지속적인 영향을 끼쳤다.[2] 이는 퇴계가 조선유학의 실질적 선하先河라는 평가가 이기심성론과 관련될 뿐만이 아니라 예학사상에 있어서도 역시 정당한 것임을 의미하며, 따라서 이에 관한 실체적 사실 또한 정리되어야 할 필요가 있다.

이와 같은 문제의식을 기반으로 한 연구목적을 수행하기 위해 본 연구는 '의리義理'를 중심으로 논의를 진행할 것이다. '의리'란 인간행위가 지향해야 할 당위적 가치를 지칭하는 유학적 개념이다. 그것은 본원유학에서처럼 인간행위에 대해 '형식'적 측면보다 '본질'적 측면을 강조하는 가치개념으로 사용되기도 하고, 성리학에서처럼 '존재'와 '당위'의 일치라는 구도 속에서 천리天理가 인사人事에 구현된 개념을 가리키기도 한다. 따라서 유학의 예를 철학적 관점에서 논구할 때 '의리'에 초점을 맞추는 것은 매우 유효한 방법이 될 수 있으며, 특히 예를 '천리'와 '인사'의 유기적 구도에서 설명하는 성리학에 있어서는 더욱 그

---

2 농은(聾隱) 조진(趙振, 1535~1625)에 의해 편찬된『퇴계상제례답문』은 이후 고산(孤山) 이유장(李惟樟, 1624~1701)의『이선생예설(二先生禮說)』, 성호(星湖) 이익(李瀷, 1681~1763)의『이선생예설유편(李先生禮說類編)』, 광뢰(廣瀨) 이야순(李野淳, 1755~1831)의『계산예설유편(溪山禮說類編)』, 국은(菊隱) 임응성(林應聲, 1806~1866)의『계서예집(溪書禮輯)』등의 주제별 유편서들로 재구성되기에 이른다.(이에 관한 설명은 한재훈, 2010과 2015a 참조) 특기할 만한 사실은 사계 김장생 역시『가례집람(家禮輯覽)』과『의례문해(疑禮問解)』등에서 퇴계의 예론을 중요하게 참고하였을 뿐 아니라,「상제례답문변의(喪祭禮答問辨疑)」를 직접 저술하기까지 했다는 것이다.(이에 관한 설명은 한재훈, 2015b 참조).

렇다. 왜냐하면 '의리'를 중심으로 예를 논할 경우 이기·심성에 대한 이해와 예학사상의 발전은 매우 밀접하게 연동되어 있다는 사실을 확인할 수 있기 때문이다. 다시 말하면 '천인합일天人合一'이라는 성리학의 궁극적 이상이 현실적으로 구현되기 위해서는 천인합일의 이론적 정합성에 대한 정치한 이해와 함께 구체적 실천을 위한 타당한 설명이 동시에 충족되어야 하는데, 이때 이기·심성에 관한 복잡한 논의들은 결국 전자로 수렴되고 예학에서 다루는 다양한 주제들은 후자로 수렴되기 때문이다. 이에 본 연구는 '의리'에 초점을 맞춰 퇴계의 예학사상을 논구함으로써 그의 철학사상 내에서 예학이 갖는 의미와 조선 예학사상의 선하로서 그가 이룩한 예학적 업적을 다양한 실례들을 통해 검토할 것이다.

2. 연구사 검토

그동안 국내의 퇴계 예학 관련 연구는, 시기적으로는 1990년대 중반 이후부터 본격적으로 시작되었고, 내용적으로는 성격 구명과 주제별 탐구 그리고 철학적 접근 등 크게 3가지 측면에서 진행되어 왔다고 할 수 있다. 먼저, 퇴계의 예학에 대한 학계의 본격적인 연구는 배상현의 「퇴계 이황선생의 예학사상」[3]으로부터 시작되었다고 할 수 있다.[4] 특히 퇴

---

3   배상현, 1995a 참조.
4   물론 1989년에 권오봉이 「변례에 대한 퇴계선생의 예강」이라는 논문을 『퇴계학보』에 게재하였으나, 엄격한 의미에서 이 글은 학술논문이라기보다는 예에 관한 사회적 의식의 고취를 위한 사례 소개의 성격이 짙다고 할 수 있다(권오봉, 1989 참조). 오히려 퇴계 예학에 관한 본격적인 연구는 1978년 대만 학자 주하(周何)가 발표한 「이퇴계의 예학[李退溪之禮學]」으로부터라고 할 수 있다. 중국계 학자들의 퇴계 예학 관련 연구는 뒤에서 별도로 다루기로 한다.

계 예학의 성격 구명과 관련하여 배상현은 관련 자료들을 다각적으로 검토·분석하고, 이를 근거로 퇴계 예학의 성격을 8개의 항목(국가전례 문제에 대한 퇴계의 견해는 별도로 다룸)으로 나누어 고찰함으로써 관련 연구에 중요한 토대를 구축했다고 평가 받는다. 이러한 의미 있는 작업에도 불구하고 이 논문은 작지 않은 문제점도 함께 가지고 있다. 배상현은 퇴계가『소학』이나『주자가례』보다『심경』을 중시했고『주자가례』도 대강 섭렵한 수준이었음을 전제로 퇴계의 예학사상에 대해 논의를 전개하고 있다. 그 결과 배상현은 퇴계가 예학의 바탕이 되는 '주경主敬' 사상에는 높은 수준에 이르렀지만, 실제 예학연구에 있어서는 일정한 예칙禮則의 정립보다는 정의情誼를 바탕으로 하였다고 보았다. 그리고 그는 퇴계가 예서禮書보다 시의時宜를 중시하였고, 정의를 중시한 결과 불교의식까지 허락하였다고 주장했다. 그의 이러한 주장은 이후 퇴계 예학의 성격 구명에 작지 않은 혼선을 초래하는 단초를 제공하게 된다.

고영진은『조선중기예학사상사』(1995)에서 퇴계의 예학사상에 대해 간단하게 언급하고 있다.[5] 여기에서 고영진은 퇴계가 1540년대 말부터 예에 대해 관심을 가졌고, 본격적으로 연구한 것은 1560년대일 것으로 추정한다. 이 글에서 가장 주목할 부분은 관련 연구들 중 처음으로『퇴계상제례답문』에 주목하고, 여기에 등장하는 인물들을 〈표〉로 정리하고 있다는 점이다. 특히 여기에 등장하는 인물들 중에는 16세기 후반 예서를 편찬하고 예학의 심화에 기여한 인물들이 많다는 점을 들어, 퇴계가 예학사상사에 끼친 영향력을 간접적으로 입증하고 있다. 하

---

5   고영진, 1995, 99~104쪽 참조.

지만 고영진은『퇴계상제례답문』등을 좀 더 집중 검토함으로써 퇴계의 예학 자체를 논의하는 데까지 나아가지 못하였을 뿐 아니라, 배상현과 마찬가지로 '속례俗禮와 국제國制에 관용적이었고, 불교적 요소를 용인하기까지 했다'는 점을 드는 피상적 수준에서 퇴계 예학의 성격을 규정하는 한계를 드러냈다.

정경희의「16세기 중반 사림의 예학─이황의 예학을 중심으로」(2000)[6]는 퇴계 예학의 성격을 구명한다는 측면에서 볼 때 기존연구에 비해 진일보한 것으로 평가할 수 있다. 주자의 예학을『가례家禮』로 대변되는 초기 예학과『의례경전통해儀禮經傳通解』로 대변되는 후기 예학으로 나누어 살핀 바 있는[7] 정경희는, 조선에서 주자 예학을 수용하는 과정에도 이와 궤를 같이 하는 단계별 진전이 있었다고 보고,[8] 이 틀에 맞춰 퇴계의 예학을 검토하였다. 정경희는 퇴계의 예학이『가례』의 한계를 인식하고 고례로써 이를 보완하거나 변개하기도 하는 등 고례를 중시하였지만,『가례』의 한계를 인식하는 것조차『가례』에 의존하는 등『가례』를 근간으로 하였을 뿐 아니라, "고례古禮를 참고하기는 했으나 주자 예학에서 정경正經으로 중시하였던『의례儀禮』를 제대로 통독한 수준이 아니었다"며 퇴계의 예학 수준을 낮게 평가했다. 나아가 그는 퇴계 예학이 이렇게『가례』를 근간으로 하면서도 당시의 시의를 매우 중

---

6 정경희, 2000a 참조.
7 정경희,「주자예학의 형성과『가례』」(『한국사론』39, 1998)와「주자예학의 변화와『의례경전통해』」(『진단학보』86, 1998) 참조.
8 정경희는 '16세기 초 사림들의 예학은『가례』로 대변되는 주자 초기예학을 중심으로 하였고, 16세기 중반에는『가례』에 머물지 않고 주자 후기예학으로 인식을 확대해 가는 경향이 생겨났으며, 16세기 후반~17세기 초반에는 주자 예학 전반에 대한 이해가 깊어짐에 따라 주자예학의 조선화를 위한 이론적 기초가 다져졌다'고 본다.(정경희, 2000b, 93쪽 참조)

시하여 시속·국제·『가례의절家禮儀節』 등을 널리 수용하였으며 인정人情에 비추어 예학 원칙에 크게 구애되지 않는 면모도 보였다는 점을 들어, 퇴계의 예학은 이것저것을 절충한 '속례俗禮'라는 결론을 내린다.

정경희의 논문은 조선시대 예학사라는 거시적 틀 속에서 퇴계 예학의 성격을 조망하도록 기획되었다는 점에서 기존의 논의보다 진일보한 것이 사실이지만, 자신이 설정한 틀에 집착한 나머지 다소 무리한 해석이 있었던 것으로 이해된다. 예컨대 『퇴계상제례답문』만 제대로 검토했더라도 퇴계의 예서들에 대한 이해가 결코 낮은 수준이 아니었음을 확인할 수 있었을 것이고, 그랬더라면 퇴계 예학의 성격을 '속례'라고 단정하는 무리한 결론에 이르지는 않았을 것이다. 특히나 그의 퇴계 예학에 대한 오해는, 율곡학파의 예학은 주자의 후기예학에 상대적으로 충실한 방식으로 발전한[9] 데 반해, 퇴계학파는 퇴계의 강한 자장 내에서 그 '속례'적 경향을 크게 벗어던지지 못했다[10]는 논의로 이어지고 있다는 점에서 심각성을 더한다.

김종석은 「성호 이익에 있어서 퇴계 예학의 계승과 변용」(2006)[11]을 통해, 왕사동례王土同禮와 왕사부동례王土不同禮 또는 보편주의와 분별주의 등 이분법적인 틀을 이용해 기호학파와 영남학파의 예학적 경향성을 설명하려는 구도적 접근법에 회의를 표할 뿐 아니라, "영남예학이나 기호예학이나 『주자가례』를 중시했다는 점에서는 별반 다를 바 없고, 영남예학에 특징이 있다면 가령 퇴계 예설에서 발견되는 속례적 경향

---

9 정경희, 2000b, 94쪽 참조.
10 정경희, 2000b, 105~106쪽 참조.
11 김종석, 2006 참조.

성 정도"라는 일종의 절충적 주장에 대해서까지도 설득력이 없다고 비판한다. 왜냐하면 "퇴계가 '고례古禮'를 중시했다고 해서 언제나 고례를 긍정한 것도 아니고, '시례時禮'와 '시속時俗'을 중시했다고 해서 시례와 시속을 비판하지 않은 것은 아니"기 때문이다. 그러면서 그는 "퇴계 예학의 특징은 '예의 문제를 취급함에 있어 형식적 일관성 내지 통일성보다는 그 본래적 취지에 기반을 둔 합리성의 추구'에 있다"고 주장한다. 이는 퇴계 예학을 고례중심적이니 속례허용적이니 하는 이분법적인 구도 속에서 보려고 하기보다는, 퇴계의 문제의식을 통해 퇴계 예학의 성격을 구명할 것을 주문하고 있다는 점에서 올바른 방향제시라고 하겠다. 다만 이 논문은 퇴계와 성호의 예학적 계승 관계를 밝히는 것에 주안점을 두고 있기 때문에, 방향만 제시할 뿐 그에 대한 더욱 진전된 논증이 제시되지 못하고 있다는 아쉬움을 남긴다.

한편 박종천 역시 「16~7세기 예문답으로 살펴본 퇴계와 퇴계학파 예학」(2009)[12]에서 퇴계(영남)학파와 율곡(기호)학파 간의 예학적 차이를 강조하는 입장에 반대하는[13] 한편, 순수하게 원칙주의적 고례주의 혹은 현실주의적 속례주의를 고수하는 태도는 주자 예학과 그것을 계승한 조선의 예학에서는 거의 찾아보기 힘들다는 점을 강조한다. 이러한 관점에서 그는 주자 예학에 대한 이해의 차이에 따라 주자 예학의 계승은 고례지향적 / 원칙주의적 절충주의와 속례허용적 / 현실주의적 절

---

12 박종천, 2009 참조.
13 박종천은 '조선시대 예학은 학파를 불문하고 주자예학을 표준으로 하며, 이를 현실화하는 과정에서 고례와 시속, 예(禮)와 정(情), 공적 의리명분과 사적 인정, 사가례와 국조례의 차이를 어떻게 조화시킬 것인가에 관한 방식의 차이가 있을 뿐'이라는 기본 관점 위에서 논의를 전개한다(박종천, 2009, 96~97쪽 참조).

충주의로 분화되었다는 점을 밝히면서, 퇴계 예학은 '상대적'으로 속례 허용적 / 현실주의적 온건론을 폈다고 주장한다. 즉, 의리명분적 정당 성이 현실상황적 적합성을 통해서 제대로 실현될 수 있음을 강조했다 는 점에서 상대적으로 속례허용적 절충주의라는 것이다.

박종천의 이러한 논의는 조선시대 예학에 대하여 지나치게 학파별 차 이를 강조하는 관점을 지양하고 '절충주의'라는 개념 안에 포용하고 있 다는 점에서 의미 있는 작업이다. 그럼에도 불구하고 그의 논의 역시 '상대적'이라는 단서를 달기는 하였지만 여전히 학파별 차이 위에서 퇴 계 예학의 성격을 규정하려다 보니 앞서 살펴본 김종석의 문제제기에 서 자유로울 수 없어 보인다. 또한 '속례허용적'이라는 표현이 '속례적' 이라는 말과 차이가 있음을 밝혔음에도 불구하고, 퇴계가 속례에 대해 매우 엄격한 기준을 갖고 '면속免俗'이나 '위속違俗' 등을 요구했던 반례 까지 그의 논의가 포용하지 못한다는 점은 다소의 약점으로 지적될 수 있다.

도민재는 퇴계학 중에서 예학 부문만 연구가 부족하다는 문제의식을 갖고 「퇴계 예학사상의 특성」(2009)을 발표했다.[14] 그는 크게 '퇴계 예학 사상의 기초로서의 경敬'과 '퇴계 예학사상의 특성'으로 나누어 논의를 전개하였다. 이는 예학이 성리학과 표리관계에 있다는 인식을 바탕으 로 한 구성이다. 즉, 경을 기반으로 하는 수양을 통해 인간의 도덕주체 를 확립하고, 이러한 주체들이 인간 도리의 근본인 예를 실천함으로써 도덕적인 사회 질서를 추구하는 것을 퇴계 예학사상의 특성으로 제시

---

14 도민재, 2009 참조.

하고자 했던 것이다. 그는 퇴계가 '시속이냐 고례의 원칙이냐의 문제에서, 중요한 것은 의리에 합당한 예라고 보았다'는 견해를 피력하였으면서도 이에 관한 논의를 심화시키는 대신, "퇴계 예학사상의 특성은 예의 기본 원칙을 벗어나지 않는 수준에서 사회의 관습을 인정하고, 이러한 관습에 따라 개인의 예에 대한 실천의지를 강조하였다는 점에서 찾을 수 있다"는 지극히 원만한 결론으로 끝맺고 있는 점은 아쉬움으로 남는다.

이상에서 살펴본 바와 같은 퇴계 예학의 성격을 구명하고자 하는 흐름과는 별개로 특정 주제를 중심으로 퇴계 예학을 탐구한 연구들이 있다. 그 중에서 우선 주목되는 것은 김호덕의 「퇴계 이황의 예 인식 - 예의 불변성과 가변성의 문제를 중심으로」(1997)이다.[15] 퇴계의 예 인식을 주제로 설정한 김호덕은, 예에 대한 퇴계의 인식이 일견 무원칙해 보이지만[16] 사실은 이를 관통하는 원칙이 있음을 밝히는 데 논문의 목적이 있다고 밝힌다. 그에 따르면 퇴계의 예 인식은, 고례·『가례』 혹은 시왕지제·속례를 따지기보다, 예의 불변성과 가변성에 주목한다. 이때 예의 불변성은 첫째 성인의 경전에 담긴 예의 근본정신과 둘째 강상으로 표현되는 명분론적 질서의식으로서, 이러한 것들은 결코 양보될 수 없다는 것이 퇴계의 인식이라는 것이다. 한편 예의 가변성의 기준으로 그는 인정과 시의를 들면서, 예의 근본정신에 어긋나지 않는 경우 국제

---

15 김호덕, 1997 참조.
16 고례 및 『가례』에 규정된 절차나 의식이 당시 조선의 『오례의(五禮儀)』 및 속례와 상충할 때, 퇴계는 고례와 『가례』의 준행을 추구하기도 하고, 『오례의』를 '시왕지례(時王之禮)'로서 중시하는 모습을 보이기도 하며, 때로는 속례를 수용하는 태도를 취하기도 하고, 경우에 따라서는 고례·『가례』와 시제를 혼용하기도 한다는 점에서 무원칙해 보일 수 있다는 것이다.

나 속례를 수용하는 것이 퇴계의 예 인식이었다고 주장한다.

퇴계의 예 인식 문제를 고례·『가례』 혹은 시왕례 등의 텍스트 중심이 아닌 준거와 문제의식의 측면에서 탐구했다는 데 이 논문의 의의가 있다. 자칫 텍스트 중심으로 이 문제에 접근할 경우 앞서 살펴본 바와 같은 무리한 이분법적 구도에 매몰될 수 있기 때문이다. 하지만 김호덕은 정작 불변성과 가변성이 충돌하는 극한 상황까지 논의를 진전시켜 퇴계의 예 인식을 밝혀내기보다는 이 둘을 적절히 조화시키는 선에서 논의를 마무리함으로써 기존의 논의를 크게 뛰어넘지 못한 점은 아쉽다.

이종서의 「퇴계 이황의 종법 이해와 그 특징」(2006)[17]은 '종법宗法'이라는 더욱 구체화된 주제로 퇴계 예학을 탐구하였다. 이종서는 종법을 뒷받침하는 핵심으로서 '동기론同氣論'에 주목한 자신의 선행연구[18]를 토대로, 퇴계가 이미 동기론과 음양론陰陽論에 대해 깊은 이해가 있었음을 밝히는 것으로 논의를 시작한다. 이어서 그는 '사람의 생멸과 부자 관계에 대한 이해'와 '사후 귀신에 대한 이해와 부계제사의 강조' 그리고 '차별적 남녀관과 부모관'이라는 세부적 사례들을 중심으로 퇴계의 종법 이해 실태를 검토한다.

이러한 이종서의 논의는 그동안 부분적으로 그리고 추측성으로 거론하였던 퇴계의 종법 이해를 본격적인 논의의 장으로 끌어내 검토했다는 점에서 의의를 갖는다. 하지만 이종서는 서얼문제와 관련하여 퇴계가 복제에 있어서 중자와 비슷한 위치에서 수용하는 것에 대해 적잖이 당황스러워한다. 이는 그가 동기론과 음양론이라는 자신이 상정한 틀

---

17 이종서, 2006 참조.
18 이종서, 2003 참조.

속에서 종법을 다루고 있기 때문에 벌어진 결과로서, 그의 연구가 퇴계가 당시 현실에 종법을 '어떻게' 그리고 '왜' 구현하려고 했는가에 대한 문제의식을 검토하지 않았던 데서 비롯된 것이라 할 수 있다.

가장 최근의 연구로는 이봉규의 「이황의『가례』연구와 전승」(2020)[19]의 참신한 접근이 주목할 만하다. 이봉규는 이 글에서 퇴계의『가례』연구가『주자서절요』편찬과 연동되어 있다는 사실을 구명했다. 좀더 구체적으로 이야기하자면, 퇴계는『주자서절요』를 편찬할 때 예설에 대한 주자의 정론定論을 채록해놓고,『가례』의 규정들을 수정하고 보완하는 논거로, 그리고『가례』와『국조오례의』, 시제時制와 속제俗制 사이의 차이를 조정하는 논거로 활용했다는 사실을 실증적으로 논증하고 있다. 뿐만 아니라, 퇴계의『가례』연구가 ① 이황이 가례와 관련하여 문답한 내용을 집록하는 방식(『퇴계상제례답문』), ② 이황이 만년에『가례』를 강의한 내용을 기록한 방식(『가례강록』,『가례주해』), ③ 이황이 손수『가례』에 두주의 형태로 적어두었던 내용을 집록한 방식(『가례석의』) 등으로 전승되었다는 사실도 새롭게 밝혔다.

필자 역시 퇴계 예학과 관련한 몇 편의 논문을 발표한 바 있다. 먼저 '속례'에 대한 퇴계의 이해를 주제로 「『퇴계상제례답문』분석을 통한 퇴계의 속례관 고찰」(2010)이라는 논문이 있다. 이 글에서 필자는 배성현 이래 퇴계 예학의 성격이 '속례 관용적'이라고 보는 인식을 반성적으로 검토하였다. 필자는 우선 퇴계가 무근거성無根據性을 속성으로 하는 '속례'에 대해 문제의식을 가졌다는 사실과 속례 자체를 '후厚한 속례'와

---

19 이봉규, 2020 참조.

'과過한 속례'로 분리해 인식하고 있었다는 점을 밝혔다. 그리고 이를 토대로 퇴계가 후한 속례에 대해서는 '종속從俗'을 권하기도 했지만, 과한 속례에 대해서는 '탈피하라免俗'거나 '위배하라違俗'고 주문하기도 했다는 사실을 밝혔다. 아울러 정례正禮를 준행하는 과정에서 빚어지게 될 갈등상황駁俗이 갖는 의미와 그럼에도 불구하고 잘못된 속례를 바로잡아야 하는 문제矯俗에 대한 퇴계의 신중한 태도 등 속례를 둘러싼 다양한 측면들을 검토하였다. 이로써 '속례'라는 제한적인 주제에서나마 퇴계 예학사상의 성격이 정의情誼보다는 의리義理 중심적이었다는 사실을 밝히고자 했다. 뒤이어 퇴계가 백운동서원의 향사례享祀禮를 수정함으로써 조선시대 서원 향사례를 정초定礎하였음을 고찰한 「퇴계의 서원향사례 정초에 대한 고찰－백운동서원 향사례 수정을 중심으로」(2013), 퇴계의 예학과 관련한 문헌자료들이 어떻게 전개되었는지를 밝힌 「퇴계 예학관련 문헌자료의 전개양상」(2015) 그리고 '조선향약'의 첫 사례로 꼽히는 「향립약조鄕立約條」를 분석하면서 '향鄕'에 대한 퇴계의 이해를 검토한 「'향鄕'에 대한 퇴계의 이해와 실천」(2019) 등의 연구가 있다.

퇴계 예학과 관련한 연구사에서 마지막으로 살펴볼 내용은 철학적 접근이다. 사실 퇴계 예학에 대한 연구 자체가 일천한 상황에서 이를 다시 철학적 차원에서 접근한다는 것은 쉽지 않은 일이다. 그럼에도 불구하고 그동안 유권종이 일관되게 수행한 관련 작업은 매우 의미 있는 업적으로 평가할 수 있다. 유권종의 작업은 「조선시대 퇴계학파의 예학사상에 관한 철학적 고찰」(1999)[20]로부터 시작된다. 그는 리기론적 연

---

20 유권종, 1999 참조.

구의 심화와 예학의 발달은 별도의 흐름이라는 기존의 견해에 반대하면서, 퇴계와 퇴계학파의 예학이 리학·심학·실학·성학 등과 긴밀한 관련 하에 발달했다고 주장한다. 그리고 이를 규명할 핵심개념으로 '무실務實'을 제안한다. 특히 그는 무실의 최상의 범주로 지경持敬에 주목하고, 심신心身을 함께 주재하는 경을 통해 합례적合禮的 삶이 가능하다고 주장한다. 그리고 리기론을 비롯한 리학의 모든 원리는 예의 형이상적 근거와 수양 및 실천의 원리를 해명하고 정당화하는 작업과 긴밀한 연관관계를 갖는다고 보았다.

유권종은 자신의 이러한 관점을 「퇴계 예학 연구의 과제와 전망」(2001)[21]에서 더욱 구체화한다. 그는 퇴계학과 예학을 '자기형성self-organizing 또는 자기생산autopoiesis의 동태적 관점'에서 고찰할 것을 천명하면서, 예학을 포함한 퇴계학 전체를 일종의 유기체적 진화를 추구하는 학문적 체계로 간주하는 관점을 취하는 것이 자신의 연구의 특징이라고 밝힌다. 다시 말하면 일상적 삶에서 수시로 표출되는 예 실천이 주체 자신에게 끊임없이 환류하면서 인격의 변화를 낳는 힘, 그리고 개인과 사회에 가져다주는 생명력, 혹은 그 생명력의 기제를 다루는 방법을 찾아내는 데 주안점을 두겠다는 것이다. 이러한 취지에 따라 '천인관天人觀'을 재해석하고, '인격수양과 예'의 관련성을 논하며, 특히 '예와 경'의 관계에 주목한다. '퇴계학이란 예학과 심학의 상호관계에 바탕하여 성립한 학문체계'라고 본 그는, 경으로 대표되는 수양의 결과 '심중의 의례목록'을 확립할 수 있다고 본다. 그리고 이렇게 내면에 확립된 의례목록은 리에 준거한 심

---

21 유권종, 2001a 참조.

신의 재귀적 역학구조의 절대적 기반이 된다고 주장한다. 이것이 곧 그가 제시했던 '자기형성 또는 자기생산의 동태적 관점'에서 퇴계 예학을 고찰한 내용이다.

이후 발표된 그의 여러 논문들은 대체로 이러한 논의의 확장물들이라 할 수 있다. 예를 들면 「예치에 관한 퇴계의 사고」(2001)[22]는 위의 논의를 정치문제에 집중시켜 전개한 것으로, 임금을 비롯한 구성원들이 자발적이고 자율적으로 예를 준행할 수 있는 심신 체계를 건립함[聖學]으로써 예치 또는 지치가 가능하다는 점을 밝힌 것이다. 「퇴계의 심학과 예」(2003)[23]와 「퇴계의 예 교육과 인격형성의 원리」(2003)[24] 역시 기본적으로는 위의 논의를 토대로 하면서, 문화심리학과, 언어철학 그리고 인지과학의 기법 등을 응용하여 논의의 폭과 깊이를 확대한 것이다.

이상과 같은 국내 학자들의 연구 이외에 중국계 학자들의 관련 연구도 있다. 중국계 학자들의 퇴계 예학 연구 또한 이른 시기부터 시도되었는데, 대만의 주하周何가 가장 이른 1978년에 이미 「이퇴계의 예학[李退溪之禮學]」[25]을 발표한 바 있다. 주하는 이 논문에서 서초書鈔와 『자성록自省錄』 그리고 『언행록言行錄』 등을 검토하여 17종류 224조목에 달하는 퇴계 예학에 관한 자료들을 수집하였음을 밝히고 있다. 그는 다시 이 자료들을 분석하여 퇴계 예학의 전반적 특징을 정리하고 있다. 주하의 이 논문은 퇴계의 예학을 독립된 주제로 한 사실상 최초의 학술논문으로서 후속 연구에 많은 기여를 한 것으로 평가받고 있다. 하지만 주

---

22 유권종, 2001b 참조.
23 유권종, 2003a 참조.
24 유권종, 2003b 참조.
25 주하, 1978 참조.

하의 연구는 퇴계 예학의 기본 텍스트라 할 수 있는 『퇴계상제례답문』을 포함한 예학 관련 자료들을 검토하기보다 『자성록』이나 『언행록』 등 주변 자료들을 다루고 있는 데서도 알 수 있는 것처럼 충실도의 측면에서는 한계를 갖는다.

주하는 1984년 「『가례』에 대한 이퇴계의 운용(李退溪對文公家禮之運用)」[26] 이라는 후속 논문을 또 다시 발표한다. 이 논문에서 그는 퇴계가 『가례』에 대해 어떤 인식을 갖고 어떻게 운용하였는지에 대해 사례를 들어 살피고 있다. 그는 우선 퇴계가 『가례』에 대한 진위문제를 논하지 않는다는 사실을 전제로 주자의 저작으로 믿고 있었다는 점을 언급한다. 그리고 이어서 『가례』에 대한 퇴계의 운용을 다음과 같이 다섯 가지 사례로 분석한다. ①『가례』를 인용하여 예와 관련한 사항들을 논한 것, ②『가례』를 인용하여 예의 의미를 해석한 것, ③『가례』를 인용하였으나 따르지 않은 것, ④『가례』를 인용하면서 예제를 수정한 것, ⑤『가례』를 인용하였으나 의미를 오해한 것 등이다. 그는 이러한 분석을 통해, 퇴계가 다른 학자들처럼 『가례』를 맹종하지 않았는데 그것은 퇴계가 『가례』를 중시하지 않고 대강 섭렵한 정도에 그쳤기 때문이라고 주장한다. 그러나 이 논문 역시 앞서와 같은 불충분한 자료 검토의 한계를 드러내고 있다. 예를 들면, 주하는 퇴계가 『가례』를 인용한 것이 37종이라고 밝히고 있지만, 필자가 『퇴계상제례답문』에 등장하는 『가례』관련 인용건수를 확인한 결과만 하더라도 107건에 이름을 확인할 수 있었다.[27]

다음으로는 중국의 여소강(呂紹綱)이 1998년 「퇴계예설초탐(退溪禮說初

---

26 주하, 1984 참조.
27 한재훈, 2010, 21쪽 참조.

探」²⁸을 발표하였다. 그는 퇴계 예학을 크게 '학문'과 '실천' 두 분야로 나누고, 다시 '학문' 분야를 세 부분으로 나누어 다루고 있다. 첫째 분야는 퇴계 예학의 기본관점, 둘째 분야는 종법과 상·제례, 셋째 분야는 국가대례와 관련하여 국휼國恤과 묘제廟制에 관해 다루고 있다. 이 논문은 『퇴계전서』와 『언행록』뿐 아니라 퇴계 후학들의 편찬서들인 『이선생예설』과 『계서예집』 등을 인용하고 있다는 점에서 주하보다 다양한 형태의 자료들을 이용하고 있음을 알 수 있다. 하지만 이 논문은 퇴계의 예학을 해석하고 평가하는 작업 없이 단순히 해당 조목에 퇴계의 논의 자료를 배열해 놓는 선에 머물렀다는 한계를 갖고 있다.

2000년대 들어 기존의 연구들보다 더욱 주목할 만한 논문 2편이 발표되었다. 먼저 이무미李无未의 「퇴계 『가례』의 '순속循俗' 문제」²⁹는 퇴계 예학을 '순속'이라는 주제를 중심으로 접근했다는 점에서 주목된다. 이무미는 순속이 사마온공의 『서의書儀』와 주자의 『가례』를 거치면서 가례의 주요한 특성으로 자리 잡았다는 점을 밝히고, 퇴계의 『가례』 관련 논의에도 이러한 특성이 있음을 밝힌다. 특히 그는 퇴계가 주자의 『가례』에 많은 영향을 받은 것이 사실이지만 맹종하지 않았다는 사실을 밝히는 한편, 중국과 다른 조선의 풍속을 예의 실행 과정에서 적극 참작하는 태도를 보였다는 점을 분명히 한다. 그리고 퇴계의 이러한 태도가 이후 『가례』를 조선화하는 데 크게 공헌했다는 점 또한 언급한다. 마지막으로 그는 퇴계가 주자처럼 적극적으로 '기강 진작振紀綱'이나 '풍속 변화變風俗'를 주창하지는 않았지만, 예의 현실적 실행이라는 취

---

28 여소강, 1998 참조.
29 이무미, 2000 참조.

지에 따라 순속을 중시했다는 점에서 결과적으로 같은 공능과 가치를 갖는다고 주장한다. 이무미의 이러한 논의는 그동안 포괄적 차원에서 언급하던 수준을 넘어 퇴계 예학의 특징을 '순속'이라는 주제를 통해 보여주려 했다는 점에서 국외학자의 연구로서는 진일보한 것으로 평가할 수 있다. 다만 퇴계가 순속 또는 종속從俗에 대한 강한 경계와 함께 면속免俗이나 위속違俗을 주장하는 다양한 증거들이 있다는 점을 감안할 때, 이무미의 주장은 자칫 순속을 퇴계 예학의 중요한 특징으로 오해할 여지를 제공했다는 점에서 보완의 필요성을 갖는다.

한편 서원화徐遠和의 「이퇴계의 예악사상[李退溪的禮樂思想]」[30]은 일단 예악이라는 보다 확장된 차원에서 퇴계의 예학을 조망하려 했다는 점에서 주목을 끈다. 그러나 실제의 논의는 자료의 빈약함과 내용의 협소함으로 인해 아쉬움을 남긴다. 특히 예와 관련해서는 '예의 제작 문제'에 국한하여 논의를 전개하였을 뿐 아니라, 퇴계가 잠재潛齋 김취려金就礪 (1526~?)에게 보낸 한 통의 편지와 「의상덕흥군추숭擬上德興君追崇」이라는 글을 부분적으로 분석함으로써 불충분한 자료의 한계를 드러냈다. 이러한 문제점에도 불구하고 서원화가 '의義' 또는 '예의 본의'를 퇴계 예학의 핵심으로 꼽은 점은 평가할 만하다. 이는 이무미가 순속을 중심으로 검토한 것에 비해 진전된 관점임에 틀림없지만, 이러한 관섬을 바탕으로 충실하게 논의를 전개하지 못한 점은 이 논문의 또 다른 한계로 지적될 수 있다.

현재 퇴계 예학 관련 연구는 이상의 검토를 크게 벗어나지 못하고 있

---

30 徐遠和, 2000 참조.

다. 앞에서 언급한 바와 같이 퇴계 예학에 관한 연구는 퇴계학의 다른 분야에 비해 양적인 면에서 뿐만 아니라 질적인 면에서도 아직 초보적인 단계에 머물러 있다. 조선의 유학이 퇴계로 인해 그 이전과 이후를 나눌 만큼 고양되고 착실해졌다는 데 이견이 없음에도 불구하고, 예학과 관련해서 만큼은 아직 이런 단계에 머물러 있다는 것은 대단히 유감스러운 대목이다. 따라서 퇴계 예학의 전반적인 수준과 내용을 총체적으로 검토하고, 이를 바탕으로 조선 예학의 실질적 기원으로서 퇴계 예학의 정당한 위상과 영향을 구명하는 일은 시급히 해결해야 할 과제이다.

　본 연구는 퇴계의 예학사상 전반을 구명하되 특히 그 성격이 의리義理를 위주로 한다는 데 초점을 맞춰 논구하도록 기획되었다. 퇴계의 예학 사상을 논구함에 있어서 '의리'에 초점을 맞춘 까닭은, 우선 그것이 예악의 붕괴에 대한 문제의식으로 유학을 개창한 공자의 '의義' 중심 예관과 성리학의 이론체계에 입각하여 예의 근거를 '리理'로부터 해명한 주자의 '리理' 중심 예관을 아우르는 핵심개념이기 때문이다. 또한 그것은 '도통론道統論'이 표명하고 있는 바와 같이 '학學'을 통한 세상의 진정한 주체를 자각하는 성리학의 이념을 정당화해주는 핵심논리이기도 하기 때문이다. 뿐만 아니라 퇴계가 예의 본의를 탐구하고 현실적 적용을 판단함에 있어서 절대적 기준으로 삼았던 것이 바로 '의리'였기 때문이다.

　'의리'란 본원유학에서처럼 인간행위에 대해 '형식'적 측면보다 '본질'적 측면을 강조하는 가치개념으로 사용되기도 하고, 성리학에서처럼 '존재'와 '당위'의 일치라는 구도 속에서 천리가 인사에 구현된 개념을 가리키기도 한다. 따라서 유학의 예를 철학적 관점에서 논구할 때 '의리'에 초점을 맞추는 것은 매우 유효한 방법이 될 수 있으며, 특히 예를 '천리'와 '인사'의 유기적 구도에서 설명하는 성리학에 있어서는 더욱 그렇다. '천인합일'이라는 성리학의 궁극적 이상이 현실적으로 구현되기 위해서는 천인합일의 이론적 정합성에 대한 정치한 이해와 함께 구체적 실천을 위한 타당한 설명이 동시에 충족되어야 하는데, 이때 이기·심성에 관한 복잡한 논의들은 결국 전자로 수렴되고 예학에서 다루는 다양한 주제들은 후자로 수렴되기 때문이다. 이에 본 연구는 '의리'에 초점을 맞춰 퇴계의 예학사상을 논구함으로써 그의 철학사상 내에서 예학이 갖는 의미와 조선 예학사상의 선하로서 그가 이룩한 예학적 업적을 다양한 실례들을 통해 검토할 것이다.

3. 연구 내용 및 방법

본 연구의 본론은 크게 7개의 장으로 구성되며 내용은 대략 다음과 같다. 먼저 제1장에서는 퇴계의 예학사상을 본격적으로 논하기에 앞서 그 사상적 내원來源에 대해 검토할 것이고, 다음 제2장에서는 퇴계의 예학사상이 철학적 측면에서 어떤 문제의식을 안고 있었는지에 대해 논할 것이며, 제3장에서는 퇴계의 예학사상이 학술적으로 어떻게 전개되었는지에 관해 고찰할 것이고, 제4장과 제5장에서는 각각 상·제례와 종법이라는 구체적 주제를 중심으로 퇴계 예학사상이 갖는 의리적 성격에 대해 논증할 것이며, 제6장에서는 퇴계의 예학사상이 '향鄕'단위에 어떻게 실천적으로 확장되어 갔는지 확인할 것이다. 그리고 제7장에서는 영남학파의 한강 정구와 기호학파의 사계 김장생을 중심으로 퇴계의 예학사상이 이후 후학들에게 어떻게 계승되었는지 해명할 것이다.

이를 좀 더 구체적으로 살펴보면, 제1장의 주제는 '퇴계 예학의 사상적 내원'이다. 하지만 우리는 여기에서 제목에 나타난 것보다는 좀 더 진지하고 포괄적인 논의를 진행하게 될 것이다. 제사의식 등과 같은 의식으로 시행되어 오던 예가 주례周禮라는 좀 더 세련되고 포괄적인 예로 진행된 과정, 그리고 그러한 주례가 붕괴되는 과정에서 공자에 의해 유학이 출현하게 되는 의미에 대해 검토할 것이다. 나아가 맹자 이후 천년 넘게 단절된 도통道統을 이었다고 자부하는 성리학의 '도통론'에 담긴 주체의 전환 문제와 이때 새롭게 예의 주체로 등장하는 사대부 계층에 관한 이야기를 할 것이다. 이와 같은 검토과정을 통해 우리는 유학의 본래적인 문제의식과 만나게 될 것이고, 본원유학에서 성리학으로 변화하는 과정에서 드러난 차이점과 동질성에 대해 살펴보게 될 것이다. 그리고 퇴계 예학의 사상적 내원은 이러한 검토과정에서 자연스럽게 드러나게 될 것이다.

제2장부터는 퇴계의 예학사상을 본격적으로 다루게 되는데, 먼저 그의 예학사상에 담겨 있는 문제의식을 검토하는 것으로부터 논의를 진행하려고 한다. 여기에서는 크게 두 가지 측면에서 퇴계의 문제의식을 다루게 될 것이다. 첫째는 사림의 본격적인 대두와 성리학에 대한 이해의 심화로 말미암아 16세기 조선에서는 예에 대한 새로운 인식의 변화가 일게 되었고, 퇴계는 이러한 새로운 변화에 내응하여 이를 철학적 차원으로 고양시킴으로써 이후 조선의 예학이 나아갈 방향을 정립하게 되는 과정을 살펴볼 것이다. 둘째는 예의 이론적 지향과 실천적 수행을 학學의 구현이라는 측면에서 살펴보게 될 텐데, 퇴계가 이기론의 틀에서 제시한 '이현理顯' 개념이 예의 이론적 지향으로서 어떻게 설명되는지와 유학의 본래적 문제의식이라 할 수 있는 '수기안인修己安人'이 예를

통해 어떻게 실천적으로 수행되는지에 대해 살펴볼 것이다.

제3장에서는 퇴계의 예학사상이 학술적으로 어떻게 전개되는지에 관해 다룰 계획이다. 퇴계의 예禮 연구는 먼저 문헌文獻을 고구考究하는 방법을 선행하고, 의리義理에 입각하여 해석解釋하는 방법으로 이어지는 2단계로 전개되었다. 이때 문헌 고구적 방법은 일차적으로는 다양한 예서들로부터 전거를 확보하는 작업이겠으나 이렇게 확보한 전거들을 평가적으로 검토함으로써 합당한 준거를 확립하는 데까지 나아가는 것을 의미한다. 예가 제정된 옛날[古]과 예가 시행될 오늘[今]의 시간적 차이는 물론, 중국과 조선이라는 공간의 차이와 그에 따른 문화적 차이까지 더해진 상황에서 문헌 고구적 방법은 필연적으로 의리 해석적 방법으로 이어질 수밖에 없다. 이때 의리 해석적 방법은 우선 예문禮文에 대한 이해를 넘어 예의禮意를 구명하는 것을 의미하고, 다음으로는 이렇게 구명된 예의를 바탕으로 변례變禮에 대응할 수 있는 유추類推와 의기義起의 단계로까지 나아가는 것을 의미한다.

제4장과 제5장에서는 퇴계 예학사상의 의리義理적 성격을 각각 상·제례와 종법이라는 구체적 주제를 중심으로 살펴볼 것이다. 먼저 제4장에서는 퇴계가 당시 준행되던 상·제례와 관련한 속례俗禮에 대해 비판적인 태도를 견지하는 한편, 이를 시정하기 위해 '의리'에 입각한 상·제례관을 정립하려 했던 것을 '체백體魄이 아닌 신혼神魂을 중시한 사례'와 '묘제墓祭가 아닌 묘제廟祭를 지향한 사례'를 통해 논증할 것이다. 다음으로 제5장에서는 종법질서에 관한 퇴계 예학사상의 성격을 살펴보려고 한다. 상·제례와 관계된 예목들이 사회운영의 구체적 내용에 해당한다면, 종법질서는 그러한 예목들을 담아내는 틀에 해당한다는

점에서 예학사상의 성격을 살펴볼 수 있는 중요한 주제이다. 이에 관한 논의는 '사대부 종법'과 '왕실 종법'을 각각 검토하되 '입후立後'와 '조천祧遷'이라는 종법질서의 중요한 문제들에 초점을 맞춰 퇴계 종법관에 나타난 '의리'적 성격을 규명할 것이다.

제6장에서는 퇴계의 예학사상이 사회적으로 실천됨으로써 속례적 문화를 어떻게 정례正禮로 변화해 가고자 했는지를 확인할 것이다. 특히 여기에서는 향鄕 단위의 화민성속化民成俗을 목적으로 하는 향약鄕約과 서원書院의 향사례享祀禮를 중심으로 살펴볼 예정이다. 먼저, 이른바 '조선향약'의 효시인 '예안향약禮安鄕約'으로 일컬어지는 「향립약조鄕立約條」의 내용과 그것을 만들게 된 퇴계의 문제의식을 중심으로 향약에 관한 퇴계의 이해와 '향'단위의 화민성속을 위한 퇴계의 고민에 대해 살펴볼 것이다. 다음으로는 조선시대 서원건립 운동을 실질적으로 선도한 퇴계의 활약상에서 그동안 크게 주목받지 못했던 서원 향사례와 관련한 사례를 백운동서원白雲洞書院의 향사례 수정 과정과 내용을 중심으로 검토할 것이다.

마지막으로 제7장에서는 퇴계의 예학사상이 퇴계 이후에 어떻게 계승되고 또 비판되면서 조선의 예학을 풍성하게 만들어갔는지를 해명할 계획이다. 먼저, 퇴계가 활동했고 퇴계의 가르침을 직접 사승한 영남지역에서 퇴계의 예학이 계승되고 발전되어 갔던 동향을 퇴계의 문인인 한강 정구의 사례를 중심으로 살펴볼 것이다. 다음으로는, 영남학파의 좋은 학문적 파트너였던 기호학파에서는 퇴계 예학의 영향을 어떻게 받았고, 그것을 어떻게 비판하면서 극복해 나아갔는지에 대해 사계 김장생의 사례를 중심으로 추적할 것이다.

제1장

퇴계 예학의 사상적 내원來源

1. 공자의 '의義' 중심 예관禮觀

1) '예괴악붕禮壞樂崩'에 의한 예 개념의 분화

유가儒家를 비롯한 제자백가가 출현하고 각축했던 춘추전국 시대는
학문연구의 관심분야에 따라 여러 가지로 정의될 수 있는데, 예학 관련
연구 분야에서는 이 시대를 대개 '예괴악붕禮崩樂壞' 즉, 예악이 붕괴된
시대로 부른다. '예괴악붕'이라는 표현은 문헌상으로는 한무제漢武帝
(B.C. 156~B.C. 870)의 조서에 가장 먼저 등장한다.[1] 물론 이는 한무제 당
시의 상황을 지적한 것으로, 춘추전국 시대를 직접 언급한 말은 아니
다. 그러나 백성들을 인도하고 교화하는 가장 근본적 방책이 예악이어
야 한다는 생각을 반영하고 있음은 분명하며,[2] 이러한 생각이 "천하국
가를 바르게 할 길은 예"[3]라는 주례周禮 이래의 전통적 인식에 근원을

---

1 『前漢書』卷6,「武帝紀」: (五年)夏六月. 詔曰, "蓋聞導民以禮, 風之以樂. 今禮壞樂崩,
   朕甚閔焉."
2 이는 한무제(漢武帝)가 같은 조서(詔書)에서 다음과 같이 영(令)을 내린 것에서 확인
   할 수 있다. "詳延天下方聞之士, 咸薦諸朝, 其令禮官, 勸學講議, 洽聞擧遺, 興禮以爲天
   下先."(『前漢書』卷6,「武帝紀」, 위와 같은 곳)
3 『禮記』「禮運」: "夫禮必本於天, 殽於地, 列於鬼神, 達於喪祭射御冠昏朝聘. 故聖人以

두고 있음은 의심의 여지가 없다. 춘추시대를 예악이 폐기 또는 붕괴된 시대로 명명한 사람은 사마천司馬遷(B.C. 145?~B.C. 86)이다. 사마천은 "공자 당시에는 주왕실이 쇠미해져서 예악이 폐기되었다"[4] 또는 "유왕幽王(?~B.C. 771)과 여왕厲王(B.C. 904~B.C. 829)이 쇠미하자 예악이 붕괴되었다"[5]고 기록하였다. 이러한 인식의 연장선에서 동진東晉의 범녕范寧(339~401)은 주나라 말기의 혼란상황을 '예괴악붕'이라는 말로 명시하였고,[6] 주자 역시 이러한 생각에 동의하였다.[7]

하지만 이 시대를 '예괴악붕'으로 진단하는 견해에 이의를 제기하는 주장들도 있다. 예컨대 "후대로 올수록 예제禮制가 더욱 광범위해지고 복잡해지는 것은 인문 진화의 필연적 추세"로서 "공자 당시의 이른바 주례는 이미 주공周公의 시대보다 진보했다"는 분석은 이미 오래전에 제기되었다.[8] 근래에는 충분한 고고학적 발굴에 따른 실물자료들을 바탕으로 "춘추예제붕괴설春秋禮制崩壞說"에 대해 강력하게 이의를 표하는 주장이 제기되었는가 하면,[9] "춘추전국 시기의 '예괴악붕'은 결코 예제가 철저하게 붕괴되었다는 의미가 아니라, 중국 고대 예악문화의 발전단계상에서 한 차례의 탈바꿈일 뿐"이며, "서주의 예제는 이러한 변화를 거치면서 더욱 더 견실한 이론의 기초를 갖추게 되었다"는 평가도

禮示之, 故天下國家可得而正也."

4　『史記』「孔子世家」: "孔子之時, 周室微, 而禮樂廢, 詩書缺."

5　『史記』「儒林列傳」: "幽厲微, 而禮樂壞."

6　『春秋穀梁傳』「序」: "昔周道衰陵, 乾綱絶紐, 禮壞樂崩, 彝倫攸斁." / '예괴악붕(禮壞樂崩)'이라는 말의 유래와 유포과정에 관해서는 郭偉川, 2002, 102~114쪽 참조.

7　『朱熹集』卷72, 「呂氏大學解」: "及周之衰, 正道陵遲, 禮壞樂崩, 夫子憂之, 乃緒正六經, 以明先王之敎."

8　郭沫若, 1982b, 『十批判書』「孔墨的批判」, 96~97쪽.

9　印群, 1999 참조.

제기되었다.[10] 이처럼 실물과 이론의 측면에서 그 이전시기보다 예악
이 더욱 '진화'하였다면, '예괴악붕'이라는 주장은 도대체 예악의 어떤
점을 붕괴로 보는 것인가? 여기에서 우리는 '붕괴'를 주장하는 측과
'진화'를 주장하는 측이 '예악'에서 주목하는 부분이 서로 다른 것일 가
능성에 주목하게 되고, 따라서 '예괴악붕'의 주장에 전제된 예악의 근
본적 성격에 대해 추적할 필요성을 느끼게 된다.

예禮[11]의 기원에 관해서는 그동안 다양한 학설들이 제시되었다.[12] 하
지만 우리의 목표는 문화인류학적 차원에서 예의 최초원형을 밝히고자
하는 것이 아니라, 질서체계 혹은 가치체계로서 그 '붕괴'가 우려될 만
큼 성숙한 수준의 예, 좀더 구체적으로 말하자면 '주례周禮'를 사상적
차원에서 추적하는 것이다.[13] 그런 측면에서 우리는 '예'라는 문자의
등장에 주목할 필요가 있다. 왜냐하면 어떤 현상이 문자화되었다는 것
은 곧 해당 현상에 대한 사회적 의미부여가 상당 수준 진행되어 개념화

---

10 치丰, 2003, 36쪽. 杨志刚 또한 "예괴악붕은 구제도와 구질서의 와해를 상징하지만, 동
    시에 신제도와 신질서의 탄생을 반영한다"면서, "예학의 흥기는 주례의 붕괴와 동시에
    진행되었다"고 말한다.(杨志刚, 2000, 104~106쪽)

11 고대의 어법에서는 예(禮)라고 하면 악(樂)도 당연히 포함된다. 예와 악을 주(主)와 보
    (輔)의 관계로 보는 것은 이 때문이다.(陈来, 2009, 275쪽 참조) 따라서 이하에서는 반
    드시 '예악'을 함께 표기해야 하는 경우를 제외하고는 '예'만을 대표로 표기한다.

12 杨志刚이 정리한 바에 따르면, 첫째 풍속과 습관에서 기원했다고 보는 "풍속(風俗)"설,
    둘째 인정에 근거하여 만들어졌다고 보는 "인정(人情)"설, 셋째 신에 대한 제사로부터
    유래되었다고 보는 "제사(祭祀)"설, 넷째 물품이나 행위에 의미를 부여하던 의식으로부
    터 기원했다고 보는 "예의(禮儀)"설, 다섯째 사회적 관계에서 행해진 예물교환으로부터
    유래했다고 보는 "교왕(交往)"설이 그것이다.(杨志刚, 2000, 4~6쪽 참조) 치丰 역시
    '종교의식'과 '풍속' 그리고 '원시사회의 예물교환'이라는 측면에서 예의 기원을 정리한
    다음, 예의 기원은 다원적이라고 보는 견해까지 제시하고 있다.(치丰, 2003, 4~7쪽 참조)

13 이런 점에서, "우리가 주대의 예악문화라는 각도에 맞춰서 이야기를 한다면, 사회의식
    (社會儀式)과 규범계통(規範系統) 및 '문(文)'화(化)된 행위로부터 출발해야 한다"고
    한 陈来의 조언은 염두에 둘 필요가 있다.(陈来, 2009, 245쪽 참조)

되었음을 전제하기 때문이다. 허신許愼(58?~147?)은 『설문해자說文解字』에서 '예禮'자에 대해 "신을 섬겨 복을 구하는 것[事神致福]"[14]이라 설명했고, '豊'자는 "예를 행하는 기물[行禮之器]"[15]이라고 설명했다. 왕국유王国維(1877~1927) 역시 갑골문으로 기록된 은허복사殷墟卜辭에 대한 연구분석을 통해 『설문해자』의 설명에 전반적으로 동의했다. 다만 '豊'자를 상형象形으로 본 것에 대해 그것이 회의會意임을 밝히면서 다음과 같은 설명을 덧붙였다.

옥(玉)을 담아 신을 받들던 그릇을 '㽅' 또는 '豊'이라 했고, 이를 미루어 신을 받들던 술도 예(醴)라고 불렀으며, 이를 또 다시 미루어 신을 받드는 일을 통틀어 예(禮)라고 했던 것이다. 애초에는 모두 '㽅' 또는 '豊' 두 글자를 사용하였을 것이고, 그것이 예(醴)와 예(禮) 두 글자로 분화된 것은 조금 뒤일 것이다.[16]

즉, '예禮'자는 갑골문의 '㽅'자와 '豊'자에 근원을 두고 있으며, 이 글자들은 모두 신을 섬기는 제사의식과 깊은 관련성을 갖고 있다는 것이다.[17] 여기에서 우리가 주목해야 할 부분은, 예의 기원에 대한 다양한 추측들에도 불구하고, '예禮'라는 문자가 만들어지는 데 가장 중요하

---

14 許愼, 『說文解字』 '示'部.
15 許愼, 『說文解字』 '豊'部.
16 王国維, 1975, 卷6, 「釋禮」, 290~291쪽.
17 물론 일부 다른 견해가 제기되기도 했지만,(裘錫圭는 "豊자는 壴와 珏의 합성자로, 북[鼓]의 일종을 지칭하는 말"이라고 주장했고, 郑杰祥 역시 "북소리를 울리면서 옥으로 천지와 귀신에게 제향을 지내는 의미"로 해석한다. 이와 관련해서는 杨志刚, 2000, 9~10쪽 참조.) 王国維의 주장은 이후 많은 학자들에 의해 지지를 받았다.

고 강력한 영향력을 미친 것이 제사의식이었다는 사실이다. 그리고 최소한 은대殷代에는 이미 이처럼 여러 의식들 중에서도 제사를 가장 특별한 것으로 의미부여를 하고 있었다는 사실이다. 따라서 "예는 은대의 제사문화에서 추동되어 발전한 것이라는 점에 의심의 여지가 없다"[18]는 주장에는 충분한 일리가 있다. 그러나 여기에서 우리가 분명히 해두어야 할 중요한 사항이 있다. 그것은 '豊'자 혹은 '豐'자가 '예禮'자로 변모하기까지에는 상당한 간극이 놓여 있으며, 그것은 단순한 글자 형태의 변화만이 아니라 문자가 담아내는 의미범주가 달라졌음을 의미한다는 사실이다.[19] 즉, '예禮'자의 출현은 제사의식의 범주를 넘어 '예의 禮儀' 일반을 담아내는 확장된 형태의 문자로 인신됨을 뜻한다.[20]

'예'자가 정식으로 출현한 시기는 대체로 주대周代 초기일 가능성이 높으며, 여러 정황상 주공周公과 깊은 관련이 있을 것으로 보인다. 주대 초기에 이르게 되면 '예'자로 표현되는 내용들이 제례를 넘어 예의나 예절을 가리키는 집합명사로 사용되는가 하면, 규칙이나 제도를 의미하는 추상화의 단계로까지 발전되는 것을 확인할 수 있다. 또한 주공으로부터 '예'를 통해 국가를 다스려야 한다는 이른바 '예치禮治'가 본격적으로 시작된다는 점에서 '예'자의 의미범주의 확장은 주공과 관계가 있다는 것이다.[21] 즉, '예'라는 이름 아래 갖가지 예의나 의절 등이 예

---

18 陈来, 2009, 242쪽.
19 徐復观은 "禮자가 豐자에서 유래한 것은 틀림없지만, 豐을 예(禮)의 옛 글자라고 할 수는 없다. 왜냐하면 豐에서 예(禮)에 이르는 동안 발전을 겪었기 때문"이라고 하면서 "은대에는 제사의 의식절차는 있었지만 이때 중점은 의식절차를 통해 복을 구하려는[致福] 목적에 있었으며 의식절차 자체에 있지 않았기 때문에 예라는 관념은 나타나지 않았으며, (…중략…) 주공에 이르러서야 의식절차 자체를 중시하면서 예라는 관념이 비로소 나타나게 되었다"고 보았다.(徐復观, 1969, 42~43쪽)
20 徐灝, 『說文解字注箋』:"禮之名起于事神, 引伸爲凡禮儀之稱."

제로 정리되고, 나아가 행위규범과 사회질서가 이룩되며, 특히 통치자가 이러한 예의 중요성을 자각하고 이를 천하를 다스리는 근본적 방안으로 여기는 이른바 주례의 전통이 이때 시작되었다는 것이다.

주례의 규모와 성격을 가장 잘 보여주는 문헌은 『주례周禮』이다. 이 책은 주대의 정치체제와 사회질서 그리고 그것들을 통해 구현하고자 했던 주례의 정신을 체계적으로 담고 있다. 익히 알려진 바와 같이 『주례』는 금고문논쟁今古文論爭 과정에서 금문학자들에 의해 배척된 이래 위서僞書의 혐의에 따른 검증을 요구받아 왔으며, 이러한 혐의는 '의고疑古'라는 이름으로 근래까지도 계속되었다.[22] 그러나 한편에서는 "사회발전의 규율에 부합하는 정치·경제·사회 각 방면에 해당하는 저작을 터무니없이 조작해낼 수는 없다"는 점을 들어 "『주례』의 전면적 위조는 불가능하며 대체로 신뢰할 만하다"는 주장도 제기되었다.[23] 그리고 이러한 주장은 최근의 고고학적 자료발굴에 따른 서주시대 금문金文 연구로 지지되고 있다.[24] 물론 『주례』에 담긴 이러한 전반적인 체제가

---

21 杨志剛, 2000, 86~88쪽 참조. 다만, 杨志剛은 금문(金文)과 같은 주대 초기 당시의 실물자료에 근거하지 못하고 비교적 후대에 기록된 것으로 알려진 『시경』과 『서경』 등의 자료를 근거로 했다는 점에서 "매우 가능성이 있음"이라는 선에서 자신의 논지를 전개한다. 그러나 "'예'에 관한 기록이 대부분 춘추전국시기 사람들에 의해 편찬되었고 서주시대 '예'의 원형이 보존되어 온 것은 없지만, '예' 자체가 갖는 완고한 보수성으로 말미암아 우리들은 ⏄ 안에서 부분적이나마 서주의 정황을 탐색할 수 있다"(杨寬, 1965, 3쪽)고 보면, 杨志剛의 주장은 신뢰할 만하다.

22 李建国, 2006, 6쪽 참조.

23 杨向奎, 1997, 285~291쪽.

24 张亚初·刘雨在는 다음과 같이 주장했다. "우리는 서주 금문 관직 자료를 정리하는 과정에서 서주시대 금문(金文)에 나타난 관직이 『주례』의 기록과 많은 부분에서 일치한다는 것을 발견했다. 우리들이 은상(殷商)의 갑문(甲文)이나 금문을 연구할 때 한대(漢代)의 『설문해자』를 떼놓고 할 수 없는 것처럼, 서주 금문에 나타난 관직을 이해하기 위해서는 『주례』를 벗어날 수 없다. 이는 그 서적이 비록 전국시대 누군가의 주관에 따라 편찬한 부분이 있다 할지라도 전부가 터무니없이 위조된 것은 아님을 설명해준다. 그것

모두 주공에 의해 직접 제정되었다고 보기는 어렵다.[25] 하지만 『주례』의 내용과 성격의 전개방향은 주대 초기에 설정한 것을 바탕으로 했으리라는 것은 충분히 추론할 수 있으며, 그것은 주례가 구현하고자 하는 정신의 성격을 잘 보여주고 있다.

『주관周官』이라고도 불리는 데서 알 수 있듯이, 『주례』는 체제상으로 보면 주대의 관직제도를 실명하는 방식으로 기술되어 있다. 하지만 그 안에는 천·지·춘·하·추·동으로 상징되는 육관六官 체제[26] 아래 총 360개의 하부직관을 분설함으로써, 우주자연과 인간사회를 동일한 구조 속에서 이해하고 이를 국가경영에 반영하려는 의도가 잘 구현되어 있다. 뿐만 아니라, 길吉·흉凶·군軍·빈賓·가嘉의 오례五禮를 명확하게 제시함으로써[27] 귀신에 대한 제사의식은 물론 국제질서와 애경의례에 이르기까지 예의 의미범주를 전방위적으로 확장·포괄하였다.[28] 이런

이 만들어진 것이 주대와 그리 멀지 않기 때문에, 그 내용 중에는 수많은 귀중한 서주시대 직관제도의 사료들이 보존되어 있는 것이다."(张亚初·刘雨在, 1986, 2쪽)

25 『주례』가 완성된 연대와 진위 문제와 관련하여 크게 세 가지 견해가 있다. 첫째는 주공의 작품으로 주대 초기에 만들어졌다는 견해로, 정현(鄭玄, 127~200)이 "주공이 섭정을 하실 때 육전(六典)의 직제를 만들고 이를 주례라고 했다"(『周禮注疏』 卷1 「天官冢宰第一」: 周公居攝, 而作六典之制, 謂之周禮)고 한 이후, 손이양(孫詒讓, 1848~1908) 역시 이 견해를 지지했다. 둘째는 유흠(劉歆, B.C. 50~23)이 주공을 가탁해 위조했다는 견해로, 호안국(胡安國, 1074~1138)·호굉(胡宏, 1102~1161) 부자가 대표적이며, 서복관(徐復观) 역시 이 견해를 지지했다. 셋째는 주(周)·진(秦) 교체기 누군가의 작품일 것이라는 견해로, 가공언(賈公彦, 미상)과 하휴(何休, 129~182) 등이 이러한 혐의를 가지고 있었고, 전목(钱穆, 1895~1990)·고힐강(顾颉刚, 1893~1980) 등은 전국시대의 작품일 것으로 보았다. 이에 관한 자세한 내용은 劉兴均, 2001, 2~7쪽 참조.

26 천관(天官)은 치관(治官), 지관(地官)은 교관(教官), 춘관(春官)은 예관(禮官), 하관(夏官)은 정관(政官), 추관(秋官)은 형관(刑官), 동관(冬官)은 공관(工官)을 각각 의미한다.

27 『周禮』 「春官·小宗伯」: "掌五禮之禁令與其用等."【鄭玄注】"用等, 牲器尊卑之差. 鄭司農云, '五禮, 吉·凶·軍·賓·嘉.'"

28 『隋書』 「禮儀志」: "以吉禮敬鬼神, 以凶禮哀邦國, 以賓禮親賓客, 以軍禮誅不虔, 以嘉禮合姻好, 謂之五禮."

점에서 주례의 주지를 '질서'라고 보는 견해는 설득력을 갖는다.[29] 인간사회에 질서를 구현하려는 것은, 천 또는 신의 뜻을 구하기 위해 제사에 열중하는 차원을 넘어, 천 또는 신의 뜻을 윤리적 차원에서 해석하고 이를 인간사회에 구현하려는 이른바 인문정신의 단계로 들어섰음을 보여준다.[30] 주례가 앞선 하례夏禮와 은례殷禮를 손익하였지만,[31] 하의 '존명尊命'이나 은의 '존신尊神'을 지양하고 '존례尊禮'로 나아갔다[32]는 후대의 평가는 이러한 견해를 뒷받침해주는 증거들이다.[33]

주례를 논의하는 과정에서 반드시 검토해야 할 특징적 요소가 바로 '덕德'이다. 곽말약郭沫若(1892~1978)은 "복사卜辭와 은인殷人의 이명彝銘에 '덕'자는 없으며, 주대周代의 이명에는 '덕'자가 명백하게 출현한다"는 주장을 제기하였지만,[34] 이러한 주장은 갑골문에 등장하는 '値'자가 곧 '德'자의 전신이라는 사실이 밝혀지면서 반박되었다.[35] 하지만 '値'에

---

29 勾承益은 "『주례』에 기록된 관직 분설의 구조가 주례 정신의 두드러진 체현"이라고 보면서, "'주례'의 요지는 질서, 특히 정치질서와 윤리질서"라고 주장한다.(勾承益, 2002, 60쪽)

30 陳来는 "서주 이후 '예'의 주요한 부분은 "귀사(鬼事)"나 "신도(神道)"가 아니라 "인도(人道)"문화의 발전이었으며, 이것이 바로 서주 예악문화 발전의 의의"라고 말한다.(陳来, 2009, 271~272쪽)

31 『論語』「爲政」: 子曰, "殷因於夏禮, 所損益, 可知也, 周因於殷禮, 所損益, 可知也."

32 『禮記』「表記」: 子曰, "夏道尊命, (…중략…) 殷人尊神, (…중략…) 周人尊禮" 공자가 주의 문화를 찬란하다고 평가한 까닭도 이런 점을 염두에 두었을 것이다.(『論語』「八佾」: 子曰, "周監於二代, 郁郁乎文哉!")

33 陳来는 예 문화의 발전과정을 '무격(巫覡)문화 → 제사(祭祀)문화 → 예악(禮樂)문화'로 본 자신의 관점이 존명, 존신, 존례의 구도와 부합한 것이라고 설명한다.(陳来, 2009, 280쪽)

34 郭沫若, 「先秦天道觀之進展」, 『青銅時代』, 1982a, 336쪽. 郭沫若은 여기에서 덕을 주관방면의 수양(修養)과 객관방면의 규모(規模)로 나누고, 예란 덕의 객관방면의 절문(節文)으로 말미암아 태화된 것으로, 고대의 유덕자(有德者)가 보여준 일체의 정당한 행위방식이 망라 전래되어 후대의 예가 만들어졌다고 설명하고 있다.

35 徐中舒는 『甲骨文字典』에서 "갑골문의 '値'자는 '德'자의 초기 문자"라고 고증하고 있다.

서 '德'으로의 변화는 단순한 문자 형태의 변화가 아니라 함의의 질적 변화를 보여준다. 그것을 잘 보여주는 것이 바로 '심心'의 새로운 결합이다. 즉, 주대의 금문에는 '徝'자 아래 '心'이 더해진 형태[德], 혹은 '彳'은 탈락되고 '直' 아래 '心'이 결합된 형태[惪]의 '덕'자가 허다하게 등장한다. 이는 가치판단을 개입하지 않은 채 '행위'나 '실천'만을 의미하던 차원에서, 그러한 행위와 실천의 배후나 이면에서 자동하는 심리 상태를 고려하는 차원으로 의미가 추상화됨을 뜻한다.[36] 그리고 이렇게 함의의 질적 변화를 보인 '덕' 개념은 '덕을 공경하라[敬德]' 또는 '덕을 밝히라[明德]'는 통치원리로서 재해석되었다.[37]

『상서尚書』「주서周書」의 여러 편들에 다수 등장하는 '경덕' 또는 '명덕'은 대체로 그들의 '천명관天命觀'과 긴밀하게 연계되어 있음을 알 수 있다.[38] 예컨대 "덕을 공경하지 않으면 천명을 일찍 잃게 될 것"[39]이라는 걱정이라든가 "최고의 정치[至治]는 향기로워 신명神明을 감격시키며, 서직黍稷이 향기로운 것이 아니라 명덕明德만이 향기롭다"[40]와 같은 민

---

36 杨志刚, 2000, 83쪽과 陈来, 2009, 291쪽 참조.
37 杨向奎가 "서주시기의 '덕'자는 새로운 사상의식을 반영한 새로운 것"이라고 평가한 것은 이 때문이다.(王杰·顾建军, 2008, 46쪽에서 재인용)
38 먼저 '경덕(敬德)'의 용례들로는 "惟不敬厥德, 乃早墜厥命."(「召誥」); "肆惟王其疾敬德. 王其德之用, 祈天永命."(「召誥」); "天亦哀于四方民, 其眷命用懋, 王其疾敬德."(「召誥」); "王敬作所, 不可不敬德."(「召誥」); 周公曰, "…… 則皇自敬德."(「無逸」) 등이 있고, '명덕(明德)'의 용례들로는 "惟乃丕顯考文王, 克明德慎罰."(「康誥」); 今王惟曰, "先王既勤用明德, 懷爲夾, 庶邦享, 作兄弟方來. 亦既用明德, 后式典集, 庶邦丕享."(「梓材」); "自成湯至于帝乙, 罔不明德恤祀."(「多士」); "惟天不畀不明厥德."(「多士」); "以至于帝乙, 罔不明德慎罰."(「多方」); "至治馨香, 感于神明. 黍稷非香, 明德惟馨. 爾尚式時周公之猷訓, 惟日孜孜, 無敢逸豫."(「君陳」); "丕顯文武, 克慎明德."(「文侯之命」) 등이 있다.
39 『書經』「召誥」: "惟不敬厥德, 乃早墜厥命."
40 『書經』「文侯之命」: "至治馨香, 感于神明. 黍稷非香, 明德惟馨."

음이 이를 잘 보여준다. 이는 하늘을 그저 경외의 대상으로만 간주하고 천명은 부여된다고만 믿었던 소극적 이해로부터 진일보하여, 하늘을 윤리적 차원에서 해석하고 천명을 보전할 방안을 강구하는 적극적 이해로 나아갔음을 보여준다. 이 역시 주대의 인문정신의 한 양상을 보여주는 사례라 할 수 있다.[41]

이상의 논의를 정리하면, 주대 초기에 주공에 의해 설정되고 이후 그에 따라 발전되어 간 주례는 외적으로는 우주자연의 원리에 부합한 '질서'를 구축하고 내적으로는 천명을 보전할 수 있는 '경덕'을 실천하는 것을 그 근간으로 한다고 말할 수 있다. 질서는 본질적으로 존비·장유·친소 등의 관계조건에 따라 대소·선후·경중 등을 차등 적용하는 차별의 논리 위에 성립한다.[42] 그리고 그러한 차별의 논리가 구성원들에 의해 정당한 것으로 동의될 때 질서는 유지된다. 이때 차별의 논리가 정당성을 얻기 위해서는 해당 질서체계의 상층부(특히 군주)는 반드시 자신의 개인적 욕망을 극복해야 할 필요가 제기되며,[43] 그것은 다시 하층부의 삶을 보호하는 '혜택'을 실천하는 것으로 확대되어야 한다. 하늘은 백성이 보고 듣는 것을 통해서 보고 듣는다는[44] 논리 위에서, 하늘의 보우를 받는 덕德이 백성의 지지를 받는 은혜[惠]로 치환되는 것은 이

---

41 이런 의미에서 郭沫若은 "'경덕'이야말로 주인(周人)들만이 가지고 있었던 사상"이라고 했다.(王杰·顾建军, 2008, 46쪽에서 재인용)

42 赵光贤은 "貴賤有等"(『荀子』「禮論」), "長幼有序"(『孟子』「滕文公上」), "朝廷有位"(『禮記』「坊記」), "男女有別"(『禮記』「大傳」), "貧富輕重有稱"(『荀子』「禮論」) 등을 통해 질서를 구축하는 데 있어서 예가 갖는 의미와 작용을 개괄한다.(赵光贤, 1980, 98~99쪽)

43 『書經』「無逸」: 周公曰, "嗚呼. 繼自今嗣王, 則其無淫于觀于逸于遊于田, 以萬民惟正之供."; 「康誥」: 王曰, "嗚呼, 小子封, 恫瘝乃身, 敬哉. 天畏棐忱, 民情大可見, 小人難保, 往盡乃心, 無康好逸豫, 乃其乂民."; 「酒誥」: "故天降喪于殷, 罔愛于殷, 惟逸."과 같은 데서 확인할 수 있는, 이른바 '무일(無逸)'사상이 대표적인 예이다.

44 『書經』「泰誓中」: "天視自我民視, 天聽自我民聽."

때문이다.[45] 따라서 가난하고 힘없는 백성에게 보여준 문왕文王과 주공의 은혜는 그 자체로 '경덕'의 실천이었으며,[46] 이는 주나라를 안정된 질서 위에서 영원히 영위할 책무를 가진 주대의 모든 왕들이 가야할 길로 훈계되었다.[47]

주가 은에 이어 두 번째 역성혁명을 일으키게 되면서, '천명미상天命靡常'으로 뒷받침되는 역성易姓의 가능성은 이제 언제든 현실이 될 수 있다는 생각을 심어주었다. 더불어 주초에 발발했던 '삼감三監'의 반란이나 회이淮夷와 서융徐戎의 침범 등에 대해 주는 무력을 통해 평정했지만,[48] 무력만으로 새로운 왕조의 영구적 안정을 담보할 수 없다는 사실 또한 분명했다. 질서와 경덕을 본지로 하는 주례는 바로 이러한 절박한 상황으로 인해 추동되었으며, 주례라는 이름으로 제정된 수많은 예제는 그러한 고민의 산물들이라 할 수 있다. 그러나 주왕실이 안정되면서 이러한 선왕들의 정신은 더 이상 후왕들에게서는 나타나지 않게 되었다. 도리어 경덕敬德을 실천해야 할 천자가 제후와 천하인을 위협하는 데 '천명天命'과 '오형五刑'을 이용하였고,[49] 종법宗法을 수호해야 할 천자가 여색에 빠져 스스로 질서를 무너뜨렸다.[50] 서주의 '동천東遷'

---

45 『書經』「蔡仲之命」: "皇天無親, 惟德是輔, 民心無常, 惟惠之懷."
46 『書經』「無逸」: "文王卑服, (…중략…) 懷保小民, 惠鮮鰥寡."; 「君陳」: "昔周公師保萬民, 民懷其德."
47 이런 측면에서, "군주제에서 정치도덕은 당연히 군주 개인의 도덕품행과 규범을 우선으로 한다. 군주 개인의 품덕은 정치를 실천하는 과정에서 정치도덕으로 드러난다. 주인(周人)들은 군주 개인의 덕행과 정치적 도덕성격이 정치의 안정성을 유지하는 데 중요한 작용을 한다는 사실을 명확하게 인식하고 있었다."는 陳來의 주장은 설득력을 갖는다.(陈来, 2009, 296쪽)
48 이에 관한 자세한 내용은 张德苏, 2008, 77~79쪽 참조.
49 张德苏, 2008, 96쪽.
50 张德苏, 2008, 109~110쪽.

은 주례의 초기 정신을 천자 스스로 폐기한 결과물이었으며, '예괴악붕'이 본격적으로 나타나기 시작하는 춘추시대는 바로 이 동천으로부터 비롯되었다.

정점에서부터 무너지기 시작한 주례의 질서는 '패제후覇諸侯'의 등장으로 본격화된 '존왕尊王'의식의 약화에서 분명하게 확인할 수 있다. 『주례』에서는 제후가 천자를 조근朝覲하는 예를 이른바 '육례六禮'라 하여 여섯 가지 유형으로 분류해 밝히고 있다.[51] 조근은 "제후가 자신이 왕의 신하임을 자각하는 것"을 가장 본질적 이유로 삼고 있다.[52] 따라서 그것을 수행하지 않았을 때는 '토벌'의 명분을 제공할 만큼 엄중한 예제였다.[53] 하지만 춘추시대에는 천자보다 패제후를 '조근'하러 가는 빈도가 훨씬 높아진다. 『춘추』에 따르면, 당시 제후국이었던 노魯의 경우 천자가 있는 경사京師를 찾은 것은 일곱 차례에 불과하지만, 같은 기간에 진晉을 찾은 것은 스물여덟 차례나 된다.[54] 고동고顧棟高(1679~1759)는 이러한 상황에 대해 다음과 같이 설명하고 있다.

동천 이후로 왕정(王政)은 기강이 없고 제후는 방자하여 갔다. 이에 열방들은 조근(朝覲)의 예를 수행하지 않았고, 천자가 하빙(下聘)을 하는 상황이었다. (…중략…)천자가 내빙(來聘)을 일곱 차례나 했지만, 노(魯)의 대부가 주(周)를 빙문(聘問)[55]한 것은 겨우 네 차례였다. 하지만 제

---

51 『周禮』「春官·大宗伯」: "春見曰朝, 夏見曰宗, 秋見曰覲, 冬見曰遇, 時見曰會, 殷見曰同."
52 『禮記』「樂記」: "朝覲, 然後諸侯知所以臣."
53 『左傳』「隱公9年」: "宋公不王, 鄭伯爲王左卿士, 以王命討之."
54 杨伯峻, 1990, 478쪽.
55 『禮記』「王制」: "諸侯之於天子也, 比年一小聘, 三年一大聘, 五年一朝."

(齊)를 빙문한 것은 열여섯 차례에 이르렀고, 진(晉)을 빙문한 것은 스물네 차례에 이르렀다. (…중략…) 노의 사례를 통해 천하를 알 수 있으니, 왕실이 쇠미하여 제후들이 신하의 도리를 다하지 않았음을 개략적으로 확인할 수 있다.[56]

이렇게 천자에게 조근을 하지 않는 것은 차치하고라도, 천자의 장례마저도 제후가 직접 참여하지 않고[57] 상경上卿도 아닌 하경下卿을 대신보내는 지경에 이르렀다.[58] 이에 반해, 강대국 제후의 장례에는 많은제후들이 직접 참여하였을 뿐 아니라,[59] 패제후의 첩이 죽었을 때조차제후가 직접 조문을 갔다.[60] 이러한 당시 실정들은 주례의 질서체계가이미 심각하게 붕괴되어가고 있었음을 보여준다. 물론 춘추시대는 전국시대에 비하면 그나마 나은 편이라고 할 수도 있다. 비록 '명분의 구실'이었을망정 주례의 질서에 대한 전면적 부정으로 흐르지는 않았기때문이다.[61] 하지만 춘추시대에 이미 예악禮樂을 기반으로 하는 전통적

---

56 『春秋大事表』卷17上,「賓禮表」:"東遷而後, 王政不綱, 諸侯放恣. 于是列邦不修朝覲之禮, 而天王且下聘矣. (…중략…) 天王來聘者七, 而魯大夫之聘周者僅四, 其聘齊至十有六, 聘晉至二十四. (…중략…) 由魯以知天下, 而王室之微, 諸侯之不臣, 槪可見矣."

57 천자의 장례에 제후가 직접 참여해야 하는 것은 다음에서 확인할 수 있다.『左傳』「隱公元年」:"天子七月而葬, 同軌畢至. 諸侯五月, 同盟至. 大夫三月, 同位至. 士踰月, 外姻至." 참고로 '동궤(同軌)'는 제후들을 가리킨다.

58 『左傳』「襄公29年」:"葬靈王, 鄭上卿有事, 子展使印段往. 伯有曰, '弱, 不可.' 子展曰, '與其莫往, 弱不猶愈乎!'"

59 『左傳』「襄公29年」:"夏四月. 葬楚康王, 公及陳侯·鄭伯·許男送葬, 至于西門之外, 諸侯之大夫皆至于墓."

60 『左傳』「昭公2年」:"晉少姜卒. 公如晉, 及河, 晉侯使士文伯來辭曰, '非伉儷也. 請君無辱.' 公還."

61 顧炎武,『日知錄』卷13,「周末風俗」:"如春秋時猶尊禮重信, 而七國則絶不言禮與信矣. 春秋時猶宗周王, 而七國則絶不言王矣. 春秋時猶嚴祭祀·重聘享, 而七國則無其事矣. 春秋時猶論宗姓氏族, 而七國則無一言及之矣."

가치는 '힘[力]'과 '이익[利]'라는 새로운 지배가치의 강력한 도전을 받고 있었던 것 또한 사실이다.[62]

이 당시 제후들이 보인 예악에 대한 태도는 '월분참용越分僭用'이라는 말로 규정된다. 당시 제후들의 '월참越僭' 사례는 다양한 영역에서 폭넓게 진행되었는데, 일례로 '정료庭燎(궁정에 밝히는 횃불)' 문제를 들 수 있다. 정료는 천자만이 100개를 사용할 수 있으며, 공公은 50개, 후侯·백伯·자子·남男은 각각 30개를 사용하도록 규정되어 있었다. 그러나 제齊의 환공桓公이 처음 100개의 정료를 사용한 이후 모든 제후들도 뒤따라 100개를 참용하기 시작했다.[63] 제후들의 이러한 스스럼없는 월참의 사례는 대부들에게도 일반화되어, 관중管仲의 '삼귀三歸'·'색문塞門'·'반점反坫'[64]이라든가 계씨季氏의 '팔일무八佾舞'[65]와 삼가三家의 '옹철雍徹'[66] 등이 공자의 개탄을 자아냈다. 이밖에도 춘추 중기에 오면, 제후들은 이미 수장품隨葬品으로 천자에게만 허용된 구정九鼎을 사용하기 시작하였고, 제후의 경卿이나 상대부上大夫들은 제후들의 제도인 칠정七鼎을 사용하였으며, 하대부下大夫들은 오정五鼎, 원사元士들도 삼정三鼎을 사용했다."[67] 월참은 신하인 제후가 임금인 천자보다, 혹은 신하인 대부가 임금인 제후보다 더 큰 힘을 가졌을 때 자행된다. 이는 더욱 강력한 힘에

---

62 张德苏, 2008, 147쪽.

63 『禮記』「郊特生」: "庭燎之百, 由齊桓公始也."【鄭玄注】: "僭天子也. 庭燎之差, 公蓋五十, 侯·伯·子·男皆三十."

64 『論語』「八佾」: 子曰: "管仲之器小哉!" 或曰: "管仲儉乎?" 曰: "管氏有三歸, 官事不攝, 焉得儉?" "然則管仲知禮乎?" 曰: "邦君樹塞門, 管氏亦樹塞門. 邦君爲兩君之好, 有反坫, 管氏亦有反坫. 管氏而知禮, 孰不知禮?"

65 『論語』「八佾」: 孔子謂季氏, "八佾舞於庭, 是可忍也, 孰不可忍也?"

66 『論語』「八佾」: 三家者以雍徹. 子曰: "'相維辟公, 天子穆穆', 奚取於三家之堂?"

67 印群, 1999年 第4期. (张德苏, 2008, 137쪽에서 재인용)

의해 자신의 행위가 제어 받지 않을 때 나타나는 현상으로, 자기 제어력을 상실한 사회지도층의 자기과시욕이 표출된 전형적인 사례이다. 따라서 이들은 자신들의 행위가 부당한 것으로 지탄 받을 수 있는 전통의 규범들에 대해서는 명시된 문적文籍 자체를 없애버리는 일까지도 자행하였다.[68]

왕실의 쇠락과 제후가 패覇를 자칭하는 국면에서 패주霸主가 천자를 앞세우고 제후들에게 명령할 때 그의 실제 지위는 점점 천자와 맞먹게 되었다. 따라서 그들은 자신들에게 걸맞는 새로운 예제가 필요했다.[69] 또한 천자와 제후의 관계보다는 제후국들간의 사회적 교왕이 과거에 비해 매우 빈번해졌다. 따라서 교왕에서 빠뜨릴 수 없는 읍양揖讓·주선周旋으로 일컬어지는 의식절차로서의 예에 대한 수요는 서주시기에 비해 비약적으로 증대되었다. 이러한 변화된 상황으로 말미암아 '예악'의 전문가들은 각국으로부터 매우 중시되었고, 그 결과 예악은 준행의 빈도와 실물의 제작 면에서 활발하게 진보를 이루었음에 틀림없다. 이것이 이른바 '예괴악붕'에 반대하는 측 주장의 강력한 근거이다.[70]

여기에서 '예란 무엇인가?'라는 매우 본질적이고 중요한 물음이 제기된다. 이 물음은 '예의 기원'에 대한 물음도 아니고, '예의 내용'에 대한 물음도 아니다. '예의 의미'에 대한 물음이고, '예의 존재이유'에 대한 물음이다. 앞에서 살펴본 바와 같이, 주례가 제정되던 당시에는 절

---

68 『孟子』「萬章下」: 北宮錡問曰 : "周室班爵祿也, 如之何?" 孟子曰 : "其詳不可得而聞也, 諸侯惡其害己也, 而皆去其籍."; 『前漢書』卷30, 「藝文志」: "及周之衰, 諸侯將踰法度, 惡其害己, 皆滅去其籍."
69 邹昌林, 2000, 62쪽.
70 张德苏, 2008, 148쪽.

박한 고민이 있었고, 절실한 문제의식이 있었다. 그러한 고민과 문제의식을 합리적이고 이상적인 방식으로 풀어낸 전장제도典章制度가 이른바 '주례'였다. 그리고 주인周人들은 이 주례를 통해 획기적으로 정국을 안정시켰고, 문화를 발전시켰다. 그러나 무형의 정신은 선왕들과 함께 사라졌고, 유형의 제도만이 후왕들에게 전승되었다.

정신이 결여된 제도는 오히려 '힘'의 논리 앞에서 조작되고 농락당했다. 조작과 농락이 허락된 예는 형식상으로는 풍성한 발전을 이룩했지만, 그것은 이미 본래의 '예'가 아니었다. 예는 정신이 본질인가, 형식이 본질인가? 질서를 염두에 두고 제정된 예가 오히려 질서를 무너뜨린 자들의 장식품이 되어버린 후에도 동일한 존재이유를 가질 수 있는가? '정신'이 사라진 순간 '예'도 붕괴한 것인가, 아니면 '형식'의 발전으로 '예'는 진보한 것인가? '예괴악붕'이라는 말은 바로 이러한 문제의식을 내함한 표현이며, 그러한 문제의식은 자연스럽고도 당연하게 '예' 개념의 분화를 낳았다.

'예禮'는 가장 먼저 '의식[儀]'과 분화되었다.[71] 예가 구체화된 형식이 의식이고, 의식을 통해 구현하고자 하는 본질이 예라고 보면, 본래 예와 의식은 같은 것이었다.[72] 하지만 예의 본질이 붕괴되면서 사람들은, 형식으로서만 행해지는 예와 그것에 내재했던 본질로서의 예를 각각 의식[儀]과 예禮로 구분해 인식하게 되었던 것이다.[73] 이후 예개념은 '질

71　"是儀也, 不可謂禮."(『左傳』「昭公5年」); "是儀也, 非禮也."(『左傳』「昭公25年」)

72　"三月, 公如楚. 鄭伯勞于師之梁. 孟僖子爲介, 不能相儀."(『左傳』「昭公7年」) 중 '상의 (相儀)'라는 말과 "九月, 公至自楚. 孟僖子病不能相禮, 乃講學之, 苟能禮者從之."(『左傳』「昭公7年」) 중 '상례(相禮)'는 말이 같은 내용을 가리킨다는 사실에서도 '예(禮)' 와 '의(儀)'는 본래 밀접한 관계에서 상통하는 것이었음을 알 수 있다.

73　이와 관련한 자세한 논의는 刘泽华, 1987, 50~51쪽 참조.

質'과 '문文'으로 분화되기도 하였고,[74] 다시 '의義'와 '수數'로 분화되기도 하였다.[75] 이러한 당시의 예개념의 분화현상을 예괴악붕의 산물로 본 최근의 한 연구에서는, 이를 '예의禮義'와 '예의禮儀'의 분화로 정리하고 그것은 곧 '의리義理'와 '형식形式'의 문제였다고 분석하였다.[76] 그리고 이러한 예개념의 분화과정을 거치면서 바야흐로 예는 사상사의 맥락에서 논의되게 되었고, 철학의 층차를 향해 발전하게 되었다.[77] 특히 유가儒家의 대두가 이와 밀접한 관계를 갖는다는 점에서 그렇다.

2) '예의禮義' 중시와 '극기복례克己復禮'

공자로부터 기원한 유가는 태생적으로 예와 매우 밀접한 관계 위에 있다. "제자諸子 중 묵자墨子 이외에는 모두 직업에서 유래했다"[78]는 사실에서 알 수 있듯이, '유儒' 역시 그 내원은 일종의 직업에서 비롯되었다고 보는 것이 일반적이다. 직업으로서의 '유'의 기원에 관해서는 몇 가지 설이 있는데, 『전한서前漢書』「예문지藝文志」에서는 주대의 '사도司徒'로부터 유래했다고 전하고 있고,[79] 『주례』에 나오는 '사師·유儒'[80]에서 비롯되었다고 보는 견해도 있다.[81] 하지만 '유'라는 직업이 기본적으로 '치상治喪·상례相禮·교학敎學'(胡适), '교서敎書·상례相禮'(冯友兰), '직업예생職業禮

---

74 『論語』「雍也」: 子曰, "質勝文則野, 文勝質則史. 文質彬彬, 然後君子."

75 『禮記』「郊特生」: "禮之所尊, 尊其義也, 失其義, 陳其數, 祝史之事也."

76 邹昌林, 2000, 64쪽.

77 刘丰, 2003, 39쪽.

78 傅斯年, 1996,「戰國子家敍論」, 289쪽.

79 『前漢書』「藝文志」: "儒家者流, 蓋出於司徒之官, 助人君順陰陽明敎化者也."

80 『周禮』「天官」: "三曰, 師以賢得民. 四曰, 儒以道得民."【鄭玄注: "師, 諸侯師氏, 有德行以敎民者. 儒, 諸侯保氏, 有六藝以敎民者."

81 이 견해는 章太炎, 『國故論衡』 참조.(梁家荣, 2010, 5쪽에서 재인용)

生'(勞思光),[82] '예 교육자相禮者'(윤사순)[83] 등 '예'와 밀접한 관련이 있었다는
점에 학자들의 견해는 대체로 일치한다. 공자 역시 이 '유'라는 직업군에
속한 인물이었다. 공자는 그 자신이 '예에 대한 지식이 많은 사람知禮者'
으로서 당시에 명망이 있었던 것은 물론이고,[84] 제자들을 가르치는 데 있
어서도 예를 매우 중시했던 사실 등이 이를 입증한다.[85]

  이렇게 유가 역시 '유'라는 직업군에서 유래하였지만, 소인유小人儒가
아닌 군자유君子儒를 지향한 공자 이래의 전통에 의해 기존의 '유'와는
다른 차원으로 고양된다.[86] 물론 여기에서 말하는 군자유와 소인유가
엄밀하게 어떤 점에서 어떻게 구분되는지에 대한 공자의 분명한 설명
이 없기 때문에 그 의미를 단정하기는 어렵다. 하지만 '유'가 본래 예
와 깊은 관련을 갖는 직업군에 속했음을 상기한다면, 군자유와 소인유
의 구분 역시 예를 다루는 방식 또는 태도로부터 추론할 이유는 충분
하다.[87] 그리고 이러한 추론이 가능하다면, 예를 다루는 방식이나 태
도는 곧 앞에서 언급했던 '예괴악붕'의 현실에서 대두한 예의禮義와 예

---

82 이와 관련해서는 梁家榮, 2010, 10~16쪽 참조.
83 윤사순, 1993, 510쪽.
84 『論語』「八佾」: 子入太廟, 每事問. 或曰: "孰謂鄹人之子知禮乎? 入太廟, 每事問." 子
    聞之曰: "是禮也."
85 『論語』「子罕」: 顔淵喟然歎曰, "… 夫子循循然善誘人, 博我以文, 約我以禮, 欲罷不
    能.";『論語』「述而」: 子所雅言, 詩·書·執禮, 皆雅言也.;『論語』「季氏」: 他日, 又獨
    立, 鯉趨而過庭. 曰, "學禮乎?" 對曰: "未也." "不學禮, 無以立."
86 『論語』「雍也」: 子謂子夏曰: "女爲君子儒, 無爲小人儒."
87 하지만 그동안 군자유와 소인유를 예와의 관련성 속에서 다룬 사례를 찾기는 어렵다. 예
    컨대『論語注疏』에서는【注】"君子爲儒, 將以明道. 小人爲儒, 則矜其名."【疏】"言人博
    學先王之道, 以潤其身者, 皆謂之儒. 但君子則將以明道, 小人則矜其才名."이라 했고,
    『論語集註』에서는 "儒, 學者之稱. 程子曰君子儒爲己, 小人儒爲人."이라 했다. 이는 모
    두 '유'를 '학자'라는 의미로 다루었기 때문이다. 최근의 梁家榮 역시 '유'의 기원' 문제
    를 상세하게 다루면서도, 이를 '교학'과의 관련성 속에서만 취급하고 있다.(梁家榮,
    2010, 11~12쪽)

의禮儀의 분화와 연계하여 이해할 수 있을 것이다. 즉, 예를 다루는 유자로서 '의義'에 입각하면 군자유, '의儀'에 입각하면 소인유라는 것이다. 이러한 추론은 예에 대한 공자의 이해를 검토함으로써 확인할 수 있다.

공자는 당시 상황을 무도한 세상이라고 진단하고 이러한 당시의 흐름을 바꾸어보고자 노력했다.[88] 공자가 천하의 유도와 무도를 판단하는 지표는 예악과 형벌을 운용하는 주체가 누구인가에 의한 것이었다.

> 천하가 유도하면 예악과 정벌이 천자에게서 나오고, 천하가 무도하면 예악과 정벌이 제후에게서 나온다.[89]

여기에서 말하는 '예악'과 '정벌'은 정상正常 혹은 비상非常의 상황에서 취하게 되는 정치적 행위를 나타내는 것으로, 주례에 제정된 내용을 대표하는 개념들이라 할 수 있다.[90] 따라서 이를 운용하는 주체가 천자라는 것은 곧 주례가 실현되고 있다는 뜻이고, 그 주체가 제후라는 것은 곧 주례가 붕괴되었다는 뜻이다. 주례가 실현되는 상황을 '유도有道',

---

88 『論語』「微子」: 長沮桀溺耦而耕, 孔子過之, (…중략…) 曰, "滔滔者天下皆是也, 而誰以易之?" (…중략…) 夫子憮然曰, "鳥獸不可與同羣, 吾非斯人之徒與而誰與? 天下有道, 丘不與易也."

89 『論語』「季氏」: 孔子曰, "天下有道, 則禮樂征伐自天子出, 天下無道, 則禮樂征伐自諸侯出."

90 예악은 말할 것도 없고, 정벌에 대해서도 주례는 아홉 가지 유형[九伐]을 규정하고 있다. 『周禮』「夏官・大司馬」: "以九伐之灋正邦國. 馮弱犯寡則眚之, 賊賢害民則伐之, 暴內陵外則壇之, 野荒民散則削之, 負固不服則侵之, 賊殺其親則正之, 放弑其君則殘之, 犯令陵政則杜之, 外內亂鳥獸行則滅之.";『大戴禮記』「朝事」: "明九伐之法, 以震威之."

주례가 붕괴되는 상황을 '무도無道'의 지표로 공자가 각각 언급한 것은 이 때문이다. 그리고 이러한 공자의 언급은 당시가 무도한 세상임을 제시하기 위한 것이었다. 실제로 오패五霸의 출현과 함께 예악은 조작·농락되었고, 정벌이라는 허울을 쓴 의롭지 않은 병탄이 자행되어 온 지도 이미 오래 되었다.[91] 공자 당시에는 심지어 국정이 제후가 아닌 대부大夫와 배신陪臣들에 의해 전횡되는 지경에 이르게 되었다.[92] 이는 '무도'가 더욱 극을 향해 치닫고 있는 증거로서, 공자는 이러한 비정상적이고 혼란스러운 상황은 결코 오래가지 못할 것이라는 말로 자신의 비판적입장을 표명하였다.[93]

여기에서 알 수 있는 바와 같이 공자가 당시를 '무도'로 규정한 지표는 곧 '예괴악붕'의 상황이다. 따라서 공자는 이와 같은 예괴악붕의 상황을 여러 곳에서 비판하고 개탄하였다. 예를 들면, 제후만이 설치할 수 있는 '색문塞門'과 '반점反坫'을 대부인 관중管仲이 자신의 집에 설치한 것에 대해 비판하였는가 하면,[94] 특히 한낱 대부로서 월분越分하여 천자의 예를 참용僭用한 노魯나라의 계씨季氏 등에 대한 개탄은 매우 준열하다.

---

91 『좌전』은 당시 초나라가 한천(漢川) 지역을 모두 차지했다고 기록하고 있고,(『左傳』「定公4년」: "周之子孫在漢川者, 楚實盡之." 참고로 范文瀾에 따르면 초나라 혼자서만 춘추 전후로 45국을 병탄했다고 한다. 范文瀾, 1994, 37쪽)『한비자』는 진(晉)나라 헌공(獻公) 때만 17국을 병탄하고 38국을 복속시켰다고 전한다.(『韓非子』「難一」: "昔者吾先君獻公, 幷國十七, 服國三十八") 맹자(孟子)는 이러한 전쟁들 중에 의로운 전쟁은 없었다고 지탄한 바 있다.(『孟子』「盡心下」: "春秋無義戰. 彼善於此, 則有之矣")

92 『論語』「季氏」: 孔子曰, "祿之去公室五世矣, 政逮於大夫四世矣."

93 『論語』「季氏」: "自諸侯出, 蓋十世希不失矣, 自大夫出, 五世希不失矣, 陪臣執國命, 三世希不失矣."

94 『論語』「八佾」: "邦君樹塞門, 管氏亦樹塞門. 邦君爲兩君之好, 有反坫, 管氏亦有反坫. 管氏而知禮, 孰不知禮?"

공자가 계씨(季氏)를 두고 말했다. 팔일(八佾)을 제 집 뜰에서 춤추게 하였으니, 이를 차마 할 수 있다면 무엇인들 차마 못하겠는가?[95]

삼가(三家)가 제 집 제사에서 철상을 할 때 『시경(詩經)』의 「옹(雍)」[96]을 부르게 하였다. 이에 관해 공자는 "'제사를 돕는 이는 제후들이요, 천자께서는 경건하시다'라는 시편을 어찌하여 삼가의 당에서 취하는가?"라고 하였다.[97]

권력을 가졌다는 것은 곧 무엇인가를 할 수 있는 '힘'을 가졌다는 뜻이다. 특히 최고권력자의 '힘'은 누군가에 의해 제재되지 않기 때문에 스스로 제어하지 않으면 '무소불위'가 될 수 있다. 주례가 추구한 질서는 각각의 구성원들이 자신의 위치에 따른 한계를 자각하고 그 한계를 넘어서지 않을 것을 전제로 보장된다. 그런 의미에서 수많은 예의 조문들은 각각의 한계에 대한 규정들이며, 이러한 규정들은 '힘'의 오용 내지 남용을 방지하려는 목적을 갖고 있다. 그렇다면 예란 힘의 논리보다 높은 차원에서 힘을 제어할 수 있는 합의된 '권위'라고 할 수 있다. '예괴악붕'의 시대는 '힘'의 이동과 함께 도래하였다. 천자에서 제후로, 다시 제후에서 대부로 '힘'이 이동하면서, 예는 자신의 본래적 '권위'를 잃고 '힘'의 논리에 의해 조작되고 농락되었다. 위의 두 사례에서 공자가 읽어낸 문제는 바로 '힘'의 논리에 의해 붕괴된 예악의 현실이며, 그

---

95 『論語』「八佾」: 孔子謂季氏, "八佾舞於庭, 是可忍也, 孰不可忍也?"
96 『詩經』「周頌」의 「雝」편을 가리킴.
97 『論語』「八佾」: 三家者以雍徹. 子曰, "'相維辟公, 天子穆穆', 奚取於三家之堂?"

러한 현실이 주는 우려는 그 '힘'이 '무소불위'로 폭주할 가능성이다. "이를 차마 할 수 있다면 무엇인들 차마 못하겠는가?"라는 개탄이 이를 잘 보여준다.

여기에서 한 가지 분명히 해두어야 할 것은, 공자가 형식[禮儀]의 붕괴를 개탄한 것이 아니라 본질[禮義]의 붕괴를 개탄하고 있다는 사실이다. 즉, 팔일무가 엉터리로 공연되었다거나 「옹」편을 노래할 때 그 내용이 틀려서 이를 개탄한 것이 아니라는 것이다. '일佾'의 차등을 통해 구축하고자 했던 질서가 '힘'의 논리 앞에 무의미해졌음에 대한 개탄이고, 「옹」에 묘사된 천자와 제후들 사이에 엄존했던 질서가 '힘'의 논리 앞에 무기력해졌음에 대한 개탄이다. 본질[禮義]의 붕괴에 대한 이와 같은 개탄은 공자가 형식이 아닌 본질에 중점을 두고 예에 접근했음을 보여준다. 그렇기 때문에 공자는 임방林放이 '예의 본질'에 대해 묻자, "훌륭한 물음"이라고 격려하면서 형식보다는 본질적 내용이 중요하다고 답한 바 있다.[98] 뿐만 아니라, 제후만이 봉내封內의 명산대천에 여제旅祭를 지낼 수 있음에도[99] 대부인 계씨가 태산泰山에 여제를 지내자, 공자는 "태산이 임방만 못하겠느냐?"고 질타했다.[100] 봉내의 명산대천에 여제를 지낼 수 있는 권한이 제후에게만 주어졌다는 것은 여제라는 예가 이미 봉건의 질서체계를 전제로 성립하고 있음을 뜻한다. 더구나 그러한 봉건의 질서체계가 이미 우주자연과의 동일한 체계 속에서 구성된 것이라는 주례의 믿음이 있었기에, 공자는 이를 무시한 계씨의 여제가 비

---

98 『論語』「八佾」: 林放問禮之本. 子曰, "大哉問! 禮, 與其奢也寧儉, 喪, 與其易也寧戚."
99 『禮記』「王制」: "諸侯祭名山大川之在其地者."
100 『論語』「八佾」: 季氏旅於泰山. 子謂冉有曰, "女弗能救與?" 對曰, "不能." 子曰, "嗚呼! 曾謂泰山不如林放乎?"

록 그 의식절차는 완벽하게 준행되었다 해도 태산이 흠향하지 않을 것이라며 본질의 층위에서 질타했던 것이다.

이렇게 형식으로서의 예의禮儀보다 본질로서의 예의禮義를 더욱 중시한 공자는 이를 다음과 같은 말로 정리한다.

> 공자께서 말씀하셨다. "예(禮)에 대해 말들 하지만, 그것이 옥이나 비단을 주고받는 것을 말하는 것이겠는가? 악(樂)에 대해 말들 하지만, 그것이 종이나 북을 연주하는 것을 말하는 것이겠는가?"[101]

여기에서 옥백과 종고는 각각 예와 악의 가시적 실물로서, 이들을 통해 예악은 실제상황에 표현된다. 예악은 사람들에게 가시적 형태로 전달되고 인지되기 때문에, 종종 이들 실물을 예악 그 자체라고 오해하곤 한다. 하지만 예악은 본래 '무엇'인가를 표현하기 위해 제정된 제도이고, 그 '무엇'을 가시적 형태로 표현하기 위해 준비된 실물이 옥과 비단이고 종과 북이다. 그렇다면 옥이나 비단과 종이나 북은 예악의 수단일 뿐이며, 이를 통해 표현하고자 한 그 '무엇'이 예악을 행하는 이유임은 당연하다. 공자는 위의 말을 통해, 수단에 불과한 가시적 형식[禮儀]보다 이유에 해당하는 본질[禮義]을 더욱 중시할 필요가 있음을 제기한 것이다.

그렇다면 공자가 중시한 예의 본질이란 구체적으로 무엇일까? 공자는 예의 본질로서 '의義'에 주목한다. 공자는 "의를 바탕으로 삼고, 예로 이것을 이행한다"[102]고 분명하게 언급함으로써, '의'를 예의 본질로

---

101 『論語』「陽貨」: 子曰, "禮云禮云, 玉帛云乎哉? 樂云樂云, 鐘鼓云乎哉?"
102 『論語』「衛靈公」: 子曰, "君子義以爲質, 禮以行之."

보았다. 공자가 언급한 '의'는 정확하게 '이利'와 대비되는 개념이다.[103] '이'는 사사로움[私己]을 위주로 하기 때문에 큰일을 이루지 못하게 하는 원인이 되며,[104] 따라서 '이'에 의거하여 판단하고 행동하게 되면 원망[怨]을 사게 된다고 공자는 경계한다.[105] 자신만을 생각하기보다 타인의 입장을 고려할 때 원망[怨]이 없게 된다는 공자의 언급들에 비추어 보면,[106] '이'가 사사로움을 위주로 하는 개념임은 더욱 분명해진다. 그렇다면 '이'에 대비되는 '의'는 당연히 공공성을 지향하는 개념임을 알 수 있다. 무도한 세상에 부귀를 누리는 것이 부끄러운[107] 까닭은 그것이 의롭지 않기 때문이다.[108] 그렇기 때문에 공자는 항상 이로움 앞에서 의로움을 생각하라고 주문했고,[109] "의로움을 보고도 실천하지 않는 것은 용기가 없는 것"[110]이며 "의로움에 관해 듣고도 그 방향으로 자신을 옮겨가지 못하는 것"이 자신의 근심거리라고 말했다.[111]

또한 '의義'는 보통 '의宜'의 의미로 정의된다.[112] 공자에게서는 아직 그와 같이 구체적 정의의 단계로까지 나아간 언급은 보이지 않지만, 그

---

103 『論語』 「里仁」 : 子曰, "君子喩於義, 小人喩於利."
104 『論語』 「子路」 : 子夏爲莒父宰, 問政. 子曰, "無欲速, 無見小利. 欲速, 則不達, 見小利, 則大事不成."
105 『論語』 「里仁」 : 子曰, "放於利而行, 多怨."
106 『論語』 「顔淵」 : 仲弓問仁. 子曰, "己所不欲, 勿施於人. 在邦無怨, 在家無怨.";「衛靈公」: 子曰, "躬自厚而薄責於人, 則遠怨矣."
107 『論語』 「泰伯」 : "邦無道, 富且貴焉, 恥也."
108 『論語』 「述而」 : "不義而富且貴, 於我如浮雲."
109 『論語』 「憲問」 : "見利思義";「季氏」: "見得思義."
110 『論語』 「爲政」 : "見義不爲, 無勇."
111 『論語』 「述而」 : 子曰, "德之不修, 學之不講, 聞義不能徙, 不善不能改, 是吾憂也."
112 "義者, 宜也."(『禮記』 「中庸」); "義者, 謂其宜也, 宜而爲之."(『韓非子』 「解老」); "義者, 謂各處其宜也."(『管子』 「心術上」); "行充其宜, 謂之義."(『新書』 「道術」); "義, 宜也, 裁制事物使合宜也."(『釋名』 4, 「釋言語」); "行而宜之之謂義."(『韓昌黎全集』 「原道」)

런 방향으로 이해될 수 있는 가능성의 단초는 이미 발견된다. 의宜는 대체로 '적당함' 또는 '적절함'을 나타내는 말로서, 구체적 상황에서 취할 수 있는 가장 합당한 방식을 가리킨다. 그러나 적당함이나 적절함은 고정된 형태로 '존재하는 것'이 아니라, 항상 구체적 상황에서 여러 요인들을 감안해 '찾아야 하는 것'이다. 따라서 그것은 항상 권형짐작權衡斟酌을 전제로 할 때 가능하다. 다음 공자의 말은 의義의 이러한 성격이 예의 운용에 본질로서 어떻게 작동하는지를 잘 보여준다.

> 공자께서 말씀하셨다. "마(麻)로 면(冕)을 만드는 것이 예이지만, 오늘날에는 순(純)으로 만들고 있다. 검박하기 때문에 나는 여러 사람들이 하는 방식을 따른다."[113]

면冕은 원래 30승升의 마포麻布로 제작되었는데,[114] 이때 승은 80올[縷]을 가리킨다.[115] 따라서 원래의 예대로 하자면 2,400올로 짠 마포로 면을 제작해야 한다. 이와 같은 마포를 짜기 위해서는 고정된 베틀의 폭에 2,400올의 마를 앉혀야 하고, 그러려면 마의 한 올 한 올이 대단히 가늘어야 하며, 그것은 오롯이 엄청난 수공의 노고로 직결된다. 그런데 공자 당시에는 면을 이런 마가 아닌 실[絲]로 짠 순純으로 제작하고 있었다.

이처럼 예가 변형을 보일 때 어떻게 판단해야 할까? 이런 경우에 요구되는 것이 바로 권형짐작을 통해 '적절함宜'을 찾아가는 것이다. 위

---

113 『論語』「子罕」: 子曰, "麻冕, 禮也, 今也純, 儉, 吾從衆."
114 『論語注疏』: 【注】孔曰, "冕, 緇布冠也, 古者績麻三十升布, 以爲之."
115 『儀禮』「喪服」: "冠六升, 外畢." 【鄭玄注】"布八十縷爲升."

에서 공자는 원형의 마가 아닌 순으로 제작한 변형된 면을 사용하겠다고 말하고, 그 이유로 '검박함[儉]'을 들었다. 이 '검박함'은 공자가 이미 예의 본질로 언급했던 것이다.[116] 마면이 해당 예의 '원형'이라는 점에서 매우 신중하게 접근해야 할 필요는 있겠지만,[117] 그 역시도 '원형'인 이상 '원칙'과 동의어일 수는 없다. '검박함'을 취한 데서 알 수 있듯이, '원형'에 집착하게 되면 자칫 형식의 '사치스러움'으로 변질될 우려가 있기 때문이다. 따라서 공자는 '원형'이 아닌 '원칙'의 입장에서 가장 합당한 방식[宜]을 선택한 것이다.

그러나 이러한 권형짐작이 결코 현실상황이 요구하는 대로 따라가는 것을 의미하는 것은 아니다. 왜냐하면 권형짐작은 언제나 절대기준으로서의 원칙 위에서 시행되어야 하기 때문이다. 공자가 예의 운용과 관련하여 현실상황만을 추수하지 않았다는 사실은 윗글에 이어지는 내용을 통해 확인할 수 있다. 공자는 당시 신하들이 임금을 알현할 때 당하에서 절[拜]을 올리는 것이 예임에도 모두 당상에서 절을 하는 행태를 두고, "비록 여러 사람들이 하는 방식에 위배되더라도 나는 당하에서 하겠다"고 하였다. 공자는 그 이유로 '교만함[泰]'을 들었다.[118] 이는 공

---

[116] 『論語』「八佾」: 林放問禮之本. 子曰, "大哉問! 禮, 與其奢也寧儉, 喪, 與其易也寧戚." 여기에서 공자는 검박함[儉]을 사치함[奢]과 대비해서 설명하고 있다. 이러한 대비는 다음에서도 확인할 수 있다.「述而」: 子曰, "奢則不孫, 儉則固. 與其不孫也, 寧固." 그리고 뒤이어 구체적 사례로 상(喪)을 언급하면서 '사치함'에 '세련됨'[易]을 대입했고, '검박함'에는 '슬픔'[戚]을 대입했다. "차라리"[寧]라는 말에는, 당시 예는 사치스럽고 세련되기만 하면 즉, 형식[禮儀]만 잘 꾸미면 된다고 생각하는 데 대해 본질[禮義]의 중요성을 강조한 공자의 강한 비판의식이 담겨있다.

[117] 공자는 예의 '원형'을 보존하는 것도 매우 중요하다고 보았는데, 이는 "애례존양(愛禮存羊)"에 관한 논의를 통해 확인할 수 있다.(『論語』「八佾」: 子貢欲去告朔之餼羊. 子曰, "賜也! 爾愛其羊, 我愛其禮")

[118] 『論語』「子罕」: "拜下, 禮也, 今拜乎上, 泰也. 雖違衆, 吾從下."

자가 예와 관련하여 '여러 사람들을 따를 것[從衆]'이냐 '여러 사람들을 어길 것[違衆]'이냐를 고려하기보다는, 어떤 것이 더욱 예의 본질에 부합한 것인지를 최우선으로 고려했음을 보여준다.

원칙이 결여된 권형짐작은 상황논리에 매몰되고, 권형짐작이 작동하지 않는 원칙은 완고한 교조가 된다. 그래서 공자는 "군자는 천하에서 꼭 그래야만 한다는 것도 없고, 꼭 그러지 말아야 한다는 것도 없으며, 의와 함께할 뿐"이라고 말한다.[119] 여기에서 "꼭 그래야만 한다는 것도 없고, 꼭 그러지 말아야 한다는 것도 없다"고 한 것은 모든 상황에 항상 권형짐작의 가능성을 열어둔다는 뜻이고,[120] "의와 함께 한다"는 말은 그 모든 권형짐작은 반드시 '원칙'에 따를 것임을 분명히 한 것이다.

이렇게 의라는 개념은 첫째, 사사로움[私]을 극복하고 공공성[公共]을 지향한다는 점과 둘째, 원칙에 근거하여 권형짐작을 수행함으로써 적절성[宜]을 모색한다는 점에서 예의 본질이 된다. 그런데 이 두 가지 중에 전자가 더욱 본질적인 것으로, 후자에서 말하는 원칙에 해당한다. 왜냐하면 예가 현실에 구현될 때 합당함[宜]을 획득하기 위해서는 행례의 주체가 사사로움이 아닌 공공성을 지향하는 방향에서 권형짐작을 수행해야 하기 때문이다. 다시 말하면, 공공성에 대한 지향이 곧 원칙의 기조 위에서 권형짐작을 작동하게 만든다는 것이다. 이는 애초 주례

---

119 『論語』「里仁」: 子曰: "君子之於天下也, 無適也, 無莫也, 義之與比."
120 이러한 공자의 주장은 "가할 것도 없고, 불가할 것도 없다[無可無不可]"라는 말을 통해서도 확인할 수 있다.(『論語』「微子」: 逸民, 伯夷·叔齊·虞仲·夷逸·朱張·柳下惠·少連. 子曰: " …… 我則異於是, 無可無不可") 또한 맹자는 이러한 공자를 다른 인물들과 비교하면서 "성인 중에 시중(時中)을 하신 분[聖之時者]"이라고 하였다.(『孟子』「萬章下」: 孟子曰, "伯夷, 聖之清者也, 伊尹, 聖之任者也, 柳下惠, 聖之和者也, 孔子, 聖之時者也")

의 정신이 '덕을 공경할 것[敬德]'과 '덕을 밝힐 것[明德]'을 강조함으로써 질서를 구축·발전시키려고 했던 바에 조응하는 것이며, 또한 당시 예를 조작·농락하는 자들의 월참이 방기함으로써 예괴악붕을 초래한 부분이기도 하다. 공자의 '극기복례克己復禮'는 바로 이러한 배경에서 제기되었음에 틀림없고, 그렇기 때문에 '인仁' 역시 이러한 맥락에서 해석될 수 있다.

'극기복례'는 익히 알려진 바와 같이 공자의 고제인 안연顏淵이 인에 대해 묻자 공자가 제시한 답으로,[121] 그 내용은 다음과 같다.

> 안연이 인에 대해 물었다. 공자께서 말씀하셨다. "자기를 이기고 예를 회복한다면 인하다 할 것이다. 어느 날 자기를 이기고 예를 회복한다면 천하가 인으로 돌아갈 것이다. 인을 하는 것이 자기에게 말미암지 남에게 말미암겠느냐?" 안연이 말했다. "그 세목을 여쭙습니다." 공자께서 말씀하셨다. "예가 아니면 보지 말고, 예가 아니면 듣지 말고, 예가 아니면 말하지 말고, 예가 아니면 움직이지 말라."[122]

---

[121] 『논어』에는 인(仁)에 대한 질문과 답변이 여러 군데 보인다. 하지만 공자의 답변은 질문자에 따라 다 다르다. 이는 인이란 이해해야 할 개념이라기보다 실천해야 할 덕목이기 때문이다. 즉, 인이 이해를 요하는 개념이었다면 누구의 질문에도 동일한 답을 했어야 했을 것이다. 그러나 인은 실천을 통해 비로소 의의를 획득하기 때문에 묻는 이의 수준과 상황을 고려해서 답을 해야 했고, 따라서 그 답들은 다를 수밖에 없었던 것이다. 이런 장면은 '효(孝)'에 대한 질문과 답변에서도 마찬가지로 확인할 수 있다. 그런데 안연(顏淵)은 공자가 '어질다[賢]', '배움을 좋아한다[好學]', '인에서 어긋나지 않는다[不違仁]' 등으로 높게 평가한 제자였을 뿐 아니라, 그의 죽음에 '하늘이 나에게 상(喪)을 당하게 하셨다[天喪予]'라며 애통해 했던 제자였다. 즉, 안연은 자타가 공인하는 공자의 최고 제자였다. 그렇다면 인에 대한 안연의 물음에 대한 공자의 답변이 다른 어떤 답변들보다도 높은 차원에서 제시한 답일 것이라고 보아도 좋을 것이다.

[122] 『論語』「顏淵」: 顏淵問仁. 子曰, "克己復禮爲仁. 一日克己復禮, 天下歸仁焉. 爲仁由己, 而由人乎哉?" 顏淵曰, "請問其目." 子曰, "非禮勿視, 非禮勿聽, 非禮勿言, 非禮勿動."

이상의 질문과 답변이 의미한 바를 정확하게 이해하기 위해서는 몇 가지 주의해서 살펴볼 것들이 있다. 첫째, 여기에서 언급된 '인'이 개인의 덕성에 관한 것인가, 정치적·사회적 공능에 관한 것인가? 둘째, '복례'에서 '복復'은 귀복歸復인가, 수복修復인가? 셋째, '복례'의 '예禮'는 개인적 규범인가, 정치적·사회적 질서인가? 넷째, '귀인歸仁'의 '귀歸'는 허여許與인가, 귀의歸依인가? 다섯째, '청문기목請問其目'에서 '기其'는 '극기복례'를 지칭하는가, '극기'를 지칭하는가? 여섯째, '복례'의 '예'와 '비례'의 '예'는 같은가, 다른가? 이 여섯 가지 물음에 의거하여 이 답문에 접근할 때, 기존의 해석은 앞쪽 문항에 치우쳐 있다. 즉, 기존의 해석은 '인'을 개인의 덕성에 관한 것으로 보고 있고, '복례'는 개인적 규범인 예로 귀복하는 것으로 보고 있으며, 안연이 물은 '청문기목'의 '기'는 '극기복례'로 해석하였고, '복례'의 '예'와 '비례'의 '예'는 같은 것으로 보았다.[123] 필자는 이러한 기존의 해석에도 불구하고, 이를 뒤쪽 문항에 초점을 맞추어 해석할 필요가 있다는 점을 밝히고자 한다.

우선 공자가 언급한 '인'은 그동안 수많은 연구들에서 밝혀놓은 바와 같이 개인의 덕성이라는 측면을 분명히 갖고 있다. 하지만 공자의 '인'은 정치적·사회적 공능이라는 측면 또한 아울러 갖고 있다. 공자가 관중에 대해 인하다고 평가했을 때 그것은 두말 할 것도 없이 정치적·사회적 공능이라는 측면에 초점을 맞춘 것이었다.[124] 뿐만 아니라 인에

---

[123] 기존의 해석이라 함은 마융(馬融, 79~66)·하안(何晏, 195?~249)·공영달(孔穎達, 574~648)·형병(邢昺, 932~1010)의 견해를 따른『논어주소(論語注疏)』와 정자(程子)·주자(朱子)의 견해를 따른『논어집주(論語集註)』를 지칭한다. 물론 이 두 가지 주석 간에도 차이는 분명히 있다. 예컨대 '인'과 '예' 개념에 대한 이해 자체가 다를 뿐만 아니라, 특히 '귀인(歸仁)'의 '귀(歸)'에 대해『논어주소』는 '귀의'로 해석한 반면,『논어집주』는 '허여'로 해석하고 있다.

대한 자장과의 답문에서도 공자는 역시 다음과 같이 정치적·사회적 공능의 측면에서 답한 바 있다.

자장이 공자께 인에 대해 물었다. 공자께서 말씀하셨다. "다섯 가지를 천하에 시행할 수만 있다면 인하다 할 것이다." "그것이 무엇입니까?" 말씀하셨다. "공손함[恭], 너그러움[寬], 믿음직스러움[信], 민첩함[敏], 은혜로움[惠]이다. 공손하면 업신여기지 않을 것이고, 너그러우면 사람들을 얻을 것이며, 믿음직스러우면 사람들이 그에게 맡길 것이고, 민첩하면 공을 이룰 것이며, 은혜로우면 사람들을 부리기에 충분할 것이다."[125]

개인의 덕성이라는 측면과 정치적·사회적 공능이라는 측면은 모순 관계에 있는 것이 아니라, 오히려 공자가 인을 통해 제시하고자 했던 두 가지 중요한 요소를 보여준다. 이는 '수기修己'와 '안인安人·안백성安百姓'으로 군자君子를 설명한 것과 같은 구도이다.[126] 그리고 이런 점에서 극기복례 역시 같은 구도로 읽을 수 있다. 즉, '극기'는 '수기'에 해당하는 것으로 개인의 덕성이라는 측면의 인에 호응하는 개념이고, '복례'는 '안인·안백성'에 해당하는 것으로 정치적·사회적 공능이라는 측면의 인에 호응하는 개념이라는 것이다. 그렇다면 두 번째와 세 번째로 제기했던 문제에서 '복례'가 왜 개인적 규범으로의 귀복歸復이 아니

---

124 『論語』「憲問」: 子曰, "桓公九合諸侯, 不以兵車, 管仲之力也. 如其仁, 如其仁."
125 『論語』「陽貨」: 子張問仁於孔子. 孔子曰, "能行五者於天下爲仁矣." "請問之." 曰, "恭寬信敏惠. 恭則不侮, 寬則得衆, 信則人任焉, 敏則有功, 惠則足以使人."
126 『論語』「憲問」: 子路問君子. 子曰, "修己以敬." 曰, "如斯而已乎?" 曰, "修己以安人." 曰, "如斯而已乎?" 曰, "修己以安百姓. 修己以安百姓, 堯舜其猶病諸!"

라[127] 정치적·사회적 질서의 수복修復이라는 측면에서 읽어야 하는지 이해할 수 있다. 이때 정치적·사회적 질서로서의 예는 당연히 당시 붕괴된 주례 본연의 질서체계를 지칭한다.

'극기복례'를 이렇게 이해하게 되면, 네 가지 금지항목인 이른바 '사물四勿'은 '극기복례'가 아닌 '극기'에만 해당하게 되므로 '청문기목'의 '기' 또한 '극기'만을 지칭하게 된다는 점(다섯 번째 문제)과[128] 따라서 개인적 규범을 나타내는 '비례'의 '예'는 사회적 질서를 나타내는 '복례'의 '예'와 범주상 동일시될 수 없다는 점 또한 자명해진다.(여섯 번째 문제)[129]

---

127 『論語注疏』:【疏】"復, 反也, 言情爲嗜慾所逼, 己離禮而更歸復之.";『論語集註』:"復, 反也. (…중략…) 以勝私欲, 而復於禮."

128 '극기복례'를 이렇게 '수기안인'과 같은 구도로 읽을 수 있다면, 안연은 왜 극기에 관한 세목만을 다시 물었을까? 이와 관련해서는 두 가지 사실에 주목할 필요가 있다. 첫째는 "그 세목을 여쭙습니다[請問其目]"라는 물음이 공자의 처음 답에서 마지막으로 언급했던 '인을 하는 것이 자기에게 말미암는다[爲仁由己]'에 이어져 있다는 점, 둘째는 군자에 대한 자로의 물음에서도 공자는 애당초 "수기이경(修己以敬)"이라는 말만 했을 뿐 '안인(安人)'과 '안백성(安百姓)'은 언급하지 않았다는 점(만일 자로가 "이뿐입니까?"라는 질문을 재차 하지 않았더라면 공자의 답은 "수기이경"으로 끝났을 것이다.)에 주목해야 한다. 이 두 가지 사실로부터 '극기복례'의 관건은 '극기'에 있음을 추론할 수 있고, 이러한 추론에 근거할 때 안연은 '극기'에 관한 세목만을 다시 물었을 가능성은 충분하다. 공자와 자로의 답문에 관해서는 제2장 2절 2항에서 상세하게 다룰 것이다.

129 만약 이 두 가지 '예'를 동일한 것으로 본다면, '극기'와 '복례'는 내용적으로 같은 것이 된다. 왜냐하면 자신의 시(視)·청(聽)·언(言)·동(動)을 '비례(非禮)'인 것들에 대해 작동하지 않게[勿] 하는 것이 극기이고, 그것이 곧 비례인 것들을 향해 내달리려는 자신을 '예'(개인적 규범)로 되돌아오게[復] 하는 것이 되기 때문이다. 따라서 이러한 입장을 취할 경우 '복례'의 '복'은 당연히 '반환'[反] 또는 '귀환'[歸]으로 읽히게 된다. 하지만 이러한 해석은 심각한 오류를 범할 가능성이 있다. '반환' 또는 '귀환'이라는 말은 돌아와야 할 '그곳'에 이전에 이미 '존재했었음'을 전제한다. 그렇다면 '복례' 역시 '기(己)'가 이미 '예(禮)'와 하나인 상태였음을 전제해야만 '예로 돌아온다'는 논리가 성립한다. 그런데 '기'와 '예'가 하나인 상태는 송대의 성리학에 이르러서야 가능한 일이거나,(『論語集註』:"禮者, 天理之節文也. 爲仁者, 所以全其心之德也. 蓋心之全德莫非天理, 而亦不能不壞於人欲, 故爲仁者必有以勝私欲而復於禮, 則事皆天理, 而本心之德復全於我矣") 최소한 예를 본성으로 수렴한 맹자에 이르러서나 가능한 설명이다. 그럼에도 이러한 논리를 공자에게 적용하는 것은 이후의 문법으로 이전의 글을 읽는 오류를 범한 셈이 되기 때문이다.

이렇게 극기복례가 인의 두 측면 즉, 수기와 안인의 구도를 보여주고 있음에도 공자와 안연의 답문 속 인을 정치적·사회적 공능이라는 측면에 더 무게를 두고 읽어야 한다고 주장하는 까닭은, 그렇게 보아야만 네 번째로 제시한 '귀인'의 문제와 관련하여 정합적인 해석이 가능하기 때문이다. '귀인'의 '귀'에 대해『논어주소』는 '귀의'로 해석한 반면,[130] 『논어집주』는 '허여'로 해석하고 있다.[131] 이 두 가지 입장 가운데 필자는 '귀인'의 '귀'를 '귀의'로 해석하는 입장을 지지한다. 이와 관련하여 무왕武王의 업적에 대한 공자의 기술은 중요한 단서를 제공한다.

① 멸망한 나라를 일으키고, 끊어진 세대를 이어주며, 숨은 인재를 등용하시자,[132] ② 천하의 백성들이 그에게 마음을 귀의했다. ③ 중히 여겼던 것은 백성들과 먹을 것과 상례와 제례였다.[133] ④ 너그러우면 사람들을 얻고, 믿음직스러우면 백성들이 그에게 맡기며, 민첩하면 공을 이루고, 공변되면 기뻐한다.[134] (①, ②, ③, ④는 필자)

윗글에서 ①는 귀족층을 안정시키기 위한 일련의 조처들이고, ③는

---

130 『論語注疏』:【注】馬曰, "一日猶見歸, 況終身乎?"【疏】"一日克己復禮天下歸仁焉者, 言人君若能一日行克己復禮, 則天下皆歸此仁德之君也."

131 『論語集註』: "歸, 猶與也. 又言一日克己復禮, 則天下之人皆與其仁, 極言其效之甚速而至大也.;『朱子語類』卷41: '天下歸仁', 天下之人以仁稱之也."

132 이와 관련해서는『禮記』「樂記」: "武王克殷反商, 未及下車而封黃帝之後於薊, 封帝堯之後於祝, 封帝舜之後於陳, 下車而封夏后氏之後於杞, 投殷之後於宋, 封王子比干之墓, 釋箕子之囚, 使之行商容而復其位." 참조.

133 이와 관련해서는『書經』「武成」: "重民五敎, 惟食喪祭." 참조.

134 『論語』「堯曰」: "興滅國, 繼絶世, 擧逸民, 天下之民歸心焉. 所重, 民食喪祭. 寬則得衆, 信則民任焉, 敏則有功, 公則說."(하안(何晏)의 『집해(集解)』와 황간(皇侃)의 『의소(義疏)』를 모아 엮은『論語集解義疏』에는 "公則說"이 "公則民說"로 되어 있다.)

정치를 하는 데 가장 중요하게 생각해야 할 것들이며, ④는 백성의 마음을 얻기 위해 임금이 가져야 할 태도들에 대한 언급이다. 그렇다면 이는 결국 우리가 앞에서 살펴본 주례에 깃든 기본 정신에 다름 아니다. 여기에서 중요한 것은 무왕이 그러했는지에 관한 사실여부가 아니라, 공자가 이러한 주례의 기본 정신을 무왕의 이름으로 찬양하고 있다는 사실이다.[135] 그리고 그것이 예괴악붕의 현실에서 반드시 수복修復해야만 할 것으로 암시되고 있다는 사실이 중요하다. 그런 점에서 우리가 특히 주목해야 하는 언급이 바로 ②"천하의 백성들이 그에게 마음을 귀의했다[天下之民歸心焉]"이다. ②가 ①의 뒤에 언급되어 있다고 하여 ①와의 관련성에만 초점을 맞춰 볼 필요는 없다. ②에 언급된 '민심의 귀의'는 오히려 ③와 ④를 통해 성취되는 것이 일반적이기 때문이다. 특히 ④는 앞에서 인용했던 인과 관련한 자장과의 답문에서 공자가 제시한 답과 매우 유사하다.[136] 따라서 공자가 무왕의 이름으로 찬양한 주례의 정신이 인과 밀접한 관련성을 갖는다는 추론이 논리적으로 가능하다. 그렇다면 ②는 '귀인'의 '귀'를 '귀의'로 해석할 수 있다는 주장에 매우 유력한 증거로 활용될 수 있다.[137] 이렇게 민심의 귀의가 '귀인'으로 이어진다는

---

135 선왕에 대한 공자의 찬양은 우(禹)에 대해서도 마찬가지 방식으로 나타난다.(『論語』「泰伯」: 子曰 "禹, 吾無間然矣. 菲飮食, 而致孝乎鬼神, 惡衣服, 而致美乎黻冕, 卑宮室, 而盡力乎溝洫. 禹, 吾無間然矣.")

136 ④는 편제상 착간(錯簡) 문제가 제기되어 왔다. 하지만 이는 정론이 아니고 논쟁 중에 있으므로, 본문 그대로에 의거하여 논의를 전개한다.(이 논쟁과 관련한 자세한 내용은 『논어집석(論語集釋)』 참조)

137 ②에 대해 황간(皇侃)은 "천하의 백성들이 모두 마음을 귀의하여 포대기에 아이를 업고 이르러 오는 것"이라고 해석했다.(『論語集解義疏』: "云'天下之民歸心焉'者, 旣能興繼擧, 故爲天下之民, 皆歸心繈負而至也.") 추측컨대 "포대기에 아이를 업고 이르러 온다"는 말은 『논어(論語)』「자로(子路)」에 "上好禮, 則民莫敢不敬. 上好義, 則民莫敢不服. 上好信, 則民莫敢不用情. 夫如是, 則四方之民繈負其子而至矣."라는 말을 원용했을 가

사실은 맹자의 다음 언술을 통해 그 논리적 정합성을 확인할 수 있다.

> 걸(桀)·주(紂)가 천하를 잃은 것은 그 백성을 잃은 것이고, 그 백성을 잃
> 었다는 것은 그 마음을 잃었다는 것이다. 천하를 얻는 길이 있으니, 그 백
> 성을 얻으면 천하를 얻을 것이다. 그 백성을 얻는 길이 있으니, 그 마음을
> 얻으면 백성을 얻을 것이다. 그 마음을 얻는 길이 있으니, (백성이)원하는
> 것을 함께 모으고 (백성이)싫어하는 것을 시행하지 않는 것뿐이다. 백성
> 들이 인으로 귀의하는 것[歸仁]은 물이 아래쪽으로 흐르는 것이나 짐승이
> 벌판으로 내달리는 것과 같다.[138]

'귀인'의 '귀'를 이와 같이 '귀의'로 해석할 경우, 다산茶山 정약용丁若
鏞(1762~1836)이 제기한 바와 같이 "안연이 임금도 아닌데 공자가 군덕
을 말해주었을 리 없고, 안연 역시 군덕에 관한 사안을 자신의 일로 삼
겠다고 말했을 리 없다"는 비판을 제기할 수 있다.[139] 어쩌면 이런 문
제가 극기복례에 관한 논의를 개인의 수양론 차원으로 국한하여 해석
하도록 만든 주된 요인이었는지 모른다. 그러나 '천하가 모두 이 인덕
仁德의 군왕에게 귀의할 것'[140]이라는 명시적인 말로 '귀인'을 해석하

능성이 높다. 이때 "백성들이 포대기에 아이를 엎고 이르러 오게" 하는 원인으로 제시된
예(禮)·의(義)·신(信) 등이 결국 자장에게 제시했던 다섯 가지[恭·寬·信·敏·惠]
와 본질적으로 상통하는 것임을 감안하면, ②[天下之民歸心焉]이 '귀인'으로 해석될 여
지는 얼마든지 있으며, 이때 '귀'는 당연히 '귀의'의 의미이다.

138 『孟子』「離婁上」: 孟子曰, "桀紂之失天下也, 失其民也, 失其民者, 失其心也. 得天下有
　　道, 得其民, 斯得天下矣, 得其民有道, 得其心, 斯得民矣, 得其心有道, 所欲與之聚之,
　　所惡勿施爾也. 民之歸仁也, 猶水之就下獸之走壙也."

139 『論語古今註』: "馬說其當於理乎? 然且顏淵非人君, 孔子告之以君德, 而顏淵挺身當之
　　曰, '請事斯語', 非怪事乎?"

140 『論語注疏』: 【疏】"一日克己復禮天下歸仁焉者, 言人君若能一日行克己復禮, 則天下

지 않는 한, 이러한 비판은 적절하지 못하다. 왜냐하면 공자와 그의 문인들에게서 우리는 '임금이 아님에도 불구하고 무도한 천하를 바로잡겠다'는 책임의식을 얼마든지 확인할 수 있기 때문이다. 예를 들면, 안연이 나라를 경영하는(爲邦) 방법을 물었을 때, 공자는 삼대三代의 예제를 권형짐작하는 구체적인 방안을 제시한 바 있다.[141] 위의 비판대로라면 이 답문 역시 문제가 되어야 할 것이다. 더구나 맹자의 증언에 따르면 안연은 스스로 순임금舜과 같은 사람이 되고자 했던 인물이다.[142] 이는 안연이 순임금과 같은 천자가 되겠다는 의미도 아니겠지만, 그렇다고 '내성內聖'의 측면만을 염두에 둔 다짐으로 국한할 수도 없다. 안연에게 순임금은 공자의 가르침대로 '박시제중博施濟衆'[143]과 '안백성安百姓'[144]을 갈구했던 전형이었을 것이기 때문이다. 공자가 "세상에 쓰이든지 버려지든지 같은 길을 갈 것"[145]이라고 믿었던 제자가 안연이고 보면, 안연의 이런 다짐은 공자가 주공周公을 꿈꾸었던 것과 다르지 않을 것이다.

공자께서 말씀하셨다. "심하도다, 나의 쇠약해짐이여! 오래로다, 내 더이상 꿈에 주공을 뵙지 못함이여!"[146]

皆歸此仁德之君也."
141 『論語』「衛靈公」: 顏淵問爲邦. 子曰, "行夏之時, 乘殷之輅, 服周之冕, 樂則韶舞."
142 『孟子』「滕文公上」: 顏淵曰, "舜何人也, 予何人也? 有爲者亦若是."
143 『論語』「雍也」: 子貢曰, "如有博施於民而能濟衆, 何如? 可謂仁乎?" 子曰, "何事於仁! 必也聖乎! 堯舜其猶病諸!"
144 『論語』「憲問」: 子路問君子. 子曰, "修己以敬." 曰, "如斯而已乎?" 曰, "修己以安人." 曰, "如斯而已乎?" 曰, "修己以安百姓. 修己以安百姓, 堯舜其猶病諸?"
145 『論語』「述而」: 子謂顏淵曰, "用之則行, 舍之則藏, 唯我與爾有是夫!"
146 『論語』「述而」: 子曰, "甚矣, 吾衰也! 久矣, 吾不復夢見周公!"

공자는 왜 주공을 꿈꾸었을까? 주공은 하夏와 은殷의 예제를 짐작손
익해서 욱욱郁郁한 주례를 수립한[147] 인물이다. 주례는 곧 질서의 절대
기준이요, 따라서 그것이 붕괴된 현실은 '무도無道'라고 단언할 수 있다.
그것의 붕괴를 아파하면서 그것을 수립한 인물을 꿈꾸는 것은 지극히
당연한 일일지 모른다. 그러나 그 주례를 수립한 주공은 정작 천자가
아니었다는 사실이 공자에게는 더욱 꿈꾸어야 할 이유였을 것이다. 꼭
천자가 아니어도 세상의 기준을 세울 수 있다는 가능성을 보여준 인물
이 공자에게는 주공이었을 것이기 때문이다. 안연이 순임금을 희구했
던 것보다 공자에게 주공은 훨씬 더 가능한 꿈이었을 것이다. 공자의
철환천하轍環天下가 그 꿈을 당대에 실현하고자 했던 순수한 몸부림이었
다면, 『춘추春秋』의 저술은 그 꿈이 실현될 수 없는 현실에 대한 준엄한
고발이다.

세상이 쇠하고 도가 미약해지자, 사특한 말과 포악한 짓들이 일어났다.
신하가 그 임금을 죽이고 자식이 그 아비를 죽이는 일들이 벌어지자, 공자
께서 두려워하시어 『춘추』를 지으셨다. 『춘추』는 천자의 일이다. 그래서
공자는 '나를 알아준다면 그것은 오직 『춘추』때문일 것이고, 나를 죄준다
면 그것도 오직 『춘추』때문일 것이다'고 하셨다. (…중략…) 공자께서 『춘
추』를 완성하시자, 난신적자(亂臣賊子)들이 두려움에 떨었다.[148]

---

147 『論語』「爲政」: 子曰, "殷因於夏禮, 所損益, 可知也, 周因於殷禮, 所損益, 可知也.";
「八佾」: 子曰, "周監於二代, 郁郁乎文哉! 吾從周."
148 『孟子』「滕文公下」: "世衰道微, 邪說暴行有作, 臣弑其君者有之, 子弑其父者有之. 孔
子懼, 作『春秋』. 『春秋』, 天子之事也, 是故孔子曰, '知我者其惟『春秋』乎! 罪我者其
惟『春秋』乎!' …… 孔子成『春秋』, 而亂臣賊子懼."

주공은 새로운 질서를 구축하고자 주례를 수립하였고, 공자는 무너진 질서를 수복하고자 『춘추』를 지었다. 임금과 신하, 아버지와 자식의 이름[名]에 각각의 도리를 부여함으로써 질서를 구축하고자 했던 것이 주례라면, 그 이름을 가진 자들이 그 도리를 방기함으로 인해 붕괴된 질서를 고발한 것이 『춘추』이다.[149] 맹자의 평가대로라면, 공자는 천자가 아니면서도 『춘추』를 통해 천자의 역할을 자임했다. 그렇기 때문에 『춘추』는 형식적으로는 242년간의 역사를 기록한 사서史書이지만, 내용적으로는 천자·제후·대부들의 행적을 예의 기준에 비추어 포폄하고 있다는 점에서 예서禮書이며, 이런 점에서 『춘추』에 부여된 '예의의 대종[禮義之大宗]'이라는 평가는 지극히 당연하다.[150]

예괴악붕으로 인해 예에 대한 개념적 인식은 예의禮儀와 예의禮義로 분화되었다. 유儒라는 직업군에 속했던 공자는 군자유[君子儒]를 지향하면서 예의 형식[禮儀]보다는 예의 본질[禮義]을 중시하였다. 공자는 사사로움을 극복하고 공공성을 추구하며, 권형짐작을 통해 원칙을 구현한다는 점에서 의義를 본질로 하는 예의禮義를 중시했다. 그리고 이러한 예의禮義의 중시는 당시 현실에 대한 공자의 비판담론을 가능하게 했고, '정명[正名]'의 주창과 『춘추』의 저술은 예의禮義를 중시한 공자의 실천적 결과물들이었다. 또한 '극기복례'를 통해 확인할 수 있는 것처럼 예는 인을 지향한 수기와 안인·안백성의 절대지침이기도 했다. 이러한 공

---

149 이런 점에서 공자의 '정명(正名)' 사상은 『춘추』의 저술과 궤를 같이 한다.
150 『史記』「太史公自序」: "周道衰廢, 孔子爲司寇, 諸侯害之, 大夫壅之, 孔子知言之不用, 道之不行也. 是非二百四十二年之中, 以爲天下儀表, 貶天子, 退諸侯, 討大夫, 以達王事而已矣. (…중략…) 夫『春秋』, 上明三王之道, 下辨人事之紀, 別嫌疑, 明是非, 定猶豫, 善善惡惡, 賢賢賤不肖, 存亡國, 繼絶世, 補敝起廢, 王道之大者也. …… 夫不通禮義之旨, 至於君不君, 臣不臣, 父不父, 子不子. ……『春秋』者, 禮義之大宗也."

자의 의義 중심의 예관禮觀은 이후 유학이 예를 근간으로 내성외왕內聖外王의 이상을 구축하는 길을 열었을 뿐 아니라, 유학자들로 하여금 의리義理의 담지자로서 예의 주체이기를 자임하도록 하는 전통을 드리웠다.

2. 주자의 '리理' 중심 예관禮觀

1) '도통론道統論'을 통한 예 주체의 전환

퇴계의 예학사상에 가장 직접적이고 지대한 영향을 끼친 인물은 단연 주자朱子이다. 퇴계가 주자로부터 이기론理氣論과 심성론心性論은 물론 수양론修養論에 이르기까지 학문사상 전반에 걸쳐 절대적인 영향을 받았음은 주지의 사실이며 예학 역시 예외가 아니다. 이는 퇴계 예학의 기본자료로 평가받는 『퇴계상제례답문退溪喪祭禮答問』에서 주자를 가장 많이 고거考據하고 있다는 사실이 단적으로 입증해주고 있다.[151] 주자는 형식보다 본질을 중시했던 공자의 예관을 기본적으로 계승하면서도, 당위當爲로서의 예의 근거를 천리天理와 연계시킴으로써 존재와 당위를 일치시키는 철학적 차원의 예관을 제시했다. 이는 성리학적 사상 체계와 유기적인 관계를 갖는 독특한 예관으로, 퇴계 예학사상의 본원적 토대가 된다.

주자의 예관을 본격적으로 검토하기 전에 우리는 난제 하나를 먼저 해결해야만 한다. 그것은 주자를 위시한 성리학자들의 사회적 신분이

---

[151] 한재훈, 2010 참조.

대체로 '사士'인 점을 감안할 때, 그들에게 예를 논할 자격이 있는가 하
는 문제이다. 특히 예에 관한 그들의 논의가 단순한 논의를 넘어 시행
을 염두에 두고 진행된다는 점에서 더욱 그렇다. 즉, 시행을 염두에 둔
예에 관한 그들의 논의가 '월참越僭'이 되지 않는 정당한 것임이 보장되
어야 비로소 그 내용에 관한 검토가 의미를 갖기 때문이다.[152] 여기에
서 자격을 문제 삼는 이유는 다음과 같은 원칙적 제한이 엄존하기 때
문이다.

천자가 아니면 예제[禮]를 평의하지 못하며, 도량형[度]을 제정하지 못
하며, 문자[文]를 고핵하지 못한다. (…중략…) 비록 그럴 만한 위(位)를
가졌더라도 그럴 만한 덕(德)이 없으면 감히 예악을 만들지 못하고, 비록
그럴 만한 덕을 가졌더라도 그럴 만한 위가 없으면 역시 감히 예악을 만들
지 못한다.[153]

이에 대해 정현鄭玄(127~200)은 "예제·도량형·문자는 천하가 공통적
으로 준행해야 할 것들인데, 이는 천자만이 통일할 수 있다"고 하면서,
"예악을 만드는 것은 반드시 성인이 천자의 위에 있어야 한다"고 해석
했다.[154] 이는 반드시 성인으로서의 덕과 천자라는 위를 동시에 충족시

---

152 물론 그들 중에는 관직에 종사한 적이 있는 인물들도 많다. 하지만 예(禮)에 관한 그들
  의 논의, 더 나아가 저술까지 포함한 이 모든 행위가 국가적 차원이 아니고 개인적 차원
  에서 이루어진 것이라면, 그들의 관력(官歷)이 곧 그들의 자격을 담보해 준다고 볼 수는
  없다.
153 『禮記』「中庸」: "非天子, 不議禮, 不制度, 不考文. (…중략…) 雖有其位, 苟無其德, 不
  敢作禮樂焉. 雖有其德, 苟無其位, 亦不敢作禮樂焉."
154 『禮記注疏』: "此天下所共行, 天子乃能一之也. (…중략…) 作禮樂者, 必聖人在天子之
  位."

킬 때만 예악에 관한 일체의 권한이 주어진다는 점을 분명히 한 것이다. 그런데 주자는 자신이 당면한 예의 현실에 대해 언급하면서, 이와는 미세하면서도 중대한 차이를 드러낸다.

> 예악이 폐기되고 붕괴된 지 2천여 년이 되었다. 크게 보면 멀다 할 수 없겠으나 이미 계고할 곳이 모두 없어져버렸다. 얼른 크나큰 인물[大大底人]이 나와서 모조리 한 번 정리해야 할 텐데, 그것이 언제일지 알 수가 없다. 오늘날 세상은 변하고 시대는 타락하였으니 아마도 필시 '큰 열매는 먹지 않는[碩果不食]' 이치가 있으리라.[155]

위 글에서 주자가 희망한 '크나큰 인물'이란 곧 '성인聖人'이다.[156] 2천여 년 동안이나 폐기되고 붕괴되어 도저히 계고할 수조차 없게 되어버린 예를 새롭게 정리할 인물로 주자는 성인을 희망했던 것이다. 이때 '정리한다'는 말이 의미하는 바는, 이른바 고례古禮의 형식과 절차들을 계고할 수 있도록 해명해낸다는 것이 아니라, 당시의 현실에 적합한 새로운 형식과 절차들을 만들어낸다는 뜻이다.[157] 따라서 이는 권형짐작을 필요로 하는 작업이며, 그런 의미에서 이는 주공周公이 하夏·은殷의 예를 손익했던 것과 같은 새로운 제례작악制禮作樂이라 할 수 있다. 그렇

---

155 『朱子語類』卷84 : "禮樂廢壞二千餘年, 若以大數觀之, 亦未爲遠, 然已都無稽考處. 後來須有一箇大大底人出來, 盡數拆洗一番, 但未知遠近在幾時. 今世變日下, 恐必有箇 '碩果不食'之理."
156 이는 같은 논조의 다음 언급을 통해 충분히 추리할 수 있다. 『朱子語類』卷84 : "古禮於今實難行. 嘗謂後世有大聖人者作, 與他整理一番, 令人甦醒."
157 『朱子語類』卷84 : "聖人有作, 古禮未必盡用. 須別有箇措置, 視許多項細制度, 皆若具文, 且是要理會大本大原."; 같은 곳 : "有聖人者作, 必將因今之禮而裁酌其中, 取其簡易易曉而可行, 必不至復取古人繁縟之禮而施之於今也."

다면 이 '정리'라는 작업은 위에서 거론한 「중용中庸」의 내용과 이에 대한 정현의 해석에 비추어 당연히 '성인으로서 천자의 위에 있는 인물'만이 할 수 있는 일일 것이다. 그럼에도, 정현이 충족되어야 할 또 하나의 조건으로 '천자天子의 위位'를 명시했던 것과는 달리, 주자는 그저 '성인'을 희망한다고만 말하고 있다. 물론 주자가 언급한 '성인'이 '천자의 위'를 내장한 표현일 가능성을 진연히 배제할 수는 없다. 왜냐하면 제왕을 상징하는 표현으로 '성聖'이라는 말이 사용된 예는 얼마든지 있기 때문이다.[158] 그러나 주자가 이러한 일을 할 인물로서 '성인'뿐 아니라 '성현聖賢'이라는 표현도 사용하고 있는 것으로 볼 때,[159] 이는 분명히 정현의 견해와는 차이가 있는 것임을 알 수 있다.[160] 즉, 주자는 이러한 작업의 주체로서 '위를 가진 천자'보다 '덕을 갖춘 성인'에 절대적 비중을 두었던 것이다.[161]

---

158 『漢語大詞典』【聖】條 : 6.古之王天下者. 亦为对于帝王或太后的极称. 7.犹言神圣的. 封建时代称颂帝王或与帝王有关的事物之词.

159 『朱子語類』卷84 : "百世以下有聖賢出, 必不踏舊本子, 必須斬新別做. 如周禮如此繁密, 必不可行."

160 주자는 '성왕(聖王)'이라는 표현도 사용하고 있다.(『朱子語類』卷84 : "某嘗說, 使有聖王復興, 爲今日禮, 怕必不能悉如古制.") 하지만 주자에게 '성왕'이라는 개념은 '성'에 주안점이 있지 '왕'에 있지 않다는 점을 감안하면, 이 표현이 정현과 같은 의미로 해석될 필요는 없다. 주자의 '성왕'에 대한 이해는 아래에서 '도통론(道統論)'을 다룰 때 상술할 것이다.

161 '천자의 위'에 대한 이러한 시각은, 조심스럽지만 당시 송(宋)의 대외관계와 관련하여 영향을 받았을 수 있다. 즉, 북송시기부터 이미 북쪽의 거란족이 세운 요(遼)와 북서쪽의 탕구트족이 세운 서하(西夏)에 대해 송은 천자국으로서 행세를 할 수 없었으며,(실제로 송과 요는 각각의 황제들이 천자라는 타이틀을 가지는 것을 용인하였다.) 남쪽의 대월국(大越國)과 남서쪽의 대리국(大理國) 등도 독립국을 표방하고 있었다. 더구나 1115년에는 요에 복속되어 있었던 여진족이 금(金)을 세우고 송의 황제와 퇴위한 그의 아버지까지 사로잡아 가는 일이 벌어졌으며, 1126년에는 북쪽 땅을 상실하는 파괴적인 결과를 맞이했다. 이러한 상황에서 "(명목뿐이라 할지라도) 전 지역을 통괄하는 단독의 통치자 없이 그저 복수의 국가가 공존하는 이러한 국제적 현실을 어떻게 이해해야 하는가라는 당면한 이데올로기적 질문"이 당시 지식인들에게 던져졌다.(이에 관한 자세한

위 글에서 또 하나 주목해야 할 사실은 주자가 '예악이 폐기되고 붕괴된 지 2천여 년이 되었다'고 평가한 부분이다. 이러한 주자의 평가는 역사적 사실과는 다른 차원에서 내려진 것이다. 왜냐하면 한대漢代부터 송대宋代까지 각 왕조는 지속적으로 예전禮典을 편수해왔기 때문이다. 예컨대, 고례古禮로 일컬어지는 삼례서三禮書(『周禮』·『儀禮』·『禮記』)가 정리된 한대는 물론이고, 당대唐代에는 『정관례貞觀禮』(태종 : 100권)·『현경례顯慶禮』(고종 : 130권)·『개원례開元禮』(현종 : 150권) 등이 편수되었으며, 송대에도 『개보통례開寶通禮』(태조 : 200권)·『통례의찬通禮義纂』(태조 : 100권)·『정화오례신의政和五禮新儀』(휘종 : 230권) 등이 편수되었다.[162] 이렇게 각 조대마다 예전들을 편찬해 왔음에도 불구하고 주자가 일언지하에 '폐기되고 붕괴되었다廢壞'라고 단언하는 것은 무엇 때문일까? 여기에서 우리는 다음 두 가지를 떠올리게 된다. 하나는 '예의 본질'을 중시한 공자로부터 제기되었던 근본 문제이고, 다른 하나는 '위를 가진 천자'보다 '덕을 갖춘 성인'이라는 예 주체의 전환이라는 새로운 문제이다. 이를 바꿔 말하면, 예의 폐기와 붕괴 여부는 예전의 권질卷帙로 판가름 나는 것이 아니며, 예의 주체 역시 더 이상 정권을 가진 자만이 독점할 수

사실은, Peter K. Bol, 2010, 33~37쪽 참조) 이러한 상황에서 '천자의 위'가 갖는 함의는 이미 하·은·주 시대는 물론 한·당의 그것과도 많은 차이를 가졌을 것이다.

162 주자 역시 각 시대별 예학의 흐름을 이미 파악하고 있었을 뿐 아니라, 시대별로 편수된 예전(禮典)들에 대한 전체적인 조망을 하고 있었다.(『朱子語類』卷84 : "三代之禮, 今固難以盡見. 其略幸散見於他書, 如『儀禮』十七篇多是士禮, 邦國人君者僅存一二. 遭秦人焚滅之後, 至河間獻王始得邦國禮五十八篇獻之, 惜乎不行. 至唐, 此書尙在, 諸儒注疏猶時有引爲說者. 及後來無人說著, 則書亡矣, 豈不大可惜? 叔孫通所制『漢儀』, 及曹褒所修, 固已非古, 然今亦不存. 唐有『開元』·『顯慶』二禮, 『顯慶』已亡, 『開元』襲隋舊爲之. 本朝修『開寶禮』, 多本『開元』, 而頗加詳備. 及政和間修『五禮』, 一時姦邪以私智損益, 疏略牴牾, 更沒理會, 又不如『開寶禮』.")

있는 것이 아니라는 것이다.

　　예서(禮書)를 보다 보면, 옛 사람들이 매우 정밀한 데가 있어서 미세한 일들조차 저마다 의리(義理)가 있음을 보게 된다. 그러나 자신의 공부가 어느 수준에 도달해야 옛 사람들의 생각을 알 수 있다. 만일 자신의 공부가 모자란다면 도수문위(度數文爲)의 말단만을 보게 될 것이니, 이래서야 어찌 깊은 본의를 알겠는가.[163]

　　오늘날은 모든 일에 걸쳐 제대로 이해한 사람이 없다. 예만 가지고 이야기하더라도, 고례(古禮)는 이미 고거할 수 있는 사람이 없고, 연혁하고 인습했다는 후세의 것들도 그 본의를 상실하였지만 아무도 이를 알아차리지 못한다. 그 본의만 상실한 것이 아니라 명물도수(名物度數)마저도 이해하는 이가 없으니, 어긋나고 그릇됨이 눈 뜨고 볼 수가 없다.[164]

　주자가 보기에 고례의 핵심은 '도수문위度數文爲'로 일컬어지는 형식이 아니라, 미세한 부분들에까지 스며있는 '의리義理'이다. 그런데 이 고례가 옛 사람들에게는 음식을 먹고 마시는 것만큼이나 일상화되어 있었기 때문에 조금도 어렵지 않았고, 따라서 이른바 '삼백삼천三百三千'[165]에 담긴 의리 역시 얼마든지 이해할 수 있었다. 하지만 고례가 산

---

163 『朱子語類』卷84 : "看禮書, 見古人極有精密處, 事無微細, 各各有義理. 然又須自家工夫到, 方看得古人意思出. 若自家工夫未到, 只見得度數文爲之末, 如此豈能識得深意."
164 『朱子語類』卷84 : "今日百事無人理會. 姑以禮言之, 古禮旣莫之考, 至於後世之沿革因襲者, 亦浸失其意而莫之知矣. 非止浸失其意, 以至名物度數, 亦莫有曉者. 差舛訛謬, 不堪著眼."
165 『禮記』「禮器」:"經禮三百, 曲禮三千.;「中庸」: 禮儀三百, 威儀三千."

실되어버린 지금에 와서는 백에 한둘 밖에 남아 있지 않기 때문에 이를 통해 의리를 찾아내기란 매우 어렵게 되었다.[166] 이러한 상황에서 예의 핵심인 의리를 찾아내려면 무엇보다 '공부'가 필요하다는 것이 주자의 생각이다.[167] 이런 점들에 비추어 봤을 때, 역대 왕조들의 예 관련 작업들이란 것이 고례의 본의를 상실한 것이라면 아무리 많은 권질의 예전들을 산출했다 해도 '폐기되고 붕괴되었다'라고 말하지 않을 도리가 없는 것이다.

예의 폐기와 붕괴 여부는 양(예전의 권질)으로 판단할 문제가 아니라 질(예의 본질로서의 의리)로 판단할 문제라는 주자의 생각은 곧 예의禮儀만을 추구하고 예의禮義는 방기한 '예괴악붕'에 대해 우려를 표했던 공자의 입장과 같은 것이다. 그리고 이러한 생각의 이면에는 예의 주체 문제가 가로놓여 있다. 주자가 폐기되고 붕괴된 예를 부흥시킬 '큰 열매[碩果]'로 천자보다는 성인을 희망하고 있다는 사실이 이를 입증한다. 이때 성인은 두말할 나위 없이 예의 본질인 의리의 담지자 또는 권위자이다. 이러

---

166 『朱子語類』卷84: "古禮難行. 後世苟有作者, 必須酌古今之宜. 若是古人如此繁縟, 如何教今人要行得? 古人上下習熟, 不待家至戶曉, 皆如飢食而渴飲, 略不見其爲難. … 古人所以講明其義者, 蓋緣其儀皆在, 其具並存, 耳聞目見, 無非是禮, 所謂'三千三百'者, 較然可知, 故於此論說其義, 皆有據依. 若是如今古禮散失, 百無一二存者, 如何懸空於上面說義? 是說得甚麼義?"

167 여기에서 우리는 Peter K. Bol의 다음 언급에 주목할 필요가 있다. "정치는 도덕과 구분되는 것이다. (…중략…) 도덕에 대한 권위는 정치적 권위를 쥐고 있는 이들보다 도덕을 갈고 닦은 이들에게 있으며, 도덕은 정부의 훈령과 무관하게 누구나 실천할 수 있다. 이와 같은 주장을 하면서 신유학자들이 사용한 어휘는 바로 '학(學)'이다. 이때 '학'과 정치 사이에도 역시 구분이 이루어진다. 정치는 '학'에 의해 인도되어야만 하는데, '학'에 대한 권위는 '학'을 올바르게 수행하는 법을 아는 이들에게 있을 뿐, '학'에 종사하고 사회변혁을 위해서 정치적 입지를 가질 필요는 없다."(Peter K. Bol, 2010, 247쪽) 여기에서 Peter K. Bol이 말하는 '학'은 곧 주자가 언급한 '공부'와 다르지 않다. 예가 삶이 지향해야 할 도덕적 규범이고, 그 도덕규범의 핵심이 의리라고 할 때, 예의 주체는 국가의 권력자들이 아니라 의리의 권위자들이어야 한다는 해석이 가능하다.

한 주자의 논리는 진·한 이후 수많은 학자들이 유학의 경전을 해석하고 공·맹의 사상을 연찬하였음에도 불구하고 도통道統은 민멸泯滅되었다고 평가한 '도통론'의 그것과 깊은 상관관계를 갖는다.[168] 따라서 주자의 '도통론'에 내함된 주체의 전환 의식에 대해 살펴볼 필요가 있다.

'도통道統'은 성리학적 관점에서 정리한 "유학의 참 정신이 전해 내려온 큰 흐름"[169]으로 이해할 수 있다.[170] 즉, 정程·주朱 계열의 성리학자들은 자신들의 유학적 학문경향을 '도학道學'이라 명명하고, 이의 사상적 계보를 '도통'이라는 이름으로 정립한 것이다. 이때 '도학'이라는 말은 다른 학파와 사상에 비해 자신들의 학문이 '도덕적 우월성'과 '참된 진리'를 담보하고 있다는 절대주의적 태도를 반영하고 있으며, 따라서 이를 계보화한 '도통'이라는 표현에도 역시 그러한 절대주의적 태도가 깃들어 있다. 그리고 이와 같은 절대주의적 태도에는 필연적으로 정통·비정통의 시비를 야기할 수 있는 소지가 내재해 있다.[171] 따라서 '도통'은 노老·불佛과 같은 유학 이외의 사상에 대해 '이단'이라는 이름으로 배척하는 논리로 작용하였고,[172] 같은 유학 내에서도 한·당의 유학은 '기송사장記誦詞章'이라는 이름으로 평가절하하는 논거로 활용되었으며, 송대의 신유학 내에서도 상산象山 육구연陸九淵(1139~1192)이나 용천龍川 진량陳亮(1143~1194) 등이 추구했던 사상경향에 대한 배격의 이유가 되었

---

168 「大學章句序」: "及孟子沒, 而其傳泯焉.;「中庸章句序」: 及其沒, 而遂失其傳焉."
169 이승환, 2002, 461쪽.
170 여기에서 굳이 '성리학 관점'이라는 점을 밝힌 이유는, 정(程)·주(朱) 계열의 '도통론'을 북송의 이른바 '고문가(古文家)'들에 의한 '정학(正學)'운동에서 이미 진행되었던 '학의 정통성' 문제와 구분하기 위해서이다(고문가들의 '학의 정통성'과 관련해서는, 이범학, 1999, 129~131쪽 참조).
171 이승환, 2002, 465쪽.
172 이용주, 1998, 145~146쪽; 지준호, 2003, 367~369쪽.

다.[173] 아울러 그것은 요遼나 금金과 같은 이민족들의 침략에 대항하여 중국의 문화적 정통성을 확인하는 역할도 담당했다.[174]

맹자에 의해 그 단초가 제시되었고[175] 당 말기 창려昌黎 한유韓愈(768~824)에 의해 그 필요성이 새롭게 제기되었던[176] '도통'문제는, 북송의 이천伊川 정이程頤(1033~1107)을 통해 성리학적 '도통'으로 재정의되었고,[177] 남송의 주자에 의해 비로소 완성된 형태를 갖추게 되었다. 주자의 도통론은 「중용장구서中庸章句序」에 잘 정리되어 있으며,[178] 그동안 주자의 도통론은 대체로 그 철학적 성격에 초점이 맞춰져 해석되어 왔는데,[179] 이는 아무래도 「중용장구서」에 등장하는 이른바 '16자결[人心惟危, 道心惟微, 惟精惟一, 允執厥中]'과 그에 관한 주자의 철학적 해석이 갖는

---

173 朱汉民, 2010a, 79~80쪽.

174 이승환, 2002, 464쪽.

175 『孟子』「盡心下」: 孟子曰, "由堯舜至於湯, 五百有餘歲, 若禹·皐陶則見而知之, 若湯則聞而知之. 由湯至於文王, 五百有餘歲, 若伊尹·萊朱則見而知之, 若文王則聞而知之. 由文王至於孔子, 五百有餘歲, 若太公望·散宜生則見而知之, 若孔子則聞而知之."

176 『韓昌黎全集』「原道」: "堯以是傳之舜, 舜以是傳之禹, 禹以是傳之湯, 湯以是傳之文·武·周公, 文·武·周公傳之孔子, 孔子傳之孟軻, 孟軻之死, 不得其傳焉."

177 이천의 도통론은 「명도선생묘표(明道先生墓表)」에 잘 나타나 있으며, 이는 주자의 도통론 형성에 결정적인 영향을 준 것으로 평가받는다.(「明道先生墓表」: "周公沒, 聖人之道不行. 孟軻死, 聖人之學不傳. 道不行, 百世無善治. 學不傳, 千載無眞儒. 無善治, 士猶得以明夫善治之道, 以淑諸人, 以傳諸後. 無眞儒, 天下貿貿焉莫知所之, 人欲肆而天理滅矣. 先生生千四百年之後, 得不傳之學於遺經, 志將以斯道覺斯民, …… 先生出, 揭聖學以示人, 辨異端闢邪說, 開歷古之沉迷, 聖人之道得先生而復明, 爲功大矣.")

178 주자의 도통론은 대개 「중용장구서」와 더불어 「창주정사고선성문(滄洲精舍告先聖文)」에 제시되어 있다고 평가받는다. 다만, 「중용장구서」가 송대 이전의 도통계보와 도학의 성격에 대한 서술에 중점을 두었다면, 「창주정사고선성문」은 송대 이후의 계보에 대하여 명시하고 있다.(이범학, 1999, 133쪽 참조)

179 대표적으로 진영첩(陈荣捷)의 해석을 꼽을 수 있다. 그는 「도통관념의 완성[道統觀念之完成]」(陈荣捷, 1988a)과 「새로운 도통[新道統]」(陈荣捷, 1988b)이라는 두 편의 글을 통해 이러한 입장을 분명히 하였는데, 특히 「도통관념의 완성[道統觀念之完成]」에서 그는 주자의 도통론이 '리학(理學)'에 대한 공헌 여부를 기준으로 정립되었음을 밝히고 있다.

창발성과 중요성에 기인한 바가 클 것이다.[180]

하지만 주자가 도통론을 정립한 근본 이유와 관련하여 우리는 「중용장구서」를 다소 새로운 관점에서 읽을 필요가 있다. 즉, '도통'을 '도道'의 정통·비정통이라는 측면에서 조명해왔던 지금까지의 관점과 달리, 기존의 어떤 '통統' 즉, '왕통王統'이나 '치통治統'[181]에 대한 대안으로 '도통'이라는 새로운 '통'이 제기되었다는 관짐에서 바리볼 필요가 있다는 것이다.[182] 이러한 관점의 전환이 의도하는 바는, 세상을 이끌어가는 주체와 그 주체가 갖는 권위의 근거 문제를 다루고 있다는 방향에서 도통론을 살펴보려는 것이다. 즉, 세상을 이끌어가는 진정한 주체는 제왕

---

180 「中庸章句序」: "蓋嘗論之, 心之虛靈知覺, 一而已矣, 而以爲有人心 道心之異者, 則以其或生於形氣之私, 或原於性命之正, 而所以爲知覺者不同, 是以或危殆而不安, 或微妙而難見耳. 然人莫不有是形, 故雖上智不能無人心, 亦莫不有是性, 故雖下愚不能無道心. 二者雜於方寸之間, 而不知所以治之, 則危者愈危, 微者愈微, 而天理之公卒無以勝夫人欲之私矣. 精則察夫二者之間而不雜也, 一則守其本心之正而不離也. 從事於斯, 無少間斷, 必使道心常爲一身之主, 而人心每聽命焉, 則危者安 微者著, 而動靜云爲自無過不及之差矣." / 여기에서 주자는 인심(人心)과 도심(道心)을 각각 형기(形氣)와 성명(性命) 그리고 인욕(人欲)과 천리(天理)의 문제와 연계해 다룸으로써, 리기심성론은 물론 수양론과 관련한 중요한 논의를 제공하고 있다. 이에 관한 자세한 분석은 기존의 연구들에 충분히 제시되어 있으므로 본 논문에서는 생략한다.

181 Peter K. Bol은 '도통'의 대립개념으로 '정통(正統)'을 사용했다. 그에 따르면 "'정통'이라는 용어는, 고대 이후의 왕조들도 고대 성왕과 마찬가지로 천명(天命)을 받았기 때문에 고대 성왕의 '정당한(legitimate) 계승자'라는 뜻을 담고 있다."(Peter K. Bol, 2010, 215쪽)는 것이다. 그러나 필자는 이를 '왕통'이라는 말로 바꿔 사용하고자 한다. 이는 '도'와의 대립구도를 보다 분명히 하기 위함이다. 참고로 이범학은 '도통'에 대한 상대개념으로 '치통'을 사용한다.(이범학, 1999 참조)

182 이와 관련해 Peter K. Bol의 다음 논의는 매우 의미 있는 시사점을 제공한다. "주희는 통치권 외부에 도(道)에 대한 별도의 권위가 존재함을 주장하였는데, 그와 그의 계승자들은 그러한 별도의 권위를 '도통'(Succession of the Way)이라고 불렀다. (…중략…) 신유학자는 그러한 이분화를 통해 다음 두 가지 입장을 천명한 셈이었다. 하나의 입장은, 정치적인 것이 더 이상 도덕적 권위를 가진 것으로 간주될 수는 없다고 할지라도, 정치적인 것 또한 계속해서 존재하고 논란거리가 되는 나름의 역사를 가지고 있다는 점을 인정한 것이다. 다른 하나의 입장은, 그러한 이분화를 통해 도덕적 권위가 정치적인 것을 초월해 있음을 주장하는 것이다."(Peter K. Bol, 2010, 214~215쪽)

帝王이 아니라 성인聖人이며, 그 권위의 근거 역시 위位가 아닌 도道라는 사실을 도통론을 통해 천명하고 있다는 것이다. 우리는 아래와 같이 새로운 관점에서 「중용장구서」를 해석함으로써 이러한 관점을 정당화해 주는 논리를 발견할 수 있다.

첫째, 「중용장구서」에서 주자는 도통의 주체로서 제왕이 아닌 성인을 다루고 있다. 물론 「중용장구서」에 등장하는 상고上古시대 성신聖神으로부터 문왕文王과 무왕武王에 이르기까지 모든 인물들은 제왕들이다. 그러나 주자는 이들을 제왕이 아닌 성인의 자격으로 여기에 소환하고 있다는 사실이 중요하다. 이는 우선 '하늘의 뜻을 계승하여 세상의 기준을 세운다繼天立極'거나 '천하를 주고 받는天下授受' 것이 모두 제왕의 위와 밀접한 관계가 있는 일임에도 불구하고 성인의 행사로 다루고 있는 데서 확인할 수 있다.[183] 또한 주자가 「중용장구서」에서 요堯·순舜·우禹·탕湯·문文·무武와 같은 군왕들뿐 아니라 고요皐陶·이윤伊尹·부열傅說·주공周公·소공召公과 같은 신하들까지 포함해서 도통을 논의하고 있다

---

[183] 참고로 「대학장구서」에서는 '계천입극(繼天立極)'에 대해 다음과 같이 설명하고 있다. "一有聰明叡智能盡其性者, 出於其間, 則天必命之, 以爲億兆之君師, 使之治而敎之, 以復其性, 此伏羲·神農·黃帝·堯·舜所以繼天立極."(「大學章句序」) 여기에서 언급한 '복희·신농·황제·요·순'이 바로 「중용장구서」의 '상고성신(上古聖神)'이며, 이들이 '계천입극'할 수 있었던 것은 천(天)이 그들을 '임금이자 스승[君師]' 곧 제왕(帝王)으로 삼았기 때문이며, 천이 이들에게 그런 사명을 내린 까닭은 그들이 '총명예지하여 자신의 본성을 모두 실현[能盡其性]'한 사람 곧 성인(聖人)이었기 때문이다. 그렇다면 '계천입극'의 원천 조건은 '성인'이며, '제왕'의 위는 이를 보다 효율적으로 수행하기 위한 부수 조건임을 알 수 있다. 한편 주자는 '계천입극'의 의미를 스스로 행사할 수 없는 천을 성인이 대행하는 것으로 설명하기도 한다.(「朱子語類」卷14:問, "繼天立極." 曰, "天只生得許多人物, 與你許多道理. 然天卻自做不得, 所以生得聖人, 爲之修道立敎, 以敎化百姓.") 이는 주자가 요(堯)-순(舜)-우(禹)로 이어지는 '천하수수(天下授受)'에 대해서 "천하의 대성인으로서 천하의 대사를 수행한 것[以天下之大聖, 行天下之大事]'이라고 단언한 데서도 확인할 수 있다.

는 사실은, 자신의 도통론이 제왕인지 여부와 상관없이 성인에서 성인으로 이어지는 이른바 '성성상승聖聖相承'의 계보임을 더욱 분명하게 보여준다.[184] 그리고 결정적인 것은 도통을 전해 주고 전해 받을[相傳相承] 때 주고받은 것이 옥새玉璽나 구정九鼎과 같은 것이 아닌 열여섯 글자로 된 심법心法 즉, '십육자심결十六字心訣'이었다는 사실이다.

둘째, 공자를 기점으로 성왕聖王은 성인聖人과 제왕帝王으로 분리되고, 도통의 주체는 도의 담지자인 성인으로 명료해진다. 도통론의 측면에서 "그 위를 얻지 못한" 공자가 의미하는 바는, 성인의 덕과 제왕의 위가 더 이상 합일하지 않음을 보여주는 상징이며, 동시에 도통을 전승하는 새로운 계보의 출현을 알리는 선언이다.[185] 도통은 이제 정치를 통해 시행되는[行道] 방식이 아니라, 학문을 통해 밝혀지는[明道] 방식으로 바뀌게 되었다.[186] 그리고 그것은 권력에 의한 위를 장악한 자가 아닌, 학學에 의한 도를 담지한 자를 통해 도통이 전승될 것임을 분명히 한 것이다. 공자―안자·증자―자사―맹자로 전승되어간 새로운 형식의 도통은, 계천입극과 천하수수의 주역이었던 성왕의 권위가 제'왕'의 위에 의한 것이 아니라 '성'인의 도에 의한 것이었음을 분명하게 보여준다. 그리고 권위의 근거가 도임을 밝힌 것은, 세상을 이끌어가는 주체가 왕통으로 계승되는 것이 아니라 도통으로 계승된다는 사실에 대한 확인이다.

---

184 「中庸章句序」: "自是以來, 聖聖相承, 若成湯·文·武之爲君, 皐陶·伊·傅·周·召之爲臣, 旣皆以此而接夫道統之傳."

185 余英時는 주공(周公)이전까지는 내성(內聖)과 외왕(外王)이 합일된 도통시대고, 공자 이후부터는 내성과 외왕이 분열한 도학시대라고 정리한 바 있다.(余英時, 2004 참조)

186 임명희는 「중용장구서」에서 사용한 도학(道學) 개념이 다음 두 가지 사항과 관련하여 유가사상사에서 중요한 기점 역할을 한다고 밝혔다. 첫째 공자를 기점으로 도가 계승되는 방식의 전환과, 둘째 도를 계승하는 주체의 변화를 암시한다는 것이다.(임명희, 2009 참조)

셋째, 도통의 기준과 권위의 근거에 대한 분명한 확인은, 맹자 이후 천년 이상 도통이 민멸했다는 과감한 판결을 가능하게 했다.[187] '성왕'이 '성'인과 제'왕'으로 분리되고 도통의 주체가 성인으로 귀착된 이상, 도통은 '학'의 올바른 전승을 통해 계승될 수밖에 없게 되었다. 그러나 맹자 이후 훈고訓詁와 사장詞章에 매몰된 한·당의 유학은 본질은 놓친 채 도의 주변에서 배회하였을 뿐이고, 이 틈을 타고 노老·불佛과 같은 이단사상이 세상을 '난진亂眞'의 나락으로 오도하였다.[188] 이는 도통의 민멸이 곧 '학'의 민멸이었다는 사실을 보여준다.[189] 한편, 세상의 주체로 역할을 해야 할 성인의 공백은 제왕들이 매운 듯 보이지만, 그들 역시 이미 예전의 성왕들이 아니었다는 점에서 도통의 민멸을 부정할 근거가 되지 못한다.[190] 그야말로 자사子思의 우려가[憂道學之失其傳] 현실이 된 것이다[遂失其傳].

넷째, 민멸되었던 도통은 도'학'의 부활과 함께 다시금 접속되었다.

---

187 진량(陳亮)은 주자의 이러한 견해에 대해 "1500년의 시간을 커다란 공백기로 만드는 것이자 인간세상의 도리가 없어진 것"(『龍川集』卷20, 「又書」: "千五百年之間, 成一大空闕, 人道泯息.")이라며 비판했다.

188 「中庸章句序」: "吾道之所寄不越乎言語文字之閒, 而異端之說日新月盛, 以至於老佛之徒出, 則彌近理而大亂眞矣." 「大學章句序」에서는 이를 다음과 같이 설명한다. "自是以來, 俗儒記誦詞章之習, 其功倍於小學而無用, 異端虛無寂滅之教, 其高過於大學而無實, 其他權謀術數, 一切以就功名之說, 與夫百家衆技之流, 所以惑世誣民充塞仁義者, 又紛然雜出乎其間, 使其君子不幸而不得聞大道之要, 其小人不幸而不得蒙至治之澤, 晦盲否塞, 反覆沈痼, 以及五季之衰而壞亂極矣."

189 『朱熹集』卷13, 「癸未垂拱奏箚一」: "至於孔子, 不得其位, 而筆之於書, 以示後世之爲天下國家者. 其門人弟子, 又相與傳迹而推明之, 其亦可謂詳矣, 而自秦漢以來此學絶講."

190 朱汉民은 주자가 한·당시대를 도통이 중단된 시기로 본 근거는 훈고(訓詁)에 빠져 도를 온전히 보지 못한 유자[諸儒]들과 의리가 아닌 사욕에 빠져 공리(功利)만을 추구한 군왕(君王)들 때문이었다고 설명한다.(朱汉民, 2010a, 79쪽) 참고로 한·당의 제왕들에 대한 주자의 부정적 인식은 진량과의 이른바 '왕패논쟁(王霸論爭)'에 잘 나타나 있으며, 이와 관련해서는 이승환, 1999에 상세하게 분석·정리되어 있다.(이승환, 1999, 제10장 「주희와 진량의 왕패(王霸)논쟁」 참조)

맹자 이후 도통의 필요성을 환기한 첫 번째 인물은 당연히 창려昌黎 한유韓愈(768~824)이다. 그럼에도 불구하고 이천伊川 정이程頤(1033~1107)는 자신의 형인 명도明道 정호程顥(1032~1085)로 인해 '침체와 미혹이 열리고 성인의 도가 다시 밝아지게 되었다'고 평가한다.[191] 그것은 창려가 비록 성인의 '도'를 역설하기는 하였으나, 그 도를 담지할 방법인 성인의 '학'을 밝힌 주인공은 바로 넝도였음을 명확히 한 것이다.[192] 주자 역시 이러한 이천의 생각에 동의한다.[193] 정·주에게 '학'이 이처럼 중요한 의미로 부상하게 된 까닭은 이천의 다음 언급에 잘 드러나 있다.

> 옛날에는 학(學)을 한다는 것이 쉬웠으나, 오늘날에 학을 한다는 것은 어렵다. 옛 사람들은 여덟 살이면 소학(小學)에 들어가고, 열다섯 살이면 대학(大學)에 들어갔다. 그곳에는 눈을 길러줄 문채(文采)가 있었고, 귀를 길러줄 성음(聲音)이 있었으며, 몸을 길러줄 위의(威儀)가 있었고, 혈기를 길러줄 가무(歌舞)가 있었다. 하지만 지금은 이 모든 것들이 없어졌고, 오직 의리(義理)만으로 마음을 길러야 하니 노력하지 않아서야 되겠는가![194]

---

191 『二程全書』「明道先生墓表」: "先生出, 揭聖學以示人, 辨異端闢邪說, 開歷古之沉迷, 聖人之道得先生而復明, 爲功大矣."

192 이와 관련해서는 Peter K. Bol, 2010, 208~209쪽 참조. 또한 Peter K. Bol은 한유가 제창하고 북송대에 흥성했던 '고문(古文)운동'이 '도학'으로 전이되는 과정을 '문화(文化)'에서 '사상(思想)'으로의 전이로 설명한다.(이와 관련해서는 Peter K. Bol, 2010, 90~101쪽 참조)

193 다만, 이천이 끊어진 도통을 접속한 첫 번째 주인공으로 명도를 내세운 데 비해 주자는 염계(濂溪) 주돈이(周惇頤, 1017~1073)를 그 앞에 내세운다는 점에서 다르다. 이는 도학의 철학적 성격의 문제와 깊은 관련이 있다는 것이 陈英捷의 분석이다.(陈英捷, 1988b, 432~433쪽 참조)

194 『二程遺書』卷21上, 「師說」: "古之學者易, 今之學者難. 古人自八歲入小學, 十五入大

"문화의 언어 속에 흠뻑 젖어듦"으로써 가능했던 학은 더 이상 불가능하다. 이제는 오직 남겨진 텍스트 속에 담긴 "보편적 규칙을 정신적으로 이해함"으로써 학을 진행할 수밖에 없게 되었다.[195] 따라서 이제 학이란 고대의 성인을 재현할 유일한 경로인 '의리'를 탐구하고 담지하기 위한 절대적인 방법이 되었으며, 그 방법으로서의 학이 바로 '도학'이고, '의리지학義理之學'이다. 이는 '도학' 또는 '의리지학'을 수행하는 '도학자'들이야 말로 도통의 유일한 주체임을 자각하는 것이며,[196] 이를 더 확대하면 세상을 이끌어가라는 "천명天命이 통치자에게서 올바른 학을 수행하는 이들에게로 옮겨왔다"는 선언이기도 하다.[197]

이상과 같이 주체의 전환이라는 관점에서 살펴본 '도통론'은 예禮를 논의하는 문제와 관련해서도 동일한 구도를 제공한다. 주자가 예를 '정리'하는 것과 관련하여 '성인'(또는 성현 그리고 '성'왕)을 희망했던 이유, 지난 2천여 년을 예가 폐기되고 붕괴된 시기로 규정한 근거, 폐기되고 붕괴된 지 오래된 상황에서 예의 본질을 의리로 규정하고 이를 찾아내기 위한 '공부'의 필요성을 제기한 것 등이 모두 '도통론'의 논리 안에서 해명된다. 즉, 학을 통해 의리를 구명함으로써 예의 본질을 장악하고, 이를 바탕으로 폐기되고 붕괴되었던 예를 다시 정리해낼 수 있다고 본다는 점에서 그렇다. 올바른 학(도학=성학=의리지학)의 주체라는 자각은

學, 有文采以養其目, 聲音以養其耳. 威儀以養其四體, 歌舞以養血氣, 今則俱亡矣, 惟義理以養其心爾, 可不勉哉!"

195 『二程全書』「明道先生墓表」: "先生生千四百年之後, 得不傳之學於遺經." / 인용문은 Peter K. Bol, 2010, 255쪽.

196 이천이 「대학」의 '친민(親民)'을 '신민(新民)'으로 수정하고, 주자가 이를 다시 '신인(新人)'으로 해석하는 데서도 이를 확인할 수 있다. '친민'이 '신민'·'신인'으로 해석되는 것에 관해서는 제2장 2절 2항에서 상술할 것이다.

197 Peter K. Bol, 2010, 211쪽.

곧 의리의 담지자라는 사명감으로 이어질 수밖에 없다. 그렇다면 성리학자들에게 예란 이미 사명감 내지 책임감으로 인식되었을 것임을 알수 있다. 그리고 그것은 아래에서 논의할 '예'에 대한 철학적 이해로 인해 더욱 당연시된다.

2) 예에 대한 철학적 정의

춘추시대에 예괴악붕의 상황으로 인해 '예'개념이 분화되고 그 과정에서 형식으로서의 예의禮儀보다 본질로서의 예의禮義가 중시된 이후, '예'는 크게 다음과 같은 세 가지 의미로 정의되어 왔다. 첫째는 '조절하고 문식하다'라는 의미의 '절문節文'으로 정의하는 것이고,[198] 둘째는 '실천하다' 또는 '준행하다'라는 의미의 '이履'로 정의하는 것이며,[199] 셋째는 '도리' 또는 '규범'이라는 의미의 '이理'로 정의하는 것이다.[200] 이 중에 첫 번째[節文]와 두 번째[履]가 구현되어야 할 내용을 전제로 하는 수단적 측면에서 예를 정의한 것이라면, 세 번째[理]는 예 자체가 도리 또는 규범이라는 목적적 측면에서 정의하고 있다는 점에 차이가 있다. 개념화라는 측면에서 보면 세 번째[理] 정의가 보다 진전된 형태인 것은 사실이지만, 이 세 가지 정의가 밀접한 관련성을 갖는다는 점에서

---

198 『孟子』「離婁上」: "禮之實, 節文斯二者是也."; 『禮記』「坊記」: "禮者, 因人之情, 而爲之節文."

199 『禮記』「祭義」: "禮者, 履此者也."; 『荀子』「大略篇」: "禮者, 人之所履也, 失所履, 必顚蹶陷溺. 所失微而其爲亂大者, 禮也."; 『爾雅』「釋言」: "履, 禮也."【郭璞注】"禮, 可以履行."; 『白虎通』「禮樂」: "禮之爲言, 履也, 可履踐而行."

200 『禮記』「仲尼燕居」: "禮也者, 理也. …… 君子無理不動."; 「樂記」: "禮也者, 理之不可易者也."; 『荀子』「樂論」: "禮也者, 理之不可易者也." / 이는 개인이나 국가를 존립하게 하는 '기간' 또는 '근간'이라는 의미의 '간(幹)'과 연관된다. 『左傳』「成公13年」: "禮, 身之幹也."; 「昭公7年」: "禮, 人之幹也."; 「僖公11年」: "禮, 國之幹也."

꼭 그렇게만 볼 필요는 없다. 즉, 구현되어야 할 내용을 준행할 수 있는 준칙으로 구체화한 것이 '절문'이라면, '이履'는 구체화된 준칙에 따라 삶 속에 실천하는 것이고, '이理'는 구체화된 준칙이 개인적으로나 사회적으로 마땅히 따라야 할 것임을 보여주는 개념이기 때문이다.[201] 예에 대한 이러한 정의들은 주자가 예를 이해하는 데 중요한 토대가 되었다.

주자 역시 예를 '이履'로 보기도 하고,[202] '체體'로 보기도 했으며,[203] '이理'라고도 했다.[204] 하지만 예에 대한 주자의 이해를 보여주는 가장 대표적인 것으로는 단연 "예란 천리天理의 절문節文이며, 인사人事의 의칙儀則이다"라는 정의를 꼽을 수 있다.[205] 이 간결한 언술은 사실 매우 복잡한 철학(성리학)적 맥락 속에서 개념들 간의 섬세한 조응을 통해 구성되었다. 즉, 천리와 인사의 관계 문제, 존재와 당위의 일치 문제, 나아가 공부론과 관련한 문제에 이르기까지 치밀하고 심도 있는 철학적 논의들이 정교하게 맞물려 있다. 이는 주자가 제도나 규범이라는 현상적 차원에서 논의되던 예에 대해, 이법과 원리라는 본원적 차원으로까지 논의를 확장함으로써 그 존립근거를 확보하고, 나아가 이를 연구하고 준행해야 하는 이유를 학學의 차원에서 수렴하였다는 뜻이다. 따라

---

201 이때의 '이(理)'는 아직 '이법'이나 '원리'라는 형이상학적 의미는 아니다.
202 『朱熹集』卷74, 「講禮記序說」: "'禮者, 履也', 謂昔之誦而說者, 至是可踐而履也. (…중략…) 蓋先王之世, 上自朝廷, 下達閭巷, 其儀品有章, 動作有節, 所謂禮之實者, 皆踐而履之矣."
203 『朱子語類』卷6: 問, "先生昔曰, '禮是體.' 今乃曰: '禮者, 天理之節文, 人事之儀則.'" 예(禮)를 체(體)로 해석한 것은 양웅(揚雄)에게서 보이며,(『揚子雲集』卷1, 「問道篇」: "禮, 體也, 人而無禮, 焉以爲德?") 이런 해석의 원형은 『시경(詩經)』에 이미 등장한다. "相鼠有體, 人而無禮. 人而無禮, 胡不遄死."(『詩經』「鄘風·相鼠」)
204 『朱熹集』卷60, 「答曾擇之祖道」: "禮即理也." 물론 이때의 '리(理)'는 『예기(禮記)』나 순자(荀子)가 언급한 것과는 다르다.
205 『論語集註』「學而」: "禮者, 天理之節文, 人事之儀則也."

서 이 정의는 외형적으로는 위에서 언급한 예에 관한 그동안의 정의들을 따르는 듯 보이지만, 그 내용은 한층 심화되고 고양된 차원에서 이루어진 것으로 평가할 수 있다.

우리는 먼저 이 정의가 토대로 삼고 있는 '천리'와 '인사'라는 틀에 주목할 필요가 있다. 천天이 모든 존재의 시원이듯,[206] 천리는 모든 원리의 본원이다.[207] 이는 바꿔 말하면, 천이 생성한 모든 존재는 천리를 자신의 존재원리로 구유하고 있다는 뜻이며, 이는 다시 모든 존재는 자신이 구유하고 있는 존재원리에 따라 살아야 한다는 뜻이기도 하다.[208] 각자그 자신의 존재원리에 따라 살아야 한다는 것은 모든 존재들의 공통적 당위이지만, 특히 사람이라는 '빼어난' 존재에게 그것은 더욱 높은 수준에서 요구된다. 그러므로 사람이라는 존재가 영위하는 개인적 혹은 사회적 삶의 총체를 '인사'라고 할 때, 그것은 당연히 '천리'에 부합하는 것이어야 한다. 이처럼 '천리'와 '인사'의 틀은 주자가 존재와 당위를 관통하는 구조적 지평위에서 예를 조망하고 논의하였음을 보여준다.[209]

그렇다면 주자는 이러한 천리와 인사라는 틀을 통해 예의 존재이유를 어떻게 포착하고 설명할까? 그것은 역설적이게도 천리와 인사가 빚어내는 현실적 부조화를 기반으로 한다. 즉, 모든 사람들의 개인적 혹은 사회적 삶人事이 천리에 부합해야 한다는 것은 이상적 당위일 뿐 현실은 그렇지 못하다. 따라서 그들에게는 자신들의 존재원리에 따라 살

---

206 『中庸章句』: "天以陰陽五行化生萬物, 氣以成形, 而理亦賦焉."
207 『朱子語類』 卷41 : "一草一木, 與他夏葛冬裘, 渴飮飢食, 君臣父子, 禮樂器數, 都是天理流行, 活潑潑地, 那一件不是天理中出來!"
208 『中庸章句』: "人物之生, 因各得其所賦之理, 以爲健順五常之德, 所謂性也. (…중략…) 人物各循其性之自然, 則其日用事物之間, 莫不各有當行之路, 是則所謂道也."
209 『朱子語類』 卷6 : 先生與人書中曰, "至微之理, 至著之事, 一以貫之."

아갈 수 있도록 안내해 줄 수 있는 일종의 매뉴얼이 필요하다. 예는 바로 이 지점에서 그 출현이 요구되고, 예에 관한 주자의 정의 역시 이 지점에서 의미를 획득하게 된다. "천리의 절문"이란 바로 인사가 부합해야 마땅한 준거로서의 천리를 매뉴얼화 한 것이라는 의미이고, "인사의 의칙"이란 인사가 준행해도 좋은 형태로 천리가 매뉴얼화 된 것이라는 의미이다.

이제 문제는 예의 주체로 넘어가게 된다. 즉, 누가 천리를 인사의 의칙이 되어줄 매뉴얼로 절문節文[210]할 것인가?

> 성현들께서는 절문(節文)하시는 곳에 이러한 양식(매뉴얼)을 제공하고, 사람들로 하여금 그것을 본으로 삼아 배우도록 하셨다. 이는 마치 어린아이가 붓글씨를 배우는 것과 같다. 처음부터 어떻게 곧잘 쓸 수 있겠는가. 모름지기 한 획 한 획 체본에 따라 긋다 보면, 오랜 시간이 지난 다음 자연히 잘 쓰게 될 것이다.[211]

천天이 모든 존재들을 생성하고 그 존재들 각각에 존재원리를 부여하지만, 천이 스스로 천리를 매뉴얼로 만들어 제공하지는 않는다. 사람들이 필요로 하는 인사의 의칙은 반드시 사람의 손을 빌려 사람들이 이해

---

210 '절문(節文)'에 대해 주자는 '품절문장(品節文章)'으로 해석한 바 있다.(『孟子集註』「離婁上」: "節文, 謂品節文章.") 이때 '품절(品節)'이란 원형그대로인 어떤 것을 구분한다는 뜻이고, '문장(文章)'이란 있는 그대로가 아니라 세련되게 꾸밈을 가한다는 뜻이다.(『朱子語類』 卷56: "節者, 等級; 文, 不直, 回互之貌."; 같은 곳 : 問"節文"之"文". 曰, "文是裝裹得好, 如升降揖遜.") 따라서 '천리를 절문한다'는 것은 천리를 개별적 대상과 상황에 맞도록 구분하고, 이를 알맞은 형식으로 구성해낸다는 뜻으로 이해할 수 있다.
211 『朱子語類』 卷36: "聖賢於節文處, 描畫出這樣子, 令人依本子去學. 譬如小兒學書, 其始如何便寫得好. 須是一筆一畫都依他底, 久久自然好去."

할 수 있는 형식으로 만들어지지 않으면 안 된다. 그것은 마치 붓글씨를 배우는 아이에게 체본을 제공하는 것과 같다. 체본을 만들기 위해서는 우선 붓글씨에 대한 깊은 조예가 기본적으로 요구될 것이고, 나아가 그것에 따라 글씨를 배우게 될 아이에 대한 이해도 충분해야 할 것이다. 마찬가지로 천리를 절문하여 인사의 의칙으로 제시하기 위해서는, 천리 자체에 대한 이해는 물론 이를 어떻게 인사에 구현할 수 있을지에 대한 부분까지 파악하고 있어야 한다. 따라서 그는 사람이어야 하고, 그 중에서도 천리를 완벽하게 체화한 사람이어야 한다. 어떤 사람이 이 조건에 해당할 수 있을까? 그가 바로 성인聖人이다.

> 천리(天理)란 본래 원형 그대로이고 지속적인데, 성인(聖人)께서 여기에 한계를 세우시고 단계를 나누신 결과 그 근본은 이러하고 말단은 이러하며 외면은 이러하고 이면은 이러하게 되었다.[212]

주자가 보기에 천리를 절문하는 성인의 이러한 역할은 일종의 '재성보상財成輔相'적 성격을 갖는다. 예컨대 기화氣化 작용을 통해 만물을 낳고, 기르고, 거두고, 수장하는[生長收藏] 자연의 섭리는 그 자체로 원형 그대로이고 지속적이다. 성인이 이를 봄·여름·가을·겨울이라는 계절로 구분하고, 각각의 계절들에 맞추어 어떻게 살아야 하는지를 사람들에게 가르친다. 이와 같은 성인의 역할이 곧 '재성보상'이다.[213] 그렇

---

212 『朱子語類』 卷87 : "這天理本是儱侗一直下來, 聖人就其中立箇界限, 分成段子, 其本如此, 其末亦如此, 其外如此, 其裏亦如此."
213 『朱子語類』 卷70 : "'財成'是截做段子底, '輔相'是佐助他底. 天地之化, 儱侗相續下來, 聖人便截作段子. 如氣化一年一周, 聖人與他截做春夏秋冬四時."

다면 '절문'과 '재성보상'은 본질적으로 같은 것이다. 그리고 이러한 성인의 역할은 천지의 화육을 돕는 것과[贊天地之化育] 맥을 같이 하는 것이며,[214] 그런 의미에서 '계천입극'의 구체적 실천으로 이해해도 무방하다.[215]

천리가 성인에 의해 절문되어 인사의 의칙으로 매뉴얼화된 것이 예라는 주자의 정의는,[216] 예가 인위적 구성물이 아니라 우리들 내면의 본래적 존재원리가 자연스럽게 구현된 것이라는 논리에 의해 강화된다. 주자는 예가 온전히 천리의 구현물이라는 점을 다음과 같이 강조한다.

> 수많은 전례(典禮)들은 모두 천(天)이 부여한 질서이며, 성인은 단지 천에 근거하여 체계화하고 준용했을 뿐이다. 이른바 관혼상제(冠婚喪祭)의 예와 전장제도(典章制度), 문물예악(文物禮樂) 그리고 수레와 의복[車輿衣服]에 이르기까지 그 어떤 것 하나도 성인이 임의로 만든 것은 없다. 모두 천이 만드신 것이며, 성인은 단지 천리에 의거하여 수행했을 뿐이다.[217]

비록 성인의 손을 빌려서 제정되었지만, 그것이 성인 개인의 임의적

---

214 『朱子語類』卷64: "'贊天地之化育.' 人在天地中間, 雖只是一理, 然天人所爲, 各自有分, 人做得底, 卻有天做不得底. 如天能生物, 而耕種必用人. 水能潤物, 而灌漑必用人. 火能爇物, 而薪爨必用人. 裁成輔相, 須是人做, 非贊助而何? 程先生言, '參贊'之義, 非謂贊助." 此說非是."

215 『朱子語類』卷14: 問"繼天立極." 曰, "天只生得許多人物, 與你許多道理. 然天卻自做不得, 所以生得聖人爲之修道立教, 以敎化百姓, 所謂'裁成天地之道, 輔相天地之宜'是也. 蓋天做不得底, 卻須聖人爲他做也."

216 예를 대하는 주자의 이러한 관점은, 우리가 앞에서 살펴본 예가 출현하게 된 역사적 사실과는 매우 다르다. 오히려 그것은 도통론의 틀과 관련되어 있으며, 따라서 주자는 예를 철학적 차원에서 이해하고 있는 것이다.

217 『朱子語類』卷78: "許多典禮, 都是天敍天秩下了, 聖人只是因而敕正之, 因而用出去而已. 凡其所謂冠昏喪祭之禮, 與夫典章制度, 文物禮樂, 車輿衣服, 無一件是聖人自做底. 都是天做下了, 聖人只是依傍他天理行將去."

고안물이 아니라는 점에서 그것은 본질적으로 천이 직접 만든 것이나 진배없다. 이처럼 임의적 인위성이 배제된 예는 결국 사람들 개개인의 내면에 구유되어 있는 존재원리로 수렴되고,[218] 이러한 논리에 입각하여 주자는 "예禮는 곧 리理"라는 더욱 단순하면서도 강력한 정의로 나아가게 된다. 즉, 예란 형적이 없는 리理를 가시적 형태로 구체화한 것이며, 따라서 "예는 곧 리"라는 명제가 성립한다는 것이다.[219]

요컨대, 사事는 리理에 부합해야 한다는 가치론적 당위와 인人은 좀처럼 천天과 합일하기 어렵다는 존재론적 현실이 빚어내는 간극으로 인해 예가 출현하게 되었다. 천리를 인사의 의칙으로 절문한 것이 예라는 주자의 정의는 바로 이 점을 겨냥한 입론이다. 여기에서 주자는 절문의 주체로서 성인에 주목한다. 성인은 그 심心이 천과 합일한 존재로서, 천리를 완벽하게 체화한 사람이다. 그는 일체의 임의적 인위성을 배제하고 오로지 천리에 근거하여 예를 제정하며, 따라서 그렇게 만들어진 예는 조금도 덜거나 보탤 수 없는 완전한 것이다.[220] 천리가 인사의 의칙으로 매뉴얼화되는 과정에서 요구되었던 절문이 성인으로 인해 그 임의적 인위성의 배제가 담보되면서, 이제 "천리의 절문"이었던 예는 그 자체가 '리理'라는 논리로 합리적 비약을 하게 된다. 그리고 이때의 리는 본원으로서의 천리이자 동시에 사람들 내면에 본구된 존재원리로서의 본성이다.

---

218 『朱子語類』卷41 : "禮是自家本有底."
219 『朱熹集』卷60, 「答曾擇之祖道」 : "禮卽理也. 但謂之理, 則疑若未有形迹之可言, 制而爲禮, 則有品節文章之可見矣."
220 『朱子語類』卷84 : "這箇典禮, 自是天理之當然, 欠他一毫不得, 添他一毫不得. 惟是聖人之心與天合一, 故行出這禮, 無一不與天合, 其間曲折厚薄淺深, 莫不恰好. 這都不是聖人白撰出, 都是天理決定合著如此."

이와 같은 이론적 전개에 의하여, 주자는 예를 특별한 차원으로 끌어올린다. 즉, 외재적 규범으로서 습득되었던 예를 내재적 원리로서 실현해야 할 것으로 전환한 것이다. 이는 곧 당위와 존재의 일치를 의도한 것에 다름 아니다.[221] 그리고 이것은 예가 자아실현을 위한 '학'의 주요한 대상이 되었음을 뜻한다.

> 예컨대, 공자께서는 상대부(上大夫)와 이야기하실 때는 자연스럽게 온화하셨고[誾誾], 하대부(下大夫)와 이야기하실 때는 자연스럽게 강직하셨다.[侃侃] 학자의 입장에서는 모름지기 상대부와 이야기할 때는 당연히 온화하게 하고, 하대부와 이야기할 때는 당연히 강직하게 하는 것이 곧 자연스러운 화(和)라는 것을 알아야 한다.[222]

예가 외재적 규범일 때 그것은 준수해야 할 '당연함'으로 인식된다. 하지만 그것이 내재적 원리(본성)의 실현일 때에는 '자연스러움'으로 드러나게 된다. 주자는 공자의 사례를 '자연스러움'으로 해석하면서,[223]

---

221 윤사순 교수는 "나의 행위(人)가 우주자연의 이법(天)과 일치"하는 경지를 유학사상의 최종목표인 '천인합일(天人合一)'로 보고, 이러한 천인합일의 사고에서 "규범법칙으로서의 당위는 내용적으로 자연의 이법인 존재와 별개일 수 없다"고 보았다. 그리고 이러한 사고는 "존재[性]의 실현이 곧 당위[道]로서 양자는 서로 일치한다는 이른바 사실과 가치를 일치시키는 동양적 자연법사상을 전제로 한다"면서 "이러한 전제야말로 유학 윤리의 근본 특색"이라는 점을 밝혔다.(윤사순, 1975, 2~3쪽)

222 『朱子語類』卷22 : "蓋聖人制禮, 無一節是强人, 皆是合如此. 且如孔子與上大夫言時, 自然誾; 與下大夫言時, 自然侃侃. 在學者須知道與上大夫言合用誾誾, 與下大夫言合用侃侃, 便自然和."

223 『論語』「鄕黨」 : "朝, 與下大夫言侃侃如也, 與上大夫言誾誾如也." / 여기에서 보듯이 본문에 '자연스럽게'라는 말은 없다. 주자는 자신의 예관에 비추어 '자연스럽게'라는 말로 공자의 행위를 해석한 것이다.

학자에게 예를 '마땅함'의 차원에서 '자연스러움'의 차원으로 고양시
킬 것을 주문하고 있다. 학이 "우리가 본래적으로 가지고 있는 것을 실
현하는, 그리하여 도덕을 존재하게끔 해주는 과정"[224]이라면, 학의 이
름으로 진행되는 모든 과정들은 결국 '마땅함'을 '자연스러움'으로 고
양시키는 과정이라고 이해할 수 있다.

위의 인용문에도 언급되어 있지만, 주자는 예를 행하는 데 있어서의
자연스러움을 '화和'라고 보았다. 주자에 따르면 화는 '자연스럽고 강
제적이지 않다從容不迫'는 의미로 해석된다.[225] 즉, 예란 본래 천리天理
·인성人性에 근원한 구현물이기 때문에 그것을 행하는 데 있어서 조금
도 강제적일 수 없으며 자연스러워야 한다는 것이다.[226] 다만 이와 관
련하여 주의해야 할 점은, 여기에서 말하는 '자연스럽다' 혹은 '강제적
이다'라는 것들이 예를 시행하는 개인의 감정적 차원에서 한 말이 아니

---

224 Peter K. Bol은 학에 대한 신유학의 이러한 정의가 다음의 세 가지 전제 위에서 가능하
다고 말한다. 첫째, 모든 생명을 창조하고 지탱하는 '통합적이고 조화로우며 일관된' 과
정들이 존재한다. 둘째, 생물학적 존재로서의 인간 또한 그러한 과정들의 산물이기 때문
에, 인간은 자기내부에 '통합적이고 조화로우며 일관된' 질서에 필요한 원리들을 가지
고 있다. 셋째, 인간은 자신이 본래적으로 가지고 있는 리(理)를 의식하고 그에 따라 행
동함으로써 '통합적이고 조화로우며 일관된' 사회를 만들어낼 수 있다.(Peter K. Bol,
2010, 252쪽)

225 『논어』에서 유자(有子)는 "예의 쓰임에서 화(和)가 중요하다"(『論語』「學而」: "禮之
用, 和爲貴.")라고 했다. 이에 대해 주자는 다음과 같이 주석했다. "예는 천리(天理)의
절문(節文)이고, 인사(人事)의 의칙(儀則)이다. '화'란 자연스럽고 강제적이지 않다는
뜻이다. 예의 체가 비록 엄하지만, 모두 자연의 리(理)에서 나온 것이다. 그러므로 그 용
이 반드시 자연스럽고 강제적이지 않아야 귀하게 여길 만하다."(『論語集註』: "禮者, 天
理之節文, 人事之儀則也. 和者, 從容不迫之意. 蓋禮之爲體雖嚴, 而皆出於自然之理, 故
其爲用, 必從容而不迫, 乃爲可貴.") 주자가 애당초 예를 "천리의 절문이고, 인사의 의
칙"이라고 정의한 것도 '화'를 고려한 문맥 속에서 제시된 것임을 감안하면, 주자의 예
관에 있어서 '화'의 의미는 매우 중요하다.

226 『朱子語類』卷22 : 周舜功問, "'從容不迫', 如何謂之和?"曰, "只是說行得自然如此, 無
那牽强底意思, 便是從容不迫.

라는 것이다. 만일 개인의 감정적 차원에서 '자연스러움'을 추구하고 '강제적'이기를 거부한다면 그것은 오히려 방종으로 흐를 우려가 있다.[227] 예가 천리·인성에 근원한다는 것은 예의 내용과 그 준행 주체의 본질적 친연성을 의미하는 한편, 예를 시행하는 전 과정에 철저한 보편적 도덕성이 요구된다는 의미이기도 하다.

> 임금과 아버지를 뵙게 되면 자연히 엄숙함과 공경함을 준용하게 되는 데, 이는 모두 사람들의 정서가 원하는 것으로, 억압과 교정으로 말미암아 그러한 것이 아니라 사람들 마음에 고유한 보편적인 것이다. 인위적 안배가 필요하지 않기 때문에 화(和)인 것이며, 강제적 노력에서 나온 것이라면 화(和)가 아니다.[228]

예컨대, 임금과 아버지를 대하는 신하와 자식이 엄숙함과 공경함을 준용하는 것은 당위이다. 그러나 그러한 당위[禮]는 억압과 교정에 의한 것이 아니라 사람들 마음에 고유한 보편적 속성[天理·人性]이 자연스럽게 드러난 것이다. 인위적 안배나 강제적 노력이 필요하지 않는 것은 바로 이 때문이며, 그렇기 때문에 그것은 '편안함[安]'의 논리로 설명될 수 있다. 즉, 자신의 행위가 당위[禮]와 일치할 때 마음은 편안함을 느끼게 되고, 그 편안한 상태가 바로 '자연스럽고 강제적이지 않다'고 표현된 화[和]의 상태라는 것이다.[229] 여기에서 '편안함'이란 가치론적 당위와

---

227 『朱子語類』 卷22 : "若離了禮, 說從容不迫, 便是自恣."
228 『朱子語類』 卷22 : "見君父自然用嚴敬, 皆是人情願, 非由抑勒矯拂, 是人心固有之同然者, 不待安排, 便是和. 才出勉强, 便不是和."
229 『朱子語類』 卷22 : "須知道吾心安處便是和. 如'入公門, 鞠躬如也', 須是如此, 吾心方

존재론적 현실이 일치됨으로써 얻게 되는 존재 자체의 안정감이라고 이해할 수 있다.[230] 결국 이 '편안함'이야말로 가치론적 당위와 존재론적 현실이 빚는 간극으로 인해 출현한 예가 지향해야 할 가장 이상적인 상태라고 할 수 있다.

그렇다면 학자가 '마땅함'을 '자연스러움' 또는 '편안함'으로 고양시키기 위해서는 어떤 공부가 필요할까? 그것은 다름 아닌 『대학大學』을 통해 제시한 궁리窮理이다. 천지간에 존재하는 모든 존재[物]가 격물格物의 대상이고, 그 모든 존재마다 법칙[理]을 구유하고 있다는 점에서 궁리의 대상임에 틀림없지만,[231] 거기에는 완급과 선후의 순서가 있으며, 그중 천리天理와 인륜人倫 등이 궁리의 우선순위에 해당한다는 것이 주자의 생각이다.[232] 그렇다면 예는 그 자체로 대단히 중요한 궁리의 대상임을 알 수 있다. 이러한 맥락에서 주자는 '화和'를 위해 어떤 공부가 필요하냐와 관련하여 다음과 같이 말한다.

궁리(窮理)를 해야만 비로소 얻게 될 것이다. 본래 이렇게 하는 것이 도리인 줄 알게 되면, 자연히 이렇게 하지 않을 수 없게 될 것이다. '손님과

安. 不如此, 便不安, 才不安, 便是不和也. 以此見得禮中本來有箇和, 不是外面物事也."

230 존재 자체의 안정감과 관련해서는 '살신성인(殺身成仁)'에 대한 주자의 해석에서도 확인할 수 있다.(『論語集註』「衛靈公」: "理當死而求生, 則於其心有不安矣, 是害其心之德也. 當死而死, 則心安而德全矣.") 이 사안에 관해서는 전병욱, 2007, 137~138쪽 참조.

231 『大學或問』: "天道流行, 造化發育, 凡有聲色貌象而盈於天地之間者, 皆物也. 旣有是物, 則其所以爲是物者, 莫不各有當然之則, 而自不容已, 是皆得於天之所賦, 而非人之所能爲也."[朱子曰, "物乃形氣, 則乃理也, 物之理方爲則."]

232 『大學或問』: 又曰: "致知之要, 當知至善之所在, 如父止於慈, 子止於孝之類, 若不務此, 而徒欲汎然以觀萬物之理, 則吾恐其如大軍之游騎, 出太遠而無所歸也."[朱子曰, "格物之論, 伊川意雖謂眼前無非是物, 然其格之也, 亦須有緩急先後之序. 如今爲學, 而不窮天理·明人倫·論聖言·通世故, 乃兀然存心於一草木器用之間, 此是何學問?"]

주인이 절을 백 번해도 술은 석 잔만 돌리는 것'과 같은 것도 진실로 그렇게 하겠지만, '공문(公門)을 들어가실 때는 몸을 굽히듯 하셨고, 기운을 삭이시기를 숨 쉬지 않는 것처럼 하셨으며, 임금의 빈자리를 지나실 때에도 긴장한 듯이 하셨다'와 같은 것은 신하로서 임금을 섬길 때 본래 해야 한다는 것을 모르면 끝내 화(和)할 수 없을 것이다. 어떤 사람이 작은 불씨가 손에 떨어져도 아프다고 하면서, 쑥으로 뜸을 뜰 때에는 왜 아프다고 하지 않을까? 그것은 자신의 병이 쑥으로 뜸을 떠야만 한다는 것을 알기 때문이다. 자발적으로 원해서 하는 것이니 자연히 아프다고 여기지 않는 것이다.[233]

'알면 자연히 하게 된다'고 할 때의 '앎'은 진지眞知를 말한다.[234] 주자에게 격물치지格物致知의 근본 목적은 대상을 철저하게 이해하는 진지를 이루고자 함이고,[235] 그러한 진지는 실천하지 않고는 베길 수 없는 단계를 지향한다.[236] 개인적 혹은 사회적 삶의 현장에서 당위가 실현되지 못하는 까닭은, 그것이 '당위'인줄을 몰라서가 아니라 그것이 '왜' 당위

---

233 『朱子語類』卷22 : "要須是窮理始得. 見得這道理合用恁地, 便自不得不恁地. 如'賓主百拜而酒三行', 固是用恁地, 如'入公門, 鞠躬如也, 屛氣似不息. 過位, 跋踏如也', 苟不知以臣事君合用如此, 終是不解和. 且如今人被些子燈花落手, 便說痛. 到灼艾時, 因甚不以爲痛? 只緣知道自家病合當灼艾. 出於情願, 自不以爲痛也."

234 주자는 인용문에서 '견득(見得)'이라고 표현했는데, 사실 그것은 정자가 '진짜로 호랑이 본 사람'의 예를 들어 설명할 때 사용한 '실견득(實見得)'과 같은 말이다.(『二程遺書』卷15 : "他人語虎, 則雖三尺童子, 皆知虎之可畏, 終不似曾經傷者, 神色懾懼, 至誠畏之, 是實見得也.") 그리고 이 '실견득'은 '진지(眞知)'와 같은 의미이다.(『二程遺書』卷18 : "知有多少般數, 煞有深淺. 向親見一人, 曾爲虎所傷, 因言及虎, 神色便變. 傍有數人, 見他說虎, 非不知虎之猛可畏, 然不如他說了有畏懼之色, 蓋眞知虎者也.")

235 『朱子語類』卷15 : "致知所以求爲眞知. 眞知, 是要徹骨都見得透."

236 『朱子語類』卷116 : "不眞知得, 如何踐履得? 若是眞知, 自住不得."

인지를 모르기 때문이며, 따라서 그 '왜'를 아는 것이 곧 진지이다.[237] 당위의 이유를 해명함으로써 '함'을 보장하는 '앎', 억지로 하는 것이 아니라 자연스럽고 편안한 '자발적 함'을 보장하는 '참된 앎'이 바로 궁리가 지향하는 진지이다.

이와 관련하여 우리는 예에 대한 주자의 정의를 '인사의 의칙은 왜 천리를 절문한 것이어야 했는가?'라는 측면에서 다시 살펴볼 필요가 있다. 주자는 우리가 도리를 대할 때 반드시 그 근원에 대해 물어야 한다고 보았다. 그것이 '왜' 당위인지는 그 당위의 근원에 대한 탐구로부터 해명될 수 있기 때문이다.[238] 그런데 누군가에게 요구되는 당위의 근원은 다시 그의 존재적 근원으로 소급된다. 그것은 마치 어떤 환자가 쑥뜸을 떠야 하는 당위는 그 환자가 앓고 있는 병의 근원으로부터 해명되는 것과 마찬가지다. 여기에서부터 논의가 진행되어야만 환자가 감내해야 하는 쑥뜸의 고통은 자발적 요청에 의해 고통이 아닐 수 있게 된다. 주자가 예라는 당위의 근원을 천리로부터 설명한 까닭은 그 준행 주체인 사람의 존재적 근원으로부터 해명하기 위함이었다.[239] 자신의 존재적 근원에 대한 명확한 이해가 있어야만, 자신에게 요구되는 당위가 인위적 강제가 아니라 존재의 실현으로 받아들여지게 되고, 나아가 그 당위를 자발적으로 요청하게 됨으로써 '자연스러움'과 '편안함'으

---

237 『朱子語類』卷64:"如君之仁, 子之孝之類, 人所共知而多不能盡者, 非眞知故也."
238 『朱子語類』卷117:"凡看道理, 須要窮箇根源來處. 如爲人父, 如何便止於慈? 爲人子, 如何便止於孝? 爲人君, 爲人臣, 如何便止於仁, 止於敬? 如論孝, 須窮箇孝根原來; 論慈, 須窮箇慈根原來處. 仁敬亦然. 凡道理皆從根原處來窮究, 方見得確定, 不可只道我操修踐履便了."
239 『朱子語類』卷64:"知天是起頭處. 能知天, 則知人·事親·修身, 皆得其理矣. (…중략…) 如君之仁, 子之孝之類, 人所共知而多不能盡者, 非眞知故也."

로 진행될 수 있다는 것이다.[240]

이렇게 예에 있어서 궁리는, 한편으로는 존재의 근원으로부터 당위의 근원을 해명함으로써 그 당위가 강제로 부가된 것이 아니라 존재의 실현임을 깨닫고 이를 자발적으로 요청하는 진지를 목적으로 하는 '구조'에 대한 공부이다. 그러나 또 다른 한편으로는 '그렇다면 어떤 것들을 당위로서 수용할 것인가'를 묻는 '내용'에 대한 공부이기도 하다. 그것이 '왜' 당위인지를 존재론적 '구조'로부터 해명하고자 하는 전자가 거시적 차원의 궁리 공부라면, '어떤 것'이 당위인지를 의미론적 '내용'으로부터 구명하고자 하는 후자는 미시적 차원의 궁리 공부라 할 수 있다. 그런 점에서 거시적 차원의 전자는 천리-인성의 관계에 논의의 주안점이 있는 데 비해, 미시적 차원의 후자는 실천적 행위의 전제가 되는 판단과 결정에 대한 심心의 주체적 역할에 주안점이 있다. 이와 같은 후자에 초점이 맞춰진 궁리 공부의 구체적 대상이 바로 '의리'이다. 먼저 주자는 '의리'라는 개념에 대해 다음과 같이 정의한 바 있다.

'성(誠)'이라는 글자는 심(心)의 전체로 말한 것이고, '충(忠)'이라는 글자는 응사접물(應事接物)로 말한 것인데, 이것이 의리(義理)의 본명이다.[241]

주자는 '의리' 개념의 가장 본질적 의미란 결국 심心 본래의 온전한 모습으로 사물을 응접하는 것이라고 설명하고 있다. 물론 이러한 설명

---

240 여기에서 중요한 것은, 예의 근원이 반드시 주자의 의미규정에 따른 '천리'여야 하는가와 무관하게, 당위를 근원으로부터 설명하고자 하는 철학적 시도 그 자체이다.
241 『朱子語類』卷6 : "'誠'字以心之全體而言, '忠'字以其應事接物而言, 此義理之本名也."

은 다음 두 가지 전제 위에서 성립한다. 첫째, 심 본래의 온전한 모습[心之全體]이란 곧 천리가 본구되어 있는, 그로 인해 응사접물할 수 있는 근거로서의 온갖 이치[萬理 또는 衆理]가 구비되어 있는 상태를 말한다.[242] 둘째, 사물을 응접한다는 것[應事接物]은 그 주체인 심이 응사접물의 현장에서 합'리'적으로 응사접물을 수행함을 뜻한다. 이는 바꿔 말하면, 성리학의 관섬에서 '의리'란 천리가 인사에 가장 합당한 방식으로 구현된 것을 일컫는 개념이며,[243] 따라서 '의리'는 그 내용에 있어서는 본질적으로 천리와 동일하지만 그 범주에 있어서는 천리가 인사에 구현되는 장에서 사용되는 개념임을 알 수 있다.[244] 여기에서 의리는 천리와 개념적 범주의 차이를 빚게 된다. 즉, 의리는 선천적으로 본구된 것이라는 점에서는 내용적으로 천리와 같지만,[245] 후천적으로 추구해서 획득해야 하는 것이라는 점에서는 천리와 그 범주를 달리한다.[246] 그리고 의리가 궁리의 대상이 된다는 것은 바로 이 후천적 추구와 획

---

242 '심 본래의 온전한 모습[心之全體]'을 '리(理)'와의 관련성에서 설명할 수 있는 논거는 '성(誠)'에 대한 다음 언급들을 통해 확인할 수 있다. "誠者, 實有此理."; "誠只是實." 又云 : "誠是理."; "誠, 實理也, 亦誠慤也. 由漢以來, 專以誠慤言誠. 至程子乃以實理言, 後學皆棄誠慤之說不觀. 「中庸」亦有言實理爲誠處, 亦有言誠慤爲誠處. 不可只以實爲誠, 而以誠慤爲非誠也."(이상 『朱子語類』 卷6)

243 이천(伊川)은 "사물 자체에 있는 것을 리(理)라고 하며, 사물에 적합하게 대처하는 것을 의(義)라고 한다.["(『二程粹言』 卷1 : "在物爲理, 處物爲義.")라는 말로 '의리(義理)'의 개념적 성격을 분석한 바 있고, 이에 대해 주자는 다음과 같이 부연했다. "'在物爲理, 處物爲義.' 理是在此物上, 便有此; 義是於此物上自家處置合如此, 便是義. 義便有箇區處."(『朱子語類』 卷95)

244 김낙진은 이와 관련하여 다음과 같이 설명한다. "의리(義理)는 주관과 객관이 만나 구체적인 행위가 수수(授受)되는 '일[事]'에서 논의된다는 성질을 가진다."(김낙진, 2004, 105쪽)

245 『朱熹集』 卷43,「答林擇之」 21 : "蓋義理, 人心之所固有.; 『朱子語類』 卷13 : 義理, 人心之所同然."

246 『朱子語類』 卷13 : "義理, 身心所自有, 失而不知所以復之. (…중략…) 若義理, 求則得之. 能不喪其所有, 可以爲聖爲賢."

득에 관한 것이다.

궁리가 의리를 추구하고 획득하는 것이라고 할 때 그것은 당연히 사고적 과정을 통한 공부가 될 것임을 짐작하기 어렵지 않다. 이 사고적 과정을 주자는 '사색思索' 혹은 '완색玩索', '궁색窮索'이라고 했다. 주자는 '사색'과 '실천踐履'를 학자들의 최우선 과제로 제시하면서도,[247] 의리에 대한 명확한 이해가 있어야 실천의 단계로 나아갈 수 있다는 점을 분명히 한다.[248] 한편 주자는 의리에 대한 사색공부는 반드시 본원에 대한 함양공부와 함께 진행되어야 한다는 점도 누누이 강조한다.[249] 이러한 주자의 생각을 정리하면 다음과 같다. 우선 실천이란 곧 의리를 삶의 현실에 구현하는 것이므로 의리에 대한 명확한 이해가 전제되어야 한다. 그런데 의리를 이해하기 위해서는 사색의 과정이 필요하며, 이를 위해서는 무엇보다 사색의 주체인 심心의 상태와 역할이 중요하다. 따라서 심이 본래적 상태를 유지함으로써 역할을 다할 수 있도록 함양공부가 요구된다는 것이다.[250] 이런 점에서 다음 주자의 언급은 매우 중요하다.

---

247 『朱子語類』 卷9 : "學者以玩索 · 踐履爲先."
248 『朱子語類』 卷9 : "義理不明, 如何踐履?"
249 "思索義理, 涵養本原."; "涵養 · 窮索, 二者不可廢一, 如車兩輪, 如鳥兩翼."; "涵養中自有窮理工夫, 窮其所養之; 窮理中自有涵養工夫, 養其所窮之理, 兩項都不相離. 纔見成兩處, 便不得."(이상 『朱子語類』 卷9)
250 여기에서 우리는 논의를 분명히 하기 위해 다음과 같이 생각을 정리할 필요가 있다. 주자에 따르면, 세상의 모든 존재는 '리일분수(理一分殊)'의 구조 속에 존재한다. 내가 다른 존재들과의 관계 속에서 행위할 수 있는 것은[應萬事] 다른 모든 존재들의 존재원리가 내 안에 구비되어 있기(원리의 속성이 동일하기) 때문이다.[具衆理] 또한 내가 모든 존재들의 존재원리를 인식할 수 있는 근거 역시 '리일분수'라는 존재론적 대전제 위에서 찾아진다. 그렇다면 나의 행위와 인식의 절대근거는 리(理)라 할 수 있는데, 이 리가 성(性)이라는 이름으로 나의 존재원리로서 존재하는 곳이 심(心)이다. 행위와 인식의 주체로서 심(心)은 자신 안에 구유되어 있는 리(理)에 의거하여 행위하고 인식한다. 그렇다면 심(心)의 본래적 상태를 유지하고 그 역할을 다한다는 것은 결국 자신 안에 구유되어 있는 리(理)가 행위와 인식의 장에서 잘 구현되도록 하는 것을 의미한다. 의리(義

의리(義理)란 사람들 심(心)에 고유한 것이다. 만일 그것을 잘 함양(涵養)하여 물욕(物欲)에 의해 어두워지는 일이 없게 한다면, 자연히 밝게 드러날 것이며 따로 구할 필요가 없다.[251]

사실 의리를 추구하고 획득한다는 것은 단순히 외부의 지식정보를 추구하고 획득하는 것과는 본질적으로 그 성격이 다르다. 그것은 어쩌면 내 안에 이미 충분했던 것을 확인하는 과정이지 부족한 것을 보완하는 것이 아니며, 망각했던 것을 자각하는 과정이지 결핍된 것을 투입하는 것이 아니다. 그래서 주로 천리의 상대개념으로 지목되는 물욕이 문제로 제기되는 것이며, 함양이 요구되는 까닭 역시 이 때문이다.

理)란 바로 이 행위와 인식의 장에서 심(心)이 구유하고 있으면서 동시에 구현해야 하는 리(理)이다. 주자가 의리를 심(心)과 밀착된 구체적 차원의 리(理)개념으로 사용한 사실은 '의리'를 '도심(道心)'과 관련하여 설명하는 데서 확인할 수 있다. 즉, 주자는 「중용장구서(中庸章句序)」에서 도심(道心)의 근원을 '성명지정(性命之正)'으로 설명했던 것을 '의리'로 바꿔서 설명한다. 『朱子語類』 卷62 : "人自有人心·道心, 一箇生於血氣, 一箇生於義理."; 『朱子語類』 卷62 : "道心則是義理之心, 可以爲人心之主宰, 而人心據以爲準者也."; 『朱子語類』 卷78 : "道心是義理上發出來底, 人心是人身上發出來底."

251 『朱熹集』 卷43, 「答林擇之」 21 : "蓋義理, 人心之固有, 苟得其養, 而無物欲之昏, 則自然發見明著, 不待別求."

제2장

퇴계 예학사상의 철학적 문제의식

1. 예禮 인식의 철학적 정립

1) 16세기 조선의 예 인식 동향

예의 형식보다 본질을 중시하고 주례의 정신을 '수기안인'의 틀에 담아 이를 유학적 이상으로 실현코자 한 공자의 '의義' 중심 예관을 통해 유학의 근본적 문제의식이 무엇이고 본질적 좌표는 어디에 설정되어야 하는지를 제시한 예학의 시원을 확인할 수 있었다. 또한 주자가 공자의 이러한 예관을 토대로 하되 도통론에 입각하여 예 주체의 전환을 시도함으로써 학學의 권위자가 곧 예의 주체임을 확인하는 한편, 당위로서의 예를 존재의 실현이라는 철학적 차원으로 고양시키는 '리理' 중심의 성리학적 예관을 확립하였음도 검토하였다. 그렇다면 이제 이러한 공자와 주자의 예관이 퇴계 예학사상에 내원으로서 어떠한 영향을 끼쳤는지에 대해 살펴보아야 한다. 바꿔 말하면, 퇴계가 공자와 주자의 예관을 연원으로 삼아 자신의 예학사상을 어떻게 형성·전개해 갔는지를 검토해야 한다는 것이다.

먼저, 퇴계 예학사상의 성격을 구명하기 위해 그의 문제의식에 대한 검토부터 진행할 필요가 있다. 모든 학문과 사상은 반드시 학자 자신이 살다 간 시대의 자장 안에서 그 시대가 양산한 사회현상에 대한 문제의식을 동력으로 삼아 형성·발전한다. 이는 본질적으로 사회적 또는 윤리적 성격이 강한 유학의 경우에는 더 말할 나위 없으며, 특히 예학이 갖는 사회철학적 또는 윤리철학적 특성에 비추어 보면 더욱 그렇다. 따라서 퇴계의 예학사상을 검토하는 과정에서 그의 철학적 문제의식으로부터 논의를 시작하는 것은 논의의 맥락적 측면에서 매우 중요한 작업이다. 우리는 크게 두 가지 측면에서 그의 문제의식을 조망하게 될 것이다. 하나는 퇴계가 16세기 조선의 예 인식을 의리義理 중심으로 변화시킨 것과 관련한 근본적인 문제의식이고, 다른 하나는 자신의 학문적·사상적 이론들, 즉 '학學'을 어떻게 구현할 것인가에 관한 실천적인 문제의식이다.

16세기 조선은 예학사의 시각에서 볼 때 중대한 전환기에 해당한다. 왜냐하면 이 시기를 변곡점으로 하여 조선에서는 예에 대한 근본적인 인식의 변화가 일어나기 때문이다. 첫째, 16세기 조선에서는 예의 주체와 관련한 인식에 근본적인 변화가 일어났다. 즉, 16세기 이전 조선에서는 국가가 주체가 되어 예를 국가질서 확립을 위한 교화의 수단으로 활용했었다면, 16세기에 접어들면서부터는 성리학에 대한 이해의 심화로 말미암아 예는 존재의 실현과 학의 구현이라는 새로운 관점에서 수용되었다. 이때 예의 주체는 당연히 학자들이 된다. 둘째, 이러한 예 주체에 대한 인식의 변화는 예의 근거에 대한 인식의 변화로 진행되었다. 즉, 학자들 스스로 예의 주체임을 자각하고 예 연구를 심화시켜 나감으로써, 『국조오례의國朝五禮儀』로 대표되는 조종성헌祖宗成憲 뿐만 아니라 『주자가례朱子家禮』와 삼례서三禮書(『주례周禮』·『의례儀禮』·『예기禮記』) 등 이른바 고례古禮[1]에 이르기까지 다양한 각도에서 예의 근거들을 모색하는 작업이 본격적으로 이루어지게 되었던 것이다. 셋째, 이러한 인식의 변화는 결과적으로 예의 권위에 대한 인식의 변화로까지 이어지게 되었다. 즉, 조종성헌과 성현고례聖賢古禮가 충돌을 빚을 경우 점차 성현고례에 더욱 큰 권위를 부여하는 방향으로 인식이 변화되어 갔다는 것이다. 이는 앞서 주자의 도통론에 관한 검토에서 확인했던 바와 궤를 같이 하는 것으로, 예란 국가가 제정함으로써 권위를 갖게 되는 것이 아니라 의리에 부합함으로써만 권위를 갖게 된다는 인식이 반영된 결과이다.

예와 관련한 이러한 인식의 변화는 기실 성리학에 대한 이해의 확대와 심화라는 '학學' 자체의 발전을 토대로 하여 형성될 수 있었다. 즉, 예를 존재의 실현이라는 측면에서 바라보는 철학적 이해의 기반 위에서 스스로 예의 주체임을 자각하고, 이와 같은 자각의 연장선상에서 예의 근거와 권위에 대한 새로운 인식으로 나아갈 수 있었던 것은 모두 성리학이라는 학의 토대 위에서 가능했던 것이다. 그런 점에서 우리는 16세기 조선의 예 인식이 성리학적 소양을 바탕으로 등장한 사림에 의해 새로운 전기를 마련하게 되었을 것으로 추측할 수 있고, 따라서 이를 주도한 대표적 인물로 우선 정암靜庵 조광조趙光祖(1482~1519)에 주목하게 된다.[2] 물론 정암은 예서를 저술한 바 없을 뿐 아니라, 성리학 관

---

1 고영진에 따르면, 17세기 이전에 사용되는 '고례(古禮)'라는 말은 『국조오례의』나 한당례(漢唐禮)와 대칭되는 의미로, 삼례(三禮)뿐만 아니라 송대의 『주자가례』 등도 포함된다고 한다.(고영진, 1996, 52쪽, 90번 각주 참조)

2 15세기 후반에서 16세기 초반에 활약한 전기 사림파의 대표성을 수기(修己)와 봉공(奉公)의 선비정신에서 찾는다면 당연히 환훤당(寒暄堂) 김굉필(金宏弼, 1454~1504)과 그의 스승으로서「조의제문(弔義帝文)」을 지은 점필재(佔畢齋) 김종직(金宗直, 1431~1492)에게까지 올라가야 할 것이다.(윤사순, 1992, 『韓國儒學論究』「사림파의 도학사상과 그 선구」 참조) 하지만 사림이 스스로 조선사회의 주체임을 자각하고 이를 실천으로

런 저술 또한 남긴 것이 없다.[3] 하지만 그가 임금에게 제진製進한 글이나 경연經筵에서 진강進講한 내용들을 통해 그가 성리학의 이론에 이미 깊은 조예와 충분한 식견을 갖고 있었음을 알 수 있다.[4] 그리고 그가 지치至治 또는 도학정치道學政治를 표방하는 과정에서, 인재를 육성하는 근본으로서의 『소학小學』과 풍속을 교화하는 방안으로서의 향약鄕約에 중점을 두었다는 사실은,[5] 사림들 스스로 수기修己와 치인治人을 통한 예치禮治의 주체임을 자각한 실천적 사례라 할 수 있다.

특히 우리가 당시 예 인식의 변화와 관련하여 정암에 주목하는 것은 그의 '성헌변통론成憲變通論' 때문인데, 그의 '성헌변통론'을 이해하기 위해서는 먼저 그의 '군주성학론君主聖學論'부터 논의해야 한다. 성리학에서 성학聖學이란 '모든 사람은 성인이 될 수 있다'는 전제 하에 학문의 궁극적 지향은 '성인이 되는 데 있다'는 생각을 반영한 개념이다. 따

옮겼으며, 이러한 인식을 이후 사림에게 강하게 심어주었다는 점 등을 고려할 때는 단연 정암을 꼽지 않을 수 없다.

3 퇴계는 직접 행장(行狀)을 찬술할 만큼 정암을 존모하였고 또한 정암이 조선성리학의 도통(道統)에서 중요한 위치를 점한다는 점에는 동의하였지만, 저술이 없다는 점을 이유로 학문적 수준에 대한 평가는 유보하는 객관적이고 냉정함을 보인다.(『退溪先生言行錄』卷5, 「論人物」: "吾東方理學, 以鄭圃隱爲祖, 而以金寒暄·趙靜庵爲首. 但此三先生, 著述無徵, 今不可考其所學之淺深.") 고봉(高峯) 기대승(奇大升)은 16세기 이전의 도통 전승관계에서 정암의 연원을 분명히 하였고,(『高峯先生論思錄卷之下』: "以東方學問相傳之次言之, 則以夢周爲東方理學之祖, 吉再學於夢周, 金淑滋學於吉再, 金宗直學於淑滋, 金宏弼學於宗直, 趙光祖學於宏弼, 自有源流也.") 우암(尤庵) 송시열(宋時烈)은 더 나아가 조선성리학에서의 정암의 위치와 역할을 송학(宋學)에서의 염계(濂溪) 주돈이(周惇頤)처럼 사전(師傳)없이 독득(獨得)한 것으로 평가한다.(『宋子大全』卷143, 「龍仁縣深谷書院講堂記」: "蓋先生負特立之資, 膺奎明之會, 不緣師傳, 獨契道妙, 由濂洛關閩之學, 上求乎『大學』·『語』·『孟』·『中庸』之旨, 規摸正大, 工夫嚴密, 粹然聖賢之道, 而純乎帝王之法矣. (…중략…) 余以爲先生之生於我東者, 實如濂溪之於宋朝也. 豈必授受次第如貫珠, 然後乃爲道學之傳哉?")

4 김기현, 1979, 특히 3장 「정암 도학의 내용」 참조.

5 『退溪全書』卷48, 「靜庵趙先生行狀」: "劃革宿弊, 修明敎條, 先王法度, 次第擧行, 『小學』爲育材之本, 鄕約爲化俗之方, 百僚無不聳勵, 而四方爲之風動矣."

라서 원칙적으로 그것은 모든 사람들에게 보편적으로 요구된다. 그러나 이것이 어떤 특정인에게 집중적으로 요구될 경우 그 주인공은 다름 아닌 군주君主가 된다. 왜냐하면 '군주'에게는 이미 '만인지상萬人之上'이라는 지위와 '치인治人'이라는 역할이 전제되어 있는 만큼, '군주'의 지위에 있는 그에게 '수기'는 다른 누구에게보다도 더욱 엄중하게 요구되기 때문이다.[6] 이런 점에서 '성학'은 일반적으로 군주에게 요구되는 '성리학적 제왕학'이라는 함의를 갖는다.[7]

그런데 '성리학적 제왕학'으로서의 '성학'에는 이러한 당위론적 함의 이면에 간과해서는 안 될 중요한 성리학적 의도가 작동하고 있다. '성학'의 논리를 수용하는 순간 군주는 성리학의 자장 안에서 성리학이 제시하는 과정과 그것이 요구하는 목적에 순응할 수밖에 없게 된다. 즉, '성학'은 군주 스스로 '자신은 행정조직의 수반일 뿐이며, 인간적으로는 학學의 지도를 받지 않는다면 얼마든지 타락할 수 있는 존재임'을 인정하는 것을 전제로 한다는 것이다.[8] 이와 관련하여 정암의 다음 언급은 주목할 만하다.

---

6 『靜庵集』卷3,「經筵陳戒」'參贊官[副提學]時啓一[因講大學誠意章進啓]': "惟願自上, 日加愼獨誠實工夫, 終始不渝, 則治化可臻矣. 若使世道, 日漸汚下, 終不可變, 則人道終歸於禽獸矣. 三代之治, 今可復致者, 雖不可言矣, 豈全無致之之道乎? 自上先養己德, 推之行事, 則人皆誠服, 不期化而自化矣. 若吾德不修, 而修飾於事爲之間, 則亦何益乎?"; 『靜庵集』卷3,「經筵陳戒」'參贊官時啓十二': "聖學日至於高明, 則士習自趨於正矣."

7 대표적으로 퇴계의 『성학십도(聖學十圖)』나 율곡의 『성학집요(聖學輯要)』가 모두 임금에게 올린 글들이라는 사실이 이를 잘 보여준다.

8 Peter K. Bol은 "통치자에게 올린 그리고 통치자에 대해 쓴 주자(朱子)의 글에는 두 가지 거대한 테마가 있다"면서 다음 두 가지를 제시한다. 첫째는 "통치자도 다른 인간들과 같은 도덕적·지적 잠재력을 가진 존재이며, 마찬가지로 타락에 노출된 인간이라는 점", 둘째는 "통치자는 행정체계의 한 부분이라는 점"이다.(Peter K. Bol, 2010, 218~220쪽) 이러한 그의 주장은 앞에서 거론했던 통치(governance)와 학(學, learning)의 대립 혹은 분화와 연계해서 볼 때 중요한 지적이다.

학자가 성현(聖賢)을 목표로 한다고 해서 반드시 성현의 경지에 이르지는 못합니다. 임금이 당(唐)·우(虞)와 삼대(三代)를 목표로 한다고 해서 반드시 당·우와 삼대의 정치를 이루지는 못합니다. 하지만 입지(立志)를 이와 같이 하고, 격물(格物)·치지(致知)·성의(誠意)·정심(正心)에 노력을 기울인다면 점차 성현의 경지와 요순의 정치에 도달하게 될 것입니다. ······ 폐조(廢朝)(연산군) 이후로는 사우(師友)의 도가 없어져서, 간혹 누군가 스승으로 섬기거나 벗으로 삼으려는 이가 있으면 사람들은 반드시 화태(禍胎)라고 지적합니다. 임금 또한 반드시 가장 어진 이는 스승으로 삼고 그 다음은 벗으로 삼아 그들을 존중하여 예를 다해야 할 것입니다.[9]

성리학적 제왕학인 성학聖學에서 군주는 반드시 요堯·순舜과 같은 임금이 되겠다는 뜻을 세워야[立志] 하고, 이를 현실화하기 위해 학문에 정진해야 하는데, 이때 반드시 스승[師]이나 벗[友]의 도움을 받아야 한다는 것이 위 언급의 요지이다.[10] 이는 군주에게 만인지상이라는 지위는 잊고 현자를 사우로 맞이할 자세를 요구하는 것으로, 위位보다 학學이 도덕적으로 우위에 있다는 의식을 반영하고 있다. 이러한 기조의 성학은 조선시대 내내 지속적으로 강조되었지만, 그러한 전통을 열었던 인물이 바로 지치주의를 표방하며 도학정치를 구현하려 했던 정암이다.

이러한 정암의 군주성학론은 성헌변통론을 주장할 수 있는 토대로서

9　『靜庵集』卷3,「經筵陳戒」'侍讀官時啓六':"學者以聖賢爲期, 未必卽至聖賢之域. 人主以唐虞三代爲期, 未必卽致唐虞三代之治. 然立志如此, 而用功於格·致·誠·正, 則漸至於聖賢之域, 堯舜之治矣. (···중략···) 自廢朝以後, 師友之道頓廢, 間或有所師, 有所友, 則人必指以爲禍胎矣. 人君亦必以最賢者爲師, 次者爲友, 尊禮之, 可也."
10　임금이 누군가를 스승이나 벗으로 삼는 문제에 관해서는『孟子』「萬章下」3장 참조.

의 역할을 한다. 성헌변통론에서 '성헌'이란 이른바 '조종성헌'을 가리키는 말로, 조선의 개국과 더불어 수립되고 전승된 국가예제 일반을 일컫는다. 따라서 성헌은 역대 군왕들의 인가를 획득한 예제로서 강력한 권위를 갖고 있었다. 정암의 '성헌변통론'은 이러한 성헌도 고례古禮[11]에 견주어 합당하면 지켜야 하겠지만, 만일 그렇지 않다면 '변통'할 수 있다는 주장이다. 이는 예의 궁극적 권위는 '조종祖宗'으로 대표되는 임금들의 지위에서 찾을 것이 아니라 고례에 깃들어있는 성현聖賢들의 가르침에서 찾아야 한다는 것으로, 예에 대한 획기적인 인식의 전환을 보여준다.

① 조종(祖宗)의 구장(舊章)을 비록 갑자기 고쳐서는 안 되겠습니다만, 만일 오늘에 부합하지 않는 것이 있다면 또한 변통해야 할 것입니다.[12]

② 나라의 법제를 비록 가볍게 고쳐서는 안 되겠습니다만, 학문이 고명하여 사리에 밝다면 대신들과 더불어 동심협력하여 덜 것은 덜고 보탤 것은 보태 융성하고 태평한 세상을 이루기를 기약하여 조종(祖宗)의 성헌(成憲)을 준수하는 것이 옳습니다. 만일 작은 성취에 안주하면서 그대로 지내게 되면 제왕의 정치를 어찌 이룰 수 있겠습니까? 만일 사대부의 풍습과 백성들의 풍속을 순박하고 올바른 방향으로 되돌려 옛날의 정치를 복원하고자 하신다면, 반드시 분발하고 실천함으로써 모두가 '유신(維新)'

---

11 정암은 '고례(古禮)' 이외에 고도(古道) 또는 고제(古制)라는 말도 함께 사용한다.
12 『靜庵集』卷3,「經筵陳戒」'檢討官時啓四': "祖宗舊章, 雖不可猝改, 若有不合於今者, 則亦可變而通之."

에 참여해야 합니다. 그런 뒤에야 고무되고 진작되어 빛나고 아름다워질 것입니다.[13]

조종祖宗의 성헌구장成憲舊章을 함부로 아무렇게나 고쳐서는 안 된다는 것에 대해서는 정암도 원칙적으로는 동의한다. 하지만 그 자체가 절대적인 준수의 대상이라는 점에는 동의하지 않는다. 왜냐하면 군주와 신하라는 제도 자체가 이미 백성을 위해 설치된 것이고, 치도治道의 궁극적 지향은 백성이어야 하기 때문에,[14] 아무리 조종의 성헌구장이라 해도 백성의 삶을 기준으로 그 준수와 변통이 결정되어야 한다는 것이 정암의 생각이었던 것이다. ①에서 말한 '오늘'에 구현할 바와 ②에서 말한 '옛날의 정치'를 통해 복원할 것은 결국 '백성이 살기 좋은 세상'이라는 점에서 만나게 되고, 이것이 절대 기준이 되어야 한다는 점에서 조종의 성헌구장 역시 얼마든지 변통할 수 있다는 것이 정암의 '성헌변통론'의 요지이다. 그러나 정암은 모든 정치적 행위가 '백성이 살기 좋은 세상'을 이루는 것을 지상과제로 삼아야 한다고 보면서도, 그것은 반드시 '고례古禮' 또는 '고도古道'를 기준으로 정치가 시행되고 제도가 정비되었을 때만 가능하다는 인식을 또한 갖고 있었다.[15] 따라서 정암의 '성헌변통론'은 다분히 고례 지향적인 관점을 강하게 담고 있다고 하겠다.[16]

---

13 『靜庵集』卷3, 「經筵陳戒」'參贊官時啓五' : "國之法制, 雖不可輕改, 然學問高明, 洞照事理, 則與大臣同心協力, 可損者損之, 可益者益之, 期致隆平, 而遵守祖宗之成憲, 可也. 若安於小成, 苟且因循, 則帝王之治, 何可致也? 如欲使士習民風, 歸於淳正, 而復古之治, 則必奮發有爲, 咸與維新, 然後鼓舞振作, 而熙熙皡皡矣."

14 『靜庵集』卷3, 「經筵陳戒」'檢討官時啓六' : "夫君臣者, 爲民而設也. 上下須知此意, 晝夜以民爲心, 則治道可成."

15 『靜庵集』卷3, 「經筵陳戒」'侍讀官時啓十一' : "民生衣食旣厚, 凡事畢擧而後, 欲行古禮, 則緩矣. 大抵力行古道, 而以保民爲根本, 則可矣."

군주를 학(學)의 자장 안으로 귀속시키고, 조종의 성헌 또한 성현의 고
례를 준거로 삼아 변통할 수 있다는 정암의 군주성학론과 성헌변통론
은 주자에게서 발견된 통치에 대한 학의 우위를 조선에서 본격적으로
전개한 의미 있는 실천이다. 실제 정암을 위시한 당시 이른바 신진사류
들은 이러한 인식을 바탕으로, 궁중(宮中) 여악(女樂)이나 내수사(內需司) 장리
(長利)와 같은 왕실 내부의 전통적 인습의 혁파와 기신재(忌晨齋)나 소격서(昭
格署)와 같은 불교나 도교의 이단적 풍습의 철폐, 그리고 능침삭망제(寢陵
朔望祭) 및 원묘제(原廟制) 개혁과 중종(中宗) 계비(繼妃)에 대한 묘현례(廟見禮) 실시
등 고례 회복 차원의 조치들을 강력하게 추진하였다.[17] 비록 정암이 예
서를 저술하여 후학들에게 전해주지는 않았지만, 그리고 신진사류들의

---

16 이런 점에서 고영진이 정광필(鄭光弼) 등 대신과 예조 등의 전문관료들을 '국조오례의
    파(國朝五禮儀派)'로 지칭하고, 이에 대비해 조광조(趙光祖)를 위시한 신진사류를 '고
    례파(古禮派)'로 지칭한 것은 일리가 있는 분석이다.(고영진, 1996, 45~64쪽 참조)
    다만 『국조오례의』나 '고례'(삼례와 『주자가례』를 통칭)라는 각각이 근거로 삼는 예서
    를 기준으로 각각의 입장을 정리하게 되면, 고례파로 지칭된 신진사류들의 학자적 문제
    의식이 잘 드러나지 않게 될 우려가 있다. 즉, 그들은 성리학이 지향하는 정치적 이상을
    자신들의 사회적 현실에 실현하는 이른바 '학(學)의 구현'이라는 문제의식에 입각하여
    '조종성헌'에만 얽매여 새로운 정치적 이상을 제시하지 못하는 세력들과 대립했던 것이
    다. 그리고 그러한 문제의식에는 이미 도통론에 따른 '주체(主體)'의 문제가 전제되어
    있다.(고영진 역시 당시 사림들이 '한당례(漢唐禮)'와 『국조오례의』의 한당적 요소'를
    비판대상으로 삼았다고 설명하고 있지만,[고영진, 1996, 52쪽, 90번 각주] 정작 왜 이
    들이 한당적 요소를 배제하려 했는지에 대해서는 충분히 설명하고 있지 못하다. 필자는
    당시 사림들이 한당적 요소를 배제한 데는 앞장에서 검토한 바와 같은 '도통론'의 관점
    이 강하게 작용하고 있다고 본다.) 따라서 단순히 삼례나 『주자가례』를 시행하는 것이
    목적이 아니었던 그들을 '고례파'로 부르고, 그들과 대립한 전문관료집단을 '국조오례
    의파'로 부르는 것은 당시 문제의 성격을 명료하게 보여주지 못한다는 문제를 노출한다.
    이런 점 등을 고려할 때, '국조오례의파'는 '성헌준수파(成憲遵守派)'로, '고례파'는 '성
    헌변통파(成憲變通派)'로 수정하여 지칭하게 되면 이런 문제의식이 좀 더 분명해질 것
    이라고 판단한다.
17 정암의 군주성학론(君主聖學論)이 변통론(變通論)의 전제가 되고, 그것이 개혁정책으
    로 이어진 과정에 대해서는 김용흠, 2004, 306~316쪽 참조하고, 당시 예제 개혁운동
    과 관련해서는 정경희, 2000a, 158~176쪽 참조.

정치적 실험은 기묘사화己卯士禍의 참극으로 귀결되고 말았지만, 이러한 일련의 과정을 거치면서 이후 조선의 예 인식은 이전과는 다른 새로운 전기를 맞게 되었다.

퇴계가 활동했던 16세기 초·중반 조선에서 예학과 관련하여 특기할 만한 현상은 초보적 형태의 상제례서喪祭禮書 저술이 여러 학자들에 의해 다양하게 시도되었다는 것이다. 예를 들면 농암聾巖 이현보李賢輔(1467~1555)의 「제례祭禮」(1547), 회재晦齋 이언적李彦迪(1491~1553)의 『봉선잡의奉先雜儀』(1550), 남명南冥 조식曺植(1501~1572)의 「사상례절요士喪禮節要」(실전), 추파秋坡 송기수宋麒壽(1507~1581)의 「행사의절行祀儀節」(1570), 이암頤庵 송인宋寅(1517~1584)의 「가의家儀」(실전)·「가령家令」·「예설禮說」[18] 등이 대표적이다.[19] 이들 예서들은 조금 뒤에 등장하는 『상례비요喪禮備要』나 『가례집람家禮輯覽』 등에 비하면 질과 양 모두에서 매우 소략한 수준을 벗어나지 못하였지만, 이후 예서들이 지향해야 할 방향을 제시하고 있다는 측면에서는 매우 중요한 의의를 갖는다. 즉, 이들이 하나같이 『주자가례』에 부합한 행례의 '표준적 의식절차'를 마련하기 위해 고심했다는 점에서 그렇다.[20]

그렇다면 당시 『국조오례의』가 이미 완성되어 「대부사서인사중월시

---

18 그동안 이암(頤庵)의 관련 저술로는 주로 실전된 「가의(家儀)」만 취급되었지만, 남아 있는 「가령(家令)」과 「예설(禮說)」(이상 『頤庵遺稿』 卷9, 別集1, 雜著上 수록)도 충분히 주목할 만한 내용들을 담고 있다.

19 고영진은 조선의 가례서(家禮書)가 발달되어 간 과정을 크게 다음과 같은 세 시기로 나누어 보는데, 16세기 초·중반에는 제례서(祭禮書) 중심의 저술이 이루어지고, 16세기 후반에 가서는 상제례서(喪祭禮書)로 확대되며, 16세기 말에 가면 사례서(四禮書)로 더욱 확대되어 가례서로서의 완정한 체계를 잡아간다고 본다.(고영진, 1996 참조) 한편 위 예서들의 전래여부와 저술연도는 장동우, 2010 참조.

20 장동우는 "16세기 편찬된 『주자가례』 관련 저술 및 주석서는 모두 37종임"을 밝히면서, "이 시기는 『주자가례』에 따라 상례와 제례를 중심으로 표준적 의식절차를 마련하기 위해 고심하던 시기"라고 진단한다.(장동우, 2010, 243~249쪽)

향의大夫士庶人四仲月時享儀」나 「대부사서인상의大夫士庶人喪儀」와 같은 조문을 통해 국가적 차원에서 공식적인 '표준'을 제공하고 있었음에도 불구하고, 이처럼『주자가례』를 준거로 하는 별도의 '표준'을 고민하고 이를 구체화하는 시도들이 진행된 이유는 무엇일까?[21]『국조오례의』는 크게 두 가지 측면에서 이들에게 고민거리를 던져주었다. 하나는『국조오례의』의 '대부사서인' 관련 내용이 전반적으로 대단히 소략하다는 것이고, 다른 하나는 그 내용 또한 의식절차만을 제시할 뿐 의미와 이유에 대한 설명은 결여되어 있다는 것이다. 따라서『국조오례의』는 국가적 차원에서 예제질서의 '공식표준'을 제공해야 한다는 요구에는 일정정도 부응한 것이었지만, 당위를 존재와 연계하여 해명하고자 하는 학자들의 높아진 수준에서 볼 때는 부족하고 불편한 '표준'이었던 셈이다. 더구나 정암을 위시한 신진사류의 정치적 실험을 통해 학자가 국정의 주체라는 경험을 이미 사실적으로 획득한 이들에게 스스로 이와 같은 문제를 해결해야 한다는 의식은 지극히 당연한 일이었을 것이다. 요컨대 이들의 시도는 스스로 예의 주체라는 자각과 함께 예의 근거에 대한 폭넓은 모색 그리고 예의 권위에 대한 새로운 인식 등이 초보적 차원이나마 종합적으로 발휘된 현상으로 평가할 수 있다. 이러한 현상과 관련하여 다음 회재의 언급은 당시 예 인식에 관한 매우 중요한 단서를 시사한다.

『봉선잡의』는『주문공가례』를 근본으로 하고 사마공(司馬公)과 정씨

---

21 물론 이러한 인식은 이미 15세기 강호(江湖) 김숙자(金叔滋, 1389~1456)의 「제의(祭儀)」에서도 그 단초가 발견된다.(『佔畢齋集‧彛尊錄』下,「先公祭儀第五」: "祭祀以朱文公禮爲本.") 하지만 이 시기에 오면 이러한 현상은 더욱 보편화되고 일반화된다.

(程氏)의 제례(祭禮) 및 시속(時俗) 중에 적당한 것들을 참작하되 약간의 손익을 가하고 간이함을 따르려고 노력하여 일가(一家)의 예로 삼노니, 오늘날 행하기에 적당하여 준수하고 바꾸지 말기를 바란다. 제사의 의리에는 본질[本]과 문식[文]이 있다. 본질이 없으면 성립되지 못하고, 문식이 없으면 시행되지 못한다. 심(心)에 존재하는 것이 본질이고, 물(物)에 드러나는 것이 문식이다. 반드시 문식과 본질이 모두 극진해야 비로소 제사의 의리를 다했다 할 것이다.[22]

예란 크게 주체와 대상 그리고 이 양자를 매개하는 의식儀式으로 구성되는데,[23] 이때 일반적으로는 매개체로서의 의식을 예라고 본다. 예를들면 제사라는 예는 제사를 드리는 사람(주체)과 제사를 받는 귀신(대상) 그리고 제사의 의식으로 구성되는데, 이때 제례란 보통 제사의식을 가리키는 것으로 이해된다는 것이다. 그러나 이러한 일반적인 이해는 종종 의식이 곧 예라는 잘못된 등식의 오류에 빠지곤 한다. 따라서 본질[本]과 문식[文]이라는 분명한 구도 하에서 예를 이해하려는 관점은 바로 이러한 오류에 빠지지 않으려는 의도를 함축하고 있으며, 더욱 적극적으로 해석하자면 문식[文]에 대한 본질[本]의 중요성을 확보하겠다는 의지가 표현된 것으로 볼 수 있다. 그리고 이는 공자 이래 유학에서 예를

---

22 『晦齋集』 卷11, 「奉先雜儀序」: "『奉先雜儀』本於『朱文公家禮』, 而參以司馬公・程氏「祭禮」及時俗之宜, 稍加損益, 務從簡易, 以爲一家之禮, 庶幾宜於今而遵守勿替云爾. 夫祭祀之義, 有本有文, 無本不立, 無文不行. 存乎心者本也, 著於物者文也. 蓋必文與本兼盡, 始可謂之盡祭之義."

23 주체-의식-대상이라는 도식을 관・혼・상・제에 대입할 경우, 상례와 제례의 경우는 이러한 도식에 부합하지만 관례와 혼례의 경우는 주체와 대상이 동일함으로 인해 주체-의식의 구도가 된다. 그런데 주체-의식-대상의 구도 역시 결국 행위의 주체와 행위의 형식이 예의 핵심임을 감안하면 주체-의식의 도식으로 수렴된다고도 볼 수 있다.

대하는 가장 본질적인 문제의식이다. 회재가 여기에서 제례의 핵심으로 본질[本]과 문식[文]을 꼽았다는 사실은, 예에 대한 그의 인식이 고례와『주자가례』를 관통하는 예에 대한 근본적 문제의식에 다가가 있었음을 보여준다.[24] 그리고 그의『봉선잡의』는 이 두 가지 모두를 충족시키려는 당시로서는 획기적인 문제의식에 따라 시도된 예서였던 것이다.[25] 특히 그가 문식[文]에 대한 본질[本]을 '심心'의 문제로 수렴하여 해석한 것은 '당위와 존재의 일치'라는 관점과 근사한 차원에서 예를 이해하고 있었음을 보여준다.

물론 당시에 저술된 상·제례 관련 예서들이 모두 회재와 같은 수준의 문제의식을 공유했다고 보기는 어렵다. 왜냐하면 당시 대부분의 예서들은 아직 의식절차와 관련한 행례의 '표준'을 강구하는 수준에 머물러 있었기 때문이다. 하지만 이들이 공히『국조오례의』에 만족하지 못하고『주자가례』를 표방하면서 스스로 예의 표준을 고민하고 있었다는 사실 자체가 이미 예 인식에 변화의 물꼬를 텄음을 보여준다. 그리고 이렇게 터진 물꼬는 이내 시대적 조류로 성장하여 16세기 말부터 수준

---

[24] 물론 세부적인 내용에 있어서는 차이가 없지 않지만, 예를 본질[本]과 문식[文]이라는 구도에서 이해하고자 했다는 문제의식 자체는 일관하고 있다. /『禮記』「禮器」: "先王之立禮也, 有本, 有文. 忠信, 禮之本也. 義理, 禮之文也."; 「朱子家禮序」: "凡禮有本有文. 自其施於家者言之, 則名分之守, 愛敬之實, 其本也. 冠昏喪祭儀章度數者, 其文也. 其本者, 有家日用之常體, 固不可以一日而不修. 其文又皆所以紀綱人道之始終."

[25] 도민재는『봉선잡의(奉先雜儀)』에 대해 다음과 같이 설명한다. "『봉선잡의』는 상권에서는 제례의 구체적인 시행절차에 관한 내용을 담고 있으며, 하권에서는 제례의 의미에 관한 내용을 담고 있다. 일반적인 예서가 대체로 의례의 구체적인 시행절차 위주로 구성되어 있는 점에 비하여,『봉선잡의』는 제례의 본질적 의미를 강조하고 있는 점이 특징이다. 그것도 단순히 제례의 절차를 보완하는 부록 정도가 아닌, 제례의 시행절차와 대등하게 구성되어 있다. 이에서 회재가 단순히 유교의례의 형식과 절차만을 따르고자 하지 않고, 의례가 지닌 의미를 중시하였음을 알 수 있다."(도민재, 2003, 15쪽)

높은 예서들이 본격적으로 출현하는 근원이 되었다. 이러한 변화의 물 꼬가 거스를 수 없는 조류로 성장하는 데 결정적인 역할을 한 인물이 바로 퇴계이다.

2) '의리義理' 본위 예 인식의 정립

잘 알려진 바와 같이 퇴계는 예서를 저술하지 않았다. 하지만 그는 당시 누구보다도 예학 전반에 걸쳐 폭넓고 깊이 있는 연구를 진행하였다.[26] 또한 그는 이를 바탕으로 문인들을 포함한 여러 지인들로부터 예와 관련된 다양한 질문들을 받고 답변과 조언을 해주었다.[27] 이와 관련한 구체적인 내용들은 뒤에서 상론하기로 하고, 우선 여기에서 우리가 살펴볼 것은 당시 16세기 조선에서 전개된 예 인식의 변화 동향과 관련한 퇴계의 대응이다. 결론부터 말하자면 퇴계는 정암과 회재 등을 거치면서 변화되기 시작한 예 인식의 새로운 흐름에 '의리義理' 문제를 적극 반영함으로써 이후 조선의 예학사상이 지향할 방향과 좌표를 분명히 하였다. 즉, '의리'를 본위로 하는 퇴계의 문제의식과 연구방법 그리고 예에 대한 근본적인 인식은 이후 지역과 학파를 불문하고 계승·발전되면서 조선의 예학을 풍성하게 만드는 실질적 토대가 되었다는 것이다. 이는 퇴계가 조선의 예학사상사에서 실질적 기원에 해당함을 뜻한다.

---

[26] 이와 관련해서는 아래 제3장 「퇴계 예학사상의 학술적 전개」 부분에서 상세하게 다룰 것이다.

[27] 퇴계의 문인 농은(聾隱) 조진(趙振, 1535~1625)은 이 중에 상·제례와 관련된 것들만을 선별해 『퇴계상제례답문』으로 편찬하였다. 『퇴계상제례답문』과 관련한 내용분석은 한재훈, 2010 참조.

퇴계의 예 인식이 '의리'를 본위로 한다고 할 때, 우선 '의리'라는 개념의 성격에 대한 검토로부터 논의를 진행할 필요가 있다. '의리'라는 개념은 크게 두 가지 측면의 성격을 갖는다. 하나는 '정당한 도리'라는 철학적 측면의 성격이고, 다른 하나는 '경전의 본의'라는 경학적 측면의 성격이다.[28] 그런데 '정당한 도리'에 대한 성현 또는 선각자들의 언설을 기록한 것이 '경전'이고, 그런 점에서 '경전의 본의'란 결국 성현 또는 선각자들의 언설 내용으로서의 '도리'라고 볼 때, 이 둘은 본래 매우 밀접하게 하나로 연계되어 있었음에 틀림없다. 그러나 후대로 내려오면서 언어의 자연적 변천과 경전의 인위적 훼손 등으로 말미암아 '경전의 본의'를 통한 '정당한 도리'의 간취는 고사하고 '경전'을 해독하는 것부터가 논란이 되었다.[29] 그리고 이로 인해 이른바 '한학(漢學)'과 '송학(宋學)'이라는 경학사의 주요한 두 흐름이 대두하게 되었다. 이때 문자훈고(文字訓詁)에 중점을 둔 '한학'에 대한 일종의 반테제(antithese)적 성격을 갖는 '송학'을 '의리지학(義理之學)'으로 칭하기도 하는 것은 그것이 경전에 담긴 의리의 천발(闡發)에 중점을 두기 때문이다.[30]

당대唐代에 고문운동을 제창한 창려(한유)가 기존의 훈고학訓詁學 또는 사장학詞章學에 반대하고 '문이관도文以貫道'를 표방하면서 문文과 도道의

---

28 김낙진에 따르면, 문헌상으로 볼 때 '의(義)'와 '리(理)'의 합성어로서의 '의리'라는 말은 춘추전국시대에 대두하였지만 일반적으로는 '의'자만으로 '의리'가 뜻하고자 하는 바를 대부분 표현하였다가, '의리'라는 말이 본격적으로 사용되면서 '보편적으로 마땅한 도리'와 '경전의 의미와 개념의 이치'라는 두 가지 의미가 부여되어 사용되었다.(김낙진, 2004, 24~27쪽 참조.)
29 『前漢書』卷36,「劉向[子歆]」: "初『左氏傳』多古字古言, 學者傳訓故而已, 及歆治『左氏』, 引傳文以解經, 轉相發明, 由是章句義理備焉."
30 朱汉民, 2010b, 379쪽.

관계성을 확인함으로써 '의리지학'의 단초는 마련되었다.[31] 그리고 송대에 와서 염계濂溪 주돈이周惇頤가 '문이재도文以載道'라는 말로 문과 도의 관계에서 도의 우위를 새롭게 선언함으로써 '의리지학'은 훨씬 철학화의 가능성을 확보하게 되었다.[32] 그리고 '리학理學'이라고도 일컬어지는 정주성리학에 이르러 '리理'라는 개념에 매우 큰 의미비중을 부여하게 되면서, '의리' 개념은 '성명의리性命義理'(성리학의 어원이기도 한)[33]라는 이론 틀 속에서 재규정되었다. 즉, 성리학은 '리(성)를 본체화하고 그로부터 의리가 발생한다고 간주함으로써 구체적이고 개별적인 개인들의 존재와 행위에 선행하여 의리가 존재한다'는 형이상학적 해석을 시도한 것이다.[34]

앞에서 살펴본 바와 같이 '의리'는 그 내용에 있어서는 본질적으로 천리天理와 동일하지만 그 범주에 있어서는 천리가 인사人事에 구현되는

---

31 송대의 '의리지학'의 범주에는 이른바 염(濂)·낙(洛)·관(關)·민(閩)의 리학파(理學派) 뿐만 아니라 왕안석(王安石)의 신학(新學)과 소식(蘇軾)의 촉학(蜀學) 등도 모두 포함되는데,(朱汉民, 2010b, 380쪽 참조) 이 역시 이러한 측면에서 이해할 수 있다.
32 창려의 문인이자 사위인 이한(李漢)은 "문이란 도를 꿰는 그릇"이라는 말로 창려의 문도관(文道觀)을 정의하였고,(『韓昌黎全集』「昌黎先生集序」: 文者, 貫道之器也.) 염계는 "문이란 도를 싣는 것"이라는 말로 자신의 문도관을 피력한 바 있다.(『通書』「文辭」: 文所以載道也.) 따라서 일반적으로 창려의 문도관은 '문이관도(文以貫道)', 염계의 문도관은 '문이재도(文以載道)'라는 말로 정리할 수 있는데, 이는 각각 당대와 송대의 문도관을 대표한다고 본다. 『중국문학비평사(中國文學批評史)』에서는 이들의 차이를 "'관도(貫道)'는 도(道)란 반드시 문(文)을 통할 때 드러날 수 있다는 것이고, '재도(載道)'는 문(文)이란 반드시 도(道)에 근거하여 이루어진다는 것으로, 문과 도의 관계에 관한 현격한 인식차를 반영한다."고 평가한다.(文史哲出版社 編輯部, 『中國文學批評史』, 1979(中華民國 68), 324쪽. "唐人主'文以貫道', 宋人主'文以載道', 貫道是道必藉文而顯, 載道是文須因道而成, 輕重之間區別顯然.") 이와 같은 문도관의 의미변화과정과 관련하여 문학사의 입장에서 분석한 진영희(1988)와 철학적 입장에서 분석한 황갑연(2005)의 연구가 참조할 만하다.
33 윤사순, 1994, 9쪽.
34 형이상학적으로 해석된 성리학의 의리와 관련해서는 김낙진, 2004, 103~104쪽 참조.

장에서 사용되는 개념임을 알 수 있다.[35] 이렇게 천리가 인사에 구현되는 장에 '의리'의 개념적 좌표가 설정된다는 사실은, 그것이 '천리의 절문이며 인사의 의칙'으로 정의되는 예와 밀접한 관계에 있음을 보여주는 결정적 증거이다. 퇴계가 이해한 '의리' 역시 이러한 성리학적 맥락에 근거하고 있음은 물론이다.

퇴계는 양명陽明 왕수인王守仁(1472~1529)의 사상을 비판하기 위해 「전습록논변傳習錄論辯」이라는 글을 썼다. 이 글은 퇴계가 부제에서 설명하고 있는 것처럼 『전습록』 중 일부를 예로 들어 양명의 학이 정당하지 못하다는 것을 밝히려는 데 그 목적이 있다.[36] 그러나 우리는 이 글을 통해 퇴계의 '의리' 본위의 예 인식에 관한 일단을 발견하게 된다. 다음은 퇴계가 「전습록논변」에서 논변의 대상으로 든 양명의 언급들 중 일부이다.

> (양명) 만일 사소한 의절들의 합당함만을 추구하여 얻는 것을 지선(至善)이라고 한다면, 광대가 (부모님을) 따뜻하게 해드리고 시원하게 해드리는 등 봉양과 관련된 여러 의절들을 합당하게 연출하는 것도 지선이라고 말할 수 있을 것이다.[37]

『대학』에 나오는 '지선至善'에 대한 문인 정조삭鄭朝朔의 질문을 받은 양명은 부모를 섬기는 데 있어서 겨울에는 따뜻하게 해드리고 여름에

---

35 김낙진은 이와 관련하여 다음과 같이 설명한다. "의리는 주관과 객관이 만나[所遇] 구체적인 행위가 수수되는 '일[事]'에서 논의된다는 성질을 가진다."(김낙진, 2004, 105쪽)
36 『退溪全書』卷41, 「傳習錄論辯」: "『傳習錄』, 王陽明門人記其師說者, 今擧數段而辯之, 以該其餘."
37 『陽明集』卷1, 『傳習錄』上: "若只是那些儀節求得是當, 便謂至善, 即如今扮戲子, 扮得許多溫淸奉養的儀節是當, 亦可謂之至善矣."

는 시원하게 해드리는 예절[溫淸之節]이나 음식과 의복 등을 봉양하는 적절함[奉養之宜]과 같은 세부적인 예의 의절들을 추구하여 얻는 것보다는 그것을 시행하는 주체의 심心이 천리에 완벽하게 일치하도록 만드는 것이 중요하다고 답했다.[38] 이러한 양명의 논리는 '심즉리心卽理'로 수렴되는 '심心 밖에 리理가 없다'[心外無理] 또는 '심心 밖에 물物이 없다[心外無物]의 논리와 궤를 같이 하는 것으로, 심 밖의 어떠한 도덕적 원리도, 예뿐만 아니라 심지어 사물의 이치까지도, 심을 떠나 독립적으로 존재하지 않음을 주장한 것이다.[39] 이러한 입장을 견지하였기 때문에 양명은, 심의 양지를 발현[致良知]함으로써 지행합일知行合一을 지향하는 방법이 아닌, 단순히 의절에만 몰두하면서 익숙하게 행위하는 것은 한낱 광대의 가식적 행위에 불과하다는 주장을 하게 되었던 것이다. 이러한 양명의 주장에 따르면, 예의 구체적 형태인 의절들에 대한 공부는 상산象山육구연陸九淵(1139~1192)이 주자에 대해 가했던 '지리支離한 공부'라는 비판을 면할 수 없게 된다.

「전습록논변」을 통한 양명에 대한 퇴계의 비판이 양명학에 대한 어느 정도의 이해수준에서 얼마만큼의 정당성을 갖고 이루어졌는지에 대해 단정할 수는 없으나,[40] 적어도 이를 통해 비판하고자 했던 문제점과 그에 대한 퇴계의 문제의식은 분명하게 읽을 수 있다. 퇴계는 위에서 제시한 양명의 견해에 대해 다음과 같이 논변한다.

---

38 『陽明集』卷1,『傳習錄』上 : 鄭朝朔問, "至善亦須有從事物上求者." 先生曰, "至善只是此心純乎天理之極便是, 更於事物上怎生求?"
39 정인재 · 한정길, 2001, 26~31쪽 참조.
40 김세정은 「전습록논변」을 통한 퇴계의 양명 비판은 개념의 의미와 범주 등을 서로 다르게 이해한 가운데 이루어졌다고 본다.(김세정, 2005 참조)

① 심에 근본하지 않고 그저 피상적으로 의절만을 강구하는 것은 참으로 광대가 연기를 하는 것과 다름이 없다. ② 하지만 인간의 이륜[民彝]과 사물의 법칙[物則]이 하늘이 내려주신 진실하고 지극한 리(理) 아님이 없다는 것을 들어보지 못했는가? 또한 주자께서 말씀하신 "주경(主敬)을 통해 그 근본을 세우고, 궁리(窮理)를 통해 그 앎을 지극히 한다"는 말도 들어보지 못했는가? ③ 심이 경을 위주하여 사물의 진실하고 지극한 리를 궁구하면 심(心)이 리의(理義)에 훤하게 되어 '눈 속에 온전한 소가 없게' 된다. 그 결과 안과 밖이 훤히 꿰뚫어지고, 정밀한 것과 거친 것이 하나가 된다. 이로 말미암아 성의(誠意)·정심(正心)·수신(修身)을 하고 가(家)와 국(國)으로 미루어가며 천하(天下)에까지 도달한다면, 그 기세를 아무도 막을 수 없을 것이다. 이와 같은 것도 광대가 연기를 하는 것이라 할 것인가?[41] (①~③은 논자.)

①에서 확실하게 표명하고 있는 것처럼, 심에 근본하지 않고 예의 의절만을 피상적으로 추구하는 것에 대해서는 퇴계도 적극 반대한다. 하지만 그렇다고 그것이 의절을 방기하거나 무시해도 좋다는 의미는 아니다. 왜냐하면 퇴계는 도가 가시적인 형태로 구체화된 것으로는 예만한 것이 없다고 보았고,[42] 그러한 예의 구체적 의식이나 절목 등은 하늘이 주신 본성[性]에 근거한 것이며 리[理]가 깃들어 있는 것이라고 믿었

---

41 『退溪全書』卷41,「傳習錄論辯」: 辯曰, "不本諸心, 而但外講儀節者, 誠無異於扮戲子, 獨不聞民彝物則莫非天衷眞至之理乎? 亦不聞朱子所謂'主敬以立其本, 窮理以致其知'乎? 心主於敬, 而究事物眞至之理, 心嚞於理義, 目中無全牛, 內外融徹, 精粗一致. 由是而誠意·正心·修身, 推之家·國, 達之天下, 沛乎不可禦. 若是者亦可謂扮戲子乎?"
42 『退溪全書』卷35,「答李宏仲/別紙」: "道之粲煥明盛, 可指而易見者, 莫過於禮."

기 때문이다.[43] ②에서 '인간의 이륜[民彝]과 사물의 법칙[物則]은 하늘이 내려주신 진실하고 지극한 리'라는 사실을 거론하면서 "(이런 말을) 들어보지도 못했는가?"라는 신랄한 공박을 가한 데서 퇴계의 이러한 믿음이 얼마나 당연하고 강력한 것이었는지를 짐작할 수 있다.

퇴계의 이러한 견해는 주자가 예를 천리와 인사라는 틀을 통해 설명했던 것과 근본적으로 같은 구도 위에 있으며, 성인을 통해 제정되었지만 임의적 인위성이 배제된다는 논거에 따라 '예즉리禮卽理'라는 명제를 정립했던 것과 같은 입장임을 알 수 있다. 뿐만 아니라 ②에서 '주경主敬을 통해 근본을 세우고 궁리窮理를 통해 앎을 지극히 한다'는 말은 주자가 의리 개념을 설명할 때 '응사접물應事接物'을 위한 심心 본래의 온전한 모습'을 강조했던 논리와 맥을 같이 한다. 특히 ③에서 언급한 '리의理義'는 '의리義理'에 다름 아니며, 이때 '의리'란 천리가 인사에 가장 합당한 방식으로 구현된 것임을 환기한다면, '심이 리의에 훤해져서 안[內]과 밖[外], 정밀한 것[精]과 거친 것[粗]이 관통되고 이로 말미암아 성의·정심·수신·제가·치국·평천하!'[44]로 전개된다'는 퇴계의 설명은 곧 의리에 대한 주자의 설명과 완벽하게 일치한다.

인간의 이륜[民彝]이 곧 하늘이 내려주신 지극한 리理라는 이해는 당위와 존재를 일치시킨 결과이며, '성性에 근거한 것이자 리理가 깃들어 있는' 예의 의절들을 학습하고 실천하려는 노력은 곧 존재와 당위의 일치

---

43 『退溪全書』 卷24, 「答鄭子中」 : "事親節目, 無非天衷所在, 至理所寓."
44 『대학』의 팔조목(八條目)은 결국 공자가 예를 통해 구현하고자 했던 '수기안인(修己安人)'이 구체화된 것으로 이해할 수 있고, 특히 표장(表章)되기 이전의 「대학」이 본래 『예기(禮記)』에 속한 편이었음을 상기한다면 이들의 상관관계는 더욱 밀접한 것임을 알 수 있다.

를 삶 속에 구현하려는 실천적 행위이다. 따라서 그것은 위에서 살펴본 의리의 개념적 좌표를 고려할 때, 천리를 인사에 구현하려는 이른바 '의리義理의 행行'이기도 한 것이다.[45] 퇴계의 이러한 예 인식은 이미 주자가 '천리의 절문이며 인사의 의칙이라'고 정리했던 수준에 도달해 있었음을 보여준다. 그리고 이러한 퇴계의 예 인식은, 단순히 행례行禮의 차원에서 예를 당위로만 이해하는 수준을 넘어, 존재와 당위의 일치라는 보다 철학적인 차원에서 해명함으로써 조선 예학의 수준을 새로운 단계로 고양시키고 심화시켰다는 의미를 갖는다.

퇴계는 학문을 하는 데 있어서 가장 절실한 것이 의리를 마음속에 명확히 하는 것이며, 그렇게 되면 응사접물應事接物로 표현된 인사人事의 장에서 어떠한 의혹도 없을 것이라고 보았다.[46] 다시 말하면 의리에 대한 분명한 이해를 확보함으로써 인사를 천리에 부합하도록 할 수 있으며, 따라서 그것이 곧 학문에 있어서 매우 시급한 과제라고 본 것이다. 그러나 의리란 그 자체로 대단히 심오하고 은미한 것이어서 쉽게 얻어지지 않기 때문에 이른바 구원한 공부久遠工夫를 통한 '진적력구眞積力久'의 단계에 이르러야만 얻을 수 있다는 것이 퇴계의 생각이었다.[47] 그렇기 때문에 퇴계는 예의禮義란 의리의 담지자들이라 할 수 있는 현자들에 의해서만 산출되는 것이라 믿었으며,[48] 따라서 고례古禮와 속례俗禮

---

45 윤사순은 퇴계의 가치관(윤리관)을 '의리(義理)의 행(行)'이라는 데 초점을 맞춰 검토하면서, 그것이 근본적으로 소당연(所當然)과 소이연(所以然)을 일치시키는, 이른바 '리일치론(理一致論)'에 근거한 것이었음을 밝히고, 그 결과 퇴계에게 예란 '천인합일(天人合一)'의 의미를 갖는다는 점을 논증하였다.(윤사순, 1975 참조)

46 『退溪全書』卷28,「答金惇敍」:"汲汲於學問, 或求之方冊, 或資於師友, 義理素明於心, 則其於處事也, 何疑惑之有哉?"

47 『退溪全書』卷14,「答南時甫張甫[彦紀]○甲子」:"義理淵深微奧, 學者用意未深, 用工未熟, 猝難得入處多矣, 要當把作久遠功夫, 到眞積力久."

를 막론하고 그 어떤 예도 오직 의리에 근거해서만 준행여부를 판단해야 한다는 점을 분명히 한다.

① 나는 들으니, 정자(程子)께서는 "일이 의(義)에 해롭지 않다면 속(俗)을 따라도 되겠지만, 의에 해롭다면 따라서는 안 된다"고 말씀하셨다. 이는 어느 쪽에도 합당한 적절하고 지극한 말씀이다.[49]

② 만일 의리(義理)에 해로움이 있다면 아무리 옛날부터 전해져온 말씀이라 해도 반드시 따라야 하는 것은 아니다.[50]

인용문 ①에서 정자程子가 예의 준행여부를 판단하는 준거로서 제시한 '의義'는 일찍이 공자가 "의와 함께할 뿐"[51]이라고 했던 생각을 계승한 것이며, 주자는 정자의 이 말을 공자의 예관을 보여주는 이야기에 수록함으로써[52] 예의 본질에 관한 성리학의 예관이 공자의 예관으로부터 내원한 것임을 보여주었다. 다만, 성리학에서 예를 논하는 과정에 등장하는 '의義'는 대체로 '의리義理'로 해석되는데, 이는 응사접물의 합당한 방식으로서의 '의'의 근거가 '리理'로부터 담보되기 때문이다.[53]

---

48 『退溪全書』卷23, 「與趙士敬」: "禮義由賢者出."(이 말은 원래 『孟子』 「梁惠王下」에 나온다.)
49 『退溪全書』卷29, 「答金而精/別紙」: "且吾聞之, 大程子曰, '事之無害於義者, 從俗可也, 害於義則不可從也.' 此則又爲兩當切至之論也."
50 『言行錄』卷4, 「論禮」: "若有害於義理, 則雖自古相傳之說, 固未必從也."
51 『論語』 「里仁」: 子曰, "君子之於天下也, 無適也, 無莫也, 義之與比."
52 주자는 『논어집주』에서 (공자의 예관을 잘 보여주는 사례로 앞에서 우리가 검토했던) 子曰, "麻冕, 禮也, 今也純, 儉, 吾從衆. 拜下, 禮也, 今拜乎上, 泰也. 雖違衆, 吾從下." (『論語』 「子罕」) 부분 장하주(章下註)에 정자의 이 말을 실었다.
53 『論語集註』 「里仁」: "義者, 天理之所宜.";『朱子語類』卷95 : "'在物爲理, 處物爲義.'

그런 점에서 인용문 ②에 등장하는 '의리'는 곧 인용문 ①의 '의'와 내용적으로 동일한 것이다. 인용문 ①에서 퇴계는 이러한 정자의 언급에 적극 찬동함으로써 공孔·맹孟[54]에서 정程·주朱로 이어지는 유학의 전통적 '예의禮義' 관념을 계승하고 있음을 보여준다. 또한 인용문 ②에서 퇴계는 예의 정체성과 정당성을 담보하는 근거로 그토록 중시했던 '옛날부터 전해져온 말씀'[55]조차도 "의리에 해롭다면 따르지 않아도 된다"고 말함으로써, 그가 예를 논하는 과정에서 얼마나 '의리'에 절대적 기준을 두고 있었는지를 분명하게 보여준다.

퇴계가 예를 인식하는 데 있어서 '의리'를 본위로 했음은 이른바 '의기지례義起之禮'에 대해 그가 적극적인 지지를 표했던 사실을 통해 더욱 분명하게 확인할 수 있다. '의기지례'란 의리에 비추어 이전에 없던 예를 새롭게 제기한다는 의미이다.[56] 따라서 그것은 예에 대한 일종의 재해석 작업이라 할 수 있다. 예란 그 자체로 연구하고 습득해야 할 것이지만, 그와 동시에 끊임없이 재해석되어야 하는 것이다. 왜냐하면 예란 이론적 차원에서 논리적 근거를 탐구하는 것과는 별도로 현실적 차원에서 실천적 준행이 요구되기 때문이다.[57] 그런데 예가 준행되어야 하는 현

理是在此物上, 便有此理. 義是於此物上自家處置合如此, 便是義. 義便有箇區處."

[54] 사실 '의(義)'에 관한 이러한 관점은 맹자에게서도 확인된다.『孟子』「離婁下」:孟子曰："大人者, 言不必信, 行不必果, 惟義所在."

[55] '옛날부터 전해져온 말씀'이란 곧 예서(禮書)에 명시된 것들을 지칭하는 것으로 이해할 수 있다. 퇴계는 속례를 비판할 때 그것이 예서에 근거하지 않고 있다는 점을 주요한 이유로 거론하면서, 예서에서 제시하고 있는 것들을 예를 논하는 근거로서 매우 중시한다.(이와 관련해서는 한재훈, 2010 참조.)

[56] '의기(義起)'란 말은『예기(禮記)』에서 이미 제시되었지만,(『禮記』「禮運」:"禮也者, 義之實也. 協諸義而協, 則禮雖先王未之有, 可以義起也.") 성리학자들에 의해 적극적으로 활용되었다.

[57] 『言行錄』, 卷4："禮者, 天下之通行者也, 擧世不行, 則雖成空文, 何益?"

실은 끊임없이 변화하는 시간과 공간의 좌표 위에 전개되므로, 예가 현실의 좌표 위에 거부감 없이 안착하기 위해서는 항상 재해석의 과정이 필요하다. 만일 현실의 좌표가 변하였음에도 불구하고 예가 재해석되지 않은 채 준행된다면 이는 맹종이나 묵수에 불과하며, 예가 맹종과 묵수의 대상이 된다면 그것은 이미 본질을 망실한 형해화된 의식일 뿐이다. 그렇다고 이러한 재해석이 준거 없는 억견臆見에 의한 무모한 창작품이 되지 말아야 함은 당연하다. 그것은 반드시 의리를 준거로 하는 합'리'적인 대안이어야 한다. 그러나 앞에서 살펴본 바와 같이 의리는 구원한 공부에 의한 '진적력구'를 통해서만 얻어질 수 있다. 그렇기 때문에 퇴계는, 자신이 '대현大賢' 또는 '선현先賢'이라고 언급했던, 의리에 대한 분명한 이해를 담지한 '현자'들만이 새로운 예를 의기義起할 수 있다고 보았고, 따라서 그러한 '의기지례'에 주목하면서 이를 매우 중시하였다.

'의기지례'에 관한 퇴계의 입장은 '4대봉사四代奉祀'와 관련한 논의에 잘 드러나 있다. 봉사의 대수와 관련하여 『경국대전』에서는 이를 품계에 따라 다음과 같이 차등적으로 규정하고 있다.

> 문무관 6품 이상은 3대(三代)까지 제사를 드리고, 7품 이하는 2대(二代)까지 제사를 드리며, 서인들은 부모[考妣]에게만 제사를 드린다.[58]

『경국대전』의 이러한 규정은 이미 고려시대부터 진행되어 온 여러 차례의 논의과정을 거친 결과가 반영된 것이었다. 즉, 고려 공양왕恭讓王

---

58 『經國大典』卷3,「禮典」'奉祀'條 : "文武官, 六品以上祭三代, 七品以下祭二代, 庶人則只祭考妣."

(1345~1394) 때에는 "대부 이상은 3대, 6품 이상은 2대, 7품 이하부터 서인까지는 부모에게만 제사를 드리도록" 하였다가[59] 다시 "6품 이상까지 3대봉사三代奉祀를 허용"하는 것으로 수정되었다.[60] 이러한 규정은 조선이 개국된 초기까지 그대로 이어지다가,[61] 예제에 대한 전반적인 재검토가 이루어진 세종대世宗代(재위 1418~1450)에 이르러 재규정의 필요성 여부에 관한 논의가 진행되었다.[62] 논의의 핵심 쟁점은 이 규정이 정자와 주자에 의해 제시된 견해와 배치된다는 것이었다. 정자는 일찍이 이 문제와 관련하여 다음과 같은 견해를 피력한 바 있다.

천자(天子)로부터 서인(庶人)에 이르기까지 오복(五服)에 차이가 없어서 모두 고조(高祖)에까지 미친다. 상복이 이미 이와 같다면 제사 역시 이와 같아야 할 것이다. 소삭(疏數)의 절목까지야 고증할 수 없지만, 의리상으로는 반드시 그래야만 할 것이다.[63]

---

59 『高麗史』卷17,「禮5·大夫士庶人祭禮」: "恭讓王二年二月判, 大夫以上祭三世, 六品以上祭二世, 七品以下至於庶人止祭父母."

60 『高麗史』卷18,「禮6·百官忌暇」: "恭讓王三年五月庚子. 敎近設家廟, 旣令六品以上祭三代, 自今許行曾祖考妣忌日之祭."

61 『太祖實錄』卷9, 5年(1396) 5月 20日: 吏曹請顯祖宗重配匹,「一, 六品以上應祭三代者, 追贈三代考妣. 父對品, 祖·曾祖各遞降一等, 妣竝同. 功臣則加二等.";『太宗實錄』卷32, 16年(1416) 7月 12日: 吏曹復啓追贈法,「前受敎內, '兩府以上追贈考妣, 父對品, 祖曾祖各遞降一等, 妣竝同.' 然遞降等次未定, 今後追贈遞降, 每品降一. 又永樂元年受敎, '六品以上有功國家, 許追贈祖父, 不及曾祖考妣.' 乞依祭三代禮, 曾祖考妣竝追贈." 從之.

62 조선초기에는 아직 체제가 완비되지 못한 상태여서 고려의 제도와 당(唐)의 제도를 주로 따랐다. 그러나 태종대(太宗代)에 와서 명(明)의『홍무예제(洪武禮制)』를 기본으로 한 개정 노력이 이루어지고, 전문적인 예제 연구기관인 의례상정소(儀禮詳定所)가 1402년(태종 2년)에 설립되자『대당개원례(大唐開元禮)』를 참작하여 송(宋)의 예제에 가깝도록 변화시키는 노력이 행해졌다. 나아가 세종대(世宗代)에 가면 집현전(集賢殿)이 설립되어, 그곳에서 고제(古制)에 대한 연구가 진행되면서 오례(五禮)는 더욱 체계를 잡아 결국『세종실록(世宗實錄)』「오례(五禮)」로 정리되었다. (지두환, 1985 참조)

63 『二程遺書』卷15,「伊川先生語1(或云明道先生語)·入關語錄」: "自天子至於庶人, 五

정자는 오복五服이라는 상복제도에 비추어 제사의 대수도 그에 맞게 조정되어야 한다고 보았다. 이는 스스로 밝히고 있는 바와 같이 어떤 예서에 근거한 주장이라기보다는 전적으로 의리에 입각하여 제기한 것이다. 주자의 설명에 따르면 "옛날에는 부모[考妣]에게까지만 제사를 드리던 것을, 온공溫公이 증조 이하까지 제사를 드리자 했고, 이천伊川은 고조에게도 복服이 있다는 이유를 들어 마땅히 제사를 드려야 한다고 했다"는 것이다. 그런데 이러한 주장은 고례에는 없는 것으로, 이천이 효경추원孝敬追遠의 도리를 다하게 하려고 창안한 것이라고 주자는 설명한다.[64] 그리고 주자 역시 이러한 '의기지례義起之禮'가 제사의 본의에 부합한다며 동의하였다.[65]

그러나 정자의 주장에 따를 경우 묘제廟制와의 충돌이 문제로 제기된다. 즉, 고례에 따르면 천자는 7묘, 제후는 5묘, 대부는 3묘, 사는 1묘 그리고 서인은 묘 없이 침寢에서 제사를 드리도록 되어 있는데,[66] 이와 같이 묘제에 차이를 둔 것은 곧 봉사 대수에도 차이가 있음을 뜻하는 것이기 때문이다. 따라서 사대부는 물론 서인에게까지도 고조에게 제사를 드리게 해야 한다는 정자의 주장은[67] 고례의 묘제와 심각하게 충돌을 빚을 우려가 있었던 것이다. 이에 대해 주자는 다음과 같은 견해

服未嘗有異, 皆至高祖. 服旣如是, 祭祀亦須如是. 其疏數之節, 未有可考, 但其理必如此."

[64] 『朱子語類』卷90: "祭祖, 自高祖而下, 如伊川所論. 古者祇祭考妣, 溫公祭自曾祖而下. 伊川以高祖有服, 所當祭, 今見於遺書者甚詳. 此古禮所無, 創自伊川, 所以使人盡孝敬追遠之義."

[65] 『朱熹集』卷30,「答汪尙書論家廟」: "考諸程子之言, 則以爲高祖有服, 不可不祭. 雖七廟五廟, 亦止於高祖, 雖三廟一廟以至祭寢, 亦必及於高祖, 但有疏數之不同耳, 疑此最爲得祭祀之本意."

[66] 『禮記』「王制」: "天子七廟, 三昭, 三穆, 與大祖之廟而七. 諸侯五廟, 二昭, 二穆, 與大祖之廟而五. 大夫三廟, 一昭, 一穆, 與大祖之廟而三. 士一廟. 庶人祭於寢."

[67] 『二程遺書』卷15,「伊川先生語1(或云明道先生語)‧入關語錄」: "雖庶人, 必祭及高祖."

를 제시한 바 있다.

> 숙기(叔器)가 물었다. "사서(士庶)는 몇 대(代)까지 제사를 드리는 것
> 이 마땅합니까?" 말씀하셨다. "옛날에는 한 대마다 묘(廟)가 하나씩 있었
> 고 그에 따른 예도 매우 많았다. 이제는 그러한 예제에 훼손되고 결여된
> 부분이 대단히 많고, 사서들은 모두 묘가 없다. 다만, 온공(溫公)의 예는 3
> 대까지 제사를 드리라 하고 이천(伊川)은 고조부터 제사를 드리라 하여,
> 처음에는 그것이 지나친 것이라 의심했었다. 요컨대, 이미 묘가 없고 또
> 예에 대해서도 매우 결여되어 있으니 4대까지 제사를 드린다 해도 문제될
> 것은 없다."[68]

만일 고례의 묘제가 여전히 전승되고 그에 따른 의절들까지 준행되
고 있다면, 묘廟의 숫자를 벗어나 봉사 대수를 논하기는 어려울 것이다.
하지만 주자는 이미 묘제가 훼손되고 의절들도 결여된 상황에서는 오
복의 대상에 해당하는 고조에게까지 제사를 드린다고 해서 문제가 될
것은 없다고 본 것이다. 특히 주자는 옛날의 묘를 문門·당堂·침寢·실室
등이 갖추어진 엄청난 규모의 건축물이라고 보았기 때문에[69] "한 대마
다 묘가 하나씩"인 고례에서는 차등을 엄격하게 규정할 필요가 있었을
것으로 보았다. 하지만 그러한 묘제가 시행되지 않는 상황에서는 가묘

---

68 『朱子語類』 卷90 : 叔器問, "士庶當祭幾代?" 曰, "古時一代卽有一廟, 其禮甚多. 今於
    禮制大段虧缺, 而士庶皆無廟. 但溫公禮祭三代, 伊川祭自高祖, 始疑其過. 要之, 旣無
    廟, 又於禮煞缺, 祭四代亦無害."
69 『朱子語類』 卷90 : "古之所謂廟者, 其體面甚大, 皆是門·堂·寢·室, 勝如所居之宮, 非
    如今人但以室爲之."

家廟에 4개의 감실龕室을 설치하는 것만으로도[70] 4대봉사를 할 수 있으므로 크게 문제가 될 것이 없다고 본 것이다.

이렇게 정자에 의해 '의기지례'로서 제기되고 주자를 통해 지지되었던 사대부 및 서인의 4대봉사는『가례』에 명시되어 전해졌다.[71] 그러나 그것은 품계에 따라 봉사 대수의 차등을 규정했던 조선의 성헌成憲과 배치되는 것이었다. 이와 관련하여 세종世宗은 신하들에게 이 문제를 상의하여 진주하도록 했고, 이때 방촌厖村 황희黃喜(1363~1452), 춘정春亭 변계량卞季良(1369~1430), 신상申商(1372~1435) 등은 봉사 대수에 차등을 두어야 한다는 입장이었던 데 반해, 고불古佛 맹사성孟思誠(1360~1438), 경암敬庵 허조許稠(1369~1439), 정초鄭招(?~1434) 등은 대체로 정·주의 견해를 따르자는 입장이었다. 이렇게 양립된 의견을 다시 4품 이상 문신들에게 물은 결과 대다수가 봉사 대수에 차등을 두어야 한다는 입장을 지지했다.[72] 다음 춘정의 진술은 이러한 차등론의 입장을 대변한다.

대저『의례(儀禮)』에서 법을 제정할 때 천자로부터 서인에 이르기까지 모름지기 차등을 두었으니, 이는 천리(天理)의 본연(本然)함에서 나온 것으로 사사로운 지혜와 사특한 말로 뒤흔들 수 있는 것이 아닙니다. …… 본조의 시향지례(時享之禮)가 가장 사리(事理)의 올바름과 인정(人情)의 마땅함을 획득하였으니 변경할 수 없습니다. …… 옛날의 묘제에 강쇄(降

---

70 『朱子語類』卷90 : 先生云, "欲立一家廟, 小五架屋. 以後架作一長龕堂, 以板隔截作四龕堂, 堂置位牌, 堂外用簾子."

71 『朱子家禮』, 「通禮」, '祠堂'條 : "君子將營宮室, 先立祠堂於正寢之東, 爲四龕, 以奉先世神主."

72 이와 관련한 자세한 내용은『세종실록(世宗實錄)』卷41, 10년(1428) 9월 14일 기사 참조.

殺)가 있었으니 제사의 예 또한 반드시 그와 같아야 할 것입니다. 어찌 묘에는 차등이 있지만 제사에는 차등이 없다고 할 수 있겠습니까? …… 오로지 조종성헌(祖宗成憲)을 지켜 변경함이 없어야 할 것입니다.[73]

세종 역시 이 문제를 판단하는 데 매우 곤혹스러워 하면서도, 품계에 따라 차등을 둔 것이 조종성헌祖宗成憲이라는 점과 그것이 묘제에 담겨 있는 고법古法에 의거하고 있다는 점 그리고 존비尊卑의 차등을 없앨 수는 없다는 점 등을 이유로 차등론을 지지했다.[74] 그리고 이러한 입장들이 결국 『경국대전』의 규정으로 정착되었던 것이다.[75] 이렇게 국제國制로서 명문화되고 나자 그것은 준행해야 할 예법이 되었고,[76] 심지어 회재晦齋조차도 『가례』에 제시된 4개의 감실 규정을 따르지 않았으며 봉사 대수도 3대까지로 제한하였다.[77] 이러한 입장은 퇴계보다도 후배였던 율곡栗谷 이이李珥(1536~1584)에게까지도 그대로 수용되었다.[78]

---

[73] 『世宗實錄』卷41, 10年(1428) 9月 14日 : 季良曰, "大抵『儀禮』制法, 自天子至於庶人, 須有等差, 此出於天理之本然, 非私智邪說所得而撓也. … 本朝時享之禮, 最得事理之正人情之宜, 不可得而變也. (…중략…) 古人廟制, 自有降殺, 祭祀之禮, 亦必如之, 豈可謂廟雖有等, 祭則無差也哉? (…중략…) 一依祖宗成憲, 無有變更."

[74] 『世宗實錄』卷43, 11年(1429) 3月 13日 : 代言許誠啓 '祭及高祖'之議, 上曰, "予以此禮爲難斷也. 通祭四代之禮, 先儒所未定, 只祭三代之禮, 先祖之成憲, 此亦依古法而制者也, 何可輕有紛更? 天子七・諸侯五・大夫三・士二, 此古人降殺之制, 而今上自大夫下至庶人, 皆得祭四代, 則尊卑之等, 不亦無別乎?"

[75] 고영진, 1996, 39~40쪽 참조.

[76] 『中宗實錄』卷26, 11年(1516) 11月 22日 : 大司諫柳雲曰, "如士大夫, 只祭三代, 而親盡則止, 可矣.; 『中宗實錄』卷35, 14年(1519) 2月 15日 : 領事安瑭曰, "果『家禮』則如彼, 而國有祭三代之法, 故未祭高祖."

[77] 『봉선잡의(奉先雜儀)』에서는 이 문제와 관련하여 특별한 논의를 싣고 있지는 않다. 그러나 '사시제(四時祭)'를 비롯한 모든 제사의 대상에서 증조(曾祖) 이하만 언급되어 있을 뿐 고조(高祖)는 등장하지 않는다.

[78] 율곡(栗谷)은 『격몽요결(擊蒙要訣)』에 「제의초(祭儀鈔)」를 부록하였는데, 여기에 '사당지도(祠堂之圖)'・'정침시제지도(正寢時祭之圖)'를 게재하면서 증조고비(曾祖考

이러한 일련의 흐름 속에서, 정·주가 제시한 4대봉사가 '대현이 의기한 예[大賢義起之禮]'임을 내세워 조심스러우면서도 분명하게 지지를 표했던 인물이 바로 퇴계였다.[79] 퇴계는 이 문제와 관련하여 다음과 같이 명료하게 정리된 견해를 갖고 있었다.

4대(四代)까지 제사를 드리는 것은 고례에서도 다 그랬던 것은 아니다. 『예기(禮記)』「대전(大傳)」에 "대부(大夫)가 일이 있거든 군주에게 물어서 협제(祫祭)가 고조(高祖)에게까지 미치기를 구한다"고 했다.[80] 이에 대해 "협(祫)은 본래 제후(諸侯)가 지내는 제사의 이름이며, 대부로서 고조까지 합제(合祭)하는 예를 행하는 것이 '아래에서 위로 구한다'는 의미가 있기 때문에 '간협(干祫)'이라고 한다"는 설명이 있다. 이런 사실들을 살펴보았을 때, 4대까지 제사를 드리는 것은 본래 제후의 예이며, 대부의 경우에는 집에 대사(大事)가 있을 경우에 반드시 군주에게 고한 뒤에 고조에게 제사를 드려 고할 수 있었으며, 항상 지낼 수 있는 제사는 아니었다. 나중에 정자께서 '고조도 상복을 입는 친족[有服之親]이니 제사를 드리지 않을 수 없다'고 하셨고, 『주자가례』는 정자의 설에 따라 4대까지 제사를 드리는 예를 세웠던 것이다. 대개 옛날에는 대마다 묘를 달리하여 그 체제가 매우 거창하였기 때문에 대수의 차등을 엄격하게 하지 않을 수 없

妣)·조고비(祖考妣)·고비(考妣) 3대의 신위만 제시하였고, 시제(時祭) 축문에도 '효증손(孝曾孫)'을 주인(主人)으로 명시하고 있다.

79 『退溪全書』卷13,「答宋寡尤言愼○庚午」:"士大夫祭三代, 乃時王之制, 固當遵守, 而其祭四代, 亦大賢義起之禮, 非有所不可行者."

80 주자는 『예기(禮記)』「대전(大傳)」의 이 부분을 들어, 대부가 3묘(廟)의 제한을 받으면서도 고조까지 제사를 드리기도 했다는 증거로 제시한 바 있다.(『朱熹集』卷30,「答汪尙書論家廟」:"禮家又言, '大夫有事, 省於其君, 干祫及其高祖.' 此則可爲立三廟, 而祭及高祖之驗.")

었다. 하지만 후세에는 하나의 묘(廟)에 감(龕)만 나누어 제사를 드리게 되니, 체제가 매우 간솔해져서 대수를 공통으로 행해도 되었기 때문에 이렇게 옛것을 변경한 것이다. 이른바 '예란 예전에 없었더라도 의리(義理)에 입각하여 제기할 수 있다'는 것이 이런 경우이다. 지금 사람들이 3대까지만 제사를 드리는 것은 '시왕지제(時王之制)'이고, 4대까지 제사를 드리는 것은 '정주지제(程朱之制)'이니, 힘이 미치기만 하다면 통행하더라도 문제 될 것이 없을 듯하다.[81]

퇴계는 여기에서 고례古禮와 정程·주朱의 예 그리고 이른바 시왕지제時王之制까지 이 문제와 관련한 전반적인 사항을 총괄적으로 검토하였을 뿐만 아니라, 그 가운데 쟁점이 되는 묘제廟制와의 충돌 문제까지 면밀하게 검토하였다. 퇴계는 우선, 어떤 견해가 정·주의 설이기 때문에 혹은 조종성헌祖宗成憲이기 때문에 지지하거나 반대하는 것이 아니라, 그 주장이 어떤 맥락에서 제기되었으며 어떤 측면에서 합당한 것인지를 객관적으로 검토하는 예학자로서의 균형감각을 보여준다. 그러면서도 퇴계는 묘제를 둘러싼 변화된 상황에서 의리義理에 입각하여 봉사 대수를 재해석한 정·주의 예설을 지지함으로써 예를 논하는 과정에서 의리가 궁극적 근거여야 한다는 입장을 분명하게 견지한

81 『退溪全書』卷38, 「答趙起伯問目○戊辰」: "祭四代, 古禮亦非盡然. 『禮記』「大傳」, '大夫有事, 省於其君, 干祫及其高祖.' 說者謂, '祫本諸侯祭名, 以大夫行合祭高祖之禮, 有自下干上之義, 故云干祫.' 以此觀之, 祭四代, 本諸侯之禮, 大夫則家有大事, 必告於其君而後, 得祭高祖而告之, 不常祭也. 後來, 程子謂, '高祖有服之親, 不可不祭.' 『朱子家禮』因程子說, 而立爲祭四代之禮. 蓋古者, 代各異廟, 其制甚鉅, 故代數之等, 不可不嚴. 後世, 只爲一廟, 分龕以祭, 制殊簡率, 猶可通行代數, 故變古如此, 所謂'禮雖古未有, 可以義起者'此也. 今人祭三代者, 時王之制也, 祭四代者, 程朱之制也, 力可及則通行, 恐無妨也."

다.[82] 그렇다고 퇴계가 '조종성헌' 또는 '시왕지제'를 드러내놓고 거부할 수는 없었기 때문에 겉으로는 두 가지 모두를 '통행通行'하자는 입장을 취한다. 그러나 자율적으로 4대봉사를 선택한 사람을 '효성이 독실하고 예를 좋아한다[篤孝好禮]'라고 칭한다든지 '선비는 고례에 근거하는 것을 귀하게 여긴다'고 표현한 것 등에 비추어 보았을 때,[83] 퇴계가 속으로는 '의기지례義起之禮'인 4대봉사에 훨씬 무게를 두고 있었음에 틀림없다.

이러한 퇴계의 입장은 이후 지역과 학파를 불문하고 조선에서 4대봉사가 정착되는 데 결정적인 영향을 끼치게 된다. 우선 퇴계의 직전제자인 학봉鶴峯 김성일金誠一(1538~1593)은 퇴계와의 답문을 통해 4대봉사의 정당성을 확인하고,[84] 3대봉사만 해오던 집안의 전통을 자신 이후로는 4대봉사로 변경할 것을 「봉선제규奉先諸規」를 통해 후손들에게 유훈하였다.[85] 퇴계의 재전제자인 우복愚伏 정경세鄭經世(1563~1633) 역시 동춘당同

---

82 퇴계(退溪)는『가례(家禮)』에 따라 사대(四代)까지 제사를 드리는 것이 "비록 다소 오늘에 어긋나는 듯하지만, 옛에 부합함을 얻었다"고 표현함으로써 시왕지제(時王之制)보다 대현의기지례(大賢義起之禮)에 더욱 비중을 두고 있음을 보여주었다.(『退溪全書』卷17,「答奇明彦○乙丑/別紙」: "只據『家禮』祭四代之義而祭之, 雖若少違於今, 而正是得合於古.")

83 『退溪全書』卷17,「答奇明彦○乙丑/別紙」: "今有人焉, 主祭而篤孝好禮, 自出意欲祭四代, 則是亦一道, 豈至於違條礙格而不可行乎? (…중략…) 吾非居位, 故於人或可從周, 士貴稽古, 故於己不害返古, 恐兩行而不相悖, 安有議禮拂時之嫌也?"

84 『鶴峯集』續集 卷4,「上退溪先生問目○乙丑」: (問)"高祖之祭, 準以古禮, 則士大夫分不當祭, 而朱子著爲『家禮』, 何也?"(答)"祭高祖, 斷以古禮, 則士大夫不敢祭. 然高祖既有服, 『禮記』又有「干祫及高祖」之文, 故程子以爲不可不祭, 朱子因著爲『家禮』. 今好禮慕古之士, 依此行之, 豈爲僭乎? 但時王之制, 祭三代有典, 夫子亦從周, 則又恐難於據『家禮』, 盡責人人以行此禮耳."

85 『鶴峯集』卷7,「奉先諸規」: "高祖係是有服之親, 故禮典雖有祭三代二代之文, 先儒許令祭及高祖, 著諸『家禮』, 而子孫無追遠之誠, 委以國法, 不遵禮文, 從厚之意安在? 吾門自祖先以來, 致祭惟謹, 子孫各宜盡誠, 世守勿替事." / 이에 관한 상세한 내용은 유영옥, 2005 참조.

^{春堂} 송준길^{宋浚吉}(1606~1672)로부터 관련 질문을 받고 정·주와 퇴계의 설을 근거로 4대봉사에 대한 지지를 표했다.[86] 이는 퇴계(영남)학파뿐만 아니라 이른바 율곡(기호)학파에도 영향을 미쳤다. 사계^{沙溪} 김장생^{金長生}(1548~1631)은 우복에게 관련 질문을 했던 동춘당으로부터 같은 질문을 받고, 4대봉사가 정·주와 퇴·율의 정견이라며 이에 대한 지지입장을 취하였으며,[87] 동춘당 역시 우복과 사계의 견해를 수용하여 4대봉사를 시행하였다.[88] 고산^{孤山} 윤선도^{尹善道}(1587~1671)는 이 사안과 관련하여 퇴계를 '우리나라 선현, 도^道를 알고 있던 군자[我國儒先知道君子]'임을 제시하면서 그의 설을 인용하고, 이어서 "이 이후로 삼가 예를 준행하는 가문[謹禮之家]에서는 모두 4대봉사를 하게 되었다"고 증언하였다.[89]

이상에서 살펴본 바와 같이 퇴계는 예를 논함에 있어서 '의리^{義理}'를 가장 본위에 두었다. '4대봉사'의 사례에서 확인할 수 있는 것처럼, '학

---

86 『愚伏集』卷13, 「答宋敬甫問目」: "抑祭三代固是時王之制, 而程朱之論, 皆以爲高祖有服, 不可不祭. 退溪先生謂士之好禮之家, 從古禮祭四代, 亦不爲僭."

87 『同春堂集』別集 卷3, 「上沙溪先生」: 問, "今世士大夫家, 或祭四代, 或祭三代, 何者爲得?" 答, "祭三代, 乃時王之制, 然高祖當祭, 不但程朱有明訓, 我東先賢如退溪栗谷諸先生, 皆祭高祖云." …… 問, "士庶當祭幾代?" 曰, "古時一代卽有一廟, 其禮甚多. 今旣無廟, 又於禮煞缺, 祭四代亦無害."(단, 율곡은 「제의초」에서 확인됐던 것처럼 3대봉사를 주장했는데, 사계는 어디에 근거해 율곡도 4대봉사를 지지했다고 말했는지 분명하지 않다.)

88 『同春堂集』別集 卷9, 「遺事」[三十六條○宋時烈] : "吾宗有判校·正郞二派, 判校子孫, 其祭禮依國法, 只祭三代, 正郞子孫, 依『家禮』祭四代. 一宗祭禮各異, 有所不安矣. 公議于諸宗, 請依正郞派, 祭止四代, 諸宗皆信而從之, 自此祭禮皆從文公之制." / 이 내용은 『宋子大全』卷212, 「同春宋公遺事○三十六條」에 그대로 실려 있다.

89 『孤山遺稿』卷3下, 「答族叔書唯益○庚申在機張謫所時」: "今世士大夫喪祭之禮, 皆從『朱子家禮』, 而我國儒先知道君子爲之說曰, '祭四代古禮亦非盡然, 後來程子謂高祖有服之親, 不可不祭. 『朱子家禮』因程子說, 而立爲祭四代之禮. 蓋古者代各異廟, 其制甚鉅, 故代數之等不可不嚴. 後世只爲一廟, 分四龕以祭, 制殊簡率, 猶可通行代數, 故變古如此. 今人祭三代者, 時王之制也, 祭四代者, 程朱之制也, 力可及則通行無妨.' 又曰, '今有人焉, 主祭而好禮, 欲祭四代, 則豈至於違條礙格而不可行乎? 此等事, 於己度義量力而行之則可矣, 諭人而人自樂從則亦無不可, 安有議禮拂時之嫌也. 云云'故其後謹禮之家皆祭四代."

學'을 통해 의리를 담지한 선현先賢들이 제기한 '의기지례義起之禮'가 경우에 따라서는 조종祖宗의 '성헌구장成憲舊章'과 충돌을 빚는다 하더라도 '의리'에 더욱 부합한 것이라면 따르는 것이 마땅하다고 보았던 것도 바로 이 때문이다. 이와 같은 의리 본위의 예 인식은 퇴계가 예를 완정한 철학적 이론체계 속에 수렴하고 소화하였음을 보여주는 것이며, 정암靜庵과 회재晦齋를 거치면서 터지기 시작한 예에 대한 새로운 인식의 물꼬를 넓혀서 거스를 수 없는 조류로 성취한 것으로 평가할 수 있다. 그리고 이는 이후 조선에서 예를 논할 때 가장 기본적인 전형이 되었다.

2. 학學의 구현으로서 '예禮'

1) 예禮의 이론적 지향 - '리현理顯'

예학사상에 있어서 퇴계의 문제의식과 관련한 앞서의 논의가 대체로 예학사의 측면에서 조망한 것이었다면, 여기에서는 퇴계의 '학學' 체계 내에서 예에 대해 살펴볼 것이다. 특히 예 자체가 내함하고 있는 현장성과 실천성을 감안할 때, 그것은 주로 '학의 구현'이라는 측면에서 다루어져야 할 것이다. 다시 말하면 퇴계의 학이 실천적으로 구현되는 장에서 예가 담당하는 의의와 기능 등에 대해 살펴보아야 한다는 것이다. 그러나 앞서 살펴보았던 것처럼 성리학의 예는 그 자체로 준행해야 할 당위일 뿐만 아니라, 그것이 당위인 근거를 천리天理와의 관계를 통해 이미 이론적 차원에서 확보하고 있다. 따라서 학의 구현이라는 측면에서 예를 다루기 위해서는 이론과 실천이라는 두 방면을 아울러 검토할 필요가 있다. 이에 우리는 먼저 '리현理顯'이라는 개념을 중심으로 예의 이론적 지향에 대해 살펴보고, 다음으로 '수기안인修己安人'이라는 유학 본래의 문제의식을 중심으로 예의 실천적 구현에 대해 살펴볼 것이다.

'리현理顯'이라는 개념은 '리동理動'이라는 개념과 함께 퇴계의 학 체계에 있어서 매우 중요한 의의를 갖는다.[90] '리동'은 '리동기생理動氣生'에서, '리현'은 '기동리현氣動理顯'에서 각각 적출한 개념으로, 퇴계는 이 두 개념을 통해 존재세계 전체를 주리적 관점에서 설명하는 독특한 리기론의 구도를 보여준다.[91] 먼저 '리동' 개념의 원형에 해당하는 '리동기생'은 '리가 동하면 기가 따라서 생긴다理動則氣隨而生'의 줄임말로, 퇴계는 이 말로 염계濂溪가 「태극도설太極圖說」에서 언급한 "태극이 동하여 양을 낳는다"太極動而生陽는 언명을 재해석하였다. 또한 퇴계는 같은 맥락에서 '리현' 개념도 함께 제시하였는데, 그것의 원형에 해당하는 '기동리현'은 '기가 동하면 리가 따라서 드러난다氣動則理隨而顯'의 줄임말로, 이는 『주역周易』 복괘復卦의 단사彖辭인 "복復에서 천지의 마음을 본다復其見天地之心"는 문구를 재해석한 것이다.[92]

퇴계가 '리동' 개념을 제시했을 때 즉각적으로 제기된 의문은 '리가 동할 수 있는가?'라는 개념의 정합성 문제였다. 실제로 퇴계의 문인인

---

90 퇴계 철학에서 '리동(理動)'과 '리현(理顯)'의 상관구조와 그 함의에 대해서는 한재훈, 2005에서 상세하게 다루었으며, 본 논문에서의 관련 논의는 이를 예(禮)와의 관계에 초점을 맞춰 재구성한 것임을 밝힌다.

91 주리(主理)와 주기(主氣)의 구분은 상대적인 것이며, 조선성리학에서 논의된 리기론의 경우 이러한 구분 역시 기(氣)보다 리(理)를 우선시한다는 일반적 경향을 전제로 한다.(김형찬, 1996, 46~53쪽 참조)

92 『退溪全書』卷25, 「答鄭子中別紙」: "蓋理動則氣隨而生, 氣動則理隨而顯. 濂溪云, '太極動而生陽.' 是言理動而氣生也. 『易』言, '復, 其見天地之心.' 是言氣動而理顯, 故可見也."

서천西川 이양중李養中(1549~1591)은 '리동'이 논거로 상정한 "태극이 동하여 양을 낳고, 정하여 음을 낳는다"는 염계의 언명이 주자가 제시한 '리'의 개념적 특성인 '무작위성'과 정합적이지 못하다는 의문을 제기한 바 있다.[93] 서천의 지적은 그 자체로 타당하고 예리한 것이었지만, 퇴계의 문제의식과는 다른 방향을 짚고 있는 것이었다. 퇴계는 이 질문을 받고 다음과 같이 답했다.

> 주자께서 일찍이 말씀하시기를, "리(理) 차원의 동정(動靜)이 있으므로 기(氣) 차원의 동정이 있는 것이다. 만일 리 차원의 동정이 없다면 기 차원의 동정이 어디로부터 있게 되겠는가?"라고 하셨다. 이 말뜻을 안다면 그런 의심은 없을 것이다. 대개 정의(情意)가 없다느니 하는 것들은 본연(本然)의 체(體)에 해당하는 것이고, 능히 발현하고 능히 생성하는 것은 지묘(至妙)의 용(用)에 해당하는 것이다.[94]

퇴계가 염계의 「태극도설」에서 주목했던 것은 기의 작용 이면에 존재하는 리, 즉 현상을 가능케 하는 법칙성과 원리성에 대한 확인이었지, 리(태극)와 기(음양)의 생성관계나 리의 작동 자체에 관한 논증이 아니었다. 위의 답변에서 퇴계가 인용한 주자의 언급은 바로 그 점을 보여주고 있다. 더구나 주자는 이미 염계의 「태극도설」에 대해 "'태극이 동하여 양을 낳고, 정하여 음을 낳는다'는 말은, 동하고 난 뒤에 양이

---

93 『退溪全書』卷39, 「答李公浩/問目」: "'太極動而生陽, 靜而生陰.' 朱子曰, '理無情意, 無造作.' 旣無情意造作, 則恐不能生陰陽."

94 『退溪全書』卷39, 「答李公浩/問目」: "朱子嘗曰, '理有動靜, 故氣有動靜. 若理無動靜, 氣何自而有動靜乎?' 知此則無此疑矣. 蓋無情意云云, 本然之; 能發能生, 至妙之用也."

있고 정하고 난 뒤에 음이 있는, 분절된 두 단계에서 먼저 이것이 있고 난 다음에 저것이 있게 된다는 말이 아니라, 다만 태극의 동함이 곧 양이고, 정함이 곧 음이라는 것일 뿐"이라고 해석한 바 있다.[95] 이는 상대적으로 동의 성질을 띠는 기(양)에서 리(태극)의 동을 확인하고, 정의 성질을 띠는 기(음)에서 리(태극)의 정을 확인하고자 하는 것일 뿐, 분절된 상태에서 리(태극)가 기(음양)를 생성했다는 의미가 아니라는 점을 분명히 한 것이다.

퇴계가 "주자周子:周敦頤가 무극·태극을 이야기한 것은 모두 리기가 함께한다는[相循] 전제 위에서 리만을 뽑아내[剔撥] 말한 것"[96]이라고 정리한 것도 결국 주자朱子의 견해와 다르지 않다. 퇴계는 염계의 「태극도」를 『성학십도』의 제1도로 싣고, 그 아래 "이것은 도리道理의 대단히 중요한 핵심"이며 "도술道術의 영원한 연원"이라는 주자의 평가를 달았다.[97] 또한 퇴계는 다른 곳에서 "염계는 리기의 본원本原과 조화의 기묘機妙를 밝혀냈다"[98]고 평가하였는가 하면, "하늘이 부자(염계)를 내시어 하늘과 땅을 여셨다."[99]고 존숭하였다. 여기에서 '하늘과 땅을 열었다'는 표현은 마치 복희伏羲가 팔괘八卦를 처음 그려 우주자연의 비밀을 밝힌 것처럼 염계가 「태극도설」을 지어 '태극의 이치'를 맨 처음 밝힘으

---

95 『朱子語類』, 卷94: "'太極動而生陽, 靜而生陰.' 非是動而後有陽, 靜而後有陰, 截然爲兩段, 先有此而後有彼也, 只太極之動便是陽, 靜便是陰."

96 『退溪全書』 卷16, 「答奇明彦/論四端七情第一書」: "周子有無極太極之說, 此皆就理氣相循之中, 剔撥而獨言理也."

97 『退溪全書』 卷7, 「進聖學十圖箚(幷圖)」: "右濂溪周子自作圖幷說. (…중략…) 朱子謂, '此是道理大頭腦處.' 又以爲, '百世道術淵源.'"

98 『退溪全書』 卷41, 「天命圖說後敍」: "濂溪, 闡理氣之本原, 發造化之機妙."

99 『退溪全書』 卷3, 「濂溪愛蓮」: "天生夫子闢乾坤, 灑落胸懷絶點痕. 卻愛淸通一佳植, 花中君子妙無言."

로써 존재세계의 본원에 대한 분명한 이해가 가능하게 되었다는 평가이다.[100] 퇴계가 이처럼 염계의 업적을 높이 평가했던 까닭은 오직 기(음양)의 소이연所以然으로서 리(태극)의 존재를 확인했다는 데 있다.[101]

또한 퇴계는 위의 답변에서 서천이 제시한 "리에는 정의情意·계탁計度·조작造作 등이 없다"[102]는 주자의 정의는 '본연의 체'에 국한된 규정이므로 이를 '지묘의 용'에까지 확대 적용하는 것은 범주에 대한 오해라는 점을 밝히고 있다. 즉, 리는 그 자체로 정의·계탁·조작과 같은 현상적 작동을 하지는 않지만, 그렇다 하여 현상 이면의 소이연으로서의 작용마저 부정할 수는 없다는 것이다.[103] 그래서 퇴계는 리를 "지극히 허虛하되 지극히 실實하고, 지극한 무無이지만 지극한 유有이며, 동動하되 동함이 없고 정靜하되 정함이 없다"고 정의한다.[104] 여기에서 '지극한 허'·'지극한 무'는 리의 '본연의 체'를 나타내는 표현이고, '지극한 실'·'지극한 유'는 리의 '지묘의 용'을 가리킨다. 그리고 이러한 리의 체용이 빚는 모순적 특성이 '동하되 동함이 없고, 정하되 정함이 없음'을 가능하게 한다는 것이다.[105] 그러나 리의 이러한 특성은 형기形器의

---

100 『退溪文集攷證』에서는 이 구절을 다음과 같이 설명하고 있다. (주자(朱子)의 「감흥시(感興詩)」에) "나는 복희씨가 처음 하늘과 땅을 열었다고 들었다"고 했는데, 염계가 태극(太極)의 리를 밝힌 것은 마치 복희씨가 처음 팔괘를 그린 것과 같다.(『退溪文集攷證』(『退溪全書』下) 卷2: "天生夫子闢乾坤", (感興詩)'吾聞包義氏, 爰初闢乾坤.' 濂溪始發太極之理, 如包義始畫卦也.)

101 앞에서 '도통론'을 논할 때, 주자가 끊어진 도통에 대한 새로운 접속과 계승의 시작을 염계부터라고 극구 주장했던 것도 실은 이와 같은 이유 때문이었다.

102 『朱子語類』, 卷1 : "理卻無情意, 無計度, 無造作."

103 『退溪全書』卷42, 「靜齋記」: "動靜者, 氣也, 所以動靜者, 理也."

104 『退溪全書』卷16, 「答奇明彦/論四端七情第二書」: "此簡物事, 至虛而至實, 至無而至有, 動而無動, 靜而無靜."

105 또 다른 문인인 문봉(文峯) 정유일(鄭惟一)이 동정의 범주를 '리에 중점이 있는 동정'과 '기에 중점이 있는 동정'으로 나누어 보는 견해에 관해 자문을 구했을 때,(『退溪文集

차원에서 볼 때 '모순적'인 것이지 '초형기超形器'의 차원에서는 지극히 당연한 것이며, 오히려 그로 인해 리의 완정한 주재성이 담보된다고 퇴계는 보았다.[106]

요컨대, 퇴계는 '리동'이라는 개념을 통해 기의 모든 작용 이면에 리가 소이연으로서 존재한다는 것을 지적하는 데 주안점을 두었을 뿐,[107] 리가 '동한다'는 자체에 큰 의미를 부여했던 것은 아니다. 그렇기 때문에 퇴계는 기(음양)의 소이연으로서 리(태극)를 확인할 때 '갖추어져 있다[具]'라는 표현을 사용하기도 했다. 문봉文峯 정유일鄭惟一(1533~1576)이 어느 날 "음양이 아직 생기지 않았을 때를 기점으로 말한다면 이른바 태극이란 음양 가운데 있다"는 절재節齋 채연蔡淵(1156~1236)의 말이 이상하다며 질의를 해오자,[108] 퇴계는 "이 말에는 아무래도 '태극이란' 아래에 '그 리가 이미 갖추어져 있으며, 음양이 이미 생긴 때를 기점으로 말한

效證』, 卷5 : 子中以爲, "'動而生陽', '靜而生陰', 此動靜字, 雖兼理氣說, 而重在理上. '動極而靜', '靜極復動', 此動靜字, 雖兼理氣說, 重在氣上.") 퇴계는 "대단히 정밀한 견해"라며 동의를 표한 바 있다.(『退溪全書』 卷25, 「答鄭子中別紙」 : "動而生陽 止 重在氣上, 看得儘精.") 이는 퇴계가 '동정'이라는 표현을 사용하고는 있지만 이미 리 차원의 동정과 기 차원의 동정은 그 범주차원이 다르다고 생각했음을 보여주고 있으며, 따라서 기의 동정을 전제로 하는 '동정'이라는 '작동'이 리에서도 가능한 것인지를 묻는 것은 퇴계의 의도와 무관한 논점 일탈의 오류에 해당한다.

106 사실 리에 대한 퇴계의 이러한 표현은 염계가 『통서(通書)』 「동정(動靜)」에서 형기(形氣)를 초월한 신(神)과 형기를 갖는 물(物)의 동정에 대해 언급한 것을 원용한 것이다. (『通書』, 「動靜第十六」 : "動而無靜, 靜而無動, 物也. 有形則滯於一偏. 動而無動, 靜而無靜, 神也. 神則不離於形, 而不囿於形矣.") 염계는 여기에서 신(神)은 형기를 초월하므로 일편(一偏)에 얽매이지 않을 수 있음을 보여주고 있다. 퇴계는 염계의 이러한 논지를 형이상(形而上)과 형이하(形而下)의 범주문제로 포착하고,(『退溪全書』 卷24, 「答鄭子中」 : "「動靜」首節·次節, 但以形而上下者, 分言有方體者有滯, 超形器者莫測之意.") 이를 다시 리와 기의 동정 문제에 일반화하여 적용하고 있다.

107 김형찬, 2007, 11쪽.

108 『文峯集』 卷4, 「上退溪先生○丁卯」 : "子中疑蔡節齋說, '自陰陽未生之時而言, 則所謂太極者, 卽在乎陰陽之中.'"[說見『性理大全』 「論道門」]

다면 이른바 태극이란[其理己具, 自陰陽旣生之時而言, 則所謂太極者]'이라는 19자를 보완해야 의미가 원만하여 탈이 없겠다"는 답을 해주었다.[109] 만약에 기가 생기는 데 리의 동이 필수적인 선제조건이라면 왜 퇴계는 '그 리가 이미 동하다[其理己動]'라는 표현 대신 '그 리가 이미 갖추어져 있다[其理己具]'라는 표현을 사용했겠는가?[110] 이는 퇴계가 결코 리(태극)의 실제적 작동이 기(음양)의 생성에 절대조건이라고 생각하지 않았음을 보여주는 명백한 증거이다.[111]

그렇다면 퇴계가 '리동'을 통해 기의 소이연으로서 리를 확인하고자 한 까닭은 무엇일까? 이와 관련하여 퇴계는 다음과 같이 설명한 바 있다.

옛 사람이 '사람이 말을 타고 출입하는 것'으로 '리가 기를 타고 행하는 것'을 비유한 것은 아주 훌륭하다. 대개 사람은 말이 아니면 출입하지 못

---

109 『退溪全書』卷25, 「鄭子中與奇明彦論學, 有不合, 以書來問, 考訂前言, 以答如左.」: 滉按, "蔡氏此語, 亦見『太極圖說』註, 詳其文, 則所謂太極者之下, 有'其理己具, 自陰陽旣生之時而言, 則所謂太極者'十九字, 則其語意圓足無病." / 퇴계의 견해를 반영해 보완·수정해보면 글은 다음과 같이 된다. "自陰陽未生之時而言, 則所謂太極者, 其理己具. 自陰陽旣生之時而言, 則所謂太極者, 卽在乎陰陽之中."

110 퇴계가 '갖추어져 있다[具]'를 중시했다는 것은 "沖漠無朕, 萬象森然已具."라는 정자의 언급과 그에 대한 주자의 해석에 주목하였다는 사실에서도 확인할 수 있다.(『退溪全書』卷25, 「鄭子中與奇明彦論學 有不合 以書來問 考訂前言 以答如左」: 程子曰, "沖漠無朕, 萬象森然已具. 云云."(語見『近思錄』1권) 朱子曰, "此言未有這事, 先有這理. ……" 又曰, "未有事物之時, 此理已具. ……")

111 사실 퇴계의 '리동기생'이라는 개념은 자칫하면 오해될 가능성이 농후하다. 왜냐하면 이 표현 자체가 일견 기의 생성을 위해서는 반드시 리의 동이 필요하다는 점을 말하고 있는 것처럼 보이기 때문이다. 그러나 퇴계는 '리동기생(理動氣生)'이라는 개념을 리(태극)와 기(음양)의 생성관계를 설명하기 위해 사용한 것이 아니라, 염계의 "태극동이생양(太極動而生陽)"을 재해석하는 차원에서 사용하였다. 즉, '리동기생'에서 리는 태극에 해당하고 기는 양에 해당하며, 따라서 '리동기생'이라는 말은 '태극으로 지칭되는 리가 동함에 동의 성격이 강한 양이라는 기가 생성된다'는 말이다. 특히 이때 간과하지 말아야 할 것은 '리의 동'과 '기의 동'이 '동'이라는 같은 표현을 사용하고 있지만 엄연히 차원의 범주가 다르다는 사실이다.

하고, 말은 사람이 아니면 바른 길을 잃어버리므로, 사람과 말은 서로를 필요로 하고 서로 떨어지지 못한다.[112]

퇴계가 제시한 옛 사람은 주자일 가능성이 높다. 왜냐하면 주자는 "리에 동정이 있지만, 리 자체는 볼 수 없고 음양을 통해서만 알 수 있다"면서 "마치 사람이 말을 타는 것처럼 리는 음양 위에 탑재한다"는 비유를 든 바 있기 때문이다.[113] 그런데 퇴계는 자칫 리기의 구조관계를 설명하는 것으로 읽힐 수 있는 주자의 '사람[人]과 말[馬]' 비유에 대해 가치문제를 개입하여 해석하고 있다. 즉, 주자의 설명을 '리는 기를 타고 있고, 기는·리를 태우고 있다'는 리기의 구조적 측면에서 읽는 것에 그치지 않고, '리는 기를 통해서만 존재세계에 법칙성을 구현할 수 있고, 기는 리의 주재에 따를 때만 목적과 방향이 분명한 의미 있는 작용을 할 수 있다'는 가치적 측면에서 해석하고 있다는 것이다. 따라서 퇴계가 '리동'을 통해 소이연으로서의 리를 확인하고자 한 의도는 분명하다. 그것은 존재세계란 리의 주재로 말미암아 성립되었고 따라서 리에 부합하도록 영위되어야 한다는 가치관을 리기론을 통해 표명하려는 것이었다.[114]

---

112 『退溪全書』卷16, 「答奇明彦/論四端七情第二書」: "古人以人乘馬出入, 比理乘氣而行, 正好. 蓋人非馬不出入, 馬非人失軌途, 人馬相須不相離."
113 『朱子語類』卷94: "理有動靜. 理不可見, 因陰陽而後知. 理搭在陰陽上, 如人跨馬相似."
114 김형찬은 "이황(李滉)은 리발(理發)·리동(理動)·리자도(理自到) 등의 명제를 제기함으로써, '리'가 단지 '기'와 대비되는 개념이 아니라 실제로는 그런 이원론적 대비를 넘어 '기'를 주재하고 모든 존재와 작용의 원리가 되는 것임을 분명하게 드러내려 했다"고 평가하였는가 하면,(김형찬, 2007, 12~13쪽) "도덕규범 혹은 가치론적 의미에서 리가 기 작용의 방향성을 좌우하는 주체 혹은 주재자로서 언제나 존재하고 있다는 사실을 이황이 '리발', '리동'이라는 명제를 통하여 드러내려 했다"고 보았다.(김형찬, 2010, 73쪽)

그런데 퇴계의 이러한 의도는 '리동理動'에서 '리현理顯'으로 하나의 맥락을 이루면서 관통된다. 즉, '리동'을 통해 형이상形而上에서 소이연所以然으로서의 리理를 확인했던 것은 형이하形而下에서 소당연所當然으로서의 리를 지향해야 하는 이론적 근거가 되며, 결과적으로 기의 모든 작용이 리에 부합한 방향으로 진행되는 이상적 상태를 나타내주는 개념이 바로 '리현'이기 때문이다.

위에서 언급했던 것처럼 '리현'은 '기동즉리수이현氣動則理隨而顯'의 줄임말인 '기동리현氣動理顯'에서 적출한 개념으로, 『주역周易』 복괘復卦의 단사彖辭인 "복復에서 천지의 마음을 볼 수 있다(復其見天地之心)"는 문구를 재해석하는 과정에서 제시되었다.[115] '복'은 음과 양이 순환·운행하는 과정에서 조성된 특정한 상황을 상징한다.[116] 시작도 끝도 없이 순환하는(循環無端) 기의 운행과정에서 음이 궁극에 이르면 자연히 양이 생기게 마련이다. 하지만 퇴계는 이러한 순환 속에는 반드시 원리와 법칙으로서의 리, 즉 '만물을 살리는 것(生物)'을 본위로 하는 천지의 마음이 드러나 있으며, 특별히 복復이라는 상황에서 이를 여실하게 확인할 수 있다고 보았다.[117]

---

[115] 『退溪全書』卷25,「答鄭子中別紙」: "蓋理動則氣隨而生, 氣動則理隨而顯. (…중략…) 『易』言, '復, 其見天地之心.' 是言氣動而理顯, 故可見也."

[116] 복괘(復卦: ䷗)는 괘(卦)를 구성하는 여섯 개의 효(爻) 중에 위의 다섯 효는 음(--)이고 가장 아래 한 효만 양(-)인 괘이다. 따라서 '복'은 음이 극성한 가운데 양이 처음으로 생동하는 상황을 상징하는 괘로, 보통 24절기 중 일양(一陽)이 시생(始生)하는 '동지(冬至)'에 해당하는 것으로 여겨졌다.

[117] 주자는 "천지의 마음은 곧 원형이정(元亨利貞)"이라고 하는가 하면,(『朱熹集』卷67,「仁說」: "蓋天地之心, 其德有四, 曰元亨利貞.") "천지는 만물을 살리는 것으로 마음을 삼는다"(같은 곳: "天地以生物爲心者.")고 하였다. 따라서 모든 존재는 그와 같은 천지의 마음을 받아서 태어나기 때문에, 원형이정은 곧 인의예지(仁義禮智)라는 성(性)이 된다고 보았다.(같은 곳: "人物之生, 又各得夫天地之心以爲心者也. (…중략…) 故人之

여기에서 우리는 『주역』의 이 언구를 퇴계가 리기의 문제로 일반화해 재해석했다는 점에 주목할 필요가 있다. 왜냐하면 리와 기가 반드시음양조화의 차원에서만 논의되는 것은 아니라는 점을 감안할 때, 퇴계의 이러한 해석은 일용사물日用事物의 차원에서도 '기동리현'이 일관되게 적용될 수 있는 길을 열어놓고 있기 때문이다. 이런 점에서 다음 퇴계의 언급에 주목할 필요가 있다.

'조화(造化)'의 차원에서 보면, 태극은 형이상이고 음양은 형이하이다. '이륜(彝倫)'의 차원에서 보면, 부자나 군신은 형이하이고 (그들에게 요구되는 덕목인)인(仁)이나 의(義)는 형이상이다. '일용(日用)'의 차원에서 보면, 사물(事物)은 형이하이고 (거기에 갖추어져 있는)리(理)는 형이상이다. 대개 이것이 해당되지 않은 것은 없으며 그렇지 않은 곳도 없다. 모든 형이상은 다 태극이라는 리(理)이고, 모든 형이하는 다 음양이라는 기(器)이다.[118]

여기에서 퇴계는 태극, 인·의, 리는 형이상으로 범주화하고, 음양, 부자·군신, 사물은 형이하로 범주화한 다음, "모든 형이상은 다 태극

爲心, 其德亦有四, 曰仁義禮智.") 퇴계 역시 「천명도설(天命圖說)」에서 천(天)의 원형이정이라는 리(理)가 인(人)의 인의예지신이라는 성(性)이 된다는 점을 밝히면서 "천과 인 사이에 차이가 없다"는 점을 적시한다.(『退溪全書』 續集 卷8, 「天命圖說○圖與序見文集」: "天卽理也, 而其德有四, 曰元亨利貞是也. (…중략…) 凡物受陰陽五行之氣以爲形者, 莫不具其元亨利貞之理以爲性. 其性之目有五 曰仁義禮智信. 故四德五常, 上下一理, 未嘗有間於天人之分.")

118 『退溪全書』 卷35, 「答李宏仲」: "就造化而看, 太極爲形而上, 陰陽爲形而下. 就彝倫而看, 父子君臣爲形而下, 其仁與義爲形而上. 就日用而看, 事物爲形而下, 所其之理爲形而上. 蓋無物不有, 無處不然, 凡形而上, 皆太極之理, 凡形而下, 皆陰陽之器也."

의 리理이고, 모든 형이하는 다 음양의 기器"라고 정리하고 있다. 범주화한 내용만 놓고 보면, 형이상에 속하는 것들은 구체적 형기가 없는 것들이고, 형이하에 속하는 것들은 구체적 형기를 갖고 있는 것들이다.[119] 하지만 이른바 '태극이라는 리'와 '음양이라는 기'는 분리된 두 가지가 아니라, 존재하는 모든 것들을 구성하는 두 개의 차원이다. 따라서 퇴계는 "모상貌象과 형기形氣를 갖고 육합六合을 가득 채운 것들은 모두 기器이고, 그 모든 것들 속에 갖추어져 있는 리理가 곧 도道"라고 설명한다.[120] 아울러 퇴계는 이러한 범주화를 조화와 이륜 그리고 일용이라는 세 차원에서 각각 진행하고 있다. 이 내용을 도표로 정리하면 다음과 같다.

〈표 1〉

	선(先)	후(後)
리동기생(理動氣生)	형이상(形而上)	형이하(形而下)
조화(造化)	태극(太極)	음양(陰陽)

	선(先)	후(後)
기동리현(氣動理顯)	형이하(形而下)	형이상(形而上)
이륜(彝倫)	부자(父子)	인(仁)
	군신(君臣)	의(義)
일용(日用)	사물(事物)	리(理)

그렇다면 퇴계가 세 차원[조화-이륜-일용]에서 형이상과 형이하의 범주화를 진행함으로써 보여주고자 했던 바는 무엇일까? 이러한 궁금증

---

119 『退溪全書』卷35, 「答李宏仲」: "道不離器, 以其無形影可指, 故謂之形而上也. 器不離道, 以其有形象可言, 故謂之形而下也."
120 『退溪全書』卷35, 「答李宏仲」: "凡有貌象形氣, 而盈於六合之內者, 皆器也, 而其所具之理, 即道也."

을 갖고 다시 위의 언급을 살펴보면, 퇴계가 의도적으로 준비해둔 특이한 수사법을 발견하게 된다. 그것은 다름이 아니라, 퇴계가 조화의 차원에서는 형이상을 먼저 언급하고 형이하를 나중에 언급한 데 비해, 이류과 일용의 차원에서는 공히 형이하를 먼저 언급하고 형이상을 나중에 언급하고 있다는 것이다. 이러한 측면에서 보면, 퇴계가 제시한 세 차원은 사실 '조화'와 '이륜·일용'이라는 두 차원으로 정리해도 아무런 문제가 없는 것이었다.[121] 그런가 하면 조화의 차원은 논의의 방향이 형이상에서 형이하로 전개되고, 이륜·일용의 차원은 논의의 방향이 형이하에서 형이상으로 전개된다. 그리고 이러한 방향성은 우연치 않게도 각각 '리동기생'(조화)과 '기동리현'(이륜·일용)의 방향성과 일치한다. 퇴계는 이와 같이 의도된 수사법을 통해 '리현'이 이륜·일용의 차원에도 적용되는 것임을 보여주려 했던 것이다. 이러한 추측이 근거 없는 억측이 아닐 가능성은 퇴계의 다음 진술에 의해 지지된다.

> 또 말씀하시를, "리(理, 형이상)를 말할 땐 체(體)를 먼저 말하고 용(用)을 나중에 말한다. 대개 체를 거론하면 용의 리가 이미 갖추어져서일 것이다. …… 사(事, 형이하)를 말할 땐 현(顯)을 먼저 말하고 미(微)를 나중에 말한다. 대개 사에 즉하여 리의 체를 볼 수 있어서일 것이다."[122]

---

121 사실 '이륜일용(彝倫日用)' 또는 '일용이륜(日用彝倫)'이라는 말은 주자의 「대학장구서」를 비롯한 많은 글들에 한 단어처럼 사용되는 경우가 많다.

122 『退溪全書』上, 卷25 書, 「鄭子中與奇明彦論學 有不合 以書來問 考訂前言 以答如左」: 又曰, "言理則先體而後用, 蓋舉體而用之理已具, 所以爲一源也. 言事則先顯而後微, 蓋即事而理之體可見, 所以爲無間也."

이 글은 '체용일원體用一源'과 '현미무간顯微無間'이라는 정자의 언급에 대한 주자의 설명을 퇴계가 인용한 것이다.[123] 여기에서 주자는 리理의 차원과 사事의 차원을 구분해서 접근하고 있는데, 이 두 차원은 곧 위에서 조화의 차원과 이륜·일용의 차원이라고 했던 것과 다르지 않다. 뿐만 아니라 여기에서 체와 미로 언급된 것은 위에서 형이상으로 범주화했던 것이고, 용과 현으로 언급된 것은 위에서 형이하로 범주화했던 것이다. 그렇다면 리의 차원에서는 체體(형이상)에서 용用(형이하)으로의 방향성을 띠고 있고, 사의 차원에서는 현顯(형이하)에서 미微(형이상)로의 방향성을 띠고 있음을 알 수 있다. 또 다른 곳에서 퇴계는 '도리'의 차원과 '사물'의 차원으로 나누어 설명하기도 한다.

체용(體用)은 두 가지가 있으니, 도리(道理)의 차원에서 말하는 경우로는 '충막(沖漠)하여 아무 조짐이 없으나 만상(萬象)은 빠짐없이 이미 갖추어져 있다'는 것이 이에 해당되고, 사물(事物)의 차원에서 말하는 경우로는 배[舟]는 물을 다닐 수 있고 수레[車]는 육지를 다닐 수 있는데 실제로 배와 수레가 물과 육지를 다니는 것이 이에 해당된다. 그러므로 주자께서 여자약(呂子約)에게 보내신 답신에 "형이상의 차원에서 말하면 충막한 것이 분명 체가 되고 사물의 사이에 발해지는 것이 용이 된다. 만약 형이하의 차원에서 말하면 사물이 체가 되고 그 리의 발현이 용이 된다."고 하셨다.[124]

---

123 본연의 체에는 이미 지묘의 용이 갖추어져 있어서 모든 존재의 생성에 있어 그 소이연으로서의 리를 확인할 수 있다는 것이 '체용일원'에 대한 퇴계의 생각이고, 존재하는 모든 사물은 현상의 장에서 각자에게 구유되어 있는 법칙과 원리를 드러낸다는 것이 '현미무간'에 대한 퇴계의 생각이다.

124 『退溪全書』卷41, 「心無體用辯」: "滉謂, 體用有二. 有就道理而言者, 如沖漠無眹, 而萬象森然已具, 是也. 有就事物而言者, 如舟可行水·車可行陸, 而舟車之行水行陸, 是

이렇게 퇴계는 '도리'와 '사물' 두 차원에서 체용에 관한 논의를 전개하고 있는데, 이때 '도리' 차원의 체와 용으로 거론한 '충막무짐沖漠無朕'과 '만상삼연이구萬象森然已具'는 '리동理動'에 관련된 것이고, '사물' 차원의 체와 용으로 거론한 '주거舟車'와 '행수행륙行水行陸'은 '리현理顯'에 관련된 것이다. 위에서 논의해 왔던 바와 같이, '리동'은 존재의 본원에서 리가 구유되어 있음을 확인하는 개념이고, '리현'은 본원으로부터 구유되어 있는 리가 실제 사물의 현장에서 드러나는 것이기 때문이다. 그렇다면 퇴계의 '리현'은 반드시 복괘에서와 같은 조화의 차원에서만 논의되는 것이 아니라, 이륜·일용으로 대표되는 일상의 차원에서도 당연히 논의될 수 있는 개념임을 알 수 있다.

이쯤에서 한 가지 분명히 해두어야 할 것이 있다. 그것은 '리동'과 '리현'이 이렇게 하나의 맥락을 이루면서 개념적으로 관통되어 있기는 하지만 둘 사이에는 구별점도 있다는 사실이다. 즉, '리동'은 본원(조화)의 차원에서 소이연을 확인하는 데 주안점이 있고, '리현'은 현실(이륜·일용)의 차원에서 소당연을 추구하는 데 주안점이 있다는 점에서 그렇다. 물론 퇴계는 소이연과 소당연을 '리'라는 측면에서 내용적으로 일치시켰다.[125] 하지만 적용범주의 차원에서 보면 소이연으로서의 리와 소당연으로서의 리 사이에는 천리天理와 의리義理만큼의 차이가 있다고 이해했던 것도 사실이다.[126] 그래서 소당연으로서의 리를 논할 때는 반드시 이

也. 故朱子答呂子約書曰, '自形而上者言之, 沖漠者固爲體, 而其發於事物之間者爲之用. 若以形而下者言之, 則事物又爲體, 而其理之發見者爲之用.'

125 윤사순은 소이연 뿐만 아니라 소당연까지도 '리'로 간주하여 일치시키는 퇴계의 입장을 '리일치론(理一致論)'으로 명명하고 이에 관해 상론한 바 있다.(윤사순, 1975, 11~12쪽 참조)

126 우리는 앞에서 '의리(義理)'란 천리(天理)가 인사(人事)에 가장 합당한 방식으로 구현

류이나 일용의 차원에서 진행하였으며, 이를 가리켜 퇴계는 '리의 현실적 차원[實處]'이라고 했다.[127] 그리고 그것은 소이연으로서의 리를 한 층위인 '리의 본원적 차원[源頭]'으로 본 것과 분명하게 구별되었다.[128] 이렇게 리에도 본원적 차원[源頭]에서의 리와 현실적 차원[實處]에서의 리가 있다면, 그리고 이때 전자가 소이연을 가리키고 후자가 소당연을 가리킨다면, 당연히 전자는 '리동'을 통해 확인하고자 했던 것에 해당할 것이고 후자는 '리현'을 통해 추구하고자 했던 것에 해당할 것이다.

이렇게 '리현'은 조화의 차원에서 뿐만 아니라, 모상과 형기를 갖는 모든 기적 존재들의 장에서 그들 각각의 내면에 구유되어 있는 법칙과 원리로서의 리가 구현되는 일체현상을 수렴하는 개념이라 할 수 있다. 이를 사람이라는 존재로 그 범위를 좁히면, '리현'이란 곧 사람에게 구유되어 있는 리인 성性이 그의 삶에 구현됨을 뜻하는 것으로 이해할 수 있다. 그러나 이는 어디까지나 이론적 차원에서 이상적인 상태를 지향하는 논의일 뿐이며, 현실에서도 항상 이렇게 됨을 뜻하는 것은 아니다. 현실에서는 리가 저절로 구현되지 않을 뿐 아니라, 오히려 은폐되는 경우가 많다. 왜냐하면 사람이란 그 자체로 리와 기의 결합체인데다, 기가 용사用事하는 응사접물의 장에서는 자칫 기가 주도권을 행사

된 것을 일컫는 개념이며, 따라서 '의리'는 그 내용에 있어서는 본질적으로 천리와 동일하지만 그 범주에 있어서는 천리가 인사에 구현되는 장에서 사용되는 개념이라고 정리한 바 있다.

127 『鶴峯集』卷5,「退溪先生言行錄」: "夫舟當行水, 車當行陸, 此理也. 舟而行陸, 車而行水, 則非其理也. 君當仁, 臣當敬, 父當慈, 子當孝, 此理也. 君而不仁, 臣而不敬, 父而不慈, 子而不孝, 則非其理也. 凡天下所當行者, 理也, 所不當行者, 非理也. 以此而推之, 則理之實處, 可知也."

128 『退溪全書』上, 卷25 書,「鄭子中與奇明彦論學 有不合 以書來問 考訂前言 以答如左.」: 新安陳氏曰, "所當然之則, 理之實處. 所以然之故, 乃其上一層理之源頭也."

하는 경우가 많기 때문이다.[129] 이런 이유로 리와 기를 구조적 개념으로서 뿐만 아니라 가치적 개념으로 다루는 경향이 강한 퇴계는 '리현'을 심心의 문제에 대입하여 다음과 같이 설명한다.

리와 기로 결합되어 있고, 성(性)과 정(情)을 통섭하는 것이 심(心)이다. 그리므로 감응하고[感] 발동하는[動] 것은 비록 오성(五性)이지만, 그것이 발했을 때 리가 드러나 기가 순종하면[理顯氣順] 선이고, 기가 가려서 리가 은닉되면[氣揜理隱] 악이다.[130]

퇴계는 "심心은 만사萬事의 본원이고, 성性은 만선萬善의 본원"이라고 보았다.[131] 사람의 모든 행위가 결국 '일신一身의 주재'인 심[132]의 작용을 통해 영위되므로 '심은 만사의 본원'이라고 하며, 사람이 행하는 모든 선은 '성즉리性卽理'라는 대전제에 의해 원천적으로 담보되기 때문에 '성은 만선의 본원'이라고 한다. 따라서 사람의 모든 행위가 심에 구유되어 있는 리(성)에 부합할 때 이를 선이라 하고, 이런 점을 감안해 퇴계는 이를 '리현기순理顯氣順'이라는 말로 표현하였다. 이에 반해 기가 용사하는 응사접물의 장에서는 기가 주도권을 행사함으로써 결과적으로 리에 부합하지 않는 행위를 할 때 이를 악이라 하며, 퇴계는 이를 '기엄

---

129 『退溪全書』卷13,「答李達李天機」: "理本其尊無對, 命物而不命於物, 非氣所當勝也. 但氣以成形之後, 卻是氣爲之田地材具, 故凡發用應接, 率多氣爲用事. 氣能順理時, 理自顯, 非氣之弱, 乃順也. 氣若反理時, 理反隱, 非理之弱, 乃勢也."
130 『退溪全書』卷25,「答鄭子中講目」: "蓋合理氣·統性情者, 心也, 故感動者雖是五性, 而其發也, 理顯而氣順則善, 氣揜而理隱則惡耳."
131 『退溪全書』卷16,「答奇明彦」: "心爲萬事之本, 性是萬善之原."
132 『退溪全書』續集 卷8,「天命圖說」: "人之受命于天也, 其四德之理, 以爲一身之主宰者, 心也."

리은氣揜理隱'이라는 말로 표현했다. 그렇다면 인사의 차원에서 '리현'이 란 곧 응사접물의 장에서 기의 제약을 받지 않고 합'리'적으로 행위했 을 때를 가리킨다고 정리할 수 있으며, 이는 다시 천리가 인사에 가장 합당한 방식으로 구현된 것을 '의리'라고 했던 바에 비추어 '의리의 행' 을 실천하는 것이라고 할 수 있다.

도道의 찬란하고 성대함이 가장 뚜렷한 형태로 구체화된 것을 퇴계는 예禮라고 보았고,[133] 그와 같은 예의 구체적 절목들에는 심心에 구유되어 있는 강충지리降衷至理[134]와 동일한 것이 깃들어 있다고 보았다.[135] 또한 퇴계는 응사접물의 장에서 대상事事物物의 리와 주체[心]의 리가 같기 때 문에 심이 본래의 온전한 모습으로 주재하기만 하면 법칙에 맞게 대응 할 수 있다고 보았다.[136] 따라서 심에 구유되어 있는 리가 구체화 된 것 이 곧 예이고, 심 본래의 온전한 모습으로 응사접물을 한다면 그것이 곧 예를 실천하는 것이라 할 수 있다. 그런데 앞에서 우리는 '의리'의 개념 적 좌표는 천리가 인사에 구현되는 장에 설정된다는 사실에 대해 살펴 보았고, 그렇기 때문에 퇴계는 예의 본질로서 '의리'를 매우 중시했다는 점에 대해서도 논의하였다. 그리고 바로 위에서 그러한 '의리'를 실천하 는 것이 곧 인사 차원의 '리현'이라고 정리하였다. 이렇게 퇴계의 예학 사상에서 '예'는 이론적으로 '리현'을 지향한다고 정리할 수 있다.

---

133 『退溪全書』卷35, 「答李宏仲/別紙」: "道之粲煥明盛, 可指而易見者, 莫過於禮."
134 『退溪全書』卷29, 「答金而精」: "人心何以能如許神明乎? 以有降衷至理源源不已故耳."
135 『退溪全書』卷24, 「答鄭子中」: "事親節目, 無非天衷所在, 至理所寓."
136 『退溪全書』卷24, 「答鄭子中」: "應事接物, 事事物物之理, 卽吾心本具之理, 但心爲主 宰, 各隨其則而應之."

2) 예禮의 실천적 수행 - '수기안인修己安人'

유학儒學이 대두하기 훨씬 전부터 의식儀式으로서 시행되어 오던 예禮는, 유학의 대두와 함께 사회제도와 관계규범에 이르기까지 인간의 개인적·사회적 행위 전반을 포괄하게 되었을 뿐 아니라 이론적으로도 중대한 진전을 이루었다. 특히 신유학으로 지칭되는 성리학에 이르러 천리天理와 인사人事의 상관관계 속에 철학적으로 재해석됨으로써 예는 인간의 존재 실현이라는 의미로까지 심화되었다. 이 과정에서 인간을 관계적 또는 사회적 존재의 차원에서 이해하고 '수기안인修己安人'으로 대표되는 실천적 관계윤리를 제시한 본원유학은 '내성외왕內聖外王'과 '천인합일天人合一'을 지향하는 보다 완정한 형태의 학적 체계를 갖춘 성리학으로 진화하였다.[137] 즉, 리기론을 통한 존재의 시원에 대한 본질적 해명과 심성론을 통한 자아에 대한 심층적 이해 그리고 수양론(또는 공부론)을 통한 주체의 이상적 완성은 '수기안인'이라는 유학 본래의 문제의식을 보다 세련되게 설득하고 체계적으로 수행할 수 있도록 해주었다.

이렇게 이론적 차원에서의 변화와 발전에도 불구하고 '수기안인'은 유학의 가장 본질적인 문제의식이자 실천적 과제였으며, 유학 내부의 수많은 이론들은 결과적으로 이를 위한 풍성한 해명과 안내들이라 할 수 있다. '수기안인'이라는 명제는 다음과 같은 공자와 자로의 답문에서 제시되었다.

---

[137] 김형찬은 "학문의 목적을 '내성외왕(內聖外王)'에 두고 이를 '천인합일(天人合一)'의 논리를 통해 설득한 유학의 특징은 크게 '종교적 방식'과 '이지적 방식'에 의해 전개되어 왔는데, 특히 성리학에 이르러 '종교적 방식'보다는 '이지적 방식'이 매우 강화되었다"고 본다.(김형찬, 2007, 4~6쪽) 본문에서 거론한 '학적 체계'란 결국 이와 같은 '이지적 방식'을 학문적으로 체계화한 것을 가리킨다고 할 수 있다.

자로(子路)가 '군자(君子)'에 대해 물었다. 공자(孔子)께서 말씀하셨다. "경(敬)으로 자기를 닦는다.[修己以敬]"(자로가)말했다. "이와 같을 뿐입니까?"(공자께서)말씀하셨다. "자기를 닦아 타인을 편안하게 한다[修己以安人]."(자로가)말했다. "이와 같을 뿐입니까?"(공자께서)말씀하셨다. "자기를 닦아 백성을 편안하게 한다[修己以安百姓]. 자기를 닦아 백성을 편안하게 하는 것은 요순(堯舜)께서도 부족하다고 여기셨다."[138]

군자에 대한 질문을 받고, 공자는 '자기를 닦고'[修己], '타인을 편안하게 하며'[安人], '백성을 편안하게 한다'[安百姓]는 동심원형 파장논리로 답을 하고 있다. 즉, '수기'에 의한 파장이 동심원을 그리듯 '안인'으로 확장되고, 다시 '안백성'에까지 도달하도록 하는 사람이 곧 '군자'라는 설명이다.[139]

그런데 우리는 이 답문을 보면서 한 가지 흥미롭고도 중요한 가정을 해볼 필요가 있다. 그것은 "경敬으로 자기를 닦는다修己以敬"라는 공자의 첫 번째 답을 받고 자로가 "이와 같을 뿐입니까?"라는 반문을 하지 않았다면 어떻게 되었을까 하는 것이다. 당연히 답문은 거기에서 끝났을 것이다. 왜냐하면 공자가 자로의 반문을 예상하고 "타인을 편안하게 한다安人"와 "백성을 편안하게 한다安百姓"를 일부러 보류해두었다고

---

138 『論語』「憲問」: 子路問君子. 子曰, "修己以敬." 曰, "如斯而已乎?" 曰, "修己以安人." 曰, "如斯而已乎?" 曰, "修己以安百姓. 修己以安百姓, 堯舜其猶病諸!"

139 이러한 동심원형 파장논리는 맹자(孟子)의 〈친친(親親)−인민(仁民)−애물(愛物)〉이나(『孟子』「盡心上」: 孟子曰, "君子之於物也, 愛之而弗仁, 於民也, 仁之而弗親. 親親而仁民, 仁民而愛物.") 「대학(大學)」의 〈수신(修身)−제가(齊家)−치국(治國)−평천하(平天下)〉에서도 확인할 수 있다.(『禮記』「大學」: "身脩而后家齊, 家齊而后國治, 國治而后天下平.")

볼 수는 없기 때문이다. 그렇다면 군자에게 '안인安人'과 '안백성安百姓'은 '수기修己'를 동력으로 하는 자연스러운 파장의 결과들일 뿐이며, 따라서 공자는 군자의 가장 중요한 본질이 '수기'에 있음을 가르치려 했을 것이라는 가설을 세워볼 수 있다.

이렇게 '수기'가 군자의 가장 본질적인 요소라 한다면, 그와 같은 수기를 '경敬'을 통해 수행한다는 것은修己以敬 어떤 의미로 이해할 수 있을까? 『논어論語』에는 '경'과 관련한 몇 가지 용례가 등장한다. 우선 '경'은 부모父母를 섬기는 도리라든가[140] 임금君上을 섬기는 도리로서 제시되는가 하면,[141] 일반적인 교제의 도리로도 언급되고 있다.[142] 또한 '경'은 자신이 맡은 일을 집행하는 자세나,[143] 귀신을 대하는 태도 또는 제사에 임하는 태도로서 제시되는 경우도 있다.[144] 그리고 예를 거행할 때 취해야 할 자세로서도 '경'은 언급되고 있다.[145]

'경敬'이라는 이름으로 제시된 이러한 용례들에 근거하여 '경'의 의미를 종합적으로 유추해보면 다음과 같다. 첫째, 부모나 임금에 대한 도리는 물론 타인과의 교제에서 요구되는 도리까지 포함한 것으로 볼 때, '경'에는 존경과 배려의 의미가 담겨 있음을 알 수 있다. 둘째, 일을 집행

---

140 『論語』「爲政」: 子游問孝. 子曰, "今之孝者, 是謂能養. 至於犬馬, 皆能有養, 不敬, 何以別乎?";「里仁」: 子曰, "事父母幾諫, 見志不從, 又敬不違, 勞而不怨."

141 『論語』「公冶長」: "其事上也敬.";「子路」: "上好禮, 則民莫敢不敬.";「衛靈公」: "不莊以涖之, 則民不敬.";「衛靈公」: 子曰, "事君, 敬其事而後其食."

142 『論語』「公冶長」: 子曰, "晏平仲善與人交, 久而敬之."

143 『論語』「學而」: 子曰: "道千乘之國, 敬事而信, 節用而愛人, 使民以時.";「子路」: 樊遲問仁. 子曰, "居處恭, 執事敬, 與人忠. 雖之夷狄, 不可棄也.";「季氏」: 孔子曰, "君子有九思, (…중략…) 事思敬, ……"

144 『論語』「雍也」: 樊遲問知. 子曰, "務民之義, 敬鬼神而遠之, 可謂知矣.";「子張」: 子張曰, "士見危致命, 見得思義, 祭思敬, 喪思哀, 其可已矣."

145 『論語』「八佾」: 子曰, "居上不寬, 爲禮不敬, 臨喪不哀, 吾何以觀之哉?"

하거나 제사에서 귀신을 대하는 데서 요구되는 자세라는 측면에서 볼 때, '경'은 신중과 경외의 의미도 함께 내포하고 있다. 이러한 유추를 통해 우리는 '경'이 예禮와 매우 긴밀한 친연성을 갖는 덕목임을 알 수 있다.[146] 그렇기 때문에 공자는 포괄적 차원에서 예를 거행하는 태도로 '경'을 언급하였을 것으로 추측된다. 이와 같은 '경'의 의미를 수기의 방도라는 점에 적용해 보면, 그것은 공자가 '극기복례克己復禮'를 언급한 의미맥락에 관통되어 있으며, 그것은 다시 주례周禮의 정신에서 중시되었던 '경덕敬德'에 연원을 둔 것으로 짐작된다.[147]

'수기안인'의 논리는 성리학에 오면 '수신·제가·치국·평천하'로 상징되는 「대학」의 팔조목에 대입되어 구체화되는데, 특히 「대학」에서는, 공자가 수기修己를 중시했던 것과 마찬가지로, "천자부터 서인까지 모두가 '수신修身'으로 근본을 삼는다"[148]는 점을 분명히 한다. 여기에서 우리의 주목을 끄는 것은 성리학에서도 역시 '경敬'을 그 핵심에 놓고 이 문제를 설명한다는 사실이다. 다음 주자의 설명이 이를 잘 보여준다.

---

146 '경(敬)'이 요구되는 대상들이 기본적으로 예(禮)의 주요한 대상들이라는 점. 따라서 '경'이 내포한 의미가 예에서 요구하는 것과 일치한다는 점에서 그렇다.

147 '경덕(敬德)', '극기복례(克己復禮)' 그리고 '수기안인(修己安人)'과 관련해서는, 제1장 1절 「공자의 '의(義)' 중심 예관(禮觀)」 참조. 다만, 여기에서 말하는 '경'이 아직 성리학의 수양론에서 제시한 것과 같은 구체적인 공부법일 리 없음은 물론이다. 하지만 성리학의 수양론에서 가장 중시한 공부법이 '경'이라는 이름으로 제시되었던 것 역시 우연일 리 없음도 당연하다. 그렇다면, 좀 더 면밀한 논증과정을 통해 보강되어야 하겠지만, 성리학의 수양론에서 제시한 '경' 공부가 '수기이경(修己以敬)'의 전통에 그 시원을 두고 발전적으로 정리되었으며, 그 근저에는 '예(禮)'가 자리하고 있을 것이라는 추측도 무리는 아닐 것이다.

148 『禮記』「大學」: "自天子以至於庶人, 壹是皆以修身爲本."

'경(敬)'이란 일심(一心)의 주재이고 만사(萬事)의 근본이다. ······ 대개 이 심이 이미 세워지고 나면, 이로 말미암아 대상에 이르러[格物] 앎을 지극히 하여[致知] 사물의 리理를 극진히 하게 되는데, 그것이 이른바 '덕성을 높이고 학문을 말미암는다[尊德性而道問學](『중용』)'이다. 이로 말미암아 의를 진실되게 하고[誠意] 심을 바르게 하여[正心] 그 몸을 닦게 되는데[修身], 그것이 이른바 '먼저 그 큰 것을 세워두면 작은 것이 빼앗지 못한다[先立其大者而小者不能奪]'(『맹자』)이다. 이로 말미암아 집안을 가지런히 하고[齊家] 나라를 잘 다스려[治國] 천하에까지 미치게 되는데[平天下], 그것이 이른바 '자기를 닦아 백성을 편안하게 한다[修己以安百姓]'(『논어』)이며, '공손을 독실이 함에 천하가 균평해진다[篤恭而天下平]'(『중용』)이다. 이 모두가 하루라도 경에서 떠난 적이 없다. 그렇다면 '경'이라는 글자 하나가 어찌 성학(聖學)의 시작과 끝의 요체가 아니겠는가![149]

　주자는 심心이 주재성을 확보한 상태에 의해서만 「대학」의 팔조목이 단계적으로 수행될 수 있으며, 그와 같은 심의 주재성을 확보하도록 하는 방법이 바로 '경敬'이라는 점을 밝히고 있다. 여기에서 확인할 수 있는 것처럼 성리학에서 수신의 문제는 '심'의 주재성 확보의 문제로 집중되고, 따라서 '수기'의 방법으로 제시되었던 '경' 역시 심의 주재성을 확보하는 방법으로 재해석된다. '수기'가 '안인·안백성'의 동력이라고 할 때, 그것을 가능하게 하는 것이 심이고, 그러한 심의 주재성을 확보

---

[149] 『大學或問』「經一章」: "敬者, 一心之主宰, 而萬事之本根也. (···중략···) 蓋此心旣立, 由是格物致知以盡事物之理, 則所謂尊德性而道問; 由是誠意正心以修其身, 則所謂先立其大者而小者不能; 由是齊家治國以及乎天下, 則所謂修己以安百姓, 篤恭而天下平. 是皆未始一日而離乎敬也. 然則敬之一字, 豈非聖學始終之要也哉!"

하도록 하는 것이 '경'이기에 '일심의 주재'이며 '성학의 시작과 끝의 요체'라고 말하게 되는 것이다. 주자가 유학에서 말하는 정치적 이상인 '무위지치無爲之治'에 대해 '실제로 아무 일도 하지 않는 것이 아니라 이른바 '공기恭己'나 '정기正己' 또는 '독공篤恭'을 동력으로 하는 자연스러운 귀결'이라고 확신하면서, 천하가 다스려지지 않는 이유는 '독실한 공손과, 극진한 공경[篤恭盡敬]'을 하지 못한 때문이라고 진단한 것도 이러한 논리에 따른 해석이다.[150]

이렇게 성리학에서는 '수기안인'에서 '수기'에 더욱 비중을 두는 한편, 이를 '경'공부에 의한 심의 수양문제로 집중시켰다. 특히 심의 양태를 도심道心과 인심人心으로 구분하면서 그것을 리기론에 입각한 성명性命(즉'天理')과 형기形氣(즉'人欲')에 연계해 설명하는가 하면,[151] 심의 상황을 미발未發(=靜)과 이발已發(=動)로 나눈 다음 각각의 상황에 필요한 공부법으로 존양存養 또는 함양涵養과 성찰省察 또는 찰식察識을 제시하기도 한다.[152] 이는 전에 없이 정합적인 개념들과 체계적인 이론 틀을 동원하

---

150 『朱子語類』卷23 : "聖人所謂無爲者, 未嘗不爲, 依舊是'恭己正南面而已矣', 是'己正而物正', '篤恭而天下平'也. 後世天下不治者, 皆是不能篤恭盡敬. 若能盡其恭敬, 則視必明, 聽必聰, 而天下之事豈有不理!" / 특히 위의 인용문에서 확인할 수 있는 것처럼 '자신을 닦아 백성을 편안하게 하다[修己以安百姓]'와 '공손을 독실하게만 하는데도 천하가 균평해진다[篤恭而天下平]'를 동일하게 보고 있는 주자는, 『중용』에서 "드러나지 않는 덕(德)이여! 모든 임금들이 본을 삼는다(不顯惟德! 百辟其刑之.)"는 『시경(詩經)』의 시구를 "공손을 독실하게만 하는데도 천하가 균평해진다[篤恭而天下平]"라는 말로 해석한 데 대해, 다음과 같이 '경'의 측면에서 재해석하였다. "篤, 厚也. 篤恭, 言不顯其敬也. 篤恭而天下平, 乃聖人至德淵微, 自然之應, 中庸之極功也."(『中庸章句』, 33章)

151 이와 관련하여 퇴계는 다음과 같이 말한다. "大抵心學雖多端, 總要而言之, 不過遏人欲存天理兩事而已. (…중략…) 凡遏人欲事, 當屬人心一邊, 存天理事, 當屬道心一邊, 可也."(『退溪全書』卷37, 「答李平叔」)

152 이와 관련하여 퇴계는 다음과 같이 말한다. "君子之學, 當此心未發之時, 必主於敬而加存養工夫. 當此心已發之際, 亦必主於敬而加省察工夫. 此敬學之所以成始成終而通貫體用者也."(『退溪全書』續集卷8, 「天命圖說[圖與序見文集]」)

여 '수기'의 이유와 방도에 대해 논증하고 설득하는 성리학의 완정한 학적 체계를 보여준다.

퇴계 역시 이러한 성리학의 학적 체계 내에서 누구보다도 '경'을 중시했음은 주지의 사실이다.[153] 다만, 퇴계는 이러한 '학'이 궁극적으로는 자신의 심心이 리理와 합일하는 '심여리일心與理一'의 경지를 추구하는 것이며,[154] 그것을 가능하도록 하는 핵심은 예禮에 따른 실천적 수행에 있음을 다음과 같이 설명한다.

> 묵묵히 노력을 기울이고 앞을 향해 가기를 마지않아, 익힘[習]을 쌓은 지 오래오래 되어 순숙(純熟)한 경지에 이르게 되면, 자연히 심은 리와 하나가 될 것이며[心與理一], 붙잡으려 할 때마다 잃게 되는 병통이 없어질 것이다. 정자께서 "배움[學]은 익힘[習]을 귀하게 여기나니, 익혀서 전일(專一)해졌을 때라야 비로소 좋다"고 하신 것이나, "정제엄숙(整齊嚴肅)하면 심이 전일해지고, 전일해지면 자연히 그릇됨과 치우침의 간섭이 없어진다"고 하신 것은 바로 이것을 두고 하는 말이다. 그러나 익힘[習]의 방법은 마땅히 안자(顏子)의 "예가 아니면 보지도, 듣지도, 말하지도, 움직이지도 말라"와 증자(曾子)의 "용모(容貌)를 움직이고, 안색(顏色)을 바르게

---

153 퇴계의 '경(敬)'에 관한 기존의 연구는 양적으로 매우 많을 뿐 아니라, 질적으로도 다양하고 폭넓은 측면에서 진행되었다. 따라서 여기에서는 '경' 공부의 구체적인 내용에 대해서는 더 이상 상론하지 않는다.

154 '심여리일(心與理一)'은 퇴계 수양론의 궁극적 목표라고 할 수 있다. 왜냐하면 '심여리일'은 첫째 심(心)에서 정(靜 : 體, 性)의 상황이 동(動 : 用, 情)의 상황에까지 소통됨을 보여주기 때문이고, 둘째 응사접물(應事接物)에서 응접의 주체인 심이 그 대상인 사물에 대해 주재성을 견지함을 보여주기 때문이다. 따라서 이 '심여리일'은 결국 사람에게 있어서 '리현(理顯)'의 완성을 가능하게 해주는 절대조건이라고 할 수 있다.(이에 관한 자세한 설명은 한재훈, 2005 참조)

하고, 사기(辭氣)를 내보내는 상황에서 공부를 했던 것"처럼 해야 한다. 그렇게 하면 거의 의거할 데가 있어서 힘이 되기 쉬울 것이며, 참다움이 쌓이고 힘씀이 오래되어 얻음이 있게 되는 순간에 이르게 된 다음에야 (안자의) "석 달 동안 인에서 어긋나지 않는다[三月不違仁]"와 (증자의) "하나로 관통한다[一以貫之]"의 의미에 대해 논의할 수 있을 것이다.[155]

안연顔淵이 순舜임금처럼 되기를 희구했듯,[156] 염계濂溪가 "선비는 현인을 희구하고, 현인은 성인을 희구하며, 성인은 하늘을 희구한다"고 했듯,[157] 퇴계 역시 "책속에서 성현을 마주할 때마다, 말씀하신 모든 것이 자신의 일"이라고 여겼고,[158] "그 말씀을 몰랐다면 모를까, 알고서야 어찌 힘쓰지 않겠느냐"고 다짐하였다.[159] 따라서 석 달 동안 인仁에서 어긋나지 않을 수 있었던 안연의 경지나,[160] 공자가 자신의 도道를 '일이관지一以貫之'라는 심오한 말로 표현했을 때 그 의미를 얼른 알아듣고 이를 설명할 수 있었던 증자의 경지는[161] 퇴계 자신을 포함한 모든 학자들이 도달해야 할 곳임에 틀림없었다. 더 나아가 '심여리일'의 실

---

155 『退溪全書』卷16, 「答鄭子中別紙」: "能默默加工, 向前不已, 積習久久, 至於純熟, 則自然心與理一, 而無隨捉隨失之病矣. 程子曰, '學貴於習, 習能專一時方好.' 又曰, '整齊嚴肅, 則心便一, 一則自無非僻之干.'者 正謂此也. 然其習之之方, 當如顔子非禮勿視聽言動, 曾子動容貌·正顔色·出辭氣處做工夫, 則庶有據依而易爲力, 至於眞積力久而有得焉, 然後三月不違仁, 及一以貫之之旨, 可得而議."
156 『孟子』 「滕文公上」: 顔淵曰, "舜何人也, 予何人也? 有爲者亦若是."
157 『通書』 「志學第十」: "聖希天, 賢希聖, 士希賢."
158 『退溪全書』卷5 續內集, 「金愼仲挹淸亭十二詠」, '讀書': "卷中對聖賢, 所言皆吾事."
159 『退溪全書』卷2, 「十八日朝晴 感興」: "卓哉古聖賢, 其言皦如日. 不知者已矣, 知之胡不勖."
160 『論語』 「雍也」: 子曰, "回也, 其心三月不違仁, 其餘則日月至焉而已矣."
161 『論語』 「里仁」: 子曰, "參乎! 吾道一以貫之." 曾子曰, "唯." 子出, 門人問曰, "何謂也?" 曾子曰, "夫子之道, 忠恕而已矣."

증이라 할 수 있는 공자의 '마음 가는대로 따르더라도 법도를 넘지 않는'[162] 경지[163] 역시 궁극적으로 지향해야 할 목표임은 당연하다.

　그러나 문제는 그와 같은 목표를 성취할 수 있도록 이끌어줄 방법이었다. 퇴계는 그 방법을 '익힘'[習]에서 찾았다. 퇴계가 주목한 '익힘'은 다음 두 가지를 경계한다. 첫째, 그것은 이론적인 탐색과 이해만으로 성취될 수 있을 것이라는 편벽성을 경계한다.[164] 둘째, 그것은 마음에 직접 달려들어 결과를 내려는 성급함을 경계한다.[165] 결국 '익힘'을 통해 퇴계가 강조하고자 했던 것은 '몸'으로 하여금 충분한 시간에 의한 체험적 숙성을 갖게 하는 것이었다.[166] 그렇다면 이제 문제는 '몸'이 무엇을 준거로 삼아 '익힘'을 진행할 것인가 하는 점이다. 퇴계는 그것을 '예禮'라고 보았다. 시視·청聽·언言·동動에 관한 안자顔子의 '사물四勿'[167]은 물론, 용모容貌·안색顔色·사기辭氣에 관한 증자曾子의 '삼귀三貴'[168] 역

---

162 『論語』「爲政」: "七十, 而從心所欲, 不踰矩."
163 『退溪全書』卷7, 「聖學十圖, 第八心學圖」: "至於'從心', 則心即體欲即用, 體即道用即義, 聲爲律而身爲度, 可以見不思而得, 不勉而中矣."
164 『退溪全書』卷7, 「進聖學十圖劄幷圖」: "孔子曰, '學而不思則罔, 思而不學則殆.' 學也者, 習其事而眞踐履之謂也. 蓋聖門之學, 不求諸心, 則昏而無得, 故必思以通其微. 不習其事, 則危而不安, 故必學以踐其實. 思與學, 交相發而互相益也."
165 『退溪全書』卷38, 「答趙起伯大學問目」: "不就容貌辭氣動作衣冠上, 做持敬工夫, 亦無捉摸心神處矣."; 卷16, 「答奇明彦」: "三省·三貴·四勿之類, 皆就應接處言之, 是亦養本原之意也. 苟不如是, 而一以心地工夫爲主, 則鮮不墮於釋氏之見矣."
166 이러한 공부법은, '의리(義理)'를 획득하기 위해서는 '구원공부(久遠工夫)'를 통한 '진적력구(眞積力久)'가 필요하다고 했던 것과 일맥상통한다.(『退溪全書』卷14, 「答南時甫張甫[彦紀]○甲子」: "義理淵深微奧, 學者用意未深, 用工未熟, 猝難得入處多矣, 要當把此作久遠功夫, 到眞積力久.")
167 『論語』「顏淵」: 顏淵問仁. 子曰 "克己復禮爲仁. 一日克己復禮, 天下歸仁焉. 爲仁由己, 而由人乎哉?" 顏淵曰: "請問其目." 子曰: "非禮勿視, 非禮勿聽, 非禮勿言, 非禮勿動." 顏淵曰: "回雖不敏, 請事斯語矣."
168 『論語』「泰伯」: 曾子有疾, 孟敬子問之. 曾子言曰, "鳥之將死, 其鳴也哀, 人之將死, 其言也善. 君子所貴乎道者三, 動容貌, 斯遠暴慢矣, 正顏色, 斯近信矣, 出辭氣, 斯遠鄙倍矣. 籩豆之事, 則有司存." / 증자가 언급한 세 가지에 대해 『예기』에서는 '예의(禮義)'

시 예에 준거를 둔 몸의 실천적 수행에 관한 것이다.[169] 이렇게 퇴계는 몸으로 하여금 예를 준거로 삼아 체험적 숙성을 이루게 함으로써 '심여리일'이 가능하게 되고, 이를 통해 안자와 증자 그리고 공자의 경지에까지 도달할 수 있다고 보았다.

'수기안인修己安人'이라는 유학의 근본적인 문제의식은, 공자 이래로 '안인安人·안백성安百姓'으로 나아갈 수 있는 동력을 구축한다는 측면에서 '수기修己'에 보다 중점을 두었고, 이와 같은 '수기'의 방법으로 '경敬'에 주목하였다. 그러나 이때 '경'이라는 이름으로 요구된 실질적 내용은 '예'와 다르지 않았다. 성리학에 이르러서도 이와 같은 기본적 구도는 견지하되 이론적 차원에서 보다 정교한 체계를 통해 이를 설명하였다. 특히 '수기'의 문제를 '심心의 주재성 확립'이라는 측면에 집중하였고, 따라서 '경'이라는 이름으로 행해진 공부법 역시 '심'에 주된 초점을 맞추게 되었다. 그러나 퇴계는 '수기'의 목표를 '심의 주재성 확립'에 두는 것에는 동의하면서도, 그것이 자칫 '심'에만 매몰되는 공허한 공부로 타락할 수 있음을 경계하면서[170] 다시 '예'를 준거로 하는 몸의 실천적 수행을 강조하였다. 여기에서 우리는, 올바른 '경'공부에 의해 심의 주재성을 확보하고 이를 통해 응사접물의 장에서 '심여리일心與理一'에 의한 '리현理顯'을 성취하는, 이른바 '학의 구현'을 '예'의 실천적 수행으로부터 시작하려는 퇴계의 의도를 읽을 수 있다.

가 시작되는 지점으로 설명하고 있다.(『禮記』「冠義」: "凡人之所以爲人者, 禮義也. 禮義之始, 在於正容體, 齊顏色, 順辭令. 容體正, 顏色齊, 辭令順, 而后禮義備.")

169 『退溪全書』卷29,「答金而精」: "聞之, 古人欲存無形影之心, 必自其有形影可據守處加工, 顏曾之四勿三貴是也."; 卷31,「答禹景善性傳問目○甲子/別紙」: "觀顏子四勿·曾子三貴, 從視聽言動容貌辭氣上做工夫, 所謂制於外, 所以養其中也."

170 『退溪全書』卷38,「答趙起伯大學問目」: "一以心地工夫爲主, 則鮮不墮於釋氏之見矣."

이와 같이 '수기안인'이라는 본질적 문제의식에 있어서 유학이 비록 '수기'에 더욱 주안점을 둔 것은 사실이지만, 동심원형 파장의 논리가 상징하는 것처럼 '수기'는 '안인·안백성'으로의 확장을 위해 필요한 동력이라는 점도 간과할 수 없다. 즉, '수기'만으로 유학의 문제의식이 해결되지 않으며, 반드시 그것을 바탕으로 하여 '안인·안백성'으로 확장되었을 때 비로소 완성된다는 것이다. 그것은 위에서 든 공자와 자로의 답문에서 공자가 "자기를 닦아 백성을 편안하게 하는 것은 요순堯舜께서도 부족하다고 여기셨다"[171]고 마무리하고 있는 데서도 확인할 수 있으며, 「대학」에서 비록 '수신'을 근본으로 삼고는 있지만 그것은 어디까지나 제가·치국·평천하로 나아가기 위한 과정에서의 급선무를 논한 것일 뿐 '수신'이 곧 완성이라는 뜻은 아니다.[172]

'수기'와 '안인·안백성'의 관계는 「대학」의 '명명덕明明德'과 '친민親民'의 관계에 빗대어 볼 수 있다. 「대학」에서는 '명명덕'과 관련이 있는 고전들을 인용하면서 "그 모든 것이 스스로를 밝히는 것"이라고 설명함으로써 '명명덕'이 '수기'와 관련한 것임을 분명히 한다.[173] 한편 '친민'은 뒤에 '치국·평천하'를 논하는 곳에서 "갓난아이 보호하듯 하라[如保赤子]"거나 "백성들이 좋아하는 것을 좋아하고 백성들이 미워하는 것을 미워하는 것이 백성의 부모[民之父母]"라는 말 등에서 알 수 있는 것처럼,[174] '어버이의 마음으로 백성들을 친애하는 것'으로 이해된다. 따

---

171 『論語』「憲問」: "修己以安百姓, 堯舜其猶病諸!"
172 『禮記』「大學」: "物有本末, 事有終始, 知所先後, 則近道矣. 古之欲明明德於天下者先治其國, 欲治其國者先齊其家, 欲齊其家者先修其身, (…중략…) 自天子以至於庶人, 壹是皆以修身爲本. 其本亂, 而末治者, 否矣, 其所厚者薄, 而其所薄者厚, 未之有也."
173 『禮記』「大學」: "「康誥」曰, '克明德', 「太甲」曰, '顧諟天之明命', 「帝典」曰, '克明峻德', 皆自明也."

라서 '친민'은 곧 '안백성'이 지향하는 바를 보여준다고 할 수 있다.[175]
이러한 측면에서 볼 때, 끊임없는 자기 수양에 바탕을 두고 어버이의
마음으로 백성들을 친애하는 방향에서 모든 일에 대해 지선至善을 추구
하는 데 '대학의 도'가 있다는 「대학」의 언설은[176] '수기'와 '안인·안백
성'의 연관관계를 제시해주기에 충분하다.[177]

그런데 이와 같은 의미를 담고 있는 '친민親民'이 성리학에 오게 되면
'신민新民'으로 수정되어 새롭게 해석된다. 이 견해는 정자가 처음 제기
했고, 주자가 이를 『대학장구』에 반영한 이후 보편화되었다.[178] 주자는

---

174 『禮記』「大學」: "「康誥」曰, '如保赤子', 心誠求之, 雖不中, 不遠矣, 未有學養子而后嫁
者也. (…중략…)『詩』云, "樂只君子民之父母', 民之所好好之, 民之所惡惡之, 此之謂民
之父母."

175 '친민(親民)'을 '신민(新民)'으로 수정한 정(程)·주(朱)의 견해에 반대하면서, "'수기
(修己)'는 곧 '명명덕(明明德)'이고, '안백성(安百姓)'은 곧 '친민(親民)'이다'라고 한
양명(陽明) 왕수인(王守仁)의 견해는 이런 점에서 참고할 만하다.(『陽明集』卷1, 『傳
習錄』上: "下面治國平天下處, 皆於新字無發明, 如云'君子賢其賢而親其親, 小人樂其
樂而利其利', '如保赤子', '民之所好好之, 民之所惡惡之, 此之謂民之父母'之類, 皆是
親字意. 親民, 猶孟子'親親仁民'之謂, 親之即仁之也. 百姓不親, 舜使契爲司徒, 敬敷五
教, 所以親之也. 「堯典」'克明峻德', 便是明明德, '以親九族, 至平章協和', 便是親民, 便
是明明德於天下. 又如孔子言'修已以安百姓', '修已'便是'明明德', '安百姓'便是'親民',
說'親民'便是兼教養意, 說'新民'便覺偏了.") 다만, 양명의 이와 같은 견해 역시 자신의
철학적 논리 위에서 설명한 것일 뿐이며, 따라서 『예기』「대학」의 본의와는 무관한 것일
수 있다는 점에서는 정(程)·주(朱)의 그것과 마찬가지다.(『陽明集』卷26, 「大學問」:
"'明明德'者, 立其天地萬物一體之體也, '親民'者, 達其天地萬物一體之用也. 故'明明
德'必在於'親民', 而'親民'乃所以明其明德也.")

176 이 부분과 관련해서는 송(宋)·명(明)의 리학(理學)이 내놓은 해석보다 그 이전의 해석
이 본의에 더 가까울지 모르겠다. 공영달(孔穎達)은 「대학」의 첫 구절인 "大學之道, 在
明明德, 在親民, 在止於至善."에 대해 다음과 같이 해석하고 있다. "大學之道, 在於明明
德, 在於親民, 在止於至善, 積而行, 則近於道也. '在明明德'者, 言大學之道在於章明
己之光明之德, 謂身有明德而更張顯之, 此其一也. '在親民'者, 言大學之道在於親愛於
民, 是其二也. '在止於至善'者, 言大學之道在止處於至善之行, 此其三也. 言大學之道,
在於此三事矣."(『禮記注疏』卷60, 「大學」)

177 특히 '명덕(明德)'은 '경덕(敬德)'과 밀접하게 연계되어 있는 것으로 역시 주례(周禮)
가 지향하는 정신에서 중요한 역할을 담당한다. 이에 관해서는 제1장 1절 「공자의 '의
(義)' 중심 예관(禮觀)」에서 상술했다.

자신이 정자의 견해를 수용하여 '친민'을 '신민'으로 수정한 것은 전문傳文에 근거한 것으로 매우 타당한 견해라는 점을 강조한다.[179] 주자가 말하는 전문이란, 자신이 『대학장구』를 1장의 경經과 10장의 전傳 체제로 재구성한 데 따른 것으로, 전의 두 번째 장인 「석신민장釋新民章」을 가리킨다. 그러나 그가 언급한 전2장의 내용만 가지고는 '친민'을 '신민'으로 수정하는 무리를 감행해야 한 만큼의 결정적인 근거를 찾기는 어렵다.[180] 따라서 우리는 주자가 이와 같은 무리한 수정을 감행한 의도에 주목하게 된다. 그의 의도는 '신민'에 대한 그의 해석에서 찾을 수 있다.

이미 자기의 명덕(明德)을 밝혔다면, 마땅히 타인에게 미루어가서 그들도 역시 저마다 예전에 물들었던 더러움을 제거할 수 있도록 해주어야 한다.[181]

---

178 『大學章句』「經1章」: 程子曰, "親, 當作新."

179 『大學或問』「經1章」: 曰, "程子之改親爲新也, 何所據? 子之從之, 又何所考而必其然耶? 且以己意輕改經文, 恐非傳疑之義, 奈何?"曰, "若無所考而輒改之, 則誠若吾子之譏矣, 今'親民'云者, 以文義推之則無理, '新民'云者, 以傳文考之則有據."

180 주자가『대학장구』의 전2장으로 분류한 내용은 다음과 같다. "湯之盤銘曰, '苟日新, 日日新, 又日新.'「康誥」曰, '作新民.'『詩』曰, '周雖舊邦, 其命維新.' 是故, 君子無所不用其極."(『大學章句』「經1章」) 여기에서는 세 개의 내용을 인용하고 있는데, 두 번째로 인용한「강고」의 말 속에 '신민(新民)'이라는 말이 등장하고는 있지만, 탕의 반명에 등장하는 '새로움'은 임금 스스로 자기를 닦아 새로워지려는 의지를 표명한 것이고, 『시경』에서 인용한 내용의 '새로움'은 임금이 덕을 닦아 새로운 천명을 받게 됨을 보여주고 있다. 따라서 주자가 '신민'이라는 말에서 담아내고자 하는 내용을 이들 인용문에서 유추할 수 있다는 주장은 다소 무리인 듯 보인다. 그나마 가장 기대할 만한 두 번째 인용문에 등장하는 '신민'도 문제를 시원하게 해결해주지 못한다는 점에서는 마찬가지이다. 예컨대 양명은 '작신민(作新民)'의 '신(新)'과 주자가 말하는 '재신민(在新民)'의 '신(新)'은 내용이 달라서 근거가 될 수 없다고 비판한다.(『陽明集』卷1, 『傳習錄』上 : 愛問, "'在親民', 朱子謂, '當作新民', 後章'作新民'之文似亦有據, 先生以爲宜從舊本作親民, 亦有所據否?"先生曰, "'作新民'之新, 是自新之民, 與'在新民'之新不同, 此豈足爲據?")

181 『大學章句』「經2章」: "旣自明其明德, 又當推以及人, 使之亦有以去其舊染之汚也."

주자의 '신민'에 대한 새로운 해석에서 우리가 주목해야 할 부분은 그가 '신민'의 대상을 '백성[民]'이 아닌 '타인[人]'으로 해석하고 있다는 점이다. 「대학」에서 '친민'을 이야기했을 때 그 대상은 '백성'이었다. 그리고 '백성'을 대상으로 하는 '친민'의 주체는 '임금[君]'이다. 그런 의미에서 '친민'이라는 말에는 이미 '임금'과 '백성'이라는 수직적 관계가 전제되어 있으며, 따라서 「대학」에 등장하는 요堯·순舜이나 탕湯 또는 문왕文王이 보여준 '친민'을 본받아 실천해야 하는 주체 역시 '임금'이어야 했다. 하지만 '친민'이 '신민'으로 바뀌고 그 대상 또한 '백성'이 아닌 '타인'으로 재설정되면 많은 것이 달라진다. '타인'의 상대어는 '자기[己]'이며, '자기'와 '타인'의 관계는 수평적이다. 이 수평적 관계가 의미하는 바는 '사람'이라는 존재적 동질성 차원에서 '자기'와 '타인'의 관계를 조망할 수 있다는 것이며, 이는 '임금'과 '백성'의 수직적 관계가 '신분'이라는 계급적 차별성 차원에서 그 관계를 조망하는 것과 근본적인 차이를 갖는다. 즉, 계급적 차별성을 전제로 하는 '친민'은 윗사람이 아랫사람에 대한 '시혜施惠'의 의미를 담고 있지만, 존재적 동질성을 전제로 하는 '신인新人'은 먼저 깨달은 자가 아직 깨닫지 못한 자에 대한 '제도濟度'의 의미를 담고 있다. 그래서 주자는 다음과 같이 설명한다.

이른바 명덕(明德)이라는 것이 사람들마다 다 함께 획득한 것이요 나만 가지고 있는 것이 아니다. 예전에 다 같이 물욕에 가려져 있을 때에는 현우(賢愚)의 구분에 큰 차이가 없었지만, 이제 나는 이미 다행히도 스스로 (명덕[明德]을) 밝힐 수 있게 된 상황에서, 다 함께 얻은 그것[明德]을 저 많은 사람들이 스스로 밝히지 못한 채 낮고 더럽고 구질하고 천한 속으로 기꺼이 미혹되고 빠져들면서도 알아차리지 못하는 모습을 볼 때, 어찌 측은한 마음으로 그들을 구제할 방법을 생각하지 않겠는가? 그러므로 반드시 내가 스스로 밝혔던 그것을 미루어 미쳐가되 제가(齊家)에서 시작해 치국(治國)을 거쳐 마침내 평천하(平天下)에까지 미쳐서, 명덕을 가지고 있으면서도 스스로 밝히지 못하는 저들로 하여금 예전에 물들었던 더러움을 제거하도록 해주는 것 이것이 곧 이른바 '신민(新民)'이다.[182]

주자는 고인古人들이 수행했던 '학學'의 방도와 방향이 『대학』에 제시되어 있다고 보았고,[183] 따라서 그 내용은 '학'의 줄거리[綱目]이자 틀[間架]에 해당하며 다른 경전들은 결국 이 『대학』이 제공하는 줄거리와 틀에 대한 부연이라고 보았다.[184] 이는 주자가 『대학』을 철저하게 '학'의 차원에서 접근했음을 보여주는 단적인 예이다. 명덕을 공유한 존재적 동질성의 차원에서, 학을 통해 그 명덕을 되밝힌[明明德] '자기'가 그렇지 못한 '타인'에 대해 '측은함'을 느끼면서 이른바 '제도'를 당위로서 자각하고 이를 실천하는 것이 곧 주자가 설명하는 '신민'이다. '친민'이 이와 같은 의미의 '신민'으로 재해석됨으로써 이제 '임금'의 '백성'에

---

182 『大學或問』「經1章」: "其所謂明德者, 又人人之所同得, 而非有我之得私也. 向也, 俱爲物欲之所蔽, 則其賢愚之分, 固無以大相遠也, 今吾旣幸有以自明矣, 則視彼衆人之同得乎此而不能自明者方且甘心迷惑沒溺於卑汚苟賤之中而不自知也, 豈不爲之惻然, 而思有以救之哉? 故必推吾之所自明者以及之, 始於齊家, 中於治國, 而終及於平天下, 使彼有是明德, 而不能自明者, 亦皆有以自明, 而去其舊染之汚焉, 是則所謂新民者."
183 『大學章句』「讀大學法」: "惟『大學』是曾子述孔子說古人爲學之大方, 而門人又傳述以明其旨, 前後相因, 體統都具, 玩味此書, 知得古人爲學所向."
184 『大學章句』「讀大學法」: "『大學』是爲學綱目, 先讀『大學』, 立定綱領, 他書皆雜說在裏許. 通得『大學』了, 去看他經, 方見得此是格物致知事, 此是誠意正心事, 此是修身事, 此是齊家治國平天下事." ○ "今且熟讀『大學』, 作間架, 却以他書塡補去."

대한 역할도 과거와 같은 '시혜'적 측면에서가 아니라 '제도'적 측면으로 재규정되기에 이른다.[185] 주자가 무리를 감수하고 '친민'을 '신민'으로 수정하고자 한 데는 이렇게 신유학이 지향했던 '학'의 사회적 구현이라는 의도가 내재되어 있었던 것이다. 퇴계 역시 '명명덕'과 '신민'의 관계를 '학'을 매개로 한 파장의 논리로 이해하고 있었다.[186]

이와 같이 성리학에서는 '학'에 의한 '자신自新'(明明德)과 '신인新人'(新民)을 필연적 당위로서 자각하였으며, 이를 통해 '수기안인'이라는 유학의 본래적 문제의식에 답할 수 있다고 보았다. '친민'이 아닌 '신인'이 선포됨과 동시에 학자들은 그 스스로 반드시 '임금'이어야 한다는 조건으로부터 해방되었을 뿐만 아니라, 반드시 벼슬길에 나아가야 할 필요로부터도 자유로울 수 있게 되었다. 왜냐하면 '자신'과 '신인'에서 이제 중요한 관건은 '학'이 되었기 때문이다.[187] 이에 따라 성리학자들은 '학'에 의한 '자신'과 '신인'에 부합하는 새로운 방안을 현실적으로 창안하게 되었는데, 그 대표적인 것이 바로 향약鄕約이다.[188]

---

185 주자는 임금의 백성에 대한 교화 역시 '학(學)'의 차원에서 설명한다. "其所以爲敎, 則又皆本之人君躬行心得之餘."(『大學章句』「序」)

186 『退溪全書』卷41,「傳習錄論辯」: "此章首曰, '大學之道在明明德'者, 言己之學以明其德也, 繼之曰, '在新民'者, 言推己學以及民, 使之亦新其德也. 二者皆帶學字意, 作一串說, 與養之親之之意, 初不相涉."

187 Peter K. Bol은 다음과 같이 말한다. "선배들의 철학적 학설에 기초하면서 동맹자들의 견해를 차용하고 수정한 끝에, 주희(朱熹)는 황제와 사(士)에게 공히 적용되는 '학'의 이론을 만들어 내었다. 이렇게 형성된 그의 이론은 도덕적 권위와 책임을 개인에게 귀속시켰다."(Peter K. Bol, 2010, 431쪽)

188 Peter K. Bol은 '사(士)'의 자발주의에 의해 '학'을 매개로 조직된 공동체들인 서원(書院)·도통사(道統祠)·향약(鄕約)·의장(義莊 : 社倉)에 주목하면서 다음과 같이 말한다. "사(士)들은 학을 통해 지적인 차원에서 전국적 엘리트의 일부가 될 수 있었고, 지역 사회에서 책임을 자임함으로써 학(學)을 실천에 옮길 수 있었다. 그들은 자신들의 가문을 변화시켰고, 생각을 공유하는 사(士)들의 지역적 공동체를 창조해 내었다."(Peter K. Bol, 2010, 392~431쪽)

향약은 중국 북송시대에 횡거橫渠 장재張載(1020~1077), 명도明道 정호程顯(1032~1085), 이천伊川 정이程頤(1033~1107) 등의 문하에서 성리학을 수학한 여씨呂氏 4형제(呂大忠·呂大防·呂大鈞·呂大臨)가 향촌 사회를 도학(성리학)적 관점에서 교화할 목적으로 1076년(신종 희녕9) 이른바『여씨향약呂氏鄕約』을 창안한 것이 그 시초이며, 이를 남송시대 주자가『증손여씨향약增損呂氏鄕約』으로 수정·보완했다. 특히 주자는 여대균呂大鈞(1029~1080)의「향의鄕儀」를 참고하여 기존의「여씨향약」에 예속상교禮俗相交의 내용을 보완함으로써 덕치와 예치를 강조하는 유교정치의 이념적 전통을 향촌사회에 구현하고자 했다.[189] 조선에서 수용하여 시행한 향약은 바로 이『증손여씨향약』을 바탕으로 하였다.[190]

조선에서 향약을 시행하는 과정에서 발견되는 초기의 특징은, 향약이 본래 '국가권력'의 자장 밖에서 재지사족이 향촌사회를 자체적으로 교화할 목적으로 만들어 시행한 '독자영역'에 속한 것임에도 불구하고,[191] 국가 주도로 향약을 권면했다는 점이다. 1517년(중종 12) 영남유생 김인범金仁範이『여씨향약』을 준행하여 풍속을 바꾸도록 해달라고 상소문을 올리고, 이에 대해 중종中宗(재위 1506~1544)이 "풍속을 바꿀 수 있는 방도를 강론하여 상하가 함께 힘쓰라"는 전교를 내림으로써 향약 시행에 대한 논의가 본격화되었다.[192] 이와 때를 같이하여, 1518년 경상도관찰사 김안국金安國(1478~1543)이 향약을 언해諺解하여 반포한 후 지역의 풍속이 교화된 사실을 보고한 것을 계기로 국가 차원에서 향약을

---

[189] 최연식, 2005, 13쪽.
[190] 이근명, 2002, 278~280쪽 참조.
[191] '독자영역'으로서의 향약에 관해서는 우홍준, 2006 참조.
[192]『中宗實錄』卷28, 12年 6月 甲戌.

널리 반포하는 조치가 취해지고,[193] 그 효과에 대한 보고가 잇따라 올라왔다.[194] 그러나 정암 조광조를 위시한 이른바 신진사류들이 도학정치를 표방하면서 향약을 전국적으로 시행하고자 하였으나, 사회개혁적 성격이 반영된 급진성으로 말미암아 오히려 사회적 반발을 초래하였고 부정적인 인상만을 남긴 채 그 시행은 중단되었다.[195]

이후 조선에서는 향약을 통해 향촌을 교화하고자 하는 본질적 목적에 동의하면서도, 기존에 『증손여씨향약』을 답습하면서 국가 주도로 이식하려던 방식을 벗어나 각 지방의 실정에 맞게 입안된 새로운 형태의 향약들이 출현함으로써 사회 전반에 예교를 확산시켜 나간다. 이와 같은 조선의 현실에 맞도록 고안된 이른바 '조선향약'의 출현은 퇴계와 율곡에 이르러서이며,[196] 그 중에서도 퇴계의 『예안향약禮安鄕約』은 조선의 향약사에서 효시로 평가받고 있다.[197] 『예안향약』의 원본인 「향립조약鄕立條約」의 서두에서 퇴계는 이를 제정하게 된 근본 이유를 다음과 같이 설명한다.

옛날 향대부(鄕大夫)의 직분은 덕행(德行)과 도예(道藝)로써 인도하고 따르지 않을 경우 형벌로 규찰하였다. 사(士)가 된 사람 역시 반드시 집안에서 수행하고 고을에서 현저해진 뒤에 나라에 빈례(賓禮)로 등용될 수 있었다. 이와 같은 것은 왜인가? 효제충신(孝悌忠信)은 인도(人道)의 대

---

193 『中宗實錄』 卷28, 13年 4月 己巳.
194 이광우, 2017, 141~143쪽.
195 이에 관한 자세한 내용은 한상권, 1984, 18~27쪽과 이근명, 2002, 281~285쪽 참조.
196 유홍렬, 1938, 119쪽.
197 이우성, 1990, 135쪽과 김유혁, 1987, 1쪽 참조.

본(大本)인데, 집안과 고을이야말로 그것을 시행할 곳이기 때문이다. ……
오늘날의 유향(留鄕)은 곧 옛날 향대부의 전통이다. 합당한 인물을 얻으
면 한 고을이 숙연(肅然)할 것이요, 그렇지 못하면 한 고을이 해체될 것이
다. 하물며 향속의 공간은 임금의 영향에서 멀기에, 호오(好惡)가 서로 공
격하고 강약(强弱)이 서로 마찰하여 효제충신의 도가 혹시나 행해지지 못
한다면 예의(禮義)와 염치(廉恥)를 폐기함이 날로 심해지고 이적(夷狄)
이나 금수(禽獸)의 지경에 빠지게 될 것이다.[198]

여기에서 퇴계가 분명하게 밝히고 있는 바와 같이, 향약이란 사대부
자신이 '효제충신'으로 대표되는 인도를 몸소 실천하고, 나아가 벼슬과
는 직접 관계가 없는 향촌단위의 공동체에 모범이 되는 것을 목적으로
한다. 이는 비록 이른바 재지사족으로서 자신들의 경제적 문화적 기반을
흔드는 향촌문제를 안정시키기 위한 대응의 측면도 있겠으나,[199] '학'을
수행한 사람들로서 '학'이 당위로서 요구하는 사회적 책임을 실천적으로
수행하고자 한 측면도 간과되어서는 안 될 것이다. 더구나 퇴계는 향중
집회鄕中集會에서 좌석의 순차를 나타내는 '향좌鄕坐'를 정할 때 지위와 신
분보다 연치를 우선시하였을 뿐만 아니라,[200] 굳이 지위나 신분을 따져

---

198 『退溪全書』卷42,「鄕立約條序 附約條」: "古者鄕大夫之職, 導之以德行道藝, 而糾之
以不率之刑. 爲士者, 亦必修於家著於鄕, 而後得以賓興於國. 若是者何哉? 孝悌忠信,
人道之大本, 而家與鄕黨, 實其所行之地也. (…중략…) 今之留鄕, 即古鄕大夫之遺意也,
得人則一鄕肅然, 匪人則一鄕解體, 而況鄕俗之間, 遠於王靈, 好惡相攻, 强弱相軋, 使孝
悌忠信之道, 或尼而不行, 則棄禮義捐廉恥日甚, 流而爲夷狄禽獸之歸."
199 정진영은 『예안향약』이 예안의 재지사족에게 있어서 향속교화의 절실한 필요에서 추진
되고 작성되었으며, 이때 향속교화의 필요성이란 16세기 향촌사회 하층민의 유망(流
亡)에서 오는 향촌지배력의 상실에 따른 현실적인 이유로 본다.(정진영, 1986 참조)
200 『退溪全書』卷38,「答趙起伯問目戊辰」: "鄕黨序齒, 以年之長少爲坐次也, 若分貴賤,

서 정하려는 것을 '남보다 위에 서려는 마음[欲上人之心]'이라고 비판하면서 현자를 지향하는 사람으로서 이를 극복해야 한다는 점을 강조했다.[201] 이러한 점 등을 고려할 때 퇴계의 향약운동은 '자신自新'에서 '신인新人'으로 파급되는 '학'의 구현이라는 측면에서 충분히 이해할 수 있다.[202]

이상에서 살펴본 바와 같이 퇴계의 예학사상은 그의 리기심성론과 같은 이론적이고 사변적인 철학적 논의와 별개가 아니라 매우 유기적인 관계에 있다. 그의 주리적 철학사상은 공허한 개념유희가 아니라 합 '리'적인 삶을 지향하는 이론적 토대가 된다는 점에서 예와 관계 맺고 있으며, '경'철학이라고까지 일컬어지는 그의 수양공부론 역시 '수기안인'이라는 유학의 근본적 문제의식의 지평에서 예와 조우하고 있다. 이를 통해 우리는 퇴계의 예학사상이 '학'의 구현이라는 측면에서 매우 주요한 위상을 갖고 있음을 확인할 수 있다.

則是序爵也, 豈序齒之謂乎? (…중략…) 夫先王所以立鄉法鄉禮, 必以序齒, 其本義之深遠, 事體之重大如此, 豈可以一時一鄉一二人微賤, 恥居其下之故, 而輕變古今不易之典禮, 舍父兄宗族所坐之常列, 而自作一行, 以壞亂鄉儀, 蔑棄聖敎乎?"

201 『退溪全書』 卷23, 「與趙士敬」: "諸君但執恥下賤三字, 以遂欲上人之心, 亦不可謂全非. 然禮義由賢者出, 諸君皆以一時鄉賢, 當此等處變處, 當深求古義, 細考禮文, 必須洞見其所處之宜, 能不失先王設鄉法鄉禮之意如此其重處, 然後優而爲之. 顧乃逞氣爭勝, 只據一時一邊不便宜處, 求自便而已, 不復問古義如何, 鄉禮如何, 專不類賢人君子處事氣象, 是爲可歎耳." / '향좌(鄉坐)'문제를 두고 퇴계와 문인들 사이의 벌어진 이견에 관해서는 이우성, 1990, 138~141쪽 참조.

202 퇴계가 향(鄉) 단위의 화민성속(化民成俗)과 관련하여 보여준 사회적 실천에 관해서는 제6장에서 '향약'과 '서원' 운동을 중심으로 살펴볼 것이다.

제3장
퇴계 예학사상의 학술적 전개

1. 문헌자료에 대한 고구考究

1) 예서禮書에 대한 종합적 이해

퇴계는 자신의 예학을 예서로 정리하지 않았을 뿐 아니라, 자신은 예에 대해 어둡다는 점을 여러 곳에서 표명하였다.[1] 더욱이 퇴계는『의례儀禮』나『주례周禮』등은 읽어본 적조차 없다고까지 말하고 있다.

『의례(儀禮)』는 한공(韓公 : 韓愈)조차 읽기 어렵다고 했는데, 하물며 나처럼 일찍이 읽어본 적이 없는 사람이 어찌 알겠는가?[2]

『주례(周禮)』는 일찍이 읽어본 적이 없으며, 이제는 정력이 미치지 못해 읽어볼 방법이 없으니, 매양 책을 어루만지며 탄식할 따름이다.[3]

---

1 『退溪全書』卷15,「答金敬夫肅夫宇顒」:"滉憒於禮學.";卷15,「答金敬夫肅夫○庚午」:"滉不學昧禮.;卷35,「答柳應見○庚午」:"吾學未足以達禮."
2 『退溪全書』卷26,「答鄭子中○戊辰」:"『儀禮』,韓公猶云難讀,況未曾讀,如滉何能知哉?"
3 『退溪全書』卷26,「答鄭子中」:"『周禮』不曾讀,今精力不逮,無緣讀得,每撫卷太息而已."

이러한 일련의 정황들이 야기한 착시현상으로 인해 퇴계의 예학 수준에 대한 불필요한 오해들이 생겨났다. 즉, '퇴계가 실제 예서에 대한 연구역량이 부족했던 것은 아닌가?'[4] 더 나아가 '연구역량의 부족으로 말미암아 예서를 편찬하거나 저술하지 못했던 것은 아닌가?'라는 의구심을 갖게 만들었다는 것이다. 그러나 퇴계는 스스로의 이러한 겸사에도 불구하고 예서 연구에 상당히 깊은 조예를 이루었다.

먼저 고례를 대표하는 삼례서三禮書 가운데 퇴계의 주요 연구대상은 『예기禮記』와 『의례』였으며, 『주례』는 상대적으로 덜 중시했다.[5] 그럼에도 불구하고, 『주례』에 대한 퇴계의 연구 수준이 천협하지 않았다는 증거는 여러 곳에서 포착된다. 예를 들면 『가례家禮』 '성복成服'조에서 참최복斬衰服을 설명할 때, 요질腰経에 대해서는 "양고兩股를 서로 교차한다"라는 말을 명시함으로써 '양고'를 사용한다는 점을 분명히 하지만, 수질首経에 대해서는 고股의 개수에 대한 명시적인 언급이 없다.[6] 그런데 경산瓊山 구준丘濬(1421~1495)의 『가례의절家禮儀節』에서는 수질에 대해 양고兩股가 아닌 단고單股로 한다고 했다.[7]

이에 대해 퇴계는 수질에도 당연히 단고가 아닌 양고를 해야 한다고

---

4 예를 들면 裵相賢, 1995, 233쪽과 鄭景姬, 2000b, 135쪽이 대표적이다.

5 유권종은 "퇴계는 삼례 가운데 『주례』에 대해서는 그 실천의 가능성에 대해서 회의적이었던 반면에 『의례』와 『예기』에 대한 신뢰가 절대적이지는 않았지만 예를 연구할 때에 고증적 전거와 합당한 판단의 근거로서 중시하는 태도를 취했다"고 밝힌 바 있다.(유권종, 1995, 35쪽)

6 『家禮』 卷4, 「喪禮」 '成服'條: "其服之制, 一曰斬衰." 【註】 "首経, 以有子麻爲之, 其圍九寸. 麻本在左, 從額前向右圍之, 從頂過後, 以其末加於本上. 又以繩爲纓以固之, 如冠之制. 腰経, 大七寸有餘, 兩股相交, 兩頭結之, 各存麻本. 散垂三尺, 其交結處兩旁, 各綴細繩, 繫之."

7 『家禮儀節』 卷5, 「喪禮·喪服制度」 '斬衰'條: 【経帶制】 "首経"[用有子麻帶黑色者, 爲單股. 繩約長一尺七八寸, 圓圍九寸.]

확신했다. 이를 증명하기 위해서는 단고와 양고의 차이를 분명히 해야 할 필요가 있었다. 이에 퇴계는 『주례』「변사弁師」를 인용함으로써 단고를 사용하는 것은 환질環経의 경우에 국한된 것임을 밝히고, 이는 참최斬衰·자최齊衰·대공大功·소공小功·시緦 등 오복五服의 질経이 모두 양고인 것과 다른 것임을 분명히 한다. 이러한 논증을 통해 퇴계는 『가례』'성복'조에 비록 명시적으로 언급되어 있지 않지만, 고례에 명시된 결정적 증거를 통해 참최의 수질이 결코 단고일 수 없음을 확정한다.[8]

이렇게 오복五服과는 직접적 관계가 없는 환질環経을 이 문제에 대한 방증의 근거로서 원용할 수 있었다는 것은, 평소 퇴계가 이미 『주례』에 관해 심도 있는 연구를 해두었음을 보여준다. 『주례』에 대한 퇴계의 연구는 가례와 관련해서 뿐만 아니라 향례를 논하는 과정에서도 발휘되고 있으며,[9] 『주례』에 나타난 기구제조制器의 의미까지 평가하고 있는 것[10]으로 볼 때 그 연구의 폭과 깊이가 결코 낮은 수준이 아니었음을 알 수 있다.

상대적으로 덜 중시되었던 『주례』에 대한 이해가 이 정도라면 『예기』와 『의례』에 대해서는 더 말할 필요가 없다. 사실 『예기』는 퇴계 이전

---

8   『退溪全書』卷28,「答金而精/問目」: "首経, 『家禮』無兩股之文, 故『儀節』及補註皆云當單股. 但『周禮』「弁師」, '王之弁経, 弁而加環経.' 鄭康成曰, '環経, 大如總之麻経, 纏而不糾.' 賈氏曰, '總之経, 兩股, 環経則以一股.' 『禮』「檀弓」'子柳妻衣衰而繆経, 云云, 請繐衰而環経.' 註, '繆, 絞也, 謂兩股相交. 五服之経皆然, 惟吊服之環経一股.' 此等處非一, 則當從禮註說, 爲正."

9   『退溪全書』卷38,「答趙起伯問目○戊辰」: "『周禮』「黨正」, '國索鬼神而祭祀, 則以禮屬民, 而飮酒于序, 以正齒位. 一命齒于鄕里, 再命齒于父族, 三命不齒.' 註, '齒于鄕里, 與衆賓以年相次也. 齒于父族者, 父族有爲賓者. 以年與之相次, 異姓雖有老者, 居於其上. 不齒者, 席于尊東, 所謂遵也.'"

10 『退溪全書』卷35,「答李宏仲/別紙」: "古人制器, 皆有法象, 而車制尤所愼重, 『周禮』「考工記」一篇, 可見也."

부터 삼례서 중에서도 특별히 더 중시되어 이에 관한 연구도 상당히 축적되어 있었을 뿐 아니라, 당시 사대부라면 반드시 소장해야 할 책으로 여겨질 정도로 중시되었다.[11] 퇴계의 고제들인 학봉鶴峯 김성일金誠一 (1538~1593)과 서애西厓 류성룡柳成龍(1542~1607)이 각각 『가례』의 상례喪禮 관련 항목들을 『예기』에서 그 전거를 찾아 고증한 『상례고증喪禮考證』을 각각 편찬한 것이라든가,[12] 방대한 『예기』의 내용 중에서 상례와 관련된 것들만을 뽑아 참고하기에 편리하도록 편찬한 한강寒岡 정구鄭逑(1543~ 1620)의 『예기상례분류禮記喪禮分類』[13] 등은 당시 『예기』에 대한 퇴계 문하의 연구 전통과 역량을 실증적으로 보여주는 것으로, 『예기』에 대한 퇴계의 연구 수준을 보여주는 방증들이다.[14] 실제로 퇴계가 『예기』 「증자문曾子問」에 나오는 부모의 상을 동시에 치러야 하는 상황인 '병유상並有喪'에 관한 내용에 대해 한 구절 한 구절 해석을 달아 제자에게 답해주는 장면은 퇴계와 그의 문인들의 연구 전통과 역량이 어떻게 가능했는지를 짐작케 한다.[15]

---

11 양촌(陽村) 권근(權近, 1352~1409)의 『예기천견록(禮記淺見錄)』과 구천(龜川) 어효첨(魚孝瞻, 1405~1475)의 『예기일초(禮記日抄)』가 대표적이며, 강호(江湖) 김숙자(金叔滋, 1389~1456)는 자식으로서 마땅히 읽어야 할 책으로 『예기』를 꼽았다. (『江湖先生實記』 卷1 雜著, 「學規」: "爲人子者, 不可不讀『禮記』.") 선조대에 와서는 『예기』를 인출하여 이 책을 갖고 있지 않은 사대부들에게 널리 반포하도록 하였다.(『宣祖實錄』 卷5, 4年 10月 14日: 傳曰, "『禮記』最關於講禮, 而士大夫罕有書, 以豊儲倉注紙, 印出廣頒事, 下禮曹.") 이와 관련한 자세한 사항은 고영진, 1995, 66~67쪽, 107~108쪽 참조.

12 이와 관련한 자세한 사항은 고영진, 1995, 157~166쪽 참조.

13 『寒岡先生言行錄』 卷1, 「禮學」: "又以『禮記』一書篇秩浩大, 先儒講禮之文散出諸書, 家學輩未易窺測, 遂拈出喪禮一款, 分類編刊, 名曰『禮記喪禮分類』."

14 퇴계문하의 『예기』 관련 연구 현황에 대해서는 유권종, 2005 참조.

15 『退溪全書』 卷28, 「答金伯榮富仁可行富信惇敍問目喪禮○乙卯」: 曾子問曰, "並有喪, 如之何? 何先何後?" 孔子曰, "喪, 先輕後重.[如並有父母喪, 則先葬母.] 其奠也, 先重而後輕, 禮也.[奠則先父.] 自啓及葬, 不奠.[其先葬母也, 惟設母啓殯朝廟之奠, 不爲設

조선시대 예학사상사에서 16세기 후반은 예경禮經에 대한 인식의 변화가 일어났으며, 이러한 변화의 핵심에는 삼례 중『주례』나『예기』에 비해 상대적으로 덜 중시되었던『의례』가 새롭게 주목받는다는 사실이 자리 잡고 있다.[16] 퇴계는『의례』에 대해 "주공이 제례작악制禮作樂을 하고 저술한 경전"[17]이라며 예의 본의를 탐구하는 과정에서 적극 반영하였다. 예를 들면, 당시 상례에서 습襲할 때 '악수握手'에 1폭幅을 사용하느냐, 2폭을 사용해야 하느냐가 논란이 되었다. 이에 대해 퇴계는『의례』의「사상례士喪禮」와「기석례旣夕禮」등에 근거하여 2폭이 옳다고 주장한다.[18] 또한 장례를 치르기 전 '조조朝祖'를 하는 의식에서『가례』는 영좌靈座와 함께 전奠을 마련하도록 되어 있는 데[19] 반해,『가례의절』에는 영좌만 마련하고 전은 생략하도록 되어 있다.[20] 퇴계는 이 문제를 해결하기 위해『의례』「기석례」에 제시된 절차와 의미를 꼼꼼히 검토한 다음, 예의 본의에 비추어 보았을 때 조조朝祖를 위해 전을 준비하는 것은 없앴지만 의신依神을 위해 전을 준비하는 것은 남겨 둔『가례』의 선

奠也.] 行葬, 不哀次.[行葬之時, 不得爲母伸哀於所次之處.] 反葬,[葬母而反.] 奠而後辭於賓, 遂修葬事.[旣反, 卽於父殯, 告辭於賓, 以啓父殯之期, 遂修營葬父之事也.] 其虞也, 先重而後輕, 禮也."[如虞祭偶同, 則異日而祭, 先父後母.]

16 고영진, 1995, 105쪽 참조.
17 『宣祖實錄』卷1, 卽位年(1567) 11月 4日 : "周公之制禮作樂也, 著爲『儀禮』, 此其本經也."
18 『退溪全書』卷38,「答趙振」: "握手,『儀禮』「士喪禮」言, '右手設決'者.【旣夕禮】言, '左手無決'者. 旣分左右言, 又有有決無決之云, 非二而何?『丘瓊山家禮』, 雖非盡用『儀禮』, 亦言用二, 又何必苦欲用一耶?"; 卷22,「答李剛而問目喪禮○丙寅」: "握手,『家禮』劉氏說不分曉, 細詳『儀禮』本文, 明是用兩簡, 兩手各用一也."
19 『家禮』卷5,「喪禮」'遷柩·朝祖·奠·賻·陳器·祖奠'條 : "奉柩, 朝于祖."【註】"祝以箱奉魂帛前行, 詣祠堂前, 執事者奉奠及倚卓次之, 銘旌次之, 役者擧柩次之, 主人以下從哭. (…중략…) 至祠堂前, 執事者先布席, 役者致柩於其上, 北首而出, 婦人去蓋頭. 祝帥執事者, 設靈座及奠于柩西, 東向, 主人以下就位, 立哭, 盡哀止."
20 『家禮儀節』卷5,「喪禮」'遷柩·朝祖·奠·賻·陳器·祖奠'條 : "奉柩, 朝于祖."【儀節】"奉魂帛, 詣祠堂, 主人以下從哭. 執事者布席, 奉魂帛, 朝祖, 主人以下就位, 擧哀, 哀止."

택이 옳다고 하면서 모든 전을 없애버린 『가례의절』의 선택은 지나치게 간소화 한 것[太簡]이라는 이유를 들어 비판했다.[21]

이밖에도 퇴계는 고례와 관련하여 주자 예학의 만년 정수로 평가받는 『의례경전통해儀禮經傳通解』 또한 '고례를 빠짐없이 모아놓은 책'[22]이라며 매우 중시하였다.[23] 그러나 퇴계의 예서 연구에서 가장 중심이 되는 자료는 단연 『가례家禮』이다. 퇴계는 일찍이 『소학小學』과 더불어 『가례』를 독서의 입문서로 제자들에게 제시하였을 뿐 아니라,[24] 몸소 『가

---

21 『退溪全書』 卷28, 「答金伯榮富仁可行富信悙敘問目喪禮○乙卯」: "『儀禮』, '將啓殯, 設奠具於廟門外.' 及朝祖 又云, '重先, 奠從, 燭從, 柩從.' 及正柩于兩楹間, '奠設如初.'[此疑夕奠, 從柩來仍奠於此, 故云'奠設如初'.] '質明徹,'[徹前奠.] '乃奠.'[上旣徹而此云乃奠, 此指廟門外奠具, 至是乃奠也.] 古禮如此, 故『文公家禮』有設奠之禮.[文公意亦似指前奠隨柩來奠, 非別奠也.] 而瓊山則務簡, 旣以魂帛代柩, 并此禮去之. 凡朝祖, 所以象平時出告之禮, 前奠之隨柩來奠者, 奠所以依神, 無時可去故耳, 非爲朝祖設也, 故文公存之, 其別爲設奠, 則平時出告, 未必皆有酒食之事, 故文公去之. 若瓊山并去二奠, 則無乃太簡乎?"

22 『退溪全書』 卷11, 「答李仲久/別紙」: "禮文所萃, 如『儀禮經傳』等書."; 卷25, 「答鄭子中別紙」: "『儀禮經傳』乃集合古禮, 無不該載."

23 여기에서 한 가지 바로잡을 내용이 있다. 『선조실록(宣祖實錄)』 권1, 즉위년(1567) 11월 4일 기사를 보면 홍문관 장서들 속에서 『의례경전통해』를 찾은 퇴계는 석강(夕講)에 나아가 임금에게 간행 · 반포하도록 주청한 기록이 실려 있다.(『宣祖實錄』 卷1, 卽位年(1567) 11月 4日 : ○夕講『禮記』. 李滉進啓曰, " (…중략…) 朱子旣爲四書三經集註, 末年專意於禮書, 故寧宗初, 有「乞脩三禮劄子」之論. 立朝未久, 退作『儀禮經傳通解』, 未終而卒. 門人黃幹終之, 是謂『儀禮經傳通解續』也. 此冊, 人皆無見, 頃日適考弘文館藏冊目錄, 得所謂『儀禮經傳通解』, 合四十餘券, 則雜行諸書, 摠爲一秩. 自初喪以下, 各各條件, 甚爲明白會通. 此冊若令校書館印布, 則士之欲爲禮學者, 皆得參考取法, 而自上亦能撮要提領, 見一知十也. 禮敎興行, 則風俗丕變, 而治化在是矣.") 하지만 1567년 8월 10일 안동으로 귀향한 퇴계는 1568년 7월 19일에 가서야 다시 도성에 들어온다.(이에 관한 자세한 과정은 정석태, 2006, 68~84쪽, 103~228쪽, 239~252쪽 참조) 즉, 1567년 11월에 퇴계는 도성에 있지 않았으며, 따라서 이날 석강에 나아갈 수 없었다는 것이다. 그런데 바로 이날 고봉(高峯) 기대승(奇大升)이 석강에 나아가 위와 같은 이야기를 진주했다는 기록이 고봉의 『논사록(論思錄)』 상권에 동일하게 수록되어 있고, 『선조수정실록(宣祖修正實錄)』 卷1, 즉위년(1567) 10월 5일기사에는 고봉의 유사한 진언이 기록되어 있다. 이러한 정황들에 근거할 때, 『선조실록』 卷1, 즉위년(1567) 11월 4일 기사는 고봉의 진주를 퇴계가 한 것으로 잘못 기재한 것으로 판단된다.

24 『退溪全書』 卷41, 「伊山院規」: "諸生讀書, 以四書五經爲本原, 『小學』 · 『家禮』爲門戶."

례』를 제자들에게 강의하여 그 내용이 그의 문인인 물암勿巖 김륭金隆 (1549~1593)에 의해『가례강록家禮講錄』으로, 특히 상장례에 대한 설명은 간재艮齋 이덕홍李德弘(1541~1596)에 의해『가례주해家禮註解』로 정리되었다.[25] 뿐만 아니라 퇴계는 지인이나 문인들과 주고받은 수많은 답문서를 통해 이에 관한 다양하고 심도 있는 논의를 전개하였으며, 역시 그의 문인인 농은聾隱 조진趙振(1535~1625)은 이 중 상·제례 관련 답문서들만을 발췌해『퇴계상제례답문退溪喪祭禮答問』으로 편찬하였다. 물론『퇴계상제례답문』의 내용이『가례』만을 자료로 삼아 상·제례 관련 논의를 진행한 것은 아니다. 그러나 서명에 '상·제례'를 주제어로 제시한 것이 이미『가례』의 체제를 염두에 두고 편찬한 것임을 말해주고 있을뿐만 아니라,『퇴계상제례답문』에서 인용하는 자료 중에는『가례』가 단연 많은 비중을 차지하고 있다.[26] 그리고『퇴계상제례답문』에서 논의된 402건에 달하는 내용들을『가례』의 체제에 준하여 배열해보면 다음의 표와 같다.[27]

〈표 2〉

『退溪喪祭禮答問』			
상례(喪禮) : 231건		담(禫)	9
초종(初終)	1	강복(降服)·심상(心喪)	11
목욕(沐浴) 외	11	축문(祝文)	11
영좌(靈座) 외	1	개장(改葬)	19
소렴(小斂)·대렴(大斂)	4	국휼(國恤)	17
성복(成服)	34	기타	20

---

25 고영진, 1996, 100~101쪽.
26 『퇴계상제례답문』에서 인용한 자료 현황과 관련해서는 한재훈, 2015a 참조.
27 이 표와 관련해서는 한재훈, 2015a 참조.

『退溪喪祭禮答問』			
전(奠) · 상식(上食)	18	제례(祭禮) : 152건	
조(弔)	4	사당(祠堂) · 정침(正寢)	17
문상(聞喪) · 분상(奔喪)	5	신주(神主)	26
장(葬)	24	사시제(四時祭)	47
반곡(反哭)	4	기일(忌日)	19
여묘(廬墓)	9	묘제(墓祭)	5
우제(虞祭)	8	축문(祝文)	8
졸곡(卒哭)	1	종법(宗法)	7
부(祔)	4	속례(俗禮)	9
소상(小祥)	10	기타	14
대상(大祥)	6	기타 : 19건	

이상에서 살펴본 바와 같이 퇴계의 예서 연구에서 주축이 되는 자료들은 삼례서로 대표되는 고례와 『가례』이다. 그러나 퇴계는 공자가 제시한 '나는 주대의 예제를 따르겠다[吾從周]'[28]의 원칙에 따라 이른바 '시왕례時王禮'에 대한 연구에도 소홀하지 않았다.[29] 이때 시왕례로는 조선의 『경국대전經國大典』과 『국조오례의國朝五禮儀』는 물론 명明의 『대명률大明律』과 『대명회전大明會典』 등을 아우른다.[30] 퇴계는 시왕례를 왕실의 예제는 물론 사대부가의 예제를 논하는 과정에서 폭넓게 인용하고 있으며, 심지어 학례學禮라 할 수 있는 서원書院의 제향에 있어서도 시왕례에 관한 그의 연구는 활용되었다.[31] 예를 들면, 1549년 퇴계는 백운동서원白雲洞書院을 사액서원으로 지정해줄 것을 건의하고,[32] 같은 해 「안문

---

28 『論語』 「八佾」: 子曰, "周監於二代, 郁郁乎文哉! 吾從周."
29 『退溪全書』 卷17, 「答奇明彦○乙丑/別紙」: "夫爲周人而從周制, 聖人所不免."
30 『퇴계상제례답문』에 등장하는 시왕례류 예서들만 검토해 보아도 11종에 이른다.(한재훈, 2015a 참조)
31 서원의 향사례와 관련해서는 제6장 2절에서 상세히 다룰 것이다.
32 『退溪全書』 卷9, 「上沈方伯通源○己酉」 참조.

성공향도安文成公享圖」를 지어 당시 백운동서원에서 봉행해오던 제향의 식을 일부 수정한다. 여기에서 퇴계는 신재愼齋 주세붕周世鵬(1495~1554) 이 국속國俗에 따라 밀과蜜果와 과果를 사용하도록 한 것에 대해 비판하고, 이를 '석전의釋奠儀'에 의거하여 녹해鹿醢와 어숙魚鱐으로 대체할 것을 주장한다. 뿐만 아니라, 제향 절차가 기록되어 있는 홀기笏記의 내용 역시 '석전의'에 의거하여 몇 가지 의식에 대해 수정을 가한다.

이밖에도 퇴계는 다양한 자료들을 적극적으로 예 연구에 반영하는데, 이는 아래 표의『퇴계상제례답문』에 등장하는 관련 자료들만 검토해보더라도 금방 알 수 있다.[33]

〈표 3〉

삼례류	가례류	시왕례류	기타류
『儀禮』 『禮記』 『周禮』 『儀禮注疏』 『禮記注疏』 『周禮注疏』 『儀禮經傳(通解)』 『禮記集說』	『家禮』 『家禮儀節』 『書儀』 『高氏喪禮』 『祭式』(韓魏公) 『家禮集說』 『家範』(寒暄堂) 『奉先雜儀』(晦齋)	『國朝五禮儀』 『經國大典』 『大明禮』 『大明律』 『大明會典』 『孝慈錄』 『治平要覽』 『通典』 『國典』 『通禮』 『(文獻)通考』 기타(廷議,國法)	『詩經』 『論語』 『孟子』 『中庸』 『大學』 『小學』 『國語』 『周易本義』 『論語集註』 『程氏遺書』 『朱子大全』 『朱子語類』 『濂洛風雅』 『言行錄』 『小學圖』 『字書』 『韻書』

이렇게 퇴계의 예서 연구는 삼례류·가례류·시왕례류는 물론, 각종 경서류와 성리서 심지어『자서』와『운서』등 사전류까지 총 망라하고

---

33 이 표와 관련해서는 한재훈, 2015a 참조.

있다. 물론 이러한 자료들이 퇴계의 언급에 등장한다고 해서 이들 자료 각각에 대한 연구가 깊이 있게 수행되었다고 단정하기는 어렵다. 하지만 적어도 퇴계가 예를 연구하는 데 이들 자료에 대한 종합적인 검토가 수행되어야 한다는 인식을 가지고 상당한 수준까지 연구를 진행했던 것만큼은 부정할 수 없다. 다음의 사례는 퇴계가 예서들에 대한 정확한 이해를 바탕으로 해당 사안에 대해 종합적 결론에 도달하는 수준에 있었음을 보여준다.

1566년(명종 21년)은 명종明宗의 모후인 문정왕후文定王后(1501~1565)의 소상이 되는 해이다. 이때 조정에서는 대신들이 모여 연복練服 제도에 관한 의견을 임금에게 주달했다는 기록이 『실록』에 나온다.[34] 이들은 『예기』의 「잡기雜記」·「단궁檀弓」·「복문服問」 등과 『의례경전통해』 등에서 관련 예문들을 검토하고, 그 결과 '소상에 연복이 있었던 듯하나 설들이 차이가 있다'고 결론을 내린다.[35] 그리고 『가례』에 '연복을 진설한다'고만 하고 '연복을 별도로 만드는 제도'에 관한 설명이 없는 것은, 주자가 고례의 관련 예문들을 절충하기 어려워서[36] '옛날 예제는 존속한다存古'의 의미로 남겨는 두었으나 시행에 있어서는 연복을 만들지는 않고 수질首絰·부판負版·벽령辟領·최衰를 제거하는 것으로 대체한 『서의書儀』를 따랐기 때문이라고 보았다.[37] 또한 대신들은 주자는 '집대성한 후

---

34 『明宗實錄』 卷32, 21年(1566) 4月 4日.

35 『明宗實錄』 卷32, 21年(1566) 4月 4日 : "以此見之, 則小祥似有練服, 而諸說之不同又如此."

36 주자가 절충하기 어려워서 그랬을 것이라는 대신들의 견해는 『실록』을 기록한 사관에 의해서도 '『가례』가 완성되지 못했다고는 볼 수 있어도, 의심스러운 예를 실어두었다고 해서는 안 된다'는 비판을 받았다. "難於折衷云者, 恐未穩. 朱子丁內憂, 作『家禮』, 未盡釐正, 而爲童子竊去, 公亡而書始出, 故古人或論以未成之書, 豈朱子難於折衷, 而存疑禮乎?"(『明宗實錄』 卷32, 21年(1566) 4月 4日.)

성後聖'이고 경산瓊山은 '해박하기는 하나 성현이 아니'라는 이유를 들어 『가례의절』에서 제시한 연복의 제도는 따를 것이 못 된다고 일축했다.[38]

이상의 논의는 예문을 이해하는 데 있어서 다음과 같은 몇 가지 문제점을 보여준다. 첫째, 예에 대한 연구가 축적되어 있지 않은 관계로 연복練服에 대한 정확한 이해가 전제되어 있지 않았기 때문에 예서들의 해당 조문들을 종합적으로 판단하여 소화하지 못하고 있다. 둘째, 주자의 권위에 기대어 『가례』에 대한 분명한 이해를 결여한 채 맹목적으로 신뢰하고 있다. 셋째, 두 번째의 이유로 인해 경산瓊山과 같은 후학들의 시도는 모두 무시되고 있다. 이 논의에 참여한 대신들이 당시 예학자를 대표한다고 말할 수는 없겠지만, 사안의 중대함과 참여 인사들의 직위와 면면을 보았을 때 당시 예학의 수준을 보여주는 지표로서의 의미는 갖는다고 할 수 있다.[39] 이는 역으로 관련 논의에서 확인할 수 있는 퇴계의 예 연구 수준이 이러한 문제점들과 대비되어 현격하게 월등하였음을 보여준다.

조정의 논의[朝議]에 대해 감히 지적을 하자는 것이 아니다. 예문을 고

---

37 『明宗實錄』卷32, 21年(1566) 4月 4日: "其曰: '設次陳練服.' 乃存古之義也. 其下沒其服制者, 豈不以古禮不可攷, 而只從溫公書之法, 而爲之制乎?"
38 『明宗實錄』卷32, 21年(1566) 4月 4日: "且文公乃集大成之後聖, 而參酌經傳, 爲立世教, 是豈鹵莽滅裂, 而爲之者也? 惟近世丘氏濬『家禮儀節』, 雜引古經之語, 擬爲練服之制. 丘濬乃近世該博之儒學, 非聖賢之比. 今棄文公之折衷, 而從近世之所見, 似爲未安."
39 당시 이 논의에 참여한 대신들은 영의정 이준경(李浚慶), 영중추부사 심통원(沈通源), 좌의정 이명(李蓂), 우의정 권철(權轍), 좌찬성 홍섬(洪暹), 우찬성 오겸(吳謙), 예조판서 송기수(宋麒壽), 우참찬 조언수(趙彦秀), 병조판서 박충원(朴忠元), 이조판서 민기(閔箕), 호조판서 이탁(李鐸), 판윤 유강(俞絳), 병조참판 성세장(成世章), 우윤 임열(任說), 이조참판 정종영(鄭宗榮), 판결사 이우민(李友閔), 예조참판 이건(李楗), 예조참의 홍천민(洪天民) 등이다.(『명종실록』卷32, 21년(1566) 4월 4일 참조)

증한 것 역시 충분히 상세하지만, 예의 의미를 해석함과 버릴 것과 취할 것을 결정하는 데 의문스러운 부분이 없지 않아서이다. 기실 "별도로 관(冠)이 있었고, 별도로 최(衰)가 있었다"는 구경산(丘瓊山)의 설은 고례에 부합하는 것이다. 대개 옛날에는 초상(初喪)부터 우(虞)·졸곡(卒哭)·연(練)·상(祥)·담(禫)에 이르기까지 모두 수복(受服)이라는 것을 두어 교대로 승수(升數)를 더해 점쇄(漸殺)함으로써 상을 마치는 데 이르렀다. 이때 소상(小祥)은 만1년으로 커다란 '변쇄(變殺)'의 마디이다. 따라서 머리에 대해서는 질(絰)을 벗고 별도로 1승(升)을 더한 연포(練布)로 관을 만들었으며, 몸에 대해서는 부판(負版)과 벽령(辟領)과 최(衰)를 없애고 별도로 1승을 더한 포로 최(衰)를 만들고 또 별도로 1승을 더한 연포로 중의(中衣)를 만들어 최(衰)에 받쳐 입었다. 연관(練冠)과 연중의(練中衣)를 하기 때문에 연(練)이라고 하는 것뿐이지, 최(衰)까지 연(練)으로 한다는 말이 아니다. 오직 최(衰)만은 연(練)으로 하지 않기 때문에 「단궁(檀弓)」 주(注)에 "정복(正服)은 변개할 수 없다"고 했을 뿐이며, 기존의 최(衰)를 계속 입고 별도로 만들지 않음을 말한 것이 아니다. 이는 문식이 극도로 발전했던 주(周)나라 당시의 상제(喪制)가 이와 같은 것이다. 옛날과 오늘의 문질(文質)은 시대에 따라 덜어내기도 하고 보태기도 하는 것이므로, 모든 것을 옛날 제도대로 하기에는 어려운 점이 있다. 그러므로 온공(溫公)의『서의(書儀)』에는 수복(受服)과 연복(練服)을 없애고 다만 수질(首絰) 등을 제거하는 것으로 마디를 삼았다. 이것이 너무 검약하다고 하여『주자가례』는『서의』를 이어받아서 역시 별도로 최복을 만드는 것은 없앴지만, 연복으로 관을 만든다는 내용을 보탰다. 이것이야 말로 명칭을 고려하여 고례의 정신을 회복하고 현재를 감안하여 중(中)을 가늠한

제도이다.[40]

　여기에서 퇴계는 연복練服이라는 것이 수복受服의 과정에 속하는 것이고, 그것은 상례 전체에 스며있는 점쇄漸殺의 질서 속에서 고안된 제도임을 밝힌다. 아울러 연복의 명칭과 제도에 대해서도 하나하나 소상하게 소개하고 있을 뿐 아니라, 이러한 고례를 밝히려고 한 경산의 작업도 그 자체로 평가해주어야 한다는 사실까지 적시하고 있다.

　여기까지만 보더라도 퇴계가 예를 연구하는 데 있어서 명확한 개념적 이해는 물론 이를 예의 전체 질서 속에서 조망하는 체계적 이해를 하고 있었으며, 이러한 방법론에 입각하여 다양한 예서들을 참조하고, 나아가 후학들의 업적 역시 객관적으로 평가하고 있었음을 확인할 수 있다.

　또 한 가지 중요한 것은 『가례』에 대한 퇴계의 이해이다. 퇴계는 『가례』를 결코 주자의 권위에 의존해서 이해하려고만 하지는 않았다. 『가례』에 대해 퇴계는 '짐작손익해서 시의時宜를 얻은 예'[41] 혹은 윗글에서 밝힌 것처럼 '명칭을 고려하여 고례의 정신을 회복하고, 현재를 감안하여 중中을 가늠한 제도'라는 관점에서 이해하였다. 『가례』가 최복衰服을

40　『退溪全書』卷30, 「答金而精/別紙」: "朝議, 非所敢指點也. 其考證禮文, 亦爲詳悉, 但其解禮之意, 與去取之決, 不無可疑. 其實丘瓊山'別有冠·別有衰'之說, 爲合古禮. 蓋古人, 自初喪以至虞·卒哭·練·祥·禫, 皆有受服, 遞加升數, 漸殺以至于閡, 小祥, 一期之周, 爲一大變殺之節, 故於首去経, 而別以加一升練布爲冠, 於身去負版辟領衰, 而別以加一升布爲衰, 又別以加一升練布爲中衣以承衰, 以其練冠練中衣, 故謂之練耳, 非謂并練衰也. 惟其衰不練, 故「檀弓」註云, '正服不可變'耳, 非謂仍舊衰不別製也. 此周極文時喪制如此, 古今文質, 因時損益, 有難以盡從古制者, 故『溫公書儀』無受服與練服, 但以去首経等爲之節, 斯爲太儉, 『朱子家禮』因『書儀』, 雖亦無別製衰服, 其益之以練服爲冠之文, 正是顧名反古·因時酌中之制."

41　『退溪全書』上 卷15, 「答金敬夫肅夫宇顒」: "朱子所以斟酌之損益, 得時宜之禮."

별도로 만드는 제도는 없었지만 연관練冠을 다시 복구한 것은, 지나치게 간소화한 방향으로 나아가 예의 본의를 잃어버릴 우려가 있는『서의』와 문식이 극도에 치우쳐 현실에 부적합한 고례古禮를 절충한 것이라는 측면에서 봐야 한다는 것이 퇴계의 생각이었다.

이 사례에서 대표적으로 확인할 수 있는 것처럼 퇴계의 예서 연구는 예의 본의를 장악하고 이를 바탕으로 시의時宜를 얻은 예를 구현하는 것을 목표로 하였다. 이는 퇴계가 '예의 의미를 해석함과 버릴 것과 취할 것을 결정하는 데 의문이 든다'며 논의를 시작한 데서도 알 수 있다. 따라서 퇴계는 다양한 예서들에 대한 전반적 검토와 예목禮目들에 대한 개념적 이해를 바탕으로 예의 본의를 정확하게 이해하고자 했다. 하지만 예의 본의를 아는 것은 결국 시의를 얻은 예를 삶 속에 구현하는 것이 중요하다는 점에서 '짐작손익斟酌損益' 혹은 '인시작중因時酌中'할 수 있는 역량을 키우는 데 예를 연구하는 목적이 두어진다.[42] 그러므로 퇴계의 예서 연구는 고례와『가례』그리고 시왕례는 물론 다양한 문헌자료들에 대한 종합적인 이해로 나아가게 되었으며, 이는 당시의 예학 수준을 한 단계 고양시켰을 뿐 아니라 이후의 예서 연구에 하나의 전형을 제시한 것으로 평가할 수 있다.

2) 예서禮書에 대한 평가적 검토

앞에서도 언급했지만, 퇴계는 삼례서三禮書 가운데『예기禮記』와『의례儀禮』에 비해『주례周禮』를 상대적으로 덜 중시했다.『주례』는 일찍부터

---

[42] 『退溪全書』上 卷34,「答金士純問目」: "學者平時議禮變難措處, 以素明於胷中."

성서成書의 진위 문제로 인해 논란이 되어 온 예서이다. 그러나 주자는 『주례』에 대해, '왕망王莽(B.C. 45~A.D. 23)이 유흠劉歆(B.C. 50?~A.D. 23)을 시켜 편찬토록 한 것'이라며 불신한 호안국胡安國(1074~1138)·호굉胡宏 (1102~1161) 부자의 견해를 비판하면서,[43] 비록 주공周公이 친필로 저술했다고 볼 수는 없더라도 전반적인 체제나 규모는 주공이 기획한 것으로 확신하였다.[44] 이러한 주자의 언급에도 불구하고 퇴계는 전현이 중시했다는 이유로 맹종하지만은 않았다. 퇴계는 그 이유를 다음과 같이 밝힌다.

> 이 책(『주례』)에 대해 전현들께서는 '주공이 충분히[爛熟] 천리(天理)를 운용하신 글'이라고 하셨지만, 내가 그간에 의심을 갖지 않은 적이 없었던 것은 그것이 너무 빈잡하고 세밀하여[繁密] 시행하기 어렵다고 걱정하였기 때문이었다.[45]

퇴계가 『주례』를 자신의 예서 연구에 있어서 상대적으로 크게 중시하지 않았던 것이 주공의 친저 여부를 포함한 성서의 진위문제 때문은 아니었던 듯하다. 그보다는 『주례』의 내용이 '번잡하고 세밀하여 시행하기 어렵다'는, 즉 시의성時宜性에 대한 회의 때문이었던 것으로 보인다. 아무리 주공이 기획한 글이라 해도, 또한 전현들이 중시했던 책이

---

43 『朱子語類』卷86: "『周禮』, 胡氏父子以爲是王莽令劉歆撰, 此恐不然. 『周禮』是周公遺典也."

44 『朱子語類』卷86: "『周禮』畢竟出於一家. 謂是周公親筆做成, 固不可, 然大綱卻是周公意思."

45 『退溪全書』卷26, 「答鄭子中」: "此書, 前賢以爲周公運用天理爛熟之書, 然而滉未嘗不有疑於其間者, 恐其太繁密難施行也."

라 해도, 그것이 시행되기 어려운 문제점을 안고 있다면 이는 적극적으로 수용하기 어렵다는 것이 퇴계의 생각이었다. 이는 퇴계의 예서 연구가, 고례古禮라 하여 무비판적으로 수용하거나 전현들의 평가만을 맹목적으로 추수하는 연구를 위한 연구가 아니라, 예의 시행이라는 기준 위에서 진행되었음을 보여준다.[46]

한편 퇴계는 『예기』에 대해서는 성서 연대와 진위 문제까지 고려하면서 매우 신중하게 접근하는 수준에 있었다. 『예기』가 진화秦火에 의해 망실되었다가 한유漢儒들에 의해 철습撥拾되는 과정에서 체제가 착란錯亂되었다는 견해는 이미 목은牧隱 이색李穡(1328~1396)과 양촌陽村 권근權近(1352~1409)에게서도 제시된 바 있다.[47] 퇴계는 이에서 더 나아가 이것이 단순히 체제의 착란 문제뿐만 아니라 누군가의 가탁과 왜곡의 과정을 거침으로써 신뢰도에 상당한 문제가 생겼다는 점까지 이해하고 있었다.[48] 이는 퇴계가 예문을 있는 그대로 맹신하거나 묵수하는 차원을 넘어 합리적으로 판단하고 선택적으로 취사하려고 했다는 점을 보여준다. 이러한 퇴계의 태도는 다음의 사례에서도 확인할 수 있다.

'밥을 함께 먹을 때 손을 비비지 않는다'는 내용에 대해 예전에도 깊이

---

46 퇴계는 이 대목에서 전현들이 그렇게 높게 평가하였음에도 불구하고 자신은 쉽게 수용할 수 없는 데 대한 내면적 갈등을 토로하면서, 그 모든 책임을 자신의 믿음, 역량, 식견 등의 부족함으로 돌린다.(『退溪全書』 卷26, 「答鄭子中」: "『周禮』所疑, 槪與鄙意同, 而先儒稱重此書處, 每每有信不及之歎, 當是量未廣見未徹之故耶?")

47 『禮記淺見錄』 卷1, 「曲禮上」: "愚嘗學禮於牧隱之門, 先生命之曰, '禮經亡於秦火, 漢儒撥拾熅爐之餘, 隨其所得先後而錄之, 故其文多失次而不全.'"

48 『退溪全書』 卷12, 「與朴澤之」: "滉嘗以爲自四書之外, 所記孔子之言行, 多出於戰國姦人無忌憚者之假託以自逞, 秦漢曲士昧義理者之傳聞以相誇, 故其說多不足信. 雖如『左傳』·『史記』·『禮記』所載猶然, 況於『家語』·『說苑』等雜書乎?"

의심했었다. 옛 사람들이 비록 질박하고 소략했다고는 하지만, 이러한 예교(禮敎)를 세워서 사람들을 가르치는 시기에 이르렀을 정도라면, 이미 '땅에 구덩이를 파고, 손으로 퍼서 마시는[窪尊抔飮]'[49] 세상이 아닐진대 어찌 다른 사람과 그릇을 함께 사용하고 손으로 밥을 떠먹을 리가 있겠는가? 다른 음식이라면 오히려 그럴 수도 있겠으나, 밥은 더욱 그럴 수 없다.[50]

주자는 삼례서에 대해 기본적으로는 『주례』를 예의 강령으로 보고, 그 의법도수(儀法度數)에 있어서 『의례』는 본경(本經)에 해당하고 『예기』는 『의례』를 해설한 것으로 보았다.[51] 그러나 주자는 정현(鄭玄)(127~200)처럼 『주례』를 경례(經禮), 『의례』를 곡례(曲禮)로 보는 견해에 대해서는 의구심을 표하였다.[52] 대신 그는 『주례』를 그 자체로 별도의 예서로 보고, 『의례』와 『예기』에 대해서는 '『의례』는 예의 근본이고 『예기』는 『의례』를 해석한 것으로서 지엽에 해당한다'고 보았다.[53] 이에 따라 주자는 『의례』와 『예기』를 경(經)과 전(傳)의 관계로 이해했다.[54] 그리고 이러한

---

49 『禮記』「禮運」: "汙尊而抔飮."【鄭玄注】"汙尊, 鑿地爲尊也. 抔飮, 手掬之也."【孔穎達疏】"鑿地汙下而盛酒, 故云汙尊. 以手掬之而飮, 故云抔飮."

50 『退溪全書』卷35,「答柳耳見○己巳/別紙」: "'共飯不澤手', 舊亦深疑之. 古人雖質略, 然至於立此等禮敎以訓人之時, 已非窪尊抔飮之世, 何至與人共器, 而以手取飯之理? 他食猶可, 以飯尤不當然也."

51 『朱熹集』卷14,「奏箚·乞修三禮箚子」: "'『周官』一書固爲禮之綱領, 至其儀法度數, 則『儀禮』乃其本經, 而『禮記』「郊特牲」「冠義」等篇乃其義說耳."

52 『朱子語類』卷87: "鄭康成注, '經禮三百'云是『周禮』, '曲禮三千'云是『儀禮』, 某嘗疑之."

53 『朱子語類』卷84: "'『周禮』自是一書. (…중략…) 『儀禮』, 禮之根本, 而『禮記』乃其枝葉."; 卷85: "'『儀禮』是經, 『禮記』是解『儀禮』. 如『儀禮』有「冠禮」, 『禮記』便有「冠義」. 『儀禮』有「昏禮」, 『禮記』便有「昏義」. 以至燕·射之類, 莫不皆然."

54 『朱熹集』卷14,「奏箚·乞修三禮箚子」: "熙寧以來, 王安石變亂舊制, 廢罷『儀禮』, 而獨存『禮記』之科, 棄經任傳, 遺本宗末, 其失已甚."

삼례에 대한 이해를 바탕으로 『의례』를 중심으로 한 『의례경전통해儀禮經傳通解』를 완성하기에 이른다.[55] 이처럼 주자의 예학에서 『의례』는 중핵의 위치에 있게 된다.

퇴계가 『의례』에 대해 주자처럼 예의 근본이라고 언급하거나 『의례』와 『예기』를 경과 전의 체제로 설명한 것을 찾을 수는 없다. 하지만 그가 삼례서 중에 『의례』에 대해서만큼은 어떠한 의구심도 표하지 않고 전폭적으로 신뢰하면서, 당시 어느 학자보다도 『의례』에 대한 연구를 깊이 있게 진행한 것은 이러한 주자 예학의 영향 때문이었을 것이다. 퇴계가 『의례』에 대해 보여준 부정적 표현으로는 '고증하지 못했다'는 정도가 전부이다.

요즘 시속에서는 빈(殯) 앞에 궤연(几筵)을 마련하고 조석으로 전(奠)과 상식(上食)을 모두 여기에서 행한다. 『의례』에 "하실(下室)에서 궤식(饋食)한다"고 했고, 주(註)에 "하실은 오늘날의 중당(中堂)과 같다"고 했다. 그렇다면 옛 사람들은 궤연을 마련한 곳에서는 조석전(朝夕奠)만 행하고, 상식은 평상시처럼 중당에서 행했던 것이다. 이것이 요즘 제도와 다르다. 그곳에서 상식을 하게 되면 무엇으로 신(神)을 의지하게 해서 상식을 하는 것인지 모르겠는데, 아직 고증하지 못했다.[56]

---

55 주자가 『의례』와 『예기』를 경(經)과 전(傳)의 체제로 이해한 것과 그러한 인식이 『의례경전통해』의 기획으로 이어지는 과정에 대해서는 정경희, 1998b 참조.

56 『退溪全書』卷38, 「答趙起伯問目」: "今俗, 殯前設几筵, 朝夕奠及上食皆行於此矣. 『儀禮』有'饋食下室'之文, 「註」, '下室猶今中堂.' 然則古人設几筵處, 只行朝夕奠, 而上食則象平時行於中堂矣. 此與今制不同, 未知其上食處以何依神而上食也, 未可考."

여기에서 퇴계가 지적하는 것을 설명하자면 다음과 같다. 즉, 요즘 시속今俗에서는 장례를 치르기 전에 전과 상식을 모두 빈殯 앞에 마련된 궤연에서 행하는 데 반해,『의례』를 살펴보면 전과 상식을 각각 궤연과 하실로 분리해서 행했다는 것이다.[57] 퇴계도 '조석 상식은 돌아가신 분을 살아계실 때처럼 섬기는 의식'이라는 것을 알고 있었다.[58] 그렇기 때문에 평소 거처하시던 하실(중당)에서 이를 행하는 것도 이해한다. 다만, 여기에서 퇴계가 난색을 표하는 것은, 전이든 상식이든 돌아가신 분의 신혼神魂에게 행하는 의식이라면[59] 당연히 체백과 신혼이 함께 모셔져 있는 빈궁殯宮에서 행해야 할 것임에도『의례』에서 체백도 신혼도 없는 하실(중당)에서 궤饋(朝夕食)를 올리라고 한 이유가 무엇인가 하는 점이다. 그러나 여기에서 퇴계는『주례』나『예기』에 대해서 사용했던 '의심스럽다[疑]'는 표현 대신 '아직 고증하지 못했다[未可考]'는 표현을 사용하고 있다. 이는『의례』의 의도가 있을 텐데 자신이 아직 고증이 부족해서 모르겠다는 표현으로,『의례』에 대한 퇴계의 신뢰 정

---

57 『의례(儀禮)』「기석례(旣夕禮)」에 "평소 봉양하던 음식이나 목욕물 등은 살아계셨을 때와 같이 한다. 초하룻날 천신(薦新)을 하게 되면 하실(下室)에서는 궤(饋)를 올리지 않는다."고 되어 있다.(『儀禮』「旣夕禮」: "燕養, 饋羞湯沐之饌如他日. 朔月若薦新, 則不饋于下室.") 그런데 이 대목을 이해하기 위해서는「사상례(士喪禮)」에 나오는 "초하룻날 전(奠)을 올릴 때는 (…중략…) 서직(黍稷)을 마련하고, (…중략…)."(『儀禮』「士喪禮」: "朔月奠, 用特豚・魚・腊, 陳三鼎如初. 東方之饌亦如之. 無籩, 有黍稷, 用瓦敦, 有蓋, 當甈位.")라는 말을 함께 참고해야 한다. 즉, 평소 빈궁(殯宮)에서는 서직(黍稷)을 마련하는 등의 이른바 은전(殷奠)을 차리지 않고, 생전처럼 하실(중당)에서만 궤(饋: 朝夕食)를 올린다. 하지만 초하루가 되면 빈궁에 은전을 차리기 때문에 하실에는 궤(조석식)를 올리지 않는다는 것이다.

58 『退溪全書』卷37,「答權章仲喪禮問目」: "朝夕上食, 象平日事親之常禮."

59 『儀禮』「士喪禮」에 "奠脯醴醴酒, 升自阼階, 奠于尸東."이라 했고, 이에 대한 주(注)에서 정현(鄭玄)은 "鬼神無象, 設奠以馮依之."라고 했다. 이에 근거하여 퇴계 역시 "奠, 所以依神."(『退溪全書』卷28,「答金伯榮富仁可行富信悙敍問目喪禮○乙卯」)이라고 했다.

도가 특별한 것이었음을 보여준다.

이상에서 살펴본 바와 같이 퇴계는 고례古禮라고 하여 무비판적으로 수용하거나 맹목적으로 추수하기보다는 비판적으로 검토하고 객관적으로 평가하고자 했다. 그러나 한편으로 퇴계는 '행사가 의리에 부합하려면 경솔하게 자기 의견대로 해서는 안 되고 고례를 고거考據하여 대처할 필요가 있다'고 보았다.[60] 이는 『예기』에 있어서 부분적인 위작 가능성을 제외한다면, 삼례서는 당연히 의리를 담지한 예의 본령이라는 점을 천명한 것이다. 따라서 삼례서에 대한 퇴계의 평가적 검토는 예서 연구에서 학자로서의 비판적이고 객관적인 자세를 확인해주는 사례이며, 그와는 별도의 차원에서 퇴계는 의리에 부합하기 위해서는 고례를 반드시 고거해야 할 것으로 확신하고 있었다.

물론 퇴계가 고례인 삼례서만을 고거해야 할 예서로서 중시한 것은 아니다. 오히려 삼례서보다 더 많이 고거되었던 것은 『가례家禮』이기 때문이다. 그런데 중요한 것은 삼례서에 대한 고거와 『가례』에 대한 고거 사이에는 미묘하지만 근본적인 차이가 있다는 점이다. 삼례서의 내용은 그 자체로 고례의 원형을 담고 있어서 예의 본령에 해당하기에 예에 관한 모든 논의와 행위의 준거로서 고거되어야 할 것이다.[61] 그러므로 삼례서를 고거하는 이유는 현재에 어떻게 준행할 것인지를 모색하기 이전에 예를 논의하는 토대로서 그 본질에 대한 이해를 다지려는 데

---

60 『退溪全書』卷11,「答李仲久」: "今欲行事之合義, 不可率意直遂而行, 須考據古禮而處之."

61 퇴계는 예서(禮書)에 근거하지 않은 '경솔'한 논의나 행위에 대해 "無經據而率意言之, 皆涉謬妄."(『退溪全書』卷32,「答禹景善/別紙」), "亦有未可率意輕作者."(卷29,「答金而精/別紙」), "恐不可率意直行也."(卷34,「答金士純問目」)라는 말들로 부정적인 입장을 표했다.

있다. 이에 반해 『가례』는 그와 같은 고례를 현재의 달라진 상황에 어떻게 적용할 것인가에 대한 고민으로 만들어진 예서이다.[62] 즉, 예가 제정된 고古와 예가 시행될 금今은 본질적으로 다름에도 불구하고 고古에 완성된 예는 금今에도 여전히 시행되어야 한다는 문제의식에서 대두한 예서가 바로 『가례』라는 것이다.[63] 따라서 퇴계가 『가례』에 대해 '짐작손익해서 시의를 얻은 예'[64] 혹은 '명칭을 고려하여 고례의 정신을 회복하고顧名反古, 현재를 감안하여 중中을 가늠한因時酌中 제도'[65]라고 평가한 것도 이런 맥락에서 이해할 수 있다. 그러므로 당연히 고례를 짐작손익해서 인시작중하는 데 『가례』를 고거하는 주요한 이유가 있다. 이렇게 예의 본질을 탐구하려는 고거와 예의 현재적 적합성을 참고하려는 고거는 서로 다른 측면에서의 중요한 작업이다.[66]

그런데 여기에서 다시 제기되는 문제가 있다. 사실 『가례』가 담고 있는 문제의식 자체는 결코 외면할 수 없는 중요하고 절실한 것이지만, 『가례』가 그러한 문제의식을 완벽하게 해결했느냐 하면 그렇지 못하다

---

62 『朱子家禮』「序」: "三代之際, 禮經備矣, 然其存於今者, 宮廬器服之制, 出入起居之節, 皆已不宜於世. (…중략…) 嘗獨究觀古今之籍, 因其大體之不可變者, 而少加損益於其間, 以爲一家之書."

63 이러한 의식은 사실 삼대(三代)의 예를 해석한 공자의 언급에서 그 시원을 찾을 수 있다.(『論語』「爲政」: 子曰, "殷因於夏禮, 所損益, 可知也, 周因於殷禮, 所損益, 可知也.") 또한 『가례』 이전에 『서의』 등도 있었지만 이는 모두 『가례』의 작업으로 수렴되고 있다.

64 『退溪全書』 卷15, 「答金敬夫肅夫宇顒」: "朱子所以斟酌損益, 得時宜之禮."

65 『退溪全書』 卷30, 「答金而精別紙」: "正是顧名反古·因時酌中之制."

66 이는 앞에서 검토한 '연복(練服)'에 관한 논의에서도 확인할 수 있다. 연복이 수복(受服)의 과정에 속하는 것이고, 그것은 상례 전체에 스며있는 점쇄(漸殺)의 질서 속에서 고안된 제도임을 고례를 통해 확인할 수 있다. 그러나 그것이 문식이 극도로 발전했던 주나라의 제도임을 이유로 모두 없애버린 『서의』를 반성적으로 검토하면서, 별도로 최복(衰服)을 만드는 것은 없었지만 연복으로 관(冠)을 만드는 방식으로 절충한 『가례』의 사례에 잘 드러나 있다.

는 것이다. 퇴계는 이 점을 분명하게 인지하고 있었고, 따라서 『가례』의 미비점에 대해 여러 곳에서 지적한다. 예컨대, 『가례』에 실려 있는 그림[圖]과 본문이 서로 맞지 않다는 사실이나[67] 오자誤字의 가능성을 제기하였는가 하면,[68] 『가례』의 미비점에 대해 직접적으로 지적하기도 하고,[69] 심지어 이해할 수 없는 부분이 한두 군데가 아님을 다음과 같이 토로하기도 하였다.

(문) 우제(虞祭)와 삭망전(朔望奠)에는 강신(降神)하는 예에 향을 피우고 술을 따르고 각각 재배를 합니다. 그런데 시제(時祭)에서는 두 가지(향을 피우고 술을 따르는 것 : 논자 주)를 한꺼번에 행하고 한 번만 재배합니다. 어째서 같지 않습니까?

(답) 살펴보면, 우제(虞祭)만 그런 것이 아니라 부(祔)와 상(祥)·담(禫)에도 모두 각각 재배를 한다. 대저 우(虞)·삭(朔)과 같은 의식에는 예가 의당 간소해야 할 텐데 도리어 갖추어져 있고, 시제는 예가 의당 번잡해야 할 텐데 도리어 간략하니, 모두 이해할 수 없다.[70]

---

67 『退溪全書』卷39, 「答鄭道可問目」: "「祠堂圖」多與本文不相應, 未詳何意." 그러면서도 퇴계는 다음과 같이 말함으로써 『가례』의 「그림[圖]」이 전혀 신뢰할 수 없는 것은 아니라는 점을 언급한다. "「家禮圖」雖或有誤, 豈容皆誤?"(『退溪全書』卷27, 「答鄭子中別紙」)

68 『退溪全書』卷39, 「答鄭道可問目」: (問)"『家禮』, 祝版長一尺, 高五寸, 當用周尺否? 不言其廣, 廣用幾寸?" (答)"若周尺, 恐太小, 或疑高是廣字之誤, 未詳是否."

69 『言行錄』卷4, 「論禮」: (問)"『家禮』成服, 腰絰散垂三尺, 厥後不言其絞, 散垂終三年乎?" (答)"無三年散垂之理. 如此處恐或未備."

70 『退溪全書』卷27, 「答鄭子中別紙○庚午」: (問)"虞祭朔望奠, 則降神之禮, 焚香·酌酒, 各行再拜. 時祭, 則二者并行, 一再拜, 何以不同?" (答)"按非獨虞祭, 其於祔及祥禫, 皆各再拜. 夫虞朔之類, 禮宜簡節而反備, 時祭, 禮宜繁縟而反略, 皆不可曉."

『가례』가 주자의 저작이 아닐 가능성에 대해 퇴계가 의심한 흔적을 찾을 수는 없다.[71] 위작은 고사하고 미완성일 가능성에 대해서조차 그는 조심스러워 하면서,[72] 다만 『가례』의 미비점에 대해 비판적으로 검토할 뿐이다. 그리고 그 미비점이란 대체로 짐작손익의 적절성에 관한 것으로, 위의 문답에서 '간소함'과 '번잡함'의 적절성에 대해 이의를 제기하는 장면이 이를 잘 보여준다. 『가례』에 대한 퇴계의 이러한 비판적 검토는 그가 주자의 『장구章句』나 『집주集註』에 대해 '천지에 세워두어도 어긋나지 않고, 귀신에게 질정해도 의심이 없다'면서[73] 절대적인 신뢰를 보냈던 것과는 크게 대비되는 점이다.

이렇게 『가례』는 자체의 문제의식을 완벽하게 소화하지 못한 한계를 분명히 가지고 있었고, 이를 보완하는 차원에서 퇴계 당시 적극 참고되었던 예서가 경산瓊山 구준丘濬(1421~1495)의 『가례의절家禮儀節』이다.[74] 퇴

---

71 퇴계는 『가례』가 주자의 제도라고 분명하게 언급한다.(『退溪全書』 卷13, 「答宋寡尤言愼○庚午」: "滉謂『家禮』, 朱子之制".)
72 이국필(李國弼, 생몰미상)이 '질대산수(絰帶散垂)'가 『가례』의 그림[圖]에는 있는데 본문에는 없다는 점을 지적하면서 "이른바 『가례』가 미완성이라는 것이 이런 것을 가리키는 것인지"에 대해 묻지만, 퇴계는 이에 대한 아무런 언급도 하지 않는다.(『退溪全書』 續集卷6, 「答李棐彦問目家禮」: (問)"第九板, 絰帶圖, 成服前経帶散垂, 乃古禮, 而圖亦有之, 『家禮』本條則無之. 所謂『家禮』未成書之類, 此耶? 抑朱子因其大體之不可變者, 而少加損益於其間者而無之乎? 丘氏『儀節』亦取而補入, 當從『儀節』乎?" (答)"此圖上文字似誤, 不可從, 丘說'當如本註下', 似爲得之.")
73 『退溪全書』 卷12, 「與朴澤之」: "朱子之爲集註章句也, (…중략…) 故其書之出, 可以建諸天地而不悖, 質諸鬼神而無疑, 百世以俟聖人而不惑焉, 此豈一朝率然爲之而能至是哉?"
74 중종(中宗) 13년(1518)에 모재(慕齋) 김안국(金安國)이 북경에 사신으로 다녀오는 길에 성리학 관련 서적들을 구입해 와서 임금에게 간행하여 반포할 것을 주청한 일이 있었는데, 이 가운데는 『가례의절』이 포함되어 있었으며 이를 『주자가례』의 우익서(羽翼書)로 평가하고 있다.(『中宗實錄』 卷34, 13년(1518) 11월 22日: "所謂『家禮儀節』者, 皇朝大儒丘濬所刪定也. 文義之脫略, 補而備之, 乃『朱子家禮』之羽翼也. 亦印頒而使人講行爲當.") 사흘 뒤인 11월 25일 중종은 이를 간행할 것을 윤허했다.(『中宗實錄』 卷34, 13年(1518) 11月 25日: "命印金安國所獻論孟或問諸書.")

계 역시 『가례』의 미비한 부분에 대해 보완할 필요가 있을 때 『가례의
절』을 참고했던 것을 확인할 수 있다. 예를 들면 조조朝祖를 행하는 의식
에 대해 『가례의절』에서는 "요즘은 대부분 집이 좁아 영구靈柩를 옮기기
곤란하므로 혼백魂帛으로 영구를 대신한다. (…중략…) 만일 집이 넓다면
의당 예와 같이 해야 할 것"이라고 했다.[75] 하지만 이와 관련해 『가례』
본문에는 혼백으로 대체하라는 언급이 없을 뿐만 아니라, 신재信齋 양복
楊復은 해당 조목의 부주附註에서 "『의례』[76]와 같이 공軼과 축軸 그리고 이
상夷牀 등의 기구를 사용해 영구를 옮겨야 하며, 혼백으로 대체하는 것은
잘못"이라고 지적한다.[77] 이 경우에 퇴계는 경산의 견해가 타당하다며
동의한다.[78] 또한 퇴계는 『가례』에는 없는 개장改葬과 관련하여 『가례의
절』을 적극 참고하였을 뿐 아니라,[79] 신장新葬과 개장改葬을 합장해야 하
는 변례變禮의 상황에 대해 『예기』에 나오는 '병유상竝有喪'의 예로 행할
것을 주문한 것도 『가례의절』에 근거하여 내린 결론이었다.

　　상을 당해서 개묘(改墓)와 합장하는 예는 어디에도 의거할 만한 증거가
　　없었으나, 개묘라는 사안에 대해서만큼은 고인(古人)이 모두 상례로 대처

75　『家禮儀節』卷5,「喪禮」'遷柩 · 朝祖 · 奠 · 賻 · 陳器 · 祖奠'條: "奉柩, 朝于祖."【註】
　　"今人家多狹隘, 難於遷轉, 今擬奉魂帛以代柩. …… 若其屋宇寬大者, 自宜如禮."
76　『儀禮』「旣夕禮」"遷于祖, 用軸." 부분【注】·【疏】참조.
77　『家禮』卷5,「喪禮」'遷柩 · 朝祖 · 奠 · 賻 · 陳器 · 祖奠'條: "奉柩, 朝于祖."【附註】楊氏
　　復曰, "…… 蓋朝祖時, 載柩則有軼軸, 正柩則有夷牀, 後世皆闕之. (…중략…) 若但魂帛
　　朝于祖, 亦失遷柩朝祖之本意. 恐當從『儀禮』, 別製恐軸以朝祖, 至祠堂前, 正柩用夷牀."
78　『退溪全書』卷28,「答金而精問目」: "朝祖, 丘氏謂'人家狹隘者, 奉魂帛以代柩. 屋宇寬
　　大者, 宜如禮.' 此論得之."
79　경산(瓊山) 구준(丘濬)은 『가례의절』에 '개장(改葬)'을 보충해 넣으면서 다음과 같이
　　말한다. "『家禮』無改葬, 今采集禮補入." 퇴계가 '개장'과 관련하여 『가례의절』을 참고
　　한 사례는 『退溪全書』卷34,「答鄭汝仁問目」과 卷34,「答金士純改葬問目」에 나온다.

하였음을 경산의 『의절』에서 확인할 수 있다. 이제 근거 없이 억견을 창행하기보다는, '병유상'의 사례에 견주어서 행하는 편이 아마도 예의(禮意)에 어긋나지 않을 것이다.[80]

　이렇게 『가례의절』을 통해 『가례』의 미비한 점을 보완했지만, 기본적으로 퇴계는 『가례의절』을 저술한 경산에 대해 크게 신뢰하지는 않았으며, 따라서 그의 견해를 모두 따를 필요는 없다고 보았다.[81] 이에 퇴계는 '조조朝祖'의식에서 전을 올리는 문제와 관련하여 『가례』와 달리 모든 전奠을 없애버린 『가례의절』에 대해 '지나치게 간소화했다太簡'며 비판하는가 하면, 우제虞祭에 참신參神절차를 없앤 『가례』와는 달리 이를 다시 보충해 넣은 『가례의절』에 대해서는 오히려 '경솔하게 첨가해 넣었다'며 비판했다.[82] 이는 『가례의절』이 부분적으로는 『가례』의 '우익서羽翼書'로서의 역할을 담당하기도 했지만, 『가례』가 보여준 짐작손익을 완벽하게 보완할 수 없었을 뿐만 아니라 오히려 이를 훼손한 측면도 있다는 점을 분명히 한 것이다.

80　『退溪全書』卷28, 「答金伯榮富仁可行富信悼敍問目喪禮○乙卯」: "當喪而改墓合葬之禮, 並無據證, 而改墓一事, 古人皆以喪禮處之, 考於瓊山『儀節』可見. 今與其無據而創行臆見, 寧比類於並有喪之例而行之, 庶不乖禮意."

81　『退溪全書』卷22, 「答李剛而問目喪禮○丙寅」: "大抵丘文莊好惡頗有不中理處, 恐不必盡從其論也."

82　『退溪全書』卷34, 「答鄭汝仁問目」: (問) "虞祭, 謹按『家禮』, 無參神條, 『儀節』雖補入, 而乃在降神之後. 蓋旣出主, 不可虛視, 必當拜而肅之, 則參神宜居於降神之前, 灌則所以爲將獻而親饗其神之始, 則降神宜居於參神之後. 今欲先降後參, 倣四時祭爲之, 不知可否?" (答) "虞祭參神, 朱子所以虞祭無參神一節, 非闕漏也. 虞者, 祭之末吉者, 至卒哭而後, 謂之吉祭. 且參者, 謁見之名, 當是時, 如事生如事存之兩際, 故以生前常侍之意, 行降神, 以見求神於怳惚之間, 此甚精微曲盡處, 瓊山率意添入, 恐有不知而作之病也, 當從朱子."

예서에 대한 퇴계의 평가적 검토는 시왕례時王禮[時王之制]에 대해서도 이루어진다. 앞에서도 언급한 바와 같이 퇴계에게 있어서 시왕례는 조선과 명明의 국가 차원에서 편찬한 예전禮典들을 가리킨다. 그런데 흥미로운 것은 "『가례』는 주자의 예제이고, 『대명회전大明會典』과 『오례의五禮儀』는 시왕時王의 예제이다"[83]라고 분명하게 구분한 퇴계의 언급에서도 알 수 있는 것처럼, 퇴계에게 있어서 시왕의 예제는 선현先賢의 예제와 구분되어 인식되고 있다는 사실이다. 이는 앞에서 살펴본 바와 같이 '3대봉사三代奉祀하는 것은 시왕의 예제이고, 4대봉사四代奉祀하는 것은 정주程朱의 예제'라고 구분 짓는 데서도 확인할 수 있다.[84]

예제란 기본적으로 세상을 교화하는 교속훈세矯俗訓世의 성격을 갖는데, 이를 가능하게 하는 동력은 두 가지다. 하나는 제왕帝王으로부터 나오는 권위權威이고, 다른 하나는 성현聖賢으로부터 제시된 의리義理이다.[85] 성왕聖王이 성인聖人과 제왕帝王으로 분리된 이래, 성왕에게만 부여되었던 제례작악制禮作樂의 정당성 역시 선현과 시왕이 나누어 갖게 되었다. 이에 따라 예의 본령인 고례古禮를 현실에 시행하는 짐작손익의 작업은 대체로 두 가지 형태로 이루어지는데, 시왕의 권위를 배경으로

---

83 『退溪全書』卷13, 「答宋寡尤言愼○庚午」: "滉謂『家禮』, 朱子之制, 『大明會典』·『五禮儀』, 時王之制."
84 이와 관련해서는 제2장 1절에서 상세히 다루었다.
85 다음 인용문은 이른바 '능권(能權)'의 지위를 가져야만 세상을 훈도할 예제를 만들 수 있음을 보여준다. "此乃人事之大變極致處, 吾未到能權地位, 恐難以立下一格法, 以訓世也."(『退溪全書』卷37, 「答李平叔」) 그리고 다음 인용문은 고례에 담긴 의리에 정통해야만 예서를 만들 수 있음을 보여준다. "自公而言, 則學未成而名未顯, 自滉而言, 則德愈下而識愈憒, 古所謂大禮與天地同其序, 旣未窺其本原, 所謂禮儀三百·威儀三千, 又未知其節文, 而乃相與出位犯分, 率意妄作, 增損乎大賢之成書, 其能得制作之意而無乖繆乎? 駁正乎末世之敝典, 其能無專僭之謗而免罪戾乎?"(『退溪全書』卷29, 「答金而精別紙」)

하는 국가적 차원의 예전과 선현들이 의리를 바탕으로 만들어낸 예서가 바로 그것이다. 퇴계가 시왕의 예제와 선현의 예제를 구분하는 것은 이런 사실에서 비롯된 것이며, 시왕례에 대한 평가적 검토 역시 바로 여기에서 출발한다.

퇴계가 어떤 예제를 논하는 과정에서 가장 바람직하며 신뢰할 수 있다고 여기는 것은 선현의 예제와 시왕의 예제가 서로 충돌하지 않고 부합하는 경우이다. 다음의 사례가 이를 잘 보여준다. 새로 신주神主를 만들고 신위神位를 기입한 다음 그 옆쪽에 봉사자奉祀者를 기입하는 것을 '방제旁題'라고 하는데, 이를 『가례』에서는 (돌아가신 분이 아버지인 경우) "그 아래 왼쪽에 '효자모 봉사孝子某奉祀'라고 한다"[86]라고 되어 있다. 퇴계 당시 여기에서 말하는 '그 아래 왼쪽其下左旁'이 신주를 기준으로 왼쪽인지, 쓰는 사람을 기준으로 왼쪽인지를 두고 논란이 있었다. 논란의 발단은 모재慕齋 김안국金安國(1478~1543)이 이를 두고 신주를 기준으로 왼쪽이라고 했다는 것에서 비롯되었으며, 모재가 그렇게 주장하게 된 근거로 하사신何士信(생몰미상)의 「소학도小學圖」가 지목되었다.[87] 당시 많은 사람들이 이 견해를 따랐을 뿐 아니라, 중국에서 온 사신들許國, 魏時亮까지도 그렇게 알고 있었던 듯하다.[88] 하지만 퇴계는 주자의 글쓰기

---

86 『家禮』卷5, 「喪禮·發引」: "題主." 【註】"其下左旁曰, '孝子某奉祀.'"

87 『退溪全書』卷28, 「答金伯榮富仁可行富信悼敍問目喪禮」: "奉祀題左之說, 從前只見「家禮圖」所題, 意謂與『大學』傳'序次如左'者同例, 蓋據自己向彼而分左右耳, 更不置疑於其間, 頃在都下, 見一士人嘗游慕齋門下者云, '慕齋謂, "左者, 指神主左旁而言."'以慕齋公之該博, 其言必有所據, 心始疑之, 及今示及「小學圖」[何氏註], 見其所題正在神主左旁, 然後乃知慕齋公亦必據此而言也."

88 『退溪全書』卷27, 「答鄭子中○己巳」: "題奉祀左方, 以神主左方爲是者, 不勝其多. 不獨今人爲然, 何氏「小學圖」等古書亦或有之, 故金慕齋亦從之, 許·魏兩使所云如此, 無足恠也."

방식에 근거해 볼 때 『가례』에서 말하는 '그 아래 왼쪽' 역시 쓰는 사람을 기준으로 왼쪽임을 증명한다.[89] 그리고 명나라와 조선의 시왕례인 『대명회전大明會典』과 『오례의』가 모두 『가례』를 따르고 있다며 다음과 같이 확정한다.

「가례도(家禮圖)」가 비록 잘못된 것들이 있기는 하지만 어찌 모조리 잘못됐을 수 있겠는가? 『대명회전』이 이미 「가례도」를 따랐고, 우리나라의 「예도(禮圖)」는 또 『회전(會典)』을 따랐음에도, 이제 기어이 선현과 시왕의 제도를 버리고 하씨(何氏)를 따르려 하는가?[90]

그러나 시왕례가 선현례와 부합하기만 한 것은 아니다. 이 두 예제가 서로 충돌하는 경우에 퇴계는 기본적으로 신중함을 유지하면서도 전반적 기조에 있어서는 선현례에 의거하여 시왕례를 비판하는 모습을 보여준다. 예를 들면, 『가례』에서 성복成服을 한 후에 조석곡전朝夕哭奠과 상식上食을 하게 한 것과 다르게 『오례의』에서는 영좌靈座를 마련하면서

---

89 『退溪全書』卷27, 「答鄭子中○己巳」: "朱子於題幾主後, 旣明言'其下左方題'云云, 此必以先所寫一行爲上, 故以次行爲其下, 以在上者爲右, 故以在下者爲左耳. 然則其分左右, 正與『大學』'序次如左'之說同, 皆以人對書而稱其方位." / 더 나아가 퇴계는 『염락풍아(濂洛風雅)』에 나오는 남헌(南軒) 장식(張栻, 1133~1180)의 「제갈충무후찬(諸葛忠武侯贊)」 아래 '남헌이 이 찬을 짓고, 문공(주자)이 그 왼쪽에 발을 썼다'는 말을 또 하나의 명확한 증거라며 제시한다. "近又見『濂洛風雅』, 南軒「諸葛武侯贊」末注, '南軒作此贊, 文公跋其左方'云云, 亦謂人左爲左方, 是亦明證."(『退溪全書』卷27, 「答鄭子中別紙○庚午」)

90 『退溪全書』卷27, 「答鄭子中○己巳」: "「家禮圖」雖或有誤, 豈容皆誤? 『大明會典』旣從「家禮圖」, 我國「禮圖」又從『會典』, 今必欲舍先賢時王之制, 而從何氏?" 또 퇴계는 다음과 같이 말하기도 했다. "神主旁題之左右, 古亦有兩說, 然滉謂『家禮』, 朱子之制, 『大明會典』・『五禮儀』, 時王之制, 皆題在人左, 今當依此而書之."(『退溪全書』卷28, 「答宋寡尤言愼○庚午」)

바로 조석전과 상식을 하게 하였는데,[91] 이를 두고 퇴계는 '예의禮意를 상실한 것'이라고 비판하였다.[92] 또한 국휼國恤에서 내·외직과 품계의 고하를 막론하고 모든 관원들의 복服을 동일하게 시행토록 한 데[93] 대해서는 '적당함에서 지나쳤다'며 비판하였다.[94]

그러나 이러한 퇴계의 비판이 단순히 선현례만을 맹목적으로 추수하고 시왕례를 무시해서 그런 것은 아니다. 어디까지나 예를 논하는 데 절대 기준이라 할 수 있는 의리義理에 비추어 보았을 때 선현례가 옳기 때문이었다.[95] 특히나 그것이 종법질서宗法秩序와 같은 대원칙을 위반하는 경우라면 그 비판의 수위 또한 더욱 준엄하다.

오직 당(唐)나라 때 무조(武曌, 측천무후)가 고종(高宗)에게 청하여 천하의 어머니 상[母喪]을 아버지 상[父喪]과 동일하게 하려고 하였고, 대명례(大明禮)에 이르러 마침내 아버지 상과 동일하게 참최 3년(斬衰三

---

91 『國朝五禮儀』卷8,「凶禮·大夫士庶人喪」,'靈座'條: "侍者設櫛盥奉養之具, 皆如平生. 始設朝夕奠及上食." / 참고로 『가례(家禮)』의 '영좌(靈座)'조(條) 주(註)에는 "侍者朝夕設櫛頮奉養之具, 皆如平生."이라고만 되어 있다.

92 『退溪全書』卷28,「答金而精/問目」: "今之『儀註』, 於小斂前已有上食之文, 恐失禮意也."

93 『國朝五禮儀』卷7,「凶禮·服制」: "宗親及文武百官斬衰三年, (…중략…) 各道大小使臣及外官服與百官服同."

94 『退溪全書』卷30,「答金而精」: "今按朱子「答余正甫書」, 論國喪云, "朝廷州縣皆三年, 燕居, 許服白絹巾·白涼衫·白帶, 選人小使臣, 旣祔, 除衰而皀巾·白涼衫·靑帶以終喪. 庶人吏卒, 不服紅紫三年." 以此觀之, 今之『儀註』, 似爲過當, 無降等皆行三年乎?"

95 성복(成服) 후에 상식(上食)을 하는 문제와 관련해서 퇴계는 다음과 같이 먼저 의리(義理)를 해명한다. "上食, 所以象平時也. 死喪大變之初, 死者魂氣飄越不定, 生者被括哭擗無數. 此時, 只設奠以依神則可矣, 上食以象平時, 非所以處大變也. 當是時, 生者三日不食, 亦爲是也."(『退溪全書』卷28,「答金而精/問目」) 국휼(國恤)에서 관원들의 복(服)과 관련해서도 퇴계는 "강등 없이 모두 3년을 치러야 하는가?[無降等皆行三年乎?]"라고 하여, 주자의 견해에 비추어 보았을 때 그것이 부당하다는 점을 표명한다.

年)을 하도록 하는 예제가 만들어졌다. 그러나 어찌 성전(聖典)을 어지럽힌 것으로 세교(世敎)를 삼을 수 있겠는가? 국조(國朝)에서는 명제(明制)를 쓰지 아니함으로써 "무이존(無二尊), 불이참(不貳斬)"의 의리(義理)를 가장 잘 획득하게 되었다.[96]

이상에서 살펴본 바와 같이 퇴계의 문헌 고구적 예서연구는 고례와 가례류 그리고 시왕례에 이르기까지 폭넓게 진행되었다. 그리고 그것은 단순한 섭렵이 아니라 종합적인 이해와 평가적인 검토를 통해 진행되었다. 퇴계가 보여준 이러한 연구역량은 당시의 예학수준에 비추어 볼 때 최고 수준에 있었음은 물론, 이후 후학들에 의해 전개된 예학연구의 출발선을 한참 앞당겨 놓은 것임에 틀림없다.

2. 의리義理 중심의 해석

1) 의리적 해석을 통한 예의禮意 구명

퇴계는 예를 연구하는 데 있어서 우선 고금의 예서들을 가능한 다양하게 참고하고자 했을 뿐 아니라, 각각의 예서들에 대해서도 깊은 수준의 조예를 이루었다. 나아가 퇴계는 예서들을 맹목적으로 신뢰하거나 묵수적으로 준행하지 않고, 예서들 각각에 대해 비판적 관점에서 평가

---

96 『退溪全書』卷30, 「答金而精/別紙」: "惟有唐武曌嘗請於高宗, 欲令天下母喪同父喪, 至大明禮, 遂有同父喪斬衰三年之制, 寧可以亂聖典爲世教耶? 國朝不用明制, 最得無二尊·不貳斬之義."

적으로 검토했다. 하지만 퇴계의 예 연구에 있어서 가장 중요하면서도 근본적인 목표는 천리天理의 절문節文이며 인사人事의 의칙儀則인 예를 현재에 구현하는 데 있었다. 다시 말하면 퇴계의 예 연구는 연구를 위한 연구가 목적이 아니라, 예의 시행에 목적이 있었다는 것이다.[97] 그렇기 때문에 퇴계는 삼례三禮로 대표되는 고례古禮를 획기적으로 짐작손익斟酌損益했다고 평가할 수 있는 『가례』를 자신의 예 연구에 있어서 거점에 놓았던 것이다.

그러나 문제는 『가례』가 완벽하지 않다는 점이다. 『가례』가 완벽하지 않다는 것은 앞에서 살펴본 바와 같은 『가례』 자체의 미비함이 첫 번째 이유가 되겠지만, 그보다 훨씬 본질적인 이유가 있다. 그것은 『가례』의 짐작손익은 『가례』가 만들어졌던 현재를 대상으로 한 것이었을 뿐이며, 퇴계 당시에 와서는 『가례』의 짐작손익만으로 충분하지 않게 됐다는 점이다. 예를 들면 퇴계 당시 모든 사대부들은 망건網巾을 착용했으나, 망건은 『가례』가 만들어졌을 당시에는 존재하지 않았던 것이다.[98] 따라서 죽은 이를 습襲할 때 망건을 사용해야 하는지,[99] 또한 복服을 입은 사람은 언제쯤 다시 망건을 착용해도 좋은지에 대한 문제가 제기되었다.[100] 이러한 문제는 의·식·주를 중심으로 한 중국과 조선의 문화적 차이에서도 제기되고 있었다. 예를 들면, 상복을 만들 때 중국

---

97 『退溪先生言行錄』, 卷4: "禮者, 天下之通行者也, 擧世不行, 則雖成空文, 何益."
98 『退溪全書』 卷28, 「答金而精/問目」: "網巾之制出於大明初, 則固『家禮』所不言."
99 『退溪全書』 卷28, 「答金而精/問目」: (問)"人死襲斂時, 幅巾·深衣·大帶·韈·履之屬, 靡不詳盡, 而不言網巾·行縢, 何也? 不知而今可得用否?" (答)"今旣生時所常用, 又『儀註』許代以皀紒制用, 今依『儀註』用之, 可也."
100 『退溪全書』 卷28, 「答金伯榮富仁可行富信惇敍問目喪禮○乙卯」: "虞祭漸用吉, 禮文稍備, 著網巾似當, 而禮文無據, 故今人不用. (…중략…) 虞不用網巾, 似無妨也."

과 조선에서 생산되는 포布의 폭이 같지 않아서 빚어지는 곤란함이라든가,[101] 중국과는 달리 평소 차茶를 상용하지 않는 조선에서 제사에 차를 올려야 하는지에 관한 문제,[102] 그리고 가옥 구조가 다른 데서 오는 공간상의 부적합성[103] 등이 대표적이다.

이렇게 『가례』는 그 자체의 미비함과 함께 시간과 공간 그리고 문화적 차이로 인한 불가피한 문제까지 떠안은 채 조선에 전해졌고, 이러한 이유들로 인해 예의 시행에 목표를 둔 퇴계의 예 연구는 문헌고구文獻考究적 방법에서 의리해석義理解釋적 방법으로 고양될 수밖에 없었다. 퇴계 예 연구의 의리해석적 방법은 크게 두 가지 측면에서 전개되는데, 첫째는 예문을 이해하는 차원을 넘어 해석을 통해 예의禮意를 구명하는 것이고, 둘째는 구명된 예의를 바탕으로 삼아 유추類推와 의기義起를 통해 변례變禮에 능동적으로 대응하는 것이다.

먼저 퇴계가 해석을 통해 구명하려고 한 예의에 대한 것부터 살펴보자. 예의란 어떤 의식절차 속에 담긴 본질적 의미라고 할 수 있다. 그런데 더욱 중요한 것은 '삼백삼천三百三千'으로 명명된 수많은 크고 작은 의식절차들은 독립적으로 의미를 갖는 동시에 유기적으로 조화한다는 사실이다.[104] 그렇다면 예의를 구명한다는 것은 기본적으로 해당

---

101 『退溪全書』卷28, 「答金而精/問目」: (問)"本國麤布狹, 故負版衰制, 不得用古禮尺度, 連幅爲之, 何如?" (答)"負版與衽, 連幅用之, 恐不可."
102 『退溪全書』卷39, 「答鄭道可」: (問)"茶是古人常用, 故祭亦用之, 今旣罕用點茶, 何以爲之?" (答)"今人進湯水 是古進茶之意."
103 『退溪全書』卷32, 「答禹景善/別紙」: (問)"我國人家, 正廳南北長而東西短, 凡四時大祭於北壁下, 自西設位, 狹窄難行, 不得已高祖在北, 曾祖·祖·禰分東西相對, 若昭穆之列者. 祠堂旣爲同堂異室之制, 而至此乃變其位, 無乃未安, 如何?" (答)"正寢設祭位, 有大屋可依禮設者, 自當如古, 其不然者, 不得不隨地形排設, 雖若未安, 亦無如之何矣."
104 『禮記』 「禮器」: "禮有大, 有小, 有顯, 有微. 大者不可損, 小者不可益, 顯者不可揜, 微

의식절차에 담긴 본질적 의미를 밝히는 것뿐만 아니라, 그 의식절차가 놓인 유기적 관계의 지평 위에서 의식절차들 간의 질서까지 구명해야 할 필요가 제기된다. 이에 따라 퇴계의 해석을 통한 예의 구명은 크게 세 단계로 진행된다. 첫 번째 단계는 어떤 의식절차에 대해 그것이 만들어진 상황까지 고려하면서 예의를 구명하는 것이고, 두 번째 단계는 의식절차들 각각의 의미를 유기적 질서체계 속에서 통합적으로 검토하는 것이며, 세 번째 단계는 어떤 의식절차에 새로운 의미를 부여하는 것이다.

첫 번째 단계와 관련해서는, 성복成服을 하고나서 상식上食을 하도록 되어 있는『가례』와 다르게 영좌靈座를 마련하면서 곧바로 상식을 하게 한『오례의』에 대해 퇴계가 '예의를 상실했다'고 비판한 대목을 통해 확인할 수 있다.

상식(上食)이란 평상시를 본떠서 하는 것이다. 사상대변(死喪大變)의 처음 상황에서 죽은 이는 혼기(魂氣)가 정처 없이 떠돌고, 산 사람은 머리를 풀어헤친 채 하염없이 울고 뛴다. 이때에는 그저 전(奠)을 차려서 신(神)을 의지토록만 하면 된다. 상식은 평상시를 본떠서 하는 것이지, 대변에 대처하는 것은 아니다. 이 상황에서 산 사람이 사흘 동안이나 아무 것도 먹지 않는 것 역시 이 때문이다. 그런데도 지금의『의주(儀註)』는 소렴(小斂)하기 전에 이미 상식하라는 조문이 있으니, 아마도 예의(禮意)를 상실한 것이다.[105]

者不可大也. 故經禮三百, 曲禮三千, 其致一也."
[105]『退溪全書』卷28,「答金而精/問目」: "上食, 所以象平時也. 死喪大變之初, 死者, 魂氣

상식上食이라는 의식절차는 단순히 끼니에 밥을 올리는 행위 이상의 의미를 담고 있다. 상식의 본질적 의미는 비록 돌아가셨지만 살아계실 때와 다름없이 하고자 하는[事死如事生] 간절함이 담긴 의식이다. 하지만 그렇다고 해서 돌아가시자마자 바로 상식을 할 수는 없다. 왜냐하면 누군가의 죽음은 죽은 이나 산 사람 모두에게 대변大變, 즉 엄청난 변고의 상황이기 때문이다. 특히 상식을 해야 하는 상주에게는 대변의 충격을 추스를 시간이 필요한데, 사흘이 지나고 '비로소 죽을 먹는다'고 한 성복까지가 바로 그 시간이다.[106] 또한 산 사람이 처한 상황을 이유로 죽은 이의 신혼神魂을 챙기지 않을 수는 없으므로 전奠을 마련해 그곳에 의지하게 하는 것이다. 이렇게 의식절차란 여러 가지 상황과 조건들을 두루 감안해야만 그 의미를 제대로 구현할 수 있다. 따라서 예의를 구명하기 위해서는 해당 의식절차의 본질적 의미뿐만 아니라 그 의식절차가 만들어진 상황과 의도 등의 맥락까지 해석해내야 한다.

이렇게 개별 의식절차에 대한 예의 구명이 이루어진 다음 단계는 의식절차들 각각의 의미를 유기적 질서체계 속에서 통합적으로 검토하는 것이다. 그것은 예컨대 의식절차들간의 완비[備]와 간소[簡] 혹은 높임[隆]과 줄임[殺] 등의 차이를 구명하는 것으로부터 시작된다. 예라는 이름으로 행해지는 모든 의식절차에는 반드시 각각의 의미가 내포되어 있고, 의식절차들 간에는 유기적인 질서가 내재되어 있다. '절문節文'이란 이러한 의미와 질서를 해당 상황에 과불급過不及이 없는 형식으로 구체화

飄越不定, 生者, 被括哭擗無數, 此時, 只設奠以依神則可矣. 上食, 以象平時, 非所以處大變也. 當是時, 生者三日不食, 亦爲是也, 而今之『儀註』, 於小斂前已有上食之文, 恐失禮意也."

106 『家禮』 卷4, 「喪禮·成服」: "成服之日, 主人及兄弟始食粥."

해 적용하는 것이다. 따라서 어떤 의식절차를 시행하는 것 자체도 중요하지만, 다른 의식절차들과의 유기적 질서를 고려하는 것이 필요하다. 하지만 어떤 예서禮書에도 모든 의식절차들간의 경중輕重을 따져 질서를 밝혀놓은 데는 없다. 그러므로 예의의 구명을 통해 의식절차들 간의 질서를 밝히는 것은 해석이 요구되는 작업이다.

> 세속에서 삼헌(三獻)의 절차를 행하는 것은 심히 비례(非禮)이다. 삼헌이란 예의 문식적이고 성대한[文且盛] 의절이다. 상례는 슬픔을 위주하므로 문식을 하지 않는다. 또한 조석상식이란 평소 어버이를 섬기던 것을 본뜬 일상의 예[常禮]인데, 만일 평상시에 이런 절문(節文)을 쓰게 되면 성대한 제사에는 어떤 예를 써야 하는가?[107]

이는 조석상식을 하면서 삼헌을 하는 당시의 속례에 대한 퇴계의 비판이다. 상중에 조석으로 상식을 하면서 영전에 술 석 잔 올리는 것이 무슨 대수인가 싶기도 하고, 오히려 술 한 잔 올리지 않거나 혹은 한 잔만 올리고 마는 것에 비해 후한 것처럼 보여 좋게 느껴지기까지 한다. 그러나 이러한 느낌은 어디까지나 부분적인 의식절차에 대한 단편적인 감정일 뿐이다. 예란 그 자체의 유기적인 질서 위에서 구현되는 특성을 갖기 때문에 이를 무시하고 감정에 편승하여 행하는 것은 잘못이다. 이 사례에서 퇴계가 비판하고 있는 바와 같이, 상례와 제례가 갖는 각각의

---

107 『退溪全書』卷37,「答權章仲喪禮問目」:"世俗行三獻之節, 甚非禮也. 蓋三獻, 禮之文且盛也. 喪主哀, 不以文. 又朝夕上食, 象平日事親之常禮, 若常時用此節文, 則於盛祭當用何禮耶."

의미 그리고 상식과 삼헌에 담긴 의미 등이 혼동되었을 때 삼헌을 하지 말았어야 하는 상식이 삼헌을 함으로써 도리어 비례非禮가 되는 것은 물론, 정작 삼헌을 통해 문식적이고 성대하게 거행되어야 할 제사마저 그 의미가 퇴색되게 된다. 이처럼 성대하게 갖추어서[備] 행해야 할 의식절차와 간소하게 줄여서[簡] 행해야 할 의식절차를 구분하지 못하면 유기적인 예의 질서가 무너지게 된다.

예의禮意를 구명하기 위한 해석은 이렇게 서로 다른 의식절차들 간의 질서를 밝히는 것뿐만 아니라, 하나의 의식절차가 갖는 높이고[隆] 낮춤[殺]의 결까지 읽어낼 수 있어야 한다. 예컨대, 기일忌日에는 빈객을 접대하지 않는 것이 예이다. 그것은 기일에는 재계를 위해 소식素食을 해야 하는데 빈객을 접대하려면 소식이 불가능해지고, 그렇다고 빈객에게조차 소식으로 접대하는 것은 마땅하지 않기 때문이다. 따라서 주인이 기일을 당했다면 빈객이 알아서 그 날은 피해야 한다.[108] 그럼에도 빈객이 찾아왔다면 어떻게 해야 할까? 더구나 극존極尊의 빈객이라면 더욱 난감한 일이다. 퇴계는 이 경우에 두 가지를 고려해야 한다고 말한다. 첫째는 기제라고 다 같은 것이 아닐 것이므로 그 대상에 따른 융쇄隆殺를 먼저 감안해야 하고, 둘째는 존객尊客도 여러 부류가 있을 것이므로 그 등급을 따져봐야 한다는 것이다. 그러면서 퇴계는 죽은 아내의 기일에 방백方伯이 찾아왔었을 때 자신이 대처한 사례를 곁들여 다음과 같이 말한다.

---

108 『退溪全書』卷34, 「答金士純問目」: "古禮, 以忌日不接客爲言. 今欲遵此禮, 而客或知主人有忌亦至則非矣."

개인적인 기일[私忌]에 존객(尊客)을 대접하면서 소식(素食)을 차리는 것은 본디 마땅하지 않은 일이다. 그러나 기일에도 융쇄(隆殺)가 있고 존객이라 해도 또한 등급이 있을 것이다. 나는 죽은 아내의 기일에 방백(方伯)이 찾아오겠다 하길래 며칠 전에 그냥 집안의 기일이라 칭하고 미리 고을에 말해두었으나 방백이 듣지 않고 찾아왔었다. 이런 경우가 해당 기일은 가볍고 찾아오는 손님은 존귀한 경우이다. 그래서 감히 소식을 차리지 못했다. 다만 안주를 낼 때 손님은 고기로 하고 주인은 채소로 했더니 방백이 헤아려 알아차리고는 함께 채소를 내오라 했었다. 만일 기일을 당했어도 이러한 가벼운 기일이 아니라면 군자는 '상(喪)의 연장[喪之餘]'[109]으로 대처해야 할 것이니, 어찌 고기를 내옴이 마땅하다 하겠는가? 극존의 빈이 아닌 그 이하는 모두 소식을 차리는 것이 예일 것이다.[110]

기일에는 빈객을 접대하지 않는 것이 예라는 것은 일반적 원칙일 뿐이다. 그 원칙이 현실과 만나는 장에서는 기일의 융쇄와 빈객의 등급이라는 드러나지 않는 결을 읽어낼 수 있어야 한다. 그런데 그 결은 이 하나의 원칙에 대한 이해만으로 읽힐 수 없으며, "신분이 낮은 사람의 사사로운 일을 신분이 높은 사람에게 미치도록 해서는 곤란하다"[111]는 또 다른 원칙에 대한 이해가 동시에 작동할 때 가능하게 된다. 이렇게 별

---

109 『禮記』「祭義」: "君子有終身之喪, 忌日之謂也."
110 『退溪全書』卷34, 「答金士純問目」: (問)"私忌遇尊客, 設素食, 何如?" (答)"私忌遇尊客, 而設素食, 本爲未安. 然忌有隆殺, 尊客亦有等級. 況於亡妻忌日, 方伯欲來, 前數日, 泛稱家忌, 逆辭於旁邑, 方伯不聽而來, 此乃忌輕而客尊, 不敢設素. 但於進肴, 客肉而主素, 方伯察知, 令俱進素矣. 若遇忌非此等之輕, 君子以喪之餘處之也, 何可謂進肉爲宜乎? 自非極尊之賓, 恐皆當設素爲禮."
111 『退溪全書』卷34, 「答金士純問目」: "蓋下士爲私忌, 而設素於公卿之賓, 恐不可爲者, 卑之私故, 難以及於尊也."

개의 원칙들에 대한 이해를 통합적으로 재구성하여 하나의 사안에 투입함으로써 그 사안이 갖는 결을 읽어내고 문제를 해결하는 것은 예의禮意를 구명하기 위한 해석의 적극적이고 능동적인 단계를 보여준다.

예의禮意를 구명하기 위한 해석의 마지막 세 번째 단계는 앞의 두 단계와는 질적인 차이를 갖는다. 앞의 첫 번째 단계와 두 번째 단계는 예의 구명을 위한 해석이 개별적으로 이루어지느냐 통합적으로 이루어지느냐의 차이만 있을 뿐, 두 단계 모두 그 의미를 예서에 있는 내용에 근거해서 해석해낸다는 공통점을 갖는다. 이에 반해 세 번째 단계는 어떤 의식절차에 대한 의미를 해석자 자신의 의리義理에 대한 확신을 통해 새롭게 부여한다는 점에서 확연히 다른 차원의 해석이다. 장례를 치르고 제주題主를 하는 의식절차에 대한 퇴계의 해석에 이런 모습이 잘 드러나 있다.

먼저 『가례』에 따르면 제주題主하는 의식절차는 다음과 같다. 집사자가 영좌靈座의 동남쪽에 서향으로 탁자를 마련하고 벼루[硯]·붓[筆]·먹[墨]을 놓는다. 탁자 맞은편에 대야[盥盆]·수건[帨巾]을 놓는다. 주인이 그 앞에 서서 북향을 하면, 축관은 손을 씻은 다음 목주木主를 내와서 탁자 위에 눕혀놓는다. 그러면 글씨 잘 쓰는 사람이 손을 씻고 서향으로 서서 죽은 이의 함중陷中에 제기第幾와 분면粉面에 명호名號 그리고 좌방左旁에 봉사자奉祀者를 차례로 쓴다. 제주하기를 마치면, 축관은 목주木主를 받들어 영좌에 놓고, 혼백魂帛은 상자[箱] 속에 넣어 그 뒤에 둔다. 향을 피우고 술을 따른 다음, 축판祝板을 가지고 주인의 오른쪽에 꿇어앉아 축문祝文을 읽는다. 읽기를 마친 다음 '그것'[112]을 품고 일어나 자리로

---

112 이에 관해 서로 다른 이견들이 제기되는 원인은 '그것을 품는다[懷之]'는 말에서 목적어 '그것[之]'을 '축문'으로 볼 것인가, 아니면 '신주'로 볼 것인가에 관한 견해차에서 비

돌아온다. 주인이 재배再拜하고 슬픔이 다할 때까지 곡하고 그친다.[113] 제주와 관련한 이상의 의식절차 중에서 '축문 읽기를 마치고, 그것을 품에 품는 뜻'에 대해 퇴계의 문인 잠재潛齋 김취려金就礪(1526~?)가 다음 과 같이 물어 왔다.

제주(題主)를 할 때 축문 읽기를 마치고 그것을 품에 품는 뜻은, 곡하며 우느라 슬프고 경황없는 상황을 당해 즉시 축문을 불사를 수 없기 때문에 잠시 품에 품었다가 전(奠)하기를 마치고 신주(神主)를 독(櫝)에 모신 다 음 태우려는 것입니다.

물음을 받은 퇴계는 다음과 같이 답했다.

내 생각에 이 대목은 예의(禮意)가 정미하므로 그렇게 얕게 보아서는 안 될 듯하다. 이때에 사자(死者)의 신혼(神魂)은 흩어져 의지할 곳이 없 는데, 축관 한 사람이 몸소 (사자의 신혼을) 부른 다음 목주(木主)에 품어 서 붙이는 책임을 맡은 것이다. 신혼이 목주에 의지하게 되면 사람과 서로

롯된다. 참고로 다른 대부분의 학자들은 '그것'을 '축문'으로 본 데 반해, 퇴계만 독특하 게 '신주'로 보고 있다.

113 『家禮』卷5,「喪禮」'及墓‧下棺‧祠后土‧題木主‧成墳'條: "題主." 【註】"執事者設卓 子於靈座東南西向, 置硯筆墨. 對卓, 置盥盆帨巾如前. 主人立於其前北向, 祝盥手出主 臥置卓上. 使善書者, 盥手西向立, 先題陷中. 父則曰'故某官某公諱字某第幾神主', 粉面曰'考某官封諡府君神主', 其下左旁曰'孝子某奉祀'. 母則曰'故某封某氏諱字某 第幾神主', 粉面曰'妣某封某氏神主', 旁亦如之. 無官封, 則以生時所稱爲號. 題畢, 祝奉 置靈座, 而藏魂帛於箱中, 以置其後, 炷香斟酒, 執板出於主人之右, 跪讀之, 日子同前, 但云'孤子某敢昭告于考某官封諡府君, 形歸窀穸, 神返室堂, 神主既成, 伏惟尊靈舍舊 從新, 是憑是依.' 畢, 懷之, 興, 復位. 主人再拜, 哭盡哀止."

교접하는 이치가 있다. 그러므로 축문 읽기를 마치고 그것을 품음으로써
'부른 다음 품어서 붙이고, 사람과 서로 교접한다'는 의미를 보여준 것이
다. 성인이 예를 제정해 신을 구하는[求神] 도(道)와 효자가 어버이를 사
랑하여 이르러 오게 하는[思成][114] 의(義)가 여기에서 극진하다.[115]

잠재의 해석은 그 의식절차가 행해지는 상황을 고려하고 있다는 점
에서 앞에서의 첫 번째 단계에 해당한다. 그러나 퇴계가 이러한 잠재의
해석에 대해 '얕게 보았다'고 한 것은, 이 문제를 단순히 상황 맥락의
측면에서만 해석해서는 안 된다고 보았기 때문이다. 퇴계에 따르면 정
작 여기에서 주목해야 할 점은 목주에 신이 빙의憑依해서 신주가 되는
장면이다. 나무로 만든 물건[木主]에 죽은 이의 이름을 써놓은 것만으로
[題主] 그것을 신주神主라 할 수는 없다. 체백體魄이 땅 속에 묻혀 빙의할
곳 없이 흩어진 신혼神魂을 위로하고 이 목주에 빙의하기를 간절히 염
원하는 의식을 통해 신혼과 목주가 만나 비로소 신주로 승화되는 것이

---

114 '사성(思成)'이라는 말은 『시경(詩經)』 「상송(商頌)·나(那)」의 '유아사성(綏我思成)'
　　에서 인용한 것이다. 주자(朱子)는 『시집전(詩集傳)』에서 '사성(思成)'이라는 단어에
　　대해 일단 미상(未詳)이라고 전제한 다음, 제사를 지내기 전 재계를 하면서 돌아가신 분의
　　여러 모습들을 생각함으로써 신명이 이르러 온다[來格] 요지로 해석한 정현(鄭玄)의
　　설을 제시한다.(『詩集傳』: "思成, 未詳. 鄭氏曰, '安我以所思而成之人, 謂神明來格也.
　　『禮記』曰, "齊之日, 思其居處, 思其笑語, 思其志意, 思其所樂, 思其所嗜. 齊三日, 乃見其
　　所爲齊者. 祭之日, 入室, 僾然必有見乎其位. 周還出戶, 肅然必有聞乎其容聲. 出戶而聽,
　　愾然必有聞乎其嘆息之聲." 此之謂思成.'") 이로 미루어 볼 때 퇴계도 아마 '신명이 이르
　　러 온다'는 의미로 이 말을 사용했으리라 추측된다.
115 『退溪全書』卷30, 「答金而精」: (問)"題主, 祝文讀畢懷之之意, 當哭泣哀遽, 不卽焚之,
　　故姑以懷藏, 俟奠畢櫝主後焚之耳." (答)"愚恐此處禮意精微, 不可如此淺看了. 蓋當此
　　時, 死者神魂飄忽無依泊, 祝一人身任招來懷附於木主之責. 神依木主, 則便有與人相際
　　接之理, 故讀畢而懷之, 以見招來懷附與人相際接之意. 聖人制禮求神之道, 孝子愛親思
　　成之義, 其盡於是矣."

다. 축문에 그러한 위로와 염원을 담아 이 신성한 의식을 집행하고 완성하는 사람이 바로 축관이다. 축관이 축문 읽기를 마친 다음 신주를 잠시 품에 품는 것은 바로 그 잠깐의 순간을 통해 이러한 의식의 경건성과 완결성을 보여주려는 정미한 예의禮意가 담겨 있다는 것이 퇴계의 해석이다.

이는 단연코 퇴계의 독창적인 해석이다. 그것은 다음과 같은 다른 학자들의 이견으로 증명된다. 먼저 『가례의절』에는 '읽기를 마친 다음 그것을 품고 불사르지 않는다'라고 되어 있다.[116] 즉, 경산瓊山은 '그것'을 '축문'으로 보았고, 이 대목에서 목주가 신주로 승화되는 과정 자체에는 주목하지 않았던 것이다. 여성위礪城尉 이암頤庵 송인宋寅(1516~1584)도 「예설禮說」이라는 글에서 이러한 경산의 설을 전적으로 지지하면서, 축문을 불사르지 않는 이유에 대해 "영혼이 이제 막 목주에 의지해서 안정하지 못한 상황인데 갑자기 분축焚祝한답시고 불을 피우면 놀라 흩어질까 봐 태우지 못하게 한 것"이라고 설명한다.[117] 사계沙溪 김장생金長生 역시 『가례집람家禮輯覽』에서 '그것'을 '축문'으로 보았고, 불사르지 않는 이유에 대해 "반혼返魂하기에 급하고 또 산이나 들에서 행하는 예는 항상 간략하게 하므로 축관이 불사를 겨를이 없어서 그런 것일 뿐 다른 의미는 없을 것"이라고 설명한다.[118] 즉, 사계는 퇴계의 해석은 고사하

---

116 『家禮儀節』卷5,「喪禮」'及墓·下棺·祠后土·題木主·成墳'條 : "題主."【儀節】"讀祝 [祝讀畢, 懷之, 不焚.]" / 앞에서도 살펴보았지만 『가례』에는 불사르는지 여부에 대한 언급 자체가 없다. 따라서 잠재의 물음 중에 '불사르지 않는다'는 표현은 이 『가례의 절』의 영향임에 틀림 없다.

117 『頤庵遺稿』別集卷1,「禮說」: "讀祝畢懷之, 題主祝文末後, 有'畢懷之'三字, 而丘氏『儀 節』曰, '祝讀畢, 懷之, 不焚. 云云' 世之不審於『儀節』者, 或以爲讀祝畢後, 當以神主暫置 懷中. (…중략…) 但凡祝文, 每行禮畢, 卽使焚之, 而此獨不爾者, 何耶? 無乃以其靈魂乍 依, 不能安定, 而遽動火焰於其傍, 則或致驚散, 故姑令不焚, 而徐爲之所乎?"

고 신혼을 개입시켜 해석하려고 했던 이암의 견해마저 부정하면서, 이 문제를 단순히 제주題主 당시의 상황맥락에서 보고 있다는 점에서 잠재와 유사하다. 사계의 고제高弟인 월당月塘 강석기姜碩期(1580~1643)는 심지어『의례문해疑禮問解』에서 '퇴계의 해석은 예의 본의가 아니라'고 단정하고, 특히 '신혼을 불러 교접한다'는 부분은 도무지 이해할 수 없다고 일축한다.[119]

사실〈읽는다讀之] → 읽기를 마친다[畢] → 품는다懷之] → 일어나 자리로 돌아온다[興, 復位.]〉는『가례』의 내용만을 놓고 볼 때, '읽는다'의 목적어와 '품는다'의 목적어가 같다고 보는 것이 문법적으로 자연스럽다. 아마 많은 학자들이 목적어 '그것[之]'을 '축문'으로 이해한 것도 이런 이유에서였을 것이다. 하지만 그렇게 해석했을 경우 '품는다'[懷]는 말을 어떻게 처리할 것인가라는 문제가 남는데, 의절의 상황맥락에만 주목한 경산에게 '품는다[懷]'는 말은 아무 설명도 없이 '불사르지 않는다[不燔]'는 말로 대체된다. 이후 많은 학자들이 '불사르지 않는다[不燔]'는 경산의 설에 대해 설명하려고만 했을 뿐 아무도 그러한 대체의 정당성에 대해 묻지 않는 가운데 '품는다[懷]'의 의미는 증발되어 버렸다.[120] 그러나 글을 볼 때 글자 한 자까지도 허투루 지나치는 법이 없는[121] 퇴

---

118 『沙溪全書』卷29,『家禮輯覽』,「及墓·下棺……」'題主'條:"讀畢, 懷之."[愚嘗見退溪說, 略亦如此, 愚意則急於返魂, 且原野之禮常略, 故祝未暇燔, 恐無他意也.]

119 『月塘集』別集卷2,『疑禮問解』「喪禮」, '題主'條:"題主後懷祝, 退溪所論, 非禮之本意. 若如退溪之意, 朱子必著說, 使後人知之, 不應只下'懷之'二字而已. 所謂招來際接之意, 似爲茫昧, 思之不得."

120 이암(頤庵)이 이에 관한 나름의 설명을 다음과 같이 하지만 충분하지는 않은 듯하다. (『頤庵遺稿』別集卷1,「禮說」:"韻書云, '懷, 藏也, 包也.' 今中國俗語, 凡今藏物, 必云懷了, 其謂藏去祝文, 無疑矣.")

121 『鶴峰集』續集卷5,「退溪先生言行錄」:"字求其訓, 句尋其義, 未嘗以麤心大膽讀之. 雖一字一畫之微, 不爲放過, 魚魯豕亥之訛, 必辨乃已."

계에게 이 '품는다[懷]'는 말은 예사롭지 않게 포착되었고, 그 결과 퇴계
는 이 '품는다'는 말 앞뒤에 '불러온다[招來]'와 '붙인다[附]'는 말을 인신
해냄으로써 앞서 살펴본 바와 같이 목주가 신주로 승화되는 과정을 재
구성하는 새로운 해석을 하게 되었던 것이다.

퇴계의 이러한 해석은 상황맥락에 따른 것도 아니고 문법적 접근도
아니며 예문에 근거한 것도 아니다. 남들과는 다른 관점에서 해당 의식
절차에 특별히 주목하고 이를 새로운 의미부여를 통해 해석해낸 것이
다. 그런데 이러한 해석은 해석자의 의리에 대한 확신이 수반되지 않고
는 불가능하다는 점에 주목할 필요가 있다. 퇴계는 성현의 말씀에 절대
적인 신뢰를 표하면서,[122] 그 말씀에 담긴 의리를 있는 그대로 밝혀내
는 것이 자신의 독서법이라고 말한 바 있다.[123] 하지만 아무리 전현들
의 저술이라 해도 그것이 의리에 어긋난다면 논변을 통해 바로잡지 않
을 수 없다는 것이 퇴계의 또 다른 원칙이다.[124] 이러한 원칙은 예에 있
어서도 일관되게 지켜져서, 예의 정당성에 관한 최후의 담보는 반드시
의리여야 한다고 보았다.[125] 제주의 의식절차에 담긴 정미한 예의를 해

---

[122] 『退溪全書』卷35, 「答李宏仲」: "古人云, '不敢自信而信其師', 如今師不足信, 須信取
諸賢之言, 聖賢必不欺人." / 또한 학봉 김성일은 스승 퇴계가 성현을 존모하여 신명
처럼 공경했다고 증언한다.(『鶴峰集』續集卷5, 「退溪先生言行錄」: "先生尊慕聖賢, 敬
之若神明在上.")

[123] 『退溪全書』卷16, 「答奇明彦論四端七情第二書/後論」: "在浣讀書之拙法, 凡聖賢言義
理處, 顯則從其顯而求之, 不敢輕索之於微, 微則從其微而究之, 不敢輕推之於顯, 淺則
因其淺, 不敢鑿而深, 深則就其深, 不敢止於淺."

[124] 『退溪全書』卷14, 「答李叔獻」: "竊以謂前賢著述之類, 如或有義理大段乖謬誤後人底,
不得不論辨而歸於正矣."

[125] 『退溪全書』卷7, 「擬上文昭殿議[并圖]」: "伏願殿下按圖據禮, 揆以義理." / 卷17, 「答
奇明彦○丁卯九月二十一日」: "稱謂, 只據程先生論濮王稱謂而定, 恐不至太誤也. 朱
子雖嘗有稱親稱伯皆未安之說, 然未見有改而當稱某號也, 則今只當從程子說, 揆諸義
理, 亦無舛誤, 不知何爲詆斥至是耶?"

석하면서 퇴계가 '성인이 예를 제정해 신을 구하는[求神] 도道와 효자가 어버이를 사랑하여 이르러 오게 하는[思成] 의義가 여기에서 극진하다' 고 언급한 것은 자신의 해석이 의리에 부합한 것임을 확신한다는 의중 을 표현한 것이다.

이렇게 의리에 대한 확신을 근거로 예를 해석하는 방식을 '의리義理적 해석'이라고 부를 수 있으며, 이러한 방식은 해석을 통한 예의 구명에 있어 가장 높은 단계에 해당한다고 평가할 수 있다. 사실 이러한 의리 적 해석은 공자의 예禮 해석으로부터 그 기원을 찾을 수 있으며,[126] 도 통론에 입각하여 의리의 담지자로서 예의 짐작손익에 대한 책임의식을 가졌던 유학자들의 의리 본위 예학에서 중요한 특징으로 평가할 수 있 는 부분이다. 따라서 퇴계가 이러한 의리적 해석을 통해 높은 단계의 예의 구명을 했다는 것은 그의 예 연구 수준을 대변해줄 뿐 아니라, 짐 작손익의 또 다른 형태라 할 수 있는 변례變禮에 대한 대응의 토대가 마 련되고 있음을 실증적으로 보여준다.

2) 유추와 의기에 의한 변례變禮 대응

『예기禮記』에 「증자문曾子問」이라는 편이 있다. 이 편은 대체로 증자曾 子가 상·제례와 관련하여 일반적이고 원칙적이지 않은 예외적이고 변 칙적인 상황들에 관해 질문하고 이에 대해 공자가 답변한 내용을 싣고

---

126 대표적으로 삼년상에 대한 공자의 해석을 들 수 있다. 『論語』「陽貨」: 宰我問, "三年之 喪, 期已久矣. 君子三年不爲禮, 禮必壞, 三年不爲樂, 樂必崩. 舊穀旣沒, 新穀旣升, 鑽 燧改火, 期可已矣."子曰: "食夫稻, 衣夫錦, 於女安乎?"曰: "安." "女安則爲之! 夫君子 之居喪, 食旨不甘, 聞樂不樂, 居處不安, 故不爲也. 今女安則爲之!"宰我出. 子曰: "予 之不仁也! 子生三年, 然後免於父母之懷. 夫三年之喪, 天下之通喪也, 予也有三年之愛 於其父母乎!"

있다. 운장雲莊 진호陳澔(1260~1341)가 주석한『예기집설禮記集說』에는 「증자문」 제하에 다음과 같은 금화金華 응씨應氏의 말이 실려 있다.

천하의 의리는 다함이 없고 사물들 역시 날마다 새로워져 무궁하니, 사람이 짐작으로 헤아려 미칠 수 있는 바가 아니다. 평소 이에 관해 강명해 놓지 않았다가 갑자기 어떤 상황을 만나게 되면, 그 대처함이 정미한 데까지 궁구하지 못한 탓에 대응함이 필시 그 핵심에 들어맞을 수 없을 것이다. 그래서 상제(喪祭)와 길흉(吉凶)의 두서없이 생겨나는 일들을 낱낱이 들어 성인에게 물은 것이다.[127]

일찍이 주자는 「증자문」에 대해 '그 내용이 모두 상·제의 변례에 관한 미세한 부분들을 물은 것'이라면서, 증자가 이러한 질문을 하게 된 배경으로 '경례經禮는 공자가 평소에 이미 설명을 했겠지만 변례變禮에 대해서는 그렇지 않았기 때문일 것'이라는 추측을 한 바 있다.[128] 응씨의 설명 역시 같은 맥락 위에서 증자가 이른바 변례와 관련한 질문을 하게 된 까닭이 무엇인지에 대한 정황을 좀 더 구체적으로 보여주고 있다. 즉, 예가 시행될 대상이나 상황事物은 끊임없이 변화한다는 점, 그렇기 때문에 추구해야 할 '의리'에 대한 이해를 평소 강론을 통해 분명히 해둘 필요가 있다는 점 때문에 증자는 변례에 관한 질문을 하게 되

---

127 『禮記集說』卷7, 「曾子問」題下小註: "天下之義理無盡, 而事物者亦日新而無窮, 有非夫人意料之所可及者. 其或講明之不素, 而猝然遇之, 則其處之未究其精微, 而應之必無以中其肯綮, 故歷舉喪祭吉凶雜出不齊之事, 而問於聖人."
128 『朱子語類』卷117: "「曾子問」一篇都是問喪祭變禮微細處. 想經禮聖人平日已說底, 都一一理會了, 只是變禮未說, 也須逐一問過."

었다는 것이다. 여기에서 우리가 주목할 대목은 변례의 불가피성과 그에 따라 필연적으로 제기되는 대응의 필요성이다. 「증자문」에 대한 퇴계의 독법은 이와 관련하여 중요한 문제를 짚고 있다.

> 증자께서 변례에 대해 물으신 부분에 허다한 곡절이 있으나 성인께서 그러한 물음들에 따라 답하신 내용들이 세세한 부분들까지 매우 타당했던 사실을 보면, 학자들이 평소 조처하기 어려운 변례에 대해 논의하여 가슴속에 명확히 해두는 것은 불가한 것이 아니다.[129]

「증자문」에는 일반적이고 원칙적인 경례經禮로는 포착되지 않는, '허다한 곡절'로 표현된 예외적이고 변칙적인 변례變禮들이 등장한다. 하지만 공자는 그 모든 물음에 대해 세세한 부분들까지 매우 타당한 답변을 해주고 있다. 퇴계는 이러한 장면들을 보면서, 문답의 내용 그 자체보다는 공자가 그 다양한 변례들에 어떻게 그와 같이 명쾌하고도 타당한 답변을 할 수 있었는가에 주목하고, 자신을 비롯한 후학들이 변례에 대해 어떻게 대응해야 하는지를 자각하는 계기로 삼았다. 즉, '평소 조처하기 어려운 변례에 대해 논의함으로써 가슴속에 명확히 해두는 것'이야말로 퇴계가 「증자문」을 통해 읽어낸 가장 중요한 가르침이었던 것이다.

그렇다면 퇴계가 여기에서 '가슴속에 명확히 해두어야 할 것'으로 언급한 것은 무엇일까? 그것은 두말할 나위 없이 '의리義理'이다. 이는 앞

---

129 『退溪全書』卷34, 「答金士純問目」: "觀曾子問變禮處, 有許多曲折, 而聖人隨問響答, 曲當甚善, 則學者平時, 議禮變難措處, 以素明於胷中, 非不可也."

에서 응씨가 '천하의 다함이 없는 의리'와 '날마다 새로워져 무궁한 사물'의 관계를 언급한 데서도 추측할 수 있지만, 퇴계 스스로 학문에 대해 논하면서 "책들에서 구하거나 혹은 스승과 학우의 도움을 받아, 의리가 평소 마음속에 명확해 있다면 일을 조처하는 데 어떤 의혹이 있겠는가?"[130]라고 한 데서 분명하게 확인할 수 있다. 끊임없이 변화하는 사물에 응접하기 위해서는 평소 의리를 가슴속에 명확히 해두는 과정이 필요하며, 특히 경전에 대한 연구와 사우師友와의 강론은 필수적이다.「증자문」에 나타난 공자와 증자의 문답을 통한 강론은 바로 그러한 선례를 보여주고 있으며, 그 과정에서 제시된 공자의 타당한 답변은 후학들이 반드시 갖추어야 할 전형이라는 것이「증자문」에 대한 퇴계의 독법이었던 것이다.

그러나 '경례는 이미 설명되어 있지만, 변례는 설명되어 있지 않다'는 주자의 언급을 통해서도 알 수 있는 것처럼 변례는 그 자체로 근거할 예문이 없다. 예문에 근거하지 않으면서 의리에 맞는 예를 논의해야 한다는 사실은 커다란 부담일 수밖에 없다. 따라서 퇴계는 변례와 관련해 언급하는 것을 대단히 조심스러워 했다. 예외적이고 변칙적인 상황에서 가장 적합한 예를 논한다는 것은 의리에 대한 완숙한 장악을 의미한다. 그리고 의리에 대한 완숙한 장악은 학문이 '진적력구眞積力久'의 경지에 이르렀을 때 가능한 것이다.[131] 그러나 평소 '의리에 대한 견해가 명확하지 못하고, 사물을 가늠할 만한 권도權度가 없다'고 스스로를

---

130 『退溪全書』卷28,「答金惇敍」: "汲汲於學問, 或求之方冊, 或資於師友, 義理素明於心, 則其於處事也, 何疑惑之有哉?"
131 『退溪全書』卷14,「答南時甫張甫[彦紀]○甲子」: "義理淵深微奧, 學者用意未深, 用工未熟, 猝難得入處多矣, 要當把作久遠功夫, 到眞積力久."

평가한 퇴계였기에, 변례에 대해 논의한다는 자체가 주제 넘는 일로 느껴져 조심스러울 수밖에 없었던 것이다.[132]

　이와 같은 퇴계의 조심스러움은 학자적 양심의 진정성과 책임의식이라는 두 가지 의미를 함축하고 있다. 퇴계는 변례에 대한 자신의 견해 피력을 일관되게 '망론妄論' 또는 '망의妄議'라고 자평했다.[133] 특히 그것은 경전에 근거하지 않고, 현재 자신이 도달한 의리 이해의 수준에 비추어 진행할 수밖에 없다는 점에서 더욱 그랬다.[134] 이것이 조심스러움의 첫 번째 의미인 학자적 양심의 진정성이다. 하지만 의리에 대한 자신의 이해 수준이 만족스럽지 못하다고 해서 이를 회피하거나 거부할 수도 없었다. 만일 자신이 이해한 수준에서나마 의리에 맞는 예를 강명하지 않고 회피하거나 거부한다면, 그것은 사람들로 하여금 실례失禮를 반복하도록 방조하는 것으로[135] 학자로서의 도리가 아니기 때문이다.[136] 이것이 조심스러움의 두 번째 의미인 학자적 책임의 불가피성이다. 다음 퇴계의 언급에는 이러한 특징들이 잘 드러나 있다.

---

132 『退溪全書』卷34, 「答金士純問目」: "嘗聞橫渠張夫子之言曰, '學未至而好語變者, 必知終有患, 蓋變不可輕議, 若驟然語變, 則知操術已不正.' 葉平巖曰, '變者, 權宜之事也, 自非見理明制事精者, 不足以與此. 云云.' 如滉見理不明, 胷中無制事權度, 而妄有論答於此等變禮, 正犯橫渠之戒." / 참고로 횡거(橫渠) 장재(張載: 1020~1077)와 평암(平巖) 섭채(葉采 생몰미상)의 설은 『근사록(近思錄)』 卷2에 나옴.

133 『退溪全書』卷35, 「答柳應見○庚午」: "吾學未足以達禮, 而妄論禮之變節以告人, 爲未當."; 卷34, 「答金士純問目」: "禮之變, 聖賢猶以爲難, 昧者何敢妄議於其間乎?"

134 『退溪全書』卷32, 「答禹景善/別紙」: "此等變禮, 無經據而率意言之, 皆涉謬妄."

135 『退溪全書』卷32, 「答禹景善/別紙」: "每教以難言, 然當此變禮, 豈可諉以難處, 而每於失禮之中又失禮乎? 伏望明誨." 참고로 이 말은 퇴계의 문인 추연(秋淵) 우성전(禹性傳: 1542~1593)이 스승 퇴계에게 한 말이다.

136 『退溪全書』卷40, 「與宗道○己未」: "余意每以不知答之, 亦非爲人忠謀之道."

질문한 사안들은 모두 변례들로 사람들이 조처하기 어려운 것이니, 부족하고 좁은 식견으로 미칠 수 있는 바가 아니다. 그러나 평소에 서로 강명해두지 않으면 일에 임했을 때 더욱 어찌할 수 없게 될 것이므로, 감히 그릇된 소견으로 고금의 마땅함을 참작하여 재택(裁擇)을 받으려 하니 이치에 어긋난 데가 있다면 평하여 일깨워 주기를 바란다.[137]

퇴계가 변례로 인식했던 사례들로는 앞에서 거론했던 바와 같이 옛날[古]과 오늘[今]이라는 시간적 간극에서 대두한 것이라든가 중국과 조선의 지역적·문화적 차이에서 비롯된 것을 들 수 있다. 그러나 이런 것들 외에 일상에서 얼마든지 발생 가능한 사안임에도 불구하고 예문에 없는 경우들이 모두 변례에 속한다. 변례란 이처럼 서로 다른 맥락에서 제기되지만, 공히 예문이 포섭하지 못하고 있다는 점에서 공통적이다.

이렇게 예문의 경전적 근거가 없는 변례에 대한 대응으로 퇴계가 채택한 방식은 크게 두 가지다. 하나는 해당 사안에 대한 예문은 없더라도 그 사안에 참고가 될 수 있는 다른 예문들을 찾아 이를 근거로 대응하는 '유추類推'의 방식이고, 다른 하나는 참고가 될 만한 예문마저도 없을 경우 오로지 자신의 의리적 견해를 근거로 대응하는 '의기義起'의 방식이다.

먼저 퇴계가 유추의 방식을 통해 변례에 대응했던 사례부터 살펴보자. 퇴계가 이러한 방식을 채택한 것은 해당 사안에 대한 예문이 없음

---

137 『退溪全書』卷28, 「答金而精/問目」: "所問皆禮之變, 而人所難處者, 非寡陋所及. 然平時不相講明, 則臨事尤末如之何, 敢以謬見, 參以古今之宜, 以聽於裁擇, 其有悖理者, 更望評喻."

에도 불구하고 유사한 사안에 대한 예문을 참고하는 것이 예의에 어긋나지 않는 길이라고 믿었기 때문이다. 퇴계의 문인인 설월당雪月堂 김부륜金富倫(1531~1599) 형제는 아버지 상을 당해 장례를 치르면서 먼저 돌아가신 어머니를 개장改葬해 아버지와 합장을 하려고 했다. 그런데 문제는 신장新葬과 개장改葬을 합장하는 의식절차에 대해 근거할 예문이 없다는 점이었다. 그래서 설월당 형제는 이 상황이 『예기』 「증자문」에 나오는 '병유상並有喪'(서로 다른 분의 상을 함께 당한 상황)과 유사하다고 보고 이에 의거해서 의식절차를 진행하면 어떨지 퇴계에게 자문했다.

'병유상'에 관한 증자의 물음에 대해 공자는 "장례는 어머니를 먼저 치르고 아버지를 나중에 치르라先輕後重"고 답했다.[138] 이에 따라 설월당 형제는 어머니의 개장을 먼저 치르고 아버지의 신장을 나중에 치르는 순서로 진행하려고 했던 것이다. 그런데 퇴계는 이 상황이 병유상의 상황과는 약간의 차이가 있다면서 '아버지의 신장을 먼저 치르고 어머니의 개장을 나중에 하라先重後輕'고 조언해 주었다.[139] 퇴계가 이렇게 조언을 한 까닭은 '탈정奪情'(슬픔의 감정을 강제적으로 감쇄하는 방식)으로 이해되는 장례의 의미가 이 두 상황에서는 서로 다르다고 보았기 때문이다.[140] 하지만 얼마 뒤 "개장은 모두 상례의 의식절차에 준해서 시행한다"는 사실을 확인한 퇴계는 자신의 이러한 견해를 철회한다.

---

138 『禮記』 「曾子問」 : 曾子問曰, "並有喪, 如之何? 何先何後?" 孔子曰, "葬, 先輕而後重, 其奠也, 先重而後輕, 禮也."

139 『雪月堂集』 卷3, 「上退溪先生問目」 : '改葬, 以 「曾子問」 夫子所答之意推之, 疑亦先輕後重, 而前月下敎有曰, '改葬而合窆, 似與並有喪少異, 今則先重後輕似當.''

140 『退溪全書』 卷28, 「答金伯榮富仁可行富信惇敍問目喪禮○乙卯」 : "並有喪, 所以先輕而後重者, 蓋葬是奪情之事, 人子之所不忍也, 特不得已而爲之, 故先輕爾. 若改葬則所謂奪情之義, 比於新葬者, 則似有間矣. 前日問及時所以謂 '與並有喪之禮少異'者, 此也. 蓋今日之事, 旣與曾子問之意不同, 則疑可以不拘先輕之例也."

그러나 이는 억견(臆見)에서 나온 것으로, 잘난 척한다는 꾸짖음[汰哉之
誚]을 범하게 되었다. 그래서 그 뒤에 예를 낱낱이 살펴보니, 상을 당해서
개묘와 합장하는 예는 어디에도 의거할 만한 증거가 없었으나, 개묘(改墓)
에 대해 옛 사람들은 모두 상례(喪禮)로 조처하였음을 경산(瓊山)의 『의절
(儀節)』에서 확인할 수 있었다. 이제 근거 없이 억견을 창작해 행하기다는,
'병유상'의 사례에 견주어서 행하는 것이 아마도 예의에 어긋나지 않을 것이
다. 그러므로 '어머니의 개장을 먼저 치르고 아버지의 신장을 나중에 하
라'[先輕後重]고 말한 것은 바로 이전의 실언을 바로잡는 것이다.[141]

신장과 개장을 합장하는 의식절차에 대해 언급한 예문은 어디에서도
찾을 수 없다. 그렇다면 이때 필요한 것은 의식절차에 담긴 예의를 구
명하는 것이다. 따라서 퇴계는 장례라는 의식절차에 담긴 예의에 주목
하고, 신장과 개장이 갖는 '탈정奪情'의 정도가 다를 것이므로 병유상의
상황과는 다르게 조처해야 한다고 보았던 것이다. 그러나 퇴계는 자신
의 주장을 검증하는 차원에서 다시금 예서들을 낱낱이 살폈고, 이내 중
요한 참고원칙 하나를 확인했다. 그것이 바로 '개장은 모두 상례의 의
식절차에 준해서 시행한다'는 것이다. 신장은 당연히 상례이고 개장마
저도 상례에 준해야 한다면, 신장과 개장의 합장 문제는 당연히 '병유
상'의 상황에 준해서 그 의식절차를 진행해야 한다는 논리적 귀결에 이
르게 된다. 따라서 퇴계는 아버지 장례를 먼저 치르고 어머니 장례를

---

[141] 『退溪全書』卷28, 「答金伯榮富仁可行富信悼敍問目喪禮〇乙卯」: "然此出於臆見, 正
犯汰哉之誚, 爲未安. 其後歷考諸禮, 當喪而改墓合葬之禮, 並無據證, 而改墓一事, 古人
皆以喪禮處之, 考於瓊山『儀節』, 可見. 今與其無據而創行臆見, 寧比類於並有喪之例而
行之, 庶不乖禮意, 故繼而有'先輕後重'之云, 正所以救前言之失也."

나중에 치르는 이른바 '선중후경先重後輕'으로 하라고 조언해 주었던 처음의 견해를 철회하고, 어머니 장례를 먼저 치르고 아버지 장례를 나중에 치르는 이른바 '선경후중先輕後重'으로 수정한 견해로 다시 조언해 주었다.[142]

그러나 애초에 개장이나 병유상에 관한 각각의 논의는 그 자체로 별개의 사안들일 뿐만 아니라, 개장과 신장을 합장하는 문제는 더더욱 전혀 고려하지 않은 논의들이었다. 그럼에도 불구하고 퇴계는 개장과 병유상의 논의를 참고하여 개장과 신장을 합장하는 변례에 대한 대응논리를 유추하고 있다. 이처럼 유추를 통해 변례에 대응하는 이유에 대해 퇴계는 '억견을 창작해 행하는 것보다는 예의에 어긋나지 않을 것'이라는 점을 든다. 개장과 신장은 탈정의 정도에 차이가 있을 듯하다[似有間]는 이유로 '선경후중先輕後重'에 반대했던 것도 의리적 해석의 일환이었음은 물론이다. 하지만 이러한 해석이 예문에 근거한 것이 아닌 한 섣부른 억견을 창작해 행하는 것이 될 가능성을 배제할 수 없었다.[143] 이에 퇴계는 이 사안에 유추의 근거가 될 수 있는 것들을 전반적으로 검토한 결과 '개장은 그 의식절차를 상례에 준한다'는 원칙을 확인함으로

---

142 설월당 형제가 '선경후중(先輕後重)'을 주장하는 과정에는 퇴계와 같이 예의를 구명하는 과정을 밟은 흔적을 찾을 수 없으며, 다분히 행례의 간이성에 무게를 두었던 것으로 보인다.(『雪月堂集』 卷3, 「上退溪先生問目」: "又承先輕後重之訓, 若是則庶無艱窘.") 이런 점에서 비록 결과적으로는 퇴계의 논의가 설월당 형제가 애초에 제안했던 '병유상'의 '선경후중(先輕後重)'으로 귀결되었지만 그 과정에는 큰 차이가 있다.

143 퇴계가 애초의 자신의 주장에 대해 '잘난 척한다는 꾸짖음[汰哉之誚]을 범했다'고 한 말은 『禮記』 「檀弓上」: 縣子聞之, 曰, "汰哉叔氏! 專以禮許人."이라는 글을 염두에 두고 한 말이다. 공영달(孔穎達)은 소(疏)에서 이 글을 다음과 같이 해석했다. "汰, 自矜大也. 叔氏, 子游別字也. 言凡有來諮禮事, 當據禮以答之. 今子游不據前禮以答之, 專輒許諾, 如似禮出於己, 是自矜大, 故縣子聞而譏之曰汰哉."(『禮記正義』 卷8, 「檀弓上」)

써 신장과 개장이 병유상의 조건을 갖춘 것으로 판단하게 되었고, 마침 내 합장 역시 '선경후중先輕後重'의 의식절차에 따르는 것이 예의에 어긋나지 않을 것이라는 결론에 이르게 되었던 것이다.

이 사례는 예문에 나타나 있지 않은 변례라 할지라도 가능하면 예문에 근거해서 문제를 해결하려고 한 퇴계의 진지한 고심이 잘 드러나 있을 뿐 아니라, 그러한 고심의 결과 유추라는 방식을 통해 간접적으로나마 예문의 근거를 마련함으로써 변례에 대응하고자 했던 과정을 잘 보여준다. 유추에 의한 변례 대응은 다음의 사례에서도 확인할 수 있다.

> (문) 서모(庶母)가 제 처(妻)와의 관계에서 귀천은 비록 같지 않지만 그래도 고부(姑婦)의 항렬입니다. 그렇다면 길을 가거나 자리에 앉을 때의 위차(位次)라든가 음식을 먹을 때의 선후(先後)를 어떻게 조처하는 것이 마땅하겠습니까?[적녀(嫡女)도 마찬가지입니다.]

이 글은 적서嫡庶라는 신분상의 질서와 고부姑婦라는 인륜상의 질서가 갈등을 일으키는 상황에서 어떤 것에 비교우위를 두고 집안의 질서를 정해야 하는지에 관한 문봉文峯 정유일鄭惟一(1533~1576)의 질문이다. 이에 대해 퇴계는 이러한 변례를 어떻게 조처해야 할지에 관한 명확한 증거가 없다는 점을 우선 밝힌 다음, 『예기禮記』「잡기雜記」편에 나오는 '섭녀군攝女君'을 근거로 '섭모攝母'라는 개념을 유추하여 이 문제에 대응한다.[144]

---

144 퇴계가 인용한 '섭녀군(攝女君)' 관련 『예기』「잡기」편의 본문과 주로 인용한 운장(雲莊)의 『예기집설』의 내용은 다음과 같다. 『禮記』「雜記上」: "主妾之喪則自祔, 至於練祥, 皆使其主之. 其殯·祭不於正室. 君不撫僕妾.(『禮記集說』: "女君死, 而妾攝女君, 此妾死, 則君主其喪, 其祔祭亦君自主. 若練與大祥之祭, 則其子主之. 殯·祭不於正室

(답)「잡기」에 "여군(女君)을 섭행했다면 죽은 여군의 가족[黨]을 위해 상복을 입지 않는다"고 했고, 이에 관한 주(註)에 "첩이 여군을 섭행했다면 좀 더 존귀하다"고 했다. 또 "첩의 상을 주재한다. (…중략…) 빈(殯)과 제(祭)는 정실에서 하지 않는다"고 했고, 이에 관한 주(註)에 "여군을 섭행한 첩이 죽으면 군(君)이 그 상을 주재하지만, 그래도 정적(正嫡)보다는 낮기 때문에 빈(殯)과 제(祭)는 정실에서 할 수 없다"고 했다. 이것으로 미루어보면, 섭녀군(攝女君)은 다른 첩들보다 좀 더 존함을 알 수 있다. 이러함에도 며느리와 딸과 손녀들이 그저 귀천의 분수만을 이유로 매사에 서모(庶母)보다 앞서려 한다면, 서모에 대해 '섭모(攝母)는 좀 더 존귀하다'는 의리를 모르는 것일 뿐만 아니라, 아버지를 섬기는 예에도 미진한 바가 있게 된다.[145]

상복을 결정하는 여섯 가지 원칙 중에 '종복從服'이 있고, 종복의 여섯 가지 조건 중에 도종徒從이 있다.[146] 도종에 해당하는 종복이란 친족관계에 있지 않은 사람을 따라서 그의 족당族黨에 대해 상복을 입는 것으

者, 雖嘗攝女君, 猶降於正適, 故殯與祭不得正室也. 不攝女君之妾, 君則不主其喪.") 女君死, 則妾爲女君之黨服. 攝女君則不爲先女君之黨服."(『禮記集說』: "女君死, 而妾猶服其黨, 是徒從之禮也. 妾攝女君, 則不服, 以攝位稍尊也.")

[145] 『退溪全書』卷27,「答鄭子中別紙○庚午」: (問) "庶母於己妻, 貴賤雖不同, 猶是姑婦之行, 其行坐位次, 飮食先後, 當如何處之?[嫡女同]" (答) "此亦未有明據, 然父在而母死, 父不得已使一妾代幹內事, 一家之人, 豈可不稱以攝母之義事之乎? 故古有攝女君之稱,「雜記」曰, '攝女君, 則不爲先女君之黨服.' 註, '妾攝女君, 則稍尊也.' 又曰, '主妾之喪云云, 殯·祭不於正室.' 註, '攝女君之妾死, 則君主其喪, 猶降於正嫡, 故殯·祭不得在正室也.' 以此觀之, 攝女君稍尊於衆妾可知. 如是而子妻與諸女·諸孫女, 直以貴賤之分, 每事輒先於彼, 則非但於庶母, 不知有攝母稍尊之義, 其於事父之禮, 亦有所未盡."

[146] 『禮記』「大傳」: "服術有六. 一曰親親, 二曰尊尊, 三曰名, 四曰出入, 五曰長幼, 六曰從服. 從服有六, 有屬從, 有徒從, 有從有服而無服, 有從無服而有服, 有從重而輕, 有從輕而重."

로, 첩妾이 여군女君의 친족을 위해 상복을 입는 경우가 여기에 속한다.[147] 하지만 첩 중에서도 여군을 섭행한 첩은 그렇지 않은 첩들보다 좀 더 존하다고 봐서 도종의 종복을 하지 않는다는 것이 위에서 인용한 「잡기」의 첫 번째 내용이다. 이를 통해 퇴계는 '여군을 섭행한' 첩과 그렇지 않은 첩 사이에는 약간의 차이가 있음을 우선 입증하였다. 「잡기」의 두 번째 내용은 여군을 섭행한 첩의 위상이 이렇기 때문에, 다른 첩이 죽었을 때는 군君이 그 상을 주재하지 않지만 여군을 섭행한 첩이 죽었을 때는 군이 직접 그 상을 주재한다는 점과 아무리 그렇다고는 해도 정적正嫡과는 분명한 차등이 있다는 점을 밝히고 있다. 퇴계는 이러한 사실들을 근거로 서모庶母가 비록 첩으로서 신분상으로는 정적의 며느리나 딸·손녀에 비해 비천하다고는 하지만, 돌아가신 어머니를 대신해 가사를 주간했다면 이는 '섭모攝母'로서 좀 더 존귀하게 대우를 하는 것이 타당할 것이라는 점을 유추하고 있는 것이다.

이렇게 퇴계는 비록 해당 사안에 대한 직접적인 예문이 없는 변례라 하더라도 가능하면 간접적인 유추를 통해서라도 예문에 근거한 대응을 추구했다. 그러나 이렇게라도 유추할 수 있는 예문이 없는 경우에는 어떻게 해야 하는가? 그런 경우에 퇴계는 종종 답을 회피하는 모습을 보였다. 예를 들면 '아버지가 복중服中에 돌아가셨다면 자식은 어떤 의식절차에 따라 돌아가신 아버지가 마치지 못한 복을 대신 입어야 하는지'라는 '대복代服' 또는 '대상代喪'에 관한 질문을 종손從孫인 지간芝澗 이종도李宗道(1535~1602)로부터 받고, 퇴계는 '모르겠다'며 답을 회피한 바 있다.

---

147 김용천·장동우, 2007, 89쪽.

전일 네 질문에 대해 결정하기 어려웠던 것은 고례(古禮)에 이미 고거할 데가 없는 데다 다음과 같은 의문이 있었기 때문이었다. 옛날에는 때가 지난 다음 문상(聞喪)한 경우에는 분상(奔喪)하든 분상하지 않든 상관없이 반드시 시사(始死) 이후의 절차를 한 다음에 성복(成服)을 했다. 또 어려서 부모의 상을 행하지 못한 사람 중에는 장성한 다음에 추복(追服)을 하는 경우가 있는데, 이에 대해 선정(先正)이 비례(非禮)라고 하였다. 이제 아버지가 복중(服中)에 돌아가셔서 자식이 대상(代喪)을 하는 경우에, 만일 때가 지난 다음 성복하는 사례에 의하여 시사(始死) 이후의 절차를 한 다음에 성복을 한다면 추복의 비례와 비슷한 점이 있게 된다. 내가 이 점을 의심스러워해서 "모르겠다"고 네게 답했었다.[148]

대복代服과 관련하여 퇴계가 답을 회피한 이유는 물론 직접적으로 고거할 만한 예문이 없다는 점 때문이었다. 하지만 퇴계가 답을 회피하기 전에 이미 유추를 통해 문제에 대응하고자 노력했었다는 정황 역시 윗글을 통해 확인할 수 있다. 퇴계는 대복에 관한 질문을 받고, 이 상황이 『예기』에 있는 '태복稅服'을 참고해 유추할 수 있는지 검토했다. '태복'이란 윗글에서 언급한 '때가 지난 다음 문상聞喪한 경우'에 해당하는 것으로, 상이 난 지 한참이 지난 다음에 그 소식을 듣고聞喪 나중에서야 복을 입는 것이다.[149] 이때 문상聞喪의 시간차는 있을지언정 슬

---

148 『退溪全書』卷40, 「與宗道〇己未」: "前日所以難決汝問者, 於古旣無考據. 又古者過時聞喪者, 或奔喪, 或未奔喪, 其成服必爲始死以後節次, 而後乃成服. 又少未行父母喪者, 或有旣壯而追服, 先正以爲非禮. 今父死服中而子代喪者, 若依過時成服之例, 爲始死後節次而後成服, 則有似於追服者之非禮, 余以是爲疑, 故只以不知答汝矣."
149 『禮記』「檀弓上」: "小功不稅." / '태복(稅服)'에 관해 정현(鄭玄)은 "시간이 이미 많이 지난 뒤에 상(喪)이 난 사실을 듣고 상복을 입는 것을 태(稅)라고 한다."(日月已過, 乃聞喪

품에는 차이가 없으므로 태복은 '시사始死 이후의 절차를 모두 행한 다음에 성복을 하게' 되어 있다. 하지만 태복을 검토했던 퇴계는 '시사 이후의 절차를 모두 행한 다음에 성복을 한다'는 바로 이 점 때문에 유추가 곤란하다는 결론에 도달했다. 즉, 태복을 유추하여 대복을 진행한다면, 이는 주자에 의해 비례라고 판결이 난 '추복追服'의 혐의가 있기 때문이었다.[150]

이렇게 퇴계는 직접적인 예문이 없는 상황에서도 이에 대응하기 위해 유추의 근거를 찾으려는 노력을 기울였다. 그러나 그마저도 난관에 부딪히자 퇴계는 섣불리 답을 내리기가 어려웠고, 그렇기 때문에 '모르겠다'고 했던 것이다.[151] 그러나 퇴계는 끝내 학자적 책임의식을 회피하지 못하고 곧이어 다음과 같이 말한다.

> 근래에 권기문(權起文)의 아들 역시 이런 일을 만나 사람을 통해 물어
> 왔다. 이럴 때마다 매번 "모르겠다"고 답하는 것도 "남을 위해서는 마음을

而服曰稅.)고 했고, 진호(陳澔)는 "태(稅)란 시간이 이미 많이 지난 뒤에 비로소 그 죽음을 듣고 뒤늦게 상복을 입는 것이다."(稅者, 日月已過, 始聞其死, 追而爲之服也.)라고 했다.

[150] 주자가 비례(非禮)라고 규정한 '추복(追服)'은 위의 인용문에서 퇴계가 언급한 '어려서 부모의 상을 행하지 못해 장성한 다음 뒤늦게 복을 입는 경우'에 해당하는 것으로, 이에 관한 내용은 다음을 참고. 『退溪全書』卷28, 「答金而精/問目」: (問)"有少時喪親, 及長追服其喪者, 此可通行之禮否?" (答)"追服, 朱先生以爲'意亦近厚.' 觀'亦近'二字, 其非得禮之正, 明矣. 旣非正禮, 則又豈可立法而使之通行耶? 蓋旣失其時, 而從事吉常久矣, 一朝, 哭擗行喪, 已不近情, 其於節文, 亦多有窒礙難行處故也.[禮有稅服, 此乃聞喪後時而追服, 與此又不同也.]"

[151] 사실 퇴계는 '아버지가 마치지 못한 상을 자식이 대신하는 변례'와 관련하여 여러 사람으로부터 질문을 받았으며, 이때마다 답을 하는 데 난색을 표했던 것을 여러 곳에서 확인할 수 있다.(『退溪全書』卷28, 「答金而精/問目」: "父殁服中, 了代其未畢之喪, 此事古今多有, 而古無言及處, 未知何故, 而爲說亦難矣."; 卷11, 「答李仲久湛○甲子」: "母喪身死, 其子代喪之疑, 此中亦有數家遭此故來問者, 考之前籍, 未有可擬. (…중략…) 古今人家, 比比遭此變故, 而禮文所萃如『儀禮經傳』等書乃無一言及此, 何耶? 以益疑而不敢決.")

다해 도모하는" 도리가 아니라 여겨서 다시 세밀히 생각을 하고서야 바야흐로 나의 전견이 미진했음을 알았다. 대개 이 일은 "때가 지난 다음 문상을 하고 성복을 하는 경우"나 "어려서 행하지 못하고 장성한 다음에 추복을 하는 경우"와 같지 않다. 저 경우들에는 반드시 시사 이후의 절차를 해야 하는데, 이는 모두 자신이 마땅히 행해야 할 예를 아직 행하지 못했기 때문에 추행(追行)하는 것이다. 하지만 지금 이 대상(代喪)의 경우에는 시사(始死)한 이후의 모든 예를 아버지가 모두 이미 행하였고 다만 상을 마치지 못하고 돌아가신 것뿐이다. 그러므로 그 자식은 다만 아버지를 대신해서 그 마치지 못한 예를 행하기만 해야 하며, 그 아버지가 이미 행한 예를 다시 행해서는 안 된다. 이는 필연의 이치이다. 그렇다면 성복하는 절차는 단지 삭망전(朔望奠)이나 조전(朝奠)에 대상(代喪)을 하게 된 뜻을 두 빈소에 고한 다음 받아서 상복을 입고 전(奠)을 행하는 것이 마땅할 듯하다.[152]

퇴계가 애초에 태복을 검토했던 것은 자식이 아버지를 대신해 복을 하는 시점이 아버지의 시복 대상의 시사始死로부터 한참 지났기 때문이었다. 그런데 태복은 시간이 흘렀지만 그때 '처음' 문상聞喪을 한 상황이기 때문에 시사 이후의 모든 절차를 행한 다음 성복을 하도록 되어 있다는 점이 문제였다. 왜냐하면 자식이 아버지를 대신해 상복을 입는

---

152 『退溪全書』卷40,「與宗道○己未」: "近權起文之子亦遭此事, 因人來問. 余意每以不知答之, 亦非爲人忠謀之道, 更細思之, 方知余前見未盡也. 蓋此事與過時聞喪而成服與少未行壯追服者不同. 彼所以必爲始死後節次者, 皆己所當行之禮而未行, 故追行之也. 今此代喪之事, 則其始死後諸禮, 父皆己行之, 但未畢喪而死耳, 故其子則只當代父而行其未畢之禮而已, 不當再行其父已行之禮, 此必然之理也. 然則其成服之節, 但於朔望或朝奠, 告于兩殯所以代喪之意, 仍受而服之, 乃行奠, 似爲當也."

경우는 '이미' 문상問喪을 한 상황으로, 이때 다시 시사 이후의 절차를 거쳐 성복을 한다는 것은 오히려 장성한 다음 뒤늦게 추복追服을 하는 것과 같아져서 비례가 되기 때문이다. 유추를 통해서라도 예문에 근거해서 대응해야 한다는 생각이 오히려 퇴계로 하여금 엉뚱한 맥을 짚게 했던 것이다. 퇴계는 모든 상황을 처음부터 다시 세밀하게 따져보고서야 이 상황이 태복이나 추복과는 완전히 다른 상황으로, 유추가 불가능하다는 사실을 깨달았다. 그리고 아버지를 대복하는 자식의 입장에서 태복과 추복을 논할 일이 아니고, 말 그대로 아버지가 복상服喪을 하시다가 돌아가신 시점부터 이어서 남은 기간 동안만 대신하면 된다는 '필연의 이치'에 도달했다. 이러한 '이치'에 따라 퇴계는 성복 역시 삭망전이나 조전을 이용해 아버지의 시복 대상이었던 빈소와 아버지의 빈소 두 곳에 고유告由한 다음 아버지가 마치지 못한 상복을 받아서 입으면 된다는 결론에 도달하게 되었다.

퇴계가 스스로 '필연의 이치'라고 확신하고, 이에 근거해서 예문에 없는 새로운 의식절차를 제안한 이런 방식이 바로 변례에 대한 또 다른 대응방식인 의기義起이다. 앞에서도 논의했던 것처럼, 의기란 이전에 없던 예를 의리에 비추어 새롭게 제기한다는 의미이다.[153] 하지만 예를 새롭게 제기하는 행위가 억견을 창작해 행하는 것이 되지 않기 위해서는 의리에 대한 완숙한 장악이 전제되어야 한다. 그런데 의리를 완숙한 수준에서 장악한다는 것은 하루아침에 성취할 수 있는 것이 아닐 뿐만 아니라, 결코 스스로 장담할 수도 없는 것이다. 그것은 다만 끊임없이

---

153 『禮記』「禮運」: "禮也者, 義之實也. 協諸義而協, 則禮雖先王未之有, 可以義起也."

추구해야 할 학문의 궁극적 목표일뿐이다.[154] 이러한 측면에서 어떤 학자의 예학 수준을 논할 때, 그가 의기의 방식으로 변례에 대응할 수 있다는 것은 그의 예 연구는 이미 대단히 높은 수준에 이르렀음을 실증한다고 보아 무방할 것이다. 따라서 퇴계의 예 연구가 문헌고구적 방법을 넘어 의리해석적 방법으로 나아갔을 뿐 아니라 그 결과가 의기에 의한 변례 대응에까지 이르렀다는 사실은, 퇴계의 예 연구가 매우 높은 수준에 도달했음을 실증적으로 보여준다.

---

154 『退溪全書』卷26, 「與鄭子中」: "義理無窮, 故爲學亦無窮."

제4장

퇴계 예학사상의 의리적 성격(1)
상·제례관을 중심으로

---

1. 상·제례 관련 속례俗禮 비판

1) 속례에 대한 비판적 입장

'속례俗禮'란 대체로 시간적 의미에서 '금속今俗' 혹은 '시속時俗'이라는 말로 바꾸어 불리거나, 공간적 의미에서 '국속國俗' 혹은 '세속世俗'이라는 말로 불리기도 한다. 그리고 이러한 표현들에는 예라는 이름으로 행해지는 어떤 의식행위가 고례古禮나 『가례家禮』, 시왕례時王禮 등 이른바 '정례正禮'에 근거하지 않은 것이라는 비판적 함의가 내포되어 있다. 퇴계가 살았던 16세기 조선사회의 속례에 대한 한 사례를 보자.

조상의 생신날 전(奠)을 마련하는 것은 그렇게 하지 않는 사람이 적을 만큼 거국적인 풍속입니다. 그래서 저희 집에서도 어쩔 수 없이 이렇게 하고 있습니다. 그런데 사당의 모든 신위에 다 전을 올리는 것은 또 독란(瀆亂)이 되기 때문에 생신을 맞으신 조상의 신주만을 침(寢)으로 모시고 와서 제사를 드립니다. 하지만 협(祫)제사도 아니고 기(忌)제사도 아닌데 신주를 모시고 나와서 일을 치른다는 것 또한 대단히 근거 없는 일입니다. 이러한 이유들로 인해 이를 폐지하려 해도 행해 온 지가 이미 오래되었는데 갑자기 바꾼다는 것이 난처합니다. 독란으로 인한 미안함보다는 차라리 갑자기 고치는 쪽으로 잘못하는 것이 나을까요? 어찌해야 합니까?[1]

조상의 생신날 생신상을 차려드리는 의미의 제를 올리는 것을 '생기生忌'라고 한다. 이는 당시 조선에서는 '하지 않는 사람이 적다'고 할 정도로 유행하고 있던 의식이었으며, 추연秋淵 우성전禹性傳(1542~1593)의 집안에서도 행해오고 있었다. 그러나 여러 신위를 함께 모시는 사당에서 생신을 맞이한 조상에게만 제를 올리는 것도 미안하고, 그렇다고 모든 신위에 이유 없는 제를 올리는 것은 독란瀆亂이라 여겨졌다. 그래서 해당 조상의 신주만을 침寢으로 모셔와 상을 차리자니 예문에 근거가 없는 일이라 역시 죄송한 생각이 들었다는 것이다. 그래서 이를 폐지할까도 생각했지만 오래된 유속遺俗이라 마음대로 뜯어고치는 것도 간단한 일이 아니었다. 위의 질문은 속례가 정당한 예의 체계 속에서 여러 조건들과 융화되지 못하고 충돌을 빚음으로써 발생하는 여러 문제점들을 잘 보여준다.

여기에서 우리는 속례의 속성으로서 '통행성'과 '무근거성'에 주목하게 된다. 속례는 그 통행성으로 말미암아 힘을 갖는다. 많은 사람들에 의해 행해지고 있지 않다면 결코 '예'라는 이름이 허용되지 않았을 테

---

1 『退溪全書』卷32,「答禹景善/別紙」: (問)"祖先生日設奠, 擧俗鮮有不行者, 而性傳之家亦未免有此事. 但竝設祠堂, 又更瀆亂, 故出祭于寢. 非祫非忌, 而出主行事, 亦極無據. 從此欲廢, 而行之已久, 遽然矯革在所難處. 與其未安於瀆亂, 寧失於遽改耶. 如何?" (答)"生忌之說, 出於近世, 寒門所未擧行, 今承垂問, 怳然愴然, 未敢妄有所對."

지만, 현재 많은 사람들에 의해 행해지고 있기 때문에 '예'로서 수용되는 어떤 것이라는 점에서 속례는 '통행성'을 그 속성으로 한다고 말할 수 있다. 더욱이 그것이 시간의 축적까지 겸하게 되면 이른바 전통이라는 권위마저 갖게 된다. 속례가 하나의 전통으로서 권위를 갖게 되면 개인적으로나 사회적으로나 이를 거스르기란 쉽지 않다. 물론, 이때 속례의 내용이 긍정적인 것이라면 속례는 그 자체의 통행성으로 말미암아 미풍양속을 전파하는 동력으로 작동할 것이다. 그러나 대체적으로 속례는 '무근거성'으로 인해 위의 사례에서와 같은 여러 가지 문제들을 빚게 된다.[2]

'무근거'란 일차적으로는 그 행위가 문헌자료에 나와 있지 않다는 것을 지칭하지만, 그것이 안고 있는 문제는 이러한 차원을 훨씬 넘어서는 심각한 것으로 받아들여진다. 본래 예란 '삼백삼천三百三千'으로 명명된 수많은 크고 작은 의식절차들이 독립적으로 의미를 갖는 동시에 유기적으로 조화한다.[3] 따라서 예란 독립적이면서 동시에 전체적인 통일성 위에 존립하는 완정한 체계를 지향한다. 그러나 속례는 바로 이러한 체계에서 벗어나 있다는 점에서 '무근거성'을 그 속성으로 하며, 그것이 결국은 이러한 체계 자체를 위협하는 결과로 이어진다는 점에 문제의 심각성이 우려되는 것이다.

'생기'와 같이 고례에 근거하지 않은 속례도 그 자체로는 나름의 의미를 갖고 있다는 점에서 사람들에게 설득력을 갖고 예로서 수용된다.

---

2 속례의 긍정적 측면과 부정적 측면에 대해서는 아래에서 '후함[厚]'와 '과함[過]'의 문제를 다룰 때 자세히 검토할 것이다.

3 『禮記』「禮器」: "禮有大, 有小, 有顯, 有微. 大者不可損, 小者不可益, 顯者不可掩, 微者不可大也. 故經禮三百, 曲禮三千, 其致一也."

하지만 그 의식을 진행할 때 기존의 정당한 예 체계의 여러 장치들과 충돌을 일으킨다는 사실은, 비록 그것이 많은 사람들에 의해 행해지고 있다 하더라도 이 '예'가 완전한 체계 속에 수렴될 수 없음을 보여준다. 퇴계가 또 다른 답문에서 '생기'에 관해 '비례지례非禮之禮'라고 단정한 것은 속례의 이러한 특성을 명확히 한 것이다.[4]

그렇다면 무근거성을 특징으로 하는 속례는 왜 만들어지는 것이며, 사람들에게 널리 수용되어 통행되는 까닭은 무엇일까? 퇴계는 그 이유로서 '정情'에 주목한다.

(문) 시집간 딸이 친정 어버이를 위해 강복(降服)을 하는 것이 예입니다. 세상에서는 이를 폐하는 경우가 많지만, 행하는 이들도 더러 있습니다. 시속에 따라[從俗] 폐해야 합니까?

(답) 이는 예의 큰 부분이지만, 잘못된 시속이 정(情)에 따라 예를 폐하는데도[循情廢禮] 이루 다 바로잡을 수 없으니 탄식할 노릇이다.[5]

'강복降服'이란 본래는 무거운 상복[重服]을 입어야 하지만 가벼운 상복[輕服]으로 낮추어 입는 것을 말하며,[6] 상복운영의 원칙에서 이에 해당하는 경우 중 하나가 '종宗의 인위적 변화'이고, 그 대표적인 것이

---

4 『退溪全書』卷39,「答鄭道可」: (問)"中原人作『家禮集說』, 其中有所謂生忌. 蓋於先考妣生日, 設飮食以祭, 象平生也. 其祭文曰'存旣有慶, 歿寧敢忘云云.' 此意何如."(答) "恐孟子所謂'非禮之禮', 此類之謂也." / 참고로『가례집설(家禮集說)』은 명대(明代) 영락(永樂) 연간에 풍선(馮善 : 생몰미상)이 편찬하였다.

5 『退溪全書』卷28,「答金而精/問目」: (問)"出嫁女爲私親降服, 禮也, 世多廢之, 而或有行之者, 其從俗而廢之乎?"(答)"此禮之大者, 而末俗循情廢禮, 不可勝救, 可歎."

6 『讀禮通考』, 卷37,「喪服」: "降服, 降者, 下也, 減也, 本服重而減之從輕."

여자의 출가出嫁이다.[7] 본래는 딸도 부모를 위해 삼년복을 입도록 되어 있지만, 위와 같은 상복운영의 원칙에 따라 시집간 딸은 친정부모를 위해 기년복인 자최부장기齊衰不杖期로 강복을 하게 된다.[8] 딸과 부모라는 개인적 차원에서의 '정'만을 생각하자면 삼년복을 하는 것이 결코 지나치다고 볼 수 없다. 또한 이는 인지상정으로 모든 사람들이 공감하는 부분이기도 하다. 이처럼 속례는 사람의 정에 근거해서 만들어지고, 그러한 정이 모든 사람들에게 공감되는 것이라는 측면에서 널리 수용된다.

하지만 '상복'이라는 제도 자체가 종법宗法이라는 거대한 사회운영 원리체계 속에서 고안된 것으로, 앞에서 언급한 바와 같이 그 자체로 통일성 위에 존립하는 완정한 체계를 지향한다. 예란 바로 이러한 본질적 지평 위에 있는 의식절차이다. 이 중에 어떤 하나라도 외부요인에 의해 어그러지면 그 하나의 문제로 끝나는 것이 아니라, 전 체계가 허물어지는 결과로 이어질 수 있다. 정에 근거해 형성된 속례란 바로 그러한 결과를 초래할 수 있는 '외부요인'으로서의 위험성을 갖고 있다. 위의 답문은 바로 그런 점에 주목하는 퇴계의 인식을 반영하고 있다.

이러한 인식은 종법과 같은 무겁고 거대한 주제에 대해서 뿐만 아니라, 상중에 상식上食할 때 부모의 영전에 술 석 잔 올리는三獻 사소한 듯 보이는 의식절차에 대해서도 마찬가지로 투영된다.

---

7   김용천·장동우, 2007, 96~102쪽.
8   『儀禮』 卷11, 「喪服」: "女子子適人者爲其父母. (…중략…) 傳曰, 爲父何以期也? 婦人不貳斬也. 婦人不貳斬者何也? 婦人有三從之義, 無專用之道, 故未嫁從父, 旣嫁從夫, 夫死從子. 故父者子之天也, 夫者妻之天也. 婦人不貳斬者, 猶曰不貳天也, 婦人不能貳尊也."

세속에서 삼헌(三獻)의 절차를 행하는 것은 심히 비례(非禮)이다. 삼헌이란 예의 문식적이고 성대한[文且盛] 의절이다. 상례은 슬픔을 위주하므로 문식을 하지 않는다. 또한 조석상식이란 평소 어버이를 섬기던 것을 본뜬 일상의 예[常禮]인데, 만일 평상시에 이런 절문(節文)을 쓰게 되면 성대한 제사에는 어떤 예를 써야 하는가? 세속에서 모르면서 비난하더라도 그것을 피하자고 삼헌을 행해서는 안 된다.[9]

예라는 이름으로 행해지는 모든 의식절차에는 반드시 의미가 내포되어 있고, 의식절차들 간에는 질서가 내재되어 있다. '절문'이란 이러한 의미와 질서를 해당 상황에 과불급이 없는 형식으로 구체화해 적용하는 것이다. 그럼에도 불구하고 이를 무시하고 순간적인 정에 의해 어떤 '근거 없는' 행위를 하게 되면, 이는 다른 의식절차들에까지 의도치 않은 의미와 질서의 붕괴를 연쇄적으로 일으키는 원인이 된다. 따라서 이러한 행위는 세상의 비난에도 불구하고 결코 따라가서는 안 되는 엄중한 문제이다. 관련 언급에 무수히 등장하는 '정감만을 따른다'는 의미의 '순정徇情' 또는 '순정循情', '정감대로만 한다'는 의미의 '경정徑情' 또는 '직정直情' 등의 비판적 표현은 속례에 대한 퇴계의 이러한 문제의식을 반영하고 있다.

속례에 대한 퇴계의 기본입장에는 긍정적 측면과 부정적 측면이 함께 공존한다. 물론 이처럼 이중적 태도를 취하는 것이 자칫 무원칙하거

9　『退溪全書』卷37,「答權章仲喪禮問目」:"世俗行三獻之節, 甚非禮也. 蓋三獻, 禮之文且盛也. 喪主哀, 不以文. 又朝夕上食, 象平日事親之常禮, 若常時用此節文, 則於盛祭當用何禮耶. 世俗不知而譏之, 不可苟避而行三獻也."

나 모호한 것으로 이해될 수 있다. 하지만 속례가 제기되는 원인이 '정'임을 감안하면 그럴 수밖에 없다는 것 역시 이해할 수 있다. '사단칠정四端七情'에 관한 지난하고도 철저한 논변과정에서 확인할 수 있는 것처럼, 퇴계는 인간의 정에 관한 심오한 이해를 하고 있었다. 사단과 칠정이 모두 정에 속하지만 그 중에서도 속례의 원인으로 작동하는 정은 희로애락 등의 칠정이다. 특히 상·제례에서는 슬픔[哀]이나 사랑[愛]과 같은 정이 강하게 작용할 수밖에 없다. 그런데 이 칠정은 선악미정善惡未定의 상태에서 어떤 가능성에도 열려 있으며,[10] 따라서 그것은 항상 중절中節이 될 수 있도록 평소의 수양이 요구된다는 것이 퇴계의 생각이다.[11] 속례란 바로 이 정에 기반을 두고 있기 때문에 긍정적 측면과 부정적 측면을 동시에 가질 수밖에 없으며, 그렇기 때문에 퇴계의 기본입장에도 두 가지가 공존할 수밖에 없는 것이다.[12]

그렇다면 정이 긍정적 방식으로 나타는 속례는 어떤 것이며, 부정적 방식으로 나타나는 것은 어떤 것일까? 퇴계는 이를 후함[厚]와 과함[過]으로 분리해서 접근한다. 먼저 후한 속례의 경우부터 살펴보자.

(문) 삼년을 마치도록 상식(上食)을 해야 하는 것입니까?

---

10 『退溪全書』卷25, 「答鄭子中綱目」 : "情之有善無惡, 四端是也. 若七情不可言無惡者, 以其氣未必純善故也."
11 『退溪全書』卷24, 「答鄭子中別紙」 : "惟平日莊敬涵養之功至, 而無人欲之僞以亂之, 則其未發也鏡明水止, 而其發也無不中節矣."
12 속례(俗禮)와 인정(人情)과의 관계에 대해서는 선행 연구들에서 이미 주목한 바 있다. 다만 이 글에서는 심성론(心性論)의 맥락에서 논의된 정(情)에 대한 퇴계의 철학적 인식이 속례에 어떻게 투영되어 설명되고 있는지에 관해 살펴보려고 한다. 즉, 아래에서 논의될 '후(厚)한 속례'와 '과(過)한 속례'는 '정'에 대한 퇴계의 철학적 인식이 투영된 결과물이다.

(답) 정침(正寢)에 반혼(返魂)을 하고 궤연(几筵)을 그 앞에 마련한다. 졸곡(卒哭) 후 부제(祔祭)를 행할 때까지 궤연은 거두지 않는다. 주자는 「답우인서」에서 장례를 치른 뒤에도 궤연을 거둬서는 안 되는 것에 관해 논하였다. 다만 『의례(儀禮)』에 의하면 당연히 다시는 하실(下室)에서 궤식(饋食)하지 않아야 한다. 이른바 "궤연을 거둬서는 안 된다"는 것은 아직 삭망제(朔望祭)가 있기 때문이다. 그런데 만일 다시는 하실에서 궤식하지 않는다면 부제 후 다시는 상식하지 않아야 할 듯하다. 하지만 요즘 사람들은 모두 삼년을 마치도록 상식을 하는데, "예는 마땅히 후함을 따라야 한다[禮宜從厚]"고 했으니 시속에 따라 행함이 가하다. 부제에 관한 일은 육상산(陸象山)이 "부제가 끝나면 신주(新主)는 사당에 들이는 것이 가하다"고 하자, 주자께서는 "부제는 선조(先祖)께는 마땅히 다른 사당으로 옮기셔야 함을 고하고, 신주(新主)께는 마땅히 이 사당에 드셔야 함을 고하는 점차적[漸] 의식일 뿐이다. 제사가 끝나고 나면 선조는 원래의 감실로 돌아가고, 신주는 궤연으로 돌아오며, 삼년을 마친 뒤에 옮기고 들인다"고 하셨다.[13]

장례를 치르면서 제주題主를 하게 되면 반혼返魂을 해서 정침에 마련된 궤연에 신주를 모신다. 그리고 졸곡제를 지낸 다음 그 이튿날 부제를 지내게 된다. 상산象山 육구연陸九淵(1139~1193)은 부제가 끝나면 신주는 입

13 『退溪全書』卷38,「答趙起伯問目」: (問) "終三年上食否?" (答) "返魂於正寢, 設几筵於其前, 至卒哭後, 行祔祭, 几筵不撤. 朱子「答友人書」論葬後几筵不可撤. 但據『儀禮』則當不復饋食於下室云云. 所謂几筵不可撤者, 尚有朔望祭故也, 若不復饋食於下室, 則祔祭後似不復上食矣. 但今人, 皆終三年上食, 禮宜從厚, 從俗而行之, 可也. 祔祭事, 陸象山以謂, '祔祭畢, 新主入于廟, 可也.' 朱子曰, '祔祭, 所以告先祖以當遷他廟, 而告新主以當入此廟之漸耳, 祭畢, 祖還于故龕, 主返于几筵, 以畢三年而後, 遷且入也.'"

묘入廟해야 한다고 주장한 데 반해, 주자는 부제가 끝나면 다시 신주는 정침에 마련된 궤연으로 되모시고 와서 삼년상이 끝난 다음에 입묘를 해야 한다고 주장했다. 정리하자면 이 사안과 관련한 주·륙 논쟁의 요지는 신주를 모셔 놓았던 궤연을 부제가 끝남과 동시에 거두어야 하는가, 아니면 삼년 동안 거두지 않고 존치해야 하는가에 관한 것이다.

사실 삼년을 마치도록 상식을 해야 하는지 여부에 대한 명문화된 근거는 없다. 다만 『의례』에 따르면 오히려 '부제 뒤에는 상식을 하지 않아야 할 듯하다'는 해석의 여지가 있는 내용만이 있을 뿐이다. 그럼에도 불구하고 퇴계는 '예는 마땅히 후함을 따라야 한다[禮宜從厚]'는 논리를 내세워 삼년동안 상식하는 것을 후한 속례로서 수용하고 싶었다. 그러나 문제는 예문에 근거하지 않는 한 삼년동안 상식하는 것은 과한 속례일 뿐이며, 따라서 수용해서는 안 된다는 결론에 이를 수밖에 없다는 점이다.

이 문제를 해결하기 위해 퇴계는 주·륙의 논쟁을 인용함으로써 그 '근거'를 확보하고자 했다. 상식 문제는 거론조차 되지 않는 주·륙의 논쟁에서 퇴계가 간취하고자 했던 것은 '궤연은 삼년동안 존치해야 한다'는 것이었다. 그것은 궤연이 존치되는 한 삼년동안의 상식은 지극히 당연한 것이라는 의리적 추론이 가능해지기 때문이다. 비록 예서에서 그 근거를 찾지는 못했지만 주자의 정론이라는 또 다른 근거를 확보함으로써 이 의식은 과한 속례가 아니라 후한 속례가 될 수 있게 된다. 다음 글은 퇴계가 '궤연은 삼년동안 존치해야 한다'는 논의로부터 상식의 정당성을 추론하는 장면을 보여준다.

일찍이 주자께서 육자수(陸子壽) 형제[14]에게 답하신 글을 보니, 여러 차례 반복해서 "파(罷)해서는 안 된다"고 하셨다. 자정(子靜)은 수긍하지 않았으나 자수(子壽)만은 이전의 잘못을 깨닫고는 "육단부형(肉袒負荊)"이라는 표현까지 했다. 대개 삼년 안에 궤연을 거둬버리면 효자가 곡읍(哭泣)하는 예를 행할 곳이 없어진다. 그러므로 부제(祔祭)를 지낸 다음 신주를 정침으로 되모셔 오는 것이다. 신주가 이미 정침에 계시니 조석상식은 자연히 거두어서는 안 된다.[15]

이렇게 후한 속례란 그것이 비록 정情에서 연유하였으나 해석 가능한 근거에 닿아 있어서 예의 전체 체계 속에 수용될 수 있으며, 나아가 예의 의미를 긍정적인 방향으로 살려갈 수 있는 것이다. 이러한 속례가 자체의 통행성으로 인해 많은 사람들에게 행해진다는 것은 비판해야 할 일이 아니라 오히려 권장할 일이기까지 하다. 속례라 해도 얼마든지 후한 속례로서 의리에 해롭지 않은 것이 있을 수 있으며, 이런 예는 옛날과 다르다는 이유만으로 뜯어고쳐야 할 일은 아니라는 것이 퇴계의 생각이다.[16]

하지만 속례는 이처럼 후한 경우보다는 오히려 과함으로 흘러버리는 경우가 훨씬 많다. 그것은 인정人情이 모두 나쁜 것은 아니지만 인욕人欲

---

14 육자수 형제는 복재(復齋) 육구령(陸九齡 : 1132~1180)과 상산(象山) 육구연(陸九淵 : 1139~1193)을 가리킨다. 육구령의 자는 자수(子壽)이고, 육구연의 자는 자정(子靜)이다.

15 『退溪全書』卷28,「答金而精/問目」: "嘗見朱子「答陸子壽兄弟書」, 反覆言其不可罷. 子靜不以爲然, 惟子壽悟前說之非, 有肉袒負荊之語. 蓋三年內若撤几筵, 則孝子哭泣之禮, 無所於行, 故祔後, 主返于寢. 主旣在寢, 朝夕上食, 自不當撤."

16 『退溪全書』卷29,「答金而精/別紙」: "今公等事事必欲求其反古之道, 故凡今俗所爲, 雖無害於義者, 必欲異衆而效古."

으로 흐를 가능성이 높아 항상 경계해야 하는 것과 같은 이치이다. 후 함과 과함은 자칫 혼동하기 쉬울 만큼 비슷해 보이는 특성을 갖고 있 다. 앞에서 살펴보았던 '생기'라든가, 출가한 딸이 친정부모에 대해 강복降服을 하지 않는다든가, 상식을 할 때 삼헌三獻을 하는 것 등이 모두 과한 경우에 해당하는데, 그 자체로는 부모나 조상을 애모하는 따뜻한 성에서 우러나온 행위들이 아닐 수 없다. 하지만 그것이 예라는 이름으로 행해지기 위해서는 전체 체계 속에 다른 예들과 유기적으로 배치된 의미와 질서를 감안하지 않으면 안 된다는 점에서 과한 속례는 후한 속례와 구별된다.

(문) 어떤 이는 "소상(小祥)에 조석곡(朝夕哭)을 그치라"는 예문으로 인해 상식(上食)할 때 곡하며 임하는 것도 폐합니다. 그런데 제 생각에는 그러면 안 될 듯합니다. 예란 마땅히 점차적으로 감쇄해야[漸殺] 하는 것으로, 소상 후에 조석곡을 그치는 것이야 의심할 것이 없지만, 상식은 조석곡과 같은 것이 아닙니다. 궤연을 모시고 있는데 슬퍼하며 임하지 않는다면 혹 자식으로서의 정에 어긋날 것입니다. 어떻습니까?

(답) 예의를 세밀히 살펴보면, 졸곡(卒哭)부터는 점점 길례(吉禮)를 사용하므로 조석(朝夕) 사이에는 슬픔이 이르러도 곡하지 않되 조석곡(朝夕哭)은 남겨놓았다. 소상을 치르고 나서는 조석곡을 그치게 하되 오직 삭망(朔望)에만 모여서 곡하게 하였다. 슬픔이 점차적으로 감쇄하고 상복이 점차적으로 감쇄하면 곡도 점차적으로 감쇄하는 것이다. 만일 그럼에도 조석 상식할 때 곡을 한다면 "오직 삭망에만 곡을 한다"고 말하지 않았을 것이다. 이제 자신의 의견대로 행하려고 한다면 역시 미안한 일이다. 옛날

의 효 하나에만 독실한 사람 중에 혹시 이렇게 한 경우가 있었겠지만, 만일 예를 아는 군자라면 당연히 예에 의거하여 정성을 다해 행할 것이다. 특출하게 예를 넘어서는 행위로, 정에 따라[徇情] 시속을 가리는[拚俗] 것은 적절치 않다. 정에 따라 행위 한다면, 정이 어찌 다함이 있겠는가?[17]

'자식으로서의 정'에 따라 하자고 치면 상식할 때 곡하며 임하는 것 뿐 아니라, 상중에 예에서 허락된 음식물마저도 거부해서 병이 들 수도 있고[18] 상을 마쳤음에도 불구하고 여전히 여묘廬墓를 하면서 조석 상식을 하려고 들게도 된다.[19] 하지만 그것은 어디까지나 '효' 하나에만 독실한 사람들의 '특출'한 행위로서, 이미 예의 범위를 넘어선 '비례지례 非禮之禮'일 뿐이다. '슬픔이 점차적으로 감쇄하고 상복이 점차적으로 감쇄하면 곡도 점차적으로 감쇄한다'는 말에 표명되어 있는 것처럼, 의미와 질서의 유기적 조화 속에 완정한 체계를 지향하는 데 예의 본의가 있다. 예를 아는 군자라면 당연히 그런 예의 질서 안에서 예문이 제시한 바에 따라 정성을 다할 뿐이다. 예를 넘어서까지 뭔가를 하려는 마음은 그 자체로는 분명 후해 보이지만, 전체 체계를 무너뜨림으로 인해

---

17 『退溪全書』卷32,「答禹景善/別紙」: (問)"或因小祥止朝夕哭之文, 并與上食時哭臨而廢之. 愚意恐未可也. 禮當漸殺, 練後, 朝夕之哭 止之無疑, 但上食非如朝夕之比. 几筵有奉, 而不爲哀臨, 或乖人子之情, 如何?"(答)"細觀禮意, 卒哭漸用吉禮, 朝夕之間哀至不哭, 猶存朝夕哭. 練而止朝夕哭, 惟朔朢會哭. 哀漸殺, 服漸殺, 哭亦漸殺也. 若猶朝夕上食哭, 不應曰惟朔朢哭而已. 今欲以己意行之, 亦恐未安. 古之篤孝一節人, 或有如此, 若知禮君子, 自當依禮, 盡誠而行之, 恐未宜特出踰禮之行, 以徇情而拚俗也. 夫苟徇情以行, 則情何窮之有."

18 『退溪全書』卷29,「答金而精/別紙」:"今聞虞卒哭過已久矣, 尚朝夕啜些少粥飮而已, 禮許疏食亦不肯近之."

19 『退溪全書』卷15,「與李景昭文奎○丁卯」:"似聞孝思無盡, 欲於祥禪後, 仍不毁廬室, 以作居室, 恆處其中, 朝夕上食, 就墓前行之, 不審此禮何所據而然乎."

오히려 비난 받을 일이 되고 만다는 점에서 과한 것으로 평가된다.[20]

속례가 대체로 정에 근거한다고 할 때 그것이 후한 것이든 과한 것이든 애초의 의도 자체가 나쁜 것은 아니다. 둘 모두 부모나 조상에게 더 잘해 드리고 싶은 마음이 그 기저에 놓여 있다는 점에서 그렇다. 다만 그것이 예의 전체 체계의 조화를 깨뜨리지 않으면서 시행될 수 있느냐, 아니면 예의 의미는 고려하지 않은 채 맹목적이고 돌출적으로 시행되느냐에 따라 나뉠 뿐이다. 하지만 전자는 예의 구현을 보다 풍요롭게 하는 데 도움이 되는 반면, 후자는 예의 질서를 깨뜨리고 혼란스럽게 만든다는 점에서 큰 차이를 갖는다. 따라서 퇴계는 전자에 대해서는 비록 속례라 할지라도 예문의 근거 위에서 수용하려는 긍정적 태도를 보이지만, 후자에 대해서는 단호히 거부하는 부정적 태도를 나타낸다. 이것이 속례에 대한 퇴계의 이중적이지만 결코 무원칙하거나 모호하지 않은 비판적 입장이다.

2) 속례에 대한 비판적 대응

앞에서 살펴본 바와 같이 퇴계는 속례에 대해 깊은 문제의식을 갖고 있었으며, 따라서 이에 대한 기본입장도 대체로 비판적이었다. 그럼에도 불구하고 그러한 속례가 통행되고 있는 시·공간적 장으로서의 '속俗'에 대해서 퇴계는 대단히 신중하게 대응한다. 어떤 것에 대해 문제점을 인식하는 것과 그 문제점을 시정하는 것은 다른 차원의 문제이기 때문이다. 더구나 예禮라는 것이 선언적 구호로서 의미가 있는 것이 아니

---

20 『退溪全書』卷15, 「與李景昭文奎○丁卯」: "今君欲行曾, 閔所不行之行, 以爲驚世駭俗之事, 不足以爲孝, 適取譏於識理之君子, 豈不可惜之甚."

라 실천적으로 구현되었을 때 세상에 보탬이 된다는 본질적 요구와 그 구현이 개인의 차원을 넘어 구성원 전체의 합의와 동참 하에 이루어져야 한다는 현실적 난관[21]의 간극 앞에서 신중한 접근은 오히려 당연한 것이다. 이러한 측면에서 우선 조심해야 할 것이 섣부른 예의 실험적 시행이다. 자의에 입각한 예의 실험적 시행은 사람들의 반발을 초래할 수 있다는 점에서 '시속을 놀래킨다'는 뜻의 '해속駭俗'에 대한 우려를 낳는다.

'해속'은 '경세해속驚世駭俗'이라는 말로도 일컬어지는데, 이는 어떤 의식절차로서의 행위가 현실의 풍속으로부터 이질적인 것으로 받아들여진다는 의미이다. 즉, 기존의 익숙한 것과는 다른 새로운 형태의 예를 시행하는 데 대한 사회적 거부반응이라 할 수 있다. 이러한 사회적 거부반응은 다음 단계에서 다행히 수긍과 인정 더 나아가 추종으로 이어질 수도 있겠지만, 자칫하면 비난과 무시를 넘어 배척으로 이어질 수도 있다. 다음 '해속'에 관한 한 예를 보자.

> (문) 강복(降服)한 사람의 망건(網巾)을 어떤 이는 담흑색의 포(布)로 만들던데 이를 따라야 하는지요?
> (답) 해속(駭俗)할까 염려된다.[22]

망건은 중국의 명대 초기에 만들어진 것으로 『가례』에도 나와 있지

---

21 『鶴峯集』續集卷5, 「退溪先生言行錄」 : "禮者, 天下之通行者也, 擧世不行, 則雖成空文, 何益."
22 『退溪全書』卷30, 「答金而精/別紙」 : (問)"降服者, 網巾, 或以淡黑布製之, 今從否?" (答)"恐駭俗."

않은 복식이다.[23] 그러나 퇴계는 망건을 일종의 화려한 꾸밈[華飾]으로 이해하여 상중에는 가급적 사용하지 않는 것이 슬픔을 표하는 것이라 믿었다.[24] 따라서 아무리 강복降服이지만 이를 사용하는 것은 지나친 것이다. 게다가 담흑색이 비록 아주 흑색은 아닐지라도 '용길用吉'의 느낌을 주는데, 그 소재 또한 삼[麻]이나 모시[絟]가 아닌 베[布]라는 점에서 마땅치 않은 것이다. 여기에서 알 수 있는 것처럼 퇴계가 우려하는 해속의 본질은 근거 없는 실험적 시행이다. 지향해야 할 올바른 형태의 정례正禮와 문제의 소지를 안고 있는 속례俗禮가 공존하고 있는 장에서 이러한 근거 없는 실험적 시행은 아무런 보탬이 되지 않을 뿐 아니라 오히려 사회적 거부감을 불러일으킬 것이기 때문이다.

해속에 대한 퇴계의 우려는 여기에서 그치지 않는다. 심지어 고례古禮를 복원하려고 하는 것에 대해서도 해속에 대한 퇴계의 우려는 이어진다.

(문) 부인의 관(冠)과 질(絰)에 관한 제도를 다시 시행할 수는 없겠습니까?

(답) 고례대로 따라 하면 좋겠지만, 집안에서 행하는 상례가 어떤지와 스스로 비교해 보아야 한다. 만일 다른 것들은 예대로 다하지 못하면서 이

---

23 『退溪全書』卷28,「答金而精/問目」: "網巾之制, 出於大明初, 則固『家禮』所不言."
24 『退溪全書』卷28,「答金伯榮富仁可行富信惇敍問目喪禮○乙卯」: "虞祭漸用吉, 禮文稍備, 著網巾似當, 而禮文無據, 故今人不用. 蓋網巾亦出於後世, 故禮文不載耶, 未可知也. 但又有一事,「喪服小記」云'緦·小功, 虞·卒哭則免.' 又云'既葬而不報虞, 則雖主人皆冠, 及虞則皆免. 云云.' 此言既葬而有事, 故未得虞, 即不報虞也者, 且冠以飾首, 及虞則主人至緦·小功者皆免也. 免者, 去冠而以布繞髻者也, 比於冠則免乃哀飾也. 虞·卒哭, 乃去冠而用免者, 喪事主哀, 故雖漸吉而反用哀飾也. 以此言之, 虞不用網巾, 似無妨也."

부분만 시행하려 하는 것은 무익할 뿐더러 해속(駭俗)이 될 것이다.[25]

　　예문에 근거하여 고례를 회복하려는 것 자체는 좋은 일이다. 하지만 예란 그 자체의 유기적인 질서 위에서 구현되는 특성을 갖고 있다. 특히 예의 절차들 간에는 경중輕重이나 대소大小의 질서가 매우 중요하다. 이런 관점에서 보면 부인의 관과 질에 관한 옛날의 예제를 복원하는 것은 그 자체로야 나쁠 일이 아니지만, 그보다 더 '중차대'한 다른 의식절차들은 예대로 하지 못하는 마당에 이것만을 복원하는 것은 큰 의미가 없다는 것이다. 그리고 이러한 상황에서 복원된다 한들 사람들로부터 추종은 고사하고 수긍과 인정조차 기대하기 어렵다. 왜냐하면 다른 절차들은 세속에서 하는 것과 별반 다르지 않은데 그것만 옛날의 제도라며 낯선 실험을 하는 것은 사람들의 합의와 동참을 이끌어낼 만한 설득력을 갖지 못할 것이기 때문이다.[26]

　　이러한 이유들로 인해 해속에 대한 퇴계의 우려는 사람들로부터의 집단적 거부감, 이른바 '중비衆誹' 또는 '중방衆謗'에 대한 우려로 이어진다. 해속이 시속에 대한 행위자의 작용이었다면, 중비 또는 중방은 그 행위자에 대한 사회적 반작용이다. 예라는 이름으로 행해진 어떤 것이 이러한 결과로 이어진다면, 그것은 이미 구성원 전체의 합의와 동참이 요구

---

25 『退溪全書』卷28,「答金而精/問目」: (問)"婦人冠絰之制, 不得復行否." (答)"婦人冠絰之制, 遵古禮則好, 然亦當自視其家行喪禮如何. 若他事不能盡如禮, 獨行此一節, 無益也, 又駭俗也."

26 고례(古禮)를 복원하는 데 있어서 해속(駭俗)을 우려했던 사례는, 퇴계가 손자사위를 맞이할 때 고례를 본떠 혼례를 치르면서도 모두 고례대로 할 수 없었던 경우에서도 확인할 수 있다.(『退溪全書』·『退溪先生言行錄』, 卷4,「論禮[冠昏喪祭]」: "昏禮頹廢, 世無行之者, 丁卯因朴欑[先生孫壻]之來, 始倣古禮, 爲壻婦禮見儀, 然恐其有駭於聞見, 不能盡從古禮.")

되는 예의 본질로부터 멀어진 것임을 뜻한다. 따라서 퇴계는 스스로의 행위에 대해 항상 이를 유념하였음을 다음 사례에서 확인할 수 있다.

상중에는 제사를 지내지 않는 것이 고례의 원칙이었다. 하지만 주자는 다른 상례 절차는 고례대로 다하지 못하면서 '제사를 지내지 말라'는 것만 지켜 따른다는 것이 미안하다며, 졸곡卒哭 이후에는 제사를 지낼 것을 제안한 바 있다.[27] 이때 주자가 제안한 것이 묵최墨衰를 입고 제사를 지내는 것이었다. 이에 따라 조선의 사대부들도 상중에라도 졸곡 이후에는 제사를 지내려고 하였으나, 문제는 조선에 묵최라는 복식이 없다는 점이었다. 처음 이에 관한 질문을 받고 퇴계는 '우리나라에는 묵최가 없으니 옥색의 옷을 입고 제사를 지내라'고 했다. 그러나 이에 대해 추연 우성전이 '대상大祥을 마치고 길吉로 나아가는 복식旣祥就吉之服'이라며 이의를 제기함에 따라,[28] 퇴계는 묵최를 모방한 새로운 대안을 다시 제시하면서 다음과 같이 말한다.

하지만 이 옷은 제사를 지낸 다음 곧바로 벗어서 다음 제사 때까지 따로 보관해둔다. 바깥출입을 할 때는 중국식 옷을 착용함으로써 사람들의 놀람[俗駭]을 사지 말아야 할 것이다. 이 의견이 어떤가? 나의 좁은 의견을

---

27 『朱熹集』卷39,「答范伯崇」7:"在喪廢祭, 古禮可攷者如此. 但古人居喪, 衰麻之衣不釋於身, 哭泣之聲不絶於口, 其出入居處言語飮食皆與平日絶異, 故宗廟之祭雖廢, 而幽明之間兩無憾焉. 今人居喪, 與古人異. 卒哭之後, 遂爲其衰, 凡出入居處言語飮食與平日之所爲皆不廢也, 而獨廢此一事, 恐亦有所未安. 竊謂欲處此義者, 但當自省所以居喪之禮, 果能始卒一一合於古禮, 卽廢祭無可疑. 若他時不免墨衰出入, 或其他有所未合者尙多, 卽卒哭之前, 不得已準禮且廢, 卒哭之後, 可以略放『左傳』杜註之說, 遇四時祭日, 以衰服特祀於几筵, 用墨衰常祀於家廟, 可也."

28 『退溪全書』卷32,「答禹景善別紙○庚午」:"吾東人無墨衰, 難其服, 昔者先人之居憂也, 仰稟門下, 先生答曰云云見上. 第以玉色乃旣祥就吉之服, 決非墨衰之比, 似難輕著."

말한 것일 뿐이니 다른 사람에게는 말하지 말라. 사람들의 비난을 받을까 두렵다.[29]

주자의 제안에 동의하여 제사를 지내기는 하되, 한 번도 본 적이 없는 묵최를 만들어야 하는 난감함을 피하고자 처음에는 옥색의 옷을 제안했을 것이다. 하지만 그 역시 의미가 부합하지 않는 복식임이 분명한 이상, 원래 주자가 제안했던 묵최를 모방하는 방법 이외에는 대안이 없었다. 그러나 이 역시 하나의 실험적 시행일 뿐 온전한 의미의 묵최가 아니다. 게다가 주자가 이 묵최를 출입복으로 언급하였다 하여 이 중국식의 낯선 복식으로 거리에 나서면 사람들이 쉽게 납득할 리 없다는 것은 자명하다. 이러한 이유들로 인해 퇴계는 해속駭俗과 중비衆誹를 걱정하고 있다.

이상에서 살펴본 바와 같이 퇴계는 예를 행하는 데 있어서 사회적 거부감으로서의 해속駭俗과 적극적 반작용으로서의 중비衆誹에 대해 매우 조심스러워 한다. 그러나 이 지점에서 퇴계의 이러한 신중함이 앞에서 검토했던 속례에 대한 비판적 입장과 어떻게 충돌하지 않을 수 있는지 의문이 생기는 것은 당연하다. 비록 문제점에 대한 인식과 그것을 시정하는 것이 다른 차원의 문제라 하더라도, 문제의식이 실천으로 이어지지 않았을 때 초래되는 진정성에 대한 회의는 당연한 것이기 때문이다. 특히 그것이 '사람들의 비난'에 대한 우려로까지 진행된다면 속俗에 반

---

29 『退溪全書』卷32,「答禹景善」: "三年內家廟祭否, 先賢已有定論, 今以無墨衰, 致有諸論之不一. … 愚今又思一說, 與其創新而用白布冠衣, 孰若倣『家禮』所稱墨衰之服. 其制如今直領樣, 冠亦用墨, 一如侍者冠服, 而行事卽去藏之, 以待後祭. 其出入等時, 勿用中原例服之以取俗駭, 此意如何. 但稟鄙意, 勿以語人, 恐大得衆誹也."

하는 어떠한 실천도 기대할 수 없는 것처럼 느껴지기에 더욱 그렇다. 하지만 또 한편으로 이러한 의문은 앞에서 살펴 본 "세속에서 모르면서 비난하더라도 그것을 피하자고 삼헌三獻을 행해서는 안 된다"[30]고 했던 것과 같은 반례와 대립하면서 혼돈스러움으로 바뀐다. 예가 지향하는 질서체계를 해치는 속례에 대한 퇴계의 단호함에 비추어 보았을 때, 해속에 대한 우려가 곧 종속從俗으로 이어졌으리라는 추측은 곤란하기 때문이다.

여기에서 필요한 것은 해속과 중비에 대해서 퇴계가 우려한 것이 정확하게 무엇인지를 명확히 하는 것이다. 이상에서 살펴본 내용을 환기해보면, 해속과 중비에 대해 퇴계가 우려한 본질은 거부감駭과 비난誹의 내용이며 속俗과 중衆은 부차적인 것일 뿐이다. 다시 말하면, 예라는 이름으로 시행되는 어떤 것이 근거가 없거나 예의 전체질서를 고려하지 않은 '실험적 시행'인 경우에 해속과 중비를 우려하게 되는 것이며, 이때 이를 관망하고 평가하는 속과 중은 부차적인 것일 뿐 본질적인 고려대상이 아니라는 것이다. 이는 바꾸어 말하면 만일 그 행위가 근거에 입각한 것이고 예의 전체질서 속에 반드시 준행되어야 하는 것이라면, 속과 중의 거부감 혹은 비난에도 불구하고 그것은 실천으로 옮겨져야 한다는 것이다. 따라서 퇴계의 해속駭俗에 대한 우려가 곧 종속從俗으로 전개될 가능성은 없으며, 오히려 올바른 예를 지속적으로 지향해야 할 필요성을 자각하는 긍정적 계기로 작용하게 된다.

사실이 이러함에도 퇴계가 속례에 대해 매우 관용적이었다는 평가를

---

30 『退溪全書』卷37,「答權章仲喪禮問目」: "世俗不知而譏之, 不可苟避而行三獻也."

받았던 이유는 무엇일까? 그것은 속례에 대한 답문 과정에서 종속從俗을 용인하는 듯한 일련의 퇴계의 언급과 해속駭俗에 대한 우려를 연계해서 설명하는 방법상의 문제에서 빚어진 일종의 착시현상이다. 즉, 해속을 단순히 시속을 가능한 거스르지 않으려 했다는 측면에서 이해하고, 여기에 종속을 허용하는 몇몇 언급들을 연계시키면 퇴계는 속례에 대해 매우 관용적인 인식을 가진 것으로 해석될 수 있기 때문이다. 하지만 위에서 살펴본 바와 같이 퇴계의 해속에 대한 우려에서 속俗은 부차적인 것이고 거부감駭의 내용이 본질적인 것이므로 해속이 속을 거스르지 않으려는 심리적 문제가 아님은 분명해졌다. 그렇다면 종속을 용인하는 듯한 퇴계의 언급들은 어떻게 해석되어야 하는가? 이와 관련해서는 퇴계가 종속을 언급하는 맥락을 꼼꼼히 따져볼 필요가 있다.

합제(合祭)는 비록 온 세상이 다 그렇게 하더라도, 효자가 옛에 대한 믿음과 예에 근거함[信古據禮]의 정도에 달린 문제이다. 지성으로 애통해하며 고쳐 나간다면 세속의 비례를 고쳐 예문대로 하는 데 어찌 불가함이 있겠는가. 만일 불행하게도 믿음이 이에 미치지 못해 세속과 어긋나기 어려워서 합제를 하게 되더라도 지방(紙榜)을 마련해서 행한다면 그나마 말이 되지만, 신주(神主)를 모시고 나와 움막에서 합제를 한다는 것은 더욱 큰 잘못이니 절대로 해서는 안 된다.[31]

---

31 『退溪全書』 卷37, 「答權章仲喪禮問目」 : "合祭, 雖擧俗皆然, 然亦在孝子信古據禮. 至誠哀痛而改之, 則改世俗之非禮, 以從禮文, 亦何不可之有哉. 若不幸而信不能及此, 難於違俗而合祭, 則只設紙牓之類以行之, 猶或可言, 至於出主而合祭廬所, 尤爲大錯. 千萬不可爲也."

이는 양친 중에 한 분이 먼저 돌아가시고, 다른 한 분의 상을 당한 상황이다. 당시에는 이런 경우에 사당에 모셔져 있는 먼저 돌아가신 분의 신주를 여묘廬墓하는 곳으로 모셔오거나, 이렇게 신주를 이동하는 것이 죄송스러워 뽕나무로 임시 신주假主를 만들어서 합제를 지내는 속례가 유행하였다. 이러한 속례가 부모님을 함께 모시고 싶다는 정에서 비롯된 '과한 속례'임은 두말할 나위 없다. 이에 퇴계는 신주를 모셔오는 것이나 임시 신주를 만드는 것 모두 문제가 있음을 지적하며 합제를 하지 않는 것이 최선이라고 말한다.[32] 왜냐하면 합제란 "기존의 신주前主 입장에서 보면 이미 길한 상태에서 흉으로 되돌아가는 것이니 비례이고, 나중의 신주後主 입장에서 보면 이제 막 흉이 시작되었는데 길로 끌어가는 것이니 역시 비례"이기 때문이다.[33] 이처럼 비례임이 명백한 속례는 온 세상이 다 그렇게 하더라도 고례에 대한 신념을 갖고 고쳐나가야 한다는 것이 퇴계의 원칙이다.

그것이 후한 속례가 아닌 이상, 종속從俗 또는 순속循俗을 고민하는 질문에 대해 퇴계는 반드시 속례의 문제점과 무엇이 원칙인지를 먼저 제시하고, 이러한 원칙에도 불구하고 이를 지킬 수 없다면 차선책으로 비례의 정도가 덜할 수 있는 방안을 제시한다. 위의 사례에서 신주를 움막으로 모셔오는 것은 절대로 불가하므로 지방을 마련해서 하라는 것이 이에 해당한다.[34] 이렇게 먼저 원칙을 제시하는 이유는 이러한 속례

---

32 『退溪全書』卷28,「答金而精/問目」: "廟主還廬所, 固爲無理, 桑木假主, 三年後處之亦難, 孝子知禮者, 不爲並行則善矣."

33 『退溪全書』卷37,「答權章仲喪禮問目」: "今人葬後, 合祭前後主, 以前主而言, 旣吉而反凶, 非禮也, 以後主而言, 方凶而援吉, 亦非禮也."

34 하지만 또 다른 곳에서 퇴계는 "지방으로 하는 것이 조금 낫기는 해도 결국은 비례"라는 점을 분명히 함으로써 이를 권장하지 않았다.(『退溪全書』卷28,「答金而精/問目」: "以

에 대해서는 시속을 탈피함[免俗] 또는 시속을 위배함[違俗]이 최선임을 알아야 하기 때문이다.

그러나 세상의 모든 예의 행위주체가 이러한 원칙에 충실한 신념의 소유자들일 수는 없으며, 이러한 현실을 무시한 답변은 그들에게는 무의미한 것이다. 따라서 답을 제시해주어야 하는 입장에서는 최악을 피하기 위한 대안을 제시할 수밖에 없다. 퇴계가 '시속을 탈피할 수 없다면'과 같은 '조건적' 표현들[35]을 여러 곳에서 거듭 제기한 것도 모두 이러한 배경 하에서 그랬던 것이다. 따라서 이러한 조건을 전제로 언급한 '종속從俗'적 대안은 퇴계가 해당 속례를 허용한 것이 아니라 최악을 피하고자 한 불가피한 선택이었다는 점을 분명히 이해할 필요가 있다. 이렇게 되면 퇴계에게 있어서 해속과 종속을 분석적 검토 없이 피상적으로 연계시켜 보려는 해석은 수정되어야 하며, 나아가 퇴계가 속례에 대해 허용적이었다는 평가 역시 재고되어야 마땅하다.

교속矯俗이란 속俗을 교혁矯革한다는 뜻이며, 이때 교혁 대상으로서의 속은 속례 혹은 그것이 시행되는 시공간적 장을 지칭한다. 따라서 교속은 지금까지의 삶의 양식을 바꾸는 사회적 차원의 작업이며, 그래서 그것은 그 범위의 폭에 상관없이 일종의 개혁적 성격을 필연적으로 띠게 마련이다. 이런 점에서 교속은 개인적 차원의 신념에서 종속을 거부하는 면속免俗 또는 위속違俗과는 근본적으로 그 차원을 달리 한다. 퇴계는

紙牓行之, 三年後焚之, 差可, 然終是非禮也.")

35 "若未免俗習, 則且或從俗."(『退溪全書』卷22, 「答李剛而問目喪禮○丙寅」); "不能免俗而行之"(卷28, 「答金伯榮富仁可行富信惇敍問目喪禮○乙卯」); "不免循俗而行之."(卷28, 「答金而精/問目」); "今人率不能免俗."(卷30, 「答金而精/別紙」); "雖不能免俗, 而未可常用."(卷37, 「答權章仲喪禮問目」) 등.

비록 해속에 대한 우려를 주문하는 한편 신념을 갖고 부당한 종속에 맞서기를 요구했지만, 사회적 차원에서 개혁적 성격을 갖는 교속에 대해서는 극단적으로 신중한 태도를 견지한다. 이러한 퇴계의 신중함은 가정과 향촌 나아가 사회 전체에 대해서 일관되게 나타날 뿐만 아니라, 후자 쪽으로 폭이 넓어질수록 그 정도가 더해지는 것을 확인할 수 있다.

　퇴계가 가정 내에서 교속矯俗을 함부로 할 수 없음을 언급할 때 드는 근거는 『논어』의 '부형父兄이 계시다'[36]라는 말과 『맹자』의 '상제喪祭는 선조를 따르라'[37]는 말이다. 『논어』의 말은 비록 자신의 견해가 옳다 하더라도 집안에 부형이 계시면 마음대로 할 수 없다는 의미이고, 『맹자』의 말은 상·제례는 집안 대대로 전승되어 온 의례 전통을 무시할 수 없다는 의미이다. 예컨대 다음과 같은 경우이다. 학봉鶴峯 김성일金誠一(1538~1593)이 기일忌日에 차마 쌀밥을 먹을 수 없다며, 야은冶隱 길재吉再(1353~1419)가 했던 것처럼[38] 기일에는 거친 밥을 먹고 물만 마시면[疏食水飮] 어떻겠느냐고 묻자, 퇴계는 다음과 같이 답했다.

　　길주서(吉注書)가 기일에 거친 밥을 먹고 물만 마신 것은 매우 훌륭하며, 후인들이 이를 본받는 것 역시 지극한 뜻이라 하겠다. 그러나 만일 그 사람의 부형이 계시다면 제사음식을 먹을 때 부형은 쌀밥을 먹는데 자기만 따로 거친 밥을 차리는 것이 어찌 곤란하지 않겠는가? 이런 상황에는 어떻게 하는 것이 마땅한지 모르겠다.[39]

36　『論語』「先進」: 子路問, "聞斯行諸?" 子曰, "有父兄在, 如之何其聞斯行之?"
37　『孟子』「滕文公上」: "且志曰, 喪祭從先祖.'"
38　『冶隱集·言行拾遺』卷上, 「行狀」: "謹於喪祭, 每値親忌, 一粒不下口, 曰, '古人謂忌日爲終身之喪, 安忍哺啜', 遂垂淚終日, 一家從而齋素."

퇴계의 생각은 야은 길재의 일도 훌륭하고 그것을 본받겠다는 것도 다 좋은데, 제사를 지낸 다음 제사음식을 먹을 때 거친 밥을 먹고 물만 마시는 것을 하겠다고 부형과 다른 상을 차리는 것은 곤란하지 않겠냐는 것이다. 학봉의 말은 가정 내에서 적극적으로 교속을 하겠다는 것이 아니다. 그럼에도 퇴계는 가정 내에서 부형과 보조를 함께하지 못하는 것만으로도 곤란한 일이라고 말하고 있다. 그렇다면 부형이 동의하지 않는 상황에서 자신의 견해가 옳다고 마음대로 집안의 유풍을 교혁하겠다는 것은 더욱 조심스러울 수밖에 없다. 그래서 퇴계는 모든 일을 부형이 계시면 마땅히 여쭈어보고 행하라고 당부하고,[40] 이러한 이유로 "상·제는 비록 선조가 했던 방식을 따르라고 했지만, 힘을 헤아려 고칠 수만 있다면 예문대로 하는 것이 낫지 않겠냐"는 문인의 질문에 퇴계는 "다 그럴 수 없는 것들도 있다"고 답했던 것이다.[41]

그러나 '선조를 따르다(從先祖)'와 '부형이 계시다(父兄在)'라는 동일한 이유를 들어 '어쩔 수 없다'며 집안의 잘못된 제사의식을 보아 넘기려는 문인에게 퇴계는 오히려 그러면 안 된다고 나무란다.

---

39 『退溪全書』卷34,「答金士純問目」: (問)"忌者, 喪之餘, 當親忌食稻, 自有所不忍. 昔吉注書每於是日, 疏食水飮, 依此行之, 何如?"(答)"吉注書忌日疏食水飮, 甚善, 後人法之, 亦固至意. 若其人有父兄在, 則如當餕時, 父兄依他食稻, 己獨別設疏食, 豈不難乎. 不知若此處當何如." / 참고로 학봉의 물음 중에 "기제사는 상의 연장이다"(忌者, 喪之餘.)라는 말은 『예기(禮記)』「제의(祭義)」에 나오는 "군자는 죽는 날까지 치르는 상이 있는데, 기일을 두고 하는 말이다"(君子有終身之喪, 忌日之謂也.)라는 말을 염두에 둔 것이다.

40 『退溪全書』卷34,「答金士純問目○庚午」: "且聞凡事有父兄在則皆當稟行, 此意亦當謹之, 乃爲得之."

41 『退溪全書』卷39,「答鄭道可問目」: (問)"喪祭雖曰從先祖, 量力可改, 則不若一從禮文之爲愈也."(答)"亦有不得盡如此者."

'상·제는 선조가 했던 방식을 따르겠다'는 이 뜻도 좋고, 또 '부형이 계
시는데 어떻게 들은 대로 행할 수 있겠는가'라는 말도 있으니, 제의(祭儀)
의 잘못을 갑자기 고치기는 어려울 것이다. 그러나 나의 몸소 행하는 것이
정성스러움과 독실함에서 나와 부형과 종족들이 점점 신뢰해 간다면, 그
'예에 합당하지 않은[不合禮]' 것들도 오히려 방편으로써 고치기를 청하
여 선한 방향으로 따르도록 할 수 있을 것이다. 끝내 '어쩔 수 없다'는 핑계
를 대고 말아서는 안 된다.[42]

이처럼 퇴계는 '선조를 따르라'고 했지만 예문대로 고쳐나가겠다고
하는 데 대해서도 선뜻 동의하지 않고, 반대로 '선조를 따르라'는 말을
구실로 잘못을 보아 넘기려는 데 대해서도 그러지 말라고 한다. 이처럼
퇴계가 일종의 양비론적 입장을 보인 것은 두 가지 측면에서 이해할 수
있다. 첫째는 강한 것은 억제하고 약한 것은 부축한다는(抑强扶弱) 교육
적 차원에서 이해할 수 있다. 즉, 섣불리 가풍을 뜯어 고치겠다고 덤빌
우려가 있는 경우와 잘못된 점을 보고도 수수방관하는 경우를 분리해
서 가르치고 있는 것이다. 둘째는 가정 내에서 교속矯俗을 위한 최소한
도를 제시한 것으로 이해할 수 있다. 즉, 예문과 가풍을 직접 충돌시키
는 것에는 동의할 수 없지만, 올바른 방향을 지향하며 몸소 행하는 것
의 정성스러움과 독실함마저 포기할 수는 없다는 것이다. 그 결과 다행
히 부형과 종족들이 자신을 신뢰하게 되면 가풍을 점차 변화시켜 나갈

---

42 『退溪全書』卷28, 「答金惇敍○癸丑」: "喪祭從先祖, 此意亦好, 且有'父兄在, 如之何其
聞斯行之', 故祭儀差失, 卒然改之爲難. 然吾之躬行出於誠篤, 父兄宗族漸以孚信, 則其
不合禮者, 猶可以方便請改而從善矣, 恐不可終付之無可奈何而已也."

수 있겠지만, 이런 노력마저 경주하지 않는다면 아무런 변화도 기대할 수 없기 때문이다. 이는 퇴계가 기일에 양위兩位를 합제하는 것에 대해, '집안 대대로 해오던 유풍인데다 현재 집안 어른들이 고치고 싶어 하지 않아서 감히 고치지 못하고 있다'고 했지만,[43] '퇴계 자신 당대부터서는 합제하지 말라'고 유언을 한[44] 데에서 그 실례를 확인할 수 있다.

향촌사회에 대한 교속은 퇴계가 더욱 조심스러워 한다. 상가에서 술과 음식을 장만하여 조문객들을 접대하는 풍속에 대한 학봉 김성일의 질문을 받고, 퇴계는 "상가에서 술과 음식을 장만하는 것은 심히 비례이지만, 이것을 이야기하자면 매우 길어서 지금 감히 말할 수 없다."고 답했다.[45] 그러자 학봉은 그 다음 편지에서 그것이 무슨 의미인지를 다시 물었고, 퇴계는 이에 대해 다음과 같이 답했다.

상가에서 술과 음식을 장만하는 것에 대해 대처하는 방법으로는 주자(朱子)가 문인 진안경(陳安卿)[46]에게 보낸 편지에서 말한 대로 하는 것이 마땅하다. 허나 이것은 내가 남의 상에 갔을 때 대처하는 것이다. 문제는 내가 상을 당했을 때 손님을 대접하는 것이다. 오늘날의 잘못된 풍속[弊俗]을 뒤집어서 옛날의 예의(禮意)에 부합하게 하고 싶지만, 그 사이 곡절에 지극히 난처한 것들이 많으므로 "이것을 이야기하자면 매우 길어서 지

---

43 『退溪全書』卷37, 「答柳希范」: "忌祭共行, 不應禮文, 但滉家自先世皆如此行之, 從前家長之意亦不欲改, 故未敢改耳."
44 『鶴峯集』續集卷5, 「退溪先生言行錄」: "人於忌祭時, 常並祭考妣, 甚非禮也. 考祭祭妣猶之可也, 妣祭祭考豈有敢援尊之義乎? 吾門亦嘗如此, 而非宗子, 故不敢擅改, 只令吾身後, 勿用俗耳."
45 『退溪全書』卷34, 「答金士純問目」: (問)"今人居喪, 例於葬送祥祭之日, 設酒食以饋吊客, 甚無謂也." (答)"喪次設酒食, 甚非禮, 而其說甚長, 今不敢輒云."
46 진순(陳淳, 1159~1223) 자는 안경(安卿), 호는 북계(北溪).

금 감히 말할 수 없다"고 말했던 것이다.[47]

상가에서 술과 음식을 장만해서 조문객을 접대하는 문제는 조문객이 되어서 접대를 받는 경우와 상주측에서 조문객을 접대하는 경우로 나누어 볼 수 있는데, 주자는 「증손여씨향약增損呂氏鄕約」에서 "상가에서는 술과 음식 또는 의복을 구비하여 조문객을 접대해서는 안 되며, 조문객 역시 이를 받아서는 안 된다"고 했다.[48] 따라서 조문객으로 상가에 가서 술과 음식의 접대를 받았을 경우, 주자가 북계北溪 진순陳淳에게 제시한 것처럼 "이를 고사하고 결코 취하거나 배불리 먹어서는 안 된다"[49]는 것이 퇴계의 생각이다.

그러나 이보다 더욱 곤란한 것은 상주의 입장에서 조문객들을 접대하는 경우다. 경조사에 기쁨과 슬픔을 함께 하는 것은 향촌사회에서 대단히 중요한 부분이다. 따라서 조문을 위해 일부러 찾아온 손님에게 술과 음식을 접대하는 것은 예나 지금이나 상주의 도리라고 여겨진다. 이런 상황에서 그것이 '잘못된 풍속[弊俗]'임을 내세워 없앤다는 것은 향촌사회에 대한 일종의 교속 행위이다. 그러나 그것이 초래할 향촌사회 내에서의 물의는 그야말로 '지극히 난처한' 것임을 짐작하기 어렵지 않다. 만일 조문객에게 술 한 잔도 대접하지 않는다면 그것은 당장에 '야박하

---

47 『退溪全書』卷34,「答金士純問目」: (問) "喪次設酒食, 固爲悖禮, 所謂其說甚長者, 何謂也?"(答) "喪次設酒食處之之道, 如陳安卿書所云, 當矣, 此則己赴他喪所處之宜耳. 最是己當喪而待客, 欲反今之弊俗, 而合古之禮意, 其間曲折, 至爲難處者多, 故前云'其說甚長, 今不敢輕云.'"

48 『朱熹集』卷74,「增損呂氏鄕約·禮俗相交」: "凡喪家不可具酒食衣服, 以待弔客, 弔客亦不可受."

49 『朱熹集』卷57,「答陳安卿」: "所喩行弔而遇酒食, 此須力辭, 必不得已而留, 亦須數辭先起, 不可醉飽."

고 괘씸한 처사'로 받아들여질 것이기 때문이다. 퇴계가 '이야기가 매우 길다'라고 한 것은 아마 이후 전개될 문제들이 매우 복잡함을 예상한 표현일 것이다. 따라서 이에 대한 섣부른 교속을 권할 수 없었던 것이다.[50]

이렇게 향촌사회 내에서의 교속은 가정에서의 그것과 또 다른 차원의 문제로서 훨씬 더 복잡하며, 따라서 한 층 더 조심스럽게 접근해야 한다. 일개 향촌사회조차 이러할진대, 그것이 세상에 대한 것이라면 더 말할 나위 없다. 위位를 갖지 못한 학자의 위치에서 세상에 대한 교속으로는 저술활동이 가장 대표적인 것이며, 그 구체적 형태가 바로 예서禮書의 편찬이다. 그런데 예서를 편찬한다는 것은 하나의 개인적 학술연구서를 출간하는 것 이상의 무게로 세상에 받아들여진다는 것이 퇴계의 생각이었고, 퇴계는 이러한 이유로 예서를 직접 편찬하지 않았다.[51] 뿐만 아니라, 문인인 잠재潛齋가 「의문疑問」이라는 책을 만들어 자문을 구했을 때 퇴계는 다음과 같이 말했다.

이번에 또 다시 보내온 「의문(疑問)」이라는 책자를 받고 보니, 그 내용은 전번에 물었던 것에 비할 바가 아니었다. 『가례(家禮)』 중 상례와 제례

---

50 하지만 앞에서 언급했던 양위(兩位) 합제(合祭) 사례와 마찬가지로 퇴계 자신의 상에는 이를 하지 말라는 유명(遺命)을 남김으로써 조심스러운 교속의 길을 열어 놓았다. (『鶴峯集』續集卷5, 「退溪先生言行錄」: 嘗謂學者曰, "吾東方喪紀廢毁, 無可言者. 世俗例於葬送喪祭之日, 喪家必設酒食, 以待弔客, 客之無知者, 或醉或達朝, 甚無謂也. 君輩其講求處是之道." 及易簀之日, 遺命禁之.)

51 퇴계가 예서를 편찬하지 않은 이유에 대해 기존의 연구에서도 퇴계가 매우 신중한 입장을 취한 결과로 평가하고 있다.(고영진, 『조선중기예학사상사』, 99~100쪽.; 도민재, 「퇴계 예학사상의 특성」, 191~192쪽.) 다만 여기에서는 퇴계가 그렇게 신중을 기한 까닭이 퇴계의 개인적 성향 때문이라는 이해에서 한 걸음 더 나아가 '교속'의 문제와 연계해서 좀 더 심층적으로 살펴보려고 한다.

두 부문에 대해 주자(朱子)의 의절로 본을 삼고 여러 선유(先儒)들의 학설을 참고하였으며, 시제(時制)를 준칙으로 삼고 속례(俗禮)의 잘못을 구명해 놓았으며, 거기에 자신의 의견을 덧붙여 고정(考訂)과 변론(辯論)을 하였다. 이렇게 함으로써 그것들이 따라야 하는 것인지 어겨야 하는 것인지, 가당한 것인지 그렇지 않은 것인지 등의 적절함을 얻음으로써 궁극적으로는 폐단을 교혁하고 변례에 대처하는 도에까지 이르고자 하였다. 이러한 작업들이 상세함을 다하지 않은 것이 없음에도 나로 하여금 하나하나 헤아리고 재단하게 함으로써 한 부의 예서(禮書)를 완성하고자 하니, 짐작컨대 이를 통해 당대를 인솔하고 후세에까지 전하려고 한 듯하다. 오호라! 이것이 얼마나 중요한 일인데 우리 두 사람이 감히 할 수 있겠는가?[52]

이 말에서 주목해야 할 부분은 잠재가 이러한 작업을 하게 된 의도가 '궁극적으로 폐단을 교혁하고 변례에 대처하는 도에까지 이르고자' 했으며, '이를 통해 당대를 인솔하고 후세에까지 전하려'는 데 있었다는 사실이다. 어쩌면 잠재 본인은 이런 점까지 생각하지 않았을지 모른다. 그러나 퇴계가 예서를 편찬하는 것을 이러한 관점에서 바라보고 있다는 점은 분명하다. 즉, 퇴계는 예서의 편찬을 당대는 물론 후세에까지 영향을 끼치는 교속 작업의 일환으로 이해하고 있었던 것이다.

사실 예서를 편찬한다는 것은 필연적으로 세속世俗의 문제 상황을 반성하고 이에 대해 바람직한 방향을 제시함으로써 결국 교속을 하자는

---

52 『退溪全書』卷29,「答金而精/別紙」: "今復蒙寄「疑問」一冊, 則又非前問之比. 將『家禮』喪祭兩門, 本朱子之儀, 參諸儒之說, 準時制, 明俗失. 附以己意, 考訂辯論, 欲得從違可否之宜, 以至矯弊處變之道, 靡不致詳. 欲令滉一一商酌裁定, 以成一部禮書, 意若以是率一世而傳後來. 嗚呼, 此何等重事, 而吾二人敢爲之哉."

데 목적이 두어지는 작업이다. 따라서 그것은 일종의 사회 개혁적 함의를 갖는 특수한 학술작업이다. 퇴계가 '이것이 얼마나 중요한 일인데'라고 말하는 이유는 바로 이 점을 염두에 둔 발언으로 이해할 수 있다.

퇴계는 시속의 잘못을 바로잡고[正俗失] 고례의 올바른 도로 회귀하는[反古道] 것은 분명 군자의 일이지만, 그것이 곧 지금 당장 그 일에 나서라는 뜻은 아니라고 보았다. 거기에는 고려하고 감안해야 할 것들이 많이 있기 때문이다. 먼저 자신이 그럴 만한 능력을 갖추고 있어야 할 뿐 아니라, 그럴 수 있는 지위에 있어야 하며, 또한 옛날과 오늘의 시의時宜도 감안해야 한다. 단순하게 고례와 속례라는 이분법에 입각해서 '고례'에 위배되는 것이라면 뭐든지 뜯어고치려 해서는 안 된다고 퇴계는 이해한다.[53] 따라서 퇴계는 잠재에게 이러한 점들을 유의해야 한다는 사실을 주지시키는데, 이때 매우 주목되는 언급을 한다. 그것은 '이와 같이 경솔한 생각으로 가볍게 움직여서는 안 되는 이유'로 '피화避禍'와 '도리道理' 두 가지를 거론한다는 점이다.

위에서 언급한 여러 가지 고려하고 감안해야 할 사항들은 바로 도리道理의 측면에서 설명한 것으로 지극히 원론적인 이야기다. 여기에서 우리의 눈길을 끄는 것은 바로 '피화避禍'라는 언급이다. '피화'라는 말은 일상적으로 사용하지 않는 말일 뿐 아니라, 설령 경계를 목적으로 하는 언급이라 할지라도 매우 엄중하게 사용되는 표현이다. 이러한 정황들을 감안할 때, 퇴계가 정말 환기시키고자 했던 것은 이 '피화'가 아

---

53 『退溪全書』卷29, 「答金而精/別紙」: "正俗失反古道, 固君子之事, 然亦有未可率意輕作者, 非但避禍, 道理有所當然者. 子曰, '愚而好自用, 賤而好自專, 生乎今之世, 反古之道, 如此者, 裁及其身者也. 非天子, 不議禮, 不制度, 不考文.' 夫聖賢在下, 而議禮·制度·考文亦多矣, 而聖人之言若此, 何也. 雖議制且考, 其間有不可一一專輒底道理, 故云云."

니었을까 하는 추측을 하게 된다. 즉, 교속의 결과는 자칫 '화禍'를 부를 수도 있는 매우 신중을 요하는 것임에도 불구하고, 이를 심각하게 고려하지 못한 채 섣불리 예서를 편찬하려는 잠재에게 이를 주지시키고 싶었을 것으로 이해된다는 것이다.

그렇다면 퇴계가 이 대목에서 떠올렸을 '화禍'란 무엇이었을까? 그것은 어쩌면 정암 조광조를 위시한 수많은 인재들을 앗아간 사문斯文의 비극이었던 기묘사화己卯士禍(1519)를 떠올렸던 것은 아니었을까?[54] 물론 퇴계 자신이 이에 관한 명시적 언급을 하지 않았기 때문에 이러한 추측을 사실로서 증명하기는 어렵다. 다만 정암을 필두로 한 당시의 신진사대부들이 국가의 예속禮俗을 일신하는 것을 자임했고 이를 자신들의 도덕적 정당성의 원천으로 삼았던 점, 그러나 이러한 일들을 너무 성급하고 과격하게 진행한 결과가 결국 사화로 이어지게 된 점 등을 고려하면 개연성이 전혀 없지는 않다고 생각된다.[55] 기묘사화가 일어난 직후 사화가 잘못된 것임을 간하는 성균관 유생들의 상소를 받고 중종中宗이 천명한 다음의 언급은 시의를 헤아리지 못하고 무리하게 옛것[古]를 오늘[今]에 시행하려는 성급함이 화를 자초하게 된다는 점을 명시하고 있다.

---

54 사화(士禍)에 대한 퇴계의 기억은 그가 직접 을사사화(乙巳士禍, 1545)를 겪었을 뿐 아니라, 그 와중에 자신의 중형(仲兄)인 좌윤공(左尹公) 이해(李瀣, 1496~1550)를 잃은 개인적으로 매우 참혹한 것이었다.

55 고영진은 이와 관련하여 당시 전문관료와 신진사류 사이에 '삼년상제(三年喪制)', '친영(親迎)', '묘현(廟見)' '관례(冠禮)'의 시행 등에 관한 문제를 놓고 벌인 대립을 '국조오례의파'와 '고례파'의 대립으로 설명하면서, 『국조오례의』에 대한 고례의 도전은 그들의 존재 근거를 위태롭게 하는 충격적인 것이었다. 『국조오례의』에 변화를 가하는 것은 곧 그것에 기반을 두고 있던 모든 예적 질서에 대한 변화를 의미하였다"라고 하여 기묘사화의 발생 배경에 예의 기준을 무엇으로 할 것인지에 관한 문제가 놓여 있었음을 밝히고 있다.(고영진, 앞의 책, 51~64쪽 참고)

조광조(趙光祖) 등의 당초의 뜻이 어찌 나라의 일을 그르치려는 것이었 겠는가? 위에서도 지치(至治)를 기다려 보았다. 그러나 이들은 옛 글[古 書]만을 알고 시의(時宜)를 헤아리지 않아서 과격한 일이 많았으므로 부 득이 죄를 주었노라.[56]

퇴계는 잠재의 병통이 '너무 치우치게 예를 좋아하며, 기필코 시속을 뜯어고쳐야만 한다고 여기는 것'이라고 지적하면서, 이러한 이유로 자 신은 '잠재의 뜻을 가상히 여기지 않은 적이 없고 그 사람됨을 사랑하 지 않은 적이 없지만, 세상에 받아들여지기는 어렵겠다고 걱정하지 않 은 적이 없다'고 충고한다.[57] 그 자체로 사회 개혁적 성격을 갖는 교속 의 작업은 그 대상인 시속의 반발을 피할 수 없다. 그럼에도 불구하고 이를 기필코 행하겠다고 하는 것은 곧 화를 부르는 길임을 퇴계는 경계 하고자 했던 것이다. 우리는 이를 통해 세상에 대한 교속의 의미를 갖 는 예서 편찬에 대해 퇴계의 인식과 대응이 대단히 신중한 것이었음을 확인할 수 있다. 잠재에게 보낸 글의 마지막에서 퇴계는 다음과 같은 말로 맺는다.

이러한 행위는 모두 풍속에 대해 오만을 부리고 사람들을 억압하는 일 들로, 벗이 원망하고 사람들이 비난할 테니 재화의 기틀[禍機]이 잠복해 있음이 어찌 괴이한 일이겠는가.[58]

---

56 『中宗實錄』 卷37, 14年 11月 19日 : 上曰, "光祖等初意豈欲誤國事乎? 自上亦伫觀至 治, 但此輩徒知古書, 不度時宜, 多有過激之事, 故不得已罪之."
57 『退溪全書』 卷29, 「答金而精/別紙」: "好禮太僻, 故必以矯俗爲得禮. (…중략…) 故吾未 嘗不嘉公之志願, 愛公之爲人, 而亦未嘗不憂公之難行於世也."

2. 의리 본위의 상·제례관 정립

1) '신혼神魂' 중시의 상례관

조선을 개국한 지 4년째 되는 해(1395), 태조는 좌·우정승에게 "지금 각도에서 보고한 효자孝子·순손順孫·의부義夫·절부節婦 등은 모두 실제 행적이 있으니 마땅히 포상을 하고 문려에 정표旌表할 것이며, 역이 있는 자는 복호復戶해주고 가난한 자는 구휼하여 풍속을 장려토록 하라"는 명을 내렸다.[59] 효孝·순順과 의義·절節의 사례들을 방방곡곡에서 모아 보고토록 하고, 그 중 모범 사례에 대해 국가적으로 포상과 정표를 함으로써 백성들의 풍속을 장려토록 한 조치였다.[60] 이때 각도에서 보고한 효자와 절부의 사례들 중에는 다음과 같은 기록이 있다.

임주(林州) 사람 임안귀(林安貴)는 부모의 상에 8년이나 분묘를 지켰고, (…중략…) 수원(水原)의 생원 이조(李造)는 어머니 상에 3년 동안 여묘를 하면서 아침저녁으로 죽만 먹고, 소금·장·나물·과실 등을 전혀 먹지 않음으로써 슬픔과 공경을 다했으며, (…중략…) 양성(陽城)의 고(故) 판사 전오복(全五福)의 아내 노씨(盧氏)는 정묘년에 지아비가 죽자 분묘

---

58 『退溪全書』卷29,「答金而精/別紙」:"如是所爲, 無非忤俗軋人之事, 朋怨衆謗, 禍機潛伏, 何足恠乎."
59 『太祖實錄』卷8, 4年(1395) 9月 16日:上命左右政丞曰, "今各道所報孝子·順孫·義夫·節婦, 各有實跡, 宜加褒賞, 旌表門閭. 其有役者則復之, 貧乏者則周之, 以勵風俗."
60 이는 조선이 건국 된 지 얼마 되지 않은 시점에서 정책적으로 필요한 일이었을 것이며, 이러한 필요는 마침내 세종 16년(1434)에 충·효·열을 주제로 한『삼강행실도(三綱行實圖)』의 편찬으로 결실을 맺게 된다. 참고로『삼강행실도』와 관련해서는 1998년 진단학회에서 개최한 제25회 한국고전연구 심포지엄 "≪삼강행실도≫의 종합적 검토"에서 여러 편의 연구논문이 발표되었으며, 이는『진단학보』제85호에 게재되어 있다.

아래에 여막을 짓고 9년이 지난 지금까지도 제사지내는 것을 게을리 하지 않고 있습니다.[61]

이 기사에서 눈길을 끄는 대목은 부모에 대한 효도와 지아비에 대한 절개를 보여주는 모범사례로 이른바 '여묘廬墓'가 거론되고 있다는 점이다. 돌아가신 분을 땅에 묻는 장례의식을 치른 다음, 돌아가신 분의 체백體魄이 묻힌 그곳을 차마 떠나지 못해 상주 자신도 그 분묘 근처에 여막을 짓고 지내는 것이 여묘이다. 돌아가신 분과 함께 한다는 의미를 갖는 수분守墳이나 시묘侍墓가 여묘의 또 다른 표현으로 사용되는 것은 바로 이러한 이유 때문이다. 그리고 돌아가신 뒤 여묘를 하는 것은, 돌아가시기 전 손가락을 잘라 낸 피를 드시게 함으로써 위급한 상황을 넘기는 이른바 '단지斷指'를 하는 행위와 함께 효도의 지극한 실천사례로서 조선에서는 표창되었다.[62]

이렇게 여묘는 아름다운 풍속으로 백성들에게 장려되었을 뿐만 아니라, 중국의 사신들에게 우리나라의 자랑거리로 소개되기도 했다. 중국

---

61 『太祖實錄』, 卷8, 4年(1395) 9月 16日 : "林州人林安貴, 喪父母, 守墳八年. (…중략…) 水原生員李造, 喪母廬墓三年, 朝夕食粥, 不進鹽醬菜菓, 以致哀敬. (…중략…) 陽城故 判事全五福妻盧氏, 歲丁卯, 夫亡, 廬於墳墓之下, 至今九年, 祭享不怠."

62 『明宗實錄』 卷18, 10年(1555) 3月 29日 : "禮曹以孝子襄陽居忠順衛金壽永[父母歿, 哀毀骨立, 不食采果, 啜粥三年, 又自作告天之誓一百三十二字, 自涅于左右膝.], 杆城 校生黃弼賢[其父得病, 盡心醫藥, 及歿廬墓, 啜粥三年 母得惡疾, 斷指和藥以進, 病母 卽愈.], 西部樂生金壽長[性至孝, 父母遘疾, 則不寢不食, 盡情祈祝 其後父得重病, 斷指 以進, 其病卽愈.], 南部居私奴趙命仲[父病革氣絶, 斷指以進, 少頃乃蘇.], 南部居參奉 金大觀[友愛兄弟, 同居一室, 父得重病, 斷指以進, 其病卽愈.], 平海居故宣務郞鄭俌妾 良女雲瑞[夫死三十餘年不食肉, 恐爲强暴侵汚, 常置劍於寢房. 精備祭物, 泣血躬奠, 不 出門外.], 東部居生員洪潤妻李氏[其夫得疾, 醫云, '當餌生人肉, 卽以刀割斷足指, 自 磨和藥以進, 夫病向歇.']等入啓, 命旌門復戶."

사신 허국^{許國}과 위시량^{魏時亮}이 우리나라의 이름난 학자와 충신 그리고 효자·효부·열녀 등 인물에 관한 것은 물론 나라의 규모와 지방별 특색 그리고 관직과 교육제도 등에 대해 묻자, 고봉^{高峯} 기대승^{奇大升} (1527~ 1572)이 이러한 문목에 대해 답한 글 중에 효자를 언급하는 대목에서 고봉 역시 여묘를 중요한 사례로 언급하고 있다.[63]

그런데 흥미로운 것은 『조선왕조실록』을 검색해보면 여묘^{廬墓}·수분^{守墳}·시묘^{侍墓}·거려^{居廬} 등에 대해 포상과 정표가 이루어진 기사는 주로 세종·성종·중종대에 집중되어 있으며, 선조대 이후로는 눈에 띄게 줄어드는 양상이 나타난다는 사실이다.[64] 이는 16세기 이후 고례^{古禮}와

---

63 『高峯集』續集 卷2,「天使許[國]·魏[時亮]問目條對」: "本國僻在海外, 壤地褊小, 然民性仁柔, 易興於善, 異行孝悌節義之人, 史不絶書, 今不能悉記, 姑錄一二于後. (…중략…) 崔婁伯, 水原人, 年十五, 父因獵爲虎所害. 婁伯欲捕虎, 母止之, 婁伯曰, '父讐可不報乎?' 卽荷斧跡虎, 虎旣食飽臥, 婁伯直前叱虎曰, '汝食吾父, 吾當食汝.' 虎乃掉尾俛伏, 遽斫而剖其腹, 取父骸肉, 盛虎肉於瓮, 埋川中. 葬父廬墓, 服闋, 取虎肉盡食之. (…중략…) 金自强, 星州人, 年幼喪父, 奉母承順無違, 母歿治喪, 不用浮屠法, 一依『朱子家禮』, 廬墓三年, 服闋, 爲父又居三年, 族黨止之, 牽引登途, 仍焚其廬, 自强力排, 還伏塚下, 三日不起, 族黨感其孝誠, 復爲之結廬, 又居三年, 國初旌閭. (…중략…) 金德崇, 鎭川縣人, 嘗宰韓山郡, 念定省久曠, 棄官而歸, 承順色養, 至誠無怠. 年六十二, 遭母喪, 廬墓三年, 每朝夕奠訖, 必定省於父, 雖雨雪不廢. 服闋, 不離父側, 奉養彌篤, 莊憲王嘉其誠孝, 特賜酒肉米. 父亡, 又廬墓, 哀毀骨立, 時年已七十二, 鄕黨以衰年執喪, 必至傷性, 止之, 德崇泣曰, '父瘞於野, 子安於家, 吾所不忍.' 晨興必哭于墳前, 至於終喪, 哀慕益切. (…중략…) 金得仁, 東萊縣人, 幼年喪父, 家貧, 養母至孝. 母歿, 廬墓三年, 後遷其父墓于母塋, 又居三年, 前後居喪九年."

64 해당 검색어에 대한 『조선왕조실록』 검색 결과는 다음과 같다. '여묘(廬墓)'에 대한 검색 결과: 태조(2), 정종(2), 태종(5), 세종(34), 문종(2), 단종(6), 세조(3), 성종(16), 연산군(3), 중종(19), 명종(6), 선조(5), 광해군(2), 인조(3), 효종(3), 현종(1), 숙종(3), 영조(2), 정조(3), 순조(1), 고종(2).
'수분(守墳)'에 대한 검색 결과: 태조(2), 태종(4), 세종(16), 단종(6), 세조(2), 예종(2), 성종(11), 연산군(4), 중종(12), 명종(2), 선조(1), 영조(1), 순조(1).
'시묘(侍墓)'에 대한 검색 결과: 세종(1), 세조(5), 연산군(1), 명종(1), 숙종(3), 영조(11), 정조(1), 순조(1). (※ '시묘'에 대한 검색에서 영조대가 많이 잡히는 것은 주로 왕릉의 '시묘관(侍墓官)' 기사가 많기 때문이다.)
'거려(居廬)'에 대한 검색 결과: 태조(1), 정종(1), 태종(4), 세종(18), 문종(5), 단종

『가례家禮』에 대한 이해가 전반적으로 높아지면서 '여묘'가 고례가 아니라는 사실에 대한 반성적 논의가 이루어졌고,[65] 이러한 과정에서 자연스럽게 대두한 사회현상으로 추측된다. 그리고 이러한 반성이 진행되는 과정에서 여묘에 대한 퇴계의 강력한 반대는 중요하고 선도적인 역할을 했을 것으로 추측된다.

　　옛 사람들은 '반혼(反魂)'을 매우 중하고도 급한 일로 여겼다. 장례를 치르는 날 미처 분묘가 완성되지도 않아서 반곡(反哭)을 하고 우제(虞祭)를 지내는 것은, 평소 거처하시고 안락해 하시던 곳으로 돌아와서 신혼(神魂)이 표산(飄散)하시지 않기를 바랐기 때문이다. '여묘(廬墓)'라는 속례가 흥기하고서부터 이 예는 드디어 폐지되었다. 평소 거처하셨거나 안락해 하셨던 적 없는 텅 빈 산 황벽한 곳에서 혼을 받들다가 삼년이 지난 다음에야 반혼을 하니, 체백(體魄)만 중히 여기고 신혼(神魂)은 가볍게 여기는 것으로, 그 터무니없음이 매우 심하다.[66]

---

(1), 세조(2), 성종(7), 연산군(8), 중종(29), 명종(13), 선조(9), 광해군(1), 인조(1), 효종(4), 숙종(2), 영조(38), 정조(3), 순조(2), 철종(4), 고종(6).(※ '거려(居廬)'에 대한 검색 결과에서도 영조대가 많이 잡히는 것은 주로 임금의 '거려청(居廬廳)' 기사가 많기 때문이다.)

65 『明宗實錄』 卷17, 9年(1554) 9月 27日 : 憲府啓曰, "竊觀我國邈處, 土地旣異, 風氣不同, 故三綱五常, 雖無異於中國, 而其間制度文爲, 則有不得不異於中國者矣. (…중략…) 守墳居廬, 非古也, 而我國則居廬三年. (…중략…) 居廬可廢乎? 如此之事, 不一而足, 則豈能一從中國之制乎?"

66 『退溪全書』 卷37, 「答權章仲喪禮問目」: "古人深以反魂爲重且急, 葬之日, 未及成墳而反虞, 所以欲反其平時所居處, 所安樂之處, 庶幾神魂不至於飄散也. 自廬墓俗興, 此禮遂廢. 仍奉魂於空山荒僻平昔所未嘗居處安樂之地, 以歷三年而後反之, 重體魄而輕神魂, 其不知而無稽也甚矣."

『가례』에 따르면 신혼을 목주木主에 빙의하도록 하는 의식인 제주題主를 거행한 다음, 축관은 곧장 신주神主를 받들고 집으로 돌아온다. 이때 자제들 중 한 명만 그곳에 남아 흙을 채우고[實土] 봉분을 짓는 일[成墳]을 감시하고, 주인主人 이하 모든 가족들은 축관을 따라 집으로 돌아온다.[67] 이렇게 신주를 받들고 집으로 돌아온 다음 반곡反哭과 우제虞祭를 차례로 진행한다. 반혼反魂이란 이러한 일련의 과정을 통틀어서 표현한 말이다. 퇴계는 이 반혼이 여묘가 흥기하고서부터 폐지되었다고 말하고 있다. 이는 반혼과 여묘의 대립구도를 분명히 함으로써 그동안 아름다운 풍속이자 효도의 대표적 사례로서 권장되어 오던 여묘에 대해 강력한 문제제기를 한 것이다.

퇴계는 평소 당시의 상제喪制에 대해 많은 문제의식을 갖고 있었으며, 특히 무엇을 더 중시해야 하는지에 대한 혼란을 중대한 문제점으로 꼽았다.[68] 의식절차상의 경중輕重과 간비簡備, 융쇄隆殺 등 질서에 관한 문제는 앞에서 검토한 바와 같이 예禮의 유기적이며 완정한 체계 속에서 정해지는 것이다. 그리고 그러한 질서체계는 곧 예에 내재해 있는 의리義理의 구현체계이다. 따라서 이러한 질서가 혼란을 일으키고 있다는 것은 곧 당시 준용되고 있던 상제가 정당한 상례喪禮를 구현하는 데 많은 문제를 일으킨다는 점을 상징적으로 지적한 것이다. 위에서 퇴계가 여묘의 문제점에 대해 '체백만 중히 여기고 신혼은 가볍게 여기는 것'

---

67 『家禮』卷5,「喪禮」'及墓·下棺·祠后土·題木主·成墳'條："題主. 祝奉神主升車. 執事者徹靈座遂行."【註】"主人以下哭從如來儀. 至墓門, 尊長乘車馬, 去墓百步許, 卑幼亦乘車馬. 但留子弟一人, 監視實土以至成墳."

68 『退溪先生言行錄』, 卷4,「論禮」：嘗曰, "我朝喪制戾於古禮, 輕其所重, 重其所輕, 大是未安."

이라고 비판한 것 역시 같은 맥락에서 제기한 문제이다. 이는 당시의 상제가 체백을 중시하는 여묘를 장려하고 시행함으로써 많은 문제들을 야기하고, 이로 인해 정당한 상례가 정착되지 못함을 지적한 것이다. 다음 퇴계의 언급은 이를 단적으로 보여준다.

　　이제 상례를 신중하게 치르는 집에서 만일 고례(古禮)에 의거하여 반혼(返魂)[69]을 한다면 모든 일이 순조로울 것이다.[70]

　반혼을 하면 모든 일이 순조로울 것이라는 말은, 역으로 반혼을 하지 않고 여묘를 함으로써 많은 문제들이 야기되고 있음을 뜻한다. 그렇다면 퇴계가 이토록 여묘를 반대했던 이유는 무엇일까? 퇴계는 여묘가 크게 세 가지 점에서 문제가 있다고 보았다. 첫째 여묘는 그 자체로 예의 본질이라고 할 수 있는 예의禮意에 어긋난다는 점, 둘째 이러한 여묘를 수행함으로써 정당한 의식절차에 차질이 빚어진다는 점, 셋째 여묘로 인해 많은 속례들이 파생적으로 야기된다는 점이다.

　먼저 여묘가 예의禮意에 어긋난다는 점부터 살펴보자. 사람이 죽으면 혼魂은 하늘로 가고 백魄은 땅으로 간다는 것은 고래로부터의 이해방식이다.[71] 그렇다면 부모님이 돌아가셨을 경우 자식은 부모님의 신혼神魂을 위주로 상례를 집행해야 하는가, 아니면 체백體魄을 위주로 집행해

69　퇴계는 '반혼(反魂)', '반혼(返魂)'이라는 표현을 함께 사용하며, 동일한 의미범주에서 '반곡(反哭)'이라는 표현도 사용한다.

70　『退溪全書』卷13,「答金亨彦泰廷問目○己巳」: "今謹喪之家, 若能依古禮而返魂, 則事皆順矣."

71　『禮記』「郊特生」: "魂氣歸于天, 形魄歸于地."

야 하는가? 반혼은 전자를 대표하는 의식절차이고, 여묘는 후자를 대표하는 의식절차라는 점에서 이 둘은 상례의 중요한 분수령이 된다. 여묘와 반혼 중 무엇이 옳은 것인지를 묻는 질문에 퇴계는 다음과 같이 답한다.

> 정침(正寢)에 빈(殯)을 마련하는 것은 신(神)으로 하여금 생존하셨던 곳에 편안히 계시도록 하는 것이다. 산야(山野)에서 장례를 치를 때 평토(平土)가 끝나자마자 제주(題主)를 마치고, 자제들로 하여금 봉묘(封墓)하는 것을 보게 하고는 곧장 반혼(返魂)을 하는 것은 신혼(神魂)이 머무를 곳이 없어 표산(飄散)하실까 두려워하여 의귀(依歸)할 곳으로 나아가 예전에 거처하시며 쉬시던 곳에서 안정하시도록 하려는 것이다. 이것이 효자의 마음이다. 요즘은 단지 거려(居廬)만 좋다고 하고 반혼의 의미는 아랑곳하지 않다가, 삼년이 지난 다음에서야 집으로 반혼을 한다. 그러나 혼이 흩어져버린 지 오래인데 돌아갈 수 있겠는가?[72]

여기에서 퇴계가 '생존하셨던 곳'과 '예전에 거처하시며 쉬시던 곳'이라고 언급한 공간은 바로 정침正寢을 가리킨다.[73] 전당前堂이라고도 불리는 정침은 평소 빈객을 접대하는 등[74] 그 집 주인이 생전에 많은 시간

---

72 『退溪全書』卷38, 「答趙起伯問目」: (問)"居廬與返魂事, 何者爲是?" (答)"設殯於正寢者, 使其神安在於生存之處也. 歸葬于山野, 平土纔畢, 題主畢, 使子弟看封墓, 即速返魂者, 恐神魂飄散無依泊, 欲趁依歸, 即安於平昔居息之處, 此孝子之心也. 今只以居廬爲善, 未知返魂之意, 至畢三年後, 乃返魂于家, 魂散久矣, 其能返乎?"
73 정침(正寢)에 대한 상세한 설명은 김미영, 2010, 228~239쪽 참조.
74 『退溪全書』卷39, 「答鄭道可問目」: "正寢, 今之東西軒待賓客之處, 然古人正寢, 皆在前而不在東西, 故曰正寢, 前堂也."

을 보낸 곳[生存之處]일 뿐만 아니라, 마지막 숨을 거두는 곳도 바로 여기다.[75] 이러한 이유로 그곳에 반혼을 한 다음 신주를 모시는 궤연几筵 역시 그곳에 마련하게 된다.[76] 가장 익숙한 곳[77]이고, 따라서 안정과 안식을 줄 수 있다고 믿어지는 정침을 퇴계가 강조해 언급하는 까닭은 반혼의 예의禮意를 구명함으로써 그 정당성을 강화하기 위함이다. 즉, '평소 거처하셨거나 안락해 하셨던 적 없는 빈 산 황벽한 곳'에 신혼을 표산하도록 방치하는 것과의 대비를 통해, 반혼이야말로 장례를 치른 다음 가장 유념해야 할 돌아가신 분의 신혼을 안정시켜 드리는 예[78]에 가장 적합한 의식절차임을 보여주는 것이다. 더구나 봉분이 완성되기도 전에 제주題主[79]를 하고, 곧장 신주를 모시고 집으로 돌아와 정침의 궤연에 모

---

75 『家禮』卷4,「喪禮」'初終'條 : "疾病, 遷居正寢. 旣絶, 乃哭."
76 『退溪全書』卷21,「答李剛而問目朱書」: "古人, 葬後即返魂, 設几筵於正寢, 奉神主於此經三年." 뿐만 아니라 정침은 뒷날 사당에서 신주를 모시고 나와 제사를 지내는 공간으로도 사용된다. (『退溪全書』卷39,「答鄭道可問目」: "正寢, 謂前堂, 今人以家間設祭接賓處, 通謂之正寢.")
77 『예기』에는 군주가 죽으면 소침, 대침, 소조, 대조, 고문, 사교에서 복(復)을 한다고 언급하고 있다.(『禮記』「檀弓上」: "君復於小寢, 大寢, 小祖, 大祖, 庫門, 四郊.") 이에 대해 운장(雲莊) 진호(陳澔)는 『예기집설(禮記集說)』에서 다음과 같은 마씨(馬氏)의 설을 수록하였다. "馬氏曰, '寢, 所居處之地. 祖, 所有事之地. 門, 所出入之地. 郊, 所嘗至之地. 君復必於此者, 蓋魂氣之往, 亦未嘗生時熟習之地也. 觀此, 則死生之說可知矣.' 今按, 馬氏以小寢·大寢爲燕寢·正寢, 與舊說異." 운장은 마씨의 설이 비록 주소(注疏)와는 다르지만, '혼기(魂氣)'가 생시에 익숙했던 곳을 떠나지 않을 것이므로 그곳에서 복(復)을 하도록 한 것'이라는 해석이 일리가 있다고 보았던 것이다. 여기에서 알 수 있는 것처럼 생시에 익숙한 곳은 돌아가신 분을 대하는 데 중요한 고려사항이 된다.
78 『예기(禮記)』에서는 장례를 치른 날 우제(虞祭)를 치르는 이유에 대해 "차마 하루라도 돌아갈 곳이 없게 할 수 없어서"라고 했으며,(『禮記』「檀弓下」: "葬日虞, 弗忍一日離也."【鄭玄注】"弗忍其無所歸.") 『의례(儀禮)』에 언급된 '삼우(三虞)'에 대해 정현(鄭玄)은 다음과 같이 해설한다. "골육(骨肉)이 흙으로 돌아감에 정기(精氣)가 가지 못할 곳이 없게 되니, 효자가 그 방황함을 염려해 세 번의 제사로 편안히 해드리는 것이다. 아침에 장례를 치르고, 그날 중으로 우제를 지내는 것은 차마 하루라도 돌아갈 곳이 없게 할 수 없어서이다."(『儀禮』「旣夕禮」: "三虞."【鄭玄注】"虞, 喪祭名, 虞, 安也. 骨肉歸於土, 精氣無所不之, 孝子爲其彷徨, 三祭以安之. 朝葬, 日中而虞, 不忍一日離.")

신다. 그리고 이후의 모든 의식절차는 이 궤연을 중심으로 치르는 것이 상례의 큰 줄기이다. 그렇다면 정침으로 반혼을 하는 것은 완정한 체계 위에서 유기적으로 조화하는 예에 따라 돌아가신 부모를 섬기려는 효자의 마음이 구현되는 의식절차이다.[79] 반혼은 이렇게 예의 의미와 질서체계에 두루 조화로운 의식절차이며, 따라서 반혼을 하게 되면 모든 일이 순조로울 수 있다는 것이 퇴계의 생각이었던 것이다.

여묘 역시 효자의 간절한 마음이 담긴 행위임에는 틀림없다. 일흔이 넘은 늙은 나이에도 불구하고 "아버지는 들판에 묻혀 계시는데, 자식은 집에서 편안히 지내는 것은 차마 할 수 없다"며 돌아가신 아버지를 위해 굳이 여묘를 고집했던 한 효자의 심경이 이를 잘 보여준다.[81] 그러나 어떤 의식절차가 예이기 위해서는 인정人情대로만 해서는 안 되기에 이를 제어할 필요가 있으며,[82] 따라서 아무리 효자의 간절한 마음이라 하더라도 성인이 의리義理에 입각해 제정한 예에 따라 조정되지 않으면 안 된다고 퇴계는 확신했다.[83]

또한 상례는 물론 제례에서까지도 일관되게 중요한 명제인 "죽은 사람 섬기기를 산 사람 섬기는 것처럼 하고事死如事生, 없는 사람 섬기기

---

79 앞에서 살펴본 '제주(題主)' 의식에서 축관이 신주를 품는 행위에 관한 퇴계의 의리적 해석은 이러한 맥락에서 중요하게 제기되었던 것이다.
80 『論語』「爲政」: 子曰, "生事之以禮, 死葬之以禮, 祭之以禮."
81 『高峯集』續集卷2,「天使許[國]・魏[時亮]問目條對」: "金德崇, (…중략…) 父亡, 又廬墓, 哀毀骨立, 時年已七十二, 鄕黨以衰年執喪, 必至傷性, 止之, 德崇泣曰, '父瘞於野, 子安於家, 吾所不忍.'"
82 『禮記』「檀弓下」: 子游曰, "禮有微情者, 有以故興物者, 有直情而徑行者, 戎狄之道也. 禮道則不然, 人喜則斯陶, 陶斯咏, 咏斯猶, 猶斯舞, 舞斯慍, 慍斯戚, 戚斯歎, 歎斯辟, 辟斯踊矣. 品節斯, 斯之謂禮."
83 『退溪全書』卷17,「答奇明彦○乙丑」: "聖人之制禮, 以義裁之, 而孝子之情, 不得不爲所奪焉."

를 있는 사람 섬기는 것처럼 하라[事亡如事存]."(『禮記』「中庸」)는 말은 체백이 아니라 신혼을 토대로 제시되었다고 퇴계는 보았다.[84] 그런데 여묘에서는 신혼과 체백 중에 체백을 부모와 동일시한다. 이는 신혼이 빙의했다고 '믿어야 하는' 신주보다 체백이 묻히는 것을 '목격한' 분묘가 가시적이고 직접적으로 부모를 연상시키기 때문일 것이다. 그리고 이러한 연상은 '들판에 묻혀 계신' 부모님과 함께 하는 여묘가 곧 살아있는 자식의 도리라는 믿음으로 이어졌을 것이다. 하지만 체백을 부모와 동일시하는 것 자체가 이미 자식의 감각적 연상에 따른 것일 뿐 예의禮意와는 무관한 것이며, 그 결과 안정을 요하는 신혼을 표산하도록 방치한다는 점에서 예의 본의에서 벗어난 것이다. '삼년이 지난 다음에야 신혼을 받들고 집으로 돌아가겠다고 하지만, 이미 표산해버린 지 오래인 신혼을 어디서 어떻게 모시고 돌아갈 것인가'라는 퇴계의 반문은 여묘의 부당함에 대한 반감의 강력한 토로이다.

예라는 이름으로 행해지는 모든 의식절차에는 반드시 의미가 내포되어 있고,[85] 의식절차들 간에는 질서가 내재되어 있다. 따라서 정당한 예는 의식절차들 간에 조화롭고 유기적인 관계를 형성하면서 시행되기 마련이다. 여묘의 두 번째 문제점은 바로 이러한 예의 유기적 체계를 손상시킨다는 것이다. 예를 들면 예에서는 치장治葬을 한 다음 반곡反哭을 하고, 우제虞祭를 지내고, 졸곡卒哭을 하고 부제祔祭를 지내도록 되어 있다.[86] 이 하나하나의 의식절차들은 각각의 의미를 갖는 동시에 유기

---

84 『退溪全書』卷14,「答南時甫」: "凡人死之鬼, 其初不至遽亡, 其亡有漸. 古者, "事死如事生, 事亡如事存." 非謂無其理, 而姑設此以慰孝子之心, 理正如此故也."
85 『退溪全書』續集卷8,「安文成公享圖[配位同]」: "凡禮之節, 皆有意義."
86 『家禮』卷5~6,「喪禮」참조.

적인 질서체계 위에서 조응한다. 그런데 여묘를 하게 되면 대상大祥이 지난 다음에야 반혼反魂을 하게 되므로,[87] 이러한 의식절차들의 의미와 체계 역시 모두 어그러지게 된다. 또한 졸곡을 지내면서부터는 무시로 슬픔이 복받치면 곡을 하던 것을 멈추고 조석곡朝夕哭만 하며,[88] 이 조석곡 역시도 소상小祥 다음에는 하지 못하고 삭망朔望에만 모여서 하도록[會哭] 제한된다.[89] 퇴계는 이를 상례의 근간이 되는 '점쇄漸殺'의 논리로 이해했다.[90]

그러나 여묘를 하는 입장에서는 아침저녁으로 분묘墳墓를 직접 마주하게 되면 자연히 슬픔이 일게 되고 따라서 곡을 하지 않을 수 없다는 이유로 상례의 근간을 이루는 '점쇄'의 논리를 무시하게 된다.[91] 뿐만 아니라 애당초 예의보다는 정감에 근거한 여묘는 종종 의리에 입각한 종법적 질서체계마저 훼손하는 결과를 초래하기도 한다.

> "아버지가 살아계시면 (돌아가신) 어머니를 위해서는 기년복을 한다 [父在爲母期]"는 것이 고례이다. 이제 비록 여묘를 하더라도 이미 고례에 의해 기년 만에 복을 벗었다면, 어찌 반혼을 하지 않고 계속해서 여묘를 하는가? 마땅히 반혼을 하고서 담복(禫服)으로 하는 것이 지당하다. 이미

---

87 『退溪全書』卷13,「答金亨彦泰廷問目○己巳」:"今人廬墓成俗, 葬不返魂, 故"卒哭, 明日而祔"率不得依禮文, 退至於祥畢返魂之後."
88 『家禮』卷6,「喪禮」'卒哭'條:"自是, 朝夕之間, 哀至不哭."【註】"猶朝夕哭."
89 『家禮』卷6,「喪禮」'小祥'條:"止朝夕哭."【註】"惟朔望, 未除服者會哭."
90 『退溪全書』卷28,「答金而精/問目」:"凡喪禮, 自始至終, 以漸而殺."; 卷32,「答禹景善」:"細觀禮意, 卒哭漸用吉禮, 朝夕之間, 哀至不哭, 猶存朝夕哭. 練而止朝夕哭, 惟朔望會哭. 哀漸殺, 服漸殺, 哭亦漸殺也."
91 『退溪全書』卷30,「答金而精/別紙」:(問)"小祥, 止朝夕哭, 則廬墓者或於祥後, 晨昏上塚哭臨, 此亦止乎? 或云廬墓非禮, 哭亦無據. 然若上塚則情不自己, 哭臨何害?"(答)"晨昏哭塚, 本爲非禮, 況輟乎此而猶爲彼乎? 此等事, 君子不貴也."

'아버지를 위해 상복을 벗었다'면서, 또 다시 '담복으로 하는 것이 미안하다'고 하니, 이는 예는 아랑곳하지 않고 그저 정대로만 하겠다는 말이다.[92]

어머니에 대한 본복은 3년 동안(만2년) 자최복을 입는 것이다[齊衰三年]. 하지만 아버지가 살아계시면 존존尊尊의 원칙에 따라 1년 동안 자최복을 입는 것으로[齊衰杖期] 강복降服을 한다.[93] 대신 자식은 강복한 기간만큼(나머지 1년) 심상心喪을 하며, 심상을 하는 동안에는 최복衰服이 아닌 담복禪服을 입도록 되어 있다.[94] 부모에 대한 자식의 정에 차이가 있을 수 없음은 당연하다. 그럼에도 불구하고 부모의 상복에 이렇게 차별을 두는 예를 제정한 이유는 집안에 존尊이 둘일 수 없다는 이른바 '가무이존家無二尊'이라는 종법적 의리에 따른 것이다. 따라서 이러한 종법적 질서 체계는 예에 있어서 반드시 지켜져야 하는 엄중한 원칙에 해당한다.[95]

위의 인용문은 구암龜巖 이정李楨(1512~1572)에게 보낸 퇴계의 글 중 일부이다. 구암 역시 이러한 원칙에 따라 기년 만에 어머니 복을 벗지 않

---

92 『退溪全書』卷22,「答李剛而問目喪禮○丙寅」:"父在爲母期, 古禮也. 今雖廬墓, 旣依古禮, 期而除服, 則何可不返魂, 而仍爲廬墓乎? 只當返魂, 而以禪服行之, 至當. 旣曰, '爲父除衰', 而又曰, '禪服行之, 未安', 此不知禮, 而徒徇情之言也."

93 『儀禮』卷11,「喪服」:"父在爲母."傳曰,「何以期也? 屈也. 至尊在, 不敢伸其私尊也. 父必三年然後娶, 達子之志也.";『禮記』「雜記下」:"期之喪, 十一月而練, 十三月而祥, 十五月而禪." / '父在爲母期'에 관한 자세한 해설은 김용천·장동우, 2007, 180~185쪽 참조.

94 『예기』에는 "十三月而祥, 十五月而禪."(「雜記下」)이라고 하여 15개월 만에 모든 상이 끝나도록 되어 있다. 하지만 퇴계는 『가례』에 인용된 주자의 설을 인용하며 나머지 1년을 심상(心喪)을 하게 되므로 상(祥)과 담(禪)을 모두 만 2년 만에 하게 된다고 말한다.(『退溪全書』卷29,「與金而精○乙丑」:"由古禮則祥禪盡於期餘, 由『家禮』則祥禪在於再期矣.")

95 『退溪全書』卷28,「答金伯榮富仁可行富信惇敍問目喪禮○乙卯」:"竊意人子於父母, 情非有間, 而聖人制禮, 則多爲父厭降於母者, 家無二尊之義最重, 故謹之也."

을 수 없었다. 그러나 애초에 예의보다는 정감에 따라 여묘를 선택한 구암이었기에, 비록 예에 따라 복을 벗었다고는 하나 본래의 상기인 삼년을 채우지 못한 상황에서 차마 여묘를 정리하고 곧장 반혼할 수 없었던 것이다. 뿐만 아니라 그는 여묘 생활을 하면서 담복이 아닌 최복을 여전히 입으려고 했다. 하지만 이는 엄격한 의미에서 볼 때 의리에 입각해서 제정한 상복제도를 위배하는 것이다.[96] 따라서 퇴계는 이를 "예는 아랑곳하지 않고 그저 정대로만 하겠다는 것"이라며 강하게 질책했으며, 이러한 행위에 대해 또 다른 곳에서는 『예기禮記』에서 '오랑캐의 도[戎狄之道]'[97]라고 규정한 '정대로만 하는 행위[直情徑行]'라는 말로 비판한 바도 있다.[98]

여묘가 갖는 세 번째 문제는 많은 속례들을 파생시킨다는 점이다. 여묘 자체가 이미 예문에 근거하지 않은 속례임은 물론이거니와,[99] 이것이 삼년에 걸쳐 일련의 정당한 의식절차들을 대신하면서 자체적으로 또 다른 속례들을 재생산하게 된다. 예컨대, 여묘가 국가적으로 장려되고 사회적으로 수용되자,[100] 이를 수행할 자식이 없는 사람들은 노복으

---

96 이러한 사례는 잠재 김취려의 경우에도 보인다. 『退溪全書』卷30, 「答金而精/別紙」: "父在爲母服期者, 十三月而祥, 則宜此日返魂.[返後, 居處飮食一依喪禮, 以終再期, 而除几筵, 所謂心喪者此也.] 今人又復仍留, 必至二十五月而後返, 則失禮之中又失禮焉."

97 『禮記』「檀弓下」: "有直情而徑行者, 戎狄之道也, 禮道則不然." 이에 대한 『예기집설』의 해설은 다음과 같다. "若直肆己情, 徑率行之, 或哀或不哀, 漫無制節, 則是戎狄之道矣. 中國禮義之道, 則不如是也."

98 잠재 김취려의 경우에도 심상(心喪)을 하는 기간에 여묘할 때는 이미 벗었던 상복[衰絰]을 하고, 외출을 할 때는 담복을 입었다.(『退溪全書』卷30, 「答金而精/別紙」: "不知今世何等人, 乃違聖典與時王之制, 出禪服而廬衰絰耶? 此必鄕里自好者徑情直行之爲耳. 公號爲知讀書·好古禮, 反不能無疑於此, 常若有不足於聖典, 而欲從彼人所爲之意, 不亦異乎?")

99 『退溪全書』卷30, 「答金而精/別紙」: "古不廬墓."; 卷38, 「答趙起伯問目」: "蓋漢唐以下, 未有居廬之名."

로 하여금 대행토록 해야 하는지 고민하기에 이르렀다.[101] 또한 양친 중에 한 분이 먼저 돌아가시고 다른 한 분의 상을 당한 상황이라면, 합제合祭를 하기 위해 사당에 모셔져 있는 먼저 돌아가신 분의 신주를 여묘하는 곳으로 모셔오거나 뽕나무로 임시 신주假主를 만드는 속례가 유행하였다.[102] 뿐만 아니라, 신혼神魂을 안정시키기 위한 우제虞祭가 있음에도 불구하고 '성분제成墳祭'라는 근거 없는 의식을 만들어 내기도 했고,[103] 삼년 동안의 여묘를 끝내고 집으로 돌아갈 때 역시 '영전迎奠'이라는 근거 없는 의식이 행해지기도 했다.

(문) 반혼(返魂)할 때 전작(奠酌)을 하는데, 어떤 예로 누가 전작을 해야 합니까?

(답) 반혼할 때의 전(奠)을 올리는 예가 무엇을 가리키는 것인지 모르겠다. 오늘날 도성 사람들이 반혼하는 날 친지들이 성곽까지 나가 영전(迎奠)하는 일을 가리키는 듯한데, 이 예는 고례(古禮)에서는 고거할 데가 없으며 금속(今俗)에서 어떻게 하는지도 모르겠다. 짐작컨대, 영전이 친지가 하는 것이라면 주인이 마땅히 행해야 할 일은 아닌 것이다. 만일 주인

---

100 『退溪全書』卷38, 「答趙起伯問目」: "蓋漢唐以下, 未有居廬之名, 其中或有廬墓者, 表旌其閭. 由是, 廬墓成俗."

101 『退溪全書』卷28, 「答金而精/問目」: (問)"如有夫存妻亡, 或妻存夫亡而無子者, 使行者廬墓三年, 何如?"(答)"廬墓, 子孫守之, 猶爲未安, 況無子孫, 委神主於空山, 使奴行祭, 甚無謂也. 不如返魂而祭於家."

102 『退溪全書』卷28, 「答金而精/問目」: "合祭, 非但無文可據, 吉凶並行, 非禮無疑. 況忌日, 尙只祭當忌之主, 當喪而豈可合祭乎? 廟主還廬所, 固爲無理, 桑木假主, 三年後處之亦難, 孝子知禮者, 不爲並行則善矣. 若未免俗而並祭者, 以紙牓行之, 三年後焚之, 差可, 然終是非禮也."

103 『退溪全書』卷28, 「答金而精/問目」: (問)"成墳祭, 無禮文, 而世皆行之, 何如?"(答)"成墳三日祭, 是不安神於神主, 而仍安於墓所, 甚無謂也."

집에서 스스로 전구(奠具)를 장만해야 한다면 이는 주인이 행하는 셈인데, 주인이 삼년 동안 시려(侍廬)를 하고서 이를 마치고 혼(魂)을 모셔 오는 중에 성문 밖에 이르러 전을 행한다는 것은 무의미한 듯하다.[104]

비록 사람들에 의해 행해지고는 있지만 예문에 없는 속례이기 때문에, 잠재 김취려는 이 영전을 어떤 예에 따라 누가 시행해야 하는지를 물었다. 퇴계는 당시 도성을 중심으로 이 의식이 행해지고 있음을 알고 있었을 뿐 아니라, 그것의 의미가 '오랫동안 바깥에 있다가 삼년이 지나서야 돌아오기 때문에 친척이나 지인들이 교외까지 나가 마중을 하는 것'이라는 점도 알고 있었다. 그리고 퇴계는 이 의식이 '비록 고례에 근거한 것은 아니지만 친척이나 지인들 선에서 시행된다면 그것은 인정상 있을 수 있다'고까지 말한다.[105] 하지만 이 의식을 주인이 준비하고 준행해야 할 상례의 한 절차로 수용할 수는 없다는 것이 퇴계의 생각이었다. 왜냐하면, 삼년 동안 주인이 신혼을 모시고 바깥에 있다가 이제 신혼을 모시고 반혼을 하는데 주인의 집에서 전구奠具를 장만해 이를 영접한다는 것은 결국 주인이 신혼을 맞이하는 무의미한 일이기 때문이다. 퇴계는 이 점을 지적함으로써 당시 이 의식을 주인이 준비해서 진행하는 것이 대단히 무의미한 행태임을 지적하고 싶었던 것이

---

104 『退溪全書』卷28,「答金而精/問目」: (問)"返魂時奠酌, 用何禮而何人奠酌?" (答)"返魂時奠禮, 未知所指. 似指今都中人, 返魂日, 親舊出城迎奠之事, 此禮古無所據, 亦不知今俗所爲如何. 竊意迎奠乃親舊所爲, 則非主人所當行也. 若主家自辦奠具, 則主人行之, 然主人侍廬三年, 因而侍來, 至門外而行奠, 似無意謂也."
105 『退溪全書』卷30,「答金而精/別紙」: "古不廬墓, 葬日反哭, 故無迎奠之事. 今人率不能免俗, 留魂山野, 過三年乃返, 雖甚無謂. 然久於外而今返, 親舊之出郊迎奠, 亦人情所宜有也."

다.[106] 속례에 의해 무의미하게 파생된 또 다른 속례를 맹목적으로 재생산하는 것은 무의미함의 악순환적 반복일 뿐이다. 따라서 퇴계는 여묘를 마치고 반혼을 하는 잠재에게 '어쩔 수 없이 여묘는 했더라도 교외에서 영전하는 것만은 하지 말라'고 당부한다.[107]

퇴계가 여묘에 대해 강력하게 반론을 제기한 것은 여묘가 그 자체로 심각한 문제점을 갖고 있기 때문이기도 하지만, 이로 인해 또 다른 속례들이 파생된다는 점도 여묘를 근절해야 하는 중요한 이유가 되었다. 즉, 여묘 자체를 계속해서 방치할 경우 이러한 파생적 문제들이 지속적으로 가지를 칠 것이고, 그렇게 되면 의리에 근거한 올바른 상례를 확립하는 일은 더욱 요원해질 것이기 때문이다. 이에 퇴계는 여묘의 문제점에 대해 강력히 비판하는 한편, 반혼의 시행을 적극 주장한다.

이처럼 여묘와 반혼의 대립구도를 분명히 한 퇴계는 이를 체백體魄중시와 신혼神魂중시의 문제로 논의를 진행하였고, 이러한 논의는 다시 정감情感과 의리義理라는 예의 근거 문제로까지 심화되었다. 즉, 여묘는 분묘墳墓에 묻힌 체백을 중시하는 정감에 근거한 행위인 반면, 반혼은 신주神主에 빙의한 신혼을 중시하는 의리에 근거한 예식이라는 것이다. 따라서 체백을 중시하는 여묘에 반대하고 신혼을 중시하는 반혼을 주장한 퇴계의 의도는 결국 정감을 넘어 의리에 근거한 상례를 정립하고자 했던 것으로 평가할 수 있다.

---

106 당시에 이 의식을 주인이 준비해서 진행했다는 사실은, 잠재가 반혼을 할 때 "날씨가 춥고 길도 멀어 곤란하기 때문에 교외에서 제를 지내지 않고 곧장 집으로 가려고 한다"는 말을 통해 추측할 수 있다.(『退溪全書』卷30,「答金而精/別紙」: "大祥返魂, 俗例門外迎奠, 今以極寒遠程, 事多有礙, 欲勿設郊祭, 直到于家.")

107 『退溪全書』卷30,「答金而精/別紙」: "公雖好古禮, 此等節目, 皆未免俗而依行, 獨於郊迎之事, 不循俗禮, 如何如何."

2) '묘제廟祭' 지향의 제례관

퇴계의 조부인 노송정老松亭 이계양李繼陽(1424~1488)이 세거지로 터를 잡은 온계溫溪[108] 부근에 수곡樹谷이라는 곳이 있는데, 퇴계 집안은 자연스럽게 이 수곡에 선영先塋을 조성하게 되었다.[109] 그리고 1557년丁巳 봄 퇴계는 「수곡암기樹谷庵記」라는 글을 지었다. 이 글에는 1550년庚戌 문중회의를 통해 이곳에 재사齋舍를 건립하기로 결정한 뒤, 8년 동안의 우여곡절 끝에 수곡암樹谷庵이 완성된 과정 등이 자세히 기록되어 있다.[110] 수곡암이라는 재사는 바로 이 선영 부근에 새로 조성한 '분암墳庵'을 가리킨다.

고려시대에는 토호나 특권세력들이 대부분 자신들의 원찰願利[111]을 갖고 있었고, 이러한 유제는 조선 초기 왕실의 원찰 건립으로 이어졌다.[112] 예를 들면, 함길도咸吉道에 있던 석왕사釋王寺는 태조太祖의 원찰로서 나라에서 많은 지원을 했으며,[113] 이러한 원찰은 심지어 궁궐 안에

---

108 『退溪全書』續集卷8,「先祖考兵曹參判諱繼陽事蹟」:"公初居縣東浮羅村, 爲奉化縣敎導. 一日將往奉化, 過溫溪, 愛其泉石之勝, 徘徊寓目而去, 憩于新羅峴. 遇有一僧, 亦自溫溪來同憩, 語及溫溪風水之美. 公喜符所見, 遂携僧返抵溫溪, 陟降周覽, 指示宅基曰, '居此當生貴子', 公乃決意移居."

109 『退溪全書』卷42,「樹谷庵記」:"龍頭之山, 峙禮北境, 氣雄而勢尊. 其一脈之南來臨溪而止者曰樹谷, 以樹而名谷也. 谷之南, 有洞曰溫溪, 因溪而呼洞也. 溪山形勢, 拱揖環抱, 其中廓而有容, 可居可耕也. 始吾先祖自安東來居於洞, 而因葬於谷, 先考及叔父, 皆從葬於是, 三塋六墓, 並考祖妣姒後."

110 『退溪全書』卷42,「樹谷庵記」:"歲之庚戌, 合族謀議立齋舍, 以供祀事. 蓄穀陶瓦, 令孤山僧雪熙幹其事, 適連歲大侵, 力不能贍. 癸丑, 滉繫官于朝, 我兄寄書云, '度時量力, 今可擧矣.' 滉喜劇而贊成之, 子姪稟兄意, 憑·騫·審前後監董, 而完與沖亦間檢事. 經始於二月十三日, 覆瓦於四月十四日. 乙卯春, 滉始來歸而視其制, 則當中南面, 闢五架三間爲堂若序, 以奉祭也. 東偏淨室, 以齊宿也. 其西四間南三間, 以爲僧寮廚竈庫藏之屬, 使僧德淵者守之. 自是又更三歲, 乃克粗完, 而垣墻壁臒猶有待而訖工."

111 원찰(願利)은 개인과 가문의 복을 비는 사찰 또는 암자로 원당(願堂)이라고도 한다.

112 이해준, 2004 참조.

113 『世宗實錄』卷41, 10年 9月 20日 : 禮曹啓, "咸吉道釋王寺, 自太祖潛邸時, 稱爲願利,

조성되기도 했다.[114] 퇴계 당시까지도 왕실 원찰의 주지를 사칭하는 승려가 수령이나 찰방 등을 대상으로 사기를 치고 다닐 정도였다.[115] 이러한 원찰의 유제가 조선시대 사대부 계층에게는 분암墳庵을 조성하는 양상으로 전개되었다.[116] 분암은 대체로 '선조의 묘소를 수호하기 위하여 건립한 암자(사찰)'이며, 이곳에 승려들이 상주했다는 사실이 이를 방증한다.[117] 또한 분암은 자제들의 독서공간으로도 활용되었다.[118] 수곡암의 조성과 관리에 설희雪熙와 덕연德淵이라는 승려가 깊이 개입되어 있었고,[119] 이후 퇴계의 자제들이 독서공간으로 활용했던 것으로 보아[120] 수곡암 역시 위와 같은 분암이었음이 분명하다.[121]

重新營構, 屬田一百結, 又給羅漢十王齋位田各五十結. 請依他寺社例, 革羅漢十王齋位田." 從之.

114 『世宗實錄』卷59, 15年 2月 16日 : "文昭殿佛堂, 本太宗爲太祖所創, 實祖宗之願利也."

115 『明宗實錄』卷14, 8年 5月 29日 : 諫院啓曰, "東萊曉義寺住持僧圓鑑自稱, '曾爲梵窟持音時, 自上知我, 言於金淑媛曰, "曉義乃淑媛之願利, 而爲住持者無如圓鑑.' 以特旨差遣.' 公然倡說於守令・察訪等處, 略無忌憚, 誇張聲勢, 以爲徵索之資, 其他作弊, 難以枚擧. 累上德而辱國家者, 孰過於此哉? 請令本道, 窮推詐稱內旨作弊之事而罪之." 答曰, "可."

116 이해준은 고려시대 원찰(願利)의 유제가 조선 전기 분암(墳庵)이라는 과도기를 거쳐 조선 후기 재실(齋室)의 형태로 변모해 갔을 것으로 추측한다.(이해준, 2004 참조)

117 김창원, 2005, 458쪽.

118 조선 전・중기 지방 양반들은 거주지 인근의 구사나 암자를 개축하여 서당(書堂) 혹은 정사(精舍)로 만드는 경우가 많았다. (…중략…) 농암(聾巖) 이현보(李賢輔)의 영지정사(靈芝精舍)가 그 한 예이다. (…중략…) 분암은 그 자체로 암자(혹은 절)이면서 독서공간으로, 지방 양반들의 자제는 문중에서 서당과 정사를 확보하기 전 대부분 이 분암에서 독서를 했다.(김창원, 2005, 457~458쪽 참조)

119 『退溪全書』卷42, 「樹谷庵記」: "令孤山僧雪熙幹其事. (…중략…)使僧德淵者守之."

120 『退溪全書』卷40, 「答完姪○丙辰」: "宗道寓樹谷, 讀『通鑑』畢."; 卷24, 「答鄭子中」: "孤山庵則安東權春蘭與滉從孫宗道來寓."

121 퇴계 가문에는 수곡암(樹谷庵) 이외에 고산암(孤山庵)이라는 또 다른 분암도 있었다. 퇴계의 「십일월입청량산(十一月入淸凉山)」이라는 시에 "이날 밤 고산암에서 묵었다[夜宿孤山庵]"는 구절이 있는데, 여기에 나오는 고산암은 퇴계의 전모(前母)인 문소김씨(聞韶金氏)의 분암이다.(『退溪先生文集攷證』卷2 : "孤山庵在溫溪北, 先生先夫人金氏墳庵.") 참고로 퇴계의 생모 춘천박씨(春川朴氏)는 계실(繼室)이다.

그런데 퇴계 집안에서 수곡암을 조성하던 시기인 1553년에 조정에서는 눈길을 끄는 논의가 있었다. 당시 사헌부에서는 요광要光이라는 어떤 사노私奴가 사찰을 새로 건조했다는 죄를 물어 '온 집안을 변방으로 이주하라[全家徙邊]'고 판결을 내렸다. 그런데 이러한 사헌부의 처사에 대해 명종明宗은 온당치 못하다면서 승정원에 다음과 같이 전교하였다.

오늘 사헌부 공사(公事)를 보니, 사노 요광이 사찰을 새로 건조했다는 이유로 온 집안을 변방으로 이주하는[全家徙邊] 처벌을 당했다. 근래 외방 사람들은 자기 부모의 분묘를 위해 초막을 지어 수호하는데, 노비를 거처하게 할 수 없어 승려를 거처하게 한다. 따라서 이는 그 주인이 지은 것이요 노비는 사실 무관함에도 '온 집안'을 논하는 것은 온낭치 않다.[122]

명종의 말에 따르자면, 당시 지방에서는 많은 사람들이 여묘를 했고, 그 연장선에서 분묘를 수호하기 위해 승려들을 활용했었음을 알 수 있다. 이 사건에서 주인을 대신해 요광이 새로 지었다는 사찰 역시 불교적 이유 때문이 아니라 부모의 분묘를 지키기 위해 필요했던 시설이었던 것이다.[123] 이렇게 퇴계 당시의 지방 양반들은 원찰을 소유하거나 가문에 소속된 속사를 갖는 경우가 많았다. 그리고 이때의 원찰과 속사는 불교 의례인 재齋를 지내는 곳이었으며, 평소에는 양반들의 유식 혹

---

122 『明宗實錄』卷14, 8年 2月 22日 : 傳于政院曰, "今觀司憲府公事, 私奴要光, 以新造寺利, 當全家徙邊矣. 近來外方之人, 爲其父母墳, 造草幕守護, 不可使奴子居之, 故使僧人居之也. 其主所爲, 奴實不干, 而論以全家未便."
123 『明宗實錄』卷14, 8年 2月 22日 : 傳曰, "新創寺利, 非爲佛也, 人爲父母, 欲守其墳墓也."

은 독서 공간으로 활용되었다.[124] 당시 분암은 이러한 분위기 속에서 조성되었고, 수곡암 역시 이러한 분위기로부터 자유로울 수 없음은 당연하다.[125]

그렇다면 앞에서 살펴본 바와 같이 속례에 대해 비판해 마지않던 퇴계가 불교적 유제인 분암을 조성한 것을 어떻게 이해해야 할까? 특히 상례에서 그토록 여묘에 반대하고 반혼을 주장했던 퇴계가 어떻게 분묘를 수호하는 분암을 조성할 수 있는 것인지 의아스러울 수밖에 없다. 퇴계는 수곡암을 조성하게 된 이유를 다음과 같이 설명한다.

> 자손들의 거처가 산발치에 퍼져 있으니, 매양 배소(拜掃)[126]할 때면 음식을 집에서 장만하고 그릇에 익혀 와서 올렸다. 이는 가깝고 편리하기 때문이었다. 그러나 예에 구애됨이 있고, 일에 소홀함이 많았다. 그래서 경술년(1550)에 친족들이 모여 '재사를 세워 제사에 관한 일을 받들기'로 상의했다. (…중략…)기왕에 분묘에서 제사를 지내야 한다면, 제계하고 씻을 곳이 있어야 하고, 솥이나 돗자리 등 집기를 보관해 둘 곳도 있어야 하며, 관리하는 사람들이 기거할 곳이 없어서도 안 되었다. 이것이 재사(齋舍)를 짓지 않을 수 없었던 또 다른 이유이다.[127]

---

124 김창원, 2005, 457쪽.
125 수곡암 역시 승려들을 활용하였고, 분암 내에 승려들이 거처할 요사채를 별도로 배치했음이 이를 입증한다.(『退溪全書』卷42, 「樹谷庵記」: "今是庵也, 未免守之以其徒, 故置僧寮.")
126 『家禮』卷7, 「祭禮」, '墓祭'條: "厥明灑掃."【註】"主人深衣, 帥執事者, 詣墓所, 再拜. 奉行塋域內外, 環繞哀省三周, 其有草棘, 卽用刀斧鉏斬芟夷, 灑掃訖, 復位, 再拜."
127 『退溪全書』卷42, 「樹谷庵記」: "子孫之居, 列於山之趾焉, 每當拜掃, 具饌於家, 載熟於器, 而來薦之, 爲其近且便也. 然而於禮有礙, 於事多苟. 歲之庚戌, 合族謀議'立齋舍, 以供祀事'. (…중략…) 夫旣祭於野, 則齊戒滌濯宜有其所, 釜鼎牀席宜有其藏, 典守之人又不可無所於寓, 此又齋舍之所以不得不作也."

위에서 언급했던 것처럼 온계 인근에 있던 수곡은 자연스럽게 퇴계 집안의 선영으로 조성되었다. 따라서 묘제墓祭를 지낼 때면 음식을 집에서 장만해 조달했다. 하지만 이렇게 하는 데는 다음과 같은 문제들이 있었다. 우선 선영에 모셔진 각각의 분묘마다 찾아가 묘제를 드리자면 아침부터 저녁까지 산 이곳저곳을 찾아다녀야 하므로 사람들이 지치게 되고, 따라서 정작 제사에 정성을 모을 수가 없었다. 또한 집에서 장만한 음식을 한꺼번에 가지고 다니면서 제사를 지내야 했기 때문에 음식이 정갈하지 못한 것은 물론,[128] 음식이 상할 우려조차 있었다.[129] 윗글에서 '예에 구애됨이 있고, 일에 소홀함이 많다'는 말은 이를 염두에 둔 표현이다. 퇴계는 기왕 묘제를 지낼 바에는 제대로 지내야 한다고 생각했고, 이에 문중의 의견을 모아 이 수곡암을 조성하기로 했던 것이다.

이는 수곡암의 건물 배치에서도 확인할 수 있다. 수곡암의 중앙에는 남향으로 제향공간이 있었고, 동쪽에는 재계를 하면서 묵을 수 있는 정실淨室이 있었으며, 서쪽과 남쪽에는 승려의 요사채와 부엌, 창고 등이 있었다.[130] 이러한 건물 배치는 묘제에 참여하는 사람들이 몸과 마음을 깨끗이 하고 음식도 그곳에서 정갈하게 장만해 바로 제사를 드릴 수 있게 함으로써, 위와 같은 문제를 해결하려는 의도를 반영하고 있다.

이상과 같은 이유로 수곡암이 지어졌다고 하더라도, 퇴계는 두 가지

---

128 『退溪全書』卷29, 「與金而精○乙丑」: (問) "皆同原, 當墓祭, 則各就其墓位而祭之. 一日之內, 自朝至晡, 參祭之人, 往復彼此, 氣力困怠, 專精未至. 祭饌奠器, 因怠而或不潔, 雖曰設祭, 而猶不祭也." (答) "同原許多墓各行祭之弊, 世多有此."

129 『退陶先生言行通錄』卷5, 「議論第四‧論禮制」: 問, "拜墓時, 族葬列位之原, 若欲以次第而行祭, 則登降累原, 恐筋力疲, 而誠敬少弛, 又恐祭物新餕或雜, 冷暖有異."

130 『退溪全書』卷42, 「樹谷庵記」: "觀其制, 則當中南面, 闢五架三間, 爲堂若序, 以奉祭也. 東偏淨室, 以齋宿也. 其西四間南三間, 以爲僧寮廚竈庫藏之屬."

를 더 해명하지 않고는 앞에서 제기되었던 의혹으로부터 자유로울 수 없다. 퇴계가 해명해야 할 두 가지는 다음과 같다. 첫째는 '왜 불교의 유제인 분암의 형식을 빌려야 했는가?' 하는 점이고, 둘째는 '왜 묘제를 위한 별도의 시설을 두었는가?' 하는 점이다. 먼저, 첫 번째와 관련해서는 퇴계의 다음 이야기에 주목할 필요가 있다.

> 다만 세상에서 분암을 조성하는 사람들 중에는 간혹 부처에게 아첨하여 복을 구하려는 의도에서 하기도 하는데, 이는 대단히 불가하다. 이제 이 분암을 어쩔 수 없이 저들에게 지키도록 해야 하기 때문에 승료(僧寮)를 두었다. 그러나 제당(祭堂)이 주이고 승료는 부이며, 오로지 선조를 받드는 체제에 엄격하고 불공을 드리는 일은 얼씬도 못하게 한다면 무슨 혐의가 있겠는가?[131]

분암은 분명 불교의 유제이다. 그래서 당시에도 선영 인근에 분암을 짓고 불공을 드리는 사람들이 많았다.[132] 따라서 수곡암 역시 이런 혐의에서 자유롭지 못함은 당연하다. 하지만 퇴계는 오히려 새로운 관점에서 분암의 의미와 용도를 재해석함으로써 이러한 혐의에 정면으로 맞서는 모습을 보인다. 분암이 불교적 용도로 사용되는 풍조에 대해 '대단히 불가하다'는 점을 먼저 강조한 퇴계는, '부처에게 아첨하여 복

---

131 『退溪全書』 卷42, 「樹谷庵記」: "惟世之爲是者, 或出於侫佛求福之意, 則大不可. 今是庵也, 未免守之以其徒, 故置僧寮. 然堂爲主, 而寮爲附, 一嚴於奉先之體, 而供薦之事未嘗及焉, 則亦何嫌之有哉?"
132 정긍식에 따르면, 16세기 후반까지도 상·제례는 여전히 무불(巫佛)의 영향을 받았다고 한다.(鄭肯植, 1996, 123쪽)

을 구하기' 위해 승려들이 필요한 것이 아니라, '선조의 분암을 지키기' 위해 어쩔 수 없이 그들이 필요한 것이라는 사실을 분명히 한다. 또한 건물 배치도 제사를 지내는 공간[祭堂]이 주가 되고 승려들이 묵는 요사채[僧寮]는 부가 되며, 분암에서 행해지는 의식도 유교의 제사祭祀이지 불교의 공천供薦이 아니라는 점도 확실히 해둔다. 기왕에 묘제를 지내야만 하는 상황에서 재사와 같은 시설은 반드시 필요했고, 퇴계는 이러한 재사의 요구조건을 기존의 분암을 통해 구현하고자 했다. 다만 이 경우에 우려되는 것은 '분암'이라는 이름[名]과 사회적 관행에 의해 관성적으로 야기되는 불교적 혐의인데, 퇴계는 분암의 내용[實]을 유교의 제례 속에서 재해석함으로써 이를 정면으로 돌파하고자 했던 것이다.

그럼에도 불구하고, '퇴계는 왜 분암을 거부함으로써 혐의를 피해가지 않고 굳이 재해석을 통해 혐의를 돌파하려고 했을까?'라는 의문이 남는다. 이와 관련해서는 두 가지 가설을 세워볼 수 있다. 첫 번째는 앞에서 살펴본 바와 같은 '교속矯俗에 대한 신중함' 때문이었을 것이라는 가설이다. 즉, 당시 분암이 사회적으로 일반화 되어 있었고, 따라서 문중회의에서 이를 지지했다면, 퇴계가 독단적으로 이를 교혁하기 어려웠을 것이다.[133] 두 번째는 주자의 한천정사寒泉精舍 역시 분암이었다는 사실에 근거하여, 분암을 거부할 이유가 없다고 판단했을 것이라는 가설이다. 주자는 1170년 어머니 축씨祝氏를 한천오寒泉塢에 장례를 치르

---

[133] 실제 퇴계가 예에 어긋난 것임을 알면서도 문중의 의사 때문에 마음대로 고칠 수 없음을 토로한 사실이 여러 곳에 보인다.(『退溪全書』卷17,「答奇明彦○乙丑」: "如祭門, 已見其事, 而遷奉之擧, 尼於門議, 雖考得禮意如右, 而事勢緯繣, 尚未能斷然行得."; 卷37,「答柳希范」: "忌祭共行, 不應禮文, 但況家自先世皆如此行之, 從前家長之意亦不欲改, 故未敢改耳.")

고,[134] 그 인근에 한천정사를 세웠다. 주자는 이곳에서 많은 주요 저작들을 저술했으며, 특히 이곳은 동래東萊 여조겸呂祖謙(1137~1181)과 함께 『근사록近思錄』을 편찬한 곳으로도 유명하다. 이러한 한천정사를 주자가 분암이라고 칭했던 사실을 퇴계는 알고 있었다.[135] 사실이 이와 같다면 분암이라는 '이름'이 주는 불교적 혐의 때문에 굳이 이를 회피할 이유는 없다고 판단했을 수 있다. 더구나 주자는 '사寺'나 '정사精舍'와 같은 용어가 본래는 유가의 용어였던 것을 불교에서 차용한 것임에도 사람들은 거꾸로 불교에서 파생된 용어라고 오해한다고 지적한 바 있다.[136] 만일 이 사실을 퇴계도 알고 있었다면, 분암이라는 '이름' 자체도 불교적 혐의로부터 자유롭다고 생각했을 수 있다는 가설은 더욱 힘을 얻게 된다.

퇴계의 제례관과 관련해서 정말 중요한 문제는 '왜 묘제墓祭를 위한 별도의 시설을 두었는가?' 하는 두 번째이다. 왜냐하면 '상례에서 체백이 아닌 신혼을 중시하라며 여묘를 반대하고 반혼을 주장했던 퇴계가 제례에서는 어떻게 묘제를 위한 분암을 건립할 수 있는가?'라는 의혹은 반드시 해명되어야 하기 때문이다. 그런데 이 의혹의 핵심은 묘제가 다분히 체백 추모적 제례의식이라는 혐의에 있으며, 따라서 퇴계가 묘제와 관련한 의혹을 해명하는 길 역시 이런 혐의를 벗는 데 있다고 하겠다.

---

134 『朱熹年譜』卷1 : (孝宗 隆興 五年) 九月 戊午, 丁母祝孺人憂. 六年 庚寅(1170), 四十一歲. 春正月, 葬祝孺人.【年譜】墓在建陽縣崇泰里後山天湖之陽, 名曰寒泉塢.

135 『退溪全書』卷13, 「答宋寡尤言愼○庚午」: "寒泉精舍規制, 不詳其如何. 然先生每稱爲墳庵, 則與滄洲精舍專爲講道而設者, 其不同必矣."

136 『朱子語類』卷126 : "今有儒家字爲佛家所竊用, 而後人反以爲出於佛者, 如'寺'、'精舍'之類, 不一."

퇴계의 해명에 관한 이야기를 하기에 앞서 제례로서의 묘제墓祭가 갖는 위상에 대해 먼저 살펴볼 필요가 있다. 『가례』에 따르면 제례에는 사시제四時祭·초조初祖·시조始祖·녜禰·기일忌日·묘제墓祭 등 여섯 가지의 제사가 있다.[137] 그러나 정작 주자는 이들 중 초조제와 시조제는 '참람'을 이유로 지내지 않았고,[138] 녜제 역시도 계추季秋 하순에 좋을 날을 가려서[卜日] 한 것이 아니라 자신의 생일날9월15일에 맞춰 지냈다.[139] 이런 이유때문인지는 확실치 않으나, 당시 조선에서는 『가례』에 등장하는 여섯 가지 제례들 중 사시제와 기일 그리고 묘제만이 수용되었다.[140] 퇴계 역시 초조제와 시조제를 지낸 것은 고사하고 이에 관한 언

---

137 사시제(四時祭)는 사계절의 중월(仲月)에 사당에 모신 고조 이하의 조상에게 지내는 제사이고, 초조제(初祖祭)는 동지에 가문의 최초 조상에게 지내는 제사이며, 시조제(始祖祭)는 입춘에 초조이하 고조이상의 조상에게 지내는 제사이고, 녜제(禰祭)는 계추(9월) 하순에 부모에게 지내는 제사이며, 기일제(忌日祭)는 사당에 모신 조상 중 기일을 맞은 조상에게 지내는 제사이다. 그리고 묘제(墓祭)는 3월 상순 중 날을 잡아 분묘에 가서 지내는 제사이다.(『家禮』 卷7, 「祭禮」; 도민재, 2005, 232~236쪽 참조)

138 『朱子語類』 卷90 : 堯卿問始祖之祭. 曰, "古無此. 伊川以義起. 某當初也祭, 後來覺得僭, 遂不敢祭."(이 내용은 『家禮』 【附註】에 인용되어 있다.)

139 『朱子語類』 卷87 : "某家舊時常祭立春·冬至·季秋祭禰三祭, 後以立春·冬至二祭近祫·袷之祭, 覺得不安, 遂去之. 季秋依舊祭禰, 而用某生日祭之. 適値某生日在季秋, 遂用此日."(이 내용은 『家禮』 【附註】에 인용되어 있다.) 사실 초조제·시조제·녜제는 고례(古禮)가 아니고 이천(伊川)이 의기(義起)한 것이다.(『朱熹集』 卷42, 「與吳晦叔」 : "夫冬至祭始祖, 立春祭先祖, 季秋祭禰廟, 此伊川之所義起也. 蓋取諸天時, 祭以物象, 其義精矣.") 따라서 주자가 계추 하순에 복일(卜日)해서 지내도록 한 녜제를 자신의 생일에 지내는 것으로 대체할 수 있었던 것은 이천이 의기한 의미가 중요하지 날짜가 중요한 것은 아니라고 보았기 때문이다.

140 이러한 현상은 퇴계 뿐만 아니라 다른 학자들에게서도 확인할 수 있다. 회재(晦齋) 이언적(李彦迪)의 『봉선잡의(奉先雜儀)』에는 위의 여섯 가지 중 초조제와 시조제가 생략되어 있고, 율곡(栗谷) 이이(李珥)의 「제의초(祭儀鈔)」에는 녜제마저 생략된 채 시제의·기제의·묘제의만 다루고 있다. 뿐만 아니라 '16세기 후반 상제례서 가운데 가장 수준 높은 책'이며, '『주자가례』에 비추어 첨가된 부분은 당시 조선사회에서 실제로 상제례를 행하는 데 긴요한 내용이고, 삭제된 항목은 별로 행해지지 않아 크게 필요하지 않은 내용'이었다고 평가받는(고영진, 1995, 150~157쪽 참조) 서파(西坡) 신의경(申義慶, 1557~1648)의 『상례비요(喪禮備要)』에도 시제의·기제의·묘제의만 제시되어 있다.

급조차 찾을 수 없고, 녜제를 지냈다는 사실 또한 확인되지 않는다.[141] 이러한 정황들로 미루어 볼 때, 당시 조선에서는 사시제와 기일 그리고 묘제만이 제례로서 중대한 위상을 점하고 있었음을 알 수 있다.

그러나 이 세 가지 제례들 중 사시제를 제외한 기일과 묘제는 고례가 아니다.[142] 기일에는 원래 음식을 바치는 등의 의식 없이 애도만 표했을 뿐이고,[143] 묘제는 특별한 의절도 없고[144] 제문도 없는,[145] 우연히 세시풍속과 봉선의식이 결합된 형태의 속례일 뿐이다.[146] 특히 묘제는 당시 조선에서 또 하나의 의도치 않은 융합을 일으킨다. 『가례』에 따르면 이른바 명절[俗節]에 지내는 제사인 절사節祀는 묘제와 구분되어 있다.[147] 그러나 당시 조선에서는 묘제가 절사의 의미까지 흡수한 채 준행되고 있었다.[148] 그리고 절사의 의미까지 흡수한 묘제는 사시제를 대체하는 지경에 이르게 된다. 왜냐하면 사시제와 절사는 대체로 그 시일이 중복되기 때문이다.[149]

---

141 『退溪先生言行錄』卷4,「論禮」: 問, "禰祭竊欲行之, 何如?" 先生曰, "此制, 不肖未及行, 不敢答."

142 『朱子語類』卷90: "古無忌祭, 近日諸先生方考及此."; 卷90: "墓祭非古."

143 『張子全書』卷4『經學理窟』12,「喪紀」: "古人, 於忌日不爲薦奠之禮, 特致哀示變而已."

144 『朱子語類』卷90: 問, "墓祭有儀否?" 曰, "也無儀, 大槪略如家祭."

145 『二程遺書』卷1,「端伯傳師說」: "禮經中旣不說墓祭, 卽是無墓祭之文也."

146 『二程遺書』卷1,「端伯傳師說」: "蓋燕饗祭祀, 乃宮室中事. 後世習俗廢禮, 有踏靑, 藉草飮食, 故墓亦有祭."

147 『가례』에서 속절(俗節)은 「통례」의 '사당'조에 수록되어 있는 반면 묘제는 「제례」에 수록되어 있다. 청명, 한식, 중오[단오], 중원[백중], 중양 등의 속절에 사당에 계절음식[時食]을 올리는 절사(節祀)와 1년에 한 차례 분묘를 배소(拜掃)하는 묘제는 그 의미와 형식이 근본적으로 다르다.

148 『奉先雜儀』卷上, '俗節, 則獻以時食' 아래【附註】"按世俗正朝・寒食・端午・秋夕皆詣墓拜掃."; 『退陶先生言行通錄』卷5,「議論第四・論禮制」: "墓祭, 於禮一年一行, 而今人必行四節, 則是後世之俗也."; 『擊蒙要訣』,「祭儀鈔」'墓祭儀' 아래【附註】"謹按『家禮』, 墓祭只於三月擇日行之, 一年一祭而已. 今俗, 於四名日皆行墓祭, 從俗從厚亦無妨. 但墓祭行于四時, 與家廟無等殺, 亦似未安."

이렇게 묘제는 고례가 아님에도 불구하고 엄연히 제례의 한 축으로서 『가례』에 수록되어 있었고, 또한 당시 조선에서는 절사의 의미까지 흡수한 채 사시제를 대체하는 위치에 있었다. 반면, 조선 초기부터 역점을 두었던 가묘 보급정책에도 불구하고, 16세기 후반까지도 신주로 봉사하지 않은 사례가 적지 않게 발견되었다.[150]

이처럼 가묘제도가 완전하게 정착되지 못한 상황에서, 묘제墓祭를 『가례』에서 제시한 바와 같이 축소시키고 묘제廟祭 중심의 제례로 이행하자는 주장은 중대한 교속矯俗이 될 뿐만 아니라 시기상조의 헛구호에 불과했을 터였다. 묘제墓祭와 관련한 퇴계의 해명은 바로 이러한 맥락 위에서 청취할 필요가 있다. 이러한 현실적 맥락은 무시하고 단순히 개념적 구도에만 주목한 채, 묘제墓祭를 위한 별도의 시설을 지은 것에 대해 퇴계를 추궁하는 것은 정당하지 못하다.

그러나 이러한 현실적 맥락이 퇴계에게 종속從俗적 차원에서 '체백 추모적' 묘제를 준용해도 좋다는 면죄부를 주는 것은 아니다. 퇴계에게는 여전히 이를 해명해야 하는 의무가 있다. 위에서 살펴보았던 「수곡암기」의 내용 중에 "기왕에 분묘에서 제사를 지내야 한다면[夫旣祭於野],"이라는 표현이 있었다. 우리는 다시금 이 표현에 주목할 필요가 있다. 왜냐하면 이 표현에는 두 가지 중요한 사실이 함축되어 있기 때문이다.

---

149 원래 사시제(四時祭)와 절사(節祀)는 모두 사당에서 행하는 것이므로, 이들의 충돌은 사당에서 벌어지는 것이었다.(『朱子語類』 卷90 : 問, "行時祭, 則俗節如何?" 曰 : "某家且兩存之.") 하지만 조선에서는 절사가 묘제(墓祭)로 흡수되었기 때문에 이 둘의 충돌은 묘제(廟祭)와 묘제(墓祭)가 대립하는 성격을 띠게 되었다. 도암(陶菴) 이재(李縡, 1680~1746)의 다음 언급은 이를 잘 보여준다. "(按)墓祭非古也. 朱子隨俗一祭, 而南軒猶謂之非禮, 往復甚勤, 然後始從之, 則然墓廟事體之殊別可知矣. 今於廟行四時祭, 又於四節日上墓, 則是墓與廟等也, 烏可乎哉?"(『四禮便覽』 卷8, 「祭禮」 '墓祭')

150 鄭肯植, 1996, 122~123쪽.

첫째, 이 표현에는 위에서와 같은 이유로 묘제를 둘러싼 현실적 맥락을 수용한다는 의사가 담겨 있다. 둘째는, '기왕에 그렇다면 제대로 지내야 한다'는 다짐 또한 숨어 있다. 뒤이어 수곡암의 건물배치에 관한 설명이 따르는 것도 '제대로' 지내기 위한 방안을 제시한 것이었다. 하지만 '제대로' 지내야 한다는 것의 더욱 본질적인 문제는 불교의식이 아닌 유교식 제례였다. 그리고 한 가지 더 분묘에서의 제사를 분암으로 옮긴 것의 함의는 '제사는 분묘에서 지내야 한다'는 당시의 인식구조에 틈을 내는 것이었다.

① 옛 사람들은 정성이 있는 곳이 신명이 임하는 곳이라 여겼는데, 지금 사람들은 모든 제사에 반드시 무덤에 가려고 한다. 이러한 예는 고례가 아니다.[151]

② 내 생각으로는 묘역을 돌본 다음 지방(紙榜)으로 재사에서 합제(合祭)하느니만 못하다. 재사가 없으면 단(壇)을 만들어 행하면 된다. 이렇게 하면 번잡하고 소홀한 폐단[瀆弊]를 면할 수 있고 신도 아마 흠향하실 것이다.[152]

퇴계가 단번에 묘제墓祭를 축소시킬 수는 없었지만, 분묘와 조상을 동일시하여 반드시 분묘에 가서 제사를 지내야 한다는 생각은 바로잡을 필요가 있었다. 제사의 본질은 신명과의 교감이고, 그 교감은 오직 제

---

151 『退陶先生言行通錄』 卷5, 「議論第四·論禮制」: "大抵古人以誠之所在, 爲神之所臨, 而今人凡祭必欲詣墳所, 此禮非古也."
152 『退溪全書』 卷29, 「與金而精○乙丑」: "愚意不如掃視墓域後, 以紙牓合祭於齋舍. 無舍, 即設壇以行之, 可免瀆弊而神庶享也."

사에 임하는 사람들의 정성에 달려 있음을 강조한 것은 바로 이 때문이다. 그러므로 분묘 앞이 아닌 재사에서 지방을 이용해 제사를 지낸다 해도 하등의 문제될 것이 없다는 논리가 성립한다.[153] 이러한 생각이 익숙해지고 그것이 좀 더 확장되면, 직접 분묘에 가지 않고 사당에서 신주에게 봉사하는 것으로도 충분하다는 인식으로 나아갈 수 있게 된다. 따라서 이것은 일종의 절충적 대안으로, 다음 두 가지 측면의 함의를 갖는다. 첫째, 퇴계는 재사(분암)에서 제사를 지내게 함으로써 분묘와 제사를 밀착시켜 보려는 당시의 일반적 인식을 분리시키려고 했다. 둘째, 재사(분암)는 분묘에서 사당으로 가는 완충지대로서, 이곳에서 제사를 지내도록 한 것은 곧 묘제墓祭 중심의 제례문화를 묘제廟祭 중심의 제례문화로 전환시키기 위한 과도기적 성격을 갖는다.

이렇게 묘제墓祭가 분묘에서 분암으로 들어오게 됨으로써 어느 정도 체백 추모적 성격으로부터 자유로워지게 되었다는 점과 더불어 또 한 가지 주목해야 하는 것은 퇴계가 묘제에 대한 해석을 통해 체백 추모적 성격과는 하등의 상관이 없는 묘제의 위상을 새롭게 정립했다는 사실이다.

옛날 종법이 크게 밝았을 때엔 들에서 장례를 치르고 사당에서 제사를 지냈다. 종자(宗子)가 사시(四時)의 제향을 드리면 여러 조상들[群昭群穆]에 모두 정성을 펼칠 수 있었다. 그러므로 비록 지자(支子)가 직접 제

---

153 이미 신혼이 표산하지 않도록 신주를 만들어 두었다면, 지방으로 신주를 대용한다 해도 신주와 마찬가지의 기능을 한다는 것이 퇴계의 생각이다.(『雪月堂集』卷4,「問答箚錄」: 問, "以紙牓行祭, 與神主之祭異, 先降神, 而後參神, 何如?" 答曰, "既設神主, 而有紙牓, 則神亦在是矣, 先參後降不妨. 某家亦如是行之.")

사를 지내지 않아도, 제사를 지낼 때 분묘에 찾아가지 않아도 인정(人情)이 편안했었다. 후세에 이르러 종법이 붕괴되고 제례가 결손되자 사당을 소홀히 하고 분묘를 숭상하는 풍속이 생겼다. 정자와 주자가 나오셔서 고례를 이어 묘제(廟祭)를 중히 여기셨음에도, 묘제(墓祭)의 법을 『가례』에 싣고 폐지하지 않은 것은 시대에 따라 손익[因時損益]하느라 부득이해서였다. 오늘날 우리 성조(聖朝 : 朝鮮)에서는 효(孝)로 다스림에 사대부가에 사당을 세우지 않은 집이 없으니, 거의 종법의 유풍이 있다고 하겠다. 그러므로 사당에서는 오직 종자만이 제사를 지낼 수 있지만, 분묘에서는 종자와 지자 모두 제사를 지낼 수 있다. 고례가 갑자기 회복되기 쉽지 않고 인정은 막을 수 없으니, 이것이 오늘날 묘제(墓祭)가 성행하게 된 까닭이다.[154]

여기에서 퇴계는 묘제墓祭를 묘제廟祭의 정립으로 가기 위한 과도기적 단계로서 인식하고 있음을 분명히 한다. 퇴계는 먼저 "장례는 들에서 지내고, 제사는 사당에서 지내는 것[葬於野, 祭於廟]"이 대원칙임을 확인한다. 그리고 종법이 크게 밝아 묘제廟祭가 분명하게 준행되던 이상적인 고례의 모습을 제시한다. 이러한 상황에서는 조상에 대해 충분히 정성을 다할 수 있기 때문에 누구도 서운함을 갖지 않게 된다는 점 또한 밝혀 둔다. 이러한 언급들은 인용문 마지막에 묘제墓祭가 성행한 원인으

---

154 『退溪全書』卷42, 「樹谷庵記」: "抑嘗聞之, 古者宗法大明, 葬於野而祭於廟. 宗子有四時之享, 則群昭群穆, 咸得以展誠, 故雖支子不祭, 祭不就墓, 而人情安焉. 至於後世, 宗法壞而祭禮缺, 忽廟崇野之俗有作, 程朱之興, 述古禮重廟祭, 然而墓祭之法, 載在『家禮』而不廢, 因時損益, 不得已也. 今我聖朝以孝爲治, 士大夫家無不立廟, 蓋髣髴有宗法之遺意, 故唯宗子得祭於廟, 而墓則宗子支子皆可以祭也. 古禮未易卒復, 而人情所不能遏, 此今日墓祭之所以盛行也."

로 "고례가 갑자기 회복되기 쉽지 않고, 인정은 막을 수 없다"는 점을 든 것과 호응한다. 즉, 고례는 쉽게 회복되지 않고, 그렇다고 조상에 대해 정성을 다하고자 하는 마음은 막을 수 없으니, 묘제墓祭로라도 이를 대신하기 위하여 묘제墓祭가 성행하게 되었다는 것이다. 이는 제례에 있어서 퇴계의 정론이 어디에 있는지를 명확하게 보여준다. 퇴계는 궁극적으로 묘세廟祭 중심의 제례를 지향하지만, 현실적으로는 아직 시기 상조임을 알기에 우선은 묘제墓祭를 대안으로 수용했던 것이다.

여기에서 퇴계는 묘제墓祭를 좀 더 고양된 수준에서 수용할 수 있는 또 하나의 새로운 해석을 제시한다. 즉, 묘제에는 지자支子들이 제사를 주재하는 것이 허용된다는 중요한 장점이 있다는 것이다. 종법이 크게 밝은 상황에서는 종자宗子가 주재하는 사시四時의 묘제廟祭만으로도, 지자들이 직접 제사를 주재하지 않아도, 인정에 편안했다고 퇴계는 말한다. 하지만 지금은 가묘는 세워지고 있으나 종법이 무너진 상황이라서 가묘의 제사만으로는 지자들이 조상에 대한 효도와 공경을 다할 수 없으며, 따라서 종자 뿐만 아니라 지자들도 주재할 수 있는 묘제가 중시된 것으로 퇴계는 이해한다.[155] 퇴계는 종자가 아닌 지자들이 묘제廟祭를 주관하는 것에 대해서는 '월분越分'의 혐의를 두면서 엄격하게 다룬다.[156] 그러나 묘제墓祭나 기제忌祭에 대해서는 지자들도 윤행輪行을 통해 적극적으로 주재할 것을 권장한다.[157] 그것은 지자들 역시 조상을 받드

---

155 『退溪全書』卷32,「答禹景善/別紙」:"今宗法廢而不行, 人家衆子孫不能盡孝敬於家廟之祭, 而墓祭不得以不重, 乃反疎略如此, 無乃未安乎?"

156 『退溪全書』卷28,「答金惇敍○癸丑」:"廟祭, 主人不在, 則爲衆子者, 以主人之命行祭, 固當矣. (…중략…)未及有命, 或勢不能行祭,[行祭之祭, 一本作而.] 爲衆子者, 率意自辦, 而行於宗子之家廟, 似有越分之嫌, 恐不可爲也."

157 『退溪全書』卷29,「與金而精○乙丑/別紙」:"專主設行, 近於古禮, 甚善. 然朱子亦有支

는 예를 알아야 할 의무가 있기 때문이다.[158] 정리하면, 퇴계는 묘제墓祭
를 '체백 추모적 의식'이라는 일반적 인식 수준에서가 아니라, 종법이
무너진 상황에서 지자들이 조상을 받들 수 있는 대안의 일환으로 묘제
의 의의를 새롭게 해석했던 것이다.

　　子所得自主之祭之言, 疑支子所得祭之祭, 即今忌日·墓祭之類. 然則此等祭輪行, 亦恐
　　無大害義也. 如何如何?"
158 『退溪全書』 卷39, 「答鄭道可問目」: "朱子「與劉平父」書, 有支子所得自主之祭之說, 想
　　支子所主之祭, 恐是忌祭·節祀之類也. 今若一切皆歸於宗子, 而支子不得祭, 則因循偷
　　惰之間, 助物不如式, 以致衆子孫全忘享先之禮, 而宗子獨當追遠之誠, 甚爲未安."

제5장

퇴계 예학사상의 의리적 성격(2)

종법관을 중심으로

=====

1. 사대부 종법에 관한 의리적 관점

1) '입후론立後論'에 나타난 일본대의一本大義

가족질서와 국가질서를 동심원적인 것으로 파악하는 전근대적 관념에 따르면, 종법宗法은 한 마디로 '사회의 구성과 조직의 원리'라고 할 수 있다. 따라서 유교를 국가 시책의 기본 이념으로 받아들인 조선 초기의 국가정책에서 유교 의례의 정비와 보급은 시급한 것이었다.[1] 15세기 후반『경국대전經國大典』과『국조오례의國朝五禮儀』의 편찬으로 국가 차원에서의 제도 정비는 일단락되었다고 하더라도, 종법이 사회적으로 뿌리를 내린 결과들은 17세기 후반 이후에야 나타났다.[2] 이런 점에서 16세기 중반 조선 사회는 구래의 질서체계 위에 유학적 종법질서가 뿌리를 내리기 위해 갈등하는 과도기적 과정을 겪고 있었다. 송대 성리학자들에 의해 '종법'은 '종자법宗子法'이라는 새로운 형태의 종법으로 재

---

1   장동우, 2003, 152쪽.
2   박현순, 1999, 79쪽.

해석되었고,[3] 성리학과 함께 전래된 이 새로운 종법질서는 기존의 전통적 질서체계와 피할 수 없는 사회적 마찰을 빚게 되었다. 퇴계는 이러한 당면 문제들에 대해 의리적 종법관에 입각해 대응하였으며, 이때 그가 내세웠던 논지의 핵심은 바로 '일본一本'에 대한 확고한 신념이었다.

'종자법'이라는 말에서 추측할 수 있는 것처럼 성리학적 종법질서는 종자를 중심으로 하여 성립하는 예법질서이다.[4] 따라서 성리학적 종법질서를 구축하는 근간은 우선 종자宗子의 권위를 존중하고 확립하는 것이다. 퇴계는 대종大宗과 소종小宗은 물론 소종들 간에도 종의 한계를 뛰어 넘어 제사를 지내는 것에 반대했을 뿐 아니라,[5] 종자가 아닌 지자支子들이 묘제廟祭를 주관하는 것에 대해서도 '월분越分'의 혐의를 두면서 불가하다고 보았다.[6] 또한 퇴계는 종자에 대해 중자衆子들과 구분하여 그 권위를 존중하는 것이 곧 조상을 존중하고 종통을 공경하는[尊祖敬宗]'[7]

---

3 제후(諸侯)의 별자(別子)가 될 수 없었던 송대 사대부 계층은 동고조(同高祖) 이하 친족을 그 범위로 하는 소종(小宗)을 실현 가능한 종법의 규모로 간주하고, 이를 사당제(祠堂制)에 반영하여 사당을 중심으로 족인들의 일상의 의례를 거행하였으며, 이를 종자(宗子)로 하여금 주재하도록 하였다.(이영춘, 1995, 33~34쪽 참조) 이처럼 고대의 종법과는 달라진 송대의 그것을 '종자법'으로 구분하기도 하는데, 이러한 종법제도를 전면적으로 시행하기 위해서는 다음과 같은 조건이 필요하다. ① 혈연을 매개로 하는 가부장적 종족집단의 존재, ② 종족집단을 제일적(齊一的)으로 통합할 수 있는 종자와 상징적 의례체계의 존재, ③ 의례를 집행할 수 있는 성소(聖所)의 존재, ④ 종통계승의 명시적 원칙.(장동우, 2003, '머리말' 참조)

4 '종자(宗子)'는 제사의 책임자이며 가문의 계승자로서 그가 속한 친족집단의 중심이 되어 그것을 통솔한다.(이영춘, 1995, 11쪽)

5 『退溪全書』卷13, 「答李淳問目」: (問)"繼祖之小宗, 固不敢祭曾祖, 若與大宗異居, 時物所得, 獨祭吾祖, 似未安, 奈何?"(答)"獨祭祖雖未安, 越祖而及曾祖, 恐尤未安. 若是支子, 則雖權宜殺禮而祭禰, 亦未可及祖."

6 『退溪全書』卷28, 「答金惇敍○癸丑」: "廟祭, 主人不在, 則爲衆子者, 以主人之命行祭, 固當矣. (…중략…)未及有命, 或勢不能行祭,[行祭之祭, 一本作而.] 爲衆子者, 率意自辦, 而行於宗子之家廟, 似有越分之嫌, 恐不可爲也."

7 '존조경종(尊祖敬宗)'이라는 말은 『예기(禮記)』「상복소기(喪服小記)」의 "別子爲祖, 繼別爲宗, 繼禰者爲小宗. 有五世而遷之宗, 其繼高祖者也. 是故祖遷於上, 宗易於下. 尊

것이라 믿었고,[8] 이러한 믿음에 따라 그는 노비상속에 있어서도 '승중노비承重奴婢'라는 명목으로 이를 종자에게 별도 상속해야 한다고 주장하기까지 했다.[9] 이러한 사실들은 퇴계가 종법질서에 대한 명확한 이해를 바탕으로 종자의 권위를 존중함으로써 종법질서를 다잡아 가려는 시도들을 적어도 한 세기 이상 앞서 제기하고 있었음을 보여준다.

　이렇게 종법질서의 중심축으로서 그 권위가 존중되어야 하는 사람이 바로 종자宗子이며, 그러한 종자는 적장자嫡長子에서 그의 적장자로 계승되는 이른바 적적상전嫡嫡相傳을 원칙으로 존립한다. 그러나 이러한 원칙은 장차 승중承重해야 할 적장자가 죽는 예외적 상황에서 혼란을 겪게 되며, 이러한 혼란은 이 예외적 상황을 타개할 대안을 놓고 더욱 가중된다. 이때 제기되는 대안은 적장자가 후사가 있는[有後] 상황에서 죽었는가, 아니면 후사가 없는[無後] 상황에서 죽었는가에 따라 달라진다.

祖故敬宗, 敬宗所以尊祖禰也."와 「대전(大傳)」의 "別子爲祖, 繼別爲宗, 繼禰者爲小宗. 有百世不遷之宗, 有五世則遷之宗. 百世不遷者, 別子之後也. 宗其繼別子之所自出者, 百世不遷也. 宗其繼高祖者, 五世則遷者也. 尊祖故敬宗. 敬宗, 尊祖之義也."에서 적출한 말로, 종법질서의 본질적 좌표와 궁극적 지향을 보여준다.

8　『退溪全書』卷28, 「答金伯榮富仁可行富信惇叙問目喪禮○乙卯」: "孤哀之稱, 出於後世, 故古禮只稱孤子, 然文公嘗云循俗稱不妨, 則幷哀字稱之, 無所害矣. 等字不當書之, 獨稱主人, 此乃尊祖敬宗之義, 衆子所不敢參稱也."

9　『退溪全書』卷27, 「答鄭子中」: "國俗旣有奴婢相傳, 與田宅無異, 則置承重奴婢, 豈有不可? 況兄弟衆多之家, 不置承重奴婢, 泛同於衆兄弟, 亦非尊祖重宗崇奉祭祀之義, 甚不可也." / 아마도 이러한 주장은 『경국대전』에서 승중자(承重子)에게는 나머지 자녀들[衆子女]에 비해 1/5을 더 지급하도록 한 예제(『經國大典』「刑典」'私賤'條:【承重子】"加五分之一." [如衆子女各給五口, 承重子給六口之類.])등과 맥을 같이 하는 것으로 이해된다. 그러나 『경국대전』의 명시에도 불구하고 법제와 현실 사이에는 차이가 났다.(최재석, 1985, 174쪽) 조선시대 노비상속은 17세기 중엽까지는 철저하게 균분제(均分制)를 실시하다가, 그 후부터 18세기 중엽까지는 균분제가 우세한 가운데 장남 우대 내지 여자 차별의 상속제가 출현·증가하기 시작하였고, 18세기 중엽 이후 균분제는 거의 사라지고 장남 우대 내지 여자 차별의 상속제가 지배적이게 되었다.(최재석, 1972, 117~120쪽 참조) 이러한 현실에 비추어 볼 때, 퇴계의 승중노비 주장은 한 세기 이상 앞서간 것임을 알 수 있다.

후사가 있는 경우에는 적장손嫡長孫이 할아버지[祖]를 승중하는 것으로
문제 상황을 쉽게 마무리할 수 있다. 하지만 후사가 없는 경우에는 대
응양상이 복잡해진다. 우선 동종同宗의 지자支子들 중에 누군가로 입후立
後할 수도 있고, '형망제급兄亡弟及이라 하여 죽은 적장자의 모제母弟(같은
어머니 슬하의 동생)로 하여금 승중하게 할 수도 있다. 혹시 적자나 적손이
없는 경우라면 첩자妾子로 하여금 승중하게 하는 것도 고려될 수 있다.
『경국대전』에서는 이 문제를 「예전禮典」 '봉사奉祀'조에서 다루고 있는
데, 이는 종통의 계승이 곧 제사의 계승과 긴밀하게 연계되어 있기 때
문이다.[10]

> 적장자에게 후사가 없으면[無後] 중자(衆子)가, 중자에게도 후사가 없
> 으면 첩자(妾子)가 봉사(奉祀)한다.[11]

『경국대전』의 이 규정에서 우선 눈에 띠는 것은 적장자가 후사가 있
는 상황에 대해서는 적장손이 할아버지를 승중하는 것을 당연시하여 논
외로 하고 있다는 점이다. 따라서 문제는 적장자가 후사가 없는 경우로
집약된다. 이 경우에 『경국대전』은 적장자에게 '입후立後'를 하는 방식
보다는 중자衆子나 첩자妾子로 봉사奉祀를 하게 하는 '형망제급'의 방식으
로 전개될 가능성을 열어두는 한편, 입후와 관련해서는 별도의 '입후'조
를 통해 "적자와 첩자 모두에게 자식이 없는 경우"[12]로 한정하였다.[13]

---

10 『二程遺書』 卷17, 「伊川先生語」: "宗子者, 謂宗主祭祀也."
11 『經國大典』 卷3, 「禮典」 '奉祀'條: "若嫡長子無後, 則衆; 衆子無後, 則妾子奉祀."
12 『經國大典』 卷3, 「禮典」 '立後'條: "嫡·妾俱無子者, 告官立同宗支子爲後."
13 정긍식은, '입후(立後)'조를 원칙조항, '봉사(奉祀)'조를 예외조항으로 본 배재홍

이렇게 '입후'보다 '형망제급'을 우선순위에 두는『경국대전』의 규정
은 16세기 중엽까지도 영향력을 발휘하고 있었다. 무산군茂山君 이종李
悰(1490~1525)[14] 의 장자 영선군永善君 이귀수李龜壽가 후사가 없는 채로 세
상을 떠나자, 차자인 영천정永川正 이미수李眉壽가 어머니 신씨申氏를 통
해 '군君'의 작위와 봉사권奉祀權을 모두 계승할 것을 나라에 청하였다.
중종中宗은 이 사안을 이조吏曹로 하여금 검토하도록 했고, 이조에서는
『경국대전』을 근거로 이를 허락하도록 회계回啓하였다.[15] 이 사안은 명
종대에 이르러서도 계속 논쟁되었는데, 이때에도『경국대전』의 이 규
정은 주요한 논거로 인용되었다.[16]

고대의 종법제에 따르면 대종大宗의 경우에는 동종同宗의 지자支子 중

(1992, 7쪽)의 견해를 비판하면서, '봉사'조가 일반조항이고, '입후'조는 보완조항이라
고 보았다.(鄭肯植, 1996, 23쪽, 각주 51) 장동우 역시 '입후'조가 '봉사'조에 부가된 것
으로 보고 있다.(張東宇, 2003, 179쪽)

14 무산군(茂山君) 이종(李悰, 1490~1525)은 성종(成宗)과 숙용김씨(淑容金氏) 사이
의 아들이다.

15 『中宗實錄』卷93, 35年(1540) 3月 4日 : 諫院啓曰, "大抵長子, 雖無後身死, 若有家婦,
則當爲之主祀. 家婦未有立後而身死, 然後次子承重矣. 今者茂山君長子永善君身死, 未
過三年, 又有家婦, 而因其母上言, 次子永川正眉壽, 承襲封君, 非徒不合於情法, 如此人
心巧詐之時, 覬覦奪嫡之風, 恐不能禁也. 且眉壽謀欲奪嫡, 以躋崇秩, 敎誘其母, 違法上
言, 至爲非矣. 請速改正, 推考治罪." 答曰, "觀申氏上言, 其大意, 謂長子無後身死, 雖有
家婦, 次子承襲有例云, 而歷擧已前承襲之人. 吏曹回啓以爲, 依『大典』云, 若是違格, 則
該曹當防啓矣. 今如改正, 則前後有異. 法例則予未詳知, 該曹豈不審察而啓之乎?"

16 『明宗實錄』卷10, 6年(1551) 8月 1日 : 領議政李芑議 : "……『大典』'奉祀'條, '嫡長子
無後, 則衆子, 衆子無後, 則妾子奉祀, 嫡長子只有妾子, 願以弟之子爲後者聽.'『大明
律』'立嫡子違法'條云, '其嫡妻年五十以上無子者, 得立庶長子'云, 則況長子身死者乎?
『大典』之法, 據律文以定, 宜遵守勿失也."; 卷12, 6年(1551) 8月 12日 : 尹漑議 : "嫡嗣
固重, 而繼絶亦大.『大典』奉祀條 : '嫡長子無後, 則衆子, 衆子無後, 則妾子奉祀'云者,
卽古兄亡弟及之義, 而家國通行之法也." …… 申光漢議 : "立嫡以長,『春秋』大一統之義,
而又有兄亡弟及之文. 所謂兄亡者, 長子旣亡而無後者也, 弟及者, 兄旣亡而無後, 則弟
當奉其祀也. 弟存則未有舍其弟而及姪之文. 故『大典』奉祀條曰, '若長子無後則衆子,
衆子無後則妾子奉祀'云. 此則擧其禮之大經而言也."

에서 입후를 하도록 되어 있다.[17] 이에 반해 소종小宗의 경우에는 적장자가 후사가 없더라도 입후하는 법이 없다.[18] 이런 견지에서 본다면 사대부의 봉사와 입후를 규정한 『경국대전』의 내용은, 소종에 대한 규정이라는 점에서, 고대의 종법제에 부합하는 것으로 볼 수 있다. 하지만 종자법으로 대변되는 송대 이후 종법에서는 비록 소종이라 하더라도 후사가 끊기는 것은[絶後] 용납할 수 없다고 보고, 심지어 무복無服의 먼 친족 중에서라도 입후를 해야 한다는 논의를 개진하였다.[19] 『경국대전』에서 '입후'조를 별도로 두어 제한적이나마 입후의 근거를 마련해 둔 것은 종자법의 이러한 논리를 수용하려는 조처였을 것으로 이해된다. 이렇게 『경국대전』은 대종법과 소종법의 상치하는 내용을 모두 포함하고 있어서, 문제해결의 근거가 되기보다는 논쟁의 빌미를 제공하는 측면이 있었다.

이 문제와 관련하여 퇴계는 '입후'가 원칙임을 확신하는 종법관을 여러 곳에서 천명한다. 예를 들면 한강寒岡 정구鄭逑의 백형伯兄인 죽파竹坡 정괄鄭适(1530~1564)이 후사가 없는 상황에서 세상을 떠나자 한강은 이 상황에 어떻게 대처해야 하는지 다음과 같이 물어 왔다.

17　『儀禮』「喪服」: "持重於大宗者, 降其小宗也. 爲人後者, 孰後? 後大宗也. 曷爲後大宗? 大宗者, 尊之統也. 禽獸知母而不知父. 野人曰, 父母何筭焉! 都邑之士則知尊禰矣. 大夫及學士則知尊祖矣. 諸侯及其大祖. 天子及其始祖之所自出. 尊者尊統上, 卑者尊統下. 大宗者, 尊之統也, 大宗者, 收族者也, 不可以絶, 故族人以支子後大宗也. 適子不得後大宗."

18　『通典』卷96,「凶禮」18: "禮所稱爲人後, 後大宗, 所以承正統. 若非大宗之主, 所繼非正統之重, 無相後之義."

19　『張子全書』,「經學理窟」卷12,「喪紀」: "據今之律, 五服之內, 方許爲後. 以禮文言, 又無此文, 若五服之內無人, 使後絶可乎? 必須以疏屬爲之後也."

어머니가 살아계시는데 백형(伯兄)이 세상을 떠났습니다. 홀로 되신 형수에게는 두 딸만 있습니다. 또 중형(仲兄)은 대종(大宗)으로 출후(出後)하고, 저만 어머니 곁에 있습니다. (…중략…) 어머니의 의중은 둘째나 막내가 아들 낳기를 기다렸다가 백형의 후사로 세우려고 하십니다. 이렇게 하면 일에 난처함이 없고 정(情)과 예(禮)에 모두 만족스러울 것입니다. 그러나 만일 혹시라도 그렇게 되지 못할 경우에는 백형의 제사는 마땅히 속례에 따라 외손(外孫)에게 받들도록 해야 하는 것입니까? 아니면 고례에 의거해서 가묘(家廟)에 반부(班祔)해야 합니까?[20]

우선 한강은 그의 어머니의 의중대로 입후를 가장 합당한 대안으로 여기고 있었다. 그는 입후를 함으로써만 이후 진행될 여러 절차들이 난처한 상황을 맞지 않을 뿐 아니라, 정情과 예禮 모두에 만족스럽게 된다고 여겼다. 하지만 아직 중형[21]이나 자신에게 아들이 없어 곧장 입후를 할 수 있는 상황이 아니었으므로 한강은 다른 대안 역시 고민하지 않을 수 없었다. 즉, 입후가 성사되지 못할 경우 백형의 제사를 어떻게 지내야 하는가에 관한 대안을 마련해 두어야 했던 것이다. 이때 한강은 두 가지 대안 즉, 속례에 따라 외손봉사를 해야 하는지, 아니면 고례에 의거해 반부班祔[22]를 해야 하는지를 두고 고민했다. 그런데 한강의 물음

---

20 『退溪全書』卷39,「答鄭道可述問目」: "老母在堂, 而伯兄見背, 寡嫂獨存, 惟有二女子. 又仲兄出後大宗, 遂在母側. (…중략…) 母意欲待吾仲·季生子, 以立兄後. 如是則事無難處, 情禮俱得矣. 苟或未果也, 伯兄之祀, 當從俗例, 使外孫奉之耶? 抑依古禮, 班祔家廟耶?"

21 한강의 중형은 백곡(栢谷) 정곤수(鄭崑壽: 1538~1602)로, 초명은 규(逵)이며 자는 여인(汝仁)이다.

22 『가례』에 따르면 반부(班祔)는 후사가 없는 방계 친족[旁親]이 죽었을 경우 사당에서 소목(昭穆)의 반차(班次)에 따라 부묘(祔廟)하는 것을 가리킨다.(『家禮』卷1,「通禮」

이면에는 미묘하면서도 민감한 맥락이 잠재되어 있다. 즉, 한강은 '백형에게 입후를 하지 못하면 가통家統을 누가 이을 것인가'에 대해 묻지 않고, 곧장 '백형의 제사를 어떻게 지낼 것인가'에 대해 묻고 있다는 것이다. 이는 당시의 분위기상 적장자가 입후를 하지 못하면 중자에게 가통이 옮겨간다[移宗]23는 것을 자연스럽게 전제하고 있음을 보여준다.

한강의 물음에 대해 퇴계는 먼저 입후를 하는 것이 지당함을 분명히 하면서, 어머니의 견해가 예의에 부합하니 아들들이 적극 찬성하라고 주문한다. 그리고 입후를 하게 되면 "일거에 백사가 순조로울 것"이라고 말한다.24 그런 다음 퇴계는 한강이 입후가 안 되었을 경우를 대비해서 물었던 두 가지 대안에 대해 모두 부당하다며 고려 자체를 거부한다. 먼저 '반부班祔'에 관한 퇴계의 논의부터 살펴보자.

> 더구나 종자(宗子)인데다 이미 성인(成人)이요 아내까지 있으니, 방친
> (旁親)에 비할 바 아니다. 그럼에도 아무렇지 않게 반부(班祔)한다는 것
> 은 마땅히 할 일이 아닌 듯하다. 그러므로 반드시 입후(立後)를 하는 것이
> 최선이다.25

『가례』에 따르면 반부를 하게 되는 조건은 첫째 방계 친족[旁親]이어

'祠堂'條 : "旁親之無後者, 以其班祔." 【註】 "伯叔祖父母, 祔於高祖. 伯叔父母, 祔於曾祖. 妻若兄弟若兄弟之妻, 祔於祖. 子姪, 祔於父.")
23 이종(移宗)에 관해서는 이영춘, 1994, 30쪽 참조.
24 『退溪全書』 卷39, 「答鄭道可述問目」: "宗子成人而死, 則當爲之立後, 朱子「答李繼善」之書可考. 今尊堂欲爲長子立後, 甚合禮義, 兩君極宜贊成之, 一擧而百事皆順矣."
25 『退溪全書』 卷39, 「答鄭道可述問目」: "且宗子而已成人有室, 非旁親比, 而泛然班祔, 更恐非所宜爲, 故必以立後爲善耳."

야 하고, 둘째 후사가 없어야[無後] 한다.[26] 이 말은 후사가 없더라도 방계 친족이 아닌 사람은 반부의 대상에 포함되지 않는다고 해석될 수 있다. 따라서 퇴계는 한강의 백형이 후사가 없음에도 불구하고 종자[27]인데다 성인이며 아내까지 있으므로 방친에 비할 바 아님을 강조함으로써 반부가 부당함을 지적한다. 그리고 이런 논리에 근거해 입후의 정당성을 거듭 설득하고 있다. 하지만 고례에서는 대종이 아닌 경우에는 형망제급에 따른 이종移宗이 가능하다. 즉, 소종에서는 얼마든지 종의 전이가 일어날 수 있다는 뜻이다. 그렇다면 적장자가 후사가 없는 상황에서 죽었을 경우 차자가 종자가 되고, 죽은 적장자는 종자가 된 차자에 대해 방친이 된다고 볼 수 있다.[28] 『가례』에서 반부를 설명할 때, 백조부모伯祖父母와 백부모伯父母 그리고 형兄과 형처兄妻까지 방친에 포함되는 것으로 언급하고 있는 것은 이 때문일 것이다. 이렇게 종자와 방친은 고정된 것이 아니라, 종통을 계승한 사람이 종자이고 그렇지 못한 사람이 방친이 되는 것이다. 종법의 체계가 이러함에도 퇴계는 오히려 한강의 백형이 종자였다는 사실을 변할 수 없는 사실로 고정시키고, 그것에 근거해 그가 방친이 아니라는 논리를 전개했던 것이다. 이는 언뜻 보아 퇴계가 『가례』를 오해했거나 왜곡한 것으로 이해될 수 있지만, 실은 의도적으로 재해석한 것으로 보는 게 맞을 것이다.

퇴계의 견해가 『가례』에 대해 오해나 왜곡이 아니고 재해석이라고

---

26 『家禮』卷1, 「通禮」 '祠堂'條: "旁親之無後者, 以其班祔."
27 실제 한강의 백형은 할아버지를 계승한[繼祖] 종자였다.(『退溪全書』卷39, 「答鄭道可述問目」: "家廟卽繼祖之宗.")
28 『圖書編』卷108, '祔位'條: 或問, "何謂旁親?" 曰, "『中庸或問』云, '自吾父·祖·曾·高謂之正統, 其伯叔曾·高, 伯叔父·祖, 衆子昆弟皆爲旁親.'"

보는 까닭은 그가 『가례』의 반부를 논하면서 고례의 '부식附食'[29]에 관한 사항을 논거로 제시하기보다는 주자가 이계선李繼善에게 보낸 글에서 논거를 찾고 있었다는 사실 때문이다.[30] 반부를 고례의 부식과 연계해서 설명하게 되면 위에서 살펴본 바와 같은 이유로 죽은 적장자는 대를 잇지 못한 절사絶嗣가 되고 따라서 가통은 차자에게로 이종될 수밖에 없다.[31] 그런데 주자의 「답이계선」에서는 "종자가 성인인 상태에서 자식이 없는 것이니, 마땅히 그를 위해 입후해야 한다"고 했다.[32] 이때의 종자가 대종의 종자인지, 소종의 종자인지 명시되어 있지는 않다. 만일 소종의 종자라면 이는 분명 고례나 『가례』의 논리와 상치하는 것이다. 그럼에도 불구하고 퇴계가 주자의 이 언급을 논거로 인용했다는 것은 '비록 소종이라 하더라도 종의 변동이 생기는 것은 옳지 않다'는 생각을 정당화하기 위한 의도적인 것이었다. 따라서 위의 견해는 『가례』에 대해 오해나 왜곡이 아니고 재해석일 가능성이 높다. 이는 다음의 언급을 통해 확인할 수 있다.

---

29 조묘(祖廟)에 반부(班祔)한 상태에서 제사를 받는 것을 '부식(祔食)'이라고 한다. '부식'에 관한 고례의 근거는 『예기(禮記)』「상복소기(喪服小記)」에 나온다.(『禮記』「喪服小記」: "庶子不祭殤與無後者, 殤與無後者從祖祔食." 이에 대한 『예기집설(禮記集說)』의 설명은 다음과 같다. "長·中·下殤見前篇, 蓋未成人而死者也. 無後者, 謂成人未昏, 或已娶而無子而死者也. 庶子所以不得祭此二者, 以己是父之庶子, 不得立父廟, 故不得自祭其殤子也. 若己是祖之庶孫, 不得立祖廟, 故無後之兄弟, 己亦不得祭之也. 祖廟在宗子之家, 此殤與此無後者, 當祭祖之時, 亦與祭於祖廟也. 故曰, '從祖祔食.'") 참고로 『가례증해』에서는 해당 조목에 「상복소기」와 「사우례」의 관련내용을 싣고 있다.

30 『退溪全書』卷39, 「答鄭道可述問目」: "宗子成人而死, 則當爲之立後, 朱子「答李繼善」之書可考."

31 이영춘은 "후사가 없는 장자가 죽었을 경우에는 그대로 절사(絶嗣)가 되고 그의 신주는 조부의 사당에 반부(班祔)되는 것"이라고 말하면서, 『가례』의 '사당'조를 그 근거로 제시한다.(이영춘, 1994, 30쪽, 각주 64번)

32 『朱熹集』卷63, 「答李繼善」: "宗子成人而無子, 當爲之立後."

부모가 살아계시는데 장자가 후사가 없는 상황에서 죽었다. (…중략…) 사람들이 이런 상황을 만나면, 부모의 정이 많이들 사랑에 끌려서 차자에게 전해 주려고 한다. 차자들도 대부분 형을 위해 입후하는 것이 의(義)인 줄 모르고 스스로 얻어 가지려고 한다. 그리하여 결국 불선한 상황에 이르는 경우가 빈번하게 있으니 더욱 한탄스럽다.[33]

퇴계는 부모가 차자에게 가통을 전해주는 것을 정감[情]에 끌린 행위로 치부하는 반면, 장자를 위해 입후를 하는 것이 의리[義]에 합당하는 것으로 단언한다. 장자가 무후인 채로 죽었을 경우 차자에게로 가통이 전해지는 '형망제급'이 고례의 종법임에도 불구하고 퇴계가 이를 정감에 끌린 행위로 치부했다는 것은, 입후의 의리적 정당성을 확보하려는 강한 의지가 담긴 의도적인 것임에 틀림없다.

그런데 여기에서 한 가지 더 고려해야 할 것은 부모의 입장에서 본다면, 차자에게 전해진다 해도 사실 가통의 안정적 계승이라는 측면에서는 별 문제가 없다는 점이다. 그렇다면 퇴계의 더욱 본질적인 문제의식은 단순한 혈통[血統]의 계승이 아니라 변동이 허락되지 않는 종통[宗統]의 확고한 정립에 있었다고 이해된다.[34] 이는 퇴계가 차자로의 혈통계승을 정감[情]에 따른 것으로 치부한 반면, 입후를 통한 종통의 계승을 의

---

33 『退溪全書』卷17, 「答奇明彦○乙丑」: "父母生存, 長子無後而死. (…중략…)且看人家 遇此故, 父母之情, 多牽愛次子, 而欲與之, 爲次子者亦多不知爲兄立後之爲義, 而欲自 得之, 因卒歸於不善處者, 比比有之, 尤可嘆耳."

34 지두환은, 앞서 논의했던 무산군(茂山君)의 장자인 영선군(永善君)과 관련한 명종대의 논의를 정리하면서, "형망제급의 혈통론에 입각한 종법제가 부정되고 의리·명분의 정통론에 입각한 적계주의(嫡系主義)의 종법제가 확립되어 가는 것"으로 정리한 바 있다.(지두환, 1984, 33~37쪽)

리[義]적이라고 천명한 데서 분명해진다.

다음으로는 한강이 또 하나의 대안으로 고민했던 '외손봉사'에 관한 사항을 살펴보아야 하는데, 그 전에 먼저 외손봉사를 둘러싼 전통적 맥락을 간략하게 살펴본 다음 이에 관한 퇴계의 견해를 살펴보도록 한다.

우리나라에서 외손봉사의 전통은 그 유래가 깊다. 고려시대까지도 자식이 없는 경우 사위로 후사를 삼는 여서후사女壻後嗣의 전통이 남아 있었으며, 조선시대에는 다른 성씨가 후사를 잇는 이성계후異姓繼後는 배척되었으나 친생자가 없는 경우에 외손봉사를 하려는 경향은 오래도록 이어졌다.[35] 물론 여서후사나 외손봉사가 모두 솔서혼率壻婚·서류부가혼壻留婦家婚·남귀여가혼男歸女家婚 등으로 일컬어졌던 이른바 '데릴사위' 풍속과 연계된 것임은 물론이다.

> 우리나라는 중국처럼 친영(親迎)하는 예가 없으므로 모두 처가를 내 집으로 삼습니다. 그리하여 장인을 아버지라 부르고 장모를 어머니라고 부르면서 언제나 그들을 부모로 섬기니, 이 또한 강상(綱常)입니다.[36]

이 기사는 1490년(성종 21) 조정에서 논의되었던 내용의 일부이다. 데릴사위 풍속에 따라 처가를 '집'으로 여기고, 이에 따라 처부모를 '부모'로 섬기는 것이 강상綱常이라고까지 공공연하게 주장되고 있다. 우

---

35 박병호는 『법외계후등록(法外繼後謄錄)』(인조22년~영조17년)과 『민장치부책(民狀置簿冊)』(고종7년~8년) 등의 고문서 발굴을 통해 외손봉사의 전통이 조선 고종대까지 이어지고 있음을 실증적으로 밝혔다.(박병호, 1973, 86~90쪽)

36 『成宗實錄』卷241, 21年(1490) 6月 27日 : "我國無中國親迎之禮, 皆以妻家爲家. 稱妻之父曰父, 妻之母曰母, 常以父母事之, 是亦綱常也."

리나라에서 장자와 장손 그리고 이들의 배우자로 형성되는 직계가족의
유형이 등장한 것은 17세기 중엽부터이며, 그 이전에는 오히려 장인·
장모와 딸·사위 그리고 외손들로 구성된 가족유형이 지배적이었을 것
으로 보고되고 있다.[37] 17세기 초까지도 외조와 외손은 한 몸이므로,
외조를 제사하지 않으면 '근본 없는 사람'으로 치부하는 인식이 남아
있었다는 사실이 이를 뒷받침한다.[38] 퇴계와 한강의 외손봉사 논의는
바로 이러한 맥락에서 개진된 것이었다. 이제 퇴계의 논의를 살펴보자.

요즘 사람들은 아들이 없고 딸만 있는 경우에 정의 사사로움에 끌려서
대의로 결단하여 입후를 하는 이가 드물고, 외손으로 봉사케 해서 한 사당
에 두 성씨를 함께 제사하는 지경에 이른다. 하늘이 만물을 내심에 근본을
하나 되게[一本] 하셨는데, 이런 경우는 근본을 둘이 되게[二本] 하는 것이
니 대단히 불가하다. 혹 불행히 그 외가의 조상들이 후사가 없어서 의지할
곳이 없게 되었으므로 차마 그 신주(神主)가 돌아갈 곳이 없게 놔둘 수 없
는 경우라면, 권의(權宜)로 별도의 장소에 봉치하고 왕래하면서 전성(奠
省)하는 것이야 안 될 것이 없다. 하지만 공공연하게 본친과 함께 한 사당에
서 제향을 드리는 것은 이치에 어긋남이 막심하다. 이른바 "신은 비례(非
禮)에 흠향하지 않는다"는 것이 이런 것을 두고 한 말이다. 그러므로 외손
봉사에 관한 물음에 감히 동조하여 행해도 괜찮다고 말하지 못하겠다.[39]

---

37 최재석, 1985, 173쪽.
38 이종서, 2006, 80쪽. 이러한 현상은 족보의 편제 방식에도 드러난다. 조선전기 족보가
    보여준 혈연의 계통을 구별하지 않는 계보관념은 17세기를 지나면서 극적인 변화를 보
    여주었다. 부계(父系)와 비부계(非父系), 동성(同姓)과 이성(異姓)을 무제한 수록하는
    '내외보(內外譜)'방식에서, 부계의 자손만을 선택적으로 기재하는 '성보(姓譜)'로 변
    화한 것이다.(권기석, 2007, 66~70쪽 참조)

퇴계는 이 문제 역시 정감[情]과 의리[義]의 문제로 쟁점화 하여 논의를 전개한다. 어려서부터 자신의 집에서 낳아 기른 외손에게 제사를 받는 것이, 함께 생활해 본 적 없는 사람(비록 그가 친조카라 하더라도)을 입후하여 제사를 받는 것보다 마음에 흡족하다는 것이 입후보다 외손봉사를 선호하는 사람들의 인식이었다.[40] 이는 개인적인 정감의 차원에서는 얼마든지 이해될 수 있는 것이다[情理固然]. 하지만 이러한 정감은 종법질서를 확립하려는 측면에서 볼 때 결코 용납할 수 없는 것이다. 왜냐하면 외손봉사는 여러 의식절차에 정합적이지 못한 문제들을 야기하는 것은 물론,[41] 그 자체로 이성봉사[異姓奉祀]여서 동족을 전제로 하는 종법질서의 근간과 충돌을 일으키기 때문이다. 그러므로 퇴계는 입후를 하기 위해서는 정감을 초극하여 '대의에 입각한 결단'이 필요하다고 말하고 있다.

---

39 『退溪全書』卷39,「答鄭道可述問目」: "今人無子而有女, 牽製情私, 鮮能斷以大義而立後, 至以外孫奉祀, 一廟而二姓同祭. 夫天之生物, 使之一本, 而此則爲二本焉, 甚不可也. 今人或不幸其外家祖先無後, 而未有所處者, 不忍其主之無歸, 則權宜奉置別所, 而往來奠省, 未爲不可. 若公然與其本親同享一廟, 則悖理莫甚, 所謂禮不歆非禮者, 此類之謂也. 故今於外孫奉祀之問, 不敢苟徇而以爲可行也."

40 『世宗實錄』卷97, 24年(1442) 8月 14日: "今世俗雖無子奉祀, 若有女孫, 則無一人借他人之子爲後, 情理固然也. 德生之死, 已有年矣, 而命議追報, 是特典也. 以祭田給德生外孫, 使之享祀, 則其子孫必誠心致祭, 而神又感格矣. 若使德生弟祐生次子爲後, 是爲之後者爲之子, 必與德生外孫反爭臧獲土田, 情理似乎不順, 豈德生之本心哉? 若曰田民以爲本孫所有, 不可追奪, 則夫祭以誠爲主, 祐生之子之情, 豈如本孫親愛之情乎? 又豈誠心奉祀哉?"

41 퇴계는 사위가 처부모를 위한 제사에서 축문의 칭호를 어떻게 해야 할지를 논하면서 난감함을 표한 적이 있다.(『退溪全書』卷37,「答李平叔」: "世人遇妻親無主祀者, 不免爲徇情權行之祭, 然度其勢, 難於祝文之辭.") 제사에서 축문의 칭호는 제사의 대상[所祭者]과 제사의 주체[奉祀者]의 관계를 명시하는 것임을 감안할 때, 칭호 자체가 난감하다는 것은 제사의 성격부터가 매우 애매한 것임을 대변해준다. 따라서 처부모에 대한 제사는 제사의 본의에 벗어난 것임을 알 수 있다. 사위가 처부모를 위해 지내는 제사가 곧 외손봉사로 계승되므로, 외손봉사 역시 이런 문제를 본질적으로 안고 있다.

퇴계가 입후를 대의에 입각한 행위로 보는 까닭은 입후야 말로 '일본一本'의 가치를 지켜낼 수 있는 방법이기 때문이다. 퇴계는 '일본'의 의미를 '존재하는 모든 것들에게 하늘이 부여한 본원적 존재형태'라고 이해한다. '일본'의 '일一'은 다른 것들과의 섞임이나 타협을 용납하지 않는다는 점에서 순정한 것이다. 따라서 모든 존재하는 것들은 자신의 본원적 존재형태의 순정성을 담보하기 위해 다른 것들과의 섞임이나 타협을 용납해서는 안 된다.

퇴계는 종법의 존립근거이자 존재이유를 바로 이 '일본'이라는 관점에서 이해했고, 입후는 적적상전이 불가능한 상황에서 '일본'을 구현할 수 있는 유일한 길이라고 믿었던 것이다. 외손봉사를 '이본二本'이라는 명목으로 배척한 것은, 하나의 사당에서 두 성씨의 조상에게 제사를 지내는 공간상의 문제 때문만은 아니다. 오히려 A라는 씨족이 B라는 씨족의 누군가에게 제사를 지내는 것 자체가 문제라는 인식에 따른 것이다. 이는 A라는 씨족과 B라는 씨족 모두 '일본'의 가통을 지켜야 하는 종법질서를 어기는 것이다. 따라서 이성인 외손이 봉사하는 것보다는 외가의 친족 중 누군가에게 봉사하도록 해야 한다는 것이 퇴계의 생각이었다.[42]

이렇게 퇴계는 반부班祔에 이어 외손봉사外孫奉祀마저 입후의 대안이 될 수 없음을 분명히 한다. 특히 이 과정에서 논거로 제시된 '일본一本'

---

42 『鶴峯集』 卷5, 「退溪先生言行錄」: 問, "長子固不可祭妻父母, 衆子而爲人壻, 可立祠祭之否?" 先生曰, "人之長子, 爲人獨女之壻, 則事大有妨礙而難處者. 蓋彼無後, 又無繼後之子, 則我當祭之, 而身承大宗祀, 不可二之也. 今人或同一祠而祭之, 其二本甚矣, 固不足道也. 雖別立廟, 亦未免二本之失矣, 其處之不亦難乎? 但不幸而遇之, 則當擇其妻族之親, 分臧獲使主祀可也."

에 대한 확고한 인식은 그의 종법관을 형성하는 주요한 근간일 뿐 아니라, 종법에 대한 당시의 이해수준에 비추어 매우 선도적인 것이었다.[43] 그가 비록 반부를 거부하는 과정에서는 '일본'을 거론하지 않았지만, 차자로의 이종移宗을 거부하고 입후를 통한 적장자 중심의 가통계승을 지향했던 것 역시 또 하나의 '일본' 중시의 결과라고 이해할 수 있다. 따라서 입후론을 통해 살펴본 그의 종법관의 특징은 '일본'에 대한 확고한 인식이라고 말할 수 있다.[44]

이와 같은 '일본' 의식이 퇴계 종법관에서 주요한 특징임을 보여주는 사례는 입후자立後者의 본생부모本生父母에 대한 강복降服과 호칭[稱謂]에 관한 사안에서도 확인할 수 있다. 후사로 가게 된 사람은 본생부모를 위해 부장기不杖期로 강복을 하는 것이 종법의 원칙이다.[45] 그런데 파산巴山 류중엄柳仲淹(1538~1571)은 본생모의 상에 차마 강복을 하지 못하고 삼년을 마저 채우려고 하였다. 그러자 퇴계는 "인후人後가 되었으면서

---

43 이종서는 고려후기 이후 조선에서 종법질서가 정착되어 가는 과정을 '동기(同氣)'이론을 수용함으로써 혈연의식이 바뀌어 점차 부계질서를 강화해 가는 과정으로 설명하면서, 제사의 의미를 혈연계통별로 구별해 설정한 첫 번째 인물이 퇴계였다고 말한다. 그리고 퇴계가 배타적으로 부계를 중시하면서 '일본'을 강조했던 영향이 한강을 거쳐 점차 사족계층 전반으로 확산되어 갔다고 설명한다.(이종서, 2003 참조)

44 흥미로운 사실은 퇴계의 가문 역시 데릴사위[婿留婦家]와 외손봉사의 풍속으로부터 자유로울 수 없었다는 것이다. 퇴계의 장자(李寯, 1523~1583)와 장손(李安道, 1541~1584)은 거의 10년가량을 처가나 장인의 임지에서 지냈고,(박현순, 1999, 87쪽) 퇴계의 셋째 형(李澂)은 외조부모의 봉사손이 되어 용궁(龍宮)으로 이주하였으며, 퇴계의 둘째 아들(李寀, 1527~1548) 역시 외종조 허경(許瓊)의 봉사손이 되어 단성(丹城)으로 이주하였다.(박현순, 1999, 85쪽, 96쪽) 하지만 입후의 전통을 선도적으로 그리고 충실히 시행했던 것 또한 퇴계의 가문이었다. 1568년 숙부의 종자(李憑)와 1588년 퇴계의 장손(李安道)이 각각 입후를 했다는 기록이 이를 입증한다.(박현순, 1999, 97쪽) 이러한 정황들을 종합해 보면, 예학에 대한 조예가 깊어지는 노년기를 전후해 퇴계의 '일본(一本)' 중시의 종법관 역시 정립되어 갔다는 사실을 알 수 있다.

45 『儀禮』「喪服」: "不杖, 麻屨者. …… 爲人後者爲其父母. 報. 傳曰, 何以期也? 不貳斬也. 何以不貳斬也? 持重於大宗者, 降其小宗也."

사친私親을 돌보고자 한다면 이는 근본을 둘이 되게二本 하는 것"이라며 '경정직행徑情直行'하지 말라고 충고한다.[46] 퇴계도 본생부모에게 강복을 해야 한다는 것이 '지극히 미안한 일'임을 모르지 않았다. 그러나 이 문제는 종법이라고 하는 질서체계를 수용하는 차원에서는 어쩔 수 없는 일이라는 게 퇴계의 생각이었다.[47]

종宗을 승계한 부모所繼父母와 자신을 낳아준 부모本生父母 사이에서 빚게 되는 이런 문제는 호칭稱謂문제로 연동되어 나타난다.

> 동성(同姓)으로서 출계(出繼)를 했다면 승계한 의리가 매우 중하기 때문에 본생부모는 도리어 압(壓)이 되어 한 등급 강복하게 된다. 그런데 어찌 본친이 생존해 계시다는 이유로 더 중한 종을 승계한 부모에 대해 '고애(孤哀)'[48]라고 칭하지 않을 수 있겠는가? 요즘 사람들은 예의(禮義)를 모르고 오직 정감만을 따르다보니, 본친에 대해 강복을 하지도 않고 승계한 부모에 대해 '고애'라고 칭하는 것을 어려워한다. 어찌 잘못된 일이 아닌가.[49]

호칭 문제는 강복보다 훨씬 민감하고 직접적인 것이다. 왜냐하면 부

---

46 『鶴峯集』卷5,「退溪先生言行錄」: 柳仲淹爲人後, 丁本生母喪, 期後不忍脫衰, 堅欲終制. 先生曰, "先王制禮不可過也, 豈可徑情直行乎? 旣爲人後, 而又欲顧私親, 則是二本也, 其可乎?"

47 『退溪全書』卷28,「答韓永叔○甲子」: "出繼之人, 爲本生降服, 極爲未安, 然先王之制, 不可不從."

48 아버지가 돌아가시면 '고자(孤子)', 어머니가 돌아가시면 '애자(哀子)', 아버지와 어머니 모두 돌아가셨다면 '고애자(孤哀子)'라고 한다.

49 『退溪全書』卷28,「答金惇敍○癸丑」: "以同姓而出繼, 則所繼之義甚重, 故本生父母反爲所厭, 而降服一等. 豈可以本親生存之故, 不稱孤哀於所繼之重乎? 今人不識禮義, 而惟情是徇, 旣不降其本親, 又以稱孤哀於所繼爲難, 豈不謬哉?"

모가 생존해 계심에도 불구하고 자신을 '고애孤哀'라고 스스로 칭한다는 것은, 생존해 계시는 부모를 돌아가셨다고 인정하는 것과 같은 죄책감이 들기 때문이다. 따라서 그것은 상복을 강등하는 것보다 훨씬 수용하기가 꺼려지는 것이었다. 하지만 퇴계는 '종宗을 승계한 의리'를 강조하면서 '예의를 모르고 오직 정감만을 따르려는' 당시의 세태에 대해 질책하고 있다.

　이러한 호칭의 문제는 여기에서 끝나는 것이 아니고, 자신이 출계出繼하는 종가와 친가의 관계에 따라 가족 내에서의 호칭이 전반적으로 역전되는 현상으로 이어진다. 예를 들면, 한강 정구의 중형인 백곡 정곤수가 대종가의 후사로 출계했다는 사실은 앞에서 살펴본 대로이다. 백곡이 출후出後한 대종은 증조를 계승한 종백부從伯父의 집안이었다. 마침 백곡은 본생모의 상을 당하고 곧 뒤이어 종을 계승한 아버지 상을 당했다. 이때 백곡은 본생모를 조비祖妣(백곡에게는 증조비)에게 부묘祔廟하는 제사를 후사가 된 종자로서 자신이 주재하게 되었는데, 자신은 후사로 간 아버지의 참최복斬衰服을 입고 있었으므로 아우인 한강에게 부제를 대행하도록 했다. 그런데 증조비에게 고하는 축문에서 각 대상들의 호칭을 어떻게 설정해야 하는지가 문제로 대두하게 되었다. 즉, 종법대로라면 출계한 아버지의 상을 당한 자신을, 본생부모가 모두 돌아가셨지만 고애자孤哀子라고 하지 못하고, 고자孤子라고 칭해야 했다. 뿐만 아니라 친자식임에도 불구하고 본생모에게는 자신을 종질從姪이라고 칭해야 하고, 친어머니임에도 불구하고 본생모를 종숙모從叔母라고 칭해야 하며, 자신의 친동생에 대해서는 재종제再從弟라고 칭해야 했다. 백곡은 이것이 못내 마음에 걸린다며 퇴계에게 하소연하듯 자문을 구했다. 그러나 퇴계 역시 "지극히 미안한 일인 줄 알지만, 이 방법 말고는 별다른 도리도 선례도 없으니 그대로 해야 하지 않겠느냐"고 답한다.[50]

데릴사위의 풍속과 외손봉사의 전통이 뿌리 깊었던 조선사회에서 입후를 통한 종법질서를 새롭게 정립해 가는 과정은, 기존의 질서와 새로운 질서가 충돌하고 갈등하는 양상을 보여주는 대표적인 사례이다. 퇴계는 충돌하고 갈등하는 두 질서체계의 성격을 정감[情]과 의리[義]의 대립구도로 선명화함으로써 종법질서의 정당성을 확보하고 이의 사회적 확립을 선도하였다. 그리고 이처럼 '일본대의一本大義'에 입각한 선명한 구도 위에서 개별적 정감[情]에 따른 일체의 행위는 '속례俗禮'라는 이름으로 지탄받고 의리[義]에 입각한 행위는 '정례正禮'로 존중되면서 조선의 종법질서는 정립되어 갔다.

2) '조천론祧遷論'에 나타난 상경대의常經大義

『가례家禮』는 송대 신흥 사대부들의 요구에 부응하여 제작·실행된 사서인士庶人의 의례서로서, 관·혼·상·제례의 모든 행례 과정과 그것이 구현하는 예의는 사당을 그 근간으로 한다.[51] 따라서 『가례』에 기술된 일체의 관·혼·상·제례는 모두 사당을 중심으로 이루어지므로 사당은 『가례』 전체를 관통하는 중심축이라고 할 수 있다.[52] 의미상으로

---

50 『退溪全書』卷34,「答鄭汝仁問目」: (問)"崐壽出繼從伯父之後, 今遭本生母喪, 又遭所後父喪. 本母當祔於本母之祖妣, 則祖妣之主, 又在所繼之宗, 於隨祔之祭, 崐壽當以宗子主之, 而又以重喪在身, 則祝板當何如書乎? 當書曰, '孝曾孫孤子某, 使再從弟孤哀子某, 適于顯曾祖妣某封某氏, 祔以孫婦某封某氏云云.' 又於本母前曰, '從姪孤子某, 使再從弟孤哀子某, 薦祔事于從叔母某封某氏, 適于曾祖妣某封某氏云云'否? 與舍弟並告于本母, 而曰, '從姪某使再從弟某云云.' 於情意極爲未安. 不知何如?"(答)"祔祭四稱謂, 雖極未安, 然舍此無他道理無他故實可作稱謂, 只得如是.'

51 박례경, 2010, 108쪽.

만 그런 것이 아니라 실제 『가례』는 편제상에 있어서도 '사당'을 첫머리에 놓아 가례 행위의 중심이자 출발점이 되도록 함으로써 예의 근본을 바로 세우는 초석을 놓았다.[53] 『가례』의 본주本註에서는 이를 다음과 같이 설명한다.

> 이 장은 본래 제례편(祭禮篇)에 있어야 합당하겠으나, 이제 보본반시(報本反始)하는 마음과 존조경종(尊祖敬宗)하는 뜻이 진실로 집안의 명분(名分)을 지키는 것이고 서업(緒業)을 열어 대대로 전승하는 근본이므로 특별히 드러내 첫머리에 놓아, 보는 이들로 하여금 먼저 그 큰 것을 세워야 하는 까닭을 알게 하였으며, 이후 편들에 제시된 갖가지 의식절차들 또한 근거하여 상고할 바가 있게 하였다.[54]

『가례』에 따르면 '군자는 집을 지을 때 우선 사당부터 짓고, 사당 안에는 4개의 감실을 마련해 선대의 신주를 모신다'고 되어 있다.[55] 4개의 감실은 현재 주인主人의 고조高祖 · 증조曾祖 · 조祖 · 부父 4대의 신주를 각각 모시는 곳이다. 그러나 현재의 주인이 죽으면 그 다음 세대 중 후사가 된 사람이 새로운 주인이 되는 이른바 '승중承重'의 과정이 있게 되고, 이에 따라 사당 내에도 중요한 변화들이 일어나게 된다. 우선 주

---

52 고영진, 1989, 80쪽.
53 박례경, 2010, 115쪽.
54 『家禮』卷1,「通禮」'祠堂'條 : (題下)【註】"此章本合在祭禮篇, 今以報本反始之心, 尊祖敬宗之意, 實有家名分之守, 所以開業傳世之本也. 故特著此, 冠于篇端, 使覽者知所以先立乎其大者, 而凡後篇所以周旋升降出入向背之曲折, 亦有所據而考焉."
55 『家禮』卷1,「通禮」'祠堂'條 : "君子將營宮室, 先立祠堂於正寢之東. 爲四龕, 以奉先世神主."

인이 바뀜에 따라 새로운 주인과 신주들과의 관계를 새롭게 설정해야 하므로 신주를 '개제改題'하는 작업을 하게 되고, 새로운 신주가 사당에 들어가게 됨으로 인해 신주들의 위차가 변동되는 이른바 '체천遞遷'이 있게 된다.[56] 이때 가장 중요한 변화는, 이전 주인의 고조가 새로운 주인에게는 5대조五代祖로서 '친진親盡'이 되므로 그 신주를 사당에 계속 모시지 못하고 빼내오게 되는 것으로, 이를 '조천祧遷'이라고 한다. 『예기禮記』에서는 이와 관련하여 다음과 같이 설명한다.

① 별자(別子)는 조(祖)가 되고, 별자를 계승한 자[繼別]는 종(宗)이 된다. 아버지를 계승한 자[繼禰]가 소종(小宗)이다. 백세(百世)가 되어도 옮기지 않는 종이 있고, 5세(五世)가 되면 옮기는 종이 있다. 백세가 되어도 옮기지 않는 경우는 별자의 후사이니, 별사를 낳아주신 분을 계승한 자를 종(宗)으로 삼는 자는 백세가 되어도 옮기지 않는 것이다.[57]

② 5세가 되면 옮기는 종이 있으니 고조를 계승한 자이다. 그러므로 조(祖)는 위에서 옮겨지고 종(宗)은 아래에서 바뀐다.[58]

윗글에서 ①은 대종大宗과 소종小宗이 나뉘는 갈래와 함께 대종의 특징을 서술하고 있고, ②는 소종의 특징을 서술하고 있다. 위의 내용을 도표화하면 다음과 같다.

---

56 『家禮』卷1,「通禮」'祠堂'條:"易世, 則改題主而遞遷之."
57 『禮記』「大傳」:"別子爲祖, 繼別爲宗, 繼禰者爲小宗. 有百世不遷之宗, 有五世則遷之宗. 百世不遷者, 別子之後也. 宗其繼別子之所自出者, 百世不遷者也."
58 『禮記』「喪服小記」:"有五世而遷之宗, 其繼高祖者也. 是故祖遷於上, 宗易於下."

〈표 4〉 대종·소종 체계도

위의 그림[59]에서도 확인할 수 있는 것처럼 소종의 두드러진 특징은 주인에게 5세가 되는 조상의 신주는 사당에서 조천이 된다는 것이다[五世則遷]. 『가례』에 따르면 조천하는 신주를 처리하는 방식에는 두 가지가 있다. 하나는 족인들 중에 친親이 아직 다하지 않은 사람들이 있으면 그들 중 가장 연장자[最長者]의 방으로 옮긴 다음 그로 하여금 제사를 주재하게 하는 것이고, 다른 하나는 모든 족인들에게 친이 다했다면 조천하는 신주를 가묘家廟의 양쪽 계단 사이에 묻는 것이다.[60] 『가례』가 사

59 王贵民, 1989, 33쪽.
60 『家禮』卷6,「喪禮」‘大祥’條: “告遷于祠堂.”【註】“其支子也, 而族人有親未盡者, 則祝版云云告畢, 遷于最長之房, 使主其祭. (…중략…)若親皆已盡, 則祝版云云告畢, 埋于兩階之間.” 그러나 조천(祧遷)하는 신주를 묻는 것과 관련해서는 좀 더 살펴봐야 할 점이 있다. 주자의 견해에 따르면, 원래 천자부터 서인까지 시조의 사당에는 협실(夾室)이 있어서 조천한 모든 신주를 그곳에 모셨다고 한다. 그러나 후대에는 사서인이 시조의 사당을 세울 수 없어 조천한 신주를 모실 곳이 없게 되자, 이천이 가묘(家廟)의 양쪽 계단 사이에 묻자는 제안을 하게 되었다는 것이다. 하지만 당시의 가묘에는 그와 같은 계단이 없었으므로, 주자는 조천할 신주를 묻는 위치를 양쪽 계단 사이로 정한 이유가 그곳이 정결하다는 데 있었음을 근거로 시조의 분묘(墳墓) 근처에 묻는 새로운 대안을 제시한다.(『朱子語類』卷90: 胡兄問祧主置何處. 曰: “古者始祖之廟有夾室, 凡祧主皆藏之於夾室, 自天子至於士庶皆然. 今士庶之家不敢僭立始祖之廟, 故祧主無安頓處. 只得如伊川說, 埋於兩階之間而已. 某家廟中亦如此. 兩階之間, 人跡不到, 取其潔爾. 今人家廟亦安有所謂兩階? 但擇淨處埋之可也. 思之, 不若埋於始祖墓邊. 緣無箇始祖廟, 所以難處, 只得如此.”) 조천할 신주를 분묘 인근에 묻는다는 일반적 인식은 이러한 대안들의 연장선에서 제기된 것이다.

당에 4개의 감실을 만들고 4대봉사를 하도록 한 것도 모두 이러한 소종법에 근거한 것이다. 따라서 이 조천은 『가례』에 제시된 사당 제도를 정립해 나가는 데 매우 중요한 의식절차임을 알 수 있다. 뿐만 아니라 『가례』에서 갖는 사당의 비중을 고려할 때, 조천은 『가례』를 중심으로 한 종법질서의 정착 여부를 판단할 수 있는 매우 중요한 의미를 갖는다. 특히 앞에서 살펴본 '입후立後'가 '종宗은 아래에서 바뀐다[宗易於下]'와 관계된 사안이라면, '조천祧遷'은 '조祖는 위에서 옮겨진다[祖遷於上]'와 관계된 사안으로서 서로 맞짝 개념이라는 점에서 더욱 그렇다.

그러나 가묘제家廟制가 아직 완전하게 자리를 잡지 못했던 16세기 조선에서는 입후 문제와 더불어 이 조천 문제 역시 기존의 관습과의 관계에서 습합과 착종의 변주 속에 복잡한 양상을 드러내고 있었다. 다음 고봉 기대승의 고민에 조천을 수용하는 과정에서 겪어야만 했던 당시의 난감함이 잘 드러나 있다.

> 오늘날 인가(人家)에서는 개제(改題)와 체천(遞遷)을 대부분 행하지 못하는데다 친진(親盡)한 조상을 최장(最長)의 방으로 옮기는 것은 더욱 행하지 못하고 있습니다. 이것이 비록 편안함만을 추구하고 인습만을 따르려는 세속의 폐단이기도 합니다만, 옮겨 모시는 의절 역시 행하기 어려운 사세가 있으니 세속의 잘못만은 아닙니다. 만일 『가례』의 체천에 관한 의식을 준용하되 오늘날의 법을 기준으로 한다면, 증손이었던 주사자(主祀者)가 죽고 그 자식이 봉사(奉祀)를 할 때 예전의 증조는 고조가 될 것이므로 법에 따라 마땅히 조거(祧去)를 해야 할 것입니다.[61] 그의 어머니가 비록 계시더라도 '최장(最長)'이라 할 수 없을 테니 마땅히 증손들 중

차장(次長)의 방으로 옮겨야 할 것입니다. 그러나 증손의 항렬에 있는 사람들이 모두 이미 죽고 죽은 주사자(主祀者)의 아내만 살아있다면, 조거한 신주는 마땅히 묻어야 하는 것입니까? 묻어야 한다면, 증손은 비록 죽었으나 그의 아내가 아직 살아있는데 증조의 신주를 묻는 것이니, 미안한 일인 듯합니다. 더구나 봉사자(奉祀者)의 할머니는 살아계시는데 다른 형제가 없다면, 할머니의 조(祖)의 신주도 묻어야 마땅한 것입니까? 이는 더욱 미안한 일입니다. 만일 어머니나 할머니가 살아 계시다는 이유로 최장(最長)에게 옮기는 예처럼 조천(祧遷)해야 할 신주를 별실에 옮겨 모신다면, 이는 '총부(冢婦)가 주제(主祭)'하는 셈이 되어 예의 본의와 맞지 않으니 행할 수 없을 듯합니다. 또한 혹시 '총부가 주제'하는 법에 근거하여 강행한다면 집안의 제사가 5대나 6대까지 미치는 경우가 생길 텐데, 이는 예(禮)의 측면에서나 속(俗)의 측면에서나 모두 문제가 될 것입니다.[62]

예학에 대해서도 상당한 조예를 갖고 퇴계와 답문을 주고받았던 고봉이었기에 조천을 시행해야 한다는 당위에 대해서는 이견이 없었다.

---

61 여기에서 '고조(高祖)를 조거(祧去)해야 한다'고 한 것은 당시 조선에서는 사대부에게 3대봉사만을 인정한 데 따른 것이다. 위에서 고봉이 '오늘날의 법'이라고 한 것은 바로 이를 지칭한 것이다.

62 『高峯全集』,「往復書」卷2 : "今世人家, 改題遞遷, 多不能行, 而親盡之祖遷于最長之房, 則尤不能行, 此雖世俗苟偷因循之弊, 而其遷奉一節亦有難行之勢, 非獨世俗之失也. 蓋若用『家禮』遞遷之儀, 而準以今世之法, 則曾孫主祀者死, 而其子奉祀, 前日之曾祖乃爲高祖, 法當祧去. 其母雖在, 不得爲最長, 當遷于曾孫中次長之房也. 然在曾行祀者或皆已死, 而妻獨在, 則其祧去之主當埋之否乎? 埋之, 則曾孫雖死, 而妻尚在, 埋其曾祖之主, 似爲未安. 且若奉祀者之祖母尚在, 而無他兄弟, 則當埋其祖之主乎? 此尤未安也. 若以母及祖母尚在, 遷奉其主于別室, 如遷于最長之禮, 則便是家婦主祭之說, 與禮之本意, 不相對值, 似不可行也. 且或因家婦主祭之法, 强而行之, 則一家之祭, 乃有及於五代六代者, 此恐於禮於俗交有所妨也."

다만 이를 현실에서 시행하는 데 몇 가지 '미안未安'한 부분들이 있어 곤혹스러웠던 것이다. 조천과 관련하여 고봉을 곤혹스럽게 했던 첫 번째 사안은 어머니나 할머니의 생존이 조천 여부를 결정하는 데 고려되어야 하는 것이 아닌가 하는 점이었다. 두 번째는 어머니나 할머니의 생존을 고려해 조천한 신주를 묻지 않고 별실에 모셔둔다면 이것이 이른바 '총부주제冢婦主祭'에 해당되어 부당한 것이 아닌가 하는 점이었고, 마지막은 '총부주제'에 따르게 되면 봉사의 대수가 5대 내지 6대까지도 올라갈 수 있을 것이라는 점이었다.

조천 문제와 관련한 고봉의 고민을 이렇게 세 가지로 정리했지만, 고봉의 고민은 조천을 결정하는 과정에 어머니나 할머니의 생존을 고려해야 하는 것이 아닌가 하는 첫 번째가 핵심이다. 두 번째와 세 번째는 모두 총부주제와 관련된 것으로, 이에 관해서는 고봉도 적극 반대하는 견해를 피력한 바 있다.[63] 따라서 고봉은, 봉사자에게는 고조高祖라 해도 어머니에게는 증조曾祖이고 할머니에게는 조祖인데 이를 무시한 채 신주를 묻어버리는 것이 못내 미안했지만, 이 미안함을 해소하고자 어머니와 할머니를 고려하는 것은 총부주제에 해당하므로, 이럴 수도 저럴 수도 없었던 것이다. 이러한 인식은 고봉 뿐만 아니라 당시 사대부가에 매우 광범위하게 공유되고 있었다.

지난 겨울과 봄 사이에 유생 몇이 찾아와 우연히 조천(祧遷) 등의 사안에 대해 언급하였는데, 그들이 의문을 갖는 바도 그대의 편지와 같았다.

---

63 『高峯全集』, 「往復書」 卷2: "冢婦主祭, 斷然不可."

그들은 또 말하기를 "요즘 도성 안 사대부가에서는 대부분 '어머니가 계시면 조천하지 않는다[母在不祧遷]'는 설을 채용하여, 어머니가 계신 사람은 아버지 상이 끝나면 (아버지의)신주를 별처에 모셨다가 나중에 어머니가 돌아가시면 함께 입묘(入廟)하고 비로소 조천하는 예를 행한다. 조모와 증조모도 모두 그렇게 한다"고 하였다. 인정상 이 대목에서 모두 편치 않은 것이 있고 그 뜻 또한 매우 후하다는 것은 알지만, 예문(禮文)을 상고해보았을 때 예의 바름을 얻지 못한 것이다.[64]

퇴계의 증언에 따르면, 사당에서 조천 여부를 결정하는 과정에 어머니와 할머니를 고려해야 한다는 인식은 당시 도성의 사대부가에서는 상당히 일반적이었던 것으로 보인다.[65] 그리고 이러한 인식은 사당에 모셔져 있는 신주를 조천하지 않는 것은 물론, 돌아가신 아버지의 신주를 사당에 모셔 들이는[入廟] 과정에서조차 어머니를 고려하는 것으로 연동되어 나타나고 있었다. 이러한 현상들은 확실히 종법과 가묘제에 대한 이해가 아직 사회적으로 정립되지 못하고 있음을 보여준다. 당시의 이러한 관행들을 지양하고 새로운 종법질서를 정립시키고자 했던 퇴계로서는 이 문제 역시 그 근저에는 정감[情]과 의리[義]가 대립하는 것으로 이해하였다. 하지만 당시의 이러한 인식은 사실, '총부권[冢婦權]'으

---

64 『退溪全書』卷17,「答奇明彦○乙丑」: "冬春間, 有一二儒生來訪, 偶言及祧遷等事, 其所疑正與來喻同. 且云, '今日都中士大夫家, 率用'母在不祧遷'之說, 凡母在者, 父喪畢, 藏其主於別處, 以待他日與妣同入廟, 始行祧遷之禮, 祖母曾祖母皆然云.' 可知人情於此皆有所不安者, 意亦甚厚, 然詳考禮文, 竊恐未爲得禮之正也."

65 이러한 정황은 다음 서애(西厓) 류성룡(柳成龍)의 언급 속에서도 확인된다. 『西厓集』卷11,「答琴夾之應夾○乙酉」: "今俗家婦在, 則亦有仍主祭祀之家, 雖非禮法之正, 亦或有之."

로 대표되는 오랜 전통적 인습이 아직은 낯선 가묘제에 습합되어 나타난 결과로 이해할 수 있다.

16세기 조선에서는 이른바 '총부권' 또는 '총부법家婦法'에 대한 열띤 논쟁이 있었다. 종법질서 내에서 종자에게 특별한 권한들이 부여되듯 그의 아내인 총부家婦에 대해서도 다른 며느리들과 구분되는 특별한 권한이 부여되었던 것이 사실이다.[66] 하지만 당시 조선에서 논쟁했던 이른바 '총부권'은 이와는 별개의 것이었다. '총부권'은 적장자인 종자의 죽음을 전제로 논의되는 총부의 권한을 지칭하는 개념으로, 크게 봉사奉祀와 입후立後를 둘러싼 문제에서 '총부의 권한'을 가리킨다.[67] 한편, '총부법'은 성문법으로 존재하는 것은 아니었지만, 봉사나 입후 문제가 제기되었을 때 나라가 총부의 권한을 적극 참작하여 판결했던 관습법을 가리킨다.[68]

일반적으로 봉사권奉祀權은 가산상속권家産相續權과 직결되어 있는데,[69]

---

66 종법에서는 종자에게 크게 여섯 가지의 특권을 부여한다. ① 종자(宗子)만이 제사를 지낼 권한이 있으며, 지자(支子)가 제사드릴 일이 있으면 반드시 종자에게 고한다. ② 지자는 벼슬이나 지위가 높더라도 제사를 드릴 때는 종자의 이름을 빌려야 한다. ③ 종자는 나이가 70이 되었더라도 반드시 주부(主婦)를 두어야 하며, 지자는 그렇지 않다. ④ 중자(衆子)와 서자(庶子)들은 종자와 종부를 공경해야 하며, 종가에 대해 부귀를 내세울 수 없다. ⑤ 좋은 물건이 있으면 종자에게 먼저 바친다. ⑥ 종자는 동종(同宗)의 족인들을 거두고 통제한다.(이에 관한 자세한 내용은, 이영춘, 1994, 27~28쪽 참조) 총부(家婦)는 종자의 아내, 즉 종부와 같은 개념으로, 종자에게 이러한 특권이 주어지듯 총부(종부) 역시 여타의 며느리들[介婦]과 다른 대우를 받았다. 우선 총부만이 시어머니[姑]와 직접 마주할 수 있었으며, 개부(介婦)들은 총부의 지휘를 받아야 했다. 뿐만 아니라 개부들은 감히 총부와 나란히 길을 가거나[并行], 아랫사람에게 나란히 명하거나[并命], 나란히 앉을[并坐] 수 없었다. 따라서 총부에게는 시부모가 대공복(大功服)을 입도록 되어 있다.(이에 관한 자세한 내용은, 이순구, 1996, 255~256쪽 참조)

67 총부권(家婦權)이 봉사권(奉祀權)이나 입후권(立後權)과 관련이 되어 있다는 것과 관련한 자세한 내용은 이순구, 1996 참조.

68 『明宗實錄』卷17, 9年(1554) 9月 27日 : "今此家婦之法, 不害於義, 則從俗似當."; 『退溪全書』卷13, 「答宋寡尤言愼○庚午」: "國法決訟, 率用家婦奉祀法."

17세기 중엽까지도 우리나라에서는 조상 전래의 재산에 대해 모계의 재산과 부계의 재산을 구분해 분재기分財記에 명시하였다.[70] 이러한 현실은 가산상속과 밀접한 관계가 있는 봉사의 주체를 결정하는 과정에 총부의 발언권이 일정부분 인정되었을 것임을 추측케 한다.[71] 더구나 제사에 관한 인식이 종통宗統의 계승보다는 사후死後의 봉양에 더 큰 의미를 부여하고 있었음을 감안하면,[72] 총부가 봉사의 주체가 된다 해도 크게 문제될 것이 없다는 인식은 자연스러운 것이었다. 여기에 데릴사위제의 유풍에 따라 자식들이 외가에서 생장한 각별한 은정까지 더해지게 되면 가정 내에서의 어머니의 위상과 권한은 대단히 큰 비중을 차지했을 것으로 판단된다. 이러한 당시의 사회상을 고려할 때, '도성 안 사대부들'은 물론이고 총부주제에 대한 부정적 입장을 견지했던 고봉조차 조천을 결정하는 과정에 어머니나 할머니가 생존해 계시다면 당연히 이를 고려해야 하는 것이 아닌가라고 고민했던 것은 어쩌면 자연스러운 것일 수 있다.

---

69 『經國大典』卷2,「戶典」'田宅'條: "立廟家舍, 傳於主祭子孫."; 卷5,「刑典」'私賤'條: "父母奴婢, 承重子加五分之一."

70 崔在錫, 1985, 174쪽. 분재기(分財記)의 재산에 관한 언급은 아니지만, 퇴계 역시 자신의 집안에 전해지는 서적들이 전모가(前母家)로부터 전래된 것임을 밝히고 있다. 『退溪全書』卷49,「先府君行狀草記」: "先府君先娶聞韶金氏禮曹正郎漢哲之女, 正郎家蓄書籍甚富, 而正郎早世, 恭人南氏常恨諸子不文, 而喜先君之嗜學也, 謂先君曰, '吾聞書籍公器, 必歸儒者之家, 吾諸兒不足以有此實物.' 遂盡以書籍付先君."

71 관련 연구에 따르면, 1630년대까지는 남편 쪽 친족의 동의만을 얻고 입양한 사례는 하나도 없고, 거의 전부 남편 쪽 친족과 아내 쪽 친족 모두의 동의를 얻어 입양하였으나, 1650년대부터 남편 쪽 동성친(同姓親)만의 동의를 얻어 입양하는 사례가 출현하였고 이러한 경향은 점차 증가하여 1690년대를 지나 1700년대에 와서는 그 비율이 74% 정도에 이르게 되었다고 한다.(崔在錫, 1985, 180쪽) 이는 16세기까지만 해도 후사가 없는 가정에서 입양을 할 때 아내 쪽 의견이 매우 비중 있게 반영되었음을 보여준다.

72 鄭肯植, 1996, 96~97쪽.

퇴계는 이 문제와 관련한 고봉의 고민을 접하고는, 이 모든 문제들의 원인이 '아내가 아직 살아있는데[妻尙在], 어머니가 아직 살아계시는데[母尙在], 할머니가 아직 살아계시는데[祖母尙在]'라는 인식을 개입시키는 데서 비롯된 것이라고 진단하면서[73] 다음과 같이 말한다.

> 성인(聖人)께서 '어머니가 살아계심에도 불구하고 대를 바꾸는 것'이 미안한 일인 줄 모르실 바 아님에도 이렇게 하신 까닭이 무엇인가? 아버지가 이미 돌아가셨으면 자식이 마땅히 주제(主祭)를 해야 하고, 자식이 이미 주제를 한다면 자식의 아내가 주부가 되어 전헌(奠獻)을 행하며, 어머니는 (며느리에게) 전중(傳重)하고 전헌하지 않는다. 그러므로 "시아버지가 돌아가셨다면 시어머니는 늙으셨으니 제사에 참여하지 않으며, 참여한다면 주부의 앞에 자리한다"고 한 것이다.[74] [「내칙」 주에 "'늙으셨다'는 말은 가사를 맏며느리에게 전해주었다는 말"이라고 했다.] 이 점은 "총부가 주제하지 않는다"는 설과 당연히 하나의 의미로 관통되어야 한다. 대개 지아비란 지어미의 하늘이라서 지아비가 생존해 있다면 지어미가 비록 사망했더라도 대를 바꾸지 않지만, 지아비가 사망했다면 지어미가 비록 생존해 있더라도 대를 바꾸는 논의를 하게 된다. 이것이야말로 천지의 불변하는 원칙이고[常經] 존비의 커다란 의리[大義]이다. 성인이 예를 제정하

---

73 『退溪全書』卷17,「答奇明彦○乙丑」: "所論祧遷之禮有難行者, 曲折甚悉, 兼及德門先世祧遷有疑礙之故, 皆推說到極處, 不勝歎尙. 然所謂將有五代六代之祭者, 非獨德門爲然, 滉衰門亦正有此事而更甚焉. 嘗因是思之, 其大要皆由於妻尙在, 母尙在, 祖母尙在之說, 而生出此許多違礙也."

74 『家禮』卷7,「祭禮」 '四時祭'條: "前期三日, 齊戒."【附註】司馬溫公曰, "主婦, 主人之妻也. 禮, '舅沒則姑老', 不與於祭. 主人主婦, 必使長男長婦爲之, 若或自欲與祭, 則特位於主婦之前."

심에 의(義)로써 재단하셨으니 효자의 정은 이 원칙에 의해 조정되지 않을 수 없다.[75]

조천을 둘러싸고 제기되었던 다양한 문제들의 근원에는 결국 어머니를 아버지와 비등한 위상에서 바라보았던 사회적 인습이 있었다.[76] 그러나 이러한 사회적 인습은, 당시 조선이 지향했고 이후 조선사회에 뿌리 내린, 종법질서와는 양립할 수 없는 것이었다. 왜냐하면 종법질서에서의 아버지와 어머니는 분명하게 그 존비가 규정되어 있기 때문이다. 하지만 그것은 아버지와 어머니의 은혜에 차등이 있음을 규정하려는 것이 아니고, 종법이라는 질서체계의 논리를 일관성 있게 정립하기 위한 부득이한 조처일 뿐이다.[77] 위의 인용문에서 퇴계가 '어머니가 살아 계심에도 불구하고 대를 바꾸는 것'이 미안한 일임을 성인이 모르지 않았을 텐데도 이렇게 예법을 제정한 이유를 헤아려볼 필요가 있다고 언급한 것은 바로 이 때문이다.

종법질서에서의 유일한 기준은 남자이다. '지아비는 지어미의 하늘'

---

75 『退溪全書』卷17, 「答奇明彦○乙丑」: "聖人非不知母在而遞代爲未安, 其所以如此者, 何也? 父旣死, 則子當主祭. 子旣主祭, 子之妻爲主婦, 行奠獻, 母則傳重而不奠獻. 故曰, '舅沒則姑老, 不與於祭, 與則在主婦之前.'[「內則」註, '老謂傳家事於長婦也.'] 此與冢婦不主祭之說, 當通爲一義矣. 蓋夫者, 婦之天, 夫存則婦雖亡, 而不易代. 夫亡則婦雖存, 而以易代論. 斯固天地之常經, 尊卑之大義. 聖人之制禮, 以義裁之, 而孝子之情, 不得不爲所奪焉故也."

76 이러한 사회적 인습을 보여주는 사례로는 위에서 살펴본 '총부주제'와 관련한 것 이외에도, 부모의 제사를 함께 지내려고[幷祭] 한다든가, 아버지가 살아계신 상황에서 어머지의 상복을 입을 때[父在爲母] 강복(降服)을 거부하려고 하는 것과 같은 사례에서도 확인할 수 있다.

77 『退溪全書』卷28, 「答金伯榮富仁可行富信惇敍問目喪禮○乙卯」: "竊意人子於父母, 情非有間, 而聖人制禮, 則多爲父厭降於母者, 家無二尊之義最重, 故謹之也."

이라는 말이 이를 상징적으로 대변하고 있다. 따라서 대를 바꾸는 데 있어서의 절대 기준 역시 남자이다. 지아비가 살아 있으면 지어미가 죽었더라도 대가 바뀌지 않지만, 지아비가 죽으면 지어미가 살아 있다 하더라도 대는 바뀐다. 이것이 바로 '천지의 불변하는 원칙[常經]'이요 '존비의 커다란 의리[大義]'라고 퇴계는 말한다.

『주역』에서 "천존지비天尊地卑"를 천명한 이래 천·지와 음·양과 남·녀는 동일한 질서원리로 간주된다.[78] 성인이 남자를 중심으로 인간사회의 질서를 제정한 것은 우주자연의 이러한 질서원리를 구현한 것이라고 퇴계는 믿었던 것이다. 인간이 우주자연의 질서를 벗어나 존재할 수 없다면, 인간사회의 질서 또한 우주자연의 질서원리에 부합한 것이어야 한다. 그런 의미에서 예는 천리天理의 절문節文이다. 퇴계는 성인이 의리의 차원에서 이러한 예를 제정한 이상, 개인적 정감으로 이러한 질서를 거스르려 해서는 안 된다고 보았다. 퇴계의 이러한 생각은, 그 자체의 옳고 그름과는 별개로, 이후 조선사회의 진행방향에 비추어 보았을 때 선도적인 것이었음이 분명하다. 특히 두꺼운 인습의 장막을 뚫고 우주자연의 질서원리를 간취하여 자신이 살고 있는 사회에 구현하고자 했던 퇴계의 신념은 고봉과 같은 신진후학들조차 아직 전래의 인습으로부터 자유로울 수 없었음에 견주어 볼 때 더욱 주목된다.

이러한 이유들로 인해 퇴계는 종법질서를 바로 세우는 데 있어서는 예禮와 의義에 입각하여 단호한 조치를 취하는 것이 필요하다고 보았다.[79] 같은 이유로 아버지가 살아계시면 돌아가신 어머니에 대해 강복

---

78 『周易』「繫辭上傳」: "天尊地卑, 乾坤定矣. (…중략…)乾道成男, 坤道成女."
79 『退溪全書』卷17, 「答奇明彦○乙丑」: "亦不論母之在否, 而直如此斷置, 豈非所謂無可

할 것을 강하게 주문하기도 했다. 심지어 남편이 제사를 지낼 때에는 조비祖妣의 감실에 부묘되어 있는 아내의 신주를 잠깐 다른 곳으로 옮겨놓자는 제안까지 했다. 왜냐하면 남편이 절을 하는데 아내가 조비의 곁에서 절을 받는 것은 미안하다고 보았기 때문이다.[80] 이는 퇴계가 스스로 '천지의 불변하는 원칙'이요 '존비의 커다란 의리'라고 믿고 있던 신념을 현실에 구현하기 위해 예문에 없는 부분까지 의리적으로 해석하여 적용하고 있음을 보여주는 실례이다.

하지만 퇴계는 이렇게 할 수밖에 없는 데 대해 '어쩔 수 없어서 그런 것 뿐'이라고 말한다.[81] 실제로 퇴계는 살아계신 아버지로 인해 어머니에 대한 강복을 주장하면서도, 고례에는 없는 후왕後王의 예제임에도 불구하고 심상心喪을 통해 감쇄된 만큼의 기간을 확보함으로써 의리에 입각한 제재[義裁] 속에서도 인애仁愛를 펼 수 있는 여지를 꾀했다.[82] 또한 죽은 아내를 위해 제주題主를 할 때나 축문祝文을 쓸 때, '이 세상에 없는 아내'[亡室]로 하라는 주자의 언급이 있었음에도 퇴계는 이 표현이 박절하다며 '고인이 된 아내'[故室]로 하는 것이 좋겠다고 했다.[83] 뿐만

如何而然者耶? (…중략…)恐不得不限於禮而奪於義."

80 『退溪全書』卷32,「答禹景善/別紙」: "如設酒果等時, 夫拜跪庭下, 而妻祔祖妣龕, 有所未安, 權藏別室."

81 『退溪全書』卷17,「答奇明彦○乙丑」: "豈非所謂無可如何而然者耶?"

82 『退溪全書』卷29,「與金而精○乙丑」: "且禮, 但有爲師心喪無服之說, 別無爲母心喪某服之制. 又禮曰, '父在爲母, 何以期也? 至尊在, 不敢伸其私尊也.' 由是言之, 爲母申心喪三年, 恐後王之制, 『家禮』著之而垂世敎耳. 『儀禮』, '父必三年而娶, 達子之志也.' 唐賈公彦疏, 有心喪三年之說, 則恐周時已有其禮, 但禮經無文, 故又疑其出於後王之制耳. 今人旣遵『家禮』之敎而爲心喪, 當用『家禮』之禫服, 以循世俗之成例, 就義裁之中, 而申仁愛之情, 用意宛轉, 無有不盡之憾矣."

83 『鶴峯集』卷5,「退溪先生言行錄」: 問, "妻亡無子, 且無繼後, 則其神主祝文題辭, 當如何?" 先生曰, "主則當書曰'故室某封某氏云云'. 朱門人嘗問此條, 朱先生曰, '當以亡室書之, 云云', 某意亡字似迫切, 非不忍致死之意, 以故字書之, 恐無妨."

아니라 부부 사이에 애정이 없다는 이유로 아내를 소박하려 한 제자에게는 부부의 도리를 원만하게 이끌어가야 할 책임이 대부분 남편에게 있음을 주지시키면서 다음과 같이 말했다.

가만히 세상을 살펴보면 이런 우환이 있는 이가 적지 않다. 지어미가 성품이 악하여 변화되기 어려워서 그렇게 되는 경우도 있고, 얼굴이 못생겼거나 지혜롭지 못해서, 지아비가 광포하고 방종하여, 좋아하고 싫어함이 상도에 벗어나서 그렇게 되는 경우 등 이루다 거론할 수 없을 만큼 많은 변수들이 있다. 하지만 대의로써 말한다면, 그 가운데 성질이 악하여 변화되기 어려워 실질적으로 스스로 소박을 자초한 경우를 제외한 나머지는 모두 지아비에게 달려 있다. 지아비가 자신을 반성하여 후하게 대하고 더욱 노력하어 잘 처우함으로써 부부의 도를 잃지 않게 한다면, 대륜(大倫)이 무너지지 않을 것이고 그 자신도 소박하지 않을 수 없는 지경에 빠지지 않을 것이다. 이른바 '성품이 악하여 변화되기 어려운 것'도, 만일 대단한 패역으로 명교(名敎)에 죄를 얻는 경우가 아니라면, 마땅히 적절히 잘 대처할 일이며 부부의 연을 끊는 상황[離絶]에 이르도록 해서는 안 될 것이다. 옛날에 지어미를 내칠 때에는 그래도 달리 갈 수 있는 길이 있었으므로 '칠거(七去)'에 쉽게 처할 수 있었다. 하지만 오늘날 부인들은 대체로 한 남자만 따르다가 일생을 마치게 되어 있다. 그런데 어떻게 정의(情義)가 맞지 않다는 이유로 남남 대하듯 하고, 원수 보듯 하며, 한 몸이어야 할 반쪽에게 반목을 하고, 한 이불 속이 천리보다도 격리되게 하여 가도(家道)가 일어날 수 없게 하고 만복의 근원이 끊어지도록 한단 말인가?[84]

퇴계가 비록 종법질서를 확립하는 차원에서는 부부의 관계를 천존지비의 질서관념에 의준하여 규정하였으나, 현실의 부부관계에 있어서는 남편의 책임과 의무가 훨씬 엄중하다는 점을 강조하였다. 즉, 아내가 패역무도한 사람만 아니라면, 남편은 부부의 도를 원만하게 개선하고 유지해 가야 할 책임과 의무를 회피해서는 안 된다는 것이다. 특히 일부종사一夫從事를 해야 했던 당시의 현실을 감안하여, 이른바 '칠거지악七去之惡'이라는 죄명을 아내에게 함부로 가하는 것은 옳지 않다는 점을 분명히 하고 있다. 남편으로서의 이러한 책임과 의무를 자각하고 실천하는 것 또한 '대의大義'라는 것이 퇴계의 생각이었다. 그러므로 퇴계는 그 제자에게 '반복해 깊이 생각하여 고쳐나가야 할 것'을 주문하는 한편, 그렇지 못하다면 '학문은 왜 하는 것이며, 또 다른 실천들은 어떻게 가능하겠는가?'라고 질책한다.[85]

퇴계의 이러한 입장은 '총부주제'와 관련해서도 확인할 수 있다. 퇴계는 주인인 종자가 죽었는데 총부가 살아있다는 이유로 신주를 조천하지 않는다거나, 더 이상 지내지 말아야 할 제사를 계속 지내는 것에 대해서는 '고례에는 없는 것'이라는 말로 단호히 반대한다.[86] 또한 총

---

84 『退溪全書』卷37,「與李平叔」: "竊觀世上, 有此患者不少. 有其婦性惡難化者, 有嫫醜不慧者, 有其夫狂縱無行者, 有好乖常者, 其變多端, 不可勝擧. 然以大義言之, 其中除性惡難化者, 實自取見疎之罪外, 其餘皆在夫, 反躬自厚, 黽勉善處, 以不失夫婦之道, 則大倫不至於斁毁, 而身不陷於無所不薄之地. 其所謂性惡難化者, 若非大段悖逆, 得罪名敎者, 亦當隨宜處之, 不使遽至於離絶, 可也. 蓋古之去婦, 猶有他適之路, 故七去可以易處, 今之婦人, 率皆從一而終, 何可以情義不適之故, 而待若路人, 或視如讐仇, 胖體歸於反目, 衽席隔於千里, 使家道無造端之處, 萬福絶毓慶之原乎?"

85 『退溪全書』卷37,「與李平叔」: "公宜反覆深思, 而有所懲改焉. 於此終無改圖, 何以爲學問, 何可爲踐履耶?"

86 『退溪全書』卷17,「答奇明彦○乙丑」: "其以妻在母在祖母在, 而不行祧遷, 其可乎, 其不可乎?"; 卷39,「答鄭道可問目」: (問)"今人姑老在堂, 則當廢之祭亦不敢廢, 曰, '冢婦

부가 봉사奉祀를 하게 되면 마땅히 계승해야 할 사람이 전해 받을 수 없게 되고, 그렇게 되면 제사가 주인 없는 제사가 되고 말아서 결국 모든 일들이 난처하게 될 것이므로 시행해서는 안 될 것이라며, 이 역시 단호하게 반대한다.[87] 퇴계가 이렇게 총부의 봉사권 혹은 주제권에 대해 반대한 이유는 당연히 그것이 종법질서에 반하는 결과를 초래하기 때문이었다. 따라서 퇴계가 이러한 관행을 시정해야 한다고 보았을 것임은 당연하다. 하지만 퇴계는 당시 대사헌으로 있던 창주滄洲 윤춘년尹春年(1514~1567)이 '총부봉사법冢婦奉祀法'을 뜯어고치려고 할 때 다음과 같이 조언한 바 있다.

> 이 법은 틀림없이 고쳐야 합니다. 다만, 각박한 시속이 의리가 없어서 장자의 죽은 육신이 아직 식지도 않았는데 총부를 내쫓아서 돌아갈 곳이 없게 된 경우가 간혹 있으니 마땅히 어찌해야 하겠습니까? 그러므로 지금 이 법을 고치려 한다면 반드시 '총부에게 돌아갈 곳이 있게 하는 법'도 함께 세운 뒤에나 가할 것입니다.[88]

위에서도 잠깐 언급했듯이, '총부권'은 적장자인 종자의 죽음을 전제로 봉사와 입후에 관한 총부의 권한을 지칭한다. 특히 그것은 재산상속과 관련이 있었으므로 형망제급에 따른 차자의 권한과 충돌을 일으킬

在是', 何如?" (答)"古無此禮."

87 『退溪全書』卷13, 「答宋寡尤言愼○庚午」: "冢婦奉祀, 當代者不得受, 則祭無主人, 事事皆難處, 所不可行也."

88 『退溪全書』卷13, 「答宋寡尤言愼○庚午」: "國法決訟, 率用冢婦奉祀法. 中間, 尹彦久爲大憲, 欲改其法, 況謂尹曰, '此法固可改. 但薄俗無義, 長子死肉未寒, 或驅逐冢婦, 無所於歸者有之, 當如之何? 故今若欲改此法, 必并立令冢婦有所歸之法, 然後乃可.'"

수밖에 없었고,[89] 또한 종법질서에 대한 관심과 이해가 증진될수록 점차 총부의 권한은 제한될 수밖에 없었다.[90] 당시에는 차자승중次子承重이라는『경국대전』의 성문법을 근거로 관습법에 불과한 총부의 권한을 제한하려는 주장과[91] 과부에게 가혹했던 현실을 감안할 때 총부의 봉사권을 용인하는 것은 곧 삶을 보장하는 아름다운 전통이라며 이를 존속할 것을 주장하는 견해가 맞서고 있었다.[92] 퇴계의 견해는 이 두 주장을 모두 지양하고 있다. 즉, 퇴계는 이른바 '총부권'이 종법질서와 양립할 수 없다는 점에서 원칙적으로 개혁의 대상이라는 데 동의한다. 하지만 그럴 경우 총부의 삶이 위협을 받기 때문에 이를 보장해 줄 보완입법이 필요하다고 보았던 것이다.

퇴계와 고봉 모두 총부법에 대해 반대한다는 점에서는 같았지만, 총부주제의 불가함에만 주목하였을 뿐 더 이상의 논의로 나아가지 못했던 고봉과[93] 보완입법의 필요성까지 고민했던 퇴계는 고민의 깊이와 그 진정성에 있어서 비교가 된다. 퇴계로부터 보완입법의 필요성을 들은 고봉은 '족인族人들 중 전중자傳重者가 봉사에 관한 모든 권한을 갖게 하고,

---

89 鄭肯植, 1996, 125쪽.
90 鄭肯植, 1996, 156~157쪽.
91 『明宗實錄』卷12, 6年(1551) 8月 1日 : 領議政李芑議, "長子無後身死, 則次子承襲主祀, 考諸禮文則甚合. (…중략…)但本國習俗, 溺於冢婦主祭之説, 自先朝, 議論不一, 未有定議. (…중략…)『大典』之法, 據律文以定, 宜遵守勿失也."
92 『明宗實錄』卷17, 9年(1554) 9月 27日 : "大抵我國之法, 待寡婦可謂嚴且密矣. 聖人立出母嫁母之制, 故先賢之母亦有再適於人者, 而我國則立再嫁之禁, 故守一終身, 雖年未二十, 饑寒切身, 不敢改志. 天下之無告而可憐者, 孰有過於寡婦者乎? 夫亡旣不幸, 無子又不幸, 所可小慰者, 祇有奉祀家舍, 以庇其身, 奉祀田民, 以活其命, 而今者又爲廢黜之法, 而窮戝之路, 有餓莩, 行者尙爲之動心. 況使其弟其姪, 偃然入室而迫黜之乎?"
93 『高峯全集』, 「往復書」卷2 : "冢婦主祭, 斷然不可. 今世之法, 雖爲寡婦免遭迫逐之患, 而大本已差, 更論甚禮."

총부는 그 집에서 생을 마칠 수 있도록 하자'는 안을 제시한다.[94] 하지만 이 안은 지극히 원론적인 것으로 보완법이라고 하기에는 부족한 감이 있다. 왜냐하면 총부로부터 봉사권을 양보 받는 대신 그 삶을 어떻게 보장할 것인가라는 문제에 대해, 이해당사자인 이른바 전중자가 총부를 내쫓지 않을 좋은 사람이어야 한다는 것을 전제로 하고 있기 때문이다.[95] 고봉의 안에 대해 퇴계는 보다 다양한 상황들을 염두에 두면서 세부적인 차원에서의 보완이 필요하다는 점을 다음과 같이 지적한다.

다만 염려되는 것은 세대가 내려옴에 따라 시속이 야박해져서 사람들 중에 오랑캐 같은 자가 많다는 점이다. 또 전중(傳重)하는 일이 모두 숙질(叔姪) 등 지친의 사이에서 있을 수만은 없고, 시(緦)나 소공(小功) 심지어 무복(無服)의 친척들 중에서도 있을 수 있다. 이런 상황에서도 이 법을 적용한다는 것은 필시 서로 용납하기 어려운 형세가 있을 것이다. 이런 문제를 해결하고자 한다면 다시 또 하나의 법을 세워, 용납하지 않거나 부양하지 않는 죄를 엄히 물어 규독한다면 아마 괜찮을 것이다.[96]

총부를 부양하라는 원론적 수준에서가 아니라, 부양하지 않으면 엄히

---

94 『高峯全集』, 「往復書」 卷2 : "若欲爲家婦立一法令得所, 則不知如何爲法可合禮意? 鄙意竊以爲奉祀者無後而死, 其族人當傳受者卽宜傳重, 而其寡婦仍留其家, 以終其生. 凡干祭祀之事, 皆付傳重者, 使之出入奉行, 則似於禮文之本, 時俗之宜, 兩不相妨, 此意未知何如? 伏幸鐫誨."

95 그렇기 때문에 퇴계는 이에 대해 다음과 같이 원론적 차원에서만 동의한다. 『退溪全書』 卷17, 「答奇明彦○乙丑」 : "爲家婦立法, 令其得所, 如所示, 乃出於義理之正. 使傳受者而吉人也, 固至善可行之法也."

96 『退溪全書』 卷17, 「答奇明彦○乙丑」 : 第念世降俗偷, 人率多如蠻如彝者. 又傳重之事, 不能皆在於叔姪至親之間, 或在於緦小功, 甚至無服之親. 如此而用此法, 勢必有難相容者. 如欲捄此, 請復爲之立一法, 嚴其不容不養之罪, 以糾督之, 其亦庶乎其可也乎!

죄를 물을 수 있는 법적 근거를 마련해야 한다는 구체적인 부분까지 고민했다는 점에서, 나아가 이 부분이 해결되고서만 총부법에 대해 비로소 손을 댈 수 있다고 주장한다는 점에서, 퇴계의 진정성을 읽을 수 있다.

그런데 이와 관련하여 한 가지 더 주목해야 할 점이 있다. 그것은 앞에서 논의했던 입후에 대한 주장이 총부의 여생을 보장하는 가장 바람직한 대안으로 퇴계에게 인식되었다는 사실이다. 후사가 없는 장자를 위해 입후를 하고, 이렇게 정리된 상태로 총부에게 봉사권을 넘기는 것이다.[97] 그렇게 되면 종법의 측면에서나 현실적 측면에서나 문제될 것이 없게 된다. 입후는 그 자체로 종법질서를 정립하는 데 중요한 사안이지만, 이를 통해 총부권을 제한하면서도 총부의 삶을 보장하는 훌륭한 대안이 될 수 있다는 것이다. 나아가 총부권을 제한하게 되면 체천의 문제 역시 해소될 수 있는 것은 물론이다. 예란 의리적 차원에서 유기적으로 조화한다는 사실을 퇴계는 종법관을 통해 이렇게 확신하였고 또 증명해 보였다.

2. 왕실 종법에 관한 의리적 관점

1) 덕흥군추숭 논쟁에 나타난 '일본一本' 의식

앞에서는 『가례』를 중심으로 한 사대부가의 종법질서에 관한 퇴계의 생각을 살펴보았다. 특히 '입후立後'와 '체천遞遷'에 관한 문제를 중심으

---

97 『退溪全書』卷17, 「答奇明彦○乙丑」: 父母生存, 長子無後而死, 爲長子立後, 而傳之長婦, 此正當道理也. 若不立後, 而謾付之長婦, 則是使冢婦主祭.

로 검토하면서, 퇴계가 정감[情]보다는 의리[義]를 중시하는 차원에서 종법에 관한 자신의 견해를 피력하고 있음을 확인할 수 있었다. 이제 여기에서는 퇴계의 종법관과 관련하여 왕실의 종법질서에 관한 그의 견해에 대해 검토할 필요가 있다. 왕실의 종법질서는 사대부가의 그것과는 또 다른 차원에서 특수한 위상과 의미를 갖는다. 즉, 사대부가의 종법질서가 가통家統을 중심으로 하는 데 비해 왕실의 종법질서는 왕통王統 또는 국통國統을 중심으로 한다. 이때 국통과 가통의 차이는 단순히 방국邦國과 가문家門이라는 규모의 차이를 넘어, 공公과 사私라는 본질적인 차이를 갖는다. 따라서 왕실의 종법질서는 왕실 내부의 문제에 국한되지 않고 방국 전체의 문제로 받아들여진다. 이러한 이유로 퇴계 종법관의 전모를 확인하기 위해서는 사대부가의 종법질서와는 별도로 왕실의 종법질서에 관한 그의 관점과 이해를 검토할 필요가 있다. 다만, 효과적인 검토를 진행하기 위해 앞에서와 같은 방식으로 논의의 폭을 좁힐 필요가 있다. 따라서 우선 선조宣祖의 입승대통入承大統과 그 과정에서 빚어진 덕흥군德興君 추숭에 관한 문제를 먼저 살펴보고, 다음으로 인종仁宗과 명종明宗의 문소전文昭殿 부묘에 관한 문제를 살펴보기로 한다.

1567년 6월 28일 경복궁景福宮 양심당養心堂에서 명종이 흥薨했다.[98] 하지만 명종의 세자였던 순회세자順懷世子(1551~1563)는 그보다 앞선 1563년에 이미 세상을 떠났고,[99] 다른 사자嗣子는 없었다. 그래서 그날 즉시 전부터 후사로 점지해두었던 중종中宗의 서자인 덕흥군德興君 이초李岧(1530~1559)[100]의 셋째 아들 하성군河城君 이균李鈞(1552~1608)[101]을 맞

---

98 『明宗實錄』 卷34, 22年(1567) 6月 28日 : "丑時, 上薨于景福宮養心堂."
99 『明宗實錄』 卷29, 18年(1563) 9月 20日 : "王世子卒. 名暊, 字重明."

아 오도록 하였다.[102] 그러나 하성군은 이보다 한 달쯤 앞선 5월 18일에 본생모本生母 하동정씨河東鄭氏의 상을 당해[103] 아직 발인도 하지 않은 상황이었으므로 처음에는 이를 고사하다가 마침내 사군嗣君으로서 입궁을 하였다.[104] 그리고 동년 7월 3일 근정전勤政殿에서 즉위를 하게 되었는데, 그가 바로 조선의 제14대 임금 선조宣祖이다.[105]

한편 퇴계는 명종明宗 생전에 여러 차례의 부름이 있었으나 이에 응하지 않다가,[106] 마침 명나라 황제 세종世宗이 서거하고 목종穆宗이 새로운 황제로 등극한 일과 관련하여 방문하는 조사詔使를 응대할 제술관製述官으로 부르자,[107] 마침내 1567년 6월 13일 상경 길에 올라 25일 도성에

---

100 덕흥군(德興君) 이초(李岹)는 중종의 일곱 번째 서자로 어머니는 창빈안씨(昌嬪安氏, 1499~1549)이다. 부인은 학역재(學易齋) 정인지(鄭麟趾, 1396~1478)의 증손녀이며 정세호(鄭世虎, 1486~1549)의 딸인 하동정씨(河東鄭氏, 1522~1567)이다.(지두환, 2002, 170쪽 참조)

101 하성군(河城君)의 초명은 균(鈞)이고, 사자(嗣子)로 확정된 다음 순회세자(順懷世子)의 이름 부(暊)에 준하여 연(昖)으로 개명하였다.(『明宗實錄』卷34, 22年(1567) 6月 28日 : ○ 浚慶等啓曰, "嗣子旣爲大行大王之子, 宜遵順懷世子之名, 從日改名矣." 仍以 曠·昖·晫三字入啓. 傳曰, "昖字似當.")

102 『明宗實錄』卷34, 22年(1567) 6月 28日 : ○ 中殿傳于政院曰, "奉迎事, 如啓."

103 지두환, 2002, 178쪽.

104 『明宗實錄』卷34, 22年(1567) 6月 28日 : 承旨等招鄭昌瑞謂之曰, "以承命奉迎之意達之." 俄而昌瑞出曰, "嗣君方在殯側,[德興君夫人鄭氏六月卒, 時未發引, 故云殯側.] 不御網巾, 不知何以爲也."[哀人不着網巾者, 以其色皀而嫌其整髮也. 嗣君之不御, 豈特爲此而已乎? 此乃固讓之一端也.] 承旨等謂曰, "旣有內命, 不可如此固拒也. 將此意用達可也." 昌瑞還入. 辰時, 嗣君以白團領烏紗帽黑角帶白靴子, 步出于翼廊簷下. 承旨·史官等竝入內庭, 拜見嗣君, 侍出中庭. 嗣君乘小轝, 路由軍資倉前途三間屏門, 入自光化門東夾, 至勤政門外降轝, 步入由勤政殿東庭, 入處于慶成殿.

105 『宣祖修正實錄』卷1, 卽位年(1567) 7月 3日 : "上卽位于勤政殿."

106 『明宗實錄』卷33, 21年(1566) 7月 18日 : 前同知中樞府事李滉[滉方辭新授, 故其狀從舊職書銜.]辭職, 竝乞致仕. 傳曰, "予以不敏, 似乏好賢之誠, 累召卿, 而卿每固辭, 不副予懇召之意, 予實愧焉. 且資憲加及知中樞, 不稱於卿, 則予豈特授, 朝廷亦豈許之乎? 卿須勿固執而煩辭, 以慰予心, 以輕予好賢之誠, 調病上來."

107 『春塘集』卷4, 「退溪先生履歷草記」: "六十七歲. 隆慶元年丁卯二月復召. 時嘉靖皇帝崩, 新皇帝卽位, 詔使將至. 李浚慶等啓請召文學之士, 以備酬應, 由是召命又下."; 『思

들어왔다.[108] 하지만 사은謝恩도 하기 전인 28일에 명종이 승하하자, 퇴계는 심리적 충격과 육체적 피로가 겹쳐 병을 얻고 말았다.[109] 그럼에도 퇴계는 조정의 요청에 따라 명종의 행장을 수찬하였다.[110]

조정에서는 퇴계에게 예조판서禮曹判書를 제수하면서 계속 관직에 남기를 요구하였지만 퇴계는 물러날 뜻을 견지하였다. 그리고 마침내 8월 10일 다시 안동으로 돌아가게 되었다.[111] 그 뒤 선조宣祖는 여러 신하들의 주청에 따라 동년 10월부터 이듬해 5월까지 여러 번의 교지를 내려 퇴계에게 관직을 하사하였으나 퇴계는 그때마다 자책소自劾疏와 사면장辭免狀을 올려 관직에 나아가기를 사양하였다.[112] 퇴계의 이러한 처신을 두고 '새로 즉위한 임금의 정사를 도외시한다'며 물의物議가 빚어지기도 했지만[113] 퇴계의 소신은 확고했다. 그러나 퇴계 역시 어린 군왕의 간곡한 청을 끝내 저버리지 못하고 6월 25일 다시 노구를 이끌고 상경 길에 올라 7월 19일 도성에 들어왔다.[114] 닷새 뒤인 7월 24일

菴集』卷4,「退溪先生墓誌銘幷序」:"時皇明登極, 詔使將至, 公以製述官被召還朝, 此丁卯六月也."

108 『雪月堂集』卷4,「退溪先生言行箚錄」:"丁卯. 先生屢被召命, 不得已就道, 六月十三日, 出宿于龍壽寺.";『退溪全書』卷4,「明宗大王挽詞幷序」:"六月二十五日, 臣入都."

109 『退溪全書』卷8,「禮曹判書謝恩後辭免啓丁卯八月一日」:"今年春. 以天使時製述官下召. 強扶上來. 觸熱加病. 入城三日. 未及謝恩. 而遽遭大喪. 攀號痛迫之餘, 積勞重傷, 元氣萎敗, 日益困憊, 脾胃證兼發, 專不思食, 食亦不消, 羸悴骨立, 心氣虛損, 怳惚忪怔, 失前忘後, 狀如迷罔之人, 僅續絲命."

110 『宣祖實錄』卷1, 卽位年(1567) 7月 4日:"命李滉等修撰大行王行狀."

111 이 과정에서 퇴계는 여러 차례 사직(辭職)을 청하였고 임금은 이를 허락하지 않았다. 이에 관한 자세한 내용은 정석태, 2006, 68~84쪽 참조.

112 이에 관한 자세한 내용은 정석태, 2006, 103~228쪽 참조.

113 『艮齋集』卷6,「溪山記善錄」下:柳雲龍, 戊辰春, 言於德弘曰,"先生之意, 固非小子所能窺測, 然無一言及於時事, 外人頗有'見溺不援'之疑. 況今初政, 似有可爲之兆乎, 子盍爲我稟之?"

114 이에 관한 자세한 내용은 정석태, 2006, 239~252쪽 참조.

사은숙배謝恩肅拜를 올린 퇴계는 그 이튿날 조강朝講부터 경연經筵에 나아가기 시작했고,[115] 8월 7일에는 그 유명한 「무진육조소戊辰六條疏」를 올렸다.[116]

「무진육조소」의 내용은 ① '왕통 계승을 중히 함으로써 인仁과 효孝를 온전히 할 것[重繼統以全仁孝]', ② '참소와 이간질을 막음으로써 양궁兩宮을 친목할 것[杜讒間以親兩宮]', ③ '성학聖學을 돈독히 함으로써 다스림의 근본을 세울 것[敦聖學以立治本]', ④ '도술道術을 밝힘으로써 인심人心을 바로잡을 것[明道術以正人心]', ⑤ '복심腹心을 확대함으로써 이목耳目을 소통시킬 것[推腹心以通耳目]', ⑥ '수양과 성찰을 성실히 함으로써 하늘의 사랑을 계승할 것[誠修省以承天愛]' 등 여섯 조목으로 되어 있다.

이 글에서 우리는 두 가지 사실에 주목할 필요가 있다. 하나는 관직에 나온 지 며칠 되지도 않은 퇴계가 당시 가장 시급하고 중대한 시무를 여섯 개의 조목으로 정리하고 있다는 사실이다. 이는 퇴계가 그동안 관직에 나오기를 사양하였지만 그것이 곧 국사에 무관심했던 것은 아님을 증명한다. 다른 하나는 「무진육조소」 중에서 특히 '계통繼統을 중히 하는 문제'를 첫 번째 조목으로 제시하고 있다는 사실이다. 세 번째 조목 이하가 성군聖君이 되는 장기적 차원에서의 방향제시라면, 첫 번째와 두 번째 조목은 보다 직접적이고 현실적인 문제를 다루고 있다.[117] 특히 첫 번째는 방계의 지손[旁支]으로서 왕통을 계승한 선조가

---

115 『退溪先生言行錄』 卷4, 「出處第三」: "戊辰七月二十五日. 朝講, 思政殿. 李滉始入經筵."
116 『宣祖實錄』 卷2, 1年(1568) 8月 7日 : 李滉以六條上疏. 上答曰, "予觀疏章, 反覆深思, 卿之道德, 質之古人, 亦鮮其倫. 凡此六條, 眞千古之格言, 乃當今之急務, 予雖渺末, 敢不服膺?"
117 그동안 「무진육조소(戊辰六條疏)」는 퇴계의 정치철학을 가늠할 수 있는 중요한 자료로 인식되었지만, 철학이나 정치학 분야 모두 주로 세 번째 조목 이하에 주목하였으며, 그

종법질서 내에서 어떤 태도를 취해야 하는가에 관한 논의를 하고 있다는 점에서 매우 민감하면서도 중요한 문제였다. 퇴계가 「무진육조소」의 첫머리를 다음과 같이 여는 데는 그만한 이유가 있었던 것이다.

> 첫 번째는, 왕통 계승을 중히 함으로써 인(仁)과 효(孝)를 온전히 하시라는 것입니다. 신은 천하의 일 중에 군위(君位)의 일통(一統)보다 큰 것은 없다고 들었습니다. 이처럼 막대한 통(統)을 아버지가 아들에게 전하고 아들이 아버지에게서 계승하는 그 일의 지중함이 어떠하겠습니까? 예부터 지대지중(至大至重)한 통(統)을 계승하지 않은 임금은 없지만 지대지중한 의(義)를 아는 이가 드물어서, 효(孝)와 관련하여 부끄러운 일을 하고 인(仁)과 관련하여 도리를 다하지 못하는 경우가 많았습니다. 일반적인 경우에도 이리한데, 방계의 지손[旁支]으로서 왕통을 계승한 임금의 경우에는 인과 효의 도리를 다한 경우가 더욱 적고 변치 않는 윤리[彛倫]의 가르침에 죄를 짓는 경우가 무수하였으니 어찌 깊이 두려워하지 않을 수 있겠습니까?[118]

퇴계가 「무진육조소」의 첫 번째 조목에서 궁극적으로 말하고자 하는 내용은 선조로 하여금 '본생부모의 은애[本生之恩]'보다 '후사를 계승한

과정에서 첫 번째와 두 번째 조목은 전혀 주목받지 못했다.(퇴계의 「무진육조소」에 관한 연구로는, 鄭炳碩, 1997; 박길용, 2008 등 참조)

[118] 『退溪全書』卷6, 「戊辰六條疏」: "其一曰, '重繼統以全仁孝.' 臣聞天下之事莫大於君位之一統. 夫以莫大之統, 父傳於子, 而子承乎父, 其事之至重, 爲如何哉? 自古人君莫不承至大至重之統, 而鮮能知至大至重之義, 孝有慙德, 而仁未盡道者多矣. 處常猶然, 其或以旁支入繼之君, 則能盡仁孝之道者益寡, 而得罪彛倫之敎者比比有之, 豈不深可畏哉?"

의리[所後之義]'를 중시하라는 것이었다. 그렇게 해야 하는 이유를 퇴계는 두 가지 측면에서 설명한다. 첫째는 그것이 종법질서의 대원칙이기 때문이고, 둘째는 그것이 왕실과 국가를 안정되게 할 길이기 때문이다.

앞에서도 살펴본 바와 같이 퇴계는 종법질서를 철저하게 '일본一本'의 관점에서 이해하고 있다. 따라서 여기에서도 퇴계는 "하늘에는 두 해가 없고[天無二日], 백성에게는 두 임금이 없으며,[民無二王] 집안에는 두 분의 존귀함이 없고[家無二尊], 상례에는 두 번의 참최복이 없다[喪不二斬]"는 '一本' 혹은 '일통一統'의 대원칙을 제시하면서, 성인이 이에 따라 "의義를 견지함으로써 본생의 은애[本生之恩]를 줄이고, 은恩을 높임으로써 소후의 의리[所後之義]를 완전하게 하라"고 했음을 밝히고 있다.[119] 퇴계의 우려는 혹시라도 선조가 이러한 원칙을 저버리고 사의私意에 따라 '소후所後'을 높이지 않을까 하는 것이었다.[120] 그래서 퇴계는 '나무가 썩으면 벌레가 생긴다'는 옛말을 인용하면서, '원칙을 왜곡하고 의리를 파괴하는 설들로 종용하고 영합하려는 무리들에게 틈을 주지 말라'고 경계한다.[121] 이러한 퇴계의 우려는 두 번째 조목 '참소와 이간질을 막음으로써 양궁兩宮 즉, 선조와 명종비明宗妃 인순왕후仁順王后 사이를 친목하게 하라'는 내용으로 이어진다.[122]

---

119 『退溪全書』卷6,「戊辰六條疏」: "嗚呼, 天無二日, 民無二王, 家無二尊, 喪不二斬. 古之聖人非不知本生之恩重且大, 而制爲禮法, 使爲人後者爲之子. 旣曰爲之子, 則仁孝之道當專於所後, 而本生之恩反不得與之並立焉. 是以, 聖人秉義以殺本生之恩, 隆恩以完所後之義."

120 『退溪全書』卷6,「戊辰六條疏」: "其敢以私意有所反易, 而不爲之致隆於所後哉?"

121 『退溪全書』卷6,「戊辰六條疏」: "古語云, '木腐而蟲生.' (…중략…) 人或有乘偏私之罅隙, 而以詭經破義之說慫慂而迎合之, 馴致於殺其所當隆・隆其所當殺者, 安保其必無乎?"

122 『退溪全書』卷6,「戊辰六條疏」: "其二曰, '杜讒間以親兩宮.' (…중략…) 蓋家法嚴正, 兩宮交驩, 則此輩無所容其奸而不獲利. (…중략…) 伏願殿下監『大易』「家人」之義, 法『小

이제 겨우 17세밖에 되지 않은 어린 군왕에게 올린 시무봉소時務奉疏의 첫 번째 내용이 이와 같은 종법질서에 관한 것이라는 사실은 시사하는 바가 크다. 왕실에서의 종법질서는 그 자체로 왕위의 정통성에 관계되어 있을 뿐 아니라, 그것은 곧 국가의 안녕과 직결되는 문제이다. 특히 방계로 입승대통入承大統한 군왕으로서 이를 분명히 하지 않을 경우 예기치 못한 혼란이 야기될 소지가 있기 때문이다.[123] 따라서 퇴계로서는 선조의 신정新政에서 가장 먼저 명확히 해두어야 할 사안으로 종법질서를 바로 세우는 일을 제시했던 것이다. 이런 점에서 세 번째 조목 이하 성군이 되는 구체적 방법들은 왕실의 안녕을 바탕으로 왕위가 안정된 이후에 논의될 일이었으므로 상대적으로 뒤에 배치되었던 것이다.

퇴계의 이러한 생각은 「의상추숭덕흥군의擬上追崇德興君議」라는 또 다른 글을 통해서도 확인할 수 있다.

대통(大統)을 입승(入承)하는 것은 의리(義理)의 지극히 중대한 것이므로 반드시 펼쳐져야 하고, 사친(私親)을 숭봉(崇奉)하는 것은 은정(恩情)이 제압되는 바가 있으므로 마땅히 굽혀져야 합니다. 하늘에는 두 개의 태양이 없고, 사물에는 두 개의 근본이 없으며, 집안에는 두 분의 존귀함이 없고, 나라에는 두 개의 통(統)이 없는 법입니다. 이러므로 선왕께서 예

學」「明倫」之訓, 嚴於自治, 而謹於正家, 篤於事親, 而盡於子職, 使左右近習之人, 洞然皆知兩宮至情莫重於孝慈, 而吾輩讒間無以得行於其間."

[123] 『退溪全書』卷6, 「戊辰六條疏」: "又今日殿下之事親, 所謂以義而隆恩, 以變而處常, 斯二者之際, 實小人女子之所伺隙而造釁者也. 臣伏覩前代之事, 上有慈親, 下有賢嗣, 而爲賊臣讒妾, 交鬪兩間, 而不終厥孝者, 何可勝道哉?"

법을 제정하여, 인후(人後)가 된 사람으로 하여금 자식이 되게 하여 소후부모(所後父母)를 위해서는 참최(斬衰)와 자최(齊衰) 삼년복을 입게 하였으나 본생부모(本生父母)에 대해서는 도리어 부장기(不杖期)를 하도록 하였습니다. 이는 치우치게 의리[義]에만 후하게 하고 은애[恩]에 대해서는 일부러 박하게 한 것이 아닙니다. 자신이 이미 누군가에게로 출후(出後)를 하여 수중(受重)의 의리가 소후(所後)에 대해 지극히 높다면, 소생(所生)의 은애가 비록 본래 중하다 하더라도 이 상황에서는 강쇄(降殺)되지 않을 수 없는 것입니다. 만일 강쇄할 줄 모르고 소생을 소후와 함께 높이려 한다면 이는 '이본二本'이고 '이존(二尊)'이며, 하늘의 법칙[天則]을 어기고 인간의 기강[人紀]을 어지럽힌 것이며, '존조경종(尊祖敬宗)'의 도리를 상실한 것입니다. 그러므로 성인께서 이러한 상황에 대처할 때 반드시 권도를 따져 은혜를 재단하고 의리를 펼쳐 인륜을 온전히 하기를 이와 같이 하신 것입니다. 하물며 제왕의 계서(繼序)는 종묘사직(宗廟社稷)의 중(重)을 이어받고 억조신민(億兆臣民)의 통(統)이 되는 것이니, 그 의리가 은애를 제압함이 보통사람들의 후사가 되는 것보다 더욱 중대한 면이 있습니다. 그러니 어찌 사사로운 은애를 그 사이에 끼워 넣어 문란시킬 수 있겠습니까?[124]

---

[124] 『退溪全書』卷7, 「擬上追崇德興君議」: "臣滉竊謂入承大統, 義之至重, 在所必伸, 崇奉私親, 恩有所厭, 當從而屈. 蓋天無二日, 物無二本, 家無二尊, 國不二統. 是以先王制爲禮法, 使爲人後者爲之子, 服所後父母斬齊三年, 而於本生則反以不杖期當之, 此非偏厚於義, 而故薄於恩也. 身旣出而後於人, 受重之義極隆於所後, 則所生之恩雖曰本重, 至此不得不爲之降殺. 若不知降殺, 而與之並隆, 是二本也, 二尊也, 違天則而亂人紀, 失尊祖敬宗之道, 故聖人處此, 必審權而裁恩, 展義而全倫也如此. 而況帝王繼序, 爲宗廟社稷之重, 爲億兆臣民之統, 其義之厭恩, 又有大於恆人之爲後者, 安可以私恩之故, 而有所干紊於其間哉?"

「의상추숭덕흥군의」라는 글은 대략 1569년 1월쯤에 작성되었을 것으로 추측되고 있다.[125] 퇴계가 「무진육조소」에 이어 또 다시 이러한 내용의 글을 쓴 이유는 선조가 종법질서를 넘어서 사친을 존숭하는 일련의 일들이 진행되고 있었기 때문이다. 선조는 왕위에 오른 뒤에 명종보다 한 달쯤 전에 세상을 떠난 본생모本生母 하동정씨에 대해 왕비의 부모를 장사지내는 예로 장사지냈을 뿐만 아니라(1567년 8월 9일)[126] 치전致奠을 하라는 대신들의 계달啓達을 받았고,[127] 소상小祥(1568년 5월 17일)에는 중사中使를 보내 제사를 돕도록 하였다.[128] 뿐만 아니라 선조는 1568년 12월 '본생부本生父인 덕흥군을 추숭하는 일에 대해 논의하라'고 하였는가 하면,[129] 1569년 하동정씨의 상이 끝나갈 무렵에는 2품 이상의 신료들에게 '사제私第에 가묘家廟를 세우는 문제에 대해 논의하라'는 명을 내렸다.[130] 그리고 동년 11월에는 마침내 덕흥군을 대원군大院君[131]

125 정석태, 2006, 346쪽.
126 지두환, 2002, 178쪽.
127 『宣祖實錄』卷1, 卽位年(1567) 11月 4日 : 夕講『禮記』. 李滉進啓曰, " …… 頃者, 自上方在私喪, 入承大統, 入承之後, 則大統爲重, 私親則屈於禮, 而不得伸其情也. 初喪未葬, 大臣啓達至於致祭, 考之於禮, 甚爲未安. 國君初喪, 則宗廟之祭亦且廢焉, 況爲私親致奠乎?" / 『실록』에서는 퇴계가 이 말을 한 것으로 되어 있지만, 여러 정황상 고봉 기대승의 말인 것으로 판단된다. 우선 이것이 퇴계의 말일 수 없는 이유는 앞에서 살펴본 바와 같이 이때 퇴계는 안동에 있었으므로 경연에 참석할 수 없기 때문이다. 다음으로 이 말을 고봉의 말로 보는 이유는 『고봉전서(高峯全書)』「논사록(論思錄)」卷上 '11월 4일'조에 『실록』의 내용과 거의 동일한 내용이 수록되어 있을 뿐 아니라, 『선조수정실록』卷1, 즉위년(1567) 10월 5일에 이 내용을 요약한 형태의 고봉의 말이 수록되어 있기 때문이다. 아마도 이러한 오류는 『선조실록』과 『선조수정실록』을 편찬하는 과정에서 착오가 생겼던 것으로 판단된다.
128 『宣祖實錄』卷2, 1年(1568) 5月 17日 : "上以明日爲德興君夫人小祥, 而以承統不敢遣近臣, 只於宮中備物, 遣內侍以祭. 大司諫白仁傑請遣近臣以祭, 大臣皆以爲不可, 只遣中使, 助祭于慈闈."
129 『退溪全書』卷7, 「擬上追崇德興君議」:"前年十二月日, 傳敎以領議政臣李浚慶所啓 '德興君追崇' 事, 考諸禮文, 廣議以啓者.; 『柳川箚記』: 己巳春. (…중략…) 先是因領議政臣李浚慶所啓 '德興君追崇' 事, 考諸禮文, 廣議以啓事, 有傳敎."

으로 추존하고 덕흥군의 사자嗣子인 하원군河原君에게 일급을 가작하였다. 원래 선조는 일품작을 세습시켜 덕흥군을 봉사하도록 하려고 했지만 신하들의 반대로 뜻을 이루지 못하고 이 선에서 타협한 것이었다.[132] 하지만 선조는 1576년 덕흥대원군德興大院君의 호칭은 근거가 없으니 고쳐 (임금으로)추숭하라는 임기林芑의 상소[133]에 대해 처벌할 것을 요구하는 양사兩司의 줄기찬 주청에도 끝내 이를 두호하였고,[134] 1577년 4월에는 대원군의 신주를 백세불천百世不遷하도록 하고 사손嗣孫에게는 당상관인 돈녕도정敦寧都正을 한 자리 더 추가해 세습하도록 하여 대대로 봉사케 함으로써 원래의 의도를 실행에 옮겼다.[135] 뿐만 아니라 5월에는 대원군의 사당에서 친히 제사를 지내려고도 하였다.[136] 이처럼 선조는 종법질서의 범위를 넘어서면서까지 지속적으로 자신의 사친을 존숭하는 일들을 진행하였다. 「의상추숭덕흥군의」는 이러한 일련의 일들이 진행되는 과정에서 선제적으로 왕실의 종법질서를 바로세우기 위

---

130 『春塘集』卷4, 「退溪先生履歷草記」: "六十九歳. 己巳正月. (…중략…) ○時河東郡夫人 將喪畢返魂, 欲就私第立廟, 命二品以上議."

131 대원군(大院君)은 왕의 생부를 가리키는 호칭으로, 선조의 생부인 덕흥군(德興君)에게 처음으로 부여되었다.

132 『宣祖修正實錄』卷3, 2年(1569) 11月 1日: ○ 朔庚午. 尊德興君爲大院君, 加嗣子河 原君珵爵一級, 給田土臧獲. 上欲以一品爵世襲奉祀, 朝臣皆以爲不可, 且曰, "宗室之 祿, 例限四代, 舊規不可變也."

133 『朝野僉載』卷14, 丙子 九年 秋七月 條: ○ 林芑有罪, 兩司請治, 不允. (…중략…) 每僥 倖朝廷有事, 得以發身. 至是, 上意厭士類, 又欲追崇德興君, 故乃呈疏于政院. 其意大槪 以爲之後者爲人子之論, 爲非聖人之法, 主上當爲德興君之子, 極其尊崇.

134 『선조실록』卷10, 9年 7월 20일부터 8월 26일까지 기사 참조.

135 『宣祖修正實錄』卷11, 10年(1577) 4月 1日: "始定大院君嗣孫世襲之制, 以堂上官世 奉其祀.";『燃藜室記述』卷12, 「宣祖朝故事本末」: "丁丑四月. 始定大院君廟主百世不 遷, 嗣孫世襲之制, 以堂上官敦寧都正加出一員, 世奉其祀."

136 『燃藜室記述』卷12, 「宣祖朝故事本末」: "丁丑五月. 上將親祭于大院君廟, 弘文館上箚 以爲禮不可祭于私廟. 上大怒曰, '誰作此議', 將詔獄鞫問, 大臣救解, 乃止."

해 퇴계가 의도적으로 집필한 글이다.[137]

「의상추숭덕흥군의」는 크게 두 부분으로 구성되어 있는데, 먼저 한 대漢代부터 송대宋代까지 입승대통入承大統한 제왕들의 사례를 검토하고, 다음으로 선조가 지켜야 할 여섯 가지 항목을 제안한다. 퇴계는 입승대 통한 역대 제왕들 중에 송대 복안의왕濮安懿王의 친자로서 인종仁宗을 입 후入後한 영종英宗과 역시 송대 수왕秀王의 친자로서 고종高宗을 입계入繼한 효종孝宗을 가장 모범적인 사례로 꼽는다. 특히 퇴계는 '복의濮議'논 쟁으로 불렸던 복안의왕에 대한 영종의 추숭문제에서 이천伊川이 제시한 대안을 '만세법萬世法'이라고 평가하면서, 이를 덕흥군 추숭 문제의 전범으로 삼는다.[138]

주상전하께서는 왕실의 지친으로서 선왕의 산명(簡命)을 받고 왕위를 계승하셨으니, 전하와 명종의 관계는 영종과 인종이나 효종과 고종의 관 계와 같고, 전하와 덕흥군의 관계는 영종과 복왕이나 효종과 수왕의 관계 와 같습니다. 존통(尊統)을 계승하여 섬기고, 본생(本生)에 대해 낮추어 갚는 것은 송조(宋朝)로부터의 바꿀 수 없는 전범이니, 마땅히 하나하나 이에 근거하여 따라야 할 것입니다.[139]

---

137 정석태는 "조정에서 논의하는 과정에 다른 대신들의 반대에 부딪쳐 퇴계가 이 글을 올리 지 않았다"고 고증하고 있다.(정석태, 2006, 346쪽) 설령 퇴계가 이 글을 선조에게 올리 지 않았다 하더라도, 이 글이 무의미해지는 것은 아니다. 왜냐하면 헌관을 보낼 것인가, 제수를 관급할 것인가 등 세부사항에 관한 이견으로 인해 올리지 않았다 하더라도 이 글 에 담긴 종법질서에 관한 퇴계의 생각을 확인하는 데는 아무런 지장이 없기 때문이다.
138 『退溪全書』卷7, 「擬上追崇德興君議」: "一時眞儒程頤之論曰, " …… "可以爲萬世法. 於是, 英宗乃能畏義從善, 惟禮是服."
139 『退溪全書』卷7, 「擬上追崇德興君議」: "恭惟主上殿下以王室至親, 承先王簡命, 入膺 寶圖, 殿下之於明宗, 亦猶英宗之於仁宗, 孝宗之於高宗也, 於德興, 則猶濮王也, 猶秀王

이른바 '복의'논쟁은 취옹醉翁 구양수歐陽脩(1007~1072)를 대표로 하는 '집정대신執政大臣'들과 우수迂叟 사마광司馬光(1019~1086)을 필두로 하는 '언사지신言事之臣' 사이에 야기되었다. 먼저 언사지신들이 "인후人後가 된 사람은 감히 사친을 고려해서는 안 된다"는 요지의 상소를 올리자, 집정대신들은 영종이 복왕에 대해 "복服은 강쇄할 수 있지만 명칭은 부르지 못할 이유가 없다"는 점을 내세워 '친親'이라는 칭호를 사용할 것을 주장하였다.140 이에 대해 이천은 양비론적 입장을 제시한다. 즉, 집정대신들은 올바르게 존숭하는 방도를 몰라 '친親'이라는 비례非禮이며 부정不正한 호칭을 사용하도록 함으로써 임금을 잘못에 빠뜨렸고, 언사지신들은 '친親'이라 칭하는 것이 잘못인 줄은 알았지만 본생부모의 은혜에 대한 임금의 효심을 어떻게 표출토록 할 것인지에 대한 대안을 제시하지 못했다는 것이다.141 기본적으로 이천은 본생부모를 '친親'으로 호칭하는 것이 불가하다는 입장에 있었지만, 임금으로 하여금 사적인 은혜에 대해 효심을 어떻게 펼치게 할 것인가를 함께 고민했다. 따라서 이천의 대안은 '종법의 대의大義를 분명히 함으로써 통서統緖를 바로 세우면서 동시에 소생所生에 대한 지극한 정을 보존하여 인심人心을 다할 수 있는 것'이어야 했다.142 영종이 복왕에 대해 '친親'이라고 칭하려는 이유를 "속

也. 凡所以紹事尊統, 降報本生, 自有宋朝不易之典, 今當一一按據遵用."

140 이봉규는 왕권에 대한 유교지식인의 문제의식을 다루는 과정에서 '복의(濮議)'논쟁의 전말과 이것이 갖는 함의를 '종통에 대한 존존(尊尊)의 이념과 혈연에 대한 친친(親親)의 이념 사이에 놓인 긴장을 조율하는 문제'의 측면에서 상세히 논한 바 있다.(이봉규, 2002 참조)

141 『河南程氏文集』卷5, 「代彭思永上英宗皇帝論濮王典禮疏」: "執政大臣不能將順陛下大孝之心, 不知尊崇之道, 乃以非禮不正之號上累濮王, 致陛下於有過之地, 失天下之心, 貽亂倫之咎. 言事之臣又不能詳據典禮, 開明大義, 雖知稱親之非, 而不知爲陛下推所生之至恩, 明尊崇之正禮, 使濮王與諸父夷等, 無有殊別."

142 『河南程氏文集』卷5, 「代彭思永上英宗皇帝論濮王典禮疏」: "先王制禮, 本緣人情, 既

칭속칭稱屬을 '백백伯'이라고 하면 다른 제부諸父들과 구별이 되지 않고, 추호追號를 그냥 '왕王'이라고만 하면 신하의 반열에 두는 것 같아 마음이 편치 않기 때문"이라고 진단한[143] 이천은 다음과 같은 대안을 제시한다.

> 신의 생각으로는, 마땅히 복왕의 아들로 작위를 세습하여 봉사하도록 하고, 복왕에 대해서는 복국태왕(濮國太王)으로 존칭해야 할 것입니다. 이렇게 하면 대단히 특별한 호칭으로 다른 반열들과 차이가 있게 되고 모든 예식 절차가 필시 정황에 맞을 것이니, 하나를 들어 기준이 되게 하십시오. 만일 사습(嗣襲)을 두었음에도 꼭 제사에 고하려 하신다면, 마땅히 '조카 사황제(嗣皇帝) 아무개가 감히 황백부(皇伯父) 복국태왕(濮國太王)에게 고합니다'라고 하십시오. 그러면 자연히 복국(濮國)에 대해서는 존숭의 도리를 지극히 하는 것이 되고, 인묘(仁廟)에 대해서는 (아버지를) 둘로 하는 혐의의 잘못이 없게 될 테니, 천리(天理)와 인심(人心) 모두에 진실로 잘 부합하게 될 것입니다.[144]

이천은 속칭을 '친親'이라고 하는 대신 '황백부皇伯父'로 해야 한다는 점을 분명히 함으로써 종법의 대의를 분명히 하였다. 동시에 그는 추호追號를 여느 신하들처럼 '복왕濮王'이라고 하는 대신 '복국태왕濮國太王'이라

明大義以正統緒, 復存至情以盡人心."

143 『河南程氏文集』卷5, 「代彭思永上英宗皇帝論濮王典禮疏」: "聖意必欲稱之者, 豈非陛下大孝之心, 義雖出繼, 情厚本宗, 以濮王是生聖躬, 曰伯則無以異於諸父, 稱王則不殊於臣列, 思有以尊大, 使絶其等倫?"

144 『河南程氏文集』卷5, 「代彭思永上英宗皇帝論濮王典禮疏」: "臣以爲當以濮王之子襲爵奉祀, 尊稱濮王爲濮國太王, 如此則夐然殊號, 絶異等倫, 凡百禮數, 必皆稱情, 請擧一以爲率. 借如既置嗣襲, 必伸祭告, 當曰姪嗣皇帝名敢昭告於皇伯父濮國太王. 自然在濮國極尊崇之道, 於仁廟無嫌貳之失, 天理人心誠爲允合."

고 차별화함으로써 아버지를 신하의 반열에 두는 미안함을 방지할 수 있게 하였다. 그러면서 이천은 이러한 방법이야말로 '천리와 인심 모두에 부합하는 것'이라고 확신하였다. 퇴계는 이러한 이천의 대안을 덕흥군 추숭 문제에 임하는 전범으로 삼았다. 다만 중국의 황제와 조선의 군왕이 갖는 차이를 감안하면서 여섯 조목으로 된 대안을 제시하고자 했다.

첫째, 퇴계는 덕흥군의 속칭에 대해 '태백부太伯父'라고 하는 것이 좋겠다는 점을 밝혔다. '황백부皇伯父'의 '황皇'자를 '황제皇帝'의 의미로 본 고봉과 달리 '미대美大'의 의미로 보았음에도 불구하고,[145] '태백부'라고 한 것은 선조에게 덕흥군은 방친이 되기 때문이었다. 할아버지[祖]·

---

[145] 1567년 선조는 하동정씨의 장례에 치제(致祭)를 하면서 제문에 덕흥군을 황백부(皇伯父)로 칭한 바 있다.(『柳川箚記』: "上入承在河東府夫人初喪, 將葬, 自上遣官行祭, 祝辭有謂皇伯父而稱孤姪.") 명나라 조사(詔使)를 맞이하러 원접사(遠接使)로 나갔다가 뒤늦게 이 사실을 알게 된 고봉은 퇴계에게 편지를 보내 왜 이런 잘못을 바로잡지 않았는지 물었다.(『往復書』卷2, 「先生前上狀」(丁卯9月8日): "河東郡夫人致祭之事, 亦甚違禮, 而其稱謂之辭, 倂覺乖刺, 先生何不一言矯之乎?") 이에 대해 퇴계는 이천이 영종에게 복왕을 '황백부'로 칭하라고 한 것을 근거로 '황'자를 써도 잘못이 아니라고 말했다.(『退溪全書』卷17, 「答奇明彦丁卯九月二十一日」: "稱謂, 只據程先生論濮王稱謂而定, 恐不至太誤也. (…중략…)今只當從程子說, 揆諸義理, 亦無舛誤, 不知何爲詆斥至是耶?") 덕흥군에게 '황'자를 쓴 것에 대해 고봉은 '황'자를 황제의 의미로 보았기 때문에 송의 영종은 복왕에게 쓸 수 있었지만 조선의 군왕인 선조가 덕흥군에게 쓰는 것은 맞지 않다고 보았던 것이다.(『往復書』卷2, 「先生前上狀」(丁卯10月11日): "程伊川皇伯父之說, 其意謂皇帝之伯父也, 非如皇考之云也. (…중략…)今乃誤指以爲皇考之皇, 豈不大乖於文義乎?") 그러나 퇴계는 '황'자를 황제의 의미로 보게 될 경우 그것은 황제가 본생부모에 대해 스스로를 황제라고 칭하는 셈이 되므로, 고봉의 견해에 동의할 수 없었다. 그래서 퇴계는 이 '황'자를 '미대(美大)'의 의미라고 보았다.(『退溪全書』卷30, 「答金而精/別紙」: "但以皇字爲皇帝之皇, 未敢必其爲是也. 自他人稱之, 則可與皇子皇孫之類同義, 此則皇帝自稱其本生父母, 何敢自擧其尊號, 而加於親上耶? 故疑只是美大之義.") 더구나 '황'자가 만일 황제의 의미라면 조선의 종묘에서도 이 말을 사용할 수 없을 것이라는 점 또한 퇴계는 지적했다.(『退溪全書』卷18, 「答奇明彦○己巳」: "若『曲禮』所云歷代人家所用皇字, 則固是美大之義, 故今宗廟亦得用之. 如其皇帝之皇, 宗廟亦豈得用耶?" / 참고로 이 논의가 『퇴계전서』에는 1569년으로 되어 있지만, 『왕복서』에는 1568년 부분에 편입되어 있다.)

아버지[考] 등 직계의 존친에게 '황'자를 사용할 때는 '미대'의 의미로 사용되지만, 똑같은 '황'자라도 방친에게 사용하면 '황제'의 의미로 오해될 소지가 있어서 조선의 현실에는 맞지 않다는 것이 퇴계의 해석이었다.[146] 이러한 이유로 '황'자를 사용할 수 없게 되는데, 그렇다고 그냥 백부伯父라고 하게 되면 범칭泛稱이 되어 제부諸父들과 구별이 되지 않는다는 점에서 미안했다. 따라서 퇴계는 '황皇'자 대신 '태太'자를 사용함으로써 '황제'로 오인될 혐의도 피하면서 '구별'의 의미까지 담으려 했던 것이다.[147][148]

둘째, 퇴계는 덕흥군의 추호追號를 '덕흥대군德興大君'으로 하는 것이 좋겠다고 보았다. 이 역시 이천이 복왕濮王을 복국태왕濮國太王으로 했던 것에 따르면서도 조선의 상황을 감안해 제안한 것이었다. 퇴계는 우선 '국國'과 '왕王'은 덕흥군에게 부여할 수 없다는 점을 밝히고, '복국태왕'이라는 호칭이 갖는 차별성은 '대太'[149]자에 있다는 점 또한 분명히

---

146 실제로 종묘에서는 왕통을 계승한 경우에만 '황(皇)'자를 사용하였다. 예를 들면 세종(世宗)이 정종(定宗)에게 제사를 지낼 때 '황백고(皇伯考)'라고 칭한 것이 대표적이다.(『世宗實錄』卷9, 2年(1420) 9月 24日: 禮曹啓, "於恭靖王, 稱孝姪嗣王臣某敢昭告于皇伯考恭靖溫仁順孝大王, 皇伯妣定安王后金氏." 從之.)

147 『退溪全書』卷7,「擬上追崇德興君議」: "一. 屬稱, 宜日太伯父. 謹按英宗·孝宗皆稱本生爲皇伯父, 然皇字加於祖考, 則『禮記』通上下而言, 故歷代上下通用之, 如今宗廟所稱, 是也. 若加於旁親, 則禮所不言, 而如皇兄皇叔之類, 皆爲皇帝之皇子, 我國用之似爲未安. 緣此而只稱伯父, 則又類於泛稱諸父, 尤未安, 故今欲代以太字."

148 고봉은 '선조(宣祖)가 명종(明宗)의 후(後)가 되어 입승대통한 이상 종법상 선조의 백부는 인종(仁宗)이며, 따라서 방친인 덕흥군에게는 '백부'라는 칭호 자체를 사용할 수 없다'고 주장한다.(『往復書』卷2,「先生前上狀」(丁卯10月11日): "仁宗於主上爲皇伯考矣. 伯父之稱又貳於旁尊, 亦甚未安也.") 이처럼 강경한 원론적 입장과 비교하면, 퇴계의 대안은 복의(濮議)논쟁에서 이천이 보여주었던 바와 같이 상당히 융통성 있는 견해로 평가할 수 있다.

149 퇴계는 '복국태왕(濮國太王)'을 '복국대왕(濮國大王)'으로 표기했다. 이는 문왕(文王)의 할아버지 고공단보(古公亶父)를 '대왕(大王)'으로 추존하고 '태왕(太王)'으로 불렀던 것과 같은 의미로 이해된다.

한다. 따라서 덕흥군의 호칭에 '대大'자를 넣어서 '덕흥대군'으로 추호를 정하는 것이 합당하다고 본 것이다.

그러나 여기에는 또 다른 문제가 있었다. 즉, '덕흥대군'은 추호임에도 불구하고 조선의 왕자들에 대한 일반적 호칭인 '대군大君'과 구별이 되지 않는다는 점이 그것이다. 그래서 퇴계는 '덕흥부상대군德興府上大君'이라는 또 다른 호칭을 제안한다. 퇴계는 이 새로운 호칭이 당태종의 '천책부상장군天策府上將軍'을 본뜬 것이라는 점을 밝히면서, 이렇게 하면 추호를 제정하는 이유인 '대단히 특별한 호칭으로 다른 반열들과 차이를 두는 것'에 더욱 부합할 것이라고 말한다.[150]

이밖에도 입후와 관련해서는 적장자로 세습하도록 할 것[立後, 宜以嫡長子世襲], 덕흥군의 사당은 본가에 둘 것[作廟, 宜在本第], 덕흥군의 신주는 백세불천百世不遷할 것[廟主, 宜爲始祖, 百世不遷], 마지막으로 제수祭需는 전록田祿으로 하고 관공官供으로 하지 말 것[祭用田祿, 勿以官供] 등을 차례로 제안했다.[151] 이 중에서 특히 논란이 되었던 것은 마지막 조목이었다. 퇴계가 마지막 조목에서 덕흥군 제사에 관공을 하지 말라고 한 것은 두 가지 이유 때문이었다. 하나는 '사친에게는 직접 제사하지 않는다'는 원칙 때문이었고, 다른 하나는 덕흥군의 제사에 관공을 하게 되면 본가에 가묘를 둔 이상 그의 후손들까지 관공으로 제사를 지내야 한다는 현실적인 문제 때문이었다.[152] 하지만 이러한 그의 주장은 조정에서의 논

---

150 『退溪全書』卷7,「擬上追崇德興君議」: "一. 追號, 宜爲德興大君, 夫人爲大府夫人. 謹按英宗·孝宗皆尊本生爲某國大王·某國夫人, 今當遵依, 而去國字王字. 臣妄意又有一說, 不敢不白. 按濮國大王所以爲殊號, 專在大之一字, 今則只稱大君, 與常稱大君相混, 未見其爲殊異之號. 臣謂宜倣唐時爲世民特置天策府上將軍之例, 稱爲德興府上大君, 則與程頤所謂夐然殊號絶異等倫者合, 尤爲得體."

151 『退溪全書』卷7,「擬上追崇德興君議」참조.

의 과정에서 수용되지 않았고, 이 과정에서 퇴계 역시 자신의 주장에 대해 보완의 필요성을 갖고 「의상추숭덕흥군의」를 끝내 올리지 않았던 것으로 추측된다.[153]

누군가의 후사[人後]가 되었다면 소생[所生]과 소계[所繼]의 관계에서 정감[情]이 아닌 의리[義]에 입각하여 대처해야 하는 것은 사대부가의 종법질서에서조차 지극히 당연한 것이다. 하물며 '입승대통'을 하는 왕실의 경우에는 더 말할 필요가 없다. 만약 이를 분명히 하지 않게 되면 경우에 따라서는 국가적으로 엄청난 환란을 초래할 수도 있기 때문이다. 따라서 퇴계는 다분히 정감[情]에 입각하여 생부인 덕흥군을 추숭하려고 하는 선조와 이를 두호하는 주장들에 맞서, 철저하게 '일본[一本]'이라는 대의에 입각하여 이를 저지함으로써 왕실의 종법질서를 확립함으로써 국가의 안녕을 기하고자 했던 것이다.

2) 문소전부묘 논쟁에 나타난 '정통[正統]' 의식

왕실의 종법과 관련하여 앞에서 살펴본 선조[宣祖]의 덕흥군추숭 논쟁이 입승대통과 밀접한 관련성을 갖는다는 점에서 '입후[立後]'에 관한 주제라면, 여기에서 살펴볼 인종[仁宗]의 문소전[文昭殿] 부묘[祔廟] 논쟁은 '체천[遞遷]'과 관계되어 있다. 왕실의 종법질서를 검토하는 데 있어 체천과 부

---

152 『退溪全書』卷7, 「擬上追崇德興君議」: "古者旣有降其私親不得祭之文, 又今廟在本第, 子孫世祀, 數世之後, 子孫神主亦不得不以昭穆參入矣, 然則一廟之內, 一祭之設, 豈可祖以官供, 而孫以私其乎?"

153 『退溪全書』卷18, 「答奇明彦己巳・別紙」: "滉徒執降私親不得祭之說, 欲勿官供, 亦勿差獻官, 只令家具而主祀者祭之. 已略草定其說, 然心有未甚信得及者, 而遽値前日之議, 相位僉意又不欲, 議者廣說義理, 見滉二三段說, 皆以爲不得[得, 一本作須]如此, 遂緘默而退, 心甚慊焉."

묘에 관한 묘제^{廟制}를 살펴보는 것은 그 자체만으로도 매우 중요한 의미를 갖는다. 하지만 '인종의 문소전 부묘'는 형제간에 왕위를 계승한 형제상계^{兄弟相繼}라는 특별한 상황에서 묘제를 둘러싸고 논쟁이 전개되었다는 점에서 더욱 흥미로운 주제라 할 수 있다.

퇴계가 아직 체직遞職을 허락받기 전인 1569년 1월 20일 시작된 인종의 문소전 부묘 논의[154]는 덕흥군 추숭과 더불어 당시의 주요한 쟁점이었다. 퇴계는 이 문제와 관련하여 「의상문소전의병도擬上文昭殿議幷圖」를 통해 자신의 견해를 직접 피력하였을 뿐 아니라, 관직에서 물러난 후에도 이 문제에 대한 관심을 놓지 않고 직간접적으로 깊이 개입하였다. 퇴계는 이 문제에 대해서도 덕흥군 추숭 문제에서와 마찬가지로 의리義理에 입각하여 종법질서를 바로 세우려는 기조를 견지한다.

인종은 1544년 11월 중종中宗의 뒤를 이어 즉위하였으나, 만 1년도 되지 않은 1545년 7월 1일 훙서하고 말았다.[155] 그리고 닷새 뒤인 7월 6일 중종의 또 다른 적자이자 인종의 이모제異母弟인 명종明宗[156]이 뒤를 이어 즉위하였다.[157] 인종의 상이 끝나갈 무렵, 당시 수렴청정을 하고 있던 문정왕후文定王后는 다음과 같이 전교했다.

---

154 『退溪先生年譜』卷2, 「己巳先生六十九歲」: "正月 (…중략…)甲子, 詣闕謝恩, 仍乞放歸田里, 不許. 是日, 文昭殿之議起.

155 『仁宗實錄』卷2, 1年(1545) 7月 1日: "卯時, 上薨于淸讌樓下小寢."

156 인종(仁宗, 1515~1545)은 중종(中宗)과 장경왕후(章敬王后, 1491~1515) 사이의 소생이고, 명종(明宗, 1534~1567)은 중종과 1517년 중종의 계비(繼妃)가 된 문정왕후(文定王后, 1501~1565) 사이의 소생이다.

157 『仁宗實錄』卷2, 1年(1545) 7月 6日: "未時, 嗣王具冕服出廬次, 就思政殿東庭褥位跪, 司香上香後, 行四拜訖, 陞自阼階, 詣香案前跪. 領議政尹仁鏡奉出遺敎授嗣王, 嗣王受遺敎, 覽訖, 以授都承旨宋麒壽. 左議政柳灌奉出大寶授嗣王, 嗣王受, 以授左承旨崔演. 王降就東庭褥位, 行四拜訖, 出思政門外幄次. 通禮院告百官班齊, 王出次, 乘輿而出, 卽位于勤政門. 百官行四拜三叩頭山呼, 又行四拜訖, 上還內, 釋冕服."

인종을 문소전에 부묘하는 일에 대해 조정에서 재삼 강력하게 요청을 하기에 조정의 의논을 애써 따랐었소. 하지만 세조(世祖)를 만약 '5실(五 室)을 넘기지 말라'는 제도에 얽매여 공(功)의 무거움은 헤아리지 않고 친 진(親盡)하지도 않은 상태에서 곧장 체천한다면, 이는 인종만 중히 여기 고 선조(先祖)는 중히 여기지 않는 것이니, 인종의 혼령인들 어찌 마음이 편하겠소? 곧장 체천하는 것은 불가하므로, 나의 굳게 정해진 뜻을 다시 보이는 것이오. 인종을 연은전(延恩殿)에 부묘하면 정(情)과 예(禮)에 온 당할 것이니, 경들은 그리 아오.[158]

개별적인 원묘原廟[159]의 난립을 방지하고자 문소전文昭殿[160]을 건립한 세종世宗은 "5실五室을 넘지 말라[無過五室]"는 점을 유훈으로 명시해두었 다.[161] 이때 5실은 불천주不遷主로서 태조太祖와 현 군왕의 사친四親(고조–

---

158 『明宗實錄』 卷5, 2年(1547) 5月 18日: 傳曰, "仁宗祔文昭殿事, 朝廷再三强請, 故勉從 朝議耳. 世祖若拘於毋過五室之制, 不計功重, 親未盡而徑遷, 是重仁宗, 而不重先祖, 仁 宗之靈, 豈爲安心? 不可徑遷, 故更示予堅定之意. 仁宗祔于延恩殿, 則情禮穩當, 卿等 其知之."

159 '정묘(正廟)' 이외에 별도로 세운 사당을 '원묘(原廟)'라고 하며, 이는 한(漢)나라 혜제 (惠帝)가 고조(高祖)를 위해 처음 세운 것으로 전해진다.(『史記』 「高祖本紀」: "及孝惠 五年, 思高祖之悲樂沛, 以沛宮爲高祖原廟."; 裴駰, 『史記集解』: "謂 '原'者, 再也. 先 旣已立廟, 今又再立, 故謂之原廟.")

160 '종묘(宗廟)'가 국가적 차원의 정묘(正廟)라면, '문소전(文昭殿)'은 국왕을 정점으로 한 왕실 차원의 가묘(家廟)로 이해할 수 있다. 이러한 차이는 종묘의 주찬(酒饌)은 전사 시(典祀寺)에서 마련하지만 문소전은 내자시(內資寺)에서 주찬을 올리고, 헌관(獻官) 도 종묘는 관원들로만 이루어진 반면 문소전에서는 종친들이 참여하며, 치제(致祭)의 목적에 있어서도 종묘는 신도(神道)로 섬겨 엄숙함에 기초하지만 문소전은 생시(生時) 를 본떠 정회(情懷)를 기쁘게 하는 데 목적을 둔 데서도 확인할 수 있다.(한형주, 2002, 105~106쪽)

161 『世宗實錄』 卷60, 15年(1433) 5月 3日: "今我太祖·太宗原廟各異, 非惟不合古制, 慮 後世子孫各立其廟, 百世之後, 神宇不勝其繁, 可繼可述, 不亦難乎? 肆命禮官, 參酌古今, 宮城之內, 改建寢殿, 仍號文昭. 後代奉祀, 無過五室, 凡其神御之物·禮樂之具, 一切更 新, 創立一代之規, 定爲萬世之典, 庶幾子孫於此於彼之念事生事存之心, 可謂無憾矣."

증조-조-녜)의 묘실廟室을 지칭한다.

인종의 부묘를 두고 논의할 당시 문소전에는 태조 이외에 세조世祖-예종睿宗-성종成宗-중종中宗이 봉안되어 있었다. 여기에 인종을 새로 부묘하게 되면 '5실을 넘기지 말라[無過五室]'는 유훈에 따라 순서상 세조를 체천해야 하는 상황이었다. 그런데 문제는 현 군왕인 명종에게 세조가 아직 친진親盡하지 않은 고조高祖라는 사실이었다. 이에 문정왕후는 커다란 공이 있는 세조를 친진하지도 않은 상태에서 체천하는 것은 문제가 있다며, 차라리 인종을 연은전延恩殿[162]에 부묘하라고 전교를 내린 것이다.

이에 대해 당시 대신들은 "세조는 당대의 사친四親이므로 그 신주를 체천하는 것은 정과 예에 과연 미안하다"[163]며 문정왕후의 의견에 적극 찬동하였다. 그리하여 양사를 비롯한 신진사류들로부터 "인종을 문소전에 부묘하라"는 줄기찬 상소가 이어졌음에도 불구하고 끝내 문정왕후와 대신들의 뜻에 따라 인종은 문소전에 부묘되지 못하고 덕종德宗이 봉안된 별전(연은전)에 봉안되는 것으로 일단락되었다.

애초에 세종이 '5실을 넘기지 말라[無過五室]'는 유명을 했을 때는 부자상전父子相傳으로 왕위가 계승되는 정상적인 상황을 염두에 두고, 태조를 불천주로 하고 현 군왕의 사친만을 봉안하되 친진하면 체천하라고 했던 것이다. 따라서 이 제도는 인종과 명종처럼 형제상계하는 예외적 상황이 벌어졌을 경우 얼마든지 문제가 야기될 소지를 안고 있었다.

묘제廟制에서 형제상계가 문제가 되는 까닭은 '형제兄弟'에 방점을 찍었

---

162 연은전(延恩殿)은 예종(睿宗)을 이어 입승대통한 성종(成宗)의 생부인 덕종(德宗 : 훗날 명나라로부터 '회간왕(懷簡王)'이라는 시호를 받음)을 봉안한 별전이다.

163 『明宗實錄』卷5, 2年(1547) 5月 18日 : 仁鏡等啓曰, "世祖, 乃當代四親之主, 遷之, 情禮果爲未安, 聖敎至爲切當."

을 때와 '상계相繼'에 방점을 찍었을 때 매우 다른 결론에 이르기 때문이다. '형제'에 방점을 찍는다는 것은 이들의 관계가 부자가 아니라는 사실을 분명히 하는 것으로, 이때 묘제에서 소목昭穆의 위차는 동일하게 취급된다[同昭穆]. 이에 반해 '상계'에 방점을 찍는다는 것은 이들의 관계가 왕통의 전승관계임을 분명히 하는 것으로, 이때 묘제에서 소목의 위차는 구분하여 취급된다[異昭穆].[164] 인종이 문소전에 부묘되지 못한 것은 인종과 명종을 상계의 관계라는 측면보다는 형제라는 측면에서 다루었기 때문이다. 세조가 현 군왕인 명종에게 친진하지 않은 고조라는 사실이 인종을 문소전에 부묘할 수 없는 주요한 논거가 되었던 것도 바로 이 때문이다.

그렇게 일단락되었던 이 문제는 1567년 훙서한 명종의 상이 끝나고 문소전에 부묘할 무렵에 또 다시 쟁점으로 부상하게 된다.[165] 즉, 명종의 문소전 부묘와 동시에 연은전에 봉안되어 있던 인종도 함께 부묘해야 하는지를 두고 논쟁이 벌어졌던 것이다. 당시 영상領相이었던 동고東皐 이준경李浚慶(1499~1572)을 대표로 하는 대신들과 고봉高峯 기대승奇大升을 위시한 신진들 사이에 수개월에 걸쳐 진행된 이 논쟁은,[166] 노당老黨

---

[164] 전자는 부자(父子) 혹은 형제(兄弟)라는 세차(世次)에 중점을 둔다는 점에서 '세차론(世次論)'이라 하고, 후자는 왕위(王位)를 전승한 관계라는 사실에 중점을 둔다는 점에서 '위차론(位次論)'이라 하기도 한다. '세차론'과 '위차론'에 관한 자세한 내용은 김정신, 2004, 119쪽.

[165] 명종(明宗) 당시 인종(仁宗)을 연은전에 별도(別祔)하지 말고 문소전에 부묘하라는 양사(兩司)의 상소에 명종은 다음과 같이 비답을 내린다. "인종을 지금은 비록 별부하였지만, 세조(世祖)를 체천(遞遷)할 때가 되면 자연히 순서에 따라 부묘(祔廟)하게 될 것이다."(『明宗實錄』 卷5, 2年(1547) 5月 20日 : "仁宗今雖別祔, 及世祖當遷之時, 則自然以次祔廟耳.") 명종의 이 비답은 선조대에 와서 인종을 문소전에 부묘해야 한다는 주장의 중요한 논거가 된다.

[166] 『宣祖實錄』 卷3, 2年(1569) 6月 9日 : "頃者文昭殿事, 議論已發而不能卽定. 其間是非甚多, 與大臣爭辨, 至於五六朔之久."

과 소당少黨이라는 당파의 형색을 띠는 것으로 평가받을 만큼 치열하게 대립하며 전개되었다.[167]

선조대에 재연된 인종의 문소전 부묘 논쟁의 쟁점은 크게 두 가지다. 첫째는 명종을 부묘할 때 연은전에 봉안되어 있는 인종도 함께 부묘할 것인가에 관한 것이고, 둘째는 인종을 문소전에 부묘한다면 기존의 문소전을 어떤 방식으로 개축할 것인가에 관한 것이다.

먼저 첫 번째 쟁점부터 살펴보면, 당시 이 논의가 처음 제기되었을 때는 집정대신과 신진사류를 막론하고 모두들 당연히 인종도 함께 문소전에 부묘해야 한다는 데 의견을 같이 했다. 이러한 당시의 분위기는 동고 이준경의 헌의獻議에 잘 드러나 있다.

> 인묘(仁廟)께서 빈천(賓天)하신 뒤, 당시 신료들이 예의를 고려하지 않고 경솔한 생각으로 천착하여 문소전에 부묘하지 않고 별전에 봉안하자 물의가 분울하였습니다. 이 한 가지만으로도 천지의 화평이 손상됨을 느끼기에 충분하였습니다. 사람들은 '명묘(明廟)께서 부묘되실 때 응당 (함께) 문소전에 입부(入祔)해야 한다'고 생각하였으니, 이 일의 의리가 매우 분명합니다.[168]

인종을 문소전에 부묘하는 것으로 의견이 모아지자, 이번에는 새로운 문제가 대두하게 되었다. 애초에 인종을 문소전에 부묘하지 못했던

---

167 『宣祖修正實錄』 卷3, 2年(1569) 6月 1日 : "自此, 形色界限頗別, 閭閻指目, 號爲老少黨."
168 『東皐遺稿』 卷6 『補遺』, 「仁宗大王入祔文昭殿議○己巳正月」 : "仁廟賓天之後, 當時諸臣不顧禮義, 率意穿鑿, 不祔文昭, 奉諸別廟, 物議憤鬱. 以此一事, 足以感傷天地之和. 群議以爲'當於明廟祔廟之時應入文昭'云, 此事義理甚明."

것은 친진하지 않은 세조를 체천하는 것이 미안하다는 이유 때문이었다. 하지만 이제는 세조의 체천은 당연한 것이었으므로 이에 대한 이론은 있을 수 없었다. 대신 새로운 문제로 인해 인종의 문소전 부묘는 다시 표류하게 되었다. 그것은 형제관계인 인종과 명종의 소목위차를 어떻게 정할 것인가에 관한 것이었다. 이 새로운 문제는 다시 문소전의 개축이라는 두 번째 문제로 이어지게 되었다. 이를 논의하기 위해서는 먼저 문소전의 구조에 대한 개략적인 이해가 필요하다. 『국조오례서례 國朝五禮序例』에는 문소전에 대해 다음과 같이 설명되어 있다.

> 문소전은 궁성 안 동쪽에 있으며, 후침(後寢)은 5칸이고 전전(前殿)은 3칸이며, 각각 감실이 있다.[후침은 남향을 하며 서상(西上)이고, 전전은 소목으로 질서를 삼는다.] 모두 북쪽에서 남향하며, 앞쪽에는 삼계(三階) 신좌(神座)가 있다. 전전에는 태조(太祖)가 중앙에서 남향을 하고, 소(昭) 2위는 동쪽에서 서향, 목(穆) 2위는 서쪽에서 동향을 한다. 후침은 모두 북쪽에서 남향하며 서상이다.[169]

〈표 5〉

후침오간(後寢五間)				
第一室	第二室	第三室	第四室	第五室
太祖↓	高祖↓	曾祖↓	祖↓	禰↓

전전삼간(前殿三間)		
	太祖↓	
穆→		←昭
穆→		←昭

---

[169] 『國朝五禮序例』 卷1, 「吉禮·壇廟圖說」 '文昭殿'條: "文昭殿在宮城內東. 後寢五間, 前殿三間, 各有龕室.[後寢南向西上. 前殿以昭穆爲序.] 並坐北南向, 前有三階神座. 前殿, 太祖居中南向, 昭二位在東西向, 穆二位在西東向. 後寢, 則並在北南向西上."

이렇게 문소전의 주요 구성은 5칸의 후침과 3칸의 전전으로 되어 있었다. 여기에 봉안된 다섯 신주는 평소에는 후침 5칸의 실에 각각 안치되어 있다가 사시대제와 같은 특별한 경우에는 전전으로 옮겨져 합향合享을 하였다.[170] 인종을 명종과 함께 문소전에 부묘하는 것으로 결정되자, 인종과 명종을 어떤 방식으로 문소전에 부묘할 것인지가 새로운 문제로 대두하게 되었다. 즉, 태조를 제외한 네 개의 실 중 예종-성종-중종이 각각 세 개의 실에 봉안되면 남는 실은 하나뿐이었으므로, 인종과 명종을 어떻게 입부入祔할 것인가가 새로운 문제로 대두하게 되었던 것이다. 이 문제는 다시 형제상계兄弟相繼를 한 인종과 명종의 소목을 어떤 관점에서 결정할 것인가와 결부되어 더욱 복잡한 양상을 띠게 되었다. 즉, 인종과 명종을 같은 위차[同昭穆]로 간주해 1실에 함께 봉안할 것인가, 아니면 다른 위차[異昭穆]로 간주해 별도의 1실을 증축하여 각각 봉안할 것인가 하는 점이 문제가 되었던 것이다.

이러한 문제들이 대두하게 되자 이에 관한 다양한 주장들이 잇따라 분출되었다. 예를 들면, 실室을 증축하는 것은 '5실을 넘기지 말라[無過五室]'는 세종의 유훈에 위배되므로 불가하다는 견해, 실을 증축하지 말고 칸막이를 하자[作隔]는 견해, 태조太祖를 제외한 4위 각각의 닫집[唐家]을 헐고 통째로 둔 상태에서[通作長家] 상황에 맞게 칸막이를 하자는 견해 등이 제시되었다.[171] 이렇게 중구난방식으로 논의가 전개되자, 심지

---

170 『退溪全書』 卷7, 「擬上文昭殿議幷圖」: "竊以文昭殿即漢之原廟, 世宗大王所以設立之意, 今且未論, 論其爲制, 則後寢五間, 以奉高·曾·祖·考四親與太祖五位之神, 前殿三間, 每四時大祭之類, 奉出五神主, 合享于此."
171 『東皐遺稿』 卷2, 「仁宗大王入祔文昭殿可否箚」: "人皆以爲位數加一, 則殿內狹隘, 必須構, 然後可容六位, 故又請增修, 而言官以爲世宗遺旨, 不可增加, 故又停增修之擧, 而旋生作隔之計, 言者又以爲不可, 而壞撤四位唐家, 通作長家, 推移作隔, 欲爲六位之規."

어는 인종을 문소전에 부묘하려던 계획을 거두고 원래대로 연은전에 두자는 견해마저 제기되기에 이르렀다.[172]

퇴계 역시 이런 논의가 진행되던 초기에 이미 문소전에 관한 자신의 견해를 그림과 함께 제시했다.(「의상문소전의병도擬上文昭殿議幷圖」)[173] 퇴계는 우선 형제상계의 경우 소목은 같지만 1실에 함께 봉안해서는 안 된다는 점을 분명히 한다. 이 과정에서 퇴계는 "형제가 대를 이어 왕위에 오르면 동소목同昭穆으로 하나의 위에 함께 한다"[174]는 『국조오례서례』의 규정을 비판하면서, 하순賀循(260~319)의 '칠실가일七室加一'[175]의 견해와 『송사宋史』에 나오는 '동위이좌同位異坐'[176]에 의거해야 한다고 주장한다.[177] 그리고 퇴계는 다음과 같이 말한다.

> 예를 들면 인종과 명종은 동소목(同昭穆)이며, 인종께서 부묘되실 때 세조는 명종께도 고조이시므로 조천하지 않았습니다. 따라서 실(室)과 위(位)의 수는 자연히 하나가 늘어나 여섯이 되는 것입니다. 이와 같다면 당

---

172 인종의 문소전 부묘를 철회하자는 주장은 동고에 의해 제기되었다. 하지만 이에 대해 신진사류들의 거센 반발이 일자, 동고는 「인종대왕입부문소전가부차(仁宗大王入祔文昭殿可否箚)」를 지어 올려 자신을 소명하면서 동시에 다수의 견해에 따라 인종을 다시 문소전에 부묘할 것을 주청한다. 이에 관한 자세한 내용은 『東皐遺稿』 卷2, 「仁宗大王入祔文昭殿可否箚」 참조.

173 『실록』에서는 1569년에 2월 5일에 퇴계가 이 글을 올린 것으로 기록하고 있다.(『宣祖實錄』 卷3, 2年(1569) 2月 5日 기사 참조)

174 『國朝五禮序例』 卷1, 「吉禮·壇廟圖說」 '宗廟': "神座, 太祖一位, 昭穆各二位.[其中兄弟同昭穆共一位.]"

175 『晋書』 卷68 「賀循傳」: "旣有八神, 則不得不於七室之外, 權安一位也."

176 『宋史』 卷106, 禮志第59, 「宗廟之制」: "臣等參議, 自今合祭日, 太祖·太宗依典禮, 同位異坐."

177 『退溪全書』 卷7, 「擬上文昭殿議幷圖」: "其間有兄弟繼立, 則同昭穆共一位之法, 見於 『五禮儀』 宗廟圖說, 然不可以同一室並一坐, 故當依賀循七室加一之議, 與 『宋史』 '同位異坐' 之文."

연히 본침(本寢)과 본전(本殿)에 변례(變禮)에 적합한 방도를 의논해 대처했어야 옳았습니다. 어찌 이의(異議)를 왜곡되게 만들어내서 다른 묘전(廟殿)에 별입(別入)한단 말입니까?[178]

우선 퇴계는 형제상계를 한 경우에 대해 동소목임을 인정한다. 이는 아무리 왕통을 계승한 관계라 하더라도 형제인 이상 부자처럼 소목을 달리 할 수는 없다는 점을 분명히 한 것이다. 그런가 하면 퇴계는 위차는 같더라도 자리를 함께 할 수는 없다[同位異坐]고 주장 한다. 이는 왕통을 상계한 형제라면 사대부가의 형망제급과 같은 이종移宗을 용납할 수 없다는 점을 분명히 한 것이다. 이러한 견지에서 퇴계는 "세조도 조천해서는 안 되는 것이고, 인종도 당연히 문소전에 부묘했어야 옳았다"고 주장하면서, 그 해결책으로 증실增室을 천명했던 것이다.[아래 〈후침오간도後寢五間圖〉 참조]

〈표 6〉

〈후침오간도(後寢五間圖)〉

第一室	第二室	第三室	第四室	第五室	新增 第六室
太祖	世祖	睿宗	成宗	中宗	
	世祖祧出 睿宗入此	睿宗遷上 成宗入此	成宗遷上 中宗入此	中宗遷上 仁宗入此	明宗入此

퇴계는 증실의 논거로서 중종을 종묘에 부묘할 때 증실했던 사실을

---

178 『退溪全書』卷7, 「擬上文昭殿議并圖」: "如仁宗與明宗同昭穆也, 仁宗祔時, 世祖於明宗亦爲高祖, 不祧, 故室與位數自至於加一爲六矣. 如是則當於本寢本殿內, 議處變禮之宜, 可爾. 安得曲生異議, 別入他廟乎?"

인용하면서, "어찌 종묘宗廟에서만 변례로 대처할 줄 알고, 원묘原廟에서는 그리 할 줄 몰라서 결국 인종을 원묘가 아닌 이전異殿에 별처함으로써 사람이나 신명 모두를 20년 넘게 억울하게 할 수 있냐"며 비판한다.[179] 세종이 '5실을 넘기지 말라'고 명시했고, 『국조오례서례』에 '동일한 소목은 1개의 위에 함께 한다[同昭穆共一位]'라는 규정이 있음에도 불구하고, 퇴계는 '실의 수로 신주의 수를 제한하지 않는 것이 의리義理'[180]이며, '두 분의 제왕을 함께 모시는 의리는 없다'[181]는 선현들의 예를 근거로 증실을 주장했다.[182]

이와 같이 후침後寢에서의 증실을 주장한 퇴계는 전전前殿에 대해서는 더욱 과감한 주장을 한다. 앞에서 살펴본 바와 같이 문소전의 전전은 합향合享의 공간이며, 합향을 할 때 태조는 북쪽에서 남향을 하고 사친四親은 소목의 형태를 취하면서 각각 동향과 서향을 하도록 배치된다. 그런데 문제는 전전의 공간이 남북은 짧고 동서는 긴 직사각형 형태여서 인종과 명종을 함께 부묘할 경우 명종의 자리가 나오지 않는다는 것이었다.[아래 〈전전삼간도前殿三間圖〉 참조]

---

179 『退溪全書』卷7, 「擬上文昭殿議并圖」: "及中宗祔廟, 禮官尹漑等知此爲失禮, 請增立四室, 奉還文宗, 而中宗入第九室. 蓋旣不能建正世數, 其處禮之變固當如是. 奈何徒知處變於宗廟, 而不知處變於原廟, 遂以仁宗神主不入原廟, 而別處於異殿, 人神鬱抑二十有餘歲."

180 『退溪全書』卷7, 「擬上文昭殿議并圖」: "今擬就其東偏, 依宗廟增室故事, 新立一間, 以奉安明宗神位, 正合古人不以室數限主數之義."

181 『退溪全書』卷18, 「與奇明彦」: "夫不遷四親與毋過五室, 極知並行之爲難矣. 故一室分兩, 不得已, 而姑欲爲目前之計云云. 然以賀循'廟室象常居, 未有二帝共處之義'之說觀之, 亦殊未安."

182 성헌변통(成憲變通)의 기조 위에서 제안된 이러한 퇴계의 주장은 '선왕의 예제에 얽매인다[拘於先王之制]' 혹은 '선왕의 헌장을 지키려고 한다[欲守先憲]' 등의 이유로 인종을 계속해서 연은전에 안치하자고 했던 동고 등의 주장과 매우 대비된다. 또한 이를 통해 동고 등 집권대신들이 시왕례(時王禮)를 중시하는 입장에 있었다면, 상대적으로 퇴계는 의리에 부합하는 선현들의 예제를 중시했음을 확인할 수 있다.

〈표 7〉

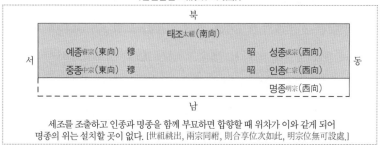

〈전전삼간도(前殿三間圖)〉

북

태조太祖(南向)

예종睿宗(東向)　穆　　　　　　　昭　성종成宗(西向)

중종中宗(東向)　穆　　　　　　　昭　인종仁宗(西向)

서　　　　　　　　　　　　　　　　　　　　　　동

명종明宗(西向)

남

세조를 조출하고 인종과 명종을 함께 부묘하면 합향할 때 위차가 이와 같게 되어
명종의 위는 설치할 곳이 없다. [世祖祧出, 兩宗同祔, 則合享位次如此, 明宗位無可設處.]

이와 같은 이유로 당시 조정에서는 전전의 건물을 앞쪽으로 더 증축
하는 것까지 고민하기에 이르렀다.(위 〈전전삼간도〉의 점선 부분) 이에 퇴계
는 주자의 「주대협도周大祫圖」와 「송협향위차도宋祫享位次圖」를 고구하여,
태조의 좌향을 동향으로 변개하고, 사친의 좌향 역시 각각 남향과 북향
이 되도록 재배치하는 새로운 대안을 제시한다.[아래 〈금의정문소전도今擬定
文昭殿圖〉 참조]

〈표 8〉

〈금의정문소전도(今擬定文昭殿圖)〉

北

成宗(南向)　　仁宗(南向)　　明宗(南向)

西　太祖(東向)　　　　　　　　　　　　　　東

睿宗(北向)　　中宗(北向)

牖　　　　　　　牖　　　　　　戶

南

신은 엎드려 들으니, 옛날의 협향(祫享)은 모두 태조가 동향을 하고 남북

으로 좌우의 소목을 나누되 왼쪽에서 오른쪽으로 배열하였다 합니다. 이것이야 말로 만세토록 마땅히 따라야 할 법입니다. 지금 남향의 위치로는 좁아서 이렇게 시행하기 곤란하니, 때에 맞춰 적당하게 대처하는 것만 못합니다. 옛날 협향의 제도를 오늘날 협향의 문제에 소통시켜 거행한다면 불가한 점이 하나도 없을 것입니다. 신은 이미 앞에서 〈전전삼간도(前殿三間圖)〉를 만들어 남향으로는 시행하기 어려운 까닭을 제시하였고, 이어서 주자의 「주대협도(周大祫圖)」와 「송협향위차도(宋祫享位次圖)」를 제시함으로써 협향은 반드시 동향으로 한다는 의미를 밝혔으며, 마지막으로 다시 〈금의 정문소전도(今擬定文昭殿圖)〉를 만들어서 동향이 예에 맞다는 것을 제시하였습니다. 엎드려 원하옵건대, 전하께서는 그림을 살펴보시고 예에 근거하되 의리로써 헤아려 주십시오. 전(殿) 내부에서 북쪽으로부터 서쪽으로 옮기기만 하면, 태조는 서벽(西壁)에서 동향을 하고 예종과 중종은 남쪽에서 북향을 하며 성종과 인종·명종은 북쪽에서 남향을 하게 됩니다.[183]

기존의 좌향을 전면적으로 개정하여 재배치하자는 퇴계의 주장은 건물을 증축하자는 것보다 훨씬 과감하고 혁신적인 제안이었다. 또한 퇴계는 '협향의 공간은 반드시 태조가 동향을 한다'는 고례의 원칙을 들어, 속례로서 정착된 문소전의 묘제廟制를 오히려 고례에 부합하는 공간으로 변모시킬 계기로 삼자는 발상의 전환을 보였다.[184] 하지만 자신

---

183 『退溪全書』卷7,「擬上文昭殿議幷圖」: "臣伏聞, 古之祫享, 皆太祖東向, 以南北分左右昭穆之列, 自西而東, 此萬世所當法也. 今玆南向之位, 隘礙難行如此, 不如因時處宜. 以古祫之制, 通今祫之礙, 擧而行之, 無一不可. 臣旣爲殿圖於前, 以見南向難行之故, 繼以朱子周祫九圖宋祫一圖, 以明祫必東向之意, 終復爲殿圖, 以表東向得禮之懿. 伏願殿下按圖據禮, 揆以義理, 只就殿內, 轉北從西, 太祖西壁東向, 睿宗·中宗在南北向, 成宗·仁宗·明宗在北南向."

의 이러한 주장이 오랜 전통에 위배된다는 이유로 사람들에게 수용되지 않을 수도 있다는 사실을 퇴계는 예견하고 있었다. 그래서 퇴계는 "만일 세종 당시에 이런 문제에 직면했다면 성스럽고 지혜롭고 인자하고 효성스러운[聖智仁孝] 세종은 반드시 변통하여 시행했을 것이며 한 가지 주장만을 고집하지는 않았을 것"이라고 말한다.[185] 그리고 "우연히 정해진 설위設位를 개정하기 어렵다는 생각에 얽매어, 끝내 고례를 회복할 수 있는 전례를 저버리지 말라"는 바람으로 글을 맺는다.[186]

「의상문소전의병도擬上文昭殿議幷圖」를 받아 본 선조는 이에 관심을 갖고 퇴계를 불러 내용에 관해 자세히 물은 다음, 대신과 예관들에게 이를 상의해보라 명했다. 하지만 퇴계의 예상대로 그들은 "140년 동안 행해 온 제도를 하루아침에 고치는 것은 온당치 못하다"는 요지의 답을 올렸고, 퇴계의 주장은 결국 시행되지 못했다.[187] 그리고 이 일이 있은 지 한 달 쯤 뒤인 1569년 3월 4일 퇴계는 모든 관직에서 물러나 낙향을 한다.[188] 율곡은 『경연일기經筵日記』에서 이 과정을 상세히 기술한 다

---

184 『宣祖修正實錄』卷3, 2年(1569) 1月 1日: 滉又啓云, "臣非不知原廟爲俗禮, 然俗禮之中, 有一端難行處, 變通而從古禮之懿, 以祖宗聰明正直, 與天合德之靈, 豈不諒其議, 以爲非禮, 而不安其享乎?"

185 『退溪全書』卷7, 「擬上文昭殿議幷圖」: "或疑南向設位, 累朝遵行已久, 今而改之爲難. 臣竊以爲不然. 原廟今因同昭穆之兩宗, 自成六位, 而一位無可設之處, 假使當時有此事, 以世宗之聖智仁孝, 必以變通而行之, 不應膠執於一說, 以至今日也."

186 『退溪全書』卷7, 「擬上文昭殿議幷圖」: "伏乞並留睿察, 勿拘偶定設位之難改, 竟失因事復古之典禮, 不勝幸甚."

187 『宣祖修正實錄』卷3, 2年(1569) 1月 1日: 箚入, 卽引見, 詳問其說, 滉敷對如箚意. 命下大臣・禮官議之, 皆以爲, "殿內享祀儀貌, 不純用古禮, 乃世宗孝思無窮, 以伸晨夕事生之敬, 位置・向背, 規制已定. 百四十年常行之制, 一朝改易, 事體未安." 於是, 滉議格不行. / 이 기사가 1569년 1월조에 수록되어 있지만, 이는 편제상의 오류인 듯하다. 해당 기사에서 퇴계가 올렸다는 글의 내용은 「의상문소전의병도」와 전체적으로 같다. 그리고 문소전의(文昭殿議)가 2월에 시작되었다는 사실에 비추어 볼 때, 이 기사는 1569년 2월 5일 이후의 것으로 판단된다.

음, 이를 지켜본 자신의 소회를 다음과 같이 덧붙였다.

> 임금이 선왕을 받드는 일은 마땅히 종묘에서 높고 무겁게 해야 하며, 원묘는 설치할 바가 아니다. 우리나라에 문소전이 설치된 지 이미 오래되었으니, 성학이 높고 밝아 돌아가신 선왕들을 예로써 섬길 임금이 아니면 혁파하지 못할 것이다. 원묘를 폐지할 수 없다는 것을 짐작한 이문순(李文純)[189]이 원묘에서나마 고례를 시행하고자 하였으니, 이 역시 변(變)에 대처하여 정(正)을 얻으려는 것이었다. 대신들이란 정견(定見)을 가지고 있는 자들이 아니어서, 그저 유속에 따라 유자의 의견을 저해할 뿐이다. 주상께서 이미 고례를 좋아하시지 않는데다 대신들마저 식량이 없으니, 현자가 조정에 설 수 없는 것은 당연하다.[190]

퇴계는 관직에서 물러난 이후에도 이 사안에 대한 관심을 놓지 않았다. 앞에서 살펴본 바와 같은 이유로 인종을 연은전에 그대로 안치하자는 논의가 다시 대두하자, 퇴계는 이 논의가 그동안 제기된 다양한 논의들 중 가장 의리에 해롭다며 우려를 표한다.[191] 퇴계가 이렇게 생각

---

188 『退溪先生年譜』卷2, 「己巳先生六十九歲」: "三月 (…중략…) 戊申, 詣闕謝恩. 入對夜對廳. 乞退. 許之."
189 문순(文純)은 퇴계의 시호이다.
190 『栗谷全書』卷28, 「經筵日記」10, 隆慶三年己巳○今上二年: 二月. (…중략…) 謹按, "人君之奉先, 當崇重於宗廟, 而原廟非所當設也. 我國文昭殿之設已久, 非聖學高明以禮事亡, 則不能革罷矣. 李文純自度不能廢原廟, 故欲就原廟中行古禮, 是亦處變而得正也. 大臣非有定見, 只欲苟循流俗, 以沮儒者之議而已. 主上旣不好古, 而大臣又無識量, 宜乎賢者之不能立朝也."
191 『退溪全書』卷18, 「與奇明彦」: "續聞後出之論, 以爲當仍奉仁宗於延殿, 而不入文昭, 不知信否? 若信有此說, 於令意以爲何如? 以溪愚見, 許多議中, 此說尤深害義理. 自聞此來, 日夕憂鬱, 不知身之在遠外也."

한 까닭은 이러한 조치가 결국 인종을 제치고 명종을 중종의 계승자로 삼는 결과로 이어질 것을 우려한 때문이었다.[192] 이에 퇴계는 자신이 주장했던 증실이 거부되자, 오히려 더욱 혁신적인 안을 제시한다. 즉, 5실체제를 그대로 두되 인종을 부묘하고 대신 고조인 예종을 연은전에 봉안하자는 것이었다. 이 역시 일종의 발상의 전환이었다. 후침에서의 증실이 거부되자 사람들은 인종의 문소전 부묘가 반대되었을 때처럼 새로 부묘하게 되는 인종의 신주를 배제하는 관점에서 이 문제를 해결하고자 했다. 하지만 퇴계는 누군가를 배제해야 한다면 차라리 얼마 뒤 체천하게 되는 고조인 예종의 신주를 연은전으로 봉안하자는 역발상의 대안을 제안한 것이다.

내가 도성에 있을 때 일찍이 그대에게 '고조의 위를 위로 옮겨[上遷] 연은전에 봉안하려고 한다'면서 어떻게 생각하느냐고 물은 적이 있다. 내 생각에 이처럼 덕종과 함께 봉안하는 것은, (봉안해야 할 신위가) 5실보다 많아져서 옮기는 것이지 강체(降替)하는 것이 아니며, 사친(四親)으로서 여전히 제사를 받들기 때문에 조출(祧出)하는 것도 아니다. 위로는 상천(上遷)하는 예에 부응하면서도 실은 조천이 아니고, 아래로는 월부(越祔)하는 혐의를 피하면서도 함께 부묘하는 데 혐의가 없다. 대저 원묘의 사체(事體)가 종묘와 크게 다르므로, 종묘라면 이런 논의가 시행될 수 없겠지만, 원묘는 고례에 따르지 않고 임의로 설치한 것인 만큼 변화를 주어야 할 때 변화를 주는 것이 어찌 안 될 일이겠는가?[193]

---

192 『退溪全書』卷18,「與奇明彦」: "若因此而遂欲忘傳統之重, 忽事君之義, 擯替先君, 仍 置別處, 而徑以明宗升祔, 上繼中宗, 則其違經旨背正論, 得罪於大倫, 爲如何哉?"

퇴계는 이처럼 고조를 위로 옮기는[上遷] 것이 최선이라고 생각하지는 않았다. 다만 사사로운 의도를 개입시켜 마땅히 부묘해야 할 인종의 신주를 별처別處하는 것보다는, 부득이하지만 얼마 뒤 조출祧出해야 할 예종의 신주를 체천하는 편이 낫다고 보았던 것이다.[194] 퇴계는 이러한 자신의 주장이 무리가 따르는 것으로 대단히 민감한 것임을 알고 있었다. 그래서 퇴계는 고봉에게 "만일 이 설을 채택하여 시행하게 된다면 지금은 다 말하지 못할 내용이 많다"면서 "지금은 대사를 두고 다투는 상황인 만큼 모든 일들이 다 중절中節하기를 바랄 수는 없다"고 말한다.[195]

애초 인종을 연은전에 봉안했을 때 그 명분은 '친진하지 않은 세조를 조천할 수 없다'는 것이었지만, 실은 중종을 계승한 인종의 정통성을 인정하지 않겠다는 문정왕후와 훈구대신들의 사사로운 의도가 개입되어 있었다.[196] 따라서 이 문제는 단순히 어떤 임금을 사당에 봉안하느냐 마느냐에 관한 단순한 문제가 아니었다. 그것은 왕통의 정통성과 왕실의 종법질서에 관한 매우 민감한 사안이었다. 만일 사사로운 의도가 개입되어 왕실의 종법질서가 문란해지게 되면 그것은 곧 국가의 기강

---

193 『退溪全書』卷18,「與奇明彦」: "滉頃在都中, 嘗爲吾人言, '欲上遷高祖一位, 奉安延恩'云云, 不知此事何如? 愚意如是而與德宗同處, 以過五室而當遷, 非降替也, 以在四親而留奉, 非祧出也. 上可以應上遷之禮, 而其實非遷, 下可以免越祔之嫌, 而偕祔無嫌. 大抵原廟事體與宗廟大異, 在宗廟則此論不可行, 如原廟則不循古而意設, 所當變而從變, 寧有不可者乎?"

194 『往復書』卷3,「令前上狀 奇承旨宅」(己巳六月初七日): "上遷之說, 固知難行亦非盡善之道. 但以爲與其任私見而欲下替當祔之主, 寧不得已而上遷臨祧之主, 猶爲彼善於此云爾." / 이 글은 내용의 민감함 때문인지는 알 수 없으나 『퇴계전서(退溪全書)』에는 산거(刪去)되어 있다.

195 『往復書』卷3,「令前上狀 奇承旨宅」(己巳六月初七日): "若用此說, 其後段事未言者尙多, 而今不當云云. 今旣爭大事得請矣, 更望餘事一一中節, 寧可得耶?"

196 김정신, 2004 참조.

이 무너지는 것은 물론 화란을 초래할 수도 있다는 점에서 매우 중대한 사안이었던 것이다.

위에서 살펴본 바와 같이 퇴계는 인종의 문소전 부묘 논쟁과정에서 다른 학자들이 쉽게 제안하기 어려운 파격적인 대안들을 연이어 제기했다. 후침의 증실 뿐만 아니라 전전의 좌향을 변경해 재배치하자고 주장하였고, 나아가 5실의 구조를 그대로 유지해야 한다면 차라리 예종을 연은전으로 옮겨서 봉안하자는 실로 파격적인 안까지 제시하였다. 퇴계가 이처럼 계속해서 제시한 파격적인 주장들은 결국 인종을 반드시 문소전에 부묘함으로써 왕실의 '정통'의 대원칙을 지켜내기 위함이었다. 정치공학적 차원에서 계산된 사사로운 의도들을 배격하고, 정당한 의리의 원칙에 입각하여 왕실의 종법질서를 바로 세움으로써 왕실과 국가의 안녕을 이룩하려고 했던 것이다.

제6장

퇴계 예학사상의 사회적 실천

1. '향鄕'에 대한 이해와 실천

1) '향'에 대한 이해와 「향립약조」 제정

앞에서도 이미 이야기했던 바와 같이 유학의 실천철학적 성격을 가장 잘 보여주는 영역이 바로 예학禮學다. 여기에서 말하는 실천철학적 성격의 범주는 수기치인修己治人 또는 내성외왕內聖外王이라는 표어에 드러나 있는 것처럼 우선 자기 존재를 어떻게 성취할 것인가와 더불어 그것을 어떻게 타인과 존재 세계 전체에 선한 영향을 미칠 것인가에 관한 철학적 문제의식과 실천방안을 포함한다. 특히 성리학에 이르러 자신들의 학문적 정체성을 '실학實學'으로 규정하면서 노老·불佛의 사상을 허무虛無·적멸寂滅로 비판했던 것도 결국은 개인적 성취와 사회적 영향을 각각 그 독자적 중요성을 인정하면서 동시에 양자의 순차적 연결성을 결코 간과하지 않는 유가철학의 개성에 기반하고 있다. 더군다나 성리학의 예학에서 가례家禮와 방국례邦國禮 사이에 특별히 향례鄕禮와 학례學禮를 설정한 까닭 역시 이와 같은 문제의식의 산물이다.[1] 퇴계의 예학사상을 검토하면서 사회적 실천으로서 '화민성속化民成俗'의 사례를 살펴보지 않을 수 없는 이유가 여기에 있다.

성리학은 유학을 개창한 공자에 관한 기록인『논어論語』와 공자의 도를 전승한 맹자의 저술인『맹자孟子』와 더불어『예기禮記』에 수록된 「대학大學」과 「중용中庸」 두 편을 표장表章하여 사서四書 체계를 구축하고 이를 성리학적 유학 공부의 정식 커리큘럼으로 확정했다. 이 과정에서 주자朱子는 사서 모두에 주석을 한『사서집주四書集註』를 완성하고, 이를 통해 성리학적 프리즘을 통해 유학을 공부할 수 있는 길을 제시해주었다. 주자는 이 중에서도 특히『대학』에 심혈을 기울였는데, 자신이 이 책에 쏟은 열정이『자치통감資治通鑑』을 완성한 사마광司馬光(1019~1086)이 "나의 평생 정력이 모두 이 책에 들어있다"고 한 말에 견줄 수 있는 정도라고 했다.[2]

주자는『예기』속에서 「대학」이라는 편을 독립시키고『대학장구大學章句』와『대학혹문大學或問』을 통해 자신의 성리학적 이론체계에 따라『대학』을 새롭게 해석하는 토대를 완성하였다. 이 과정에서 주자는 기존의 해석들과 다른 독창적인 견해를 개진하였을 뿐 아니라, 「대학」의 원문에 대해 '착간錯簡'의 혐의를 두어 글의 순서를 재편하였고, 심지어는 '없어진 문장이나 틀린 글자闕文誤字'의 가능성을 제기하면서 원문을 수정하는 실험까지 감행했다. 물론 주자는 자신의 실험이 도망갈 수 없는 '참람한 죄'일 수 있다는 사실을 직시했다. 그렇지만 자신의 이러한 실험이 '수기치인修己治人'과 '화민성속化民成俗'을 새롭게 정립해나가는 확실한 길을 밝히는 일이라는 확신으로 감행했음을 밝히고 있다.[3]

---

1 주자 예학의 집대성적 성격을 갖는『의례경전통해(儀禮經傳通解)』가 「가례(家禮)」·「향례(鄕禮)」·「학례(學禮)」·「방국례(邦國禮)」·「왕조례(王朝禮)」·「장례(葬禮)」·「제례(祭禮)」의 7편으로 구성되어 있다는 사실이 이를 대변한다.
2 『大學章句』「讀大學法」: "溫公作『通鑑』, 言'平生精力盡在此書', 某於『大學』亦然."

『대학』에 투영된 '수기치인'과 '화민성속'에 대한 성리학적 목적의식
은, 앞에서 이미 논의했던 바와 같이, 『대학』의 삼강령三綱領 중 하나인
'친민親民'을 '신민新民'으로 수정해서 해석한 데 잘 드러난다. 원래 『예
기』 속 「대학」의 '친민'은 '어버이가 자식을 사랑할親' 대상인 '백성民'
과 그 주체인 '임금君'이 전제된 수직적 통치논리 위에서 설정된 것이었
다. 이는 그에 앞서 제시되어 있는 '명명덕明明德'이 이미 '임금'의 실천덕
목으로서 특별히 요구되고 있다는 점과 호응한다. 이러한 의미구조로
세팅된 '친민'을 주자가 굳이 '신민'으로 수정한 데는 「대학」을 기존의
사회적·문화적 문법으로 읽지 않으려는 의도가 반영되어 있다. 이러한
의도는 주자 자신이 '신민'이라는 수정된 입장을 천명해놓고도 정작 '백
성民'에는 큰 의미를 부여하지 않은 채 '타인人'으로 대상을 교체하여
'신인'으로 재해석하고 있다는 사실에서 확인할 수 있다. 주자는 '임금'
에서 '백성'으로 내려가는 것이 아니라, '자기'에서 '타인'으로 확장해
나가는 데 초점을 맞춰 「대학」의 강령을 해석하고 싶었던 것이다.[4]

주자는 '친민'을 고증이나 훈고의 차원에서 '신민'으로 수정하자고
제안했던 것이 아니다. 그것은 철저히 성리학의 이론적 토대 위에 구축
된 철학적 문제의식에 따라 제기된 일종의 주장이었다. 그리고 그것은
위·진시대 이후 꾸준히 성장해온 '사士'계층의 사회적·문화적 주체의
식이 결합된 사고의 경학經學적 선언이었다. 이러한 관점에서 보면, 주
자의 '신민(신인)' 해석은 세상을 이끌어갈 역할 주체에 대한 변화된 인

---

3   『大學章句』「序」: 極知僭踰無所逃罪, 然於國家化民成俗之意, 學者修己治人之方, 則
    未必無小補云.
4   한재훈, 2012 참조.

식과 긴밀한 함수관계 속에서 형성된 것이라고 할 수 있다. 그리고 이와 같은 의식은 퇴계를 포함한 주자 성리학을 학습한 조선시대 성리학자들에게 당연하고도 자연스럽게 수용되었다.

특히 성리학자들이 '세상을 이끌어갈 역할 주체'로서 자임했을 때 특별히 주목되는 조건 단위가 바로 '향鄕'이며, 그 구체적 실천 사례가 바로 '향약鄕約'의 시행이다. 나라에 나아가 벼슬을 함으로써 세상을 바로 잡는 것은 사실 개인의 의지나 노력만으로 성취될 수 있는 것이 아니다. 그것은 개인의 의지와 노력을 넘어선 '명命'으로 치부되는 불가항력적 조건들이 개입되기 때문이다. 이에 비해 '향'은 '나라國'의 하위적 성격을 가지면서 '집안家'의 연장적 성격도 동시에 갖는 단위이다. 따라서 앞서 이야기했던 불가항력적 조건들의 개입이 적으면서 '화민성속'을 실천적으로 수행할 수 있는 대상이다. '향' 단위에서 시행된 '화민성속'의 구체적 사례로서 성리학자들이 주도했던 것이 바로 '향약'이다. 특히 '향약'은 넓게 보면 '향례鄕禮'와 긴밀히 연계되어 있다는 점에서 예학사상을 논의하는 데 흥미로운 주제이다.

자료들을 검토해보면, 퇴계는 '향鄕'이라는 단어를 다양한 층위에서 여러 가지 의미로 사용하고 있음을 발견하게 된다. 우선, 자신이 태어나 자란 곳, 친척과 친지들이 여전히 살고 있는 곳, 그래서 언젠가는 자신도 돌아가야만 하는 곳 즉, '고향'의 의미로 '향'이라는 단어를 사용하였다. 예를 들면, 서울에서 관직에 종사하고 있던 퇴계는 세밑에 고향으로부터 온 편지를 받고 자신의 심정을 「세밑에 고향에서 온 편지를 받고 감회를 적다歲季得鄕書書懷」라는 장편의 시에 담았는데, 그 가운데 다음과 같은 표현들이 나온다.

고향에서 온 편지[鄕書] 여러 장, 한 글자 한 글자 친척과 친지들의 글씨구나. (⋯중략⋯) 평안들 하시다니 어찌 아니 기쁘랴만, 기쁨이 크니 도리어 울적해지도다. (⋯중략⋯) 달리는 듯 시간은 멈추지 않아, 벌써 한 해의 마지막 날. 객지의 잠자리는 근심이 많아, 꿈속의 혼은 번번이 (고향으로) 날아가네. (⋯중략⋯) 벼슬을 추구하는 감정[宦情]이야 쉽게 사그라들지만, 고향을 그리워하는 마음[鄕心]은 막을 수가 없다오.[5]

산 설고 물 선 객지에서는 언제나 고향이 그립다. 그곳에는 혈육을 나누었거나 숱한 시간을 함께 한, 내 삶에서 도려낼 수 없는 그리운 사람들이 있기 때문이다. 그들에게서 온 편지에 그들이 쓴 글씨를 한 글자 한 글자 읽는 것은 마치 그들과 대면하는 것처럼 기분 좋은 일이다. 편지를 통해 다들 평안하다는 소식에 몹시 기뻐하다가, 문득 그들과 함께 하지 못하고 외떨어져 있는 객지의 신세가 더욱 울적하게 다가온다. 하물며 거기에 세밑이라는 특별한 상황이 더해지니 고향에 대한 그리움은 배가 된다.

시에는 '고향에서 온 편지' 향서鄕書와 '고향을 그리워하는 마음' 향심鄕心이라는 표현이 등장하는데, 특히 눈길을 끄는 것은 '벼슬을 추구하는 감정' 환정宦情과 대비된 '향심'이다. 퇴계가 이렇게 고향을 떠나 객지 생활을 하고 있는 까닭은 관직 생활 때문이다. 혹여 관직 생활에 연연하거나 골몰하여 애를 태우는 상황이라면 모를까 이미 관직 생활

5 　『退溪全書』卷1, 「歲季得鄕書書懷」: "鄕書十數紙, 字字親舊筆. (⋯중략⋯)豈不喜平安, 喜多情轉鬱. (⋯중략⋯)馳光忽不淹, 逼此歲除日. 客枕多憂思, 魂夢輒飛越. (⋯중략⋯)宦情易成歇, 鄕心不可遏."

에 대한 미련을 버렸거나 염증을 느껴 초탈해 있다면 벼슬살이 때문에 객지에서 살아가는 삶은 무의미한 것이다. 그렇기 때문에 도리어 고향을 그리워하는 마음은 더욱 가눌 수 없었을 것이다.

퇴계가 '향심'을 '환정'과 대비하여 표현한 것에서 알 수 있는 것처럼 고향은 무의미한 방황을 정리하고 싶은 사람들이 찾게 되는 안식처이다. 그래서 퇴계의 글들에는 '하향下鄕'이나 '귀향歸鄕' 또는 '환향還鄕' 등 고향으로 돌아간다는 뜻을 가진 표현들이 많이 발견된다. 퇴계의 대표적인 상소문 중 하나인 「무진육조소戊辰六條疏」에도 "신은 초야의 보잘 것 없는 사람으로 재능도 없고 쓸모도 없기에 나라를 섬기는 것도 형편이 없어 고향으로 돌아와 죽기를 기다렸더니"[6]라는 표현이 있다.

이렇듯 고향이라는 의미로 사용된 '향'은 내 삶이 시작된 곳이자 추억이 있는 곳이며 그 추억을 공유하는 사람들이 살고 있는 그리운 곳이다. 그래서 객지의 방황을 끝내고 안식을 취하고자 할 때 돌아가게 되는 곳이며, 삶을 마무리하기 위해서라면 더욱 마땅히 돌아가야 하는 곳이다.

다음으로 '향'은 나라의 중심으로부터 벗어난 곳, 그래서 문화적으로 수준이 떨어진 곳, 다시 말하면 '시골'이라는 의미로 사용된다. 이와 같은 사례로는 먼저 '향촌鄕村'이라는 단어를 들 수 있다. 1569년 퇴계는 이조판서에 제수되자 이를 거두어줄 것을 청하는 상소문을 올린다. 이 글에서 퇴계는 자신에게 이조판서가 제수되게 된 것은 자신이 오랜 기간 향촌에 살다보니 사람들이 자신에 대해 제대로 파악하지 못한 때문

---

6 『退溪全書』卷6, 「戊辰六條疏」: "臣以草野微蹤, 散材乏用, 事國無狀, 歸鄕俟死, ……" 퇴계는 같은 책 卷7, 「乞致仕歸田劄子二【二月二十九日】」에서 "乞解職歸鄕"이라는 표현도 사용한다.

이라며 명을 철회해달라고 말하고 있다.[7] 이때 퇴계는 향촌이라는 말 앞에 '멀리 동떨어진'이라는 의미의 '원외遠外'라는 수식어를 붙여서 향촌의 지역적 궁벽성을 드러내 보여주었다. 즉, 향촌은 중앙으로부터 멀리 떨어져서 상호간에 정보의 소통이 원활하지 않은 곳이라는 뜻이다. 퇴계가 '향'을 '의약품조차 변변히 없는 곳'이라고 언급한 것도 같은 맥락에서 이해할 수 있다.[8]

유사한 의미로 '향리鄕里'라는 단어도 있다. '향촌'과 마찬가지로 '향리'라는 단어 역시 자체로는 '고향 마을' 또는 '시골 마을'이라는 말로 번역할 수 있겠지만, 이 말이 어떤 말들과 함께 어떤 맥락에서 사용되는지 살펴볼 필요가 있다. 퇴계는 '향리'라는 단어를 도리道理나 사리事理에 어두운 사람들이 사는 곳이라는 맥락에서 사용한 경우가 많다. 예를 들면, 퇴계는 향리를 '진부한 사람陳人'[9], '흔해빠진 사람常人'[10]을 지칭할 때 수식어로 사용한다. 뿐만 아니라, '이치를 알지 못하는 사람不識理者'[11], '잘못된 행동을 하는 아낙네一婦失行'[12] '제 잘난 맛에 사는 사람自好者'[13] 등의 표현과도 함께 사용하고 있다. 이와 비슷한 뜻을

---

7 『退溪全書』卷8,「吏曹判書病告乞免狀一【己巳正月六日】」: "近年長在遠外鄉村, 一時人才物論朦然不知東西, 莫大重任, 如臣庸謬, 加此老昏沈痼, 豈敢忝竊曠廢, 以累聖治."

8 『退溪全書』卷9,「答宋台叟【丙辰】」: "滉積聚痞脹, 往往劇甚, 鄉無醫藥, 坐待天之所處如何, 不能深以爲憂."

9 『退溪全書』卷9,「答任方伯【丁未】」: "如滉上負國恩, 下媿時賢, 直作一鄉里之陳人, 枉過了一生, 緣病至此, 浩嘆奈何?"

10 『退溪全書』卷9,「答宋台叟【庚申】」: "滉積衰積病, 心昏目昏, 椎鈍日甚, 爲一鄉里常人, 壟畝疲氓, 時復顧念, 平昔無一事滿人意者."

11 『退溪全書』卷22,「答李剛而【丁卯】」: "欲捄鄉里人子有至性而不識理者以死傷生, 故垂此大訓耳. 令公平生所學何如, 乃不念此, 而欲躬蹈之耶?"

12 『退溪全書』卷22,「答李剛而【庚午】」: "彼鄉里一婦失行與否, 是何等一塵穢事."

13 『退溪全書』卷30,「答金而精」: "不知今世何等人, 乃違聖典與時王之制, 出禫服而廬衰経耶? 此必鄉里自好者徑情直行之爲耳."

가진 표현으로 퇴계는 '향곡鄕曲'이라는 표현도 사용하였다.[14]

세 번째로 '향'은 교화가 필요한 곳이라는 의미로 언급되었다. 퇴계가 언급한 '향법鄕法'과 '향례鄕禮' 또는 '향의鄕儀' 등이 모두 이와 같은 교화의 필요성 측면을 이야기할 때 사용되었다.[15] 이러한 이해는 우선 위에서 예시한 두 번째 의미와 관련성을 갖는다. 즉, 중앙으로부터 멀리 떨어진 '시골'이라는 의미의 '향'은 문화와 교양의 수준이 필연적으로 낮을 수밖에 없으며, 그것은 다시 윤리와 도덕으로 상징되는 인간다운 삶의 결여 문제와 직결되기 때문이다. 그러나 '향'이 아무리 교화가 필요한 곳이라 할지라도 그곳이 나와 직접적인 관련이 없다면 굳이 이 문제를 고민하거나 이를 해결하기 위해 나서야 할 이유가 없을지 모른다. 그런데 그곳은 첫 번째 용례에서 확인한 것처럼 내 '고향'이다. 내가 태어난 곳이고, 내가 돌아가야 할 곳이며, 내 삶과 밀접한 관계를 맺고 있는 사람들이 살고 있는 곳이기에 그곳의 교화에 개입해야 할 이유가 강력하게 제기되는 것이다.

이 장면에서 우리는 유학자들이 '향'을 '가家'의 연장이며, '가'에서 '국國'으로 나아가는 연결체적 성격을 갖는 곳으로 이해했다는 점에 주목할 필요가 있다. 실제로 퇴계는 '향'을 "부형과 종족이 계시는 곳"[16]이라고 언급함으로써 '가'의 연장이라는 측면에서 '향'을 이해하였음을 보여주

---

14 『退溪全書』卷6,「戊辰辭職疏一」: "臣自少鄙拙愚駭, 無鄕曲之譽, 而夙嬰疾病, 晚出仕路." 같은 책, 卷48,「崇政大夫行知中樞府事韓巖李先生行狀」: "況生長鄕曲, 公不以爲無似, 每加誨借, 扶几從游者不知其幾."

15 『退溪全書』卷23,「與趙士敬」: "先王設鄕法、鄕禮之意, (…중략…)不復問古義如何、鄕禮如何, …… "; 卷38,「答趙起伯問目【戊辰】」: "夫先王所以立鄕法、鄕禮, 必以序齒, (…중략…)自作一行, 以壞亂鄕儀, 蔑棄聖敎乎?";

16 『退溪全書』卷27,「答烏川諸君」: "夙聞鄕黨, 爲父兄宗族之所在, 不可不敬謹自處."

었을 뿐 아니라, 유학의 학문적 실천 범주를 이야기하면서 '가'와 '방국邦國' 사이에 '향'을 배치함으로써 '향'에 대한 교화가 제가齊家와 치국治國 사이를 연결시켜준다는 점을 제시하고 있다.[17]

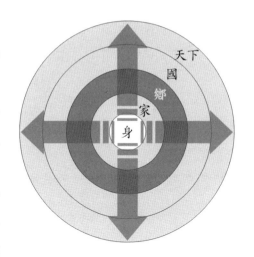

퇴계의 이와 같은 인식은 그의 후학들에 의해 좀 더 정리된 형태로 나타난다. 예를 들면, 여헌旅軒 장현광張顯光(1554~1637)은 '향'을 '한 나라의 수도邦國京都'의 외부에 있으며 '가까운 이웃이나 친족집단比閭族黨'의 상위에 위치한다고 규정하면서, 성인들이 '향'을 중시한 이유에 대해 "위에서 시작된 교화는 이곳을 통해 아래로 퍼져나가고, 아래에서 형성된 풍속은 이곳을 통해 위에 믿음을 주기 때문"이라고 진단했다.[18] 순암順庵 안정복安鼎福(1712~1791)은 "궁窮하여 아래에 있는 군자는 수신·제가를 한 경험을 향리에까지 확산하여 사람들에게 선한 영향을 끼친다"고 언급한 바 있다.[19]

'향'에 대한 이러한 이해는 유학의 실천철학적 측면에서 봤을 때 지극히 자연스러운 것이다. 제자 자로子路로부터 '군자'에 관한 질문을 받은 공자는 '자기를 닦고修己', '타인을 편안하게 하며安人', '백성을 편안하

---

17 『退溪全書』卷49, 「晦齋李先生行狀」: "本之於身、心、性、情, 而行之於家、鄉、邦國."
18 『旅軒集』卷9, 「鄉射堂記」: "余惟古之所謂鄉者, 在邦國京都之外, 居比閭族黨之上. 教化之由於上者, 從此而宣行; 風俗之成於下者, 階此而孚於上, 此聖人所以致重於鄉."
19 『順庵集』卷15, 「廣州府慶安面二里洞約」: "窮而在下之君子, 或推其修、齊之餘, 及於鄉里, 以淑諸人."

게 한다[安百姓]'는 동심원형 파장논리로 답을 하고 있다.[20] 즉, '수기修己'에 의한 파장이 동심원을 그리듯 '안인安人'으로 확장되고, 다시 그것을 '안백성安百姓'에까지 도달하도록 실천하는 사람이 곧 '군자'라는 설명이다. 이러한 동심원형 파장논리는 유학의 실천철학적 특성을 보여주는 독특한 구도로서, 맹자의 '친친親親 - 인민仁民 - 애물愛物'의 구도에서도 확인할 수 있을 뿐만 아니라,[21] 특히 성리학자들에게 깊은 영감을 준 『대학』의 '수신修身 - 제가齊家 - 치국治國 - 평천하平天下'의 구도에서도 확인할 수 있다.[22] 이런 측면에서 보면 '가家'와 '국國'을 연결하는 '향鄕'을 유학의 실천 공간 단위로 주목하는 것은 대단히 자연스러울 뿐 아니라 당연한 것이다.

'향' 단위에 선한 영향을 미치는 대표적인 사례로는 아무래도 '향약鄕約'의 제정과 시행을 들어야 할 것이다. 조선시대의 향약은 형태도 다양했으며 그에 따라 규약의 내용 역시 단순한 것에서부터 복잡한 것에 이르기까지 여러 부류가 있었다. 하지만 대부분의 향약에는 이른바 『여씨향약呂氏鄕約』의 4대 덕목인 덕업상권德業相勸, 과실상규過失相規, 예속상교禮俗相交, 환난상휼患難相恤이 기본적으로 적용되었고, 각 지방의 실정에 맞게 일부 조정되었다.[23]

『여씨향약』은 북송시대 횡거橫渠 장재張載(1020~1077) 명도明道 정호程顥(1032~1085), 이천伊川 정이程頤(1033~1107) 등의 문하에서 성리학을 수학

---

20 『論語』「憲問」: 子路問君子. 子曰, "修己以敬." 曰, "如斯而已乎?" 曰, "修己以安人." 曰, "如斯而已乎?" 曰, "修己以安百姓. 修己以安百姓, 堯舜其猶病諸!"
21 『孟子』「盡心上」: 孟子曰, "君子之於物也, 愛之而弗仁, 於民也, 仁之而弗親. 親親而仁民, 仁民而愛物."
22 『大學』: 身修而后家齊, 家齊而后國治, 國治而后天下平.
23 이수환, 2015, 55~56쪽.

한 여대충呂大忠 · 여대방呂大防 · 여대균呂大鈞 · 여대림呂大臨 등 여씨呂氏 형제들이 향촌 사회를 도학(성리학)적 관점에서 교화할 목적으로 창안한 것이며, 이를 남송시대 주자가 『증손여씨향약增損呂氏鄕約』으로 수정 · 보완하였다. 조선시대 향약의 보급은 중종대中宗代 모재慕齋 김안국金安國 (1478~1543)이 이 『증손여씨향약』을 언해諺解하여 보급한 것을 계기로 크게 확산되었다.[24]

16세기에 접어들면서 조선에서는 이른바 '조선향약'이 출현하게 된다. '조선향약'의 출현은 조선의 성리학자들이 향약을 통해 '향'을 교화하고자 하는 본질적 목적에 동의하면서도, 기존에 『증손여씨향약』을 답습하여 조선에 이식하려던 수준을 넘어서 각 지방의 실정에 맞도록 조정하는 단계에 진입했음을 의미한다. 그리고 그것은 16세기 조선이 성리학에 대한 높은 수준의 이해를 바탕으로 수신-제가-치국-평천하로 연결되는 예교禮敎의 체계와 내용에 대해서도 자율적으로 재해석하고 이를 수정 · 보완하는 수준에 도달했음을 보여주는 증거이다.

일반적으로 '조선향약'의 실질적 물꼬를 튼 것은 퇴계의 「향립약조鄕立約條」라고 본다.[25] 자신의 고향인 예안 지역 향풍鄕風의 진작을 위해 1556년 지은 이 「향립약조」에서 퇴계는 다음과 같이 극벌極罰 · 중벌中罰 · 하벌下罰로 구분된 3단계의 벌칙 조항을 제시하고 있다.

---

24 윤인숙, 2013, 19~20쪽.
25 유홍렬, 1938 참조.

<표 9>

향립약조(鄕立約條)

극벌(極罰)[26]	• 부모에게 불순한 자【불효에 관한 죄는 나라에 정해진 형벌이 있기 때문에 여기에서는 그 다음으로 '불순'을 들었다.】 • 형제 간에 다투는 자【형에게만 잘못이 있어도 함께 벌한다. 아우에게만 잘못이 있으면 아우만 벌한다. 잘잘못이 반반이면 형은 가벼운 벌에 처하고, 아우는 무거운 벌에 처한다.】 • 가도(家道)를 어지럽힌 자【남편과 아내가 구타하고 욕설한 경우, 정처(正妻)를 내친 경우(아내가 사납고 무도한 경우에는 감등), 남녀 간에 분별이 없는 경우, 적실과 첩실을 뒤바꾼 경우, 첩을 처로 삼은 경우, 서얼을 적자로 삼은 경우, 적자가 서얼을 돌보지 않은 경우, 서얼이 적자를 능멸한 경우이다.】 • 관부(官府)와 관련된 일로 향풍(鄕風)에 영향을 미친 자 • 함부로 위세(威勢)를 부려 관부를 흔들고 제멋대로 구는 자 • 향장(鄕長)을 능욕하는 자 • 수절하는 과부를 유혹하거나 협박하여 간음한 자
중벌(中罰)[27]	• 친척끼리 친목하지 못한 자 • 정처(正妻)에게 소홀하거나 박대하는 자【아내가 죄가 있는 경우에는 감등한다.】 • 이웃과 불화한 자 • 동료나 친구 간에 구타하고 욕설을 한 자 • 염치(廉恥)를 차리지 않고 사풍(士風)을 더럽힌 자 • 강함을 믿고 약한 이를 능멸하거나 남의 것을 빼앗고 분쟁을 일으킨 자 • 쓸 데 없이 무리를 지어 광란과 패역을 일삼는 자 • 공적인 또는 사적인 모임에서 관정(官政)을 시비한 자 • 거짓말을 날조하여 타인을 죄에 빠뜨린 자 • 남의 환란에 도울 힘이 있으면서도 돕지 않은 자 • 관직을 받고 임무를 수행함에 공무를 빙자해 폐해를 끼친 자 • 특별한 이유 없이 혼인이나 상례와 제례의 시기를 넘긴 자 • 집강(執綱)을 무시하거나 향령(鄕令)을 따르지 않는 자 • 향론(鄕論)에 복종하지 않고 도리어 원한을 품는 자 • 집강(執綱)이 사적인 이유로 향론을 결정하는 데 개입한 자 • 구관(舊官)을 전별하는 자리에 이유 없이 참석하지 않는 자
하벌(下罰)[28]	• 공회(公會)에 늦게 오는 자 • 향좌(鄕坐)를 문란하고 위의(威儀)를 잃은 자 • 좌중에 시끄럽게 떠들거나 다툰 자 • 자리를 비우거나 편한 데로 물러난 자 • 이유 없이 먼저 나가는 자
원악향리 (元惡鄕吏)[29]	• 상인과 아전과 서민들 사이에 폐단을 짓는 자 • 공물(貢物)을 처리할 때 값과 물건을 과도하게 징수한 자 • 서인으로서 사족(士族)을 능멸한 자

---

26 父母不順者.【不孝之罪, 邦有常刑, 故姑擧其次.】兄弟相鬪者.【兄曲弟直, 均; 兄直弟曲, 止罰; 曲直相半, 兄輕弟重.】家道悖亂者.【夫妻毆; 黜其正妻(妻悍逆者, 減等.; 男女無別; 嫡妾倒置; 以妾爲妻; 以孼爲適; 適不撫孼; 孼反陵適.】事涉官府, 有關鄕風. 妄作威勢, 擾官行私者. 鄕長陵辱者. 守身孀婦, 誘脅汚奸者. 已上極罰【上中下】.

그러나 퇴계의 「향립약조」는 향약이라기보다는 향헌鄉憲 또는 향규鄉規로 보아야 한다는 지적이 일찍부터 제기되었다.[30] 이러한 지적이 제기된 가장 큰 이유는 「향립약조」가 내용과 체제에 있어서 대부분의 향약들과 달랐기 때문이다. 대표적으로 「향립약조」는 『증손여씨향약』에서 제시한 4대 덕목 모두를 반영하지 않고 죄과罪過에 대한 벌칙만 세워놓았다는 점과[31] 그로 인해 다른 향약들에 비해 내용이 매우 간략하다는 점이 지적되었다. 학자에 따라서는 「향립약조」의 이런 특징이 중국의 향약과 무관한 우리 풍토에 알맞은 '조선향약'의 출현을 보여준다는 역발상적 평가를 하기도 한다.[32]

흥미로운 것은 조선시대에는 퇴계의 「향립약조」를 향약으로 이해하는 데 별다른 이견이 없었다는 사실이다. 예를 들면 『향례합편鄉禮合編』을 편찬하도록 명하고 이 책을 간행할 때 「어제양로무농반행소학·오륜행실·향음주례·향약윤음御製養老務農頒行小學五倫行實鄉飮酒禮鄉約綸音」이라는 글까지 직접 쓴 정조正祖는 『홍재전서弘齋全書』에서 퇴계의 「향립약조」를 「예안향약禮安鄉約」이라 분명히 언급하면서 이를 율곡栗谷 이이

---

27 親戚不睦者. 正妻疎薄者.【妻有罪者, 減等.】隣里不和者. 儕輩相毆罵者. 不顧廉恥, 汚壞士風者. 恃强陵弱, 侵奪起爭者. 無賴結黨, 多行狂悖者. 公私聚會, 是非官政者. 造言構虛, 陷人罪累者. 患難力及, 坐視不救者. 受官差任, 憑公作弊者. 婚姻喪祭, 無故過時者. 不有執綱, 不從鄉令者. 不伏鄉論, 反懷仇怨者. 執綱徇私, 冒入鄉參者. 舊官餞亭, 無故不參者. 已上中罰【上中下】.
28 公會晚到者. 紊坐失儀者. 座中喧爭者. 空坐退便者. 無故先出者. 已上下罰【上中下】.
29 元惡鄉吏, 人吏民間作弊者, 貢物使濫徵價物者, 庶人陵蔑士族者.
30 김명진은 퇴계의 「향립약조」에 대해 "오히려 이태조의 향헌(鄉憲)에 더 가깝다"는 견해를 피력했고,(김명진, 1978, 24쪽) 김용덕은 "향규(鄉規)라 칭하는 것이 더 적절하다"고 주장했다.(김용덕, 1978, 38~41쪽)
31 이우성, 1990 참조.
32 황병곤, 1987, 60쪽.

李珥의 「석담향약石潭鄕約」과 비교하고 있다. 뿐만 아니라 "「예안향약」은 간이하고 질박한 데 비해 「석담향약」은 복잡하고 섬세하다"는 평과 함께 "이것으로 두 분 선정先正의 규모와 기상을 확인할 수 있다"고 평가했다.[33] 이는 이른바 「예안향약」이 간이한 내용에도 불구하고 향약으로서 전혀 문제가 되지 않을 뿐 아니라, 이 향약을 제정한 퇴계의 학문적 특징과 연계된 결과물임을 보여준다는 평이다. 순암順庵 안정복安鼎福 역시 퇴계의 「예안향약」을 율곡의 「사창향약社倉鄕約」, 한강寒岡 정구鄭逑의 「월삭강계月朔講契」, 후천朽淺 황종해黃宗海의 「목천동약木川洞約」 등과 더불어 우리나라의 대표적인 향약의 선례로 제시하고 있다.[34]

2) '향약'으로서 「향립약조」의 의의와 한계

그동안 퇴계의 「향립약조」를 다룬 연구들은 많았다. 하지만 대부분이 앞서 제시한 「향립약조」 본문의 내용이나 체제상의 특징에 초점을 맞추었다. 이에 비해 「향립약조서鄕立約條序」는 본 내용을 설명하는 과정에서 필요에 따라 부분적으로만 인용되었을 뿐, 그 전모에 대한 면밀한 분석과 검토는 이루어지지 않았다. 그러나 향약에 관한 퇴계의 생각을 정확하게 이해하기 위해서는 「향립약조」 본문보다 오히려 「향립약조」의 서문인 「향립약조서」를 면밀하게 분석할 필요가 있다. 왜냐하면 「향립약조서」에 '향'이 갖는 공간적 의의는 물론 그것이 교화를 필요로 하는

---

33 『弘齋全書』 卷169, 『日得錄』 9, 政事4 : "李文純「禮安鄕約」簡而質, 李文成「石潭鄕約」縟而纖, 此可以觀兩先正規模氣象."

34 『順庵集』 卷15, 「廣州府慶安面二里洞約」 : "我東先輩之居是鄕也居是洞也, 多有倣而行之者, 若退溪之「禮安鄕約」、栗谷之「社倉鄕約」、寒岡之「月朔講契」、黃朽淺「木川洞約」等類, 皆是也."

이유와 그런 교화를 담당할 주체와 방법 등 향약과 관련한 퇴계의 근본사상이 잘 드러나 있기 때문이다. 따라서 이에 대한 면밀한 분석과 검토를 바탕으로 했을 때 「예안향약」의 내용은 물론 성격과 체제까지 자연스럽게 설명될 수 있다. 이런 이유로 이하에서는 먼저 「향립약조서」의 내용을 살펴본 다음 이를 분석하고 그 의의를 검토하려고 한다.

「향립약조서」는 다음과 같으며, 크게 다섯 단락으로 나누어볼 수 있다.

① 옛날 향대부(鄕大夫)의 직책은 덕행(德行)과 도예(道藝)로 인도하고, 교화를 따르지 않는 사람들에게 가할 형벌을 바로잡는 것이었으며, 선비 된 자 역시 반드시 집안[家]에서 수행하고 고을[鄕]에 현저하게 된 이후에 나라[國]에 귀하게 등용될[賓興] 수 있었다. 이와 같은 것이 무슨 의미이겠는가? 효(孝)·제(悌)·충(忠)·신(信)은 인도(人道)의 근본인데, 집안과 고을은 실제로 그것을 시행할 곳이며, 선왕(先王)의 교화는 이를 중요하게 여겼기 때문에 이와 같이 법을 세웠던 것이다. 후세에 이르러 법과 제도는 비록 무너졌지만 영원한 윤리의 법칙은 그대로이니 어찌 옛날과 오늘의 시의를 헤아려 권선과 징악을 하지 않을 수 있겠는가.[35]

② 오늘의 유향소(留鄕所)는 곧 옛날에 향대부(鄕大夫)를 두었던 의도의 유산이다. 적합한 사람을 얻으면 온 고을이 숙연해지겠지만, 그렇지 않으면 온 고을이 해체될 것이다. 하물며 고을(시골)의 풍속[鄕俗]은 임금님의 덕화를 입지 못한 결과 좋은 것과 나쁜 것이 서로 공격하고 강한 자와

---

35 『退溪全書』卷42,「鄕立約條序附約條」: 古者鄕大夫之職, 導之以德行道藝, 而糾之以不率之; 爲士者, 亦必修於家著於鄕而後, 得以賓興於國, 若是者何哉? 孝悌忠信, 人道之大本, 而家與鄕黨, 實其所行之地也. 先王之敎, 以是爲重, 故其立法如是. 至於後世, 法制雖廢, 而彝倫之則固自若也, 惡可不酌古今之宜, 而爲之勸懲也哉?

약한 자가 서로 삐걱거려 효·제·충·신의 도가 행해질 수 없도록 만들고, 시간이 흐를수록 예의(禮義)와 염치(廉恥)를 내팽개쳐서 결국 이적(夷狄)이나 금수(禽獸)의 나락으로 떨어지도록 함에랴. 이는 실로 왕정(王政)의 큰 걱정거리인데 이를 바로잡을 책무가 유향소에 귀속되었으니, 오호라! 이 얼마나 막중한가.[36]

③ 우리 고을이 비록 땅은 좁지만 본디 문헌(文獻)의 고장으로 불렸으며, 훌륭한 학자들과 뛰어난 인재들이 끊임없이 나와서 이분들의 영향을 받아 고을의 기풍[鄕風]이 대단히 아름다웠다. 근래에 좋지 않은 시운을 만나 달존(達尊)의 어른들이 잇달아 세상을 떠나셨다. 그렇다고 해도 유서 깊은 가문의 남겨진 규범에 문장과 의리가 우뚝하니, 이것에 따라 실천한다면 좋은 지역을 만드는 것이 어찌 안 될 일이겠는가. 그런데 어찌 된 일인지 사람들 마음은 한결같지 못하고 습속은 점점 잘못된 방향으로 변해서, 맑고 향기로운 일은 드물고 좋지 못한 조짐만 일어나고 있다. 이쯤에서 막아내지 못한다면 그 끝은 장차 상상하기 어려운 지경에 이르고야 말 것이다.[37]

④ 이런 까닭으로, 숭정지사(崇政知事) 농암(聾巖) 선생이 이를 걱정하셔서 일찍이 약조(約條)를 만들어 풍속을 바로잡으려고 하였으나, 신중하게 하려다가 미처 실행에 옮기지 못하였다. 지금 지사의 아드님들은 상중

---

36 『退溪全書』卷42, 「鄕立約條序附約條」: 今之留鄕, 卽古鄕大夫之遺意也. 得人則一鄕肅然, 匪人則一鄕解體, 而況鄕俗之間, 遠於王靈, 好惡相攻, 强弱相軋, 使孝悌忠信之道, 或尼而不行, 則棄禮義捐廉恥日甚, 流而爲夷狄禽獸之歸, 此實王政之大患也, 而其糾正之責, 乃歸之鄕所, 嗚呼其亦重矣.

37 『退溪全書』卷42, 「鄕立約條序附約條」: 吾鄕雖壤地褊小, 素號文獻之邦, 儒先輩出羽儀王朝者, 前後接踵, 觀感薰陶, 鄕風最美. 頃年以來, 運値不淑, 達尊諸公, 相繼逝沒, 然猶有故家遺範, 文義蔚然, 以是相率而爲善國, 豈不可也? 奈何人心無恆, 習俗漸訛, 淸芬罕聞而蘖芽間作, 玆不防遏, 厥終將無所不至矣.

에 있고 나 역시 병든 몸으로 초야에 묻혀 지내는데, 고을 어른들 모두가 우리 몇 사람에게 선생의 뜻을 완성해주기를 바라시며 책임을 떠맡기시니 도저히 사양을 할 수가 없었다. 이에 서로 상의를 하여 대강의 얼개를 만들고, 이를 고을 사람들에게 두루 보여 가부를 살핀 뒤에 확정을 하노니, 아무쪼록 오래도록 시행하여 폐단이 없기를 바란다.[38]

⑤ 혹자는 이 약조가 가르침을 먼저 세우지 않고 벌만 주도록 구성된 점을 의아해할 텐데, 이는 참으로 그러하다. 하지만 효·제·충·신은 태어나면서부터 부여받은 본성에 근원을 두고 있을 뿐만 아니라 여기에 더하여 국가가 학교를 설치하여 가르치는 것이 이를 실천하도록 권도하는 방법들로 이루어져 있으니, 우리가 별도로 약조를 세울 필요가 무에 있겠는가. 맹자께서 말씀하시기를 "도는 가까운 데 있는데 먼 데서 구하고, 일은 쉬운 데 있는데 어려운 데서 구한다. 사람들이 제 부모를 잘 섬기고 제 어른을 잘 받들면 천하는 화평해질 것"이라고 하셨다. 이것이 공자께서 말씀하신 '지극한 덕, 요긴한 도'이며, 선왕이 사람들의 마음을 착하게 하던 바이다. 지금부터 우리 고을의 선비들이 성명(性命)의 천리에 근본을 두고 국가의 교화를 따라 집안에서나 고을에서나 각자 저 영원한 윤리의 법칙을 극진히 한다면 이것이야말로 나라의 길사(吉士)가 되는 길이며, 곤궁에 처했든 영달을 누리든 이에 의거하지 않음이 없다면 별도로 약조를 만들어 권면할 필요가 없을 뿐 아니라 벌을 줄 일도 없을 것이다. 만일 이와 같은 뜻으로 이 약조가 만들어진 줄 모르고 예의(禮義)를 침범하여 우리 고

---

38 『退溪全書』卷42,「鄕立約條序附約條」: 故崇政知事籠巖先生患是然也, 嘗欲爲之立約條, 以厲風俗, 鄭重而未及焉, 于今知事諸亂方居喪境內, 滉亦守病田間, 鄕丈皆欲令我輩數人, 遂成先生之志, 委責甚至, 辭不獲已, 乃相與商議, 而擧其梗槪如此, 復以徧示鄕人, 而審可否然後乃定, 庶幾期行於久遠而無弊也.

을의 풍속을 무너뜨리는 자가 있다면 이는 곧 하늘의 못된 백성이니, 벌을 주지 않으려 한들 그럴 수 있겠는가. 이것이 오늘 이 약조를 제정하지 않을 수 없는 이유이다.[39]

①에서 퇴계는 향대부나 선비가 자신들이 거처하는 '향'에서 어떤 역할을 수행해야 하는지를 '옛날'[古]이라는 이상적 모델 속에서 추출하여 제시하고, 오늘날에도 이 모델을 참고하여 그와 같은 전통을 계승해야 할 필요성을 제기하고 있다. 여기에서 퇴계는 "선비[士]는 집안[家]에서 수행하고 고을[鄕]에 현저하게 된 이후에 나라[國]에 귀하게 등용될[賓興] 수 있다"고 하면서 "효·제·충·신은 인간이 추구해야 할 길의 가장 큰 본질이며, 집안과 고을은 실제로 그것을 수행할 곳"이라고 언급한다. 이런 언급을 통해 퇴계는 학문적 실천이 집안에서 나라로 나아가는 파장의 중간단계에 고을이 있으며, 고을을 교화하는 주체로서 향대부나 선비의 역할이 중요하다는 점을 강조하고 있다.

②에서 퇴계는 유향소[留鄕所]를 둔 이유를 ①에서 이야기한 옛날 향대부의 역할을 기대한 것이라고 설명한다. 이 대목에서 주목해야 할 것은 그것이 옛날의 향대부이든 현재의 유향소이든 제도가 중요한 것이 아니라, 그러한 제도를 통해 고을의 풍속을 아름답게 만들어가는 교화의

---

39 『退溪全書』卷42, 「鄕立約條序附約條」: 或者以不先立敎, 而徒用罰爲疑, 是固然矣. 然而孝悌忠信, 原於降衷秉彝之性, 加之以國家設庠序以敎之, 無非勸導之方, 奚待於我輩別立條耶? 孟子曰: 「道在邇而求諸遠, 事在易而求諸難, 人人親其親長其長, 而天下平.」 此孔子所謂至德要道, 而先王之所以淑人心也. 自今以往, 凡我鄕士本性命之理, 遵國家之敎, 在家在鄕, 各盡夫彝倫之則, 則斯爲王國之吉士; 或窮或達, 無不胥賴, 非唯不必別立條以勸之, 亦無所用罰矣. 苟不知出此, 而犯義侵禮, 以壞我鄕俗者, 是乃天之弊民也, 雖欲無罰, 得乎? 此今日約條之所以不得不立也.

필요성과 그것을 책임지고 수행할 주체에 관한 퇴계의 생각이다. 그래서 퇴계는 "(제대로 책임질) 사람을 얻으면 온 고을이 숙연할 것이고, 그렇지 않으면 온 고을이 해체될 것"이라고 주장한다. 또한 퇴계는 고을에 교화가 필요한 중대한 이유로 왕의 교화가 직접적으로 미치지 못한다는 점을 지적하면서, 그렇기 때문에 향대부나 유향소로 대표되는 고을의 교화 책임자들의 역할이 막중하다는 사실을 강조한다.

③에서 퇴계는 자신과 밀접한 관계가 있는 '내 고향[吾鄕]'[40] 예안禮安에 대해 서술한다. 퇴계는 먼저 예안이 비록 자그마한 고을이지만 예전부터 문헌의 고장으로 불렸을 뿐 아니라, 훌륭한 학자나 인재들이 많이 배출되었고 그들의 영향으로 인해 고을의 기풍이 아름다웠다는 점을 기술한다. 그런 다음 근래에 고을의 훌륭한 어른들이 하나둘 세상을 떠나게 되자 습속이 점점 안 좋은 방향으로 변해가고 있다고 지적하면서, 이쯤에서 이를 제지할 필요가 있다는 점을 강조한다. 이러한 내용을 통해 퇴계는 고을 차원에서 「향립약조」을 마련하지 않으면 안 되었던 배경을 설명하려고 했던 것이다. 그리고 유념해야 하는 것은 예안이 과거에 아름다운 향풍을 일구었던 이유와 그것이 변질된 이유 모두를 퇴계는 역시 '사람'의 있고 없음에서 찾고 있다는 사실이다.

④에서 퇴계는 자신이 「예안향약」으로 불리게 될 「향립약조」를 짓게 된 경위를 설명한다. 전직 관료이자 당시 예안지역의 대표적 원로였던

---

[40] 퇴계가 자신의 고향인 예안에 대해 많은 애정을 가지고 있었다는 사례는 여러 곳에서 확인할 수 있다. 예를 들면 「이산서원기(伊山書院記)」에 '오향(吾鄕)'이라는 표현과 「역동서원기(易東書院記)」에는 '우리 예안'이라는 뜻의 '오례(吾禮)'라는 대표적이며, 이밖에 「한성우사분매증답(漢城寓舍盆梅贈答)」이라는 시의 설명 부분에 '아향(我鄕)'이라는 표현도 나온다.

농암聾巖 이현보李賢輔(1467~1555)가 ③과 같은 상황을 우려하여 약조約條를 제정하여 풍속을 바로잡고자 하였으나 미처 실행으로 옮기지 못한 채 세상을 떠났고, 그러자 고을 어른들이 퇴계에게 농암의 유지를 완성하라고 요청하여 자신이 부득이 「향립약조」을 짓게 되었음을 밝히고 있다. 그런데 이 장면에서 흥미로운 것은 이 「향립약조」가 본래 농암의 우려에서 비롯되었고, 퇴계 자신은 주변의 요청으로 농암의 유지를 받들어 완성한 것뿐이라며 겸양의 자세를 취하고 있는 사실이다. 특히 자신이 이 일을 책임지고 수행하였으면서도 농암의 여러 아들들이 상중에 있다는 사실을 굳이 언급하면서 「향립약조」 제술에 관한 일체의 권한이 마치 농암과 그 자식들에게 있음을 분명히 하는 모습이 눈길을 끈다.[41]

⑤에서 퇴계는 「향립약조」의 내용과 구성에 관해 설명한다. 특히 「향립약조」가 왜 권면하고 인도하는 내용은 배제하고 징벌적 내용들로만 채워지게 되었는지에 관해 설명하고 있다. 퇴계가 「향립약조」에서 일관되게 주목하는 것은 효·제·충·신이 집안-고을-나라 단위에 실천되는 것이다. 퇴계가 이를 중요하게 생각하는 이유는 효·제·충·신을 통해 기대할 수 있는 사회적 기능 때문만은 아니고, 오히려 인仁·의義·예禮·지智라는 선한 본성을 타고 난 인간의 자기실현이라는 유학의 존재론적 문제의식에서 비롯된 것이라고 보아야 할 것이다. 국가 차원의 교육은 바로 이 부분을 순방향적 측면에서 권면하고 인도하는 데 초

---

41 그런데 퇴계의 문인인 성재(惺齋) 금난수(琴蘭秀, 1530~1604)는 「퇴계선생향립약조 후지(退溪先生鄕立約條後識)」에서 "퇴계선생이 향풍이 투박해지는 것을 걱정해서 약조를 지어 완성했다"고 말하고 있다.(『惺齋集』 卷2, 「退溪先生鄕立約條後識」: "退溪 先生悶鄕風之渝薄, 著成「約條」")

점이 맞추어져 있다는 것이 퇴계의 생각이다. 그렇기 때문에 '고을' 단위에서 제정하는 「향립약조」에 권면과 인도에 관한 내용을 담는 것은 중복의 느낌을 줄 뿐만 아니라 공적 영역에 대한 침범이라는 문제를 야기할 수도 있다고 퇴계는 보았다. 그렇기 때문에 향 단위에서 마련한 「향립약조」는 예의를 침범하여 향속을 붕괴시키는 자들을 역방향적 측면에서 어떻게 징벌할 것인가에 초점을 맞추어야 한다고 퇴계는 생각했던 것이다. 다시 말하면, 인간 본성의 사회적 실현인 효·제·충·신을 진작하기 위한 권면과 인도는 국가 단위에서 진행하고, 향속을 어지럽히는 데 대한 징벌은 향 단위에서 진행하는 것이다. 이는 국가 단위의 교육이 주도적인 것이라면 향 단위의 약조는 보조적인 것이라는 성격 규정의 의미도 갖는다.

이상에서 살펴본 바를 바탕으로 「향립약조서」에서 우리는 다음과 같은 중요한 사실 몇 가지를 추가적으로 더 읽어낼 수 있다. 먼저, 퇴계는 「향립약조」(또는 향약)에 대해 시행 그 자체를 목적으로 생각하지 않았음을 알 수 있다. 예를 들면 퇴계는 "지금부터 우리 고을의 선비들이 성명性命의 천리에 근본을 두고 국가의 교화를 따라 집안에서나 고을에서나 각자 저 영원한 윤리의 법칙을 극진히 한다면 이것이야말로 나라의 길사吉士가 되는 길이며, 곤궁에 처했든 영달을 누리든 이에 의거하지 않음이 없다면 별도로 약조를 만들어 권면할 필요가 없을 뿐 아니라 벌을 줄 일도 없을 것"이라고 말했다. 이는 선비들이 인간 존재와 윤리적 당위 사이의 연관 관계에 대해 충분히 이해하고 이를 위한 국가의 교화가 제대로 이루어만 진다면 권도든 징벌이든 향 단위의 약조 즉, 향약을 따로 제정할 필요가 없다는 점을 밝힌 것이다.

이의 연장선에서 퇴계는 굳이 '향약'이라는 단어를 사용하지 않았다는 사실도 눈여겨 볼 필요가 있다. 퇴계 이전부터 이미 조선에는 '향약'이라는 이름으로 시행되던 것들이 있었다. 그렇지만 그것은 중종대 신진사류들에 의해 너무 급진적이고 과격하게 추진되다가 도리어 역풍을 초래하였다. 향약뿐만 아니라 그런 양상으로 설명될 수 있는 일련의 사회개혁적 시도들이 있었고 그것은 결국 사화士禍라는 참극으로 이어졌다. 퇴계는 그런 역사적 경험을 깊이 유념했고, 그럴 빌미가 될 만한 일에 대해 매우 조심스러워했다.[42] 따라서 권면과 인도라는 주도적 교화는 국가의 교육에 맡기고 향속을 어지럽히는 자들에 대해 징벌하는 보조적 교화수준에서 「약조」를 제정했다고 판단된다.

마지막으로 퇴계가 서원書院을 통해 바람직한 학풍을 되살려 올바른 인재를 양성하고자 한 이유 또한 이와 연계하여 이해할 수 있다. 퇴계는 그것이 향약으로 불리든 약조로 불리든 그런 제도적 고안물보다 향을 교화할 주체인 '사람'에 훨씬 큰 관심을 두었다. 집안-고을-나라로 연결되는 단위별 사회에서 다른 사람들에게 선한 영향력을 발휘할 수 있는 사람을 키워내는 것이 더욱 중요하다고 보았던 것이다. 그런 사람을 키워내는 순방향적 교화의 1차적 책임은 국학國學이나 향교鄕校 등 국가의 공적 교육에 있다. 그러나 현실적으로 국학이나 향교가 그 책임을 다하지 못할 뿐 아니라 엉뚱한 방향으로 교육이 진행되고 있었기 때문에 퇴계는 서원 교육을 진작시키려고 했던 것이다.

실제로 퇴계는 당시 영남 지역에 세워진 서원이 다른 지역과 비교했

---

[42] 퇴계가 예서를 남기지 않은 이유도 같은 맥락에서 이해할 수 있는데, 이와 관련해서는 제4장 1절에서 상술하였다.

을 때 가장 먼저 시작되었고 그 숫자도 가장 많다고 남 얘기하듯 했지만,[43] 그 중심에 그가 있었다는 것은 주지의 사실이다. 그리고 그가 그토록 서원의 확산에 관심과 노력을 기울인 까닭이 향교가 학문의 장으로서 제 역할을 담당하지 못한 상황에서 서원을 통해 진정한 의미의 교육과 학문을 실현해보고자 했다는 것도 익히 알려진 바이다. 따라서 여기에서 다시 이에 관한 논의를 하는 것은 불필요하며, 다만 서원 문화와 서원 교육을 진흥하고자 애썼던 퇴계의 목적을 향 단위에서 실천적으로 보여준 '수기치인'과 '화민성속'의 일환이었다는 측면에 초점을 맞춰 살펴보고자 한다.

퇴계는 백운동서원白雲洞書院에 사액賜額을 해줄 것을 청하기 위해 방백方伯 심통원沈通源(1499~1572)에게 올린 글에서 '국학과 달리 군현의 학교인 향교는 교육이 붕괴되어, 선비들이 향교에 출입하는 것을 수치스럽게 생각하는 지경에 이르렀다'고 안타까워하면서, 고을 단위의 교육을 다시 되살릴 희망이 서원에 있다는 점을 다음과 같이 설명했다.

> 오직 서원에서의 교육이 남아 있는데, 이것이 오늘 같은 상황에서 흥성한다면 교육행정의 잘못된 부분을 구제할 수 있을 것이고, 학자들이 귀의할 곳이 있게 될 것입니다. 선비들의 기풍도 따라서 크게 변할 것이고 습속은 날로 아름다워져서 임금의 교화王化가 성취될 수 있을 것이니, 그것이 성인의 정치[聖治]에 기여하는 바 작지 않습니다.[44]

---

43 『退溪全書』卷42,「易東書院記」: "書院之制, 近作於東方, 而嶺南州郡之建置者, 比諸道諸邑, 爲最先而居多焉."
44 『退溪全書』卷9,「沈方伯通源○己酉」: "滉竊見今之國學, 固爲賢士之所關, 若夫郡縣之學, 則徒設文具, 敎方大壞, 士反以游於鄕校爲恥, 其刓敝之極, 無道以救之, 可爲寒

이 글에서 중요한 것은, 퇴계가 향교가 아닌 서원에서 교육의 희망을 찾고 있다는 점이 아니고, 교육을 되살려내야 하는 이유에 관한 퇴계의 생각을 읽는 것이다. 퇴계는 교육을 시행하는 근본 이유가 '임금의 교화'와 '성인의 정치'로 표현된 이른바 '좋은 나라'를 구현하는 데 기여하는 것이라고 보고 있다. 그리고 그것을 가능하게 하는 동인으로 '선비들의 기풍'과 '아름다운 풍속'을 들고 있다. 이를 정리하자면, 좋은 나라[國]는 결국 아름다운 풍속을 가진 고을[鄕] 또는 집안[家]을 전제로 가능하며, 그것은 다시 그것을 만들어갈 주체인 선비들이 어떤 교육을 받느냐와 직결된다는 말이 된다.

「이산서원기[伊山書院記]」에서 퇴계는 이러한 문제의식을 좀 더 구체적으로 보여주고 있다.

하(夏)·은(殷)·주(周) 삼대(三代)의 배움은 모두 인륜을 밝히는 데 목적을 두었지만, 후세에 성왕이 나오지 않고 옛 도가 붕괴되어 문사(文詞)와 과거(科擧), 이록(利祿)만을 익히고 사람의 심술(心術)은 궤멸시키면서 광란의 물결 속으로 내달려 돌아올 수 없는 상황에 이르게 되었다. 그 결과 안으로는 국학과 밖으로는 향교가 모두 가르침이 무엇인지 까마득히 모르고, 배움에 관한 어떤 일도 하는 것이 없게 되었다. 이것이 바로 뜻있는 선비들이 긴 한숨을 내쉬며 서책을 부둥켜안고 산속이나 물가로 숨어들어 서로 배운 것을 강론하면서 도를 밝히고, 이를 통해 자신을 완성하고 타인을 완성시킬 수밖에 없었던 이유이다. 그렇다면 후세에 서원이

心. 惟有書院之教, 盛興於今日, 則庶可以救學政之缺, 學者有所依歸, 士風從而丕變, 習俗日美, 而王化可成, 其於聖治, 非小補也."

등장한 것은 형편상 부득이한 것이었으며, 높이 평가할 만한 사건이다.[45]

여기에서 퇴계는 국가가 교육의 방향을 어디에 설정할 것인지와 배우는 사람들이 배움의 목표를 어디에 둘 것인지에 관한 이야기를 하고 있다. 이 글에 등장하는 단어들을 다음과 같이 긍정적 단어들과 부정적 단어들로 분류할 수 있다.

〈표 10〉

긍정적 단어	삼대(三代), 인륜(人倫), 심술(心術), 자신의 완성과 타인의 완성, 뜻있는 선비, 서원(書院)
부정적 단어	후세(後世), 이록(利祿), 문사(文詞), 과거(科擧), 광란의 물결, 국학(國學), 향교(鄕校)

이와 같은 분류를 바탕으로 윗글을 정리하자면, 삼대로 상징되는 이상적인 시대에는 인륜과 심술로 대변되는 도덕적 가치에 중점을 두고 자신의 완성과 타인의 완성을 지향하는 교육이 시행되었지만, 후세로 내려오면서 국학이나 향교 할 것 없이 이록으로 대변되는 세속적 가치를 추구하느라 과거와 문사를 익히는 데만 치중하고 가르침과 배움의 본질을 망각하거나 배반했다는 것이다. 그래서 학문의 본질에 충실하고자 하는 뜻을 가진 선비들이 국학이나 향교가 아닌 서원이라는 대안을 강구하지 않을 수 없었다는 것이다.

교육에 대한 퇴계의 이러한 진단에서 중요한 개념이 바로 '인륜'이

---

45 『退溪全書』卷42,「伊山書院記」: "三代之學, 皆所以明人倫也. 至於後世, 聖王不作, 古道崩滅, 而文詞科擧利祿之習, 潰人心術, 馳狂瀾而莫之回, 則內而國學, 外而鄕校, 皆昧然莫知其教, 漠然無事乎學矣. 此有志之士所以發憤永嘆, 抱負墳策, 而遁逃於山巖藪澤之中, 相與講所聞, 以明其道, 以成己而成人, 則書院之作於後世, 勢不得不然, 而其事之可尙爲如何哉?"

다. 앞에서 향약과 관련하여 거론했던 '효·제·충·신'을 포함하여 퇴계가 말하는 '인륜'이란 단순히 부자와 군신 등의 인간관계에서 실천해야 할 윤리를 의미하는 것만은 아니다. 퇴계가 말하는 '인륜'은 우주자연으로 소급해서 찾아낸 인간 존재에 관한 이해와 그로부터 연역된 수많은 당위적 행위규범들 그리고 그것을 이해하고 실천하기 위한 필요로부터 시작된 학문의 목적과 방법 일체와 연관된 광범위한 것이다. 「개녕향교성전중수기開寧鄕校聖殿重修記」에서 퇴계는 이와 관련하여 다음과 같이 설명한다.

삼대(三代)의 배움은 모두 인륜(人倫)을 밝히려는 것이었다. 인륜을 밝힌다는 것은 곧 정도(正道)를 밝히는 것이다. 덕성을 기르고 근본을 세우는 것은 『소학』에 달려 있고, 규모를 넓히고 줄기를 뻗어 나가게 하는 것은 『대학』에 달려 있다. 삼서(三書 : 『논어』·『맹자』·『중용』)와 오경(五經)으로 이것을 충실하게 채워나가고, 다양한 역사서와 여러 사상들을 통해 이를 폭넓게 넓혀나간다. 정학(正學)은 여기에서 벗어나지 않으며, 정도가 여기에 있다. 스승이 무엇을 가르칠지, 선비가 무엇을 배울지, 향인들이 무엇을 실천해야 할지도 이것으로 말미암아 각각 그 바름을 얻게 된다.[46]

이 글에서 설명하고 있는 바와 같이 '인륜'이라는 개념은 단어의 사전적 의미보다 그것을 둘러싼 다양한 맥락이 고려된 의미로 이해될 때

---

46 『退溪全書』卷42, 「開寧鄕校聖殿重修記」: "三代之學, 皆所以明人倫也. 人倫之明, 卽正道之明也. 養德性而立根本, 在乎『小學』; 廣規模而達幹支, 在乎『大學』; 充之以三書五經, 博之以諸史百家. 正學不外於是, 而正道其在於斯. 師之所以敎, 士之所以學, 鄕人之所以率行, 由是而各得其正焉."

비로소 퇴계가 왜 교육과 학문의 목표로서 이것을 중시하였는지 나아가 이 '인륜'을 밝히는 것에서 서원이 등장하게 된 이유까지 찾고자 했는지 이해할 수 있게 된다. 퇴계는 「역동서원기易東書院記」에서 서원이 세워진 본래적 의미와 서원에서 수행해야 할 실질적 사무에 관해 서술하고 있는데, 그 내용이 학문을 하는 주체로서 인간 존재와 그가 배워야 하는 학문의 내용과 과정 그리고 서원이라는 학문 공동체의 유익한 점 등에 관해 훨씬 풍부한 이야기를 들려준다.

> 도의 큰 근원은 하늘에서 나왔지만 사람들 마음속에 갖추어져 있는 것이다. 지혜롭다고 더 풍부한 것도 아니고 어리석다고 더 모자란 것도 아니다. 성현의 말씀은 사람들을 깨우쳐주지만 책 속에 펼쳐져 있다. 그 옛날 처음 나와 지금까지도 빠짐없이 갖추어져 있다. 사람들이 구하지 않는 것이 문제일 뿐 구하기만 하면 모를 수 없는 것이 '이치'이며, 사람들이 행하지 않는 것이 문제일 뿐 행하기만 하면 모두 실천할 수 있는 것이 '도'이다. 엉성하게 시작하여 정밀한 경지에 이르고, 얕은 곳으로부터 시작하여 심오한 경지에 도달하라. 배운 것을 익히는 기쁨과 벗과 함께 성장하는 즐거움을 맛보라. 스승의 가르침은 때마침 내리는 비와 같고 제자들은 쑥처럼 성장한다. 노니는 모습은 의젓하고, 이루어가는 모습은 성실하다. 평소에는 인(仁)과 의(義)를 가슴에 품고, 벼슬에 나아가서는 임금을 높이고 백성들을 보호한다. (서원을 세운) 본래적 의미와 (서원에서 해야 할) 실질적 사무란 이런 뒤에야 말할 수 있을 것이다.[47]

---

47 『退溪全書』卷42, 「易東書院記」: "道之大原, 出於天而具於人心者, 知非豊而愚非嗇; 聖賢之言, 諭諸人而布在方策者, 昔始至而今悉備. 人病不求耳, 求則無不知之理; 人病

퇴계는 「영봉서원기迎鳳書院記」에서도 서원이 등장하게 된 원인을 앞서 살펴본 것들과 유사한 논리로 설명하고 있다. 다만 이 글에서 특기할 만한 것은 서원의 등장을 가家의 숙塾, 당黨의 상庠, 주州의 서序와 같은 사회 단위별 교육 체제의 붕괴에 대한 대안적 성격으로 설명하고 있다는 점이다.[48] 그러면서 퇴계는 다음과 같이 말한다.

> 서원이 가숙(家塾)이나 당상(黨庠)과 그 제도는 비록 같지 않지만 추구하는 의의는 같으며, 풍속의 변화에 관계됨이 대단히 크다. 그러므로 도를 아는 선비와 치세를 원하는 군주가 서원의 진흥에 열과 성을 다하지 않을 수 없었던 것이다.[49]

규모와 성격 등의 제도적 차이에도 불구하고 서원이 추구하는 바는 가숙이나 당상에 기대했던 바와 같다고 퇴계는 말하고 있다. 가숙, 당상, 주서, 국학 등은 『예기禮記』 「학기學記」편에 나오는 고대의 교육 기구들로, 이를 통해 추구하고자 했던 것은 다름 아닌 '화민역속化民易俗'이다.[50] '백성을 교화하고 풍속을 변역시킨다'는 뜻의 '화민역속'은 앞에

不踐耳, 踐則皆可行之道. 由切琢而致磋磨, 入門墻而覩堂奥. 習悅而朋樂, 雨化而荏長. 濟濟乎其遊息, 亹亹乎其成立. 居則懷仁而抱義, 出則尊主而庇民焉. 所謂本意與實事者, 於是乎可得而言矣."

48 『退溪全書』 卷42, 「迎鳳書院記」: "昔在三代之隆, 敎法極備, 家有塾, 黨有庠, 州有序, 國有學, 蓋無適而非學也. 降及後世敎壞而學崩, 則國學, 鄕校, 僅有文具, 而家塾, 黨庠之制寥寥焉, 至使篤志願學之士, 抱墳策而無所於歸, 此書院之所由以起也."

49 『退溪全書』 卷42, 「迎鳳書院記」: "夫書院之與家塾, 黨庠, 制雖不同, 義則同歸, 其有關於風化也甚大, 故知道之士, 願治之主, 莫不於是而拳拳焉."

50 『禮記』 「學記」: "古之敎者, 家有塾, 黨有庠, 術有序, 國有學. 比年入學, 中年考校. 一年視離經辨志, 三年視敬業樂羣, 五年視博習親師, 七年視論學取友, 謂之小成. 九年知類通達, 强立而不反, 謂之大成. 夫然後足以化民易俗, 近者說服而遠者懷之, 此大學之道也."

서 제시했던 '화민성속'과 같은 의미이다. 그렇다면 서원이 추구하는 본질적 지향과 관련하여 퇴계가 중시했던 것 역시 '화민성속'이었다는 사실을 알 수 있다.

'화민성속'은 유학이 상정한 동심원형 파장의 구도에 대입하면 집안을 너머 고을 단위에 적용할 수 있는 개념이다. 고대에는 학습 연령기에 따라 가와 당, 주에 설치된 교육 기구들에 차례로 진학하게 함으로써 한 개인을 완성된 인격체로 성장시켜나가도록 이런 시스템을 마련했다. 이와 같은 시스템 속에서 성장한 사람들이 결국 '화민성속'의 주체로서 사회적 역할을 다하도록 하려는 데 교육의 방향이 설정되었던 것이다. 국학과 향교의 교육이 이미 이러한 방향에서 이탈한 현실에서 퇴계가 서원을 통해 무엇을 희망했는지 이 글을 통해 확인할 수 있다. 같은 글에 나타난 퇴계의 다음 언술은 이를 보다 분명하게 승언하고 있다.

> 높은 수준에 있는 사람은 최고의 경지에까지 오를 수 있을 테지만 낮은 수준의 사람들도 길인(吉人)과 수사(修士)가 되는 데 문제가 없어서, 관직에 나아가지 않을 때는 집안을 반듯하게 하고 풍속의 표상이 되며, 관직에 나아가서는 나라를 바로잡고 시대를 구제하리니, 이러고서야 서원을 세우고 선비를 양성하는 본의에 저버림이 없을 것이다.[51]

시끄러운 도심지에서 한적한 산수간으로 교육공간을 이전하거나 교육 시설을 교체하는 데 서원을 세운 본의가 있지 않다. 선비를 양성한

---

51 『退溪全書』卷42,「迎鳳書院記」: "高者可入室而升堂, 下者猶不失爲吉人脩士, 處則正家而表俗, 出則匡國而濟時, 斯無負立院養士之本意矣."

다는 것 또한 과거 공부를 하던 것으로부터 성리학을 공부하는 것으로 커리큘럼이 변경되는 것만으로 성취될 수 있는 것이 아니다. 성인이라는 최고의 경지에 도달하지는 못하더라도 누구나 길인과 수사가 될 수 있는 교육이 바로 퇴계가 꿈꾸었던 서원 교육이었다. 그러나 그것은 한 개인의 인격적 성취에 목적이 있는 것이 아니라, 관직에 나아가지 않았을 때엔 집안을 반듯하게 하고 풍속의 표상이 될 주체를, 관직에 나아가서는 나라를 바로잡고 시대를 구제할 주역을 염두에 둔 것이다. 서원을 세우고 선비를 양성하는 본의가 여기에 있다.

이상에서 살펴본 바와 같이 퇴계는 고을[鄕]을 집안[家]의 연장적 성격과 함께 집안과 나라[國]의 연결고리로 이해하면서 고을에 대한 교화의 필요성을 매우 중시했다. 하지만 퇴계는 고을의 교화라는 문제와 관련하여 제도로서 '향약' 그 자체에 큰 비중을 두었던 것은 아니었다. 그런 제도적 장치보다는 이른바 '향현鄕賢'으로 부를 수 있는 교화의 주체 즉, '사람'에 더 큰 관심을 가졌다. 그런 이유로 그는 굳이 '향약'이라는 이름을 채택하지 않고 '향립약조'라고 했고, 그것을 제정하게 된 배경도 자신의 문제의식에서라기보다는 농암의 유지를 계승한 결과물이라는 점을 분명히 했던 것으로 보인다. 또한 앞서 신진사류들이 지치주의를 내세우면서 급진적인 변혁을 시도하다가 사화라는 참극을 초래한 트라우마는 퇴계로 하여금 향약의 제정과 시행에 적극적으로 나서지 못하게 했을 수도 있다.

수기修己는 치인治人으로 연결되어야 하고, 치인의 또 다른 표현인 화민성속化民成俗의 일환으로 고을에 대한 교화의 필요성에 적극 공감하면서도, 그것이 향약과 같은 제도적 측면을 통해서가 아니라 교화 주체의 양성을 통해 성취되어야 한다는 것이 퇴계의 생각이었다. 그리고 수기치인과 화민성속의 주체를 양성하는 것이 중요하다고 본 그는 서원에 주목하게 되었던 것이다. 이미 과거를 준비하는 기관으로 전락해버린 기존의 향교가 아닌 성리학적 목적에 충실한 교육과 학문을 전개할 수 있는 새로운 공부의 장이라는 점에서 서원은 매력적인 대안이었기 때문이다.

2. 서원書院 향사례享祀禮 정초

1) 백운동서원 향사례에 대한 문제제기

일반적으로 서원이 갖는 주요한 세 가지 기능으로 장서藏書와 강학講學 그리고 향사享祀를 꼽는다. 이는 서원의 발전과정과 그 궤를 같이한다. 기록으로 확인할 수 있는 최초의 서원은 당唐 개원開元 13년(725)에 유서遺書들을 수집하고 교감과 편찬을 거쳐 체계적으로 관리할 목적으로 설립된 여정전서원麗正殿書院과 집현전서원集賢殿書院이며, 이들 서원은 애초에 장서 기관으로서의 기능만을 수행했을 뿐이다. 서원이 강학의 기능까지 수행하게 된 것은 중당中唐 이후였으며, 향사 기능은 북송北宋에 이르러 출현하게 되었다. 따라서 당·5대의 서원은 장서 또는 독서를 위한 우연적이고 불확정적인 시설이었다면 북송대에 이르러 서원은 비로소 안정적이고 제도화된 교육기관으로서의 위상을 갖게 되었다.[52] 그렇기 때문에 16세기 조선에서 서원이 출현할 때는 장서의 기능은 부수적인 것으로 약화되고, 강학과 향사의 기능이 주요한 기능으로 인식되었다.

---

[52] 朱汉民, 2015, 6쪽 참조.

그러나 퇴계가 활동했던 16세기 중엽 당시까지만 해도 아직 우리나라에는 서원書院이 제대로 뿌리를 내리지 못했다. 그것은 우선 당시 건립된 서원의 수가 절대적으로 적었다는 데서 확인할 수 있다. 예컨대 퇴계가 가장 왕성하게 활동했던 시기인 명종(재위 1534~1567) 때까지 조선에 세워진 서원의 수는 22개에 불과했다. 이는 조선 말 흥선대원군이 서원철폐령(1868년과 1871년)을 내릴 때 전국에 700여 개의 서원이 존재했었다는 사실과 비교해보았을 때 아직 초보적 단계에 불과했음을 말해준다.

뿐만 아니라, 퇴계 당시에는 서원에 대한 사회적 인식 또한 폭넓게 형성되어 있지 못했다. 예컨대 국학國學이나 향교鄕校 등이 있는데 서원이라는 교학공간이 왜 필요한 것인지에 대한 이해도 부족했다. 이에 대해 퇴계는 서원의 장점을 다음과 같이 설명했다.

왕궁(王宮)과 국도(國都)로부터 열군(列郡)에 이르기까지 학교가 없는 곳이 없음에도 서원을 통해 무엇을 얻으려는 것이며, 중국이 저토록 이를 중시한 이유는 무엇일까요? 은거하며 지조를 지키려는 선비나 도리를 강명하고 학업을 닦으려는 사람들은 대부분 시끄럽고 경쟁하는 세상을 싫어합니다. 그래서 그들은 묵은 서책을 짊어지고 느긋하고 한적한 산속이나 물가로 숨어들어 선왕(先王)의 도를 노래하고 읊조리며, 고요히 천하의 의리(義理)를 연구하면서 자신의 덕(德)을 축적하고 자신의 인(仁)을 순숙시키는 것으로 즐거움을 삼으려 합니다. 그래서 서원에 나아가는 것을 즐거워하는 것입니다. 이는 도성 한가운데 위치한데다 갖가지 구속적인 학령(學令)과 마음을 움직이고 관심을 빼앗는 이물(異物)들로 포위된 국학이나 향교와 비교할 때 그 공효에서 현격한 차이를 보입니다.[53]

이렇게 서원의 필요성을 역설한 퇴계는 지속적인 학문 발전과 인재 양성을 위해서는 서원에 대한 국가적 차원의 관심과 지원이 필수적이며, 그렇지 않을 경우 마치 근원이 없는 물처럼 항구적인 성과를 기대하기 어려울 것이라는 점을 들어 국가를 상대로 서원의 진흥을 설득했다.[54] 그런가 하면 퇴계는 서원에 대한 국가적 지원은 그야말로 지원에 그쳐야 하며 간섭으로 변질되어서는 곤란하다는 점도 잊지 않고 경계했다.[55] 그러면서 퇴계는 서원이란 선비들이 학문을 성취하는 데 크게 기여할 뿐만 아니라, 국가가 어진 인재를 얻는 데 있어서도 향교보다 큰 성과를 기대할 수 있을 것이라며 서원의 기대효과를 국가적 차원에서 주장했다.[56]

　　오늘날 국학은 어진 선비들로 운영되고 있지만, 군현의 학교들은 문구만 갖추어 놓았을 뿐 교육하는 방도가 크게 무너져 있어서 선비들이 향교에서 공부하는 것을 도리어 부끄럽게 여기는 실정입니다. 그럼에도 그 심각한 폐단을 구원할 방도가 없으니 한심스러운 일입니다. 이런 때에 서원의 교육이 일어난다면 교육정책의 결함을 구원할 수 있을 것입니다. 학자

53　『退溪全書』卷9,「上沈方伯」: 夫自王宮國都以及列郡莫不有學, 顧何取於書院, 而中國之所尙如彼何哉? 隱居求志之士講道肄業之倫率多厭世之囂競, 抱負墳策, 思逃於寬閑之野寂寞之濱, 以歌詠先王之道, 靜而閱天下之義理, 以蓄其德, 以熟其仁, 以是爲樂, 故樂就於書院. 其視國學鄕校在朝市城郭之中, 前有學令之拘礙, 後有異物之遷奪者, 其功效豈可同日而語哉?

54　『退溪全書』卷9,「上沈方伯」: 滉竊以爲敎必由於上而達於下, 然後其敎也有本, 而可遠可長. 不然, 如無源之水朝滿而夕除, 豈能久哉?

55　『退溪全書』卷9,「上沈方伯」: 令監司郡守, 但句檢其作養之方, 瞻給之具, 而勿拘以苟令煩條.

56　『退溪全書』卷9,「上沈方伯」: 非惟士之爲學得力於書院, 國家之得賢亦必於此而優於彼也.

들이 귀의할 곳이 있게 되면 선비의 기풍도 따라서 크게 변할 것이고 나라
의 풍습 또한 날로 아름다워져서 임금의 교화가 성취될 것이니 성상의 다
스리심에 작지 않은 도움이 될 것입니다.[57]

1549년 12월 퇴계는 풍기군수로 재직하면서 이와 같은 내용을 담아
백운동서원白雲洞書院을 사액賜額해달라는 주청을 나라에 올렸다. 그리고
이는 서원에 대한 조야의 관심을 환기시켜 이듬해 백운동서원은 마침
내 조선시대 최초의 사액서원인 소수서원紹修書院으로 사액되었다.[58] 한
편, 백운동서원에 대한 사액을 주청하기 직전인 같은 해 가을에 퇴계는
또 하나의 주목할 만한 업적을 남겼다. 그것은 퇴계가 백운동서원에서
준행되어 오던 기존의 향사례享祀禮에 대하여 몇 가지 문제점을 제기하
고 이를 개정함으로써 서원 향사례와 관련한 중요한 표준을 제시하였
다는 사실이다. 백운동서원에 대해 사액을 주청한 과정과 그 결과에 대
해서는 서원에 조금만 관심이 있는 사람이라면 누구나 알고 있다. 그러
나 같은 해 백운동서원의 향사례를 수정하여 새로운 표준을 제시한 사
실에 대해서는 거의 알려져 있지 않다.

사실 퇴계가 백운동서원을 사액해달라고 주청한 것은 서원에 대한
국가적 차원의 관심과 지원이 필요했기 때문이며, 특히 서원의 안정적
운영을 위한 경제적 지원이 필요했다. 그래서 퇴계는 원생들이 공부할

---

57 『退溪全書』卷9,「上沈方伯」:滉竊見今之國學, 固爲賢士之所關, 若夫郡縣之學, 則徒
設文具, 教方大壞, 士反以游於鄉校爲恥, 其刓敝之極無道以救之, 可爲寒心. 惟有書院
之教盛興於今日, 則庶可以救學政之缺. 學者有所依歸, 士風從而丕變, 習俗日美, 而王
化可成, 其於聖治非小補也.

58 백운동서원이 소수서원으로 사액되는 과정에 관해서는 송긍섭, 1974에 상세하게 소개
되어 있다.

서적은 물론이고 서원 운영에 필요한 토지와 노비 등을 구체적으로 적시하며 지원해줄 것을 요청했다.[59] 하지만 국가적 차원의 관심과 지원은 서원의 지속적인 발전을 위한 외적 조처일 뿐, 그 자체가 서원의 발전을 의미하거나 담보해줄 수는 없다. 서원이 실질적인 발전을 이룩하려면 서원의 두 가지 기능인 교학과 향사가 더욱 체계적으로 정비되는 내적 조처가 반드시 동반되어야만 한다.

먼저 서원의 교학기능과 관련하여 퇴계는 교학의 원칙을 세우기 위한 다양한 제안을 했을 뿐 아니라, 1559년에는 이후 조선 서원의 전범으로 평가받는 「이사원규伊山院規」를 제정하였다.[60] 이밖에도 서원의 교학에 관한 퇴계의 업적은 기존의 관련 연구들에서 이미 충분히 밝혀놓았기 때문에 여기에서 다시 논급할 필요는 없다. 이에 반해 서원의 또다른 기능인 향사례와 관련해서 퇴계가 어떤 역할을 했는지에 관해서는 거의 밝혀진 바가 없다. 따라서 여기에서는 퇴계가 서원 향사례를 정립해가는 과정을 실증적으로 검토하고자 한다.

신재愼齋 주세붕周世鵬(1495~1554)이 제정하고 줄곧 시행해 오던 백운동서원의 향사례에 대해 퇴계는 두 가지 분야와 관련하여 문제를 제기하였다. 하나는 향사의 '진설陳設'과 관련해서이고, 다른 하나는 의식의 진행절차를 보여주는 '홀기笏記'와 관련해서이다. 신재가 찬술한 『죽계지竹溪志』[61] 중 「행록후行錄後」에는 당시 백운동서원에서 시행해 오던 향

---

59 『退溪全書』卷9,「上沈方伯」: 欲請依宋朝故事, 頒降書籍, 宣賜扁額, 兼之給土田臧獲, 以贍其力.
60 丁淳睦, 1987, 38쪽.
61 1543년 백운동서원을 창건한 신재 주세붕은 이듬해인 1544년 백운동서원의 향사 대상인 회헌(晦軒) 안향(安珦, 1243~1306)을 위시한 죽계안씨(竹溪安氏)의 행적이나 관련 기록물[行錄] 그리고 서원의 재정상태[學田]와 도서구비상황[藏書] 등을 기록한

사례를 보여주는 자료들이 수록되어 있다. 대표적으로 향사의 진설도에 해당하는 「안문성공춘추대향도安文成公春秋大享圖」와 진설할 때 참고해야 할 사항들을 담고 있는 「의도제용잡물식依圖祭用雜物式」이 그것이다. 이상의 자료들이 당시 백운동서원에서 시행하던 진설 현황을 보여주는 것들이라면, 「제식祭式」은 간략한 형태로나마 향사의식의 진행절차를 보여주는 자료이다. 역시 신재에 의해 별도의 첩帖으로 만들어진 것으로 전해지는 「홀기」와 더불어 「제식」은 당시 백운동서원에서 봉행하던 향사례의 의식절차를 실증적으로 보여주는 자료이다.[62]

먼저 백운동서원의 향사에서 시행되어 오던 진설에 대한 퇴계의 문제 제기부터 살펴보자. 퇴계는 기존에 시행되어 온 진설에서 가장 문제가 되는 것으로 '밀과蜜果'를 진설해온 관행을 꼽았다. 밀과는 찹쌀가루 5승升, 조청 3승, 기름 3승을 섞어서 만들었으며, '연밀과軟蜜果'라고도 불렸다.[63] 그런데 다산茶山 정약용丁若鏞(1762~1836)은 우리나라 말에서 '밀蜜'자가 '약藥'자와 통용해서 쓰이는 점을 근거로 밀과는 약과를 가리킨다고 설명한 바 있다.[64] 이러한 정황들에 비추어보았을 때 밀과는 곧 약과를 포함한 한과 종류임을 알 수 있다.

그렇다면 퇴계가 백운동서원의 향사에서 밀과를 진설해온 관행을 문

『죽계지』를 찬술하였다.

62 퇴계는 「제식(祭式)」과 「홀기(笏記)」를 비교, 검토하고 이들 사이에 차이가 있음을 지적하면서, 「국조오례의(國朝五禮儀)」 '석전의(釋奠儀)'를 전거로 삼아 「홀기」 역시 새롭게 정비한다. 이에 관해서는 아래에서 상술할 것이다.

63 『竹溪志』「行錄後·依圖祭用雜物式」: 軟蜜果, 每位各肆升.【合眞末壹斗伍升, 淸參升, 油參升.】(참고로 「安文成公春秋大享圖」에는 '밀과(蜜果)'로 기재되어 있으나, 「依圖祭用雜物式」에는 '연밀과(軟蜜果)'로 기재되어 있다.)

64 『與猶堂全書』雜纂集 第24卷, 「雅言覺非」 '藥果'條: 按, 東語蜜謂之藥, 故蜜酒曰藥酒, 蜜飯曰藥飯, 蜜果曰藥果.

제시한 이유는 무엇일까? 그것은 바로 '서원'이라는 특수한 공간에서 '향사'라는 특별한 의식을 진행하는데 일반 제사상에 올리는 '밀과'를 진설한 것이 정합적이지 못하다고 보았기 때문이다. 이와 관련하여 퇴계는 다음과 같이 두 가지 문제점을 지적하였다.

> 삼가『죽계지』본도를 살펴보니, 우측 두 번째 두(豆)에 연밀과(軟蜜果)를 사용하도록 되어 있다. 주씨(周氏)의 의도는 문성공(文成公) 등이 모두 우리나라 사람[東人]이기 때문에 국속에 따라 밀과를 제향에 사용해도 무방하다고 여겼던 것이 아니겠는가? 그러나 우리나라 사람일지라도 기왕 학(學)에서 제향을 받드는 것이라면 당연히 옛 예법에 따라 행해야지, 어찌 밀과와 같은 일상적 기호음식[褻味]을 학(學)에서 사용할 수 있단 말인가? 더구나 그것이 과(菓)인데도 두(豆)에 담아 올린다는 것은 더욱 적절하지 않다.[65]

백운동서원은 신재의 주선으로 1543년 건립되어 문성공文成公 회헌晦軒 안향安珦(1243~1306)을 주향으로 모시고, 이듬해인 1544년 회헌 안향의 재종손인 문정공文貞公 근재謹齋, 안축安軸(1282~1348)과 문경공文敬公 안보安輔(1302~1357) 형제를 배향으로 모셨다. 위 글에서 언급한 '문성공 등이 모두 우리나라 사람'이란 표현은 이를 두고 한 말이다. 백운동서원에서 밀과를 진설해온 관행은 향사 대상 인물들이 우리나라 인물들

---

65 『退溪全書』續集卷8,「安文成公享圖[配位同]」: 謹按『竹溪志』本圖, 右二豆用軟蜜果. 周氏之意, 豈不以文成諸公東人也, 循國俗而祭用蜜果, 固爲無妨也耶? 雖然, 東人旣祭於學, 則所當倣古而行, 豈可以蜜果褻味, 用之於學中乎? 且果而盛于豆, 尤非所宜.

이기 때문에 제품祭品 역시 우리나라의 풍습에 따라도 무방하다는 안일한 생각의 결과물이라는 것이 퇴계의 진단이다. 그리고 이는 서원 향사례의 본질적 성격에 대한 무지 또는 무시에서 비롯되었다고 보는 것이 퇴계가 가졌던 문제의식이었다.

이러한 문제의식을 바탕으로 퇴계는 우선 서원에서 봉행하는 향사의 성격을 분명히 한다. "기왕 학學에서 제향을 받드는 것이라면"이라고 한 퇴계의 언급은 바로 서원이 교육기관임을 분명히 한 것이며, 이는 서원에서 봉행하는 향사 역시 다른 일반적인 제사와 달라야 한다는 점을 함축하고 있다. 즉, '학'으로서의 서원은 이미 교육기관이라는 특수한 성격을 갖는 공간이고, 따라서 그 자체의 존재이유와 고유한 운영방식이 있다. 그렇다면 여기에서 봉행되는 일체의 향사의식 또한 이러한 이유와 방식에 비추어 가장 적합한 의식절차로 제정된 예법 즉, '학례學禮'에 따라야 한다고 본 것이다. 그렇다면 여기에서 퇴계가 문제라고 지적한 밀과의 진설은 밀과라는 특정 물품에 대한 문제제기라기보다 서원 향사례의 본질적 성격에 대한 무지 또는 무시로 빚어진 기존의 잘못된 관행에 대한 지적으로 이해하는 것이 옳다.

다음으로 퇴계가 지적한 사항은 "과果임에도 두豆에 담아 올린다"는 점이었다. 예禮라는 이름으로 행해지는 모든 것은 그 크고 작음에 상관없이 의미로 이루어져 있지 않은 것이 없다. 의식절차 하나하나에서부터 의복과 기물에 이르기까지 모든 것이 각자 의미의 구현체로서 존재하고, 이러한 의미 단위들이 또 다른 의미 단위들과 결합하여 하나의 커다란 의미 집합으로 구성된 것이 곧 예이다. 서원의 향사에 사용하는 제기祭器 역시 아무 그릇이나 사용하지 않고 변籩과 두豆라는 제기를 사용한다. 이때 변은 대나무를 엮어서 만든 제기를 가리키고, 두는 나무를 깎아서 만든 제기를 가리킨다. 변과 두의 용도에 관하여 『의례儀禮』「향사례鄕射禮」에는 다음과 같이 규정되어 있다.

포(脯)를 올릴 때는 변(籩)을 사용하고, …… 젓갈[醢]을 올릴 때는 두(豆)를 사용한다.[66]

정현鄭玄(127~200)은 변과 두의 용도에 관한 『의례』「향사례」의 구절에 대해 "포를 올릴 때 변을 사용하는 것은 변이 마른 제물에 적합하기 때문이고, 젓갈을 올릴 때 두를 사용하는 것은 두가 젖은 제물에 적합하기 때문"이라고 주석했다.[67] 이러한 규정에 따라 변에는 포나 과일 종류를 올리고, 두에는 젓갈이나 절임(김치) 종류를 올리는 것이 일반적이다. 따라서 밀과가 비록 예법에 정해진 제사음식은 아니지만 굳이 올려야 한다면 '마른 제물'을 올리는 변에 담아 올리는 것이 그나마 합당하다고 볼 수 있다. 그럼에도 불구하고 당시 백운동서원의 진설에서는 밀과를 두에 담아 올렸던 것이다.

이러한 기존의 관행은 밀과를 올리는 것 자체가 옳지 못한 데다 엉뚱한 제기에 올리기까지 했다는 이중의 과오를 저지른 셈이었다. 또한 이러한 과오는 당시 백운동서원의 향사가 제기의 용도조차 제대로 이해하지 못한 수준에서 봉행되어 왔음을 보여주는 증거라는 점에서 심각한 문제가 아닐 수 없었다. 퇴계가 밀과를 두에 담아 올린 부분을 지

---

66 『儀禮』「鄕射禮」: 脯用籩, (…중략…) 醢以豆.
67 鄭玄注: 脯用籩, 籩宜乾物也. 醢以豆, 豆宜濡物也.

적하면서 "더욱 적절하지 않다"고 탄식한 이유는 바로 여기에 있었다.

이상과 같은 문제의식에 입각하여 퇴계는 '밀과'를 일상적 기호음식[褻味]으로 규정해 그 진설을 반대하고, "옛 예법에 따라 행해야 한다[倣古而行]"는 점을 강조했다. 이는 당시 서원의 향사례가 아직 속례俗禮 수준을 벗어나지 못한 데 대한 강력한 문제제기와 더불어 어떤 방향으로 시정해가야 하는지를 보여주는 선언의 성격을 갖는다.

참고로 인용문에서 퇴계가 언급한 '『죽계지』 본도'는 아래 「안문성공춘추대향도安文成公春秋大享圖」를 가리킨다.

〈표 11〉

〈안문성공춘추대향도(安文成公春秋大享圖)〉[배위동(配位同)][68]

右四豆			神位		左四籩	
魚醢	蜜果	簋(黍)		簠(稻)	乾棗	鹿脯
菁菹	韭菹	簋(稷)		簠(粱)	栢子	栗黃
			雞腥 俎			
			幣篚			
燭			香鑪			燭
	爵		爵		爵	
祝坫						
	門		門		門	
	◯瓶 (正位尊所)		◯瓶 (配位尊所)			

---

68 「安文成公春秋大享圖」는 이수건 외, 1999, 117쪽 참조. 단, 해당자료에서 〈6. 退溪笏記〉, 〈7. 愼齋笏記〉로 표기되어 있는 것은 잘못된 표기이며, 〈6. 愼齋笏記〉, 〈7. 退溪笏記〉로 바로잡아야 한다.

다음으로 살펴보아야 할 사안은 향사의식의 진행절차가 명시되어 있는 홀기笏記에 관한 퇴계의 문제제기이다. 홀기는 고대에 신하가 임금을 알현 할 때 휴대했던 홀笏에 그 기원을 두고 있다. 품급에 따라 옥이나 상아 혹은 대나무 등으로 제작되었던 홀은 신하가 임금을 알현할 때 보고할 사항이나 지시받은 사항을 잊지 않기 위해 그 내용을 기록해 두었던 용도로 사용되었다. 즉, 홀의 본질적 용도는 비망備忘이었던 셈이다. 이러한 전통에서 비롯된 홀기는 중요한 예를 진행하는 의식에서 해당 의식의 절차와 순서를 기록해 둔 문건으로, 보통 여러 겹으로 배접한 종이를 기록할 내용의 분량에 따라 여러 단으로 접어서 만든다. 그리고 실제 의식을 집전하는 집례執禮는 의식의 절차와 순서에 조금의 착오도 없게 하기 위해 이 홀기를 보면서 낭독한다.

앞에서노 간략하게 언급했던 것처럼 당시 백운동서원에서 시행했던 향사의식의 진행절차를 보여주는 자료는 두 가지였다. 하나는 『죽계지』에 수록되어 있던 「제식」이고, 다른 하나는 별첩으로 만들어져 사용되었던 「문성공묘제홀기文成公廟祭笏記」(이하 「홀기」)이다.[69] 이 두 자료는 모두 신재가 제정한 것으로 알려져 있다. 퇴계는 이 두 자료를 비교 검토한 후, 이 두 자료 사이에 차이가 있다는 사실을 발견하고 「홀기」의 전반적 내용에 대해 다음과 같은 문제점을 지적하였다.

---

[69] 「홀기」 역시 이수건 외, 1999, 117쪽 참조. 참고로 「홀기」의 표지에 다음과 같은 설명이 적혀 있다. "이 홀기는 「의도제용잡물식(依圖祭用雜物式)」이나 「제식(祭式)」과 마찬가지로 당초 주신재가 제정한 것이다. 그 뒤에 퇴계선생께서 수정을 가하여 새롭게 제정한 것이 있어서 그것을 준행하고 있으며, 이 홀기는 그 이전의 유적이다."(영남문헌연구소, 2007, 298쪽 : "此笏記, 乃當初周愼齋所定, 而「依圖」「祭式」幷同. 厥後, 有退溪先生損益定式而遵行之, 此乃古迹也.")

서원에는 예전부터 「문성공묘제홀기(文成公廟祭笏記)」라는 것이 있다. 이것은 주무릉(周武陵)이 제정한 것이라고 한다. 그런데 그 의절이 대체로 간이함을 따르는 데 역점을 두어 간솔하고 구차한[徑率苟且] 병폐가 있음을 면치 못한다. 더구나 그 중의 몇 조목들은 『죽계지』 「제식」과 충돌하는 부분도 있다. 이런 점들에 비추어 보면, 무릉이 제정한 것이 아닐 것이다.[70]

여기에서 말하는 무릉武陵은 신재 주세붕의 또 다른 호이며, 「문성공묘제홀기」가 위에서 언급했던 「홀기」이다. 퇴계가 신재(무릉)의 작품이 아닐 가능성까지 제기하면서 지적했던 「홀기」의 문제점은 크게 세 가지였다. 첫째, 「홀기」에는 상향례上香禮와 초헌례初獻禮가 구분되어 있지 않다는 점이다. 상향례는 초헌관이 신위 앞에 나아가 향을 세 번 피우고 폐백을 올리는 의례이고, 초헌례는 초헌관이 신위께 첫 번째 술잔을 올리는 의례이다. 따라서 이 둘은 엄연히 의미내용이 다른 의식이다. 퇴계는 다음과 같이 이 문제를 지적했다.

「제식」에는 상향례를 행하고 제 자리로 돌아온 다음 다시 초헌례를 행하도록 되어 있다. 석전성례(釋奠盛禮)는 상향(上香)·전폐(奠幣)와 초헌(初獻)이 별도의 두 절차로 되어 있다. 그것은 각각의 절차를 중요하게 여기기 때문이다. 오직 삭망전(朔望奠)이나 고유(告由)를 하는 제사 등에

---

70 『退溪全書』 續集卷8, 「安文成公享圖[配位同]」: 書院舊有「文成公廟祭笏記」云, 是周武陵所定, 其儀大抵務從簡易, 未免有徑率苟且之病, 其間數條, 又有與『竹溪志』 「祭式」自相牴牾者. 由是言之, 殆非武陵所定也.

서만 상향과 초헌을 하나의 절차로 합하여 일시에 행하는데, 이는 간편함을 따르기 위해서다. 서원의 사당에서 지내는 제사 중에 봄·가을에 지내는 향사보다 더 큰 것은 없으니 당연히 모든 의절을 제대로 갖추어 지내야 할 것이다. 그럼에도 기존의 「홀기」에서는 상향을 하자마자 초헌을 하라고 되어 있다. 이는 너무 지나치게 간소화한 것이다.[71]

둘째, 「홀기」에는 음복례飲福禮와 수조례受胙禮의 순서가 뒤바뀌어 있다는 점이다. 음복례는 헌관이 신위께 올렸던 술을 마시는 의례이고, 수조례는 신위께 올렸던 고기를 받는 의례이다. 이 두 의절은 향사의 모든 절차를 마친 후에 신위께 올렸던 술과 고기를 제사에 참여했던 사람들이 함께 마시고 먹음으로써 신이 주시는 복을 공유한다는 의미를 갖는다. 그래서 보통의 경우 음복수조례라고 합해서 일컫는다. 그럼에도 불구하고 음복례와 수조례는 내용상의 차이가 엄존한다. 따라서 이 두 절차를 홀기에 명기할 때는 그 순서를 분명히 할 필요가 있는 것이다. 그래서 『국조오례의國朝五禮儀』의 「석전의釋奠儀」나 「제식」에서는 음복례를 먼저 한 다음 수조례를 하라고 명시되어 있다. 그런데 백운동서원의 「홀기」는 이 순서가 뒤바뀌어 있다는 것이 퇴계의 지적이다.[72]

셋째, 「홀기」에는 수조례를 행한 다음 올리는 수희배受禧拜가 삭제되어 있다는 점이다. 수희배는 신이 주신 복을 감사히 받겠다는 의미의

---

71 『退溪全書』續集 卷8, 「安文成公享圖[配位同]」: 謹按「祭式」, 行上香禮, 降復位, 乃行初獻禮. 蓋釋奠盛禮, 上香奠幣與初獻自爲兩節, 所以重其事也. 惟朔望奠及先告事由等祭, 則上香與初獻合爲一節, 一時幷行, 所以從簡也. 今此廟祭無大於春秋享, 固當備儀, 而舊「笏記」, 旋上香而旋初獻, 是爲太俗.

72 『退溪全書』續集 卷8, 「安文成公享圖[配位同]」: 「釋奠儀」及「祭式」, 皆先飮福後受胙, 舊「笏記」則先受胙後飮福, 非禮之本.

배례로서 수조례를 행한 다음 행하도록 되어 있다. 그런데 기존의 「홀기」에는 이 배례가 삭제되어 있는 것이다. 이와 관련하여 퇴계는 다음과 같이 그 문제점을 지적했다.

「석전의」에 따르면 수조례를 한 다음 4배(四拜)를 하도록 되어 있는데, 이것은 복을 감사히 받겠다는 의미로 올리는 수희배(受禧拜)이다. 변과 두를 모두 거둔 다음에는 4배를 하도록 되어 있는데, 이것은 제사가 모두 끝났다는 의미로 올리는 제필배(祭畢拜)이다. 모든 예식의 절차에는 의미가 담겨 있어서 함부로 삭제하면 안 된다. 「제식」은 원래 절하거나 꿇어앉는 절차에 대해 기록하지 않았다. 그래서 마지막에 '나머지는 향교에서의 의식과 같다'라고만 하고 말았는데, 사람들에게 향교의 예를 참고해서 행하게 하려는 것이니 그나마 괜찮다고 할 수 있다. 그런데 기존의 「홀기」는 수희의 배례를 그냥 삭제하고, 변과 두를 모두 거둔 뒤에 재배하라고만 되어 있으니 잘못된 것이다.[73]

퇴계가 이상에서 제기한 세 가지 사안들에 대한 공통적 문제의식은 결국 「문성공묘제홀기」가 서원의 향사례에 대한 정확한 이해를 결여하고 있다는 점으로 귀결된다. 즉, 의식절차들 상호간의 유기적 의미관계에 대한 이해는 물론 각각의 의식절차들에 대한 이해조차 결여한 채 그저 "간이" 일변도로만 내용이 구성되어 있다는 것이다. 퇴계가 "간솔하

---

73 『退溪全書』續集 卷8,「安文成公享圖[配位同]」:「釋奠儀」, 受胙後四拜, 爲受禧拜也. 徹籩豆四拜, 爲祭畢拜也. 凡禮之節皆有意義, 不可徑削. 「祭式」則本不載拜跪之節. 故終之曰餘如校而已, 欲人考禮而行之, 猶可也. 舊「笏記」, 直削受禧之拜, 只於徹籩豆後行再拜, 非也.

고 구차한[徑率苟且] 병폐"라고 지적한 것은 바로 경중과 본말의 구분에 내장된 예의 의의에 대한 몰이해와 섣부른 편의주의가 결합하여 서원의 향사례를 '무질서한 절차와 무색한 내용으로 점철된 형식의 나열'로 전락시킨 데 대한 문제 제기라 할 수 있다. 그리고 이러한 문제제기는 '강도[講道]'과 '존현[尊賢]' 또는 '작인[作人]'과 '숭도[崇道]'를 주요한 기능으로 하는 서원[74]이 질적으로 도약하기 위해서는 반드시 개선하지 않으면 안 된다는 문제의식에서 비롯된 것으로 이해할 수 있다.

2) 「춘추향도」와 「묘제홀기」의 제정

> 학교로 설립된 곳치고 그 어디라고 도학(道學)을 위하지 않는 곳이 있겠습니까만, 서원의 경우에는 도학을 위하는 의미가 더욱 더합니다.[75]

도학[道學]의 메카로서 서원이 성장하고 발전하기를 간절히 소망했던 퇴계로서는[76] 서원의 경제적 토대를 다지는 것 못지않게 문화적 내실을 기한다는 점에서 향사례의 정비는 중요한 현안이었다. 하지만 앞에서 살펴본 바와 같이 서원에 대한 이해와 운영의 수준은 여러모로 미비한 것이 당시의 현실이었다. 다른 곳은 말할 필요도 없고, 조선 서원의

---

74 『退溪全書』卷12,「擬與豊基郡守論書院事丁巳○郡守金慶言」: 嗚呼, 書院何爲而設也? 其不爲尊賢而設耶, 講道而設耶? / 卷42,「迎鳳書院記後改川谷」: 我東書院, 亦昉於今日, 皆所以廣敎思敦化原也, 而其有廟以祀先賢者, 則其於崇道・作人之方, 尤爲備也.

75 『退溪全書』卷12,「答盧仁甫」: 大抵學校之設, 誰非爲道學耶? 而在書院, 則爲道學之意尤專.

76 『退溪全書』卷12,「答盧仁甫」: 大抵學校之設, 誰非爲道學耶? 而在書院, 則爲道學之意尤專.

효시로서 상징적 의미를 갖고 있었던 백운동서원마저도 향사례의 수준이 많은 부분에서 질적인 제고를 필요로 하는 실정이었다. 이는 향사의 식에서 가장 기본이라 할 진설과 홀기가 아직 속례의 수준을 벗어나지 못했거나 예의 의미에 대한 명확한 이해가 결여되어 있던 현실이 잘 보여준다. 이에 퇴계는 앞서와 같은 문제 제기를 바탕으로 신재가 제정한 자료들을 개정하여 「안문성공춘추향도」와 「문성공묘제홀기」를 새롭게 제정하였다.

참고로 한국국학진흥원에는 원래 도산서원에 소장되어 있던 '선생유묵先生遺墨'이라는 표지가 붙은 고문서자료가 소장되어 있다(자료번호 : 국학자료 KS00692-83-00006. 이하 '유묵자료'로 칭함). 이 자료의 앞뒤 표지에는 각각 '춘추향도春秋享圖'[77]와 '홀기笏記'[78]라는 제목이 표기되어 있다. 「춘추향도」는 애초에 기재된 본문에 수정을 가한 흔적들이 곳곳에 남아 있으며, 그 내용은 퇴계의 문집에 수록된 「안문성공향도安文成公享圖」와 대체로 일치한다. 추측컨대, 문집에 수록된 자료는 '유묵자료'에서 수정된 내용을 바탕으로 했을 것이다. 한편 「홀기」는 신재의 「홀기」에 대하여 퇴계가 제기했던 문제점들이 수정된 형태로 반영되어 있다.

먼저 퇴계는 「안문성공춘추향도安文成公春秋享圖」(이하 「춘추향도」)를 통해 기존의 진설과 관련하여 제기했던 문제점들을 반영하여 수정한 새로운 진설도[79]를 다음과 같이 제시한다.

---

77 자료의 안쪽 본문에는 '안문성공춘추향도(安文成公春秋享圖)'라는 제목으로 표기되어 있다.
78 자료의 안쪽 본문에는 '문성공묘제홀기(文成公廟祭笏記)'라는 제목으로 표기되어 있다.
79 그림에서 붉은 색 굵은 글씨로 표기한 것은 퇴계가 대안으로 제정하여 제시한 것이다.

〈퇴계 수정 : 안문성공춘추향도(安文成公春秋享圖)〉[배위동(配位同)]

右四豆			神位		左四籩	
魚醢	鹿醢	簋(黍)		籩(稻)	魚鱐	鹿脯
菁菹	韭菹	簋(稷)		籩(粱)	乾棗	栮子
			雞腥俎			
			幣篚			
燭			香			燭
	爵		爵		爵	
祝坫						
門			門			門
				正位尊 ○	配位尊 ○	

그리고 그 아래에 새롭게 수정된 부분들에 대해 다음과 같이 설명하고 있다.

> 이제 밀과를 제거하고 녹해(鹿醢 : 사슴고기 젓갈)로 대체하며, 좌측 첫 번째 변(籩) 역시 이에 대응하여 과일을 제거하고 어숙(魚鱐 : 생선포)으로 대체한다. 그렇게 되면 좌측 변(籩)의 포(脯)·과(果)와 우측 두豆의 해(醢)·저(菹)가 둘씩 서로 대응하여 어긋남이 없게 될 것이다.[80]

퇴계가 제시한 대안의 내용을 검토하기 전에 퇴계가 이를 수정하는

---

[80] "今去蜜果, 代以鹿醢, 左一籩亦對此而去果, 代以魚鱐, 則左籩脯·果, 右豆醢·菹, 兩兩相對, 無參差矣."(도산서원에 소장되어 있다가 한국국학진흥원에 위탁 관리하고 있는 고문서자료 중 퇴계의 친필자료인 '선생유묵(先生遺墨)'이라는 표지가 붙은 고문서 자료[자료번호 : 국학자료 KS0069-2-83-00006] 인용.)

과정에서 보여준 고민의 흔적을 고증할 필요가 있다. 여기에서 인용한 「춘추향도」는 『퇴계전서』 속집 권8에 수록되어 있다. 그런데 거기에는 위의 인용문 중에 "그렇게 되면 좌측 변籩의 포脯·과果와 우측 두豆의 해醢·저菹가 둘씩 서로 대응하여(左籩脯·果, 右豆醢·菹, 兩兩相對)"라는 문장이 "그렇게 되면 좌측과 우측의 변籩·두豆에 해醢와 저菹가 둘씩 서로 대응하여(左右籩豆醢·菹, 兩兩相對)"라고 되어 있고 포脯와 과果는 빠져 있어서 그 내용과 의미가 석연치 않다.[81]

하지만 관련 자료의 초고라 할 수 있는 한국국학진흥원에 소장된 '유묵자료'에는 본래 '左右籩豆, 脯醢果菹'라고 되어 있었고, 여기에 다시 '左'자 옆쪽 아래에 '籩脯果右'라는 네 글자를 작은 글씨로 기입하여 이를 보충할 것을 제시하는 한편, '脯'자와 '果'자에는 동그라미를 그려놓아 삭제할 것을 제시하였다. 이런 수정의 정황 등을 참작하여 관련 내용을 정리할 경우, 퇴계의 의도는 '左籩脯·果, 右豆醢·菹'로 수정함으로써 그 의미를 더욱 분명히 하려 했을 것으로 추측된다.[82] 그렇게 보아야 그다음에 나오는 '둘씩 서로 대응함[兩兩相對]'이라는 표현과도 더욱 잘 호응하게 된다.

---

81 『退溪全書』續集卷8, 「安文成公春秋享圖[配位同]」: 今去蜜果, 代以鹿醢, 左一籩亦對此而去果, 代以魚鱐, 則左右籩豆醢·菹, 兩兩相對, 無參差矣.

82 이수건 외, 1999, 121쪽에도 같은 이름의 「홀기」자료가 수록되어 있는데, 이 자료에는 '左籩脯·果, 右豆醢·菹'라고 기록되어 있어 이러한 추측의 정당성을 담보해주고 있다. 참고로 이 자료의 표지에는 "老先生筆蹟蓋久, 手澤猶存, 敬慕益篤. 或字畫破傷處, 恐後之愈久而愈失其眞, 玆以別紙粘附云."이라고 하여 이 역시 퇴계의 유묵자료임을 증언하고 있다. 뿐만 아니라 그 피봉에는 "退溪先生親筆笏記"라고 적혀 있다.(이 사실은 嶺南文獻硏究所, 『紹修書院誌』(2007), 299쪽 참조) 그렇다면 도산서원에 소장된 자료가 초고이고, 소수서원 소장 자료는 초고에서 행한 수정작업이 반영된 형태의 자료로 추측할 수 있다.

백운동서원에서 행해오던 진설에서 대표적인 문제점으로 퇴계가 지적했던 사항은 밀과를 올리는 것이었다. 따라서 퇴계는 먼저 밀과부터 제거할 것을 제안했다. 그리고 대신 그 자리에는 사슴고기 젓갈 '녹해鹿醢'를 올릴 것을 제안했다. 이럴 경우 우측 첫 번째 줄에 진설된 두 개의 두에는 각각 생선 젓갈 '어해魚醢'와 '녹해'가 올려지게 된다. 이어서 퇴계는 좌측 첫 번째 줄에 진설된 두 개의 변에 올릴 제품 역시 우측의 두에 올리는 것과 균형을 맞출 필요가 있다고 보고, 마른 대추인 '간조乾棗'를 진설했던 자리에 생선을 말린 '어숙魚鱐'을 올릴 것을 제안했다. 이처럼 좌측 변에 사슴고기를 말린 '녹포鹿脯'와 함께 어숙을 올리게 되면 우측 두에 올리는 어해·녹해에 대응한다고 본 것이다.

한편, 우측 두 번째 줄에 무를 절인 '청저菁菹'와 부추를 절인 '구저韭菹'를 각각 두에 담아 진실하도록 되어 있는 것에 대응하여, 좌측 두 번째 줄의 변에는 각각 마른 대추인 간조와 잣柏子을 올려서 역시 균형을 맞추도록 하였다. 참고로 기존의 진설도에는 좌측에 진설되는 네 개의 변 가운데 세 개의 변에 각각 마른 대추와 잣 그리고 밤栗黃을 올리도록 되어 있었다. 이에 퇴계는 좌측 첫 번째 줄에 진설하도록 되어 있던 마른 대추를 올렸던 위치에 앞에서 살펴본 것처럼 어숙을 올리게 하였고, 마른 대추는 두 번째 줄로 이동시켜 진설하도록 하였으며, 대신 기존에 진설되었던 밤은 제거하도록 하였다.

이상과 같이 함으로써 퇴계는 좌측에 진설하는 네 개의 변[左四邊]과 우측에 진설하는 네 개의 두[右四豆] 사이에 균형을 맞추고자 하였다. 즉, 좌측 변에 두 종류의 포[어숙과 녹포]를 진설하고 우측 두에 두 종류의 젓갈[어해와 녹해]을 진설함으로써 균형을 맞추었는가 하면, 좌측 변에 두

종류의 과일[대추와 잿을 진설하고 우측 두에 두 종류의 절임[청저와 구제]
을 진설함으로써 역시 균형을 맞추도록 하였던 것이다. "둘씩 둘씩 서
로 대응하여 들쭉날쭉함이 없게 될 것"이라는 퇴계의 언급은 바로 이를
두고 한 말이다.

퇴계는 혹시라도 새로운 진설 품목으로 제안했던 녹해와 어숙을 준
비하지 못할 경우가 있을 수 있다고 보고 이에 대한 대비책도 강구해
두었다. 우선 이러한 경우에라도 반드시 지켜져야 하는 원칙이 있었다.
그것은 첫째 밀과는 올리지 말아야 한다는 점, 둘째 좌측에 진설하는
네 개의 변[左四籩]과 우측에 진설하는 네 개의 두[右四豆] 사이에 균형을
맞추어야 한다는 점이었다. 이러한 원칙에 입각하여 퇴계는 다음과 같
은 대안을 내놓았다.

> 만일 녹해와 어숙을 준비하지 못했다면, 차라리 녹해 대신 근저(芹菹 :
> 미나리 절임)를 올리고, 어숙을 대신해서는 기존의 방식대로 과일을 올린
> 다. 그리하면 예의 본의를 잃지는 않을 것이다. 밀과(蜜果)는 결코 사용해
> 서는 안 될 것이다.[83]

여기에서 퇴계는 준비하지 못한 녹해를 대신해서는 미나리를 절인
'근저芹菹'를 올리라 했고, 준비하지 못한 어숙을 대신해서는 기존의 방
식대로 과일을 올리라고 했다. 하지만 퇴계의 이러한 대비책의 실질적
내용은 백운동서원의 기존 진설과 비교해보면 밀과를 근저로 대체한

---

83 『退溪全書』續集 권8, 「安文成公享圖[配位同]」 : 若鹿醢・魚鱐有未備, 則寧以芹菹代
鹿醢, 而仍以果代魚鱐, 庶不失禮之本意, 蜜果恐不可用也.

것에 지나지 않는다. 여기에서 주목해야 할 사실은, 밀과에서 근저로 제품 하나 변경한 것뿐임에도 퇴계는 "그리하면 예의 본의를 잃지는 않을 것"이라고 그 의미를 평가했다는 점이다. 이는 밀과를 진설해온 관행이 예의 본의에 매우 위배된 것임을 우회적으로 비판하는 것으로, 앞에서 "어찌 밀과와 같은 일상적인 기호음식을 학宮에서 사용할 수 있단 말인가?"라고 한 것과 조응하는 대목이다.

　또한 녹해와 어숙을 올릴 경우 좌측 네 개의 변에는 두 종류의 포와 두 종류의 과일이 진설되고, 우측 네 개의 두에는 두 종류의 해와 두 종류의 절임이 진설되어 균형을 이루게 된다. 하지만 기존의 관행처럼 밀과를 올릴 경우에는 어떤 식으로든 이와 같은 균형이 이루어지지 않는다. 하지만 밀과를 근저로 대체하게 되면, 좌측 네 개의 변에는 한 종류의 포와 세 종류의 과일이 진설되고, 우측 네 개의 두에는 한 종류의 해와 세 종류의 절임이 진설되어, "둘씩 둘씩 대응하는" 균형은 이루지 못했지만 그런대로 균형을 맞출 수 있게 된다. 이런 측면에서 퇴계는 "그리하면 예의 본의를 잃지는 않을 것"이라고 했을 것이다.

　이쯤에서 한 가지 짚고 넘어가야 할 것이 있다. 그것은 퇴계가 신재의 진설 방식에 문제를 제기했던 것은 물론 이에 대한 대안을 제시했을 때, '과연 그는 무엇을 근거로 이와 같은 문제제기와 대안제시를 할 수 있었을까'라는 문제에 대해서이다. 이 문제와 관련하여 퇴계 자신이 직접적으로 밝힌 것은 없다. 따라서 우리는 여러 정황에 근거하여 합리적인 추측을 통해 이 문제를 검토해야 한다. 이런 상황에서 우리는 홀기 문제에 대응하는 과정에서 퇴계가 무엇을 참고했는가를 살펴봄으로써 중요한 단서를 찾을 수 있다. 앞에서도 살펴보았던 것처럼 홀기 문제에 대응하는 과정에서 퇴계가 중요하게 참고했던 전거는 『국조오례의』 「석전의」였다. 그렇다면 진설 문제에 있어서도 퇴계는 『국조오례의』를 참고했을 가능성이 매우 높다. 그런데 『국조오례의』에는 서원의 향사례와 관련한 조목이 별도로 제시되어 있지 않다. 따라서 퇴계는 향교 향사례의 준거가 되었던 『국조오례의』 중에서 「주현석전문선왕의州縣釋奠文宣王儀」와 『국조오례서례國朝五禮序例』의 「주현석전정배위州縣釋奠正配位」 부분을 참고했을 것으로 판단된다.

〈표 13〉

〈주현석전정배위(州縣釋奠正配位)[종향여국학동(從享與國學同)]〉

右八豆				神位		左八籩		
魚醢	芹菹	醓醢				魚鱐	榛子	鹿脯
筍菹	鹿醢		簋(黍)		簠(稻)		栗黃	芡仁
兔醢	菁菹	韭菹	簋(稷)		簠(粱)	形鹽	乾棗	菱仁
豕腥				幣篚		羊腥		
燭				香爐			燭	
	爵			爵		爵		
祝坫	[初獻奠此]			[亞獻奠此]		[終獻奠此]		
[明水]犧尊						[醴齊]犧尊		
[明水]象尊						[盎齊]象尊		
[玄酒]山罍						[淸酒]山罍		

물론 향교의 향사례는 문선왕文宣王 즉, 공자孔子에게 올리는 석전釋奠이기 때문에 좌측과 우측에 이른바 8변八籩·8두八豆라 하여 변과 두를 각각 여덟 벌씩 진설하도록 규정하고 있어서 서원의 경우와는 구별된다. 즉, 선현을 모시는 서원의 경우에는 4변四籩·4두四豆를 진설함으로

써 향교와 차등을 두었던 것이다. 이러한 근본적 차이에도 불구하고 4변·4두에 올릴 제품만큼은 자의적 판단에 따라 임의적으로 결정해서는 안 되고 8변·8두에 준해서 정해야 한다는 것이 퇴계가 상정한 서원 향사례의 기본원칙이었다.

실제로 퇴계가 수정안으로 제시했던 녹해와 어숙은 물론 녹해가 준비되지 않았을 경우 대체물로 제안했던 근저 등은 모두 『국조오례서례』의 「주현석전정배위」에 규정된 제품이라는 사실이 이를 방증한다. 퇴계는 이러한 작업을 통해 서원의 향사례를 임의적 판단에 따라 집행하던 속례의 수준이 아닌 객관적 근거 위에 의식절차를 정립시킴으로써 질적인 제고를 기도했던 것으로 판단된다.

다음으로, 퇴계는 신재가 제정한 「홀기」와 관련하여 제기했던 문제점들을 반영하여 수정한 새로운 「홀기」를 내놓았다. 이 새로운 홀기의 정식 명칭은 「문성공묘제홀기文成公廟祭笏記」로 신재의 홀기와 같다. 따라서 두 홀기의 혼동을 피하기 위해 신재의 「문성공묘제홀기」는 퇴계가 「구홀기舊笏記」로 지칭한 바에 따르고, 퇴계가 새로 제정한 「문성공묘제홀기」는 편의상 「신홀기新笏記」로 지칭하기로 한다. 이 「신홀기」에서 퇴계는 「석전의」(『국조오례의』「주현석전문선왕의」)를 전거로 앞서 제기한 문제점들을 수정하는 것은 물론 「구홀기」에는 빠져 있는 부분들까지 보완하여 서원 향사례에서 준용할 홀기의 표준을 제시하였다.

첫째, 퇴계가 제정한 「신홀기」는 「구홀기」에서 상향례와 초헌례를 뭉뚱그려 한꺼번에 행하도록 간소화했던 것을 두 개의 의식절차로 분명하게 구분함으로써 석전성례다운 면모를 갖추도록 하였다.

○ 상향례(上香禮)를 행한다. 알자(謁者)는 초헌관(初獻官)을 관세위(盥洗位 : 손을 씻는 곳)에 이르도록 인도한다. ○ 문성공(文成公)의 신위(神位) 앞에 이르도록 인도한다. ○ 꿇어앉는다. ○ 세 번 향을 피운다[三上香]. ○ 몸을 굽혀 엎드렸다가 일어난다. ○ 다음으로 문정공(文貞公) 신위 앞에 이르도록 인도한다. ○ 꿇어앉는다. ○ 세 번 향을 피운다. ○ 몸을 굽혀 엎드렸다가 일어난다. ○ 다음으로 문경공(文敬公) 신위 앞에 이르도록 인도한다. ○꿇어앉는다. ○ 세 번 향을 피운다. ○ 몸을 굽혀 엎드렸다가 일어난다. ○내려와 본래의 자리로 돌아가도록 인도한다. ○ 초헌례(初獻禮)를 행한다. 알자는 초헌관을 문성공의 술동이가 있는 곳으로 인도한다. (이하 생략)[84]

둘째, 「신홀기」는 「구홀기」에서 수조를 먼저 행하고 음복을 나중에 행하도록 되어 있던 것을 음복을 먼저 행하고 수조를 나중에 행하도록 바로잡음으로써 의식절차들 상호간에 갖는 의미관계의 질서를 명확히 하였다.

○ 음복(飮福)과 수조(受胙). 집사(執事)는 문성공의 술동이가 있는 곳으로 가서 술잔에 복주(福酒)를 따른다. ○ 또 집사는 신위 앞으로 나아가서 고기를 떼어낸다. ○ 알자는 초헌관을 음복위(飮福位)에 이르도록 인도한다. 서쪽을 향해 꿇어앉는다. ○ 집사는 헌관의 왼쪽으로 나아간다.

---

84 「文成公廟祭笏記」(한국국학진흥원 소장 고문서자료 / 자료번호 : 국학자료 KS0069-2-83-00006) : ○行上香禮 謁者引初獻官詣盥洗位 ○引詣文成公神位前 ○跪 ○三上香 ○俯伏興 ○次詣文貞公神位前 ○跪 ○三上香 ○俯伏興 ○次詣文敬公神位前 ○跪 ○三上香 ○俯伏興 ○引降復位 ○行初獻禮 謁者引初獻官詣文成公尊所 …….

○ 잔을 헌관에게 준다. ○ 헌관은 남기지 않고 모두 마신다. ○ 잔을 되돌려준다. ○ 집사는 북쪽을 향하고, 고기를 헌관에게 준다. ○ 헌관은 고기를 받는다.[85]

셋째, 「신홀기」는 「구홀기」에서 수조한 뒤 행해야 할 수희배受禧拜를 함부로 생략하고 변두를 거두면서 행하는 제필배祭畢拜에 결합시켰던 것을 다시 되살려냄으로써 의식절차들이 갖는 각각의 의미에 소홀함이 없도록 하였다.

○ 음복(飮福)과 수조(受胙). …… ○ 헌관은 고기를 받는다. ○ 집사에게 건넨다. ○ 몸을 굽혀 엎드렸다가 일어난다. ○ 내려와 본래의 자리로 돌아가도록 인도한다. ○ 두 번 절한다. 헌관 이하 모두 두 번 절한다. 몸을 굽힌다. ○ 절하고 일어나고 절하고 일어나 몸을 편다. ○ 변두(籩豆)를 거둔다. ○ 축(祝)은 들어가 변두를 거둔다. ○ 절한다. 참석자 모두 두 번 절한다. 몸을 굽힌다. ○ 절하고 일어나고 절하고 일어나 몸을 편다.[86]

이상에서 살펴본 바와 같이 「신홀기」는 「구홀기」의 잘못된 부분들을 『국조오례의』 등 예문에 근거하여 수정함으로써 서원 향사례 의식절차의 표준을 세우는 데 중요한 초석을 놓았다. 뿐만 아니라 「신홀기」는

---

85 「文成公廟祭笏記」: ○飮福受胙 執事詣文成公尊所 ○以爵酌福酒 ○ 又執事進減神位 前俎肉 ○謁者引初獻官詣飮福位 西向跪 ○執事進獻官之左 ○以爵授獻官 ○獻官飮卒 爵 ○反爵 ○執事北向 以俎授獻官 ○獻官受胙 …….

86 「文成公廟祭笏記」: ○飮福受胙 …… ○獻官受胙 ○授執事 ○俯伏興 ○引降復位 ○再 拜 獻官以下皆再拜 ○鞠躬 ○拜興 ○拜興 平身 ○撤籩豆 祝入撤籩豆 ○拜 在位者皆再 拜 ○鞠躬 ○拜興 ○拜興 平身.

「구홀기」에는 없는 부분들까지 보완하여 한층 완결된 형태의 홀기로서의 면모를 보여주었다. 예를 들면, 「신홀기」에서 퇴계는 정위正位와 배위配位에 대한 축문祝文 내용을 재검토하여 기존의 것을 사용해도 좋은 것은 그대로 두고, 수정할 필요가 있는 것은 직접 새로 지어서 실었다.[87] 또한 서원 향사례의 제관祭官과 관련하여 세 명의 헌관三獻官과 여섯 명의 집사六執事는 누가 담당해야 하는지에 관한 기준 또한 다음과 같이 명문화하였다.[88]

〈표 14〉

〈문성공묘제홀기(文成公廟祭笏記) : 비삼헌관육집사(備三獻官六執事)〉

初獻官 : 郡守, 有故則斯文	祝 : 斯文
	贊者一人 : 院有司或諸生
亞獻官 : 斯文	謁者一人 : 院諸生
	贊引一人 : 院諸生
	司尊一人 : 院諸生
終獻官 : 斯文	奉香一人(奉爵兼) : 院諸生
	奉爐一人(奠爵兼) : 院諸生
	院諸生不備則校生

---

87 「文成公廟祭笏記」 : ⊙ 文成公 祝文 : "尊信斯道 闡敎東方 功存學校 惠我無疆"(이 글은『退溪全書』권45 祝文에「白雲洞書院 祭安文成公文」으로 수록되어 있다. 단, 문집에는 '東方'이 '吾東'으로 되어 있고, '惠我無疆'이 '百世攸宗'으로 되어 있다.) ⊙ 文貞公 祝文 : "그대로 사용함[仍用]"(이는 다른 축문들의 경우 기존의 축문이 있음에도 불구하고 새롭게 제정한 것임을 방증한다.) ⊙ 文敬公 祝文 : "剛德廉淸 進禮退義 遺風凜然 懦夫立志"(이 글은『退溪全書』권45 祝文에「祭安文敬公文」으로 수록되어 있다. 단, 文集에는 '淸'이 '節'로 되어 있다.) 참고로 소수서원 소장 자료 역시 도산서원 소장 '유묵자료'와 그 내용이 일치한다.(嶺南文獻研究所,『紹修書院誌』, 2007, 299쪽 참조) 다만, 도산서원 소장 자료는 초서로 쓰여 있고, 소수서원 소장 자료는 해서로 쓰여 있다는 점이 다르다. 이밖에도 퇴계는 임고서원(臨皐書院)의 주향인 문충공(文忠公) 포은(圃隱) 정몽주(鄭夢周)에 대한 축문도 함께 적어두었다.(文忠公 祝文 : "學造天人 忠貫日月 光前啓後 永世無斁" 이 자료는 퇴계의 문집에는 수록되어 있지 않고,『圃隱先生集附錄』에「臨皐書院春秋享祝文[退溪]」으로 수록되어 있다.)

88 「文成公廟祭笏記」 : 備三獻官六執事 [有司前期七日 告本官及斯文 定獻官, 執事]

그런가 하면 퇴계는 「신홀기」에서 「구홀기」나 「제식」에 제시되어 있는 내용을 생략하거나 삭제하는 작업도 단행하였다. 예컨대 「구홀기」에는, "치재致齋하는 기간에 헌관들은 장서의 보관상태를 점검하고 건물의 유지상태를 살피며 곡식과 집기 등 재정상태를 회계해야 하며, 향사를 지내는 날 여러 사문斯文들이 모이면 다 함께 검토해야 한다"는 내용이 명기되어 있는데[89] 「신홀기」에서는 이 내용들을 모두 삭제하였다. 그것은 아마도 이러한 내용이 중요하지 않아서가 아니라 홀기에 등록될 성질의 내용이 아니기 때문이었을 것이다.

한편, 신재가 제정한 「제식」에는 강신降神을 위한 삼상향三上香을 마친 다음에는 학동들로 하여금 세 개의 장으로 구성된 「죽계사竹溪辭」를 노래하게 하고, 초헌, 아헌, 종헌이 끝난 다음에는 아홉 개의 장으로 구성된 「도동곡道東曲」을 각각 세 개의 장씩 나누어 부르게 하는 의식이 기록되어 있다.[90] 「죽계사」는 신재가 직접 지은 것으로, 백운동서원이 위치한 죽계의 지형과 문성공 안향의 업적을 기리는 내용을 담고 있다. 「도동곡」 역시 신재가 직접 지은 것으로, 유학의 성현들을 찬양하고 그

---

89 國史編纂委員會, 『朝鮮時代嶺南書院資料』(1999), Ⅰ.紹修書院資料, 6.愼齋笏記,(117쪽) : 致齋日, 獻官點曬藏書, 省視牆宇礕漏, 會計米穀什物. 受禧日, 衆斯文共察之.[司馬有司每節必檢, 院中有司每月必檢.]

90 신재 주세붕의 시장(諡狀)이나 연보(年譜)에 따르면, 신재는 「죽계사」와 「도동곡」을 지어 향사를 지낼 때 노래 부르게 했다는 기록이 있다.(『武陵雜稿』附錄 卷4, 「諡狀」[金魯敬] : "作「竹溪詞」·「道東曲」, 歌以祀之." / 「愼齋先生年譜」: "作「竹溪詞」·「道東曲」, 使歌以祀之.") 그리고 그 의절과 관련해서는 『죽계지』 「행록후 · 제식」에 다음과 같이 기록되어 있다. ○行上香禮 ○引初獻官盥 ○引詣文成公神位前 三上香【童歌「竹溪辭」三章】○次詣配位前 皆三上香 ○引降復位 ○行初獻禮 ○引初獻官詣尊所 西向立 詣神位前 北向跪 ○獻酌 ○讀祝 ○次詣配位前 ○獻酌 ○讀祝 ○引降復位【童歌「道東曲」首三章】○行亞獻禮 ○如初獻 引降復位【童歌「道東曲」中三章】○行終獻禮 ○如亞獻 引降復位【童歌「道東曲」末三章】.

러한 도학이 동쪽의 우리나라로 전해지게 됨을 기뻐하는 내용이 경기체가景幾體歌 형식으로 구성되어 있다. 두 가사의 내용은 아래와 같다.

「죽계사竹溪辭」

제1장

竹溪在東 小白在西 公之廟兮在其間 白雲滿洞兮前路迷 溪有魚兮山有柏 是公舊遊兮胡不歸 歸兮歸兮毋使我悲

【해석】 동쪽엔 죽계수 서쪽엔 소백산, 공의 사당 그 사이에 있도다. 흰 구름 골짜기에 가득하니 앞길이 희미한데, 시냇물엔 물고기 노닐고 산에는 잣나무 무성하여라. 이곳은 공께서 그 옛날 노닐던 곳, 어찌 돌아오시지 않으신고. 돌아오소서 돌아오소서, 우리를 슬프게 하지 마소서.

제2장

小白在西 竹溪在東 山有雲兮水有月 古今兮是同 公之來兮駕玉虯 或驂以紫鸞 酌我醴兮有我誠 庶我歆兮盡爾歡

【해석】 서쪽엔 소백산 동쪽엔 죽계수. 산에 드리운 구름과 물에 비치는 달빛은 예나 지금이나 같도다. 공께서 오시는 날 옥규(玉虯)가 수레 끌고 자란(紫鸞)이 곁말 되리. 빚은 술 잔에 담아 정성껏 바치오니, 충분히 잡수시고 기쁨을 다하소서.

제3장

公昔未生兮斯文晦 大倫墮地兮雲煙昏 自公一出兮洗三韓 白日靑天兮吾道尊 有廟枚枚兮公像在中 竹溪彌清兮小白彌崇

【해석】 공께서 나시기 전 사문(斯文)이 어두울 때 윤리는 땅에 떨어져 구름과 연기에 묻힌 듯 어둡더니. 공께서 나오시어 삼한(三韓)을 씻으시

니 청천에 백일처럼 우리 도(道) 높았어라. **빽빽**한 사당 속에 공의 영정 모
시오니, 죽계수는 더욱 맑고 소백산은 더욱 높다.

「도동곡道東曲」

① 伏羲神農黃帝堯舜【再唱】偉 繼天立極 景幾何如

【해석】복희 · 신농 · 황제 · 요 · 순이시여! 복희 · 신농 · 황제 · 요 · 순이
시여! 위(偉), 하늘의 뜻 받들어 세상의 기준을 세우시니, 경기(景幾) 어
떠하뇨.

② 人心惟危 道心惟微 惟精惟一 允執厥中 偉 주거니 받거니 聖人의 心
法이 다믄 잇분니이다

【해석】인심(人心)은 위태롭고 도심(道心)은 은미하니, 정밀하고 전일
해야 진실로 그 중(中)을 잡으리라. 위(偉), 주고 받는 성인(聖人)의 심법
(心法)이 다만 이뿐입니다.

③ 禹湯文武皐伊周召【再唱】偉 君臣이 相得 景幾何如

【해석】우임금 · 탕임금 · 문왕 · 무왕 · 고요 · 이윤 · 주공 · 소공이시여!
우임금 · 탕임금 · 문왕 · 무왕 · 고요 · 이윤 · 주공 · 소공이시여! 위(偉), 임
금과 신하가 서로가 서로를 얻었으니, 경기(景幾) 어떠하뇨.

④ 下土茫茫커늘 上帝是憂ᄒ샤 圩頂大人을 洙泗으히 ᄂ리오시니 偉 萬
古淵源이 그츨뉘 업스샷다

【해석】인간세상 아득하거늘 상제께서 걱정하사 공자님을 수사(洙泗)

에 내리시니, 위(偉), 만고의 연원이 그칠 리 없으셨다.

⑤顔生四勿 曾氏三省 仰高鑽堅 瞻前忽後 偉 學聖忘勞 景幾何如

【해석】 안자(顔子)는 '사물(四勿)'을 하셨고, 증자(曾子)는 '삼성(三省)'을 하셨도다. 우러러볼수록 더욱 높고 뚫을수록 더욱 단단하며, 쳐다볼 땐 앞에 계시더니 홀연히 뒤에 계시도다. 위(偉), 성인을 본받음에 수고로움을 잊으시니, 경기(景幾) 어떠하뇨.

⑥率ᄒ리 天命之性 養ᄒ리 浩然之氣 再唱 偉 至誠無息이아 本니이다

【해석】 따라야 할 것 천명지성(天命之性)이오, 길러야 할 것 호연지기(浩然之氣)로다. 【두 번 부른다.】 위(偉), 지극한 성실함으로 쉼이 없는 것이야말로 근본입니다.

⑦光風霽月 瑞日祥雲【再唱】 偉 그처딘 긴눌 엇뎨ᄒ 아니ᄋ신고

【해석】 빛나는 바람에 맑은 달빛이요, 상서로운 햇빛에 상서로운 구름이로다. 【두 번 부른다.】 위(偉), 끊어졌던 긴긴날을 어찌 아니 아십니까.

⑧人欲이 橫流ᄒ야 浩浩滔天일ᄉᆡ 一千五百年에 晦翁이 나샷다 敬으로 本을 세어 大防을 밍ᄀᆞ르시니 偉 繼往開來아 仲尼나 다ᄅᆞ시리잇거

【해석】 인욕이 횡류하여 그 거센 기세 하늘까지 닿았기에 천오백 년만에 주자(朱子)께서 나셨도다. 경(敬)으로 근본을 세워 크나큰 둑을 만드시니, 위(偉), 지나간 성인을 계승하고 미래의 후학을 개유하심이 중니(仲尼 : 孔子)와 다르시겠습니까.

⑨ 三韓千萬古애 眞儒를 ㄴ리오시니 小白이 廬山이오 竹溪이 濂水로다
興學衛道ᄂ 小分네 이리어니와 尊禮晦庵이 그 功이 크샷다 偉 吾道東來
景幾何如

【해석】삼한땅 천만년에 진유(眞儒)를 내리시니, 소백산이 여산(廬山)
이오 죽계수가 염수(濂水)로다. 학문을 일으키고 도를 호위함은 우리네의
일이지만, 회암(晦庵 : 朱子)을 존모하신 그 공이 크시도다. 위(偉), 우리
의 유도(儒道)가 동방으로 오시니, 경기(景幾) 어떠하뇨.

퇴계는 「신홀기」에서 신재가 마련한 이 의식들을 과감하게 생략하였
다. 백운동서원의 향사에서 「죽계사」와 「도동곡」을 노래하게 했다는
사실은 이 의식이 일종의 서원제례악으로서 기능했음을 보여준다. 그
러므로 문화사적 관점에서 보면 이러한 서원세례악이 다른 서원으로까
지 확대·보급되지 못한 것은 아쉬운 일일 수 있다. 그러나 퇴계가 이
를 생략하도록 정한 이후 더 이상 다른 서원으로 보급되지 못했다. 퇴
계의 이러한 조처는 사상사적 관점에서 보았을 때 충분히 이해할 수 있
다. 서원이라는 기구와 향사례라는 의식이 유학이라는 토대 위에서 성
립된 것이고, 당시 조선에 서원을 건립하고 향사를 봉행하는 이유 역시
유학사상의 온전한 구현을 지향하는 차원에서 진행된 것임을 감안하
면, 아무래도 '석전의'와 같은 객관적 전거에 의거하지 않은 자의적으
로 제정된 이러한 의식은 올바른 서원 향사례를 정립하려는 입장에서
는 간과할 수 없었을 것이기 때문이다.[91]

---

91 「제식」에서 제시하고 있는 「죽계사」나 「도동곡」을 노래하는 의식은 「구홀기」에도 반영
되어 있지 않다. 그런데 여기에서 한 가지 주목할 것은, 퇴계가 「구홀기」의 내용에 대해

그런데 한 가지 흥미로운 것은 애초에 퇴계가 홀기와 관련하여 문제로 지적했던 것이 세 가지가 아니고 네 가지였다는 사실이다. 이 네 번째 문제제기 조항은 '유묵자료'에만 수록되어 있으며, 문집은 물론 소수서원 소장 자료에도 수록되어 있지 않다. 퇴계가 네 번째로 제기한 문제점은 서원 향사례에서 배례를 행할 때 재배再拜를 하는 것이 맞는지에 관한 것이었다.

「제식」에서는 다만 재배(再拜)하는 예를 행하라고 했고, 「구홀기」 역시 이에 의거하여 모두 재배를 행하도록 하였다. 인정(人情)이란 간소함을 좋아하고 번다함을 싫어하기 때문에 모두들 이를 당연하다고 여겨왔다. 그러나 재배하는 예는 가정에서 행하는 제례[家祭]에서나 하는 것이며, 모든 외부의 신들[外神]에게 제향을 드릴 때는 사배(四拜)하라고 되어 있다. 재배하라는 글이 있는지 보지 못했으며, 주무릉(周武陵)이 어디에 근거해서 이렇게 말했는지 알 수 없다. 우선은 「석전의」에 의거하여 사배하기로 정하고 참고를 기다린다.[92]

퇴계는 당시 서원의 향사례에서 '가제家祭에서나 행하는' 재배를 해온 관행에 대해 몹시 못마땅해했던 것 같다. 이는 그가 앞에서도 서원 향사

비판할 때는 그것이 「제식」과 맞지 않다는 점을 들어 「구홀기」가 신재의 작품이 아닐 가능성까지 제기했었는데, 이 부분과 관련해서는 「제식」에 명시되어 있음에도 불구하고 「신홀기」에서 「구홀기」와 마찬가지로 반영하지 않았다는 사실이다. 이는 퇴계가 백운동서원의 향사례를 검토하는 과정에서 「구홀기」와 「제식」 중 어느 한 쪽을 더 중시한 것이 아니라 두 자료 모두에 대해 전반적으로 비판적인 검토를 수행했음을 보여준다.

[92] 「文成公廟祭笏記」: 「祭式」云 "只行再拜禮", 「舊笏記」亦依此皆行再拜. 人情喜簡厭煩, 皆以爲當也. 然再拜之禮, 唯家祭爲然, 若祭諸外神, 皆云四拜. 未見有再拜之文, 未知周武陵何所據而云, 姑依「釋奠儀」四拜爲定, 以俟參考.

례를 '학學에 봉행하는 것'으로 의미부여를 했던 것과 같은 맥락에서 가제와 같은 차원이 아닌 더 높은 차원에서 그 위상을 정립하려 했음을 보여준다. 따라서 그는 당시 서원 향사례에서 재배를 하던 관행을 '간소함을 좋아하고 번다함을 싫어하는[喜簡厭煩]' 인정에 따른 처사로 단정했다. 그리고 『국조오례의』에 제시된 외부의 신들[外神]들에 대한 배례가 모두 사배라는 사실과 「석전의」에서도 사배를 하도록 규정한 바를 근거로 서원 향사례에서도 사배로 수정할 것을 제안하였던 것이다.

그러나 추후 퇴계는 자신의 이러한 당초의 제안을 취소하는 글을 그 아래에 다음과 같이 기록해 두었다.

이 조항에서 "외부의 신들[外神]에게는 모두 사배(四拜)하라, 재배(再拜)하라는 글이 있는지 보지 못했다"고 한 것은 단지 『국조오례의』만을 의거하고 한 말이었다. 그런데 『한묵전서(翰墨全書)』[93]에 실린 주문공(朱文公)의 석전의(釋奠儀)와 석채의(釋菜儀)에 모두 재배를 행하라 하였고 사배하는 예가 없음을 살피고서야, 주무릉이 「제식」에서 재배하라고 한 것이 여기에 근거하여 정한 것임을 알게 되었다. 내가 모든 의절을 두루 참고하지 못한 채 서둘러 고치려 했던 것은 잘못이다. 따라서 홀기에는 재배를 그대로 두었으며, 이 조항을 없애지 않음으로써 나의 허물을 기록으로 남긴다.[94]

---

93 『한묵전서(翰墨全書)』: 송말원초에 웅화(熊禾, 1247~1312)가 유응계(劉應季)의 『사문유취한묵전서(事文類聚翰墨全書)』10함(函) 80책을 새로 편집하여 엮은 것으로 일종의 백과전서이다.

94 「文成公廟祭笏記」: 今按, 此條'外神皆四拜, 未見有再拜之文'者, 只據『五禮儀』云也. 及考『翰墨全書』所載朱文公釋奠釋菜儀, 皆行再拜, 無四拜之禮, 乃知周武陵「祭式」只行再拜, 據此而定也. 滉不徧考諸儀, 而遽欲改之者, 妄也. 故笏記仍存再拜, 而不去此一

그런데 이 네 번째 문제제기와 이를 취소한 기록은, 퇴계가 스스로 취소했다는 사실 때문이었는지는 알 수 없으나, 결과적으로 그의 본의 즉, 시행착오마저 참고사항으로 물려주려 했던 뜻과는 달리 문집에 수록되지 않았다. 그러나 우리는 여기에서 서원 향사례를 정초하는 과정에서 보여준 퇴계의 몇 가지 면모를 읽을 수 있다.

첫 번째는 퇴계가 서원 향사례를 정립하려 하였으나 그 역시 충분한 역량을 갖춘 상태에서 이 일을 시작한 것은 아니었다는 사실이다. 즉, 당시의 서원 향사례에 대한 문제의식은 분명했지만 이를 해결하기에 충분한 연구가 아직은 미흡했다는 것이다.

두 번째는 그렇기 때문에 퇴계는 서원 향사례를 경전의 전거 위에 객관적으로 정립시키기 위한 관련 조사와 연구를 지속적으로 전개할 수밖에 없었다는 사실이다. 『오례의』에 나오는 '외부의 신들'들에 대한 배례나 '석전의'를 참고하였다가, 다시 주자의 석전의와 석채의를 고증하여 이를 재수정하는 과정이 이를 잘 보여준다.

세 번째는 자신의 입장이 시행착오를 거치면서 수정되는 과정을 기록으로 남겨두었다는 점이다. 이러한 사실은 퇴계가 학자로서의 엄밀하고도 솔직한 면모를 보여주는 것임과 더불어 서원 향사례를 계속해서 정립해나가야 하는 과정에서 후인들이 참고할 만한 경험의 축적과정을 보여준다.

서원 향사례의 초석을 다지기 위한 퇴계의 노력은 이후 창건되는 많은 서원들의 향사례에 하나의 시금석이 되었다. 실제로 퇴계는 만년에

條, 以識滉之過也.

그의 문인들과 더불어 역동서원易東書院의 건립에 적극 개입하면서 서원의 명칭을 직접 짓고 썼던 것은 물론 부속건물들의 명칭까지 제정할 만큼 열의를 보였다.[95] 이때 퇴계는 역동서원의 향사례를 제정하는 과정에서 백운동서원 향사례를 참고할 것을 권유한 바 있으며,[96] 실제로 역동서원의 향사홀기는 백운동서원의 그것과 거의 일치한다.[97] 뿐만 아니라 퇴계 사후에 건립되어 조선시대 서원들 중에서 수서원首書院으로서의 위상을 갖고 큰 영향력을 끼쳤던 도산서원陶山書院의 향사례 홀기 역시 이를 표준으로 하여 제정되었다. 이러한 영향이 퇴계학파가 주로 활동했던 영남지역에만 국한되었던 것은 아니다. 율곡을 주향으로 하는 신항서원莘巷書院 등 다른 지역 서원에까지 퇴계가 제안한 향사례가 참고자료로 활용되었다. 이렇게 퇴계는 조선에 서원의 확산 운동을 선도했을 뿐만 아니라, 학파를 불문하고 시원 향사례가 문화적으로 정립되는 데 중대한 초석을 놓았다.

---

95 『月川集』卷5, 「易東書院事實」: 是夏四月堂成, 前列六楹曰明教堂, 東西各有溫房, 東曰精一齋, 西曰直方齋. 直方之北藏書閣曰光明室, 堂後少東立祠廟三間曰尙賢祠, 前列東西二齋各三間, 東四勿, 西三省, 其南立大門曰入道, 西齋之西立廚庫, 總名之曰易東書院, 皆先生所定也.

96 『退溪全書』續集卷6, 「與琴聞遠[丁卯]」: 竹溪書院「祀文成公儀」舊有謄本, 共覽去取, 以爲他日祭禹公之儀何如?

97 한국국학진흥원소장 고문서자료(자료번호: 국학자료 KS0069-2-83-00007) 참조.

제7장

퇴계 예학사상의 영향과 계승

1. 한강 정구의 발전적 계승

그동안 사계沙溪 김장생金長生(1548~1631)과 더불어 조선 예학의 종장宗匠으로 평가 받았던 한강寒岡 정구鄭逑(1543~1620)의 예학에 관해 적지 않은 연구가 진행되었고, 그 연구들을 통해 한강 예학의 성격과 의의 등에 관해서는 대체적인 정리가 이루어졌다. 하지만 기왕의 선행 연구들은 대체로 거시적 측면에서 한강 예학을 조망하였다. 예를 들면, 한강 예학의 성격을 '규모의 방대함, 인식의 치밀성, 논리적 정합성' 등으로 규정한다든가,[1] 그것의 의의와 관련하여 '사례四禮의 예속을 바로잡았고, 예속의 사회화에 기여했으며, 오복제五服制를 바로잡아 위계를 세웠고, 국가전례와 서원례를 바로잡았으며, 예학의 집성을 이루었다'거나[2] '국가례國家禮와 사가례士家禮를 하나의 새로운 체제 속에서 정리하려고 했다'[3], 또는 '고례를 통해 예의 본원을 추구했고, 향음주례·향사례의

---

1   금장태, 2011, 244~245쪽.
2   배상현, 1995b, 955~970쪽.
3   고영진, 1996, 327~330쪽.

시행 등 실용성을 중시했다'거나[4] '고례의 원형에 부합하면서도 현실적 실행가능성을 제고하려고 했다'[5] 등이 대표적이다. 최근에는 기존의 선행 연구들이 보여준 거시적 조망을 극복하고 조금 더 미시적이면서도 실증적인 접근을 하려는 동향이 관측된다. 예를 들면, 한강이 직접 편찬한 예서禮書를 집중적으로 분석함으로써 조금 더 또렷한 한강 예학의 특성을 찾아내려는 연구들이 대표적이다.[6]

여기에서 필자는 이러한 기존의 연구 성과들을 바탕으로 하되 조금 다른 각도에서 한강 예학의 성격과 의의를 검토해 보고자 한다. 우선 한강의 예학이 충실하게 퇴계의 예학을 사승師承하고 있다는 사실에 집중할 것이다. 그동안 한강이 퇴계의 문인이라는 점에서 당연시하고 넘어갔던 부분을 보다 실증적인 자료에 대한 분석을 통해 확인하고자 한다. 특히 한강이 퇴계로부터 변례變禮에 대한 대응 방식 및 관련한 문제의식과 해결방안 등에 관하여 영향을 받았다는 데 집중할 것이다. 다음으로는 퇴계로부터 받은 영향이 이후 한강의 예서 편찬에 어떻게 반영되는지를 검토할 것이다. 특히 『오선생예설분류五先生禮說分類』에 나타나는 한강의 예학적 문제의식을 분석함으로써 이 책의 의의를 구명하고, 나아가 그것이 한강 자신의 예학에 적용된 사례와 후학들에게 끼친 영향들까지 아울러 살펴볼 것이다.

4　도민재, 2002, 173~176쪽.
5　박종천, 2012, 15쪽.
6　정경주, 2016; 남재주, 2016 참조.

1) 퇴계와의 '예'관련 답문과 그 영향

한강은 13세 때인 1555년에 덕계德溪 오건吳健(1521~1574)의 문하에 들어가 수학했고, 21세 때인 1563년에 퇴계를 배알했으며, 3년 후인 1566년에 남명南冥 조식曹植(1501~1572)을 배알했다. 한강은 이 세 분의 스승들로부터 학문적 영향을 받았다. 한강은 1580년 창녕현감에 제수되었는데, 이때 그를 인견한 선조宣祖가 "그대는 이황과 조식을 사사하였는가?"라고 묻자, 그는 "신은 두 분의 문장門墻을 드나들면서 모르는 것을 묻고 의심난 것을 질정한 바는 있으나, 책을 들고 가서 배운 적은 없습니다."라고 답했다.[7] 한강이 직접 책을 들고 가서 배운 스승은 덕계이고,[8] 퇴계와 남명에게는 주로 편지를 통해 가르침을 받았던 것이다. 그럼에도 불구하고 한강의 대표적 저서인『심경발휘心經發揮』[9]나 다양한 예학禮學 관련 저술에서 확인할 수 있는 것처럼 그의 학문과 사상에 절대적인 영향을 끼친 스승은 퇴계였다는 사실은 이론의 여지가 없다.

한강이 퇴계에게 편지를 올려 질의한 문목이『퇴계집』에 수록되어 있는데 그 중 대부분이 예에 관한 것이다.[10] 퇴계와 한강의 답문은 한강이 퇴계를 배알한 다음 해인 1564년부터, 퇴계가 운명한 1570년까지 줄곧 진행되었다.[11] 한강이 퇴계에게 '예'와 관련하여 질의한 내용

---

7 『寒岡全集』上,「寒岡先生年譜」卷1: 八年【我宣祖十三年】庚辰【先生三十八歲】二月拜昌寧縣監. 疏辭, 不允. ○四月陛朝, 宣祖引見, (…중략…) 又曰: "爾師李滉曺植乎?" 先生對曰: "臣於二人, 出入門墻, 請問質疑則有之, 執經受業則未也."

8 『寒岡全集』上, 卷11,「祭德溪吳先生文」: "藐玆小子早自丱角之年, 奉几杖於左右, 而以爲依歸之地也. (…중략…) 旣又執經門下, 而周旋進退."

9 『寒岡全集』下,『心經發揮』·「序」: "吾退溪李先生最愛此書, (…중략…) 西山之後, 唯先生爲深知此書之味, 而自西山而言之, 亦未爲不遇後世之子雲矣. 述之愚陋, 自少受讀, 亦嘗親質於先生矣."

10 정경주, 2016, 131쪽.

11 『寒岡全集』上 卷2에는 1566년(丙寅)부터 1570년(庚午)까지 퇴계에게 올린 6통의 편

은 『가례家禮』를 정확하게 이해하기 위한 의문점들이나 행례行禮와 관련한 사항 특히 변례變禮에 대한 문의가 주를 이루었다.

먼저 한강은 『가례』에 대한 정밀한 공부를 바탕으로 얼핏 사소해 보이지만 명확히 해두지 않으면 안 되는 질문들을 했다. 예를 들면, 한강은 퇴계에게 『가례』 「통례」에서 참參을 할 때는 강신降神을 먼저하고 참신參神을 나중에 하는 데 비해 「제례」에서는 참신을 먼저하고 강신을 나중에 하는 이유가 무엇인지 물었다.[12] 또 술잔을 올리는 것도 참을 할 때는 주인主人이 직접 올리는데 제사에서는 집사執事가 하는 이유에 대해 물었고,[13] 심지어 「제례」의 '사시제四時祭' 조를 보면 복일卜日을 할 때는 축祝의 위치가 주인의 오른쪽인 데 비해 축문을 읽을 때는 주인의 왼쪽에서 읽도록 되어 있는 이유가 무엇인지 등에 대해서도 질문했다.[14] 이와 같은 질문들의 특징은 『가례』의 해당 조목을 이해하지 못해서 의문을 제기한 것이 아니라 『가례』에 제시된 절목들 간의 유기적인 체재와 의의에 대한 이해를 위해 의문을 제기하고 있다는 점이다. 이는 한강이 20대 초반에 이미 『가례』의 내용을 꼼꼼하게 정독한 것을 바탕으로 종합적인 검토를 하고 있었다는 증거이다.

한강은 『가례』를 텍스트로 정확하게 이해하는 데서 한 걸음 더 나아

지가 「상퇴계이선생(上退溪李先生)」이라는 이름으로 수록되어 있다.
12 『退溪全書』 卷39, 「答鄭道可問目」: (問) "參則先降神, 祭則先參神, 何意?" (答) "參則是日之禮, 本爲參而設, 若先參, 則降神後都無一事, 其所以先降神者, 爲參故也. 祭則降神後有許多薦獻等禮, 所以先參而後降耳."
13 『退溪全書』 卷39, 「答鄭道可問目」: (問) "凡獻禮, 參則主人手自斟酒, 祭則執事斟之." (答) "恐無他意, 只是參無代神祭, 節文似略, 故自斟爲盡愛敬之心. 祭則有代神祭等許多自行節文, 足以盡愛敬之心, 故雖非自斟, 亦可耳."
14 『退溪全書』 卷39, 「答鄭道可問目」: (問) "四時之祭, 卜日則立於右, 讀祝則立於左." (答) "卜日亦立于左矣. 至其終, 立于右者, 主人與諸執事, 東西相對而立, 皆北上以次而南, 則主人之右, 即執事爲首者對立之處, 故就此而告爲順, 若左則不與對也."

가 이를 착오 없이 준행하기 위해 행례와 관련한 의문점들도 퇴계에게
질문했다. 예를 들면 축이 축문을 읽을 때 목소리의 크기는 어떠해야
하는지 물었고,[15] 제사상에 초는 몇 개를 사용해야 하는지에 관해서도
다음과 같이 질문했다.

> (문)『가례』'진기(陳器)' 아래에는 초를 사용하는 것에 관해 언급되어
> 있지 않고,『의절』에는 향탁 위에 초 1개만 사용한다고 되어 있습니다. 요
> 즘 사람들은 위(位)마다 으레 2개의 초를 사용합니다.
> (답) 초를 사용하라는 언급이 없는데 초를 사용하는 것이 비록 의심스
> 럽기는 하지만,「상례」에 조문객이 들어오면 '초를 켜고 기다린다'는 조문
> 이 있으니 초를 사용하는 것도 안 될 것은 없다. 다만 매 위마다 2개의 초
> 를 사용할 필요는 없다.[16]

이 문답에서 특히 주목해야 할 것은, 초를 몇 개 사용해야 하는가에
관한 세세한 부분까지 의문을 갖고 확인하고자 했다는 점뿐만 아니라,
이 문제를 해결하기 위해『가례』의 우익서인『가례의절』을 참고했다는
점 그리고 그것이 당시의 시속과 어떻게 다른지 등에 관한 문제의식을
갖고 있었다는 점이 중요하다. 여기에서 뿐만 아니라 한강은 담제禫祭
때 어떤 옷을 입어야 하는지와 관련하여『가례』에 언급이 없어서『가

---

15 『退溪全書』卷39,「答鄭道可問目」: (問)"讀祝, 當高聲讀, 抑低聲讀?"(答)"太高旣不
可, 太低亦不可. 要使在位者得聞其聲, 可也."
16 『退溪全書』卷39,「答鄭道可問目」: (問)"『家禮』'陳器'下, 不言用燭, 『儀節』只有香卓
上一燭, 今人逐位例用雙燭."(答)"不言用燭, 而用燭雖可疑,「喪禮」弔客之入, 有然燭
以待之文, 用燭恐無不可. 但不須每位雙燭."

례의절』을 참고하기도 했고,[17] 제사에서 『가례』는 재배再拜를 하라고 되어 있는데, 『가례의절』은 사배四拜를 하도록 한 차이점에 대해 묻기도 했다.[18] 『가례의절』 뿐만 아니라 『가례집설家禮集說』를 인용하면서 '생기生忌'에 관한 질문을 하기도 했다.[19]

실제로 한강은 『가례』의 우익서들에 지속적인 관심을 가졌던 것 같다. 한강은 1567년(26세)에 자신의 어머니가 돌아가셨을 때 어머니를 먼저 돌아가신 아버지와 함께 합장을 하기 위해 아버지를 개장改葬할 필요가 있었다. 하지만 『가례』에는 개장에 관한 글이 없었기 때문에 『가례의절』의 '개장'조를 참고하여 『개장의改葬儀』를 약초略草하여 시행했다.[20] 뿐만 아니라, 그는 1620년(78세) 운명하는 날 아침에도 평소 예학과 관련하여 중요한 서적이라고 여겼던 『가례회통家禮會通』[21]을 보았다는 기록이 있다.[22] 이렇게 『가례』 우익서들을 적극적으로 참고하였음에도 불구하고 한강은 이들 서적에 대해 객관적이고 비판적인 관점

---

17 『退溪全書』 卷39, 「答鄭道可問目」: (問)"禫祭之服, 當用何服? 『家禮』旣無所云, 『儀節』只云'主人以下俱素服詣祠堂', 而更無易服之儀. 今俗則例以吉服, 如大小祥陳服易服之節, 此何如?" (答)"不依陳服易服之節, 不知禫服除在何節, 吉服者在何日."

18 『退溪全書』 卷39, 「答鄭道可問目」: (問)"參神‧辭神, 朱子則用再拜, 瓊山則用四拜." (答)"程子亦以爲當用拜, 瓊山意, 未可知."

19 『退溪全書』 卷39, 「答鄭道可問目」: (問)"中原人作『家禮集說』, 其中有所謂生忌, 蓋於先考妣生日, 設飮食以祭, 象平生也. 其祭文曰'存旣有慶, 歿寧敢忘云云', 此意何如?" (答)"恐孟子所謂'非禮之禮', 此類之謂也."

20 『寒岡全集』上, 「答問」: (問)"改葬節目, 『家禮』頗不詳盡, 又無告辭, 何所取則歟?" (答)"『儀節家禮』中有改葬儀, 可考見也. 僕遭先妣之喪, 改葬先府君, 略草「改葬儀」, 與本喪同時, 節目頗詳."

21 『寒岡全集』上, 續集 卷2, 「與都廷彦【聖兪】」: "『家禮會通』之書, 曾借於京中宰相, 今旣三載, 方被督推於禮學甚關之書也. 欲圖謄寫, 其中多圖畫, 欲請君指敎, 而君適方在調護, 可恨. 其中序文 朱子親筆也, 欲摸取而弁其首, 人皆言'非君手不能摸', 切乞爲禮家, 毋惜暫頃揮筆之勞, 如何?"

22 『寒岡全集』上, 「寒岡先生年譜」 卷1: 庚申【先生七十八歲】正月 ○五日甲申朝, 披閱『家禮會通』. (…중략…)考終于持敬齋.

을 견지하고 있었다. 예를 들면『가례의절』에서 제사를 지낼 때 헌관이 신위에 술잔을 올리기 전에 먼저 모사茅沙에 제주祭酒를 하도록 한 것이나, 부부를 1개의 탁에 함께하도록 한 것 등에 대해 불만을 토로한 사실 등이 이러한 점을 보여준다.[23]

일찍이 퇴계가 그러했던 것처럼 한강의『가례』우익서들에 관한 관심은 어디까지나『가례』에 대한 정확한 이해와『가례』의 미비한 부분들을 보완하려는 의식에서 비롯된 것이다. 특히 예학의 기초를 다지던 젊은 날의 한강에게『가례』는 절대적인 예서였다. 그리하여 한강은 자신의 집을 지으려고 할 때『가례』에 제시된 당堂・침寢 제도를 모방하고 싶다며 퇴계에게 자문을 구했고,[24] 사당을 지을 때에도『가례』대로 하고 싶은데『가례』의 '사당도祠堂圖'에 석연치 않은 점이 있다며 문의했다.[25] 한강은 1567년(26세) 자신의 어머니 상을 치를 때 한결같이『가례』를 따랐을 뿐 아니라,『가례』「상례」'치장治葬'조에 나오는 '사방상小方床'을 직접 고안하여 제작함으로써 사람들의 주목을 받기도 했다.[26]

---

23 『退溪全書』卷39,「答鄭道可問目」: (問)"瓊山『儀節』如獻時不奠而先祭, 與夫婦共一卓等處, 皆未浹意."(答)"瓊山禮多可疑."

24 『退溪全書』卷39,「答鄭道可問目」: (問)"中國人家, 皆有正寢, 故告請神主,. 有出就正寢之文. 我國之人, 旣無正寢, 而襲稱正寢, 頗爲未安. 今欲改稱正堂, 不知可否. 但述自先世未有家室, 早晚營構, 欲略倣堂、寢之制."(答)"正寢, 謂前堂. 今人以家間設祭接賓處, 通謂之正寢. 若用古制, 甚善, 第恐或有異宜處耳."

25 『退溪全書』卷39,「答鄭道可問目」: (問)"祠堂之制, 欲依文公『家禮』, 而『家禮』所載圖, 自今觀之, 似有未解. 不知正寢是今之中堂, 廳事是今之外廳否? 曰架曰龕, 其制如何?"(答)"祠堂圖, 多與本文不相應, 未詳何意. 但正寢與廳事, 非係祠堂之制. 正寢, 今之東西軒待賓客之處, 然古人正寢, 皆在前而不在東西, 故曰正寢, 前堂也. 廳事, 如今大門內小廳, 所謂斜廊者耳. 柱上加梁楣曰架. 龕, 字書以爲塔下室, 蓋室之小者."

26 張顯光,『旅軒集』卷13,「皇明朝鮮國 故嘉善大夫司憲府大司憲兼世子輔養官 贈資憲大夫吏曹判書兼知義禁府事寒岡鄭先生行狀」: "戊辰冬, 丁內艱, 喪禮一從『家禮』. (…중략…)攷究小方牀之制, 按圖指工, 極令堅緻." /『寒岡全集』上,「寒岡先生年譜」卷1 : 二年【我宣祖昭敬大王元年】戊辰【先生二十六歲】○十一月 丁內艱【…… 又按圖考制,

『가례』에 대한 한강의 관심은 자연스럽게 변례變禮 문제로 옮겨가게 된다. 남아 있는 답문 자료로만 봤을 때, 한강이 퇴계에게 가장 먼저 질의했던 사안 역시 백형伯兄인 죽파竹坡 정괄鄭适(1530~1564)의 죽음으로 맞게 된 변례 문제에 관한 것이었다. 한강의 백형이 후사가 없는 채로 세상을 떠나자 한강은 이 상황에 어떻게 대처해야 하는지 퇴계에게 다음과 같이 물었다.

(문) 어머니가 살아계시는데 백형(伯兄)이 세상을 떠났습니다. 홀로 되신 형수에게는 두 딸만 있습니다. 또 중형(仲兄)은 대종(大宗)으로 출후(出後)하고, 제가 어머니 곁에 있습니다. …… 어머니의 의중은 둘째나 막내가 아들 낳기를 기다렸다가 백형의 후사로 세우려 하십니다. 이렇게 하면 일에 난처함이 없고 정(情)과 예(禮)에 모두 만족스러울 것입니다. 그러나 만일 혹시라도 그렇게 되지 못할 경우에는 백형의 제사는 마땅히 속례에 따라 외손(外孫)에게 받들도록 해야 하는 것입니까? 아니면 고례에 의거해서 가묘(家廟)에 반부(班祔)해야 합니까?[27]

우선 한강은 그의 어머니의 의중대로 입후立後를 가장 합당한 대안으로 여기고 있었다. 그는 입후를 함으로써만 이후 진행될 여러 절차들이 난처한 상황을 맞지 않을 뿐 아니라, 정情과 예禮 모두에 만족스럽게 된

創造小方床, 妙盡其規, 士大夫多慕效焉.】

27 『退溪全書』卷39, 「答鄭道可逑問目」 : "老母在堂, 而伯兄見背, 寡嫂獨存, 惟有二女子. 又仲兄出後大宗, 逑在母側. (…중략…) 母意欲待吾仲·季生子, 以立兄後. 如是則事無難處, 情禮俱得矣. 苟或未果也, 伯兄之祀, 當從俗例, 使外孫奉之耶? 抑依古禮, 班祔家廟耶?"

다고 생각했다. 하지만 아직 중형[28]이나 자신에게 아들이 없어 곧장 입후를 할 수 있는 상황이 아니었으므로 한강은 다른 대안 역시 고민하지 않을 수 없었다. 즉, 입후가 성사되지 못할 경우 백형의 제사를 어떻게 지내야 하는가에 관한 대안을 마련해 두어야 했던 것이다. 이때 한강은 두 가지 대안 즉, 속례에 따라 외손봉사를 해야 하는지, 아니면 고례에 의거해 반부(班祔)[29]를 해야 하는지를 두고 고민했다.

이와 같은 변례적 상황은 얼마든지 발생할 수 있지만, 이에 대한 해결책을 『가례』가 제시하기에는 한계가 많았기 때문에[30] 한강은 퇴계에게 문의했다. 질문을 받은 퇴계는 한강에게 이러한 문제를 해결하는 새로운 방법을 제시해주었다. 즉, 『가례』와 그 우익서들에서 변례에 대한 해결책을 찾을 수 없을 때는 주자(朱子)의 다른 논의들로부터 유추(類推)와 의기(義起)의 근거를 찾아보는 방법이 그것이다.[31]

(답) 종자(宗子)가 성인이 된 다음 죽었다면 마땅히 그를 위해 입후를 해야 한다. 주자께서 이계선(李繼善)에게 답하신 글을 참고할 수 있다.[32] 이제 존당(尊堂)께서 장자를 위해 입후를 하시고자 한다니 매우 예의(禮義)에 합당한 일이다. 그대들 두 사람은 마땅히 그 뜻을 도와 성취해야 할

---

28 한강의 중형은 백곡(栢谷) 정곤수(鄭崑壽, 1538~1602)로, 초명은 규(逵)이며 자는 여인(汝仁)이다.

29 『가례』에 따르면 반부(班祔)는 후사가 없는 방친이 죽었을 경우 사당에서 소목(昭穆)의 반차(班次)에 따라 부묘(祔廟)하는 것을 가리킨다.(『家禮』 卷1, 「通禮」 '祠堂'條: "旁親之無後者, 以其班祔."【註】"伯叔祖父母, 祔於高祖. 伯叔父母, 祔於曾祖. 妻若兄弟若兄弟之妻, 祔於祖. 子姪, 祔於父.")

30 『寒岡全集』 上, 「答問」 : "『家禮』簡約, 只言其經, 而不言其變也."

31 퇴계가 유추(類推)와 의기(義起)를 통해 변례에 대응한 내용에 관해서는 제3장 2절에 상세하게 논의했다.

32 『朱熹集』 卷63, 「答李繼善」 : "宗子成人而無子, 當爲之立後."

것이며, 그리한다면 일거에 백사가 순탄할 것이다. 더구나 종자인데다 이미 성인에 아내까지 있으니, 방친(旁親)에 비할 바 아니다. 그럼에도 아무렇지 않게 반부(班祔)한다는 것은 마땅히 할 일이 아닌 듯하다. 그러므로 반드시 입후(立後)를 하는 것이 최선이다.[33]

퇴계는 한강에게 변례에 대응하는 방법으로 주자의 글뿐만 아니라 주자의 실제 사례로 답변을 해주기도 하였다.

(문) 기제(忌祭)를 지내야 하는데, 만일 집안에 변고가 있다면 승사(僧舍)를 빌려 제사를 지내는 것이 제사를 폐하는 것보다 나을까요? 만일 묘 옆에 재우(齋宇)를 세우고 승려로 하여금 관리하게 한다면 어떻겠습니까?

(답) 묘소의 재사(齋舍)는 제사를 위해 마련한 것이니, 여기에서 행한다면 어찌 문제가 되겠는가? 만일 다른 승사를 빌리는 것이라면 불가하다. 묘사(墓舍)를 승려가 관리하는 것은 주자께서도 무원(婺源)의 선영을 승려로 하여금 관리하게 하였으니 무방할 것이다.[34]

젊은 날『가례』에 관한 명확한 이해를 기하고자 했던 한강의 예학적 관심은 31세에 편찬한『가례집람보주家禮集覽補註』로 이어졌고,[35] 변례

---

33 『退溪全書』卷39,「答鄭道可述問目」: "宗子成人而死, 則當爲之立後, 朱子「答李繼善」之書可考. 今尊堂欲爲長子立後, 甚合禮義, 兩君極宜贊成之, 一擧而百事皆順矣. 且宗子而已成人有室, 非旁親比, 而泛然班祔, 更恐非所宜爲, 故必以立後爲善耳."

34 『退溪全書』卷39,「答鄭道可問目」: (問) "忌祭, 若家內有故, 借僧舍以祭, 猶愈於廢祭否? 若於墓側立齋宇, 使僧守之, 何如?" (答) "墓所齋舍, 爲祭而設, 其行於此, 豈害於事? 若借他僧舍則不可. 若墓舍僧守, 朱子於婺源先塋, 亦令僧守, 恐無妨."

35 퇴계가『가례』를 연구할 때『성리대전(性理大全)』에 수록된『가례』와 더불어『성리군서집람보주(性理群書集覽補註)』에 수록된『가례』를 함께 활용했다.(참고로『성리군

에 관한 해법을 찾는 데 선현들의 논의를 참고해야 할 필요성의 절감은 61세에 『오선생예설분류五先生禮說分類』를 내놓는 배경이 되었다. 그리고 길지 않은 시간이었지만 퇴계와의 답문 과정에서 얻은 가르침과 영감은 이후 한강 스스로 예학을 진전시켜 나가는 데 중요한 토대가 되었으며, 그가 퇴계의 예설을 분문유차分門類次한 책을 편찬하게 된 이유 역시 여기에 있다.

한강이 퇴계와의 답문 과정에서 얻은 가르침의 영향은 그가 제자들과 나눈 답문에서 그대로 발견된다. 예를 들면, 후사가 없이 죽은 형의 상에서 아우가 주인이 되어야 하는지에 관한 질문을 받은 한강은 '그렇다'고 단언한다.[36] 그리고 기일忌日에 사정이 생겨서 집에서 제사를 지내기 어려울 경우 산사山寺에서 지내는 것이 제사를 지내지 않는 것보다 낫지 않겠느냐는 질문에 대해서는 '묘소 아래의 재궁齋宮'을 추천한다.[37] 이런 장면은 한강 자신이 퇴계로부터 들었던 답을 재연이나 한 것처럼 똑같다. 이밖에도 자신이 직접 퇴계에게 질문을 해서 얻은 답이라며 소개하는 사례도 다수 발견될 뿐만 아니라, 퇴계가 다른 사람에게 답을 해준 내용을 인용하는 사례도 많다. 심지어 국휼國恤 중에 사가私家

서집람보주』는 『성리대전』이 편찬된 뒤 이를 보완하기 위하여 『성리군서집람』이 만들어졌고, 여기에 다시 보주(補註)가 더해진 『성리군서집람보주』가 만들어졌다.) 한강은 퇴계가 활용했던 이 『성리군서집람보주』에 수록된 『가례』 관련 집람과 보주를 각 권마다 뒤에 부록하는 형태로 재편하고, 이를 『가례집람보주』라고 했다. 이에 관한 자세한 내용은 이봉규, 2020, 33~34쪽 참조.

36 『寒岡全集』上, 「答問」: 李叔發問 "家兄不幸無嗣, 葬時祝辭及贈玄纁, 皆弟主之耶?" (答) "然."

37 『寒岡全集』上, 「答問」: (李叔發問) "先諱已迫, 而痘疾大熾, 非但俗忌, 又似不潔. 世俗之人, 或有行忌祭於山寺者, 與其廢祭也, 權行蕭寺潔處, 何如?" (答) "吾家今日亦忌日, 而不潔且拘俗忌, 頃伴于玄風, 令行祭於堂姪家矣. 不潔與俗忌, 果不可不計, 行祭似未安. 如墓下有齋宮則善矣, 無則無乃不得不如君言乎."

에서 제사를 지낼 때 유의해야 할 사항 등에 관한 질문을 받고 한강은 다음과 같이 답을 했다.

그대가 사는 고을에 필시 퇴계 선생께서 정묘년간(1567, 명종이 승하한 해)에 이미 행하신 제도가 있을 터인데, 어찌 찾아가 물은 다음 이를 근거로 시행하지 않는가?[38]

이상에서 살펴본 바와 같이 한강 예학의 초기 단계는 『가례』에 대한 정밀한 이해와 철저한 준행의 토대 위에서 형성되었다. 이 과정에서 한강은 『가례의절』을 비롯한 우익서들을 참고하기도 했지만 퇴계와의 답문 과정에서 얻은 가르침에 큰 영향을 받았다. 그리고 당시 퇴계로부터 받은 영향은 이후 한강이 자신의 문인제자들에게 답을 해주는 과정에 확실한 논거를 제공해주었을 뿐 아니라, 예서를 편찬하는 등 자신의 예학을 전개하는 과정에도 영향을 미쳤으며, 퇴계의 예학사상을 발전적으로 계승한 그의 예서는 이후 조선의 예학 발전에 큰 기여를 하게 된다.

2) 한강의 예서 편찬과 『오선생예설분류』

한강의 문인 미수眉叟 허목許穆(1595~1682)은 「한강선생문집서」에서 스승 한강이 남긴 글과 관련하여 다음과 같이 기술한 바 있다.

---

38 『寒岡全集』上, 「答問」 : (任卓爾問)"國恤卒哭後, 大中小祭祀, 皆已許行, 則私家祭祀, 行之無礙. …… "(答)" …… 仁鄕必有李先生丁卯年間已行之制, 何不訪問據行?"

선생께서 남기신 글은 11권으로 그 글 모두가 사학(斯學)과 사문(斯文)에 도움을 주었으며, 『편류오선생예설(編類五先生禮說)』, 『심경발휘(心經發揮)』, 『예기상례분류(禮記喪禮分類)』, 『가례집람보주(家禮集覽補註)』, 『오복연혁도(五服沿革圖)』 같은 것은 후학에게 길을 열어주었다.[39]

미수는 여기에서 한강이 남긴 저서 중에서 특히 주목할 만한 작품 5개를 꼽았는데 그 중에 4개가 예서이다. 이는 한강이 조선시대 유학의 발전에 특별히 기여한 부분이 있다면 그것은 바로 예학이라는 점을 시사한다. 조선시대 예학 발전을 개괄하는 글에서 남계南溪 박세채朴世采(1631~1695)는 다음과 같이 정리했다.

오직 퇴계 선생만이 만년에 예서를 좋아하셨으나 미처 예서를 편찬하거나 저술하지 못하셨다. 하지만 지인이나 제자들과 강론하고 답문하신 것이 또한 적지 않았으니, 이름하여 『상제례답문(喪祭禮答問)』이라고 한다. 얼마 안 되어 사대부들 사이에 예교가 마침내 진흥되었고, 길흉의 변고를 당하면 서로 따져보고 준행하지 않는 이가 없었다. 그 중에 통금(通今)에 힘쓴 것으로는 율곡 선생의 「제의(祭儀)」, 청천당(聽天堂) 심수경(沈守慶, 1516~1599)의 「상제잡의(喪祭雜儀)」, 여성위(礪城尉) 송인(宋寅, 1516~1584)의 「가의(家儀)」가 있고, 호고(好古)까지 겸한 것으로는 구봉(龜峯) 송익필(宋翼弼, 1534~1599)의 『예답문(禮答問)』과 처

---

39 許穆, 『記言』 卷56, 「寒岡先生文集序」: "先生遺文十一卷, 其文皆裨益於斯學斯文, 如『編類五先生禮說』、『心經發揮』、『禮記喪禮分類』、『家禮集覽補註』、『五服沿革圖』, 率皆開牖後學."

사(處士) 신의경(申義慶, ?~?)의『상례비요(喪禮備要)』·『가례집람(家禮集覽)』이 있어서 각각 그 극치를 다하였다. 이윽고 한강(寒岡) 정문목공(鄭文穆公)이 퇴계의 작업을 이어받아 이를 확대시켜 마침내『오선생예설(五先生禮說)』과『오복연혁도(五服沿革圖)』를 저술하였고, 사계(沙溪) 김문원공(金文元公)이 또 구봉의 서업을 뽑아내어 이를 확장시켜 마침내『의례문해(疑禮問解)』를 저술하였다.[40]

남계가 정리한 바에 따르면 조선시대 예학 발전의 흐름은 퇴계에게서 그 시원이 열렸고, 뒤이어 예의 현재적 시행에 주안점을 둔 통금通今(율곡 등)과 예의 본래적 의의와 전형을 구명하는 데 역점을 둔 호고好古(구봉 등)의 두 가지 흐름이 생겨났다. 그리고 한강과 사계가 나와서 이를 더욱 발전시켰는데, 그 중에 한강은 퇴계의 작업을 확대했고 사계는 구봉의 서업을 확장했다는 것이다. 이는 17세기에 이미 예학에 있어서 한강의 업적이 사계의 그것과 동등한 의의를 갖는다는 평가가 내려졌음을 보여준다는 점에서 주목할 만하다. 특히 남계 자신이 청음淸陰 김상헌金尙憲(1570~1652)과 신독재愼獨齋 김집金集(1574~1656)에게 수학하였을 뿐만 아니라, 그의 백부인 박호朴濠와 부친인 박의朴漪 모두 사계를 사사한 학맥을 감안하면 더욱 그러하다.

대산大山 이상정李象靖(1711~1781)의 문인인 노우魯宇 정충필鄭忠弼(1725~

---

40 朴世采,『南溪集』, 卷69,「書喪禮通載後」: “惟退溪先生晚好禮書, 未及編著, 而朋徒講問, 亦自不費, 名之曰『喪祭禮答問』. 未幾薦紳逢掖之間, 禮敎遂振, 一遇吉凶之變, 母不相與扣質而服習焉. 其務通今者, 栗谷先生有「祭儀」, 聽天沈公有「喪祭雜儀」, 礪城宋公有「家儀」; 其兼好古者, 龜峯宋公有「禮答問」, 處士申公有「喪禮備要」、「家禮集覽」, 靡不各極其致. 旣而寒岡鄭文穆公乃因退溪之業而大之, 遂著『五先生禮說』、『五服沿革圖』, 沙溪金文元公又抽龜峯之緖而廣之, 遂著『疑禮問解』.

1789)이 소개하고 있는 것처럼 한강의 편찬서들은 그의 묘지墓誌에 상세

하게 실려 있다.[41] 노우가 말하는 묘

지는 곧 미수가 쓴 「문목공광명文穆公壙

銘」[42]을 가리키는데, 여기에서 거론된

예서들을 시기별로 정리해보면 다음

과 같다. 한강은 1573년(31세)에 『가

례집람보주』, 1579년(37세)에 『혼의昏

<표 15>

한강 예서 목록	
1573년(31세)	『가례집람보주(家禮集覽補註)』
1579년(37세)	『혼의(昏儀)』
1582년(40세)	『관의(冠儀)』
1603년(61세)	『오선생예설분류(五先生禮說分類)』
1615년(73세)	『예기상례분류(禮記喪禮分類)』
1517년(75세)	『오복연혁도(五服沿革圖)』

儀』, 1582년(40세)에 『관의冠儀』, 1603년(61세)에 『오선생예설분류』, 1615

년(73세)에 『예기상례분류』, 1617년(75세)에 『오복연혁도』를 각각 편찬

했다. 한강이 편찬한 예서를 거론하는 거의 대부분의 논의가 이 틀에서

크게 벗어나지 않는다.

이와 같은 한강의 예서 편찬 과정을 살펴보면 크게 두 가지 특징을

발견하게 된다. 하나는 그의 예서 편찬이 40세 이전과 61세 이후의 두

시기로 나뉜다는 것이고, 다른 하나는 40세 이전의 작품들은 『가례』에

집중되어 있는 데 비해 61세 이후의 작품은 그 외연이 『가례』 이외로

확장되었다는 것이다. 그런데 이 두 가지 특징은 서로 긴밀하게 연결되

어 있는 것으로 판단된다.

한강이 40세 이후 61세까지 20여 년 동안 예서를 편찬하거나 저술

하지 않은 이유는 무엇일까? 1608년 국상과 관련해 자문을 해온 예조

---

41 鄭忠弼, 『魯宇集』 卷3, 「與李參判丈 甲辰」: "寒岡所編書, 詳載於墓誌中. 有曰萬曆元
年撰『家禮集覽補註』, 七年撰『昏儀』, 十年撰『冠儀』二十六年編次『古今忠謨』三十一
年撰『五先生禮說』、『心經發揮』, 三十二年編次『洙泗言仁』, 丙午撰『治亂提要』, 三十
九年釐正『經書口訣』, 四十三年編次『禮記喪禮分類』, 後二年『五服沿革圖』成, 後四年
而考終."

42 「文穆公壙銘」은 許穆, 『記言』 卷39에 수록되어 있다.

판서에게 한강이 답하는 글 중에 "난리 10년 동안 한 권의 예서도 없이 지내면서 무식한 사람이 되었다"는 내용이 있다.[43] 여기에서 "한 권의 예서"라는 표현이 자신이 공부할 예서를 가리키는 것인지, 아니면 자신이 저술한 예서를 가리키는 것인지 분명하지 않다. 그럼에도 불구하고 이 글을 통해 임진왜란에서 정유재란으로 이어진 "10년 동안의 난리"로 인해 한강이 공부와 저술 두 측면 모두에 전념할 수 없었을 것이라는 정황을 짐작하기는 어렵지 않다. 그런데 중요한 것은 그 10년의 세월이 한강이 예서를 내놓지 않은 20여 년 기간에 포함된다는 점, 따라서 그 기간 동안 한강이 예서를 편찬하거나 저술하지 못한 이유가 여기에 있을 것이라는 추론이 가능하다는 사실이다.

그러나 한강이 예서를 내놓지 않기 시작한 해는 1582년이고, 임진왜란이 발발한 것은 1592년이다. 1592년 이후는 난리 때문에 그랬을 것이라고 할 수 있겠지만, 1582년부터 1592년까지 10년 동안에 예서를 한 권도 편찬하거나 저술하지 않은 이유는 '난리'로는 설명이 되지 않는다. 이에 필자는 이 기간이 예학적 문제의식의 전환기였을 것이라는 가정을 한다. 즉, 40세까지 『가례』에 대한 명확한 이해와 실천적 준행을 위주로 하는 예학적 토대를 닦는 데 주력했던 한강은 어느 시점부터 『가례』의 불완전성에 대한 문제의식을 바탕으로 예의 원형을 추적하는 한편, 다양한 변례 상황에 대처할 수 있는 논거들을 폭 넓게 확보할 필요성을 절감했을 것이라는 추정이다. 물론 한강의 예서들 중 『오선생예설분류』와 『오복연혁도』를 제외한 나머지 작품들이 망실된 상태에

---

43 『寒岡全集』卷3, 「答禮曹判書【戊申】」: "亂離十載, 無一卷禮書, 一切屏廢, 兀然爲無所識知之人."

서 방증이 될 만한 자료도 없이 이러한 가정을 하는 것은 대단히 무모한 일일 수 있다. 그럼에도 불구하고 20여 년의 침묵기를 지나 61세 이후 내놓은 예서들의 목록이 『가례』를 넘어 예학의 외연 확장을 증언하고 있다는 사실과 『오선생예설분류』의 편찬 의도에서 발견되는 그의 문제의식 등을 검토해 보면 이러한 가정이 전혀 터무니없지 않다는 것을 알 수 있다.[44]

한편, 한강의 예서 편찬은 한강이 위에서 거론한 6종의 예서를 편찬했다는 말로 마무리하기에는 미진한 점들이 있다. 왜냐하면 한강의 『연보』나 기타 자료들을 조사해보면 한강이 편찬한 예서로 이 6종 이외에더 추가되어야 할 작품들이 있고, 『오선생예설분류』의 초찬初撰과 개찬改撰의 과정에 관해서도 좀 더 논의를 해야 할 필요가 있기 때문이다.

한강의 『연보』에 따르면, 한강은 1573년(31세)에 『가례집람보주』를 찬했고, 이후 이 책은 간행까지 되었다.[45] 이 책이 나오고 몇 년 후 한강은 『혼의』(1579, 37세)와 『관의』(1582, 40세)를 차례로 내놓는다. 이 두 책 역시 전해지지 않지만, 책의 제목을 고려하면 행례서임에 틀림없다. 이 세 책이 한강의 초기 예서들이다. 그러나 한강은 개장改葬의 절목에 관해 자문을 구한 문인 등암藤庵 배상룡裵尚龍(1574~1655)에게 보낸 글에서 예전에 자신이 어머니 상을 당했을 때(1567년, 25세) 『가례의절』을 참고하여 『개장의』를 만들었으며, 그 책이 상세한 절목을 갖추었다고 말한 기

---

44 『오선생예설분류』의 문제의식에 관해서는 아래에서 상세하게 다룰 것이다.
45 『寒岡全集』上, 「寒岡先生年譜」卷1 : "神宗顯皇帝萬曆元年【我宣祖六年】癸酉【先生三十一歲】○撰『家禮集覽補註』, 刊行于世." 참고로 이 책은 현재 우리나라에는 소장본이 확인되지 않으며, 일본의 존경각문고(尊經閣文庫)에 소장되어 있는 것으로 확인되었다.

록이 있다.[46] 즉, 한강은『혼의』나『관의』를 편찬하기 전에 이미 행례서 형태의『개장의』를 편찬했던 것이다.

한강이 편찬한 예서를 논하면서 꼭 짚지 않으면 안 되는 또 하나의 작품이 바로 퇴계의 예설을 정리한 책이다. 우선 이 책과 관련한 한강 의 언급을 통해 이 책이 만들어지게 된 배경과 규모에 대해 살펴볼 필 요가 있다. 한강은 사계로부터『퇴계상제례답문』에 대한 문제제기를 받고 다음과 같이 말한 바 있다.

> 공주본『상제례문답』은 본 적이 있습니다만 소루(疎漏)한 데가 제법
> 많았습니다. 그래서 저 역시 내용들을 초록(抄錄)하고 유취(類聚)하여 그
> 초본(草本)을 집에 보관하고 있습니다.[47]

이 글만 보면 한강은 농은聾隱 조진趙振이 편찬한 공주본『퇴계상제례 답문』의 문제점을 보완하려는 목적으로 퇴계의 예설들을 초록하고 유 취類聚한 책을 기획했던 것처럼 보인다. 하지만 다음 글은 한강이 공주 본『퇴계상제례답문』과 거의 같은 시기에 같은 문제의식을 가지고 독 자적으로 또 하나의 퇴계 예설집을 편찬하고 있었음을 보여준다.

> 이선생(李先生) 예설에 대해 예전에 분류해두었던 것이 미온한 듯하여
> 지난해 호서(湖西)에 있을 때 약간 수정을 가해서 다시 만들었지만 마음

---

46 『寒岡全集』上, 「答問」: "僕遭先妣之喪, 改葬先府君, 略草「改葬儀」, 與本喪同時, 節目 頗詳."

47 『寒岡全集』卷3, 「答金希元【長生】」別紙: "公州本『喪制禮問答』, 曾得見之. 但疎漏處 頗多, 故鄙人亦嘗抄出類聚, 家藏草本矣."

에 흡족하지는 않았다. 그러다가 서울의 벗에게서 또 다른 판본을 얻게 되었는데, 상략(詳略)과 이동(異同)이 제법 있었다. 그래서 이 둘을 합해 하나의 책으로 만들되 중복된 것은 빼고 빠진 것은 보태고자 했으나, 공부가 쉽지 않은데다가 베껴 쓸 사람도 없어서 그렇게 하지 못했다.[48]

여기에서 말한 '서울의 벗'은 농은일 가능성이 높으며,[49] '또 다른 판본' 역시 농은이 편찬한 『퇴계상제례답문』일 가능성이 높다. 만일 그렇다면, 한강은 농은의 『퇴계상제례답문』이 간행되기 전부터 퇴계의 예설을 분류해서 정리한 예서를 작업해놓았던 것으로 이해할 수 있으며, 이 책이 사계에게 "초록하고 유취하여 그 초본을 집에 보관하고 있다"고 했던 바로 그 책일 가능성이 높다. 선후야 어찌되었든 흥미로운 것은 한강이 농은과 자신의 작업을 종합한 보다 완성도 높은 퇴계의 예설집을 기획했다는 사실이다.[50]

한편 이 책의 규모와 관련하여 한강은 간서재澗西齋 김덕민金德民 (1570~1651)에게 보낸 답신에서 2책이라고 언급한 내용이 발견된다.[51] 한강의

---

48 『寒岡全集』上 卷5,「答任卓爾【屹】」: "李先生禮說前所分類者, 却似未穩, 去年在湖西, 略加櫽括, 更爲繕寫, 而猶未愜意. 又於京中友人處, 借得一本, 頗有詳略異同, 欲合并爲一冊, 而刪複添闕, 工夫不易, 亦未有寫手, 時未成就焉."

49 李滉, 『退溪先生文集攷證』卷7,「答趙起伯」: "居京, 從先生學, 與具齋諸賢, 留隴雲精舍, 質『心』、『近』等書. 後鷹除王子師傅, 歷典州牧, 官工曹判書. 嘗裒集先生論禮之說, 名曰『溪門喪祭禮問答』, 行于世."

50 한강이 편찬한 이 책은 전해지지 않는 것으로 알려져 있지만, 필자는 『퇴계선생상제례답문분류(退溪先生喪祭禮答問分類)』라는 이름으로 고려대학교 도서관에 소장되어 있는 자료가 바로 그 책이 아닐까 추정한다. 이에 관해서는 한재훈, 2015a, 240~243쪽 참조.

51 『寒岡全集』上 卷4,「答金邦良【德民】」: "曾輯伊洛『五先生禮說』七卷, 諸先生論葬處甚多, 而此無等語. 亦集『李先生論禮』二冊, 而亦無此等語."

『언행록』에도 "퇴계 이선생께서 예를 논하신 글들을 모아 분류하고 완성한 다음 2책으로 나누었다"는 기록이 있다.[52] 이러한 정황들을 종합해보면 이 책은 2책의 규모로 편찬되었고, 그 내용 또한 농은의 『퇴계상제례답문』보다 풍부했을 가능성이 크다.

이밖에도 『의례답문疑禮答問』이라는 책이 자료 조사 과정에서 포착되었다. 이 책에 관해서는 내용은 물론 형식이나 분량 그 어떤 것도 알려진 바가 없다. 다만 동명東溟 김세렴金世濂(1593~1646)이 쓴 석담石潭 이윤우李潤雨(1569~1634)의 「묘지명」에 서명만 등장할 뿐이다. 석담은 한강의 문인으로 『오선생예설분류』와 『오복연혁도』의 간행을 실질적으로 주관한 인물이다.[53] 석담의 「묘지명」에서 동명은 다음과 같이 말한다.

공[석담]은 감히 하루라도 선생[한강]을 떠나지 못했고, 선생 역시 하루라도 공이 없으면 안 되었다. 선생은 일찍이 『오선생예설』과 『의례답문』 등을 편찬하고 싶어 하였으나 공이 경성(鏡城)에 재임한 탓에 편지를 보내 "이 일은 공을 기다리지 않으면 안 된다"고 하였다. 뜻은 있었지만 여러 해 동안 이루지 못하다가 공이 돌아오고서야 비로소 자료들을 모아 책을 완성했다.[54]

---

52 『寒岡全集』下,「寒岡先生言行錄」卷1,〈禮學〉: "又聚退溪李先生論禮之書, 類別成書, 分爲二冊."

53 張顯光, 『旅軒集』卷10,「五先生禮說跋」: "先生門人李斯文潤雨作宰湖州, 乃請于方伯, 徧告于同志諸守, 用辦刊布之路." / 李潤雨, 『石潭集』卷3,「五服沿革圖跋」: "先生下世, 今已十年, 而適値時事多艱, 藏之箱篋中, 不敢爲入梓計. 上年春, 承乏出守于秋城, 謀諸列邑同志, 分俸先生所撰『五先生禮說』, 以餘財刊此圖, 將與四方之好禮者共之云."

54 金世濂, 『東溟集』卷8,「通政大夫工曹參議知製敎李公墓誌銘幷序」: "公不敢一日離乎先生, 先生亦不能一日無公. 先生嘗欲纂『五先生禮說』、『疑禮答問』等書, 以公在任鏡城, 抵書輒曰'此事不可不待公', 有志未就者累年, 及公還, 始克裒集成書."

『의례답문』은 제목에 드러나는
것처럼 의심스러운 예禮에 관한 답
문 형식의 책일 것이고, 따라서 이
책이 앞서 살펴본 퇴계의 예설집
일 가능성도 배제할 수 없다. 하지
만 답문의 주체가 명시되지 않았
기 때문에 그와 별도의 책일 가능
성 역시 배제할 수는 없다. 더 나아

〈표 16〉

(보정) 한강 예서 목록	
1567년(25세)	『개장의』
1573년(31세)	『가례집람보주』
1579년(37세)	『혼의』
1582년(40세)	『관의』
1603년(61세)	『오선생예설분류』
1615년(73세)	『예기상례분류』
1517년(75세)	『오복연혁도』
연대미상	『이선생예설』(가칭) 『의례답문』(미상)

가 혹시 사계가 『의례문해』를 남겼던 것처럼 한강 자신과 지구知舊·문인
門人들 사이에 주고받은 답문을 정리한 책일 수도 있겠다는 상상을 해볼
수 있다.[55]

마지막으로 살펴볼 내용은 『오선생예설분류』의 개찬과 체재에 관한
것이다. 한강의 『연보』에 따르면 한강은 1603년(61세)에 『오선생예설분
류』를 찬했고,[56] 1611년(69세)에 「오선생예설분류서」를 지었는데, 내용
중에 다음과 같은 언급이 있다.

책이 완성된 지 10년이 가깝도록 정리 안 된 원고들 속에 두었었는데,
근래에 이를 정사(淨寫)해가고 싶어 하는 사우(士友)들이 있기에 감히 사
양치 못하고 그 책을 만들게 된 본말을 서술하여 책머리에 싣는다. (…중

---

55 참고로 한강의 문집 및 기타 문헌에 나오는 예설을 모아 분류한 예설집으로 1928년 성
주(星州) 회연서당(檜淵書堂)에서 석판본 4권 2책으로 간행한 『한강선생사례문답휘
류(寒岡先生四禮問答彙類)』가 있다. (경성대학교 한국학연구소, 『韓國禮學叢書』 2,
『寒岡先生四禮問答彙類』 「해제」 참조)
56 『寒岡全集』 上, 「寒岡先生年譜」 卷1: "三十一年【我宣祖三十六年】癸卯【先生六十一
歲】○撰『五先生禮說』、『心經發揮』等書."

락…) 만력 39년(신해, 1611) 여름 4월 임오일에 후학 서원 정구는 서문을 짓다.[57]

그런데 현전하는 『오선생예설분류』 뒤에는 이 서문이 쓰인 지 7년이 지난 1618년에 작성된 한강의 후지[後識][58]가 실려 있다. 이 후지에는 『오선생예설분류』를 둘러싼 여러 가지 일화들이 소개되어 있어서 책과 관련한 전말을 알 수 있다. 1603년 한강은 몇 개월 동안 호서(목천)에 머무르게 되었는데, 이때 이곳에서 사귀게 된 친구 송담松潭 이복장李福長(생몰미상)의 권유에 의해 『오선생예설분류』를 유집類輯하게 되었다. 송담은 이 작업을 위해 15명에 이르는 인근의 선비들을 동원하여 일을 도왔고, 그 결과 짧은 시간[半月]에 책을 완성할 수 있었다. 『오선생예설분류』가 완성된 뒤 송담은 간행하기를 권유하였으나 한강은 극구 반대했다. 그리고 얼마 후 한강은 영남으로 돌아왔고, 송담은 세상을 떠났다. 1611년 성산 지역 사우들이 이 책을 정사해가기를 청했고, 그 참에 한강은 위에서 살펴본 서문을 썼던 것이다.[59]

그로부터 다시 3년이 지난 1614년 1월 가동家僮의 실수로 한강의 집 안에 화재가 났고, 이 일로 『오선생예설』을 포함한 한강의 서책들 대부

---

57 『寒岡全集』上 卷10,「五先生禮說分類序」: "書成近十年, 置在亂稿中, 近有士友輩圖欲淨寫, 旣不敢辭, 因敍其所爲本末, 僭題首簡. (…중략…)萬曆辛亥夏四月壬午, 後學西原 鄭逑序."

58 『寒岡全集』下, 『五先生禮說·後集』卷12: "戊午 秋九月 丁酉 逑 識."

59 『寒岡全集』下, 『五先生禮說·後集』卷12: "余於癸卯春, 在湖西之木州, 亡友李福長仲緌勸令類輯諸先生論禮, 以便觀覽. 且招呼旁近士子十五餘員, 乘筆助役, 纔半月而草本成焉. 仲緌又欲爲之入梓, 余以此事本爲老病便考, 何至刊刻傳播? 且草率苟簡, 尤不合輕出, 力止而停之, 投置巾衍中. 未幾, 余還嶺南, 而仲緌下世. 辛亥秋, 星山士友輩請遂淨寫, 余仍敍顚末而弁其首."

분이 소실되고 말았다.[60] 사빈泗濱으로 거처를 옮긴 한강은 그해 여름부터 다시 이 책을 개찬하는 작업을 시작했다.[61] 이 과정에서 낙재樂齋 서사원徐思遠(1550~1615)과 아헌啞軒 송원기宋遠器(1548~1615) 등의 도움이 있었고, 정사와 교열에 여러 제자들이 참여했다. 그리고 여러 해[累年]가 지나서야 모든 작업이 마무리 되었다. 이 과정에서 한강은 외아들 정장鄭樟(1569~1614)을 잃는 아픔을 겪었고, 그 자신도 풍비風痺로 병석에 누워있어야만 했다. 하지만 이러한 시련에도 불구하고 한강은 이 책을 완성해야 한다는 일념으로 결국 책을 완성했다.[62]

『오선생예설분류』와 관련하여 또 한 가지 짚고 넘어가야 할 중요한 사실이 있다. 그것은 『오선생예설분류』는 1603년 목천에서 초찬한 『오선생예설분류』와 1618년 사빈에서 개찬한 『오선생예설분류』 두 가지 버전이 있고, 그 둘은 양적으로나 질적으로 매우 달랐을 가능성이 있다는 것이다. 이와 관련하여 목천본은 '반 달[半月]'만에 초본이 완성되었다고 한 데 비해 사빈본은 마무리 되기까지 '여러 해[累年]'가 걸렸다는 언급에 주목할 필요가 있다. 이와 같은 작업 기간의 차이는 일의 집중도에서 비롯된 것일 수 있다. 즉, 목천본은 15명의 인력이 작업에

---

60 『寒岡全集』上, 卷4, 「答李茂伯【潤雨】」: "蘆谷賤寓, 失火盡灰, 滿架書冊, 皆不之免焉. (…중략…) 卽入於火, 『五先生禮說』, 『洙泗言仁』, 『補註』 『續錄』, 『後錄』, 『景賢續錄』, 『儒先續錄』等, 與他新纂百有餘冊及亡友所撰『先賢手蹟』, 凡可以爲文房所寶者, 皆莫之免焉."

61 『寒岡全集』上, 「寒岡先生年譜」卷1: "四十二年【光海六年】甲寅【先生七十二歲】正月蘆谷精舍災. 【所撰群書盡入灰爐中, 惟若干帙幸免.】 ○移卜泗濱. 【在蘆谷東數十里.】 ○夏收拾爐餘, 改撰『五先生禮說』."

62 『寒岡全集』下, 『五先生禮說·後集』卷12: "甲寅春, 家僮失火, 滿架書冊盡入灰爐, 而此書亦不保. 徐思遠行甫·宋遠器學懋共勉重輯, 而余旣遭長子之喪, 又遘風痺之疾, 憊臥床蓐, 與死爲鄰, 然而一念猶未忘也. 朋徒往來, 或寫或校, 至于累年而功今始訖, 此禮說編次之前後曲折也."

집중적으로 투입된 데 비해, 사빈본은 제자들이 왕래하면서 일을 거들었기 때문이다. 뿐만 아니라, 목천본을 작업할 때는 한강 자신도 작업에 진력할 수 있었던 데 비해, 사빈본을 작업할 때는 아들을 잃고 신병도 앓는 상황이었기 때문에 집중도가 떨어졌을 수 있다. 이런 정황들은 목천본과 사빈본이 거의 유사한 규모와 내용으로 이루어졌더라도 작업 기간의 차이를 야기하는 원인이 될 수 있다. 그럼에도 불구하고 목천본과 사빈본이 그 규모와 내용이 매우 다른 것일 수 있다고 보는 이유는 목천본은 7권이고 사빈본은 20권이라는 점 때문이다.

현전하는 『오선생예설분류』가 사빈본이라는 것을 전제로 이야기 하면, 사빈본은 전집과 후집으로 나누어져 있으며, 전집은 8권 3책, 후집은 12권 4책으로 되어 있다.[63] 즉, 사빈본은 20권 7책으로 편성된 거질이며, 그것은 7권의 목천본에 비해 양적으로나 질적으로나 매우 다른 예서일 수 있다. 물론 7권과 7책이라고 할 때, '권卷'과 '책冊'이라는 표현을 혼용했을 가능성도 배제할 수는 없다. 그런데 간서재 김덕민에게 보낸 글에서 한강은 『오선생예설』은 7권, 『이선생논례』는 2책이라고 명기하고 있다.[64] '권'과 '책'이라는 표현을 다른 글에서 각각 사용했다면 혼용의 가능성이 있을 수 있겠지만, 적어도 같은 글에서 서로 다른 책을 이야기하면서 '권'과 '책'을 구분해서 썼다면 혼용의 가능성은 희박하다고 보아야 할 것이다.

이를 바탕으로 추론해보자면, 한강은 이왕에 소실된 초찬본을 대신

---

63 『寒岡全集』上, 1쪽, 〈解題〉 1. 머리말 참조.
64 『寒岡全集』上 卷4, 「答金邦良【德民】」: "曾輯伊洛『五先生禮說』七卷, 諸先生論葬處甚多, 而無此等語. 亦集『李先生論禮』二冊, 而亦無此等語."

할 새로운『오선생예설분류』를 개찬하면서, 원래의 것보다 훨씬 완성도 높은 예서를 편찬하고자 했을 것이다. 이러한 이유로 개찬본은 초찬본보다 양적으로 방대해졌을 가능성이 높고, 그 결과 작업 기간 역시 '반 달'에서 '여러 해'로 늘어났을 것이다. 따라서 개찬본『오선생예설분류』는 초찬본과 이름은 같지만 전혀 다른 책으로 재탄생되었을 가능성을 배제할 수 없다.

3)『오선생예설분류』의 문제의식과 이후 영향

한강은 1618년『오선생예설분류』를 개찬하고 후지는 썼지만 서문은 1611년 초찬했을 때 지었던 서문을 그대로 사용했다. 그것은 책의 내용에는 변동이 발생했을지라도 책을 편찬한 의도가 달라진 것은 아니기 때문이었을 것이다. 그는 서문에서 이 책을 편찬한 의도와 관련하여 다음과 같은 말을 했다.

> 상례(常禮)는 오직 하나이지만 변례(變禮)는 만 가지로 다르다. 그래서 제아무리 박식한 학자가 있다 해도 일에 닥치면 잘 모르겠고 옳고 그름이 서로 헷갈리며, 의논은 갈래를 더하고 송사는 혐의를 만들어내기 일쑤이다. 그리하여 온 천하가 참여해도 해결이 안 되고, 여러 세대를 거치고도 의심이 남는 지경에 이른다. 정밀하고 은미한 것을 찾아내기 어렵고 참되고 옳은 것을 알아볼 수 없음이 과연 이와 같도다![65]

---

65 『寒岡全集』上 卷10,「五先生禮說分類序」: "常禮惟一, 變禮萬殊, 雖在昔博識之士, 尙未免臨機滋惑, 是非相肱; 議論多歧, 聚訟構嫌. 至於擧天下而莫辨, 積世代而留疑. 其精微之難審, 眞是之莫睹, 果如是哉!" 이 서문은『한강전집』하에 수록된『오선생예설분류』의 앞부분에도 실려 있다.

한강이『오선생예설분류』를 편찬하려고 했던 의도는 바로 변례적 상황에 맞닥뜨렸을 때 정밀하고 은미한 것을 찾아내고 참되고 옳은 것을 알아볼 수 있기를 바라서였다. 다시 말하면, 이 책은 명도明道 정호程顥 (1032~1085), 이천伊川 정이程頤(1033~1107), 속수涑水 사마광司馬光(1019~1086), 횡거橫渠 장재張載(1020~1077) 그리고 회암晦庵 주희朱熹(1130~1200) 등 이른 바 오선생五先生의 예설을 모으는 것 자체를 목적으로 하는 것이 아니라, 다양한 변례적 상황에서 오선생이 예를 어떻게 논의하고 적용했는지를 숙지함으로써 자신도 어떠한 변례적 상황에서도 신속하고 정합적으로 대응할 수 있는 토대를 마련하고 싶었던 것이다.[66] 한강은 서문의 마지막 부분에서 오선생처럼 되려면 무엇을 유념해야 하는지에 관한 핵심을 명기해 두었다.

> 만약 오선생께서 절충하신 본의를 깊이 체득하고 주자(朱子)와 황면재 (黃勉齋)의『의례경전통해』에 질정하여 주공(周公)과 공자(孔子)의 시원 에까지 거슬러 올라갈 수 있다면 '의(義)의 실(實)'이 되는 것을 자득(自 得)할 수 있을 것이다.[67]

그것은 바로 오선생이 다양한 상황에 알맞게 예를 논의하고 적용했

---

66 이에 관한 내용은 위의 인용문 바로 뒤에 서술된 내용을 통해 확인할 수 있다. "天相斯 文, 五星重明, 有若兩程先生、涑氷先生、橫渠先生與夫晦菴朱先生輩出迭興, 大道以 闡, 宣揭人文, 以禮爲本, 隨事剖析, 如指諸掌. 大而宏章巨論, 約而片言單辭, 無非一循 乎天則, 曲盡乎人情, 精深懇到, 明白昭晰, 其所以開牖乎後學之耳目者, 豈但爲車之指 南、燭之炳幽乎?"(『寒岡全集』上 卷10,「五先生禮說分類序」)

67 『寒岡全集』上 卷10,「五先生禮說分類序」: "若能深體五先生折衷之本意, 而取正於朱、 黃『通解』之書, 有以仰泝周、孔之大原, 則所以爲義之實, 可以自得."

던 사례들에 담긴 '본의'를 체득함으로써 결과적으로 예의 본질이라 할 수 있는 '의義의 실實'을 자득自得하는 것이다. 여기에서 우선 주목해야 하는 표현이 바로 '자득'이다. '자득'은 『맹자』에 나오는 개념으로, 깊은 조예深造를 통해 도달하게 되는 상태이고, 그 상태에 도달하게 되면 어떤 상황에서도 그 근원과 만날 수 있는逢原 원인이 된다.[68] 한강에게 이 책은 '자득'을 하기 위해 선행되어야 하는 이른바 '깊은 조예'의 공부처이며, '의의 실'은 곧 예학의 시작이자 끝에 해당하는 근원이었던 것이다. 한강이 『오선생예설분류』의 첫 장 「예총론禮總論」에서부터 '본의'와 '의의 실'을 중요하게 다룬 이유가 여기에 있다.

'의의 실'이라는 말은 『예기禮記』 「예운禮運」에서 예를 정의하는 과정에 등장하는 표현이다.

> 예(禮)라는 것은 의(義)의 실(實)이다. 의에 맞춰보아 맞으면 비록 선왕에게 없었던 예라 할지라도 의에 입각하여 제기할 수 있다.[69]

예는 일종의 그릇이다. 그 그릇에 담겨야 할 내용물이 곧 의이다. 의는 예로 인해 구체성을 갖추게 되고, 예는 의에 부합함으로써만 존재의 의를 보장받게 된다. 한편, 구체성을 갖는 예는 어쩔 수 없이 제한성을 동시에 갖게 된다. 그래서 기존의 예로는 아우를 수 없는 변례의 상황이 발생하게 되고, 그 상황에 대처할 새로운 예가 요청된다. 이럴 경우

---

68 『孟子』「離婁下」14章. 孟子曰:"君子深造之以道, 欲其自得之也. 自得之, 則居之安, 居之安, 則資之深, 資之深, 則取之左右逢其原, 故君子欲其自得之也."
69 『禮記』「禮運」:"禮也者, 義之實也. 協諸義而協, 則禮雖先王未之有, 可以義起也."

에 예는 다시 의와 부합하는지 검증받고서야 새롭게 제기될 수 있다. 이렇게 제기된 예를 '의기지례義起之禮'라고 한다. 『예기』「예운」에서 말한 위의 내용은 이러한 예의 상황을 설명한 것으로, 이후 변례에 대응하려는 사람들에게 어길 수 없는 대원칙임과 동시에 그것의 정당성을 보장받는 논리로 수용되었다. 한강은 『오선생예설분류』의 첫 장인 「예총론」에 이 글을 실었다.[70]

한강이 「예총론」편에 인용한 오선생의 예설들을 검토해보면 서로 대립하는 다양한 주제들이 등장하고, 그것들에 대해 오선생이 제시한 대응 논리들이 소개되어 있다. 예를 들면, 고례古禮와 금제今制의 문제, 경례經禮 또는 상례常禮와 변례變禮의 문제, 원칙과 시행의 문제 등이 그것이다. 이처럼 대립하는 주제들에 대한 오선생의 예설을 뽑아서 싣고 있는 「예총론」은 곧 예에 대한 한강의 문제의식이 어디에 집중되어 있었는지를 보여주는 지표이다. 이런 이유로 한강은 다음과 같은 이야기들에 주목한다.

(정자께서) 또 말씀하셨다. "옛날과 오늘을 짐작하여 버릴 것은 버리고 취할 것은 취하는 일은 쉽게 이야기할 수 없다. 모름지기 척도(尺度)와 권형(權衡)이 가슴 속에 있어서 한 점 의심이 없고서야 어긋남이 없이 대처할 수 있을 것이다."[71]

---

70 『寒岡全集』下, 『五先生禮說分類』前集1.
71 『寒岡全集』下, 『五先生禮說分類』前集1 : 又曰 : "斟酌去取古今, 恐未易言, 須尺度權衡在胸中無疑, 乃可處之無差."【遺書】

정자는 고금을 짐작하여 거취를 어긋남 없이 할 수 있는 척도와 권형을 가져야만 예의 제한성을 극복하고 다양한 변례의 상황에 대처할 수 있다고 말한다. 무엇을 버리고 무엇을 취할 것인가, 무엇을 계승하고 무엇을 변혁할 것인가? 그것을 하기 위해 무엇이 준비되어야 하는가? 그에 관한 정자의 이야기도 한강은 함께 주목한다.

> (정자께서) 또 말씀하셨다. "예를 배우는 이가 예문(禮文)을 연구할 때 반드시 선왕의 의도[意]를 구해야 한다. 의도를 터득해야 계승할 것은 계승하고[沿] 변혁할 것은 변혁할[革] 수 있다."[72]

'선왕의 의도'를 구해서 터득해야 한다는 말은 한강의 예학 공부에 그 자체로 중요한 가르침이었겠지만, 이와 같은 말로 인해 한강은 또 다른 눈을 뜨게 되었을 것이다. 즉, 이러한 말들을 접하면서 한강은 다양한 대립적 주제들 앞에서 절충을 모색했던 '오선생의 본의'를 터득해야 할 필요성을 느꼈을 것이다. 오선생들의 이야기 속에 숱하게 등장하는 "손익損益", "짐작斟酌", "대처處之" 등은 곧 위의 인용문에서 말하는 계승沿과 변혁革의 다른 표현들일 뿐이다. 그러한 사례들을 폭넓게 확보하고, 그 사례들 속에서 확인할 수 있는 '본의'를 터득함으로써 오선생들이 이야기하지 않았던 또 다른 변례적 상황에 대처할 수 있도록 준비하려는 데 『오선생예설분류』의 편찬 이유가 있다.

한강이 이와 같은 형식의 예서를 구상할 수 있었던 것은 일찍이 『주

---

72 『寒岡全集』下, 『五先生禮說分類』前集1 : 又曰 : "學禮者考文, 必求先王之意, 得意乃可以沿革."【遺書】

자서절요朱子書節要』를 편찬한 퇴계의 영향이었을 것임에 틀림없다. 널리 알려진 바와 같이 조선에서 『주자대전朱子大全』을 가장 먼저 완독하고 연구한 학자가 퇴계이다. 퇴계는 『주자대전』을 읽음으로써 주자학에 관해 한 차원 높은 이해를 성취할 수 있었다.[73] 뿐만 아니라, 의심스럽거나 난해한 내용에 관하여 누군가 질문을 하면 반드시 이를 근거로 답을 해주었다.[74] 퇴계는 1543년 『주자대전』을 접하고 이를 집중적으로 연구하여 1556년에 『주자서절요』 편집을 마쳤다.[75] 퇴계가 『주자대전』 중에서도 편지인 주자서朱子書에 관심을 기울이고 이를 『주자서절요』로 편찬한 데는 다음과 같은 이유가 있었다.

『전서(全書)』를 가지고 논하자면 땅과 바다가 온갖 만물을 담고 있듯이 비록 없는 내용이 없지만, 거기에서 구하려 하면 그 요점을 얻기가 어렵다. 하지만 편지는 각각 상대방의 능력 수준과 학문의 깊이에 따른다. 병증을 살펴서 약을 쓰고, 사물에 맞게 단련을 한다. 억누르기도 하고 추켜세우기도 하며, 인도하기도 하고 구제하기도 하며, 격려해서 전진하게도 하고 배척하여 경계하게도 한다.[76]

즉, 편지는 그 특성상 편지를 주고받는 상대방의 수준이 감안된, 그

---

73 『雪月堂集』卷4, 「退溪先生言行箚錄」: "自近年讀『朱子大全』, 稍有見處, 然安敢測其門墻之深奧乎?"
74 『鶴峯集』卷5, 「退溪先生言行錄」: "先生家有『朱子書』寫本一袠, 卷袠甚舊, 字畫幾刓, 乃讀而然也. (…중략…) 人或質疑問難, 則必援是書而答之, 亦無不合於事情, 宜於道義."
75 이상하, 2012, 7쪽.
76 『退溪全書』卷42, 「朱子書節要序」: "蓋就其『全書』而論之, 如地負海涵, 雖無所不有, 而求之難得其要. 至於書札, 則各隨其人材稟之高下, 學問之淺深. 審證而用藥石, 應物而施爐錘, 或抑或揚, 或導或救, 或激而進之, 或斥而警之."

러면서도 다양하고 구체적인 이야기들을 담고 있다. 퇴계는 대지와 같이 넓고 바다와 같이 깊은 주자학의 세계로 다가가는 데 주자서가 갖는 의의를 여기에서 찾았으며, 그러한 주자서조차도 너무 방대해서 다시 핵심적인 내용들만을 간추린 절요본을 만든 이유가 여기에 있다. 그러나 더욱 중요한 사실은, 주자서는 주자학 전반을 이해하고자 하는 데 목적이 있고, 주자학에 대한 이해를 바탕으로 하여 결국 이락伊洛의 성리학을 거쳐 수사洙泗의 원시유학에 도달하려는 것이 퇴계가『주자서절요』를 편찬한 궁극적 목적이었다는 사실이다.[77]

『주자서절요』에 담긴 이러한 퇴계의 의도는 예학과 관련해서도 여전히 유효하다. 특히 예는 원칙적이고 본질적인 경례經禮나 상례常禮를 이해하는 것은 기본이고, 이를 현실에 적용하는 과정에서 마주하게 되는 다양한 변례變禮에 대응하는 것이 중요하다. 그런 점에서 주자서는 변례에 관한 주자의 논설을 참고하기에 적합한 자료이다. 실제로 퇴계는 주자서에 등장하는 주자의 예학적 정론들을『주자서절요』에 선택적으로 추출해놓고, 이를 다양한 변례에 대응하는 논거로 활용했다.[78] 한강의『오선생예설분류』는 이와 같은 퇴계의 작업을 주자에서 오선생으로 확장한 의의가 있다.

　그렇다면 한강은 이른바 오선생의 예설을 연구해서 실제 변례에 어떻게 대처했을까? 이제 그에 관한 사례들을 살펴보고자 한다. 용담龍潭 임흘任屹(1557~1620)이 스승 한강에게 올린 많은 내용의 문목들 중에 다

77　『退溪全書』卷42,「朱子書節要序」:"由是而旁通直上, 則泝伊洛而達洙泗, 無往而不可, 向之所云聖經賢傳, 果皆爲吾之學矣, 豈偏尙此一書云乎哉?"
78　이와 관련해서는 이봉규, 2020, 25~26쪽 참조.

음과 같은 질문이 있다.

> (문) 아내의 상은 소상 때 궤연(几筵)을 철거해야 한다고 말하는 이가
> 있습니다. 그런데 주자께서는 두문경(竇文卿)에게 보낸 답서에서 "오늘날
> 예에서는 궤연은 반드시 삼년이 지나서 치운다."라고 하셨습니다. 그렇다
> 면 (소상 때) 철거한다는 논의는 어느 책에 나오는 것입니까? 만약 주공이
> 나 공자의 가르침이 아니면, 주자의 가르침도 따르지 않아야 됩니까?[79]

어떤 상을 아내의 상이라고 하면 그 상의 주인은 남편이다. 남편이
아내의 상을 치르는 기간은 자최장기齊衰杖期(만1년)이다. 그런데 이들 부
부에게 자식이 있다면 그 자식에게 이 상은 어머니의 상이 된다. 이러
한 상황을 예서에서는 '부재위모父在爲母' 또는 '부재모상父在母喪'이라고
한다. 일반적으로 어머니 상의 기간은 자최삼년齊衰三年이다. 하지만 이
상의 주인은 아버지이다. 아버지가 아내의 상을 1년으로 마치기 때문
에 압존壓尊이라는 원칙에 의해 자식도 3년 상(만2년)을 치를 수 없다. 하
지만 자식으로서 어머니 상을 1년 만에 끝내는 것은 차마 할 수 없는
일이기에 상복은 1년 만에 벗되 못 다한 1년의 기간을 심상心喪으로 하
도록 했다.

궤연은 상을 치르는 동안 일체의 의식을 행하는 곳이다. 그러므로 용
담의 질문에서 궤연을 언제 철거할 것이냐는 곧 상의 기간을 얼마 동안

---

[79] 『寒岡全集』上 卷7,「答問」:"妻小祥, 撤其几筵, 人有言之者, 而朱子答竇文卿曰:'今
禮几筵必三年而除云云.' 則或者撤之之論, 見於何書邪? 若非周公、孔子之訓, 則朱子
之訓, 其可不從邪?"

지속할 것인지를 의미한다. 즉, 궤연을 1년 만에 철거할 것인가 3년 후에 치울 것인가는 아버지가 계시는 상황에서 어머니가 돌아가셨을 때 자식의 삼년상을 허용할 것인가의 문제에 관한 것이다. 이에 관해 한강의 답은 다음과 같다.

(답) 1년 만에 영(靈)을 철거하라는 것은 고례에서 많이 언급되어 있다. 그래서 당대(唐代)에 노이빙(盧履冰)이 "예에 '부재위모(父在爲母)는 만 1년 만에 영을 치우고 삼년동안은 심상을 하라'고 했습니다"라고 한 것이다.[80] 횡거(橫渠)께서 '묵최(墨衰)를 입고 종사하라'[81]고 하신 것은 의기(義起)의 차원에서 하신 말씀이고, 주자께서 '삼년이 지난 다음 치운다'고 하신 것은 당시의 영갑(令甲)에 근거해서 하신 말씀이다. 그러나 근래의 내 견해는 다음과 같다. 즉, 횡거와 주사의 말씀이 이왕 이와 같다면, 부재모상에서 대상과 담제를 모두 마친 뒤에 어머니의 신주를 별도의 공간에 안치하고 계속해서 조석상식을 일년 동안 더 한 다음에 마치는 것이 고례에도 부합하고 금제도 손상하지 않는 데 가까울 것이며 효자가 종후(從厚)하려는 지극한 정(情)에도 아쉬움이 남지 않는 방법이 아닐까 한다. 이 의견이 어떠한가?[82]

---

80 『通典』卷89,「齊衰杖周」. "開元五年, 右補闕盧履冰上言: '准禮, 父在爲母, 一周除靈, 三年心喪. 太后請同父沒之服, 三年然始除靈. 雖則權行, 有紊彝俗. 今請仍舊章, 庶協通禮.' 於是下制令百官詳議."

81 張載, 『經學理窟』12-16 "父在, 母服三年之喪, 則家有二尊有所嫌也. 處今之宜, 但可服齊衰一年外, 可以墨衰從事, 可以合古之禮、全今之制."

82 『寒岡全集』上 卷7,「答問」: "期而撤靈, 古禮多言之, 故唐盧履冰以爲: '禮, 父在爲母, 一周除靈, 三年心喪.' 橫渠所謂'墨衰從事', 義起之言; 朱子所謂'三年而除', 據當時令甲而言也. 然近來鄙見, 張、朱兩先生之言旣如是, 則父在母喪, 祥禫旣盡之後, 母之神主旣別置一處, 則仍上朝夕之食, 更訖一周而止, 或近於合古禮全今制, 庶無慊於孝子

여기에서 한강은 스승 퇴계가 그러했던 것처럼 고례는 물론 노이빙이 살았던 당대唐代의 예론과 송대宋代의 횡거와 주자의 설까지를 종합적으로 검토하고 있다. 그러면서 각각의 예설이 갖는 성격에 대해서도 평가하고 논증한다. 즉, 노이빙의 예론은 고례에 가까운 것으로 원칙을 이야기하고 있고, 횡거의 주장은 의기義起의 차원에서 한 말이며, 주자의 주장은 시왕時王의 예제에 근거한 것이다. 고례의 원칙이나 선현의 의기지례義起之禮 그리고 시왕지제時王之制 그 어느 것도 함부로 다룰 수 없는 예들이다. 그래서 한강은 이 각각의 예설들을 절충하고자 한다.

원칙적으로는 고례의 논리가 가장 마땅한 제도이다. 그러나 '부재모상'을 치르는 자식에게 1년 동안의 심상을 허용한 사례는 효자가 종후하려는 지극한 정을 감안하지 않으면 안 되는 예외적 여지를 두었다. 그렇다고 해서 아버지가 돌아가신 뒤에 치르는 어머니의 상처럼 3년 동안 궤연을 그대로 두는 것은 고례의 정신을 정면으로 부정하는 것이라 용인될 수 없다. 이러한 점들을 감안하여 위와 같이 절충하면 고례에도 금제에도 또 효자의 지극한 정에도 모두 불만이 없을 것이라고 한강은 본 것이다. 특히 이 과정에서 한강은 "고례에 근거한 노이빙의 설이 기본적으로 옳지만, 시왕지제를 어길 수 없다"는 주자의 설 역시 참고했다.[83]

중요한 사실은 이 답문에서 참고하고 있는 노이빙,[84] 횡거,[85] 주자[86]

從厚之至情. 此意何如?"
83 『寒岡全集』下, 『五先生禮說分類』後集3 : 郭子從問『儀禮』'父在爲母', "盧履氷議是. 但今條制如此, 不敢違耳."【大全】
84 盧履氷의 說은 『五先生禮說分類』後集3에 위에서 인용한 朱子와 郭子從의 答問에 附錄으로 실려 있으며, 『儀禮經傳通解續』의 기록을 재인용하였다.
85 橫渠의 說은 『五先生禮說分類』後集3에 실려 있다.

의 설이 모두『오선생예설분류』에 수록되어 있다는 것이다. 한강과 용담의 답문이 먼저 오갔었는지,『오선생예설분류』에 이 자료들이 먼저 수록되어 있었는지는 알 수 없다. 하지만 무엇이 먼저인지는 별로 중요하지 않다. 중요한 것은, 이 사례에서 확인할 수 있는 것처럼, 한강이 변례에 대응하는 논리로『오선생예설분류』에 수록된 자료들이 실제 원용되는 사례가 많이 발견된다는 것이다.

한강의 이러한 대응 논리는 속례에 대처하는 사례에서도 확인할 수 있다. 용담은 또 다른 곳에서 동짓날에 역병을 물리치기 위해[辟瘟] 먹는 팥죽과 대보름에 까마귀에게 보답하는 의미로 먹었던 약밥[香飯][87]을 명절에 사당에 바치지 않으면 어떨지에 관해 물었다. 이에 대해 한강은 속절에 지내는 제사를 폐지한 남헌 장식(1133~1180)에게 주자가 해준 "단오에 종자[糉了]를 먹지 않을 수 있는가? 중양절에 수유주[茱萸酒]를 마시지 않을 수 있는가? 조상에게 제사 지내지 않고 먹으면 자내에게는 편하겠는가?"라는 말을 인용하면서 답하고 있다.[88] 그런데 여기에서 인용한 남헌과 주자의 이야기 역시『오선생예설분류』에 수록되어 있다.[89]

---

86 朱子의 說은『五先生禮說分類』後集6에 실려 있다.
87 『慵齋叢話』卷2 : "新羅王於正月十五日幸天泉亭, 有烏衝銀榼置于王前. 榼裡有書, 封之甚固, 外面書曰'開見則二人死, 不開則一人死'. 王曰 : '二人殞命, 不如一人殞命.' 有大臣議曰 : '不然, 一人謂君, 二人謂臣也.' 於是遂開見之, 其中書曰'射宮中琴匣'. 王馳還入宮見琴匣, 持滿射之, 匣中有人, 乃內院焚修僧與妃通者也. 將謀弑王, 其期已定, 妃與僧皆伏誅. 王感烏之恩, 每年是日, 作香飯飼烏, 至今遵之, 以爲名日美饌. 其法洗蒸粘米作飯, 細切乾柹, 熟栗, 大棗, 乾蕨, 烏足茸等物, 和淸蜜, 淸醬而再蒸之, 又點松子, 胡桃之實, 其味甚甜, 謂之藥飯."
88 『寒岡全集』上 卷7, 「答問」 : (問) "冬至豆粥, 以辟瘟之具而不薦 ; 望日香飯, 以飼烏之物而不薦, 何如?" (答) "初出於辟瘟, 飼烏, 而遂以成俗, 豈不聞節物各有宜? 人情於是日, 不能不思其祖考, 而復以其物享之者乎? 南軒廢俗節之祭, 朱子曰 : '端午能不食糉乎? 重陽能不飮茱萸酒乎? 不祭而自享, 於汝安乎?'蓋菰米飯, 絳囊萸, 豈從古所有者乎?"
89 『寒岡全集』下,『五先生禮說分類』後集9 : 叔器問 : "行正禮, 則俗節之祭如何?" 曰 :

한강은 오선생의 예설들을 분류하여 편찬함으로써 그 스스로 다양한 변례적 상황에 순발력 있게 대처하면서 동시에 정합적으로 대응하고자 했다. 하지만 그의 작품은 이후 후학들의 예학 연구와 현실 적용에도 효율적인 공구서로 활용되었다. 예를 들면 이계伊溪 남몽뢰南夢賚(1620~1681)는 그의 아버지인 신촌新村 남해준南海準(1598~1667)이 지은『사례질의四禮質疑』를 설명하는 과정에서 다음과 같이 기록했다.

개연히 탄식하여 말씀하시기를 "사대부가의 예문으로는 『주문공(가례)』 1편이면 족하다. 그러나 절목은 유한하고 변례는 무궁하니, 만일 경도(經道)와 권도(權道)에 두루 통달한 분이 비슷한 사례들을 유추하여 중도를 얻은 말씀이 없다면 후학들이 어떻게 본떠서 행하겠는가?"라고 하시고는 이에 『오선생예설』을 취하여 읽으셨다. 이윽고 또 탄식하여 말씀하시기를 "풍속이 같지 않고 고금이 또한 다르니 우리나라의 여러 선생들께서 절충해놓으신 논의가 없다면 후학들이 어떻게 본떠서 행하겠는가?"라고 하시고는 이에 퇴계·회재·서애·학봉·한강·동강·우복·여헌 여덟 선생의 문집 속에서 예를 논한 내용을 모아 주제별로 분류하고 『사례질의』라고 명명하셨다.[90]

"韓魏公處得好, 謂之節祠, 殺於正祭. 某家依而行之. 但七月十五素饌用浮屠, 某不用耳. 向南軒廢俗節之祭, 某問: '於端午能不食粽乎? 重陽能不飲茱萸酒乎? 不祭而自享, 於汝安乎?'"【語類】

90 南夢賚, 『伊溪集』卷6, 「先考通仕郎府君家狀」: "慨然歎曰'士夫家禮文, 『朱文公』一篇足矣. 然節目有限, 變禮無窮, 若無通經達權者推類得中之說, 則後學安倣而行之?'於是乎取『五先生禮說』讀之. 旣又歎曰'風俗不同, 古今亦異, 不有吾東方諸先生折衷之論, 則後學亦安倣而行之?'於是乎裒集退溪, 晦齋, 西厓, 鶴峯, 寒岡, 東岡, 愚伏, 旅軒八先生文集中論禮等文字, 彙分類聚, 名之曰『四禮質疑』."

'무궁한 변례'에 대응하기 위해서는 '비슷한 사례들을 유추하여 중도를 얻은 논의'들에 대한 학습이 필요했고, 그것을 충족시켜줄 수 있는 자료로『오선생예설분류』를 읽지 않으면 안 되었던 당시 영남학파의 분위기를 이 글은 잘 보여준다. 이는 한강의 고제인 석담이『오선생예설분류』의 의의를 설명하면서 "학자들로 하여금 길흉의 변에 대처할 때 책을 펼치면 훤히 알 수 있게 하였다"고 한 것이나,[91] 여헌의 문인인 나재懶齋 신열도申悅道(1589~1659)가 역시 "변통變通을 지극히 하고 정문情文을 극진하게 하여 세상의 준칙이 되었다"[92]는 말로 이 책의 의의를 평가한 것과 궤를 같이한다.

또 하나 중요한 사실은『오선생예설분류』가 예학 연구의 한 경향을 형성했다는 것이다. 앞서 살펴본 것처럼 '선왕이 예를 제정한 본의'를 터득해야 한다는 정자의 말은 한강으로 하여금 정자를 포함한 '오선생이 절충한 본의'를 터득해야 할 필요성을 느끼게 했다. 그 결과물이『오선생예설분류』이다. 그런데 신촌이『사례질의』를 편찬한 것처럼 그 책을 읽은 후학들은 다시 '조선의 제선생들의 예론'이 필요하겠다는 자각을 하게 만들었다는 것이다.

『오선생예설분류』의 영향은 이처럼 예학을 공부하는 후학들에게 널리 영향을 미쳤고, 그것은 지역을 달리하는 기호학파의 학자들에게서도 확인할 수 있다. 예를 들면 남계는 '어머니가 장자를 위해 참최삼년복을 입는 것은 외아들이 죽었을 경우 말고는 타당하지 않다'는 횡거의

---

91 李潤雨,『石潭集』卷3,「呈方伯文【寒岡先生川谷書院從祀時, 代星州士林作.】」: "晚年又留意於禮學, 裒集五先生論禮之書, 綱擧目張, 燦然備具, 使學者處吉凶之變, 開卷瞭然."
92 申悅道,『懶齋集』卷7,「祭寒岡先生文【與仲氏晚悟公聯名】」: "折衷諸家, 爰纂五先生禮說, 大規模而詳節目, 立我隄防, 極變通而盡情文, 爲世準則."

설을 『오선생예설분류』를 통해 검토하였고,[93] 성황城隍에 대한 정자의 비판적인 견해 역시 『오선생예설분류』를 통해 확인했다.[94] 뿐만 아니라, 그는 '결혼을 한 선형先兄이 죽었을 경우 입후를 해서 그로 하여금 제사를 주재하도록 한다'는 주자와 호백량胡伯量의 문답 역시 『오선생예설분류』에서 발견했다.[95] 안촌安村 박광후朴光後(1637~1678)는 스승인 우암尤庵 송시열宋時烈(1607~1689)에게 올린 글에서 『주자어류』에 나오는 내용을 『오선생예설분류』에서 먼저 확인했었던 사실을 다음과 같이 밝히고 있다.

시생이 우연히 한강이 엮은 『오선생예설』을 열람하다가, '서자의 장자도 삼년복을 입는다'는 글을 보고는 내심 몹시 의아스러웠습니다. 『어류』 본전을 얻어서 그 뜻을 고구하고 싶었지만 궁향의 한사(寒士)들 중에 이 책을 소장한 이가 없어서 원문을 보지 못했습니다. 그리하여 이 내용을 사우들에게 물었더니, 누군가가 '이는 실제 주부자의 정론'이라고 말해주었습니다.[96]

---

93 朴世采, 『南溪集』 卷56, 「服制私議」:【又『五先生禮說』橫渠曰: "禮稱'母爲長子斬三年', 此理未安. 止爲父只一子死則世絶, 莫大之戚, 故服斬. 不如此, 豈可服斬?"】

94 朴世采, 『南溪集』 卷83, 「高麗太師壯節申公別傳 丙寅二月十八日」: "程子所論, 卽以城隍爲非者, 見『五先生禮說』本門."

95 朴世采, 『南溪集』 卷5, 「因閔愼査事首罪疏 癸丑九月二十四日」: "至壬子春, 偶見故儒臣鄭逑所編『五先生禮說』, 有曰'胡伯量問"先兄旣娶而死, 念旣立後, 則必當使之主祭, 某之高祖亦當祧去否?"朱子答曰"旣更立主祭者, 祠版亦當改題無疑. 高祖祧去, 雖覺人情不安, 然別未有以處也. 家間將來小孫奉祀, 其勢亦當如此."'"

96 朴光後, 『安村集』 卷2, 「上尤庵先生書 丁巳」: "侍生偶閱寒崗所輯『五先生禮說』, 見有'庶子之長子, 亦服三年'之文, 而心甚疑之, 兼欲得『語類』本傳, 究其旨義, 而窮鄕寒士絶無藏此冊者, 尙未見原文. 乃以此問於士友間, 則或者以爲'此實朱夫子正論'."

한강의 예학적 성격과 의의를 잘 보여주는 예서들로는 대개 61세 이후 편찬된『오선생예설분류』와,『예기상례분류禮記喪禮分類』,『오복연혁도五服沿革圖』가 꼽힌다. 그 중에서도 한강이 가장 심혈을 기울여서 편찬한 예서는『오선생예설분류』이다. 이 책은 '오선생'으로 지칭된 선현들이 다양한 변례적 상황에서 예를 어떻게 논의하고 운용했는지를 숙지하고 연구함으로써 자신이 맞닥뜨리게 될 변례적 상황에 신속하고 정합적으로 대처할 수 있는 토대를 마련하기 위해 편찬되었다. 이 책에 수록된 오선생의 예설들은 실제 한강이 그의 지구·문인들과 변례에 관해 답문을 주고받는 데 활용되었을 뿐만 아니라, 영남학파나 기호학파를 불문하고 선현의 '의기지례'를 확인하고 준용하는 데 유효한 공구서로서 폭넓게 활용되었다. 중요한 것은 이 책의 편찬이 퇴계의 예학연구를 발전적으로 계승한 결과물이며, 그것은 다시 오선생을 넘어 조선의 제선생諸先生들의 예설들까지 모아서 분류할 필요성을 자각하는 길을 열어주었다는 사실이다. 그런 점에서 한강은 퇴계 예학사상의 발전적 계승자라 할 수 있다.

2. 사계 김장생의 비판적 계승

조선시대 예학의 수준은 사계沙溪 김장생金長生(1548~1631)이 저술한『상례비요喪禮備要』(1583)와『가례집람家禮輯覽』(1599)의 출현과 더불어 그 이전과 이후를 가를 만큼 다른 차원으로 발전하게 된다.[97] 그러나 사계의 예학에서 또 하나 주목해야 할 자료가『의례문해疑禮問解』(1646)이다.

『상례비요』와 『가례집람』이 삼례서三禮書 등 고례古禮는 물론 당·송·명 대의 예서들까지 두루 참작함으로써 『가례』의 미비점을 보완하려는 목적에서 편찬된 것이라면, 『의례문해』는 사계가 구체적 예문이나 변례적 상황 등에 관해 그의 문인·지구와 강론한 자료들을 편집한 것이다. 따라서 『상례비요』와 『가례집람』이 표구까지 마무리된 한 폭의 완성된 그림이라면, 『의례문해』는 구상의 단계에서 윤곽을 잡아가는 밑그림이라 할 수 있다. 이렇게 『의례문해』는 사계 예학의 훨씬 생생한 민낯을 들여다 볼 수 있다는 점에서 정리된 예서들과는 또 다른 의의를 갖는다고 할 수 있다.

그런데 『의례문해』에는 아주 특별한 부록이 붙어 있다. 그것은 「상제례답문변의喪祭禮答問辨疑」라는 글이다. 『퇴계상제례답문』은 이미 앞에서 설명한 바와 같이 퇴계가 지인이나 문인들과 상·제례와 관련하여 문답을 주고받았던 자료를 취합해서 편찬한 것으로, 이후 조선의 예학 발전에 중대한 기여를 한 예서이다. 사계가 퇴계의 예설을 화제로 삼고 있는 것이 『의례문해』에 등장한 것만 해도 49조목에 이르며, 이는 사계의 스승인 율곡 이이나 구봉 송익필의 예설을 인용한 것보다 훨씬 많은 수치이다. 그런데 또 다시 『의례문해』에서 다룬 내용이 아닌 것들로만 『퇴계상제례답문』에서 34조목을 추리고 여기에 비판적 변증을 달아 부록으로 만들었다는 것은 사계의 예학을 논구하는 데 있어서 결코 간과할 수 없는 사건이다.

사계의 예학과 관련한 기존의 연구는 크게 두 가지 흐름을 이루고 있

---

97 韓基範, 1998, 2면.

다. 하나는 사계를 조선 예학의 거두이자 기호학파 예학의 종장이라는 데 초점을 맞추어 그의 예학적 성과를 기술하는 방식이고, 다른 하나는 사계 당시의 예학 연구는 아직 당색이나 학파의 구분 없이 비교적 활발하고 자유롭게 교류하면서 발전하고 있었다는 점에 주목하는 방식이다. 하지만 아직 퇴계와 사계의 영향 관계에 대해서는 거의 주목하지 않았다. 그것은 사계를 기호학파라는 고정된 관점에서만 접근을 했거나, 영남학파 예학자들과의 교류에 주목했다 하더라도 '교류' 그 자체에만 관심을 가졌을 뿐, 퇴계와 사계의 관계 설정을 어떻게 할 수 있을지에 대해 주목하지 않았기 때문이다.

여기에서는 『의례문해』와 「상제례답문변의」에 대한 분석을 통해, 물론 필요에 따라서는 주변 자료들도 활용을 하겠지만, 먼저 퇴계 예설에 대한 사계의 기본 인식이 어떠했는지를 실증적으로 살펴보고, 그런 다음에는 사계의 퇴계 예설에 대한 인식이 『의례문해』와 「상제례답문변의」에 얼마나 설득력 있게 제시되고 있는지를 검토할 것이다. 그리고 이런 과정을 통해 사계가 퇴계를 어떻게 비판적으로 계승하고 있는지, 나아가 그러한 작업이 조선의 예학사에서 어떤 의의를 갖는지에 대해 평가할 것이다.

1) 퇴계 예설에 대한 사계의 비판적 기조

그동안 퇴계 예설에 대한 사계의 기본 인식은 대체로 부정적이라고 간주되었다.[98] 실제로 사계는 한강에게 편지를 보내 "공주에서 간행된

---

[98] 韓基範, 1998, 17쪽.

『퇴계상제례답문』은 고례와 일치되지 않는 부분이 있다"고 지적하면
서, 이러한 문제는 "노선생(퇴계)이 묻는 대로 답을 해주고는 미처 고증
하지 못했기 때문일 것"이라고 말했다. 사계는 한강에게 이런 사실을
알고 있는지 확인하면서, "알고 있다면 이 책을 간행한 공주목사(조진)
에게 왜 말하지 않았느냐?"고 추궁하듯 물었다. 추측컨대 이런 말을 한
사계의 생각은 '이 책은 간행하지 말아야 했거나, 간행을 한다면 수정
과 보완을 거쳤어야 했다'는 뜻으로 해석될 수 있다. 왜냐하면 사계는
"이 책을 좋아하지 않는 자들이 이러쿵저러쿵 말들이 많을까 걱정"이
라는 말로 편지를 마무리했는데, 이는 『퇴계상제례답문』이 사람들의
비난을 살 것이 틀림없음을 전제하는 말로, 『퇴계상제례답문』이 그만
큼 문제가 많은 책이라는 생각이 반영되어 있기 때문이다.[99]

사계의 『퇴계상제례답문』에 대한 비판적 태도는 그의 문인인 김헌金巘
(생몰미상)에게 보낸 편지에 좀 더 구체적으로 제시되어 있다. 편지에서
그는 "『퇴계상제례답문』을 검토한 결과 예에 어긋난 부분이 매우 많았
다"면서, "지두紙頭에 표시해둔 것만 70~80조목에 달한다"고 말했
다.[100] 특히 사계가 『퇴계상제례답문』의 문제점을 지적한 글들이 『의례
문해』에 다수 게재되어 있음에도 불구하고, 다시 『퇴계상제례답문』 중
에서 문제가 있다고 여겨지는 34조목을 별도로 뽑고 이에 대해 의문을
제기하면서 변증을 가한 「상제례답문변의」를 『의례문해』에 부록한 것

99 『沙溪全書』卷2, 「與鄭道可[述]」: "公州所刻『喪祭禮答問』與古禮不合者有之, 恐老先
生隨問隨答, 未及考證, 以致如此. 高明亦曾見之否? 何不言及趙公牧也? 恐有不好者之
多口耳."
100 『沙溪全書』卷4, 「答金巘問目」: "『退溪喪祭問答』昔年一閱, 多有逕庭於禮者. 於紙頭
著標, 則多至七八十條矣."

은 퇴계 예설에 대한 사계의 인식이 매우 비판적이었음을 보여주는 확실한 증거이다.

사계의 이러한 문제의식은 사실 『퇴계상제례답문』이라는 예서에 대한 것이었다기보다 퇴계의 예학 수준에 대한 근본적인 문제 제기라고 봐야 할 것 같다. 즉, 퇴계는 예에 대해 높은 수준의 이해를 갖추고 있었으나 『퇴계상제례답문』이 그러한 것들을 잘 담아내지 못했다는 책에 대한 아쉬움 차원이 아니라, 퇴계의 예학은 상당히 변증이 필요한 수준에 있으며 『퇴계상제례답문』은 그러한 수준에서 만들어진 결과물이라는 비판적 차원에서 이러한 문제 제기가 나왔다는 것이다. 사계의 「어록」에 실린 다음의 언급은 이러한 사계의 인식을 잘 보여준다.

> 퇴계는 "승중(承重)한 손자의 처는 시어머니가 계시면 종복(從服)을 해야 하는가"와 같은 의례(疑禮)에 대한 물음에 "종복을 하지 않는다"라고 답을 했는데, 이는 주자의 본의가 아니다. 경임(景任 : 鄭經世)이 예학에 전념하였으면서도 계운궁(啓運宮)의 초상 문제에 대해 우연히 망발을 해서 최명길(崔鳴吉)에게 크게 군석(窘惜)을 당했다.[101]

이 이야기는 율곡과 구봉의 학문적 수준을 평가하면서 퇴계도 함께 언급하는 장면에서 제기된 것이다.[102] 여기에서 사계는 율곡과 구봉에

---

101 『沙溪全書』 卷45, 「語錄【宋時烈錄】」: 先生曰 : " …… 退溪之答人問疑禮, 如'承重孫妻有姑則不爲從服'之類, 非朱子本意. 景任專於禮學, 而於啓運宮初喪, 偶然妄發, 大爲崔鳴吉所窘惜也."
102 『沙溪全書』 卷45, 「語錄【宋時烈錄】」: 先生曰 : "栗谷於精微肯綮處, 必明白說破, 雖文理未通者, 皆能曉解. 龜峯則不肯剖析, 其意蓋謂'吾雖言而人未必知也', 其氣象不侔矣, 然龜峯蓋亦不欲人躐等也. 退溪之答人問疑禮, 如'承重孫妻有姑則不爲從服'之類, 非朱

대해서는 긍정적인 평가를 한 반면, 퇴계의 학문적 수준에 대해서는 굳이 '주자의 본의가 아닌'이 사안을 콕 집어서 거론했다. 그리고 바로 이어서 우복愚伏 정경세鄭經世(1563~1633)의 '망발'을 함께 거론하고 있다. 이는 사계가 퇴계의 학문적 수준을 보여주는 대표적인 사례로 예에 대한 퇴계의 오류를 거론했을 뿐 아니라, 퇴계의 그러한 잘못이 결국 계운궁 복제 문제에서 우복의 '망발'을 초래하게 했다고 보고 있다. 이러한 평가는 그 사실 여부와는 별도로 퇴계와 그 후학들에 대한 사계의 인식이 어떠했는지를 보여준다는 점에서 주목할 만하다.

그런데 더욱 흥미로운 것은 이러한 사계의 인식이 우암尤庵 송시열宋時烈(1607~1689)에 의해 똑같은 논리로 재생산되고 있을 뿐 아니라, 보다 노골적으로 퇴계의 예학이 잘못되었으며 이로 인해 후학들이 오도되었다고 비판하는 양상을 띠게 된다는 사실이다. 우암은 다음과 같이 말한다.

『퇴계상제례답문』 중에 "승중(承重)한 적손(嫡孫)의 처가 그 남편이 후사한 할아버지의 상복을 입을 때 어떤 복을 입어야 하는지"를 묻는 이가 있었는데, 이에 대해 퇴계는 "시어머니가 계시면 (종복을) 하지 않는다"고 했다. 여기에서 퇴계가 예학에 생소(生疏)했음을 확인할 수 있다.[103]

앞서의 사계 「어록」을 기록했던 우암은 여기에서 사계가 거론했던 내용을 그대로 재인용하면서 퇴계에 대해 '예학에 생소했다' 즉, 예학

子本意. 景任專於禮學, 而於啓運宮初喪, 偶然妄發, 大爲崔鳴吉所窘惜也."(이 글은 『宋子大全』 卷212, 「사계선생어록」에도 수록되어 있다.)
103 『鶴庵集』 卷3, 「華陽聞見錄」: "『退溪喪祭禮問答』 中, 有問'嫡孫承重者之妻爲其夫所後祖服何如者', 退溪答以'姑在則否', 此可見退溪於禮學爲生疏處也."

수준이 충분히 완숙한 경지에 이르지 못했다고 단정한다. 이러한 단정적 평가는 '승중한 적손의 처가 그 남편이 후사한 조부의 복을 어떻게 입어야 하는가'라는 특정 사안에 대한 논박이 아니라, 이를 통해 퇴계의 예학이 많은 문제가 있음을 보여주려는 총체적 문제 제기다. 우암의 이러한 평가는 다시 퇴계의 잘못된 예학이 결과적으로 얼마나 엄청난 문제를 일으키는지를 보여주는 추궁으로 이어진다.

갑인년(숙종 즉위년, 1674) 겨울 금상께서 인선왕후(仁宣王后, 효종의 왕비)를 위해 삼년복을 하게 하셨는데, 이때 영의정 허적(許積)이 "시어머니가 계시면 (종복을) 하지 않는다"고 한 퇴계의 설을 인용하면서 "중전의 복은 '어머니가 계시면 아내는 승중(承重)을 할 수 없다'는 선정(先正) 이황(李滉)의 실을 따르는 것이 마땅할 듯합니다"라고 헌의하여 대공복(大功服)으로 정했던 적이 있다.【당시 명성왕후(明聖王后, 현종의 왕비이자 숙종의 모후)가 계셨기 때문에 허적이 이를 인용하여, 중전은 단지 본복인 대공복만 하라고 말한 것이다.】선생(우암)은 당시 길상사에서 어명을 기다리던 중이었는데, 저보(邸報)를 보고 탄식하면서 다음과 같이 말씀하셨다. "이는 허적의 죄가 아니다. 저 무식한 자를 꾸짖어서 뭐하겠는가. 퇴계가 예설을 잘못 이해하여 후세를 그르쳤으니, 말해 뭐하겠느냐, 말해 뭐하겠느냐. 안타깝기 그지없다."【그 뒤에 김석주(金錫胄)가 종복을 계주하여 다시 삼년복을 하게 되었다.】[104]

---

[104] 『鶴庵集』卷3,「華陽聞見錄」: 甲寅冬. 今上更爲仁宣王后承重三年之服, 領相許積獻議, 乃引退溪'姑在則否'之說, 曰"今中殿之服, 似當從先正臣李滉'母在則妻不得承重'之說云", 而定爲大功服.【時明聖王后在, 故許積引此而言之, 中殿但爲本服大功也.】先生時在吉祥待命中, 見邸報而歎曰: "此非許積之罪也, 於彼無識者, 何足責乎. 退溪錯

퇴계 예학의 문제점으로 말미암아 그 후학들이 잘못된 예설을 배워 세상을 혼란스럽게 한다는 논리는 사계를 거쳐 우암으로 이어지면서 똑같은 방식으로 전개되었다. 심지어 우암은 우복의 시장諡狀을 지으면서 '우복의 예학 수준이 퇴계보다 낫다'는 말을 삽입했다가 우복의 손자로부터 수정 요청을 받고 수정한 일도 있었다.[105] 이때 우암은 그 말은 자신의 이야기가 아니라 사계가 평소에 자주 하던 표현이라면서, 사계가 그렇게 본 논거로 '승중자의 처가 종복해야 하는가'의 문제를 또 다시 거론하였다.[106] 우복은 한강의 문인이고, 한강은 예학에 있어서는 퇴계의 적전이라고 할 수 있는 인물이다. 따라서 우복의 예학은 퇴계로부터 전수되었다고 할 수 있다. 그러한 우복의 시장을 쓰면서 우복의 예학이 퇴계보다 낫다는 이야기를 굳이 넣었어야만 했을까?

후학이 선학의 잘못된 견해에 대해 얼마든지 비판을 가할 수 있으며, 또 그렇게 하는 것이 학문의 건강한 발전을 위해 필요한 것도 사실이다. 하지만 사계와 우암이 보여준 퇴계의 예학에 대한 비판은 어떤 특정 사

認禮說, 而以誤後世, 謂之何哉, 謂之何哉. 嗟惜不已."【厥後金錫冑以從服啓之, 而更爲三年服云.】

105 『우복집』에는 관련 내용이 수정된 형태로 수록되어 있고,(『愚伏集』 卷11, 「有明朝鮮正憲大夫吏曹判書兼知經筵春秋館成均館事弘文館大提學藝文館大提學世子左賓客贈崇政大大議政府左贊成兼判義禁府事知經筵春秋館成均館事弘文館大提學藝文館大提學世子貳師愚伏鄭先生諡狀[宋時烈]": "嘗聞沙溪金先生之言, 曰: '愚伏自是質直人, 其禮學之精, 近世所無. 當今可與論學者, 惟此一人云爾.'") 『송자대전』에는 수정되지 않은 채 수록되어 있다.(『宋子大全』 卷205, 「愚伏鄭公諡狀": "嘗聞沙溪金先生之言, 曰: '愚伏自是質直人, 禮學淹貫則勝似退溪. 當今可論學者, 唯此一人云爾.'")

106 『宋子大全』 卷35, 「答鄭晏叔": "愚伏碑文云云, 非碑文, 乃諡狀也. '禮學勝似退溪', 非愚說, 乃沙溪老先生說也. 老先生頗指退溪禮學疏漏處, 如承重者之妻從服, 乃『家禮』明文, 而退溪以爲當無服, 故人家或有不服者. 愚伏則謹守『家禮』, 故無此等論議. 老先生之說, 似指此等處矣. 然當時愚伏之孫, 以有謗言請改之, 愚卽改之云'禮學之精, 近世所無'云矣."

안에 대한 문제 제기나 건강한 대안 제시가 아니라 다분히 학파주의에 입각한 공세적 비난에 가깝다는 느낌을 준다. 한강의 문인으로 예에 관해 사계와 폭넓게 문답을 주고받았던 후천^{朽淺} 황종해^{黃宗海}(1579~1642)가 사계에게 표한 항의에서 당시 퇴계학파의 반감을 짐작할 수 있다.

> 선생의 답문 중에 "퇴계는 예학에 힘을 다하지 않아서 옛 사람과 부합하지 않은 데가 많다"거나 또 "퇴계의 예학은 소루하기 때문에 일일이 존신하며 따라서는 안 된다"는 말이 있습니다. (…중략…) 퇴계 선생은 실로 우리나라의 주자(朱子)이십니다. 비록 중년 이후에야 예학에 뜻을 두셨지만, 경전을 널리 연구하시는 데 후학들이 짐작할 수 없을 만큼 큰힘을 기울이셨습니다. 다만 퇴계 이전에는 예문(禮文)이 완전히 폐기·붕괴되고 세속은 익숙한 것에만 빠져 있었습니다. 퇴계께서는 그런 시기에 태어나셨기 때문에 감히 단호하게 고례에 의거하여 시속을 교정하실 수 없었던 것입니다. 그래서 예를 논할 때면 반드시 고금을 짐작하여 해속(駭俗)에 이르지 않게 하셨습니다. 문인이나 지구와 문답을 주고받는 과정도 겸손해하시면서 '예를 잘 안다'고 자처하시지 않고 항상 함부로 예를 논하는 참람함에 빠질까 두려워하셨습니다. 이와 같다면 옛 사람과 부합하지 않고 소루한 듯해 보이는 것이 괴이할 것도 없습니다. 현재 『퇴계상제례답문』이 비록 온당하지 못한 데가 있다 할지라도, 후학들은 마땅히 그것이 이런 사정이 있다는 것을 이해해야 하며, 혹시라도 정문(情文)에 부합하지 않은 데가 있다면 그것을 고치기는 하되 오직 주자께서 정자에 대해 했던 것처럼 하는 것이 옳지 않겠습니까? 그럼에도 그저 '소루하다'거나 '존신하면 안 된다'라고만 한다면, 전번에 한강 선생께 말씀하셨던 이른바

'좋아하지 않는 자들이 이러쿵저러쿵 말들이 많을까 걱정이라'던 바로 그 것이 아니겠습니까?[107]

후천의 증언에 따르면 퇴계의 예학이 '생소하다'고 본 것이나 '예에 대한 잘못된 이해가 후세를 오도했다'고 비난한 것은 모두 사계로부터 비롯된 것임을 알 수 있다. 후천은 퇴계의 예학이 완전무결하다는 주장을 하려는 것이 아니다. 다만 퇴계의 예학에 대해 평가를 하려면 퇴계가 예학에 쏟은 노력에 대한 인정, 퇴계가 처한 행례적 시공간의 수준에 대한 감안, 교속矯俗과 해속駭俗 모두를 조심스러워하면서 예를 구현하고자 했던 고민과 학자로서 퇴계가 견지했던 겸손한 자세 등을 모두 고려해야 한다는 것이다. 그리고 퇴계가 보여준 한계와 문제점에 대해서는, 주자가 정자에 대해 또는 신재信齋 양복楊復이 주자에 대해 했던 것처럼, 수정할 것은 수정하되 비난을 가해서는 안 된다는 것이다.[108] 만일 그렇지 않고 '소루하다'거나 '존신해서는 안 된다'와 같은 공세적 비난만을 가한다면, 그것은 바로 사계가 "좋아하지 않는 자들이 이러쿵

---

107 『朽淺集』卷2, 「答金沙溪書」: "先生前後答問中有曰'退溪於禮學不致力, 多有與古人不合者', 又曰'退溪禮學疏漏, 不可一一尊信而從之'. (…중략…) 退溪先生實我東朱子也. 雖自中晩以後, 始留意禮學, 而其所以博考前經, 大肆其力者, 有非後學所能窺測也. 但退溪以前, 禮文全然廢壞, 世俗狃於所習, 退溪生於其時, 不敢斷然據古而矯俗, 故其在論禮之際, 必皆斟酌古今, 俾不至駭俗. 至於門人知舊往復問答之間, 亦皆謙謙然不以知禮自居, 常恐或陷於議禮之僭. 夫如是則不合於古人而有似乎疏漏者, 無之怪也. 今者『退溪問答』雖有未穩處, 後學固當認其如是而已. 如或有不合於情文者, 則亦當改之, 一如朱子之於程子, 無乃可乎? 若直謂之疏漏不可尊信, 則前所下敎寒岡先生所謂恐增不好者之多口者, 不其然乎?"
108 『朽淺集』卷2, 「答金沙溪書」: "如冬至祭始祖, 立春祭先祖, 考妣忌日合祭等禮, 本程子所定, 而朱子改之, 何嘗以程子爲不知禮? 楊信齋以朱門人, 於朱子所定『家禮』中, 或多附註於逐條之末, 以正其訛舛, 楊氏亦豈以朱子爲不足耶?"

저러쿵 말들이 많을까 걱정"이라며 한강에게 우려를 표했던 사태를 사계 자신이 야기하고 있는 셈이라고 후천은 항의하고 있다.

이상에서 살펴본 바와 같이 사계는 물론 그의 후학들까지 퇴계의 예설을 비판하는 것을 넘어 예학 수준까지 폄훼하는 듯한 말들을 서슴없이 하는 경향을 보여주었다. 그러나 이러한 비판적 기조에도 불구하고 『의례문해』와 「상제례답문변의」를 분석해보면, 자신의 예학을 구축하고 당시의 예학 수준을 제고하는 데 있어서 사계가 퇴계로부터 많은 빚을 지고 있었다는 사실을 부정할 수는 없다. 그 빚이 직접적인 것이든, 간접적인 것이든 그리고 사계가 그러한 사실을 인정하든 그렇지 않든, 그 사실만큼은 분명한 것이다.

2) 『의례문해』에 반영된 퇴계 예설의 양상

『의례문해』는 사계가 그의 문인이나 지구들과 예의 의심스러운 부분들에 대해 문답한 것을 모은 일종의 예설 문답집이다. 이 책은 가례도家禮圖와 통례通禮 그리고 관례冠禮·혼례婚禮·상례喪禮·제례祭禮에 관한 내용으로 구성되어 있으며, 『의례문해』 7권과 『의례문해습유』 1권 등 총 8권으로 편찬되어 있다. 「상제례답문변의」는 『의례문해습유』에 부록되어 있다. 『의례문해』와 『의례문해습유』에 수록된 문답 건수는 총 548건이며, 이 중 상례에 관한 것이 391건(71.3%)으로 절대 다수를 차지하고 통례 71건(12.9%) 제례 60건(10.9%) 순이다.[109] 이들 문답 속에 퇴계의 예설이 직접 노출되어 있는 것은 통례 9건, 혼례 1건, 상례 30건,

---

109 김현수, 2014, 159쪽.

제례 9건으로 총 49건에 달하며,[110] 여기에 부록으로 첨부된 「상제례 답문변의」에서 다루고 있는 34건까지 합하면 『의례문해』에 반영된 퇴계의 예설은 결코 적은 비중이 아님을 수치로 확인할 수 있다.

『의례문해』에는 퇴계 예설에 대해 부정적으로 다룬 것들이 많이 있다. 그 중에는 퇴계의 예설에 대해 "과연 그런 것인지 알 수 없다[未知其果是否]"거나 "따르기 어려울 듯하다[似難從]" 또는 "타당하지 않은 듯하다 [似爲未安]"처럼 유보적인 비판도 있지만, "시속을 따른 것[恐或從俗]"이라거나 "고례에 어긋난다[與古禮不同]" 또는 "예의 본의에 부합하지 않다[與禮意不合]"처럼 단호한 비판도 서슴지 않았다. 심지어는 다음과 같은 사례도 있다.

> (문) "제주(題主)를 한 뒤 축문 읽기를 마치고 그것을 품는다는 것이 어디에 근거한 것인지 모르겠습니다."
>
> (답) "고하기를 마치고 나면 즉시 반혼(反魂)을 해야 하기 때문에 그것을 불사를 겨를 없는 것이다. 퇴계와 김이정(金而精)의 문답은 말뜻이 미오(微奧)해서 사람들이 더러 잘못 이해하고는 신주(神主)를 품에 품는 자들이 있는데 우스운 일이다."[111]

『가례』의 장례를 치르는 절차 중에 '제목주[題木主]'가 있는데 그 의식

---

110 한기범, 1998, 15~16쪽에 따르면 『의례문해』에서 퇴계의 예설을 인용한 것이 44건이라고 설명되어 있으나 필자가 조사한 바에 따르면 49건인 것으로 확인되었다.
111 『疑禮問解』(『沙溪全書』卷39), 「喪禮·題主祝文讀畢懷之」: 問: "題主後祝文讀畢, 懷之之義, 未知何據?" 【姜碩期】答: "告畢, 卽反魂, 未暇焚之耳. 退溪與金而精問答, 語意微奧, 人或誤見, 有懷神主者, 可笑."

은 대략 다음과 같다. 미리 준비한 목주木主에 제기第幾[陷中]와 명호名號[粉面] 그리고 봉사자奉祀者[左旁]를 차례로 쓰는 등 신주를 만들기 위한 준비가 끝나고 나면, 축祝은 목주를 받들어 영좌靈座에 놓고 혼백魂帛은 상자[箱] 속에 넣어 그 뒤에 둔다. 축은 향을 피우고 술을 따른 다음, 축판을 가지고 주인의 오른쪽에 꿇어앉아 축문을 읽는다. 읽기를 마친 다음 '그것'을 품고 일어나 자리로 돌아온다. 주인이 재배하고 슬픔이 다할 때까지 곡하고 그친다.[112]

앞에서 이미 논의했던 바와 같이 여기에서 논란이 있었던 부분은 '그것을 품는다[懷之]'는 말의 목적어 '그것[之]'이 '축문'인가, 아니면 '신주'인가 하는 것이었다. 다른 대부분의 학자들은 '그것'을 축문으로 본 데 반해, 유독 퇴계만은 '그것'을 신주로 보았다. 그리고 퇴계는 분명히 "축이 축문 읽기를 마치고 나면 신주를 품는다"고 말했다. 그 이유를 퇴계는 다음과 같이 설명한다.

이때에 사자(死者)의 신혼(神魂)은 흩어져 의지할 곳이 없는데, 축관한 사람이 몸소 (사자의 신혼을) 부른 다음 목주(木主)에 품어서 붙이는 책임을 맡은 것이다. 신혼이 목주에 의지하게 되면 사람과 서로 교접하는 이치가 있다. 그러므로 축문 읽기를 마치고 그것을 품음으로써 '부른 다음

---

112 『家禮』卷5,「喪禮」'及‧下棺‧祠后土‧題木主‧成墳'條: "題主."【註】"主人立於其前北向, 祝盥手出主臥置卓上. 使善書者, 盥手西向立. 先題陷中. 父則曰'故某官某公諱某字某第幾神主', 粉面曰'考某官封謚府君神主', 其下左旁曰'孝子某奉祀'. 母則曰'故某封某氏諱某字某第幾神主', 粉面曰'妣某封某氏神主', 旁亦如之. 無官封, 則以生時所稱爲號. 題畢, 祝奉置靈座, 而藏魂帛於箱中, 以置其後, 炷香斟酒, 執板出於主人之右, 跪讀之, 曰子同前, 但云'孤子某敢昭告于考某官封謚府君, 形歸窆穸, 神返室堂, 神主旣成, 伏惟尊靈舍舊從新, 是憑是依.' 畢, 懷之, 興, 復位. 主人再拜, 哭盡哀止."

품어서 붙이고, 사람과 서로 교접한다'는 의미를 보여준 것이다.[113]

하지만 사계는 퇴계의 설처럼 하게 되면 그것은 신주를 함부로[褻慢] 취급하는 것이라고 비판하면서 동의하지 않았다.[114] 뿐만 아니라, 사계는 퇴계의 말을 잘못 이해한 사람들이 신주를 품에 품는 우스운 짓들을 한다고 에둘러 말했지만, 사실 그 말이 겨냥한 대상이 퇴계라는 사실은 명백하다. 우암은 한 걸음 더 나아가 "신주를 품에 품는 것은 대단히 무식한 짓"이라고까지 비난했다.[115] 사계로부터 비롯되어 그의 후학들에게로 이어진 이러한 비난성 평가는 퇴계의 후학들로부터 반발을 불러일으키기도 했다.[116]

---

113 『退溪喪祭禮答問』: "蓋當此時, 死者神魂飄忽無依泊, 祝一人身任招來懷附於木主之責. 神依木主, 則便有與人相際接之理, 故讀畢而懷之, 以見招來懷附與人相際接之意. 聖人制禮求神之道, 孝子愛親思成之義, 其盡於是矣."(李滉, 『退溪全書』卷30,「答金而精」) 이 사안과 관련한 퇴계의 논의는 제3장 2절에서 상세하게 검토했다.

114 『沙溪全書』卷4,「答金𤃡」: "且今所示題主後懷之之說, 乃懷祝文之謂也. 丘氏亦謂'懷之不焚'云. 退溪說不分曉, 乃謂'招來懷附'之意. 若如此說而懷神主, 則無乃褻慢乎?"

115 『宋子大全』卷114,「答洪聖休」: "退溪說雖不敢爲非, 而抑有可疑者. 此時神主旣成, 以祝其神魂是憑是依, 而不欲其飄散也, 今又欲使祝招來懷附於其身, 正欲其飄散也. 或者求其說而不得, 而因以牽強退溪說, 使祝懷神主於懷間, 其無識甚矣."

116 사계는 퇴계의 해석을 근거 없는 주장에 불과하다며 사실상 일축해버렸고, 그의 영향을 받은 그의 후학들 역시 퇴계를 비판한 사계의 주장을 강화해 나갔다. 이 과정에서 사계 학단이 제기한 비판은 간혹 적정한 선을 넘어서 퇴계학파의 감정을 자극하는 표현들도 등장했다. 퇴계의 후학들도 이러한 비판에 대해 반응을 하지 않을 수 없었다. 하지만 '축문 읽기를 마치고 그것을 품다[讀畢懷之]'에 등장하는 '그것'을 퇴계가 주장했던 것처럼 '축문'이 아닌 '신주'라고 계속 주장하는 것은 아무래도 무리라고 판단했다. 그렇지만 퇴계가 담아내고자 했던 '의리적 해석'의 전통마저 포기하지는 않았다. 그래서 그들은 축문을 품어야만 하는 '깊은 뜻'을 찾아내려는 노력을 기울였다. 이 주제를 둘러싸고 퇴계와 사계 그리고 그들의 후학들은 서로 반박과 재반박을 전개해 나갔고, 그 과정에서 때로는 감정적인 대립을 연출하기도 했다. 하지만 이들은 자신들의 입장을 강화하고 상대방의 주장을 반박하기 위해 각자 더욱 정치한 논의와 폭넓은 연구를 진행하지 않을 수 없었다. 이러한 해석과 논변의 과정은 결과적으로 예에 대한 조선시대 학자들의 이해를 전반적으로 높은 수준에 도달하도록 했다. 이에 관한 자세한 내용은 한재훈, 2016 참조.

흥미로운 것은, 앞서 살펴본 바와 같이 퇴계 예설에 대한 사계의 기본적인 인식은 비판적이지만, 『의례문해』에서 다루고 있는 49건의 퇴계 예설에 대한 사계의 평가는 조금 다른 양상을 보여준다는 사실이다. 『의례문해』에 수록된 퇴계 예설 관련 49건 중에 부정적으로 다루어진 것은 24건인 데 비해 긍정적으로 다루어진 것이 25건으로 더 많다. 긍정적으로 다루고 있는 사례들을 몇 가지만 살펴보면 다음과 같다. 먼저, 질문한 사람은 퇴계를 언급하지 않았는데 사계가 퇴계를 인용해서 답을 해준 것들이 있다. 예를 들면 다음과 같다.

> (문) "'신부(新婦)는 삼일 째 되는 날 사당에 알현한다'는 것은 친영(親迎)한 경우를 두고 한 말입니다. 만일 해가 바뀌었거나 때를 넘긴 뒤에 신부가 시댁으로 왔다면, 시부모님을 뵙고, 곧장 사당에 배알한 다음 어른들을 뵙고, 시부모님께 음식을 올리는 예를 행하는 것이 어떻겠습니까?"
> (답) "그렇게 하면 될 것이다. 퇴계의 설도 그러하다."[117]

그런가 하면, 질문자가 퇴계의 설을 제시하면서 그것이 맞는지를 물었을 때 이에 대해 사계가 퇴계의 설에 동의를 표하는 경우도 많다. 예를 들면 다음과 같다.

> (문) "5대조의 신주는 마땅히 최장(最長)의 거처로 옮겨야 하지만, 사

---

117 『疑禮問解』(『沙溪全書』卷36), 「婚禮·成婚久後廟見」: 問: "'新婦三日而廟見', 蓋謂親迎者也. 若經年或踰時而後來, 則見舅姑, 卽拜祠堂, 後行見尊長饋舅姑之禮, 未知如何?"【姜碩期】答: "來示得之, 退溪說亦然."

세가 혹 여의치 않다면 종자의 사당에 계속해서 봉안하면 어떻습니까? 만일 5대를 모시는 것이 참람하여 감히 그럴 수 없다면 별실에 봉안했다가 제사를 올릴 때 최장으로 주인을 삼고 제자(諸子)들로 하여금 대행하도록 하면 어떻습니까? 퇴계는 '별실에 봉안했다가 춘추로 제사를 올리는 것이 좋겠다'고 했는데, 이것이 예에 부합합니까?"

（답）"최장자가 옮겨서 봉안할 수 없다면 마땅히 별실에 봉안해야 한다. 4대가 넘었는데도 계속 가묘에 봉안한다는 것은 참람한 일이므로 해서는 안 된다. 춘추로 제사를 올리라고 한 퇴계의 말처럼 하는 것이 무방하다."[118]

이러한 사례들이 49건 중 25건으로 절반을 상회한다는 사실은, 사계가 퇴계의 예설에 대해 기본적으로 비판적인 기조를 견지하였음에도 불구하고, 『의례문해』만 두고 보았을 때는 오히려 퇴계로부터 적지 않은 영향을 받았음을 보여준다. 더구나 『의례문해』에는 퇴계가 직접적으로 언급되지는 않지만 퇴계의 영향을 받았을 것으로 추정할 만한 사례들도 적지 않게 발견된다. 예를 들면 용졸재用拙齋 신식申湜(1551~1623)으로부터 '부재위모복父在爲母服'에 대해 질문을 받고 사계가 답한 것이 이런 경우에 해당한다.

용졸재는 '부재위모복'으로 기년복期年服을 입으라는 규정이 『가

---

118 『疑禮問解』(『沙溪全書』 卷35), 「通禮·遞遷 : 長房不能奉祧主, 則宗子仍安於別室」 : 問 : "五代祖神主, 禮當遷于最長之房, 而事勢或有難便, 則仍奉於宗子之廟, 未知如何? 若以五代爲僭而不敢, 則奉安於別室, 祭時, 以最長者爲主, 而使諸子代行, 未知如何? 退溪曰 : '奉安於別室, 只於春秋設祭爲宜.' 此合於禮耶?"【姜碩期】 答 : "最長者不能遷奉, 固當安於別室矣. 四代後, 仍安家廟, 則僭不可爲也. 若退溪祭春秋之說, 無妨."

례』에 없는 이유는 시왕지제時王之制를 따랐기 때문이라고 지적하면서, 시왕지제인『대명률大明律』의 '어머니에 대한 상복을 참최삼년斬衰三年으로 하라'는 규정을 따르지 않고 고례를 근거로 '기년복을 입으라'고 한 이유가 무엇인지에 대해 물었다. 이에 대해 사계는『의례儀禮』에 제시된 '부재위모복은 기년복으로 하라'는 내용과「자하전子夏傳」소疏에 '심상心喪은 오히려 삼년을 한다'는 내용을 들면서 '이것은 영원히 바뀔 수 없는 전례[千古不易之典]'라고 말한다. 나아가 사계는『가례』에는 관련 규정이 없지만, "'부재위모'에 기년복을 하는 어머니에게 박하게 하려는 것이 아니라, 존尊이 아버지에게 있으므로 또 다시 존이 어머니에게 있을 수 없기 때문"이라는 주자의 설명을 덧붙인다. 그리고 그는 다음과 같이 말한다.

> 당(唐) 무조(武瞾 : 측천무후)가 고종에게 청하여 천하의 부재위모복을 삼년복으로 하게 함으로써 성전(聖典)을 파괴한 것이 실로 여기에서부터 시작되었습니다. 송(宋) 역시 이를 답습하고 고치지 않더니, 명(明)에 이르러 마침내 아버지 상과 똑같이 참최삼년을 하게 했습니다. 우리나라는 고례를 따라 '무이존(無二尊)·불이참(不貳斬)'의 대의를 지켜냈습니다. 성현의 가르침을 따르는데, 시왕지제를 따르는 것이 어찌 문제가 되겠습니까?[119]

---

[119]『疑禮問解』(『沙溪全書』卷38),「喪禮·父在爲母當從古禮服期」: 問: "『家禮』不言父在爲母期, 果是從時王之制. 禮之因時損益, 亦固宜爾.『大明律』降母服爲斬衰三年, 此亦時王之制也. 今之士大夫旣不遵朱子已定之『家禮』, 又不從時王之制, 獨於此而援據古禮, 斷然服期者何歟?"【申知事湜】答: "『儀禮』父在爲母期,「子夏傳」疏心喪猶三年, 爲千古不易之典. 朱子曰: '父在爲母期, 非是薄於母, 只爲尊在其父, 不可復尊在母, 其義可謂嚴矣.' 唐武瞾請於高宗, 令天下父在爲母亦服三年, 輕壞聖典, 實俑於此.

그런데 이 사안에 대한 사계의 논조는 같은 사안에 대해『퇴계상제례답문』에 수록되어 있는 퇴계의 논조와 표절이라고 해도 좋을 만큼 매우 흡사하다.[120] 이러한 사례들은 사계가 퇴계의 예설에 대해 비판적인 기조를 보였지만 실질적으로는 많은 영향을 받았음을 보여주는 간접적인 증거들이라 할 수 있다.

3)「상제례답문변의」의 성격과 의의

사계는『퇴계상제례답문』가운데 의심이 가는 조목 34가지를『퇴계상제례답문』의 순서에 따라 순차적으로 뽑고, 여기에 변증을 가하거나 의문을 제기한「상제례답문변의」를 남겼다. 그리고 이 저술은『의례문해』뒤에 부록으로 첨부되었다. 사계는「상제례답문변의」표제 아래 다음과 같은 말을 붙였다.

> 변증해야 할 조목들이『의례문해』등에 많이 나오기 때문에 여기에서는 중복해서 기록하지 않는다.[121]

사계의 이 말은 액면 그대로만 보면 퇴계의 예설이 문제가 많아서 이에 대해 자신이『의례문해』등을 통해 많은 변증을 가했으며, 그것만으

宋朝仍之不改, 至大明, 遂有同父喪斬衰三年之制. 國朝從古禮最得'無二尊·不貳斬'之義. 遵聖賢之敎, 從時王之制, 更何疑耶?"

120 『退溪喪祭禮答問』: "惟有唐武曌嘗請於高宗, 欲令天下母喪同父喪, 至大明禮, 遂有同父喪斬衰三年之制, 寧可以亂聖典爲世敎耶? 國朝不用明制, 最得'無二尊·不貳斬'之義."(『退溪全書』卷30,「答金而精/別紙」)

121 「喪祭禮答問辨疑」(『沙溪全書』卷42,『疑禮問解』): "辨條多出於『疑禮問解』等書, 故此篇不復疊錄."

로는 부족해서 또 다른 문제들에 대해 중복되지 않는 한도 내에서 변증을 가하는 작업을 한 것이 바로 「상제례답문변의」라는 것이다. 그러나 이러한 사계의 언급은 또 다른 측면에서 접근해보면 사계가 퇴계의 예설을 변증하는 데 많은 시간과 노력을 경주했다는 사실에 대한 고백이며, 그것은 다시 역설적이게도 퇴계의 예설은 그런 노력을 기울일 만한 충분한 이유와 가치가 있음을 보여준다. 그리고 사계가 이러한 과정을 통해 자신의 예설을 발전시켜가는 중요한 계기를 맞게 되었을 것이라는 점은 보통의 학문적 영향관계의 측면에서 봤을 때 자명한 사실이다.

조선시대 유학사에서 예학은 한강과 사계가 활발하게 활동하던 17세기에 이르러서야 비로소 본격화된 것으로 보았다. 하지만 조선의 예학은 16세기 퇴계에 의해 이미 상당한 수준에 도달하게 되었을 뿐만 아니라, 이후 전개되는 예학의 성질과 방향 또한 그를 발전적으로 계승하거나 비판적으로 극복하는 과정 속에서 정립되었다. 후천의 다음 말은 이와 관련하여 시사하는 바가 작지 않다.

> 퇴계 이전에는 국속(國俗)이 엉망이어서 예문(禮文)이 있는 줄도 몰랐습니다. 비록 『가례』가 있었다고는 하지만 거기에 관심을 갖는 이조차 드물었습니다. 그러다가 퇴계께서 나오신 뒤에 여기에 종사하는 이도 많아졌고 글을 주고받으면서 예를 논하는 일도 생겨났습니다. 그러므로 퇴계는 '말을 세워 후세에 드리운[立言垂後]' 공이 있다 하겠습니다.[122]

---

122 『朽淺集』 卷2, 「答金沙溪書」 : "蓋退溪以前, 國俗昧昧, 不知有禮文, 雖家禮一篇, 鮮有致意者, 而至退溪出, 然後人多從事於此, 而有往復論禮之事, 故曰退溪有'立言垂後'之功也."

후천의 말을 빌리자면 조선 예학의 종장으로 일컬어지는 사계는 바로 퇴계를 비판적으로 계승한 첫 번째 인물에 해당한다고 할 수 있다. 특히 「상제례답문변의」는 이러한 측면에서 그 의의를 찾을 수 있다.

「상제례답문변의」에서 사계가 퇴계의 예설에 대해 비판한 내용들을 일별해보면 크게 세 가지 범주로 분류해볼 수 있다. 첫째는 예문禮文에 대한 고거考據, 둘째는 예의禮意에 대한 해석解釋, 셋째는 변례變禮에 대한 의기義起 등을 문제로 삼았다.[123] 여기에서는 그 중에 대표적인 사례 하나를 분석함으로써 사계가 퇴계를 비판적으로 극복하고자 노력했던 모습과 아울러 그 후학들이 이를 다시 비판해서 발전적으로 계승시켜 나간 사실들을 확인할 것이다.

퇴계는 개암開巖 김우굉金宇宏(1524~1590)으로부터 '소상小祥 때 관冠과 중의中衣만 연練으로 하고, 최상衰裳은 연으로 하지 않는 것'에 관한 질문을 받고, "소상에 별도로 복을 만들지 않는 것은 주자께서 짐작손익하여 시의를 얻게 하신 예이니, 제시한 대로 하는 것이 매우 타당하다"고 답을 했다. 이에 대해 사계는 다음과 같이 변증했다.

> 「단궁(檀弓)」 소(疏)에서 "정복(正服)은 변경하면 안 된다"고 한 설은 틀렸다.[124]

---

123 이 세 가지 범주는 '퇴계 예학사상의 학술적 전개'를 다룬 제3장의 내용과 일치한다.
124 「喪祭禮答問辨疑」(『沙溪全書』 卷42, 『疑禮問解』) : 退溪答金敬夫曰 : "小祥, 不別製服, 朱子所以斟酌損益, 得時宜之禮, 如所示爲之, 甚當." 【(問)"小祥別製服, 古也. 據『家禮』, 雖云陳練服, 而無別製衣裳之文. 又據『禮記』「檀弓」'練衣黃裏' 註曰: '正服不可變, 以練爲中衣, 承衰而已.' 今擬不製服, 但作練冠, 去首絰以下, 又以練布製承衰之中衣, 庶幾從簡而不失存古."】 [辨] "「檀弓」疏 '正服不可變'之說, 非是."

여기에서 문제가 되는 것은 소상 때 수복受服을 하면서 관과 중의만 연으로 할 것인지, 최상까지 할 것인지에 관한 것이다. 『가례』에는 해당 조목에 "연복練服을 진설한다"고만 했을 뿐, 별도로 최상을 어떻게 만들어 입으라는 설명이 없다. 그런가 하면 『예기』「단궁」에 나오는 "연으로 중의를 만들고 황색으로 속을 댄다練衣黃裏"에 대한 소에는 "정복은 변경하면 안 된다"는 설명이 있다. 이러한 정황들을 감안해서 개암은 '정복인 최상을 연으로 만들어 입는 식의 변경을 하지 않는 것이 예에 맞는 것인지' 물었고, 이에 대해 퇴계는 '그렇다'고 답을 해준 것이다. 그런데 사계는 "소의 설명은 틀렸다"고 단정하고, 소를 원용한 퇴계의 견해를 일축했다.

『퇴계상제례답문』에는 이 사안과 관련하여 잠재潛齋 김취려金就礪에게 보낸 퇴계의 또 다른 답문이 수록되어 있는데, 사계는 이 답문도 「상제례답문변의」에 수록하고 역시 변증을 했다.

　　퇴계가 말했다. "옛 사람은 초상(初喪)부터 우(虞)·졸곡(卒哭)·연(練)·상(祥)·담(禫)에 이르기까지 모두 수복(受服)이라는 것을 두어 교대로 승수(升數)를 더해 점쇄(漸殺)함으로써 상을 마치는[闋] 데 이르렀다. 이때 소상은 한 돌이 되는 시기로[一期之周] 변쇄(變殺)의 커다란 마디이다. 따라서 머리에 대해서는 질(絰)을 벗고 별도로 1승(升)을 더한 연포(練布)로 관을 만들었으며, 몸에 대해서는 부판(負版)·벽령(辟領)·최(衰)를 없애고 별도로 1승(升)을 더한 포(布)로 최(衰)를 만들고 또 별도로 1승(升)을 더한 연포(練布)로 중의를 만들어 최(衰)에 받쳐 입었다. 연관(練冠)과 연중의(練中衣)를 하기 때문에 '연(練)'이라고 하는 것뿐이지, 최(衰)까지 연(練)으로 함을 말하는 것이 아니다."

[변증] 연복(練服)은 중의만 연으로 하는 것이 아니고 최상(衰裳)까지 연으로 하는 것이다. 당연히 대공(大功)의 포로 최(衰)를 만들기 때문에 공최(功衰)라고 하는 것이다. 예소(禮疏)에서 '중의만 연으로 한다'고 한 설은 틀렸다. 횡거(橫渠)와 회암(晦庵) 등 '최상을 연으로 하라'고 정한 선유들의 설이 분명히 있으며, 이는 예소와 같지 않다.[125]

사실 이 사안과 관련한 퇴계의 논의는 사계가 인용한 데서 그치지 않고 다음과 같은 설명이 더 있었다.

이는 주(周)나라의 문(文)이 극도로 발전했을 때 상제(喪制)가 이와 같다는 것이며, 옛날과 오늘의 문(文)과 질(質)은 시대에 따라 덜기도 하고 보태기도 하는 것이므로 모든 것을 옛날 제도대로 하기에는 어려운 점이 있다. 그러므로 온공(溫公)의 『서의(書儀)』에는 수복(受服)과 연복(練服)을 없애고 다만 수질(首絰) 등을 제거하는 것으로 마디를 삼았다. 이것이 너무 간소하다고 해서 『가례』는 『서의』를 이어받아서 역시 별도로 최복을 만드는 것은 없앴지만, 연복으로 관을 만든다는 내용을 보탰다. 이것이야 말로 '명칭을 고려해 고례를 복원하면서도, 시속을 감안해서 중도를 마련한[顧名反古, 因時酌中]' 제도라 하겠다.[126]

---

[125] 「喪祭禮答問辨疑」(『沙溪全書』卷42, 『疑禮問解』) : 退溪曰 : "蓋古人自初喪以至虞、卒哭、練、祥、禫, 皆有受服, 遞加升數, 漸殺以至于闋. 小祥, 一期之周, 爲一大變殺之節, 故於首去絰, 而別以加一升練布爲冠. 於身去負版、辟領、衰, 而別以加一升布爲衰, 又別以加一升練布, 爲中衣以承衰. 以其練冠練中衣, 故謂之練耳, 非謂幷練衰也." [辨] "練服非但練中衣, 幷練衰裳也. 當以大功之布爲衰, 故謂之功衰, 禮疏所謂 '只練中衣' 之說非是. 先儒之說分明有之, 橫渠、晦庵皆以練衰裳爲定, 與禮疏不同."

퇴계는 단순히 소疏에만 의거해서 "최상은 연하지 않는다"고 주장했던 것이 아니라, '시대에 따라 손익한다因時損益'는 원칙에서 고례와 『서의』・『가례』 등의 내용을 검토한 뒤 이를 바탕으로 합리적인 해석을 내린 결과로서 주장한 것이었다. 그러나 사계는 이러한 퇴계의 고거와 해석의 과정을 통해 도출된 결론은 고려하지 않은 채, 소의 설을 부정하면서 "연복은 최상까지도 연으로 해야 한다"고 변증하는 모습을 보여주었다.

『의례문해』「상례・소상연복」에는 이 문제와 관련한 사계와 우암의 답문이 수록되어 있는데, 여기에 사계가 '최상까지 연으로 해야 한다'고 주장한 전거가 소상하게 게재되어 있다.[127] 사계는 여기에서 「상복도식喪服圖式」, 『의례경전통해속儀禮經傳通解續』에 설명된 내용과 『가례의절』의 관련 언급들을 소개하는 한편, 소주小註에서는 구봉(송익필)의 설도 수록했다. 그리고 이러한 설들을 바탕으로 자신의 안설按說을 다음과 같이 개진했다.

> 살펴보건대, 「단궁」의 소에서 '정복은 변경하면 안 된다'고 했는데, 이 설은 아마도 틀렸을 것이다. 『예(禮)』에 '연의(練衣)는 대공포(大功布)로 만들기 때문에 공최(功衰)라고 한다'고 했고, 『가례』에 '대공은 숙포(熟布)로 옷을 만든다'고 했다. 그렇다면 연복은 최상(衰裳)까지 아울러 연을

---

126 『退溪喪祭禮答問』: "此周極文時喪制如此, 古今文質, 因時損益, 有難以盡從古制者, 故溫公『書儀』無受服與練服, 但以去首絰等爲之節. 斯爲太儉, 朱子『家禮』因『書儀』, 雖亦無別製衰服, 其益之以練服爲冠之文, 正是顧名反古因時酌中之制."(『退溪全書』卷30,「答金而精」)

127 『疑禮問解』(『沙溪全書』卷40),「喪禮・小祥練服」: 問: "小祥練服, 或曰'只練冠及中衣', 或曰'衰裳並練', 何者爲是?"【宋時烈】答: "先儒所論開列于左以備考."

사용하는 것이 마땅할 것 같다. 어찌 중의만을 연으로 했겠는가?[128]

내용을 간단하게 정리하면 다음과 같다. 『의례경전통해속』에서 '연복은 대공포로 한다'고 했고, 『가례』에서 '대공포는 숙포로 한다'고 했다. 따라서 연복은 대공포인 숙포로 만드는 것이며, 이때 연복은 당연히 최상까지 포함한다. 그렇다면 연복은 최상까지 숙포로 만들어야 한다. 이것이 사계가 주장하는 논리이다. 그런데 이러한 주장이 논리적으로 성립하려면 숙포의 '숙熟'이 연복의 '연練'과 같은 것이어야 한다. 그래서 사계는 해당 부분에서 『의례경전통해속』에 인용된 횡거의 "연의練衣는 반드시 대공포를 단련煅煉해서 만든 옷"이라는 설과[129] 경산(구준)의 "연이란 실을 푹 삶은 것"이라는 설을 소개하고 있다.[130] 이는 사계가 횡거와 경산의 설명에 따라 숙을 연으로 이해했다는 증거이다.

그런데 이와 관련한 또 하나의 흥미로운 자료가 있다. 『의례문해습유』「상례‧소상정복변불변小祥正服變不變」에는 사계가 동춘당(송준길)으로부터 관련 질문을 받고 답을 한 글이 수록되어 있다. 여기에서 사계는 "내가 황종해黃宗海의 물음에 답을 해주면서 매우 상세하게 논의를 하였으니 참고할 만할 것"이라고 했다.[131] 그러나 정작 후천(황종해)은 그러

---

128 『疑禮問解』(『沙溪全書』卷40),「喪禮‧小祥練服」: 按,「檀弓」疏曰'正服不可變', 此說恐誤. 『禮』'練衣以大功布爲之, 故謂之功衰', 『家禮』'大功以熟布爲衣', 則練服並衰裳用練似宜, 豈但練中衣而已?

129 『經學理窟』「喪紀」: "練衣, 必煅煉大功之布以爲衣."

130 『家禮儀節』「喪禮‧小祥」: "今考之『韻書』, 練, 漚熟絲也. 意其以練熟之布爲冠服設, 謂之練焉. 古人因其所服, 遂以爲小祥之稱."

131 『疑禮問解拾遺』(『沙溪全書』卷42),「喪禮‧小祥正服變不變」: 問: "練服, 『喪禮備要』云'制如大功衰服, 而布亦同. 若不能改備者, 依『家禮』仍舊亦可'云. 『家禮』'陳練服'註未見仍舊之文, 而退溪先生因禮註'正服不可變'之說, 以練衰爲非禮. 退溪之敎, 若與古禮相合, 則遵而行之可也, 禮註之說及退溪之敎, 若與古禮之意不合, 則仍舊之說, 恐

한 '상세한 논의'에도 불구하고 사계의 주장에 결코 동의하지 않았을 뿐 아니라, 오히려 사계를 설득하기 위해 여러 차례 논변을 했다는 증거가 있다. 후천은 그의 문인에게 보낸 편지에서 다음과 같이 말했다.

사계 선생이 일찍이 나와 문답을 나눌 때, 장횡거(張橫渠)·황면재(黃勉齋)·구경산(丘瓊山) 등 여러 선생들의 논의와 『가례』의 "(대공복은) 조금 거친 숙포(熟布)를 사용한다"는 설을 낱낱이 제시하면서 "최상(衰裳)과 중의(中衣) 모두 연포로 만들어야 한다"고 하면서 "정복은 변경하면 안 된다"는 진씨(陳氏)의 설은 잘못되었다고 했다. 내가 또다시 반복해서 논변을 하자, 최상은 연으로 하면 안 된다는 사실을 깨달았으면서도 선현의 정론을 주장하면서 변통하려고 하지 않았다. 하지만 내 생각에는 "최상까지 언으로 한다"는 설이 기왕 여러 선생들의 정론이라면 후생말학으로서 어길 수는 없겠으나, 옛 제도를 거슬러 올라가 보면 그렇지 않은 점이 있다.[132]

未免苟且. 但喪人三年内常著衰服, 則及期而破盡, 不成形樣, 不得不改製矣, 如何如何? 且『家禮』不以練布爲冠, 而以練服爲冠者, 殊未曉其意. 其所謂正服不可變者, 謂不可改製, 而但以舊服練之耶? 抑不惟不改, 而亦不可練之意耶?"【宋浚吉】答: "『家禮』卒哭下, 楊氏註: '古者既虞卒哭有受服, 練·祥·禪 皆有受服, 以表哀漸殺則服漸輕. 然受服數更, 近於文繁, 故『書儀』·『家禮』無受服, 所以從簡.' 以楊氏之說觀之, 『家禮』之不變小祥之服可知也. 退溪之言, 與古禮不同. 僕曾答黃宗海之問, 論之頗詳, 可取而考之. 若破毁不成貌樣, 則依古禮改製無疑. 『家禮』所謂以練服爲冠者, 疑以練布爲冠也."

132 『朽淺集』卷4,「答問[中]○喪禮·練制」: 答趙惟顏問: "(…중략…) 沙溪先生甞與僕問答處, 則歷擧張橫渠·黃勉齋·丘瓊山諸先生之論及『家禮』'稍粗熟布'之說, 以爲'衰裳與中衣, 皆當以練布爲之', 而以陳氏'正服不可變'之說爲誤. 僕又反覆論辨, 則乃覺其衰裳之不當練, 而猶以先賢定論爲主, 不許變通. 然謬意則以爲衰裳竝練之說, 旣是諸先生定論, 則非後生末學所可違越, 而原其古制, 則有不然者."

사계는 동춘당에게 후천에게 보낸 편지에 기술한 자신의 논의를 참고하라고 했다. 그 편지를 찾을 수는 없지만, 여기에서 후천이 언급한 "장횡거·황면재·구경산과 『가례』의 내용을 열거하면서 자신의 주장을 펼쳤다"는 사계의 편지가 그것이 아닐까 추측할 수 있다. 그런데 후천은 사계의 편지를 받고 수긍하기는커녕 오히려 "또 다시 반복해서 논변했다"고 했다. 이는 이 사안을 두고 사계와 후천 사이에 여러 차례 더 논변이 전개되었을 것임을 증언해준다. 그리고 후천의 말대로라면, 그러한 과정을 통해 사계는 '최상은 연으로 하면 안 된다'는 사실을 깨닫게 되었다. 그럼에도 불구하고 사계는 자꾸만 '선유의 정론'을 이유로 기존의 주장을 바꾸려 하지 않았다고 볼 수 있다.

물론 사계의 '깨달음'이 후천의 일방적인 주장일 수 있으므로 반드시 그랬을 것이라고 단정할 수는 없다. 다만 여기에서는 후천이 사계와 논변을 했을 때 거론했을 법한 논리를 같은 편지에서 다음과 같이 소개하고 있다는 점에 주목한다.

『예경(禮經)』에서 말하는 '공최(功衰)'란 대공포로 소상의 복을 만드는 것이다. 옛날에 포를 짜는 방법이 자최(齊衰) 이상은 생마(生麻)로 짜고, 대공 이하는 숙마(熟麻)로 짰다. (『가례』에서 말한) "대공에는 거친 숙포(熟布)로 한다"는 것은 숙마로 짠 것이며, 짜고 난 뒤에 다시 잿물로 단치(鍛治)한 것이 아니다. 대공포가 연포가 아니라는 것은 분명하다.[133]

---

[133] 『朽淺集』卷4, 「答問[中]○喪禮·練制」: 答趙惟顏問: " …… 『禮經』所謂功衰者, 以大功之布, 爲小祥之服也. 古之織布之法, 齊衰以上, 生麻所織也, 大功以下, 熟麻所織也. '大功粗熟布', 乃熟麻所織, 而非旣織之後用灰鍛治者也. 大功之布, 非練布明矣."

후천은 사계가 횡거와 경산의 설명에 근거해서 '숙熟'을 '연練'으로 이해했기 때문에 소상의 복은 '숙마로 짠 대공포로 만든다'는 것을 '연포로 만든다'로 오해했다고 보았다. 후천은 이러한 내용들을 들어서 사계를 설득했을 가능성이 높다. 그러나 사계는 이러한 설득을 수긍은 하면서도 횡거와 면재의 설을 근거로 자신의 주장을 바꾸려 하지는 않았다.[134] 실제로 사계는『의례문해』「상례·소상연복」에서 앞서 살펴본 '안설' 뒤에 두 번째 '안설'을 다시 달아놓았다. 그 두 번째 안설에서 사계는 "원칙적으로는 소상에 최상은 연을 하지 않는 것이 고례에 부합할 것 같다"고 말한다. 그러면서도 "『의례경전통해속』에서 횡거의 설을 수록하면서 틀렸다고 하지 않았다"는 점 등을 들어서 "최상까지 연을 사용한다고 해도 잘못은 아니다"라며 기존의 주장을 철회하지는 않는 모습을 보여준다.[135]

이상에서 살펴본 바와 같이 사계는「상제례답문변의」를 통해 퇴계의 예설에서 의심나는 점들을 찾아내서 그것에 대해 변증을 가했고, 이러한 과정을 통해 자신의 예학 수준을 제고해 갔다. 하지만 퇴계의『퇴계상제례답문』에 대한 사계의 변의는 완벽하게 성공적이기만 했던 것은 아니다. 오히려 그의 변증 역시 많은 약점을 안고 있었다. 그럼에도 불구하고 사계는 당시 '말을 세워 후세에 드리운[立言垂後]' 공이 있다는 평

134『朽淺集』卷4,「答問[中]○喪禮·練制」:答趙惟顔問: " …… 但沙溪據張橫渠·黃勉齋諸說, 而不欲變, 又世多練之."

135『疑禮問解』(『沙溪全書』卷40),「喪禮·小祥練服」:【○更按,「喪服圖式·練除受服圖」: "中衣及冠以練爲之, 衰裳以卒哭後冠受之." 卒哭後冠, 卽大功七升布也. 大功布,『儀禮』則元無用練之文, 以此推之, 練時衰裳似不用練也. 今依「圖式」, 練冠與中衣, 而衰裳以大功七升之布改製而不練, 則恐無違於古禮, 與疏家 '正服不變'之文相合矣. 若橫渠用練之說,「圖式」引之而不以爲非,『家禮』亦謂 '大功用熟布', '小祥換練布', 則雖並練衰裳, 亦不爲無據, 未知如何.】

가를 받으면서 크게 영향력을 발휘하고 있었던 퇴계의 예학사상을 비판적으로 극복하려 했다는 점에서 그 완성도와는 별개로 조선 예학에 건강한 긴장감을 조성하고 이를 계기로 조선 예학의 수준이 전반적으로 제고될 수 있게 했다는 사실은 평가할 만하다. 실제로 그의 작업은 또 다른 후학들(특히 퇴계의 후학들)의 재비판과 재변증을 촉발시켰고, 이러한 비판과 재비판, 변증과 재변증의 과정을 통해 조선 예학은 오히려 건강한 토대와 발전적 계기를 마련해갈 수 있었기 때문이다.

영남학파와 기호학파 또는 퇴계학파와 율곡학파는 조선유학사를 그릴 때 그 위에서 그림을 구상해야 하는 기본 구도와 같은 역할을 한다. 이 두 학파가 드러내는 미묘한 간극에도 불구하고 치열한 긴장을 조성하는 논변적 요소들은 조선유학의 특징과 발전상을 표현하는 매우 유효한 것으로 인식되었다. 특히 사단칠정논쟁에서 촉발된 주리主理와 주기主氣의 대립적 구도가 대표적이다. 그래서 조선유학과 관련한 논의를 하거나 어떤 학자의 학설을 구명할 때면, 으레 이 구도 위에서 그림을 그리게 된다.

그러나 구도는 어디까지나 대상을 표현하기 위해 필요한 것임에도 불구하고 오히려 대상을 구도에 맞춰 재단하는 오류를 범하게 하는 원인이 되기도 한다. 예컨대 학파라는 구도에서 구명해야 할 대상을 보게 되면, 그 대상이 소속되고 또한 형성해 갔을 학문적 생태계 속의 유기적 관계를 눈치 채지 못하고, 오직 학파라는 구도가 설정한 틀 속에서 대상을 해명하게 된다. 학파라는 구도가 간혹 참신한 관점을 저해하고 창의적 논의를 전개하는 데 방해가 되는 것을 종종 보게 되는 것은 이 때문이다. 특히 그 대상이 학파를 개창한 인물이라면 더욱 조심할 필요가 있다.

아직 학파의 구분이 뚜렷하지 않았을 당시, 퇴계의 후학들에게는 『퇴계상제례답문』이라는 논증의 토대와 주장의 연원이 준비되어 있었지만, 사계의 진영에는 그런 것이 없었다. 물론 『퇴계상제례답문』은 그 자체로 여러 가지 문제와 한계를 드러내고 있었지만, 그럼에도 불구하고 발전적 계승과 비판적 극복의 대상으로서 그것이 존재한다는 것만으로도 그것은 큰 의미였다. 학파적 의식이 강했던 사계는 누구보다도 『퇴계상제례답문』의 문제점을 파고들어서 그것을 극복하고자 했고, 그것보다 더 훌륭한 토대와 연원을 자신의 진영에 구축하고자 했다. 그리고 결국 그의 왕성한 작업과 풍부한 결과물은 그의 후학들에게 훌륭한 토대와 연원이 되어 주었다. 이제 사계의 후학들은 자신들의 진영 안에 구축된 것들만으로도 충분히 논증과 주장을 생산해낼 수 있게 되었고, 이를 바탕으로 상대 진영과 치열한 논쟁을 겨룰 수 있게 되었다.

이렇게 사계는 이른바 기호학파 예학의 종장이 되었고, 그의 예설은 논증의 토대이고 주장의 연원으로 작용했다. 하지만 예학에 관한 한 사계 그 자신에게 토대와 연원이 되어줄 또 다른 종장은 존재하지 않았다. 물론 그는 율곡과 구봉으로부터 사사한 바가 없지 않았고, 따라서 두 선사先師를 토대와 연원의 자리에 올려놓으려 했지만, 이들보다 더 큰 영향을 끼친 인물이 바로 퇴계였음은 부인하기 어렵다. 당장 그의 예문답집인 『의례문해』의 인용 빈도에서 퇴계의 예설은 율곡과 구봉의 그것을 압도한다는 사실이 이를 입증한다.

물론 사계가 인용한 퇴계의 예설이 모두 긍정적으로 수용되기만 했던 것은 아니다. 오히려 「상제례답문변의」를 지었을 만큼 부정적으로 비판한 부분도 많다. 하지만 『의례문해』에 인용된 퇴계의 예설에 대한 긍정과 부정의 빈도가 비슷할 뿐 아니라, 「상제례답문변의」를 통해 작정하고 변증한 내용들조차 다툼의 여지가 있거나 잘못된 변증인 경우도 발견된다. 결국 사계가 퇴계를 비판하려 했던 것은 사실이지만, 그 비판이 퇴계를 극복하고자 했던 의지의 산물이었을 뿐 완벽한 제압을 선언한 것은 아니었다. 그런 점에서 사계는 퇴계의 예설을 비판하면서 동시에 아직 그 영향 하에 있어야만 했던 비판적 계승자였다고 평가할 수 있다.

결론

　퇴계退溪의 예학사상은 기본적으로 공자의 본원유학과 주자의 신유학(성리학)에 담긴 예관禮觀에 그 사상적 내원을 두고 있다. 예학 분야에서는 춘추시대를 '예괴악붕禮壞樂崩'시대로 지칭한다. 여기에서 말하는 예악의 붕괴는 형식의 붕괴가 아니라 본질의 붕괴를 의미한다. 천명天命에 대한 두려움을 인문정신에 입각하여 새롭게 해석한 주례周禮는 '덕德'을 본질로 하는 새로운 질서원리를 담고 있었다. 하지만 천자의 실덕失德과 제후들의 월분越分으로 인해 주례가 붕괴되었고, 힘을 믿고 월분한 제후들이 '형식'을 참용하면서 주례의 '본질'은 더욱 붕괴되었다. 그리고 이러한 현실은 개념사적으로 예의 형식을 뜻하는 예의禮儀와 본질을 뜻하는 예의禮義라는 예 개념의 분화현상을 초래했다. 이것이 '예괴악붕'의 본의이며, 춘추시대 혼란의 진상이다.

　공자孔子가 유학을 창시하게 된 배경에는 이와 같은 '예괴악붕'의 현실이 가로놓여 있었다. 예 전문가로 칭해지는 '유儒' 그룹에 속했던 공자는 소인유小人儒가 아닌 군자유君子儒를 지향하였고, 그 연장선상에서 예악이 붕괴되어 가는 세상을 '무도無道'라 칭하였다. '덕'을 본질로 하는 주례의 정신을 다시 정립하기 위해 예의禮儀가 아닌 예의禮義에 주목할 것을 주장하면서, 공자는 '의義'가 예禮의 본질임을 천명하였다. 이

때 '의義'는 '이利'에 반대되는 개념으로서 사적 이익[私利]이 아닌 공적 정의[公共]를 지향하며, 또한 '의宜'와 통하는 개념으로서 권형짐작權衡斟酌을 통한 원칙의 실현을 모색하는 특성이 있다. 이와 같은 '의義'를 예의 본질로 보는 공자의 예관은 '극기복례克己復禮'와 '수기안인修己安人'으로 구체화되면서, 유학의 근본적 문제의식이 무엇이고 본질적 좌표는 어디에 설정되는지를 보여주게 된다.

공자의 '의義' 중심 예관이 예가 지향해야 할 본질적 이상과 현실적 목표를 담고 있다면, 주자朱子의 '리理' 중심 예관은 그러한 정당성의 근거를 보다 이론적 차원에서 정치하게 설명한다. 주자는 예를 '천리天理의 절문節文, 인사人事의 의칙儀則'이라는 말로 정의한다. '천리'와 '인사'의 틀에서 예를 정의하고 있는 주자의 정의는 천리와 인사를 일관된 구조 속에서 이해하는 그의 철학적 논리가 반영되어 있다. 존재와 당위의 일치라는 이론체계에 따르면 예는 내용적으로 천리를 메뉴얼화한 것으로 예가 곧 리의 구현물이다. 이러한 논리에 의해 예는 습득해야 하는 외재적 규범에서 실현해야 하는 내재적 원리로 인식상의 질적 변화를 맞게 된다.

퇴계 예학사상은 사적 이익을 극복하고 공적 정의를 지향하는 본원 유학의 예 정신과 이를 발전적으로 계승하면서 인사에 실현되어야 할 천리의 매뉴얼로 예를 정의한 성리학의 예 철학을 내원으로 한다. 이러한 퇴계 예학사상의 특징이 바로 '의리義理' 중심의 예학이다. 태아의 생성과 변화 과정에 인류 진화의 과정이 재현되는 것처럼 퇴계가 성취한 예학사상에 공자와 주자를 거치면서 진화한 의리적 성격이 발견되는 것은 당연한 일이다. 그리고 퇴계 이후 그를 선하先河로 한 조선의 예학사상이 '의리'를 중시하는 특색을 띠는 것 역시 자연스러운 일이다.

16세기 조선은 예에 대한 근본적인 인식의 변화가 일어난 시기라 할 수 있다. 이는 다음과 같은 세 가지 측면에서 그렇다. 첫째, 이 시기에 이르러 성리학에 대한 이해의 심화로 말미암아 학자들 스스로 예의 주체라는 자각을 하게 된다. 둘째, 이러한 주체에 대한 변화된 인식은 예의 근거에 대한 인식에 있어서도 조종성헌祖宗成憲만을 추수하던 데서 성현고례聖賢古禮를 중시하는 방향으로 변화가 일어난다. 셋째, 예의 근거에 대한 인식의 변화는 예의 권위에 대한 인식의 변화로 연동되어 나타난다.

이와 같은 예에 대한 인식의 변화는 퇴계에 이르러 철학적으로 정립되게 된다. 즉, 퇴계는 16세기 이후 변화되기 시작한 예 인식의 새로운 흐름에 '의리' 문제를 적극 반영함으로써 이후 조선의 예학사상이 지향할 방향과 좌표를 정립하였다. 퇴계의 예 인식에서 두드러지게 나타나는 '의리'는 앞에서 살펴본 공자와 주자의 예관으로부터 내원한 것이며, 특히 주자의 예관이 지대한 영향을 끼쳤다. '의리'를 본위로 하는 퇴계의 예 인식은 이른바 '의기지례義起之禮'를 중시하는 것에서 확인할 수 있는데, 이는 당시 조종성헌을 이유로 거부되었던 '4대봉사四代奉祀'에 대한 지지에서 분명하게 드러난다. 그리고 '4대봉사'에 대한 퇴계의 지지 이후 그의 후학들은 지역과 학파를 불문하고 이를 추수함으로써 전통으로 정착시켰다.

예에 관한 퇴계의 철학적 문제의식은 '학學'의 구현이라는 측면에서 더욱 심도 있게 확인할 수 있다. 왜냐하면 예 자체가 내함하고 있는 현장성과 실천성을 감안할 때, '학'의 구현이라는 측면에서 예는 매우 유효한 분야이기 때문이다. 우선 이론적 지향이라는 측면에서 살펴보면, 예는 퇴계가 이기심성론의 논의를 통해 제시한 '리현理顯' 개념에 부응한다. 퇴계는 이기론을 바탕으로 존재세계를 설명하면서, '리동理動'과 '리현理顯'이라는 개념으로 '리'가 관통하는 주리적 세계관 내지 가치관을 표명한 바 있다. 이때 '리동'이 형이상의 차원에서 '리'의 존재를 확인하는 개념이라면, '리현'은 형이하의 차원에서 '리'의 실현을 설명하는 개념이다. 천리가 인사에 구현되는 것이 '의리'이고, 그러한 '의리'가 예의 본질이라고 볼 때 '리현'은 예의 이론적 좌표를 보여주는 주효한 개념이다.

성리학적 이론 체계를 바탕으로 하여 '리현'을 예의 이론적 지향으로 보았다면, 예의 실천적 수행이라는 측면에서 퇴계가 주목한 것은 '수기안인修己安人'이다. 공자는 '수기안인'에서 '수기修己'에 더욱 본질적인 중점을 두고 이를 '경敬'을 통해 수행한다는 점을 밝혔다[修己以敬]. 그러나 성리학에 이르러 '수기'가 '심心의 주재성 확립'이라는 측면에 집중되면서 '경' 역시 '심'에 초점을 맞추게 되었다. 그러나 퇴계는 이러한 '경' 공부에 원칙적으로 동의하면서도, 그것이 자칫 공허한 공부로 타락할 수 있음을 경계하면서 '예'를 준거로 하는 몸의 실천적 수행을 강조한다. 또한 『대학大學』에서 '친민親民'을 '신민新民'으로 수정하고 이를 다시 '신인新人'으로 재해석한 데 담겨 있는 성리학의 의도를 통해 '수기안인'에서 '안인安人'으로 지칭되는 부분에 대한 책임의식을 읽을 수 있는데, 예를 통해 이를 실천적으로 수행하는 대표적 사례가 '향약鄕禮'와 '학례學禮'라 할 수 있다. 퇴계가 「예안향약」으로 불렸던 「향립약조鄕立約條」를 지어 이른바 '조선향약'을 선도하고, 서원書院 건립을 주도함으로써 새로운 학풍學風 진작에 적극적으로 임했던 것은 '안인'의 차원에서 예를 실천적으로 수행한 실례라 할 수 있다.

퇴계의 예학사상은 학술적으로도 심도 있는 전개를 이룩하였다. 퇴계의 예연구는 크게 예에 관한 폭넓은 문헌자료를 깊이 고구考究하는 방법과 이를 바탕으로 의리를 본위로 해석解釋하는 방법이 단계적으로 전개되었다. 퇴계는 삼례(『주례』·『의례』·『예기』)로 대표되는 고례古禮와 『주자가례』·『의례경전통해』 등 고금의 기본 예서는 물론 『경국대전』·『국조오례의』, 『대명률』·『대명회전』과 같은 조선과 중국의 시왕례時王禮에 이르기까지 두루 깊은 이해를 하고 있었다. 또한 참고자료로서 다양한 경전류와 사서류는 물론 사전류에 이르기까지 폭넓게 활용하였다. 퇴계의 예연구는 이처럼 개별 예서들을 포함한 다양한 자료들을 적극활용함으로써 예서들에 대한 종합적 이해의 차원으로 나아갔다.

퇴계 예 연구는 예서들에 대해 묵수적으로 추수하는 차원을 넘어 평가적으로 검토하는 수준까지 나아갔다. 즉, 예서들 각각에 대해 그 가치와 한계를 분명하게 인식함으로써 균형 잡힌 취사선택을 위한 기준을 스스로 확보하고 있었다는 것이다. 또한 동일한 사안에 대해 예서마다 다른 방법을 제시할 경우 어떻게 대처할 것인가 하는 점도 예서를 연구하는 데 있어서는 중요한 문제이다. 이 경우 퇴계는 시왕時王의 예제보다는 선현先賢의 예제에 정당성을 부여하는 것을 확인할 수 있다. 이는 예를 논구함에 있어서 가장 중시해야 할 부분이 의리의 구현이고, 그런 점에서는 아무래도 선현의 예제가 강점을 가지고 있다고 보았기 때문이다.

퇴계의 예 연구는 이상과 같은 문헌 고구적 방법을 토대로 하여 의리 해석적 방법으로 나아갔다. 의리 해석적 방법의 첫 번째 단계와 관련하여 핵심이 되는 말은 '예의禮意'이다. '예의'란 어떤 의식절차 속에 담긴 본질적 의미이다. 모든 크고 작은 의식절차들은 독립적으로 의미를 갖는 동시에 유기적으로 조화한다. 따라서 '예의'를 구명한다는 것은 기본적으로 해당 의식절차에 담긴 본질적 의미를 밝히는 것뿐만 아니라, 그 의식절차가 놓인 유기적 관계의 지평 위에서 의식절차들 간의 질서까지 구명하는 것이다. 이에 따라 해석을 통한 '예의' 구명은 크게 세 단계로 진행된다. 첫 번째 단계는 어떤 의식절차에 대해 그것이 만들어진 상황까지 고려하면서 '예의'를 구명하는 것이고, 두 번째 단계는 의식절차들 각각의 의미를 유기적 질서체계 속에서 통합적으로 검토하는 것이며, 세 번째 단계는 어떤 의식절차에 새로운 의미를 부여하는 것이다. 이 세 개의 단계 중에서 특히 주목할 것은 세 번째 단계이다. 앞의 첫 번째 단계와 두 번째 단계는 '예의' 구명을 위한 해석이 개별적으로 이루어지느냐 통합적으로 이루어지느냐의 차이만 있을 뿐 모두 그 의미를 예서에 있는 내용에 근거해서 해석해낸다는 공통점을 갖는다. 이에 반해 세 번째 단계는 어떤 의식절차에 대한 의미를 해석자 자신의 의리에 대한 확신을 통해 새롭게 부여한다는 점에서 확연히 다른 차원의 해석이기 때문이다. 이는 퇴계의 예 연구가 매우 높은 수준에 있었음을 의미하며, 짐작손익斟酌損益의 또 다른 형태라 할 수 있는 변례變禮에 대한 대응의 토대가 마련되고 있음을 보여준다.

의리 해석적 방법의 두 번째 단계를 첫 번째 단계와 비교했을 때 가장 큰 차이는 해당 사안이 예문으로 존재하지 않는다는 점이다. 따라서 두 번째 단계에서 핵심이 되는 말은 '변례'이다. 변례는 표준이 되는 상례常禮 또는 경례經禮에 변수가 발생한 것이므로 근거할 예문이 있을 리 없다. 그런데 예문에 근거하지 않으면서 의리에 맞는 예를 논의해야 한다는 사실은 커다란 부담일 수밖에 없다. 따라서 퇴계는 변례와 관련해 언급하는 것을 대단히 조심스러워 했다. 그럼에도 불구하고 퇴계는 변례에 대해 마냥 회피할 수만도 없었다. 그래서 퇴계가 동원한 두 가지 방식이 바로 '유추類推'와 '의기義起'이다. '유추'는 해당 사안에 대한 예문은 없더라도 그 사안에 참고가 될 수 있는 다른 예문들을 찾아 이를 근거로 대응하는 방식이고, '의기'는 참고가 될 만한 예문마저도 없는 경우에 오로지 자신의 의리적 견해를 근거로 대응하는 방식이다. 예 연구 수준이 '의기'의 방식으로 변례에 대응하는 데 이르렀다는 것은 이미 최고의 수준에 이르렀음을 의미한다.

이처럼 문제의식과 학술적 전개라는 측면에서도 이미 퇴계의 예학사성이 '의리'를 본위로 한다는 점을 확인할 수 있지만, 이를 보다 분명한 실례들에 근거하여 살펴볼 필요가 있다. 이를 두 가지 구체적 주제에 입각하여 검토할 수 있는데, 하나는 상·제례와 관련해서이고, 다른 하나는 종법과 관련해서이다. 상·제례관에 나타난 의리적 성격은 상·제례 관련 속례에 대한 퇴계의 비판적 태도를 통해 확인할 수 있다. '속례'란 이른바 '정례正禮'에 근거하지 않은 것으로 '통행성'과 '무근거성'을 속성으로 하는데, 특히 '무근거성'으로 인해 여러 가지 문제들이 빚어지게 된다. '무근거'란 일차적으로는 그 행위가 문헌자료에 나와 있지 않다는 것을 지칭한다. 그러나 그것이 안고 있는 보다 본질적인 문제는 예의 완정한 체계를 벗어나 있을 뿐 아니라, 결국 그러한 체계 자체를 위협하는 결과로 이어진다는 점에 있다. 퇴계는 속례가 만들어지고 널리 통행되는 이유로 '정情'을 주목한다. '정'에 근거한 의식행위가 속례라고 할 때, 그것은 당연히 긍정적 측면과 부정적 측면을 가질 수밖에 없다. 이때 긍정적 측면의 속례를 '후厚한 속례'라고 하고, 부정적 측면의 속례를 '과過한 속례'라고 구분한다. 그리고 이러한 구분에 따라 후한 속례인 경우에는 예문의 근거 위에서 수용하지만, 과한 속례인 경우에는 단호히 거부한다. 그러나 성정性情의 문제에서 정情이 그러하듯 속례 역시 후한 방향으로 전개되기 보다는 과한 방향으로 흐르는 것이 일반적이며, 따라서 속례에 대한 퇴계의 입장은 기본적으로 비판적이다.

퇴계는 예가 선언적 구호로서 의미가 있는 것이 아니라 실천적으로 구현되었을 때 의미가 있다는 생각을 굳게 갖고 있었다. 따라서 이론적 차원에서는 속례에 대해 비판적 문제의식을 가지고 있었지만, 그러한 속례가 통행되고 있는 시·공간적 장인 '속俗'에 대해 퇴계는 대단히 신중하게 대응한다. 우선 퇴계는 해속駭俗 나아가 중비衆誹를 몹시 우려한다. 해속은 경세해속驚世駭俗이라는 말로도 일컬어지는데, 이는 어떤 의식절차로서의 행위가 '세속'으로부터 이질적인 것으로 받아들여진다는 의미이다. 그러나 해속에 대한 우려는 자칫 무비판적 종속從俗으로 오해될 수 있다. 왜냐하면 해속은 세속의 기준에 반하는 어떠한 행위도 거부한다는 논리로 충분히 오해될 수 있기 때문이다. 그러나 퇴계는 해속에 대한 우려의 본질이 세속의 평가가 아니라 해당 의식절차의 정당성 내지 적절성에 있음을 분명히 함으로써 이러한 오해의 소지를 제거한다. 즉, 그것이 근거에 입각한 것이고 예의 전체질서 속에 반드시 준행되어야 하는 것이라면, 속俗과 중衆의 거부감 혹은 비난에도 불구하고 실천으로 옮겨져야 한다는 것이 퇴계의 생각이었다. 그래서 퇴계는 종종 면속免俗 혹은 위속違俗을 주문하기도 한다.

상·제례와 관련한 속례에 대하여 비판적 입장을 견지했던 퇴계는 '의리'에 입각한 상·제례의 기조를 정립하기 위해 노력하였다. 예컨 대, 상례와 관련해 퇴계가 가장 주목했던 것은 여묘廬墓 문제였다. 조선 에서는 건국 초기부터 백성들에게 여묘를 장려했다. 그러나 퇴계는 당 시의 상제喪制가 체백體魄을 중시하는 여묘를 장려하고 시행함으로 인해 많은 문제들이 야기된다고 보았다. 그러면서 퇴계는 반혼反魂을 하면 모든 일이 순조로울 것이라고 단언했다. 여묘와 반혼의 대립구도를 분 명히 한 퇴계는 이를 체백體魄 중시와 신혼神魂 중시의 문제로 논의를 진 행하였고, 이러한 논의는 다시 '정감情感'과 '의리義理'라는 근거문제로 심화되었다. 즉, 여묘는 분묘에 묻힌 체백을 중시하는 정감에 근거한 행위인 반면, 반혼은 신주에 빙의한 신혼을 중시하는 의리에 근거한 예 식이라는 것이다. 따라서 체백을 중시하는 여묘에 반대하고 신혼을 중 시하는 반혼을 주장한 퇴계의 의도는 결국 정감을 넘어 의리에 근거한 상례를 정립하고자 했던 것이다.

제례와 관련하여 퇴계가 문제시한 것은 묘제墓祭였다. 제례가 시행되 는 정당한 공간은 '사당'이지 '분묘'가 아니다. 그럼에도 불구하고 당시 는 분묘에서 지내는 제사墓祭를 대단히 중시하였고, 이를 위해 고려시 대부터 전래된 원찰願刹의 유제인 분암墳庵을 조성하였다. 퇴계의 가문 에서도 수곡암樹谷庵이라는 분암을 세웠다. 상례에서 그토록 여묘에 반 대하고 반혼을 주장했던 퇴계가 분묘를 수호하고 묘제를 지내기 위해 분암을 조성했다는 것은 언뜻 모순처럼 보인다. 그러나 퇴계는 분암에 대한 새로운 의미규정을 통해 외형적으로는 불교적 유제이지만 내용적 으로는 유교적 제례공간임을 분명히 한다. 그러나 더욱 주목되는 것은 분묘에서의 제사를 분암으로 옮긴 것의 함의이다. 즉, 퇴계는 재사齋舍(墳庵)에서 제사를 지내게 함으로써 '제사는 분묘에서 지내야 한다'며 분묘와 제사를 밀착시켜 보려는 당시의 일반적 인식을 분리시키려고 했고, 이는 묘제墓祭 중심의 제례문화를 묘제廟祭 중심의 제례문화로 전환시키기 위한 과도기적 성격을 갖는다는 것이다.

종법관宗法觀에 나타난 의리적 성격은 '입후立後'와 '조천祧遷'이라는 종법질서의 중요한 문제에 대한 퇴계의 대응논리에 잘 드러나 있다. 입후 문제는 사대부가의 종법질서에 있어서도 매우 중요하면서도 항상 논란이 되는 문제이다. 이론적으로는 적적상전嫡嫡相傳으로 종통이 계승되어 가는 것이 가장 이상적이다. 그러나 그것은 여러 가지 변수들에 의해 현실적으로 불가능한 상황에 부닥치게 된다. 이러한 상황을 타개하기 위해 고안된 방안이 '입후立後'이다. 따라서 입후는 종법질서를 구축하는 데 매우 중요한 요소이다. 하지만 입후는 관계의 인위적 재편에 따른 불편함이 항상 문제를 낳기 때문에 종법질서가 확립되기 이전에는 사람들에게 거부감을 주는 것이 일반적이다. 퇴계 당시까지만 하더라도 중대한 사회문제였던 차자전중次子傳重과 외손봉사外孫奉祀, 이성봉사異姓奉祀 등은 모두 입후와 깊은 관련이 있는 것들이었다. 퇴계는 종법질서를 강조하기 위해 일관되게 무이존無二尊·불이참不貳斬과 같은 '일본대의一本大義'를 강조하는 한편, 은恩과 의義 다시 말하면 정감과 의리의 문제로 치환해 접근함으로써 일본一本에 입각한 종법질서를 정립하는 데 적극적인 태도를 보인다.

사대부가의 종법질서와 관련하여 또 하나 중요한 사안이 사당에서의 '조천祧遷'이다. 입후가 '종역어하宗易於下'의 종법원리와 관계된 사안이라면, 조천은 '조천어상祖遷於上'의 종법원리와 관계된 사안으로서 서로 대칭되는 개념이다. 누군가의 죽음으로 인해 사당에서 신주의 이동이 발생하는 상황遞遷), 특히 친진親盡한 신주를 사당에서 조거祧去해야 하는 문제의 초점은 친진을 어떻게 보아야 하는가의 문제로 모이게 된다. 퇴계 당시 적지 않은 사람들은 모재母在·조모재祖母在 심지어는 증조모재曾祖母在를 이유로 사당에서 조거해야 할 신주의 친진을 인정하지 않으려고 했다. 그 결과 주사자主祀者에게는 4대, 5대 심지어 6대 조상까지 봉사하게 되는 사태가 벌어지게 되었다. 그런데 종법질서와 관련하여 이 문제를 다시 살펴보면, 이 문제는 주사자(남자)를 기준으로 친진을 결정할 것인가, 모·조모·증조모(여자)를 기준으로 결정할 것인가가 논점임을 알 수 있다. 퇴계는 이 문제 역시 '일본一本'의 관점에서 대처할 것을 주문한다. 즉, 종법질서에서는 대代의 변경 여부의 절대 기준이 지아비[夫]와 아들[子]의 생사여부이며, 이는 정감의 차원을 초월한 상경대의常經大義에 속하는 의리 차원의 문제라는 점을 퇴계는 분명히 한다.

퇴계는 왕실의 종법질서와 관련하여 크게 두 가지 사안에 대해 심도 있는 논의를 전개하였다. 하나는 명종明宗의 뒤를 이어 왕위에 오른 선조宣祖가 생부인 덕흥군德興君을 추숭追崇하는 문제에 관한 것이고, 다른 하나는 인종仁宗을 문소전文昭殿에 부묘祔廟하는 문제에 관한 것이다. 먼저, 퇴계는 1568년 17세의 어린 나이로 왕위에 오른 선조에게 그 유명한 「무진육조소戊辰六條疏」를 올린다. 이 「무진육조소」에서 퇴계가 가장 처음 진주한 사안이 바로 덕흥군 추숭에 관한 문제였다. 또한 퇴계는 「의상추숭덕흥군의擬上追崇德興君議」라는 별도의 글을 짓기도 했다. 이러한 사실들을 통해 유추할 수 있는 것처럼, 이 문제는 당시 왕실의 종법질서를 확립하는 데 매우 중요한 사안이었다. 퇴계는 선조가 명종의 뒤를 잇고 덕흥군을 추숭하는 문제의 전범으로 宋송의 영종英宗과 효종孝宗의 사례를 꼼꼼하게 검토한다. 그리고 이를 바탕으로 철저하게 '일본一本'이라는 대의에 입각하여 이 문제에 대응함으로써 왕실의 종법질서를 확립하고 국가의 안녕을 기하고자 했다.

　인종의 문소전 부묘 문제 역시 당시 뜨거운 논쟁의 쟁점사안이었다. 인종은 중종의 뒤를 이어 왕위에 올랐지만 8개월 만에 세상을 떠나고 이모제異母弟인 명종이 왕위에 오른다. 명종대에 인종은 문소전에 부묘되지 못하고 연은전延恩殿에 별부別祔되었다. 그러다가 선조대에 와서 명종을 문소전에 부묘하게 되면서 인종도 함께 부묘해야 하는지를 두고 다시 논쟁이 재연되었다. 특히 이 논쟁은 "사친불가천四親不可遷, 오실불가가五室不可加"라는 세종世宗의 유훈을 거스르지 않고 문제를 해결해야 하는 복잡함까지 부가되어 있었다. 이 문제와 관련해서도 많은 학자들이 다양한 견해를 제시했으며, 퇴계 역시 이러한 논의 속에서 자신의 생각을 적극적으로 제시하고 수정하면서 자신의 종법관을 분명히 한다. 퇴계는 먼저 인종은 당연히 문소전에 부묘되어야 한다는 원칙을 분명히 하고, 이를 위해 문소전 전전前殿의 신위 좌향을 조정하자는 안과 인종을 연은전에 봉안하는 대신 차라리 고조高祖인 예종睿宗을 옮겨 봉안하자는 파격적인 안을 연이어 제안하였다. 인종의 문소전 부묘와 관련하여 퇴계가 이처럼 계속해서 파격적인 주장들을 제기한 것은 결국 '정통正統'의 대원칙을 지켜냄으로써 왕실의 종법을 바로세우기 위함이었다.

　수기치인修己治人과 화민성속化民成俗을 중시하는 성리학의 예학적 범주에는 가례家禮와 방국례邦國禮의 연결점에 향례鄕禮와 학례學禮가 있어서 예의 사회적 실천을 제시한다. 퇴계 예학사상의 사회적 실천 사례로서 향약鄕約에 관한 내용과 서원書院 향사례享祀禮를 검토해야 하는 이유가 여기에 있다.

성리학자들이 '세상을 이끌어갈 역할 주체'로서 자임했을 때 특별히 주목되는 조건 단위가 바로 '향鄕'이며, 그 구체적 실천 사례가 바로 '향약鄕約'의 시행이다. '향'은 '나라[國]'의 하위적 성격을 가지면서 '집안[家]'의 연장적 성격도 동시에 갖는 단위로서 '화민성속'을 실천적으로 수행할 수 있는 대상이며, '향' 단위에서 시행된 '화민성속'의 구체적 사례로서 성리학자들이 주도했던 것이 바로 '향약'이다. 특히 '향약'은 넓게 보면 '향례鄕禮'와 긴밀히 연계되어 있다는 점에서 예학사상을 논의하는 데 흥미로운 주제이다. 퇴계는 '향鄕'이라는 단어를 다양한 층위에서 여러 가지 의미로 사용한다. 우선 '고향'의 의미로 사용하기도 하고, 다음으로는 '시골'이라는 의미로도 사용한다. 마지막으로는 교화가 필요한 곳이라는 의미로 사용하는데, 이 마지막 용례는 앞선 두 가지 용례와 깊은 연관성을 갖는다. 즉, 문화와 교양의 수준이 낮은 '시골'은 교화가 필요하고, 그곳이 바로 나의 '고향'이라는 사실 때문에 실천적으로 관여해야 할 이유를 동반한다. '향약'은 바로 이러한 '향'을 선한 공동체로 만들어 가려는 약속이며, 세상을 이끌어갈 역할 주체인 성리학자들이 화민성속을 실천적으로 수행한 대표적 실례이다.

조선시대 향약은 중종대中宗代 모재慕齋 김안국金安國이 『증손여씨향약』을 언해하여 보급한 것을 계기로 크게 확산되었고, 이후 『증손여씨향약』을 답습하여 조선에 이식하려던 수준을 넘어서 각 지방의 실정에 맞도록 보정이 가해진 이른바 '조선향약'이 출현하게 된다. 일반적으로

'조선향약'의 실질적 물꼬를 튼 것은 퇴계의 「향립약조鄕立約條」라고 본다. 그러나 이러한 후대의 평가에도 불구하고, 퇴계는 이를 굳이 '향약'으로 명명하지 않았을 뿐 아니라, 내용적으로도 권도적 내용은 생략하고 징벌적 내용으로만 채움으로써 일반적인 향약의 체제를 따르지 않았다. 신진사류들이 지치주의를 표방하면서 급진적인 변혁을 시도하다가 사화라는 참극을 초래한 트라우마는 퇴계로 하여금 향약의 제정과 시행에 적극적으로 나서지 못하게 했을 수도 있다. 어쨌든 퇴계는 '향' 단위의 교화와 관련하여 국가의 역할이나 기능과 충돌하는 것을 최대한 피하고자 했다.

수기修己에서 치인治人으로 나아가야 하고, 치인의 또 다른 표현인 화민성속의 실천으로 '향'에 대한 교화가 필요하다는 점에는 적극 공감하였지만, 그것이 향약과 같은 제도를 통해서가 아니라 교화 주체의 양성을 통해 성취되어야 한다는 것이 퇴계의 생각이었다. 퇴계가 서원書院에 주목하게 된 또 다른 이유가 여기에 있다. 이미 과거를 준비하는 기관으로 전락해버린 기존의 향교가 아닌 성리학적 목적에 충실한 교육과 학문을 전개할 수 있는 새로운 공부의 장이라는 점에서 서원은 매력적인 대안이었다. 이에 더하여 서원은 '향' 단위에서 화민성속을 실천할 수 있는 '사람'을 배출할 수 있는 가장 이상적인 장으로 퇴계는 이해했다.

일반적으로 서원이 갖는 주요한 세 가지 기능으로 장서藏書와 강학講學 그리고 향사享祀를 꼽는다. 이는 서원의 발전과정과 그 궤를 같이한다. 애초의 서원은 장서기관으로서 기능하였고, 강학의 기능까지 수행하게 된 것은 중당中唐 이후였으며, 향사 기능은 북송北宋에 이르러 출현하게 되었다. 16세기 조선에서 서원이 출현할 때는 장서의 기능은 부수적인 것으로 약화되고, 강학과 향사의 기능이 주요한 기능으로 인식되었다.

1549년 12월 퇴계는 풍기군수로 재직하면서 백운동서원白雲洞書院을 사액해달라는 주청을 올렸고, 이를 계기로 이듬해 백운동서원이 우리나라 최초의 사액서원인 소수서원紹修書院이 되었다는 것은 널리 알려진 사실이다. 그러나 사액을 주청하기 직전인 같은 해 가을 퇴계가 백운동서원에서 준행되어 온 기존의 향사례에 대하여 몇 가지 문제점을 제기하고 이를 개정함으로써 서원 향사례와 관련한 중요한 표준을 제시하였다는 점에 대해서는 거의 알려져 있지 않다.

신재愼齋 주세붕周世鵬이 제정하고 줄곧 시행해 오던 백운동서원의 향사례에 대해 퇴계는 크게 두 가지 분야와 관련하여 문제를 제기하고 이에 관한 대안을 제시함으로써 이후 서원의 향사례에 큰 영향을 끼쳤다. 퇴계가 제기한 첫 번째 문제는 향사의 '진설陳設'에 관한 것이고, 두 번째 문제는 의식의 진행절차를 보여주는 '홀기笏記'에 관한 것이다.

먼저, 퇴계는 기존에 시행되어 온 진설에서 가장 문제가 되는 것으로 '밀과蜜果'를 진설해온 관행을 꼽았다. 퇴계는 향사의 대상 인물들이 우리나라 사람[東人]이기 때문에 그들에게 올리는 제품祭品 역시 우리나라의 풍속[國俗]에 따라도 무방하다는 안이한 생각으로 이런 관행이 행해져 온 것을 비판하면서 서원의 향사례는 엄연히 '학례學禮'에 따라야 한다고 주장했다. 그리하여 퇴계는 『국조오례의國朝五禮儀』 '석전의釋奠儀'를 참고하여 기존에 '밀과'를 올렸던 관행을 고쳐 '사슴고기 젓갈'[鹿醢]로 대체해 올릴 것을 제안하는 한편, 이와 더불어 반대편 변籩에도 대추[乾棗]·잣[栢子]·밤[栗黃] 등 세 종류의 과일을 올리던 것을 대추와 잣 두 종류로 줄이는 대신 나머지 한 곳은 '생선포[魚鱐]'로 대체하는 방안을 추가로 제시하였다.

다음으로, 퇴계는 당시 백운동서원에서 사용하던 「홀기」에 나타난 향사례가 의식절차들 간의 유기적 의미에 대한 이해는 물론 각각의 의식절차에 담긴 예의禮意에 대한 이해조차 결여한 채 그저 "간이簡易"일변도로 구성되어 있는 문제를 지적했다. 그러면서 퇴계는 역시 『국조오례의』 석전의를 전거로 이러한 문제점들을 수정하는 것은 물론 빠져 있는 부분들까지 보완하여 서원 향사례에서 사용될 홀기의 표준을 제시하였다. 퇴계는 먼저 기존에 상향례上香禮와 초헌례初獻禮를 뭉뚱그려 한꺼번에 행하도록 간소화했던 것을 두 개의 의식절차로 분명하게 구분하였고, 다음으로 '수조受胙'를 먼저 하고 '음복飮福'을 뒤에 하도록 되어 있던 것을 '음복'을 먼저 하고 '수조'를 뒤에 하도록 바로잡았으며, 마지막으로 '수조'한 뒤 행해야 할 '수희受禧'의 배례를 생략했던 것을 다시 보완하여 되살렸다.

퇴계가 『국조오례의』에 수록된 '석전의' 등을 바탕으로 새롭게 제안한 백운동서원의 향사례는 자신이 건립을 주도한 역동서원易東書院과 자신의 사후에 건립되어 조선시대 서원들 중에서 수서원首書院으로서의 위상을 갖고 큰 영향력을 끼쳤던 도산서원陶山書院의 향사례의 표준이 되었다. 이는 퇴계학파가 주로 활동했던 영남지역에서 큰 영향을 주었음은 물론, 율곡을 주향으로 하는 신항서원莘巷書院 등 다른 지역 서원에까지 참고자료로 활용되었다. 이렇게 퇴계는 조선에 서원의 확산 운동을 선도했을 뿐만 아니라, 학파를 불문하고 서원 향사례가 문화적으로 정립되는 데 중대한 초석을 놓았다.

조선시대 예학은 애초에 예가 발생하고 전개되었던 중국과 다른 시간과 공간적 조건 속에서 진행되었다. 그렇기 때문에 조선시대 예학은 당연하게도 다양한 난제들에 둘러싸인 채로 출발하게 되었다. 삼례三禮로 대표되는 고례古禮와 『가례家禮』의 관계 문제, 그것이 다시 '옛날[古]'과 '오늘[今]'의 문제와 연결되면서 빚어낸 혼선, 뿐만 아니라 국가에서 제정한 예와 선현들이 제기한 예의 충돌 그리고 중국과 한국이라는 서로 다른 문화전통에서 비롯된 정례正禮와 속례俗禮의 조정 문제 등 다양한 난제들이 조선시대 예학자들 앞에 놓여 있었다. 이러한 난제들을 풀어가기 위해 조선시대 예학자들은 다양한 연구를 진행하고 그것을 축적해감으로써 조선시대 예학의 수준을 높여갔다. 이러한 측면에서 보았을 때 퇴계는 조선시대 예학의 실질적 선하였다. 예를 들면, 철학적 이론체계와 연계하여 의리義理 본위의 예학을 전개한 것이라든가, 『가례』에 대한 정확한 이해를 위한 연구 축적과 그것을 다시 삼례三禮로 확장함으로써 연구의 외연을 확장한 것 그리고 행례行禮의 현장에서 조우하게 되는 다양한 변례變禮에 대응하기 위해 주자서朱子書 등으로부터 유추類推와 의기義起의 참고체계를 확보하는 등 예학 연구의 전범을 보여준 학자가 바로 퇴계이다. 퇴계 예학의 적용 범위 역시 폭넓어서 가례家禮와 방국례邦國禮는 물론 그 사이의 향례鄕禮와 학례學禮에 걸쳐 진행되었다.

퇴계의 후학들은 퇴계의 업적을 충실하게 계승하고 보완해갔을 뿐만 아니라, 때로는 새로운 관점과 의도를 갖고 참신한 시도를 전개하는 모습을 보여주기도 했다. 조선시대 유학이 영남과 기호 두 지역을 주축으로 하여 서로가 서로를 의식하면서 때로는 도움과 자극을 주고받기도 하면서 학문적 성과를 이루어갔고, 이로 인해 조선시대 유학은 발전해 갈 수 있었다. 이는 예학 분야에 있어서도 예외가 아니다. 예학 연구가 진행되기 시작한 초기에 두 지역의 학자들은 수많은 예학적 주제들에 관한 문답과 토론을 전개하면서 상보적 관계를 형성했다. 이 두 지역을 대표하는 예학자가 한강 정구와 사계 김장생이며, 이 두 명의 걸출한 예학자에게 큰 영향을 준 인물이 퇴계이다.

한강은 1563년 퇴계를 찾아가 제자가 되기 이전부터 예학 분야에서 상당한 공부가 되어 있었다. 특히 그는 『가례』에 대한 정밀한 공부와 충실한 준행을 하고자 노력했으며, 『가례』 우익서들도 폭넓게 접하고 있었다. 하지만 아직 변례적 상황에 능동적이고 정합적으로 대처할 수 있는 준비가 되어 있지는 못했다. 그러던 한강은 퇴계를 스승으로 모신 이후 예에 관한 다양한 문목問目들을 작성하여 충분한 질의를 했다. 그 중에는 『가례』의 조목들 간에 나타난 부정합적인 측면들을 어떻게 이해해야 하는지에 관한 것들도 있었고, 특히 변례에 어떻게 대처해야 하는지에 관한 질문들이 많았다. 이 과정에서 한강은 변례에 대응하기 위해 주자를 위시한 선현들의 다양한 논의를 적극 연구하여 참조함으로써 '유추'와 '의기'에 도달할 필요성을 확인하게 되었다. 그리고 그러한 문제의식은 결국 『오선생예설분류五先生禮說分類』라는 결과물로 산출됨으로써 조선시대 예학 연구에 중요한 기여를 하게 되었다.

한강의 예서 편찬 과정을 살펴보면, 그의 예서는 『가례』에 초점을 맞춘 40세 이전 작품들과 『가례』를 넘어서 외연을 확장한 61세 이후 작품들로 대별된다. 한강의 예학적 성격과 의의를 잘 보여주는 예서들로는 대개 61세 이후 편찬된 『오선생예설분류』와, 『예기상례분류禮記喪禮

分類』,『오복연혁도五服沿革圖』가 꼽힌다. 그 중에서도 한강이 가장 심혈을 기울여서 편찬한 예서는 『오선생예설분류』이다. 이 책은 '오선생'으로 지칭된 선현들이 다양한 변례적 상황에서 예를 어떻게 논의하고 운용했는지를 숙지하고 연구함으로써 자신이 맞닥뜨리게 될 변례적 상황에 신속하고 정합적으로 대처할 수 있는 토대를 마련하기 위해 편찬되었다. 이 책에 수록된 오선생의 예설들은 실제 한강이 그의 지구·문인들과 변례에 관해 답문을 수고받는 데 활용되었을 뿐만 아니라, 영남학파나 기호학파를 불문하고 선현의 '의기지례'를 확인하고 준용하는 데 유효한 공구서로서 폭넓게 활용되었다. 중요한 것은 이 책의 편찬이 퇴계의 예학 연구를 발전적으로 계승한 결과물이며, 그것은 다시 오선생을 넘어 조선의 제선생諸先生들의 예설들까지 모아서 분류할 필요성을 자각하는 길을 열어주었다는 것이다. 그런 점에서 한강은 퇴계 예학사상의 발전적 계승자라 할 수 있다.

이에 비하면 사계는 퇴계 예학사상의 비판적 계승자라 할 수 있다. 퇴계의 예학에 대한 사계의 반응은 기본적으로 부정적이고 비판적이다. 퇴계 예학 중에 어떤 사안에 대해 그런 것이 아니라, 전반적 반응이 그러하다. 그래서 그는 퇴계학파 예학에서 귀중하게 여겨지고 있던 『퇴계상제례답문』에 대해서도 몹시 부정적 태도를 취했을 뿐만 아니라, 「상제례답문변의」라는 저술까지 남겼다. 퇴계 예학에 대한 사계의 부정적 평가는 그의 후학들에게 그대로 이어져서 전례논쟁에서 남인들이 잘못된 예설을 주장하는 원인을 퇴계가 제공했다는 주장으로 연계시켰다. 하지만 표면적으로 드러나는 사계의 퇴계 예학에 대한 비판적 태도와는 별개로 그의 예학은 퇴계 예학으로부터 심대한 영향을 받았다. 그의 예설집인 『의례문해疑禮問解』에 등장하는 퇴계의 예설 중 절반 이상이 긍정적 동의를 표한 것들이고, 이와 별도로 퇴계의 『상제례답문』가운데 의심이 가는 조목 34가지를 뽑아서 변증을 가한 「상제례답문변의」를 저술했지만 그와 같은 작업의 과정을 통해 자신의 예학을 발전시켜갈 수 있었기 때문이다. 물론 사계에게는 율곡과 구봉이라는 훌륭한 스승들이 있었다. 하지만 이 두 스승보다 예학적으로 더 큰 영향을 끼친 인물이 퇴계였음은 부정하기 어렵다. 이는 『의례문해』의 인용 빈도에서 퇴계의 예설이 율곡과 구봉의 그것을 압도한다는 사실이 증언해주고 있다.

학파적 의식이 강했던 사계는 누구보다도 『퇴계상제례답문』의 문제점을 파고들어서 그것을 극복하고자 했고, 그것보다 더 훌륭한 예학적 토대를 자신의 진영에 구축하고자 했다. 그리고 결국 그의 왕성한 작업과 풍부한 결과물은 그의 후학들에게 훌륭한 예학적 토대를 제공해 주었다. 이 과정에서 사계는 시종 퇴계 예학에 비판적이었지만, 그러한 비판이 퇴계를 극복하고자 했던 의지의 산물이었을 뿐 완벽한 제압을 선언한 것은 아니었다. 오히려 사계는 퇴계의 예학을 비판하면서 동시에 아직 그 영향하에 있어야만 했던 비판적 계승자였다고 평가할 수 있다.

참고문헌

【原典類】

[經傳]

『周禮』, 『周禮正義』

『儀禮』, 『儀禮正義』

『禮記』, 『大戴禮記』, 『禮記正義』, 『禮記集說』(陳澔), 『禮記淺見錄』(權近)

『春秋左氏傳』, 『春秋穀梁傳』, 『春秋大事表』(顧棟高), 『春秋左傳注』(杨伯峻)

『周易』

『書經』

『詩經』, 『詩集傳』(朱熹)

『論語』, 『論語注疏』, 『論語集註』(朱熹), 『論語古今註』(丁若鏞), 『論語集釋』(程樹德)

『孟子』, 『孟子集註』(朱熹)

『中庸章句』(朱熹)

『大學章句』(朱熹), 『大學或問』(朱熹)

『荀子』

『韓非子』

『管子』

[禮書]

『經國大典』

『國朝五禮儀』

『國朝五禮序例』

李　滉(趙振 編), 『退溪喪祭禮答問』

申義慶, 『喪禮備要』

金長生, 『家禮輯覽』

李宜朝, 『家禮增解』

李　縡, 『四禮便覽』

杜　佑, 『通典』

朱　熹, 『朱子家禮』

黃　榦, 『儀禮經傳通解續』

丘　濬, 『家禮儀節』

章　潢, 『圖書編』

徐乾學, 『讀禮通考』

[史錄]

『高麗史』

『太祖實錄』

『世宗實錄』

『成宗實錄』

『中宗實錄』

『仁宗實錄』

『明宗實錄』

『宣祖實錄』

『宣祖修正實錄』

『史記』,『史記集解』(裴駰)

『新書』

『前漢書』

『晋史』

『隋書』

『宋史』

『京山志』(星州邑誌)

[文集](韓國)

吉　再,『冶隱集』

金叔滋,『江湖先生實記』

成　俔,『慵齋叢話』

趙光祖,『靜庵集』

李彦迪,『晦齋先生全集』

周世鵬,『竹溪志』

李　滉,『退溪全書』

宋　寅,『頤庵遺稿』

吳守盈,『春塘集』

朴　淳,『思庵集』

趙　穆,『月川集』

奇大升,『高峯全集』

琴蘭秀,『惺齋集』

金富倫,『雪月堂集』

李　珥,『栗谷全書』

金誠一,『鶴峯集』

柳成龍,『西厓集』

鄭　逑,『寒岡全集』

金長生,『沙溪全書』

張顯光,『旅軒集』
韓浚謙,『柳川箚記』
鄭經世,『愚伏集』
金中淸,『苟全集』
李潤雨,『石潭集』
黃宗海,『朽淺集』
姜碩期,『月塘集』
尹善道,『孤山遺稿』
申悅道,『懶齋集』
金世濂,『東溟集』
許　穆,『記言』
宋浚吉,『同春堂集』
宋時烈,『宋子大全』
南夢賚,『伊溪集』
朴世采,『南溪集』
朴光後,『安村集』
崔　愼,『鶴庵集』
尹得載,『朝野僉載』
李　瀷,『星湖全集』
安鼎福,『順庵集』
鄭忠弼,『魯宇集』
李肯翊,『燃藜室記述』
丁若鏞,『與猶堂全書』

[文集](中國)
揚　雄,『揚子雲集』
韓　愈,『韓昌黎全集』
周惇頤,『通書』
張　載,『張子全書』,『經學理窟』
程顥・程頤,『二程遺書』
朱　熹,『朱熹集』
朱　熹(黎靖德 編),『朱子語類』
朱熹・呂祖謙,『近思錄』
陳　亮,『龍川集』
王守仁,『陽明集』
顧炎武,『日知錄』

[其他]

『爾雅』

『白虎通』

『釋名』(劉熙)

『說文解字』(許愼)

『說文解字注箋』(徐灝)

『漢語大詞典』

【著書類】

[國內]

고영진, 『조선중기 예학사상사』, 서울 : 한길사, 1996.

김낙진, 『의리의 윤리와 한국의 유교문화』, 서울 : 집문당, 2004.

김미영, 『유교의례의 전통과 상징』, 서울 : 민속원, 2010.

김용천·장동우, 『중국고대 상복의 제도와 이념』, 고양 : 동과서, 2007.

윤사순, 『韓國儒學論究』, 서울 : 玄岩社, 1992.

＿＿＿, 『한국의 성리학과 실학』, 서울 : 열음사, 1994.

＿＿＿, 『퇴계선집』, 서울 : 현암사, 2003.

이범직, 『朝鮮時代 禮學硏究』, 서울: 國學資料院, 2004.

이승환, 『유가사상의 사회철학적 재조명』, 서울 : 고려대출판부, 1999.

정석태, 『退溪先生年表月日條錄』4, 서울 : 退溪學硏究院, 2006.

정인재·한정길(역), 『傳習錄』, 화성 : 청계, 2001.

지두환, 『선조대왕과 친인척 – 왕과 비』, 서울 : 역사문화, 2002.

한형주, 『朝鮮初期 國家祭禮 硏究』, 서울 : 一潮閣, 2002.

한국사상연구회, 『조선유학의 '개념'들』, 서울 : 예문서원, 2002.

[國外]

郭沫若, 『郭沫若全集』歷史編 第1卷, 北京 : 人民出版社, 1982a.

＿＿＿, 『郭沫若全集』2, 北京 : 人民出版社, 1982b.

郭伟川, 『儒家礼治与中国学术』, 北京 : 北京图书馆出版社, 2002.

勾承益, 『先秦礼学』, 成都 : 巴蜀书社, 2002.

范文瀾, 『中國通史簡編』, 北京 : 人民出版社, 1994.

徐復觀, 『中國人性論史 – 先秦篇』(『徐復觀先生全集』1), 台北 : 商務印書館, 1969.

徐中舒, 『甲骨文字典』, 成都 : 四川辞书出版社, 1988.

梁家荣, 『仁礼之辨 – 孔子之道的再释与重估』, 北京 : 北京大学出版社, 2010.

楊　寬, 『古史新探』, 北京 : 中華書局, 1965.

杨志刚, 『中国礼仪制度研究』, 上海 : 华东师范大学出版社, 2000.

杨向奎, 『宗周社會與禮樂文明』, 北京 : 人民出版社, 1997.

余英時,『朱熹的歷史世界－宋代士大夫政治文化的研究』, 北京 : 三联书店, 2004.

王國維,『觀堂集林』, 臺北 : 河洛圖書出版社, 1975.

王懋竑[撰],『朱熹年譜』, 北京 : 中華書局, 1998.

刘　丰,『先秦礼学思想与社会的整合』, 北京 : 中国人民大学出版社, 2003.

劉興均,『《周礼》名物詞研究』, 成都 : 巴蜀書社, 2001.

张德苏,『从'礼崩乐坏'到'克己復礼'』, 濟南 : 齊鲁書社, 2008.

张亚·刘雨在,『西周金文官制研究』, 北京 : 中華書局, 1986.

錢　穆,『先秦諸子繫年』, 北京 : 商務印書館, 2001.

郑　开,『德礼之间－前诸子时期的思想史』, 北京 : 三联书店, 2009.

赵光贤,『周代社會辨析』, 北京 : 人民出版社, 1980.

陈　来,『古代宗教与伦理－儒家思想的根源』, 北京 : 三联书店, 2009.

陳榮捷,『朱學論集』, 臺北 : 臺灣學生書局, 1988a(中華民國 77).

＿＿＿＿,『朱子新探索』, 臺北 : 臺灣學生書局, 1988b(中華民國 77).

邹昌林,『中国礼文化』, 北京 : 社会科学文献出版社, 2000.

文史哲出版社 編輯部,『中國文學批評史』, 臺北 : 文史哲出版社, 1979(中華民國 68).

Peter K. Bol, 김영민 역,『역사 속의 성리학』, 서울 : 예문서원, 2010.

【論文類】

[學位論文]

金炯瓚,「理氣論의 一元論化 연구」, 高麗大 博士論文, 1996.

尹絲淳,「退溪의 價値觀에 관한 研究」, 高麗大 博士論文, 1975.

李迎春,「朝鮮後期 王位繼承의 正統性論爭 研究」, 韓國精神文化研究院 博士論文, 1994.

田炳郁,「朱子 仁論 체계와 工夫論의 전개」, 高麗大 博士論文, 2007.

鄭景姬,「朝鮮前期 禮制·禮學 研究」, 서울大 博士論文, 2000.

鄭肯植,「朝鮮初期 祭祀承繼法制의 成立에 관한 研究」, 서울大 博士論文, 1996.

韓在壎,「退溪 心說의 '理顯' 志向에 대한 研究」, 高麗大 碩士論文, 2005.

[學術論文](國內)

고영진,「15·16世紀 朱子家禮의 施行과 그 意義」,『韓國史論』21, 1989.

권기석,「15~17세기 族譜의 編制 방식과 성격」,『규장각』30, 2007.

권오봉,「變禮에 대한 退溪先生의 禮講」,『退溪學報』61, 1989.

금장태,「寒岡 鄭逑의 禮學思想」,『한강 정구』, 서울 : 예문서원, 2011.

김기현,「趙靜庵의 道學觀」,『民族文化研究』14, 1979.

김미영,「제례공간의 통과의례적 속성」,『비교민속학』34, 2007.

김세정,「「傳習錄論辯」을 통해서 본 양명심학과 퇴계리학」,『退溪學報』118, 2005.

김용흠,「조선전기 훈구·사림의 갈등과 그 政治思想的 함의」,『東方學志』124, 2004.

김유혁,「退溪의 鄕約과 社會觀」,『退溪學研究』1, 1987.

김정신,「宣祖代 文昭殿 論爭과 朋黨」,『韓國思想史學』22, 2004.

김종석, 「星湖 李瀷에 있어서 退溪 禮學의 繼承과 變容」, 『東亞人文學』 10, 2006.

김창원, 「〈陶山十二曲〉의 형상 세계와 佛敎」, 『우리어문연구』 25, 2005.

김현수, 「17세기 전반 栗谷學派 禮學의 爭點과 傾向 연구-『疑禮問解』・『疑禮問解續』을 중심으로」, 『한국철학논집』 41, 2014.

김형찬, 「內聖外王을 향한 두 가지 길」, 『哲學研究』 34, 2007.

_____, 「조선유학의 理 개념에 나타난 종교적 성격 연구」, 『哲學研究』 39, 2010.

김호덕, 「退溪 李滉의 禮 認識」, 『宗敎學研究』 16, 1997.

남재주, 「『寒岡先生四禮問答彙類』의 편찬과 의미」, 『退溪學과 儒敎文化』 58, 2016.

도민재, 「寒岡 鄭逑의 學問과 禮學思想」, 『한국사상과 문화』 18, 2002.

_____, 「晦齋 李彦迪의 예학사상 연구」, 『東洋哲學研究』 35, 2003.

_____, 「儒敎 祭禮의 構造와 意味」, 『東洋哲學研究』 42, 2005.

_____, 「退溪 禮學思想의 特性」, 『儒學研究』 19, 2009.

박길용, 「退溪 國家經營哲學의 再照明」, 『한・독사회과학논총』 18권 3, 2008.

박례경, 「『주자가례』 속의 인간과 사회」, 『국학연구』 16, 2010.

박병호, 「異姓後繼의 實證的 研究」, 『서울대학교 法學』 14, 1973.

박종천, 「16~17세기 禮問答으로 살펴본 退溪와 退溪學派 禮學」, 『退溪學報』 125, 2009.

_____, 「寒岡 鄭逑의 禮論과 禮說」, 『태동고전연구』 29, 2012.

박현순, 「16세기 士大夫家의 親族 秩序」, 『韓國史研究』 107, 1999.

배상현, 「退溪 李滉先生의 禮學思想」, 『退溪學報』 85, 1995a.

_____, 「寒岡 鄭逑와 그의 禮學思想」, 『유학연구』 3, 1995b.

배재홍, 「朝鮮後期 家系繼承에서 庶孼의 地位」, 『경상사학』 7・8, 1992.

송긍섭, 「李退溪의 書院敎育論 考察-書院의 性格이 變化하는 過程을 中心으로」, 『퇴계학과 유교문화』 2, 1974.

우홍준, 「'독자영역'으로서의 향약의 권위와 국가권위와의 관계」, 『한국행정학보』 제40권 4호, 2006.

유권종, 「朝鮮時代 退溪學派의 禮學思想에 관한 哲學的 考察」, 『退溪學報』 102, 1995.

_____, 「退溪 禮學 研究의 과제와 전망」, 『退溪學報』 109, 2001a.

_____, 「禮治에 관한 退溪의 思考」, 『退溪學報』 110, 2001b.

_____, 「退溪의 心學과 禮」, 『韓國思想史學』 21, 2003a.

_____, 「退溪의 禮 교육과 人格形成의 原理」, 『儒敎思想研究』 18, 2003b.

_____, 「退溪學派의 『禮記』 해석에 대한 고찰」, 『退溪學과 韓國文化』 36, 2005.

유영옥, 「鶴峯 金誠一의 祭禮意識과 行禮」, 『退溪學과 韓國文化』 37, 2005.

유홍렬, 「朝鮮鄕約의 成立」, 『震檀學報』 9, 1938.

윤사순,, 「性理學과 禮」, 『韓國思想史學』 4・5合輯 1993.

이광우, 「조선시대 정부의 향약 시행 논의와 그 성격」, 『동아인문학』 39, 2017.

이근명, 「朱熹의 『增損呂氏鄕約』과 朝鮮社會」, 『中國學報』 45, 2002.

이범학, 「魏了翁(1178~1237)의 經世理學과 道統論」, 『한국학논총』 22, 1999.

이봉규, 「王權에 대한 禮治의 문제의식」, 『哲學』 72, 2002.

_____, 「이황의 『가례』 연구와 전승」, 『퇴계학보』 147, 2020.

이상하, 「『주자서절요(朱子書節要)』가 조선조에 끼친 영향」, 『퇴계학보』 132, 2012.

이순구, 「朝鮮中期 家婦權과 立後의 강화」, 『古文書研究』 9 · 10, 1996.

이승환, 「道統-유학의 참 정신을 잇는 계보」, 『조선유학의 '개념'들』(서울: 예문서원), 2002

이영춘, 「宗法의 원리와 한국 사회에서의 전통」, 『사회와 역사』 46, 1995.

이용주, 「朱熹 道統論의 形成과 思想的 課題」, 『退溪學報』 101, 1999.

이우성, 「退溪先生의 禮安鄉約과 〈鄕坐〉問題」, 『退溪學報』 68, 1990.

이종서, 「高麗後期 이후 '同氣'理論의 전개와 血緣意識의 변동」, 『동방학지』 120, 2003.

_____, 「퇴계 이황의 종법이해와 그 특징」, 『역사문화논총』 2, 2006.

이해준, 「光山金氏 墳庵 '永思庵' 資料의 性格」, 『古文書研究』 25, 2004.

임명희, 「도의 전승에 관한 송대 도학가들의 신념과 도통 관념」, 『東亞研究』 57, 2009.

장동우, 「朱熹 禮學에서 『朱子家禮』의 位相과 企劃 意圖」, 『정신문화연구』 80, 2000.

_____, 「『經國大典』「禮典」과 『國朝五禮儀』「凶禮」에 반영된 宗法 이해의 특징에 관한 고찰」, 『韓國思想史學』 20, 2003.

_____, 「『家禮』 註釋書를 통해 본 朝鮮 禮學의 進展過程」, 『東洋哲學』 34, 2010.

정경주, 「『五先生禮說分類』의 편차와 그 의의」, 『退溪學과 儒敎文化』 58, 2016.

정경희, 「朱子禮學의 형성과 『家禮』」, 『韓國史論』 39, 1998a.

_____, 「朱子禮學의 변화와 『儀禮經傳通解』」, 『震檀學報』 86, 1998b.

_____, 「16세기 중반 士林의 禮學」, 『韓國史研究』 110, 2000a.

_____, 「16세기 후반~17세기 초반 退溪學派의 禮學」, 『韓國學報』 101, 2000b.

정병석, 「「戊辰六條疏」에 나타난 退溪의 聖學理念과 政治的 思惟」, 『退溪學報』 94, 1997.

丁淳睦, 「朱晦庵과 李退溪의 書院教育論比較」, 『退溪學報』 53집, 1987.

정진영, 「16世紀 鄉村問題와 在地士族의 대응」, 『民族文化論叢』 7, 1986.

지두환, 「朝鮮前期의 宗法制度 理解過程」, 『泰東古典研究』 창간호, 1984.

_____, 「國朝五禮儀 編纂過程(1)-길례 종묘 · 사직제의를 중심으로」, 『釜山史學』 9, 1985.

지준호, 「朱子門人의 道統意識」, 『東洋哲學研究』 35, 2003.

진영희, 「北宋 古文家들의 道와 文에 대한 見解 小考」, 『中國語文學』 15, 1988.

최연식, 「조선시대 사림의 정치참여와 향촌자치의 이념」, 『한국정치외교사논총』 27, 2005.

최재석, 「朝鮮時代의 相續制에 關한 研究」, 『歷史學報』 53 · 54, 1972.

_____, 「17세기의 親族構造의 變化」, 『정신문화연구』 24, 1985.

한기범, 「沙溪 金長生의 生涯와 禮學思想」, 『百濟研究』 20, 1989.

_____, 「朝鮮中期 湖西 · 嶺南 禮家의 禮說交流-『疑禮問解』의 分析을 중심으로」, 『朝鮮時代史學報』 4, 1998.

한상권, 「16 · 17세기 鄉約의 機構와 性格」, 『震檀學報』, 58, 1984.

한재훈, 「『喪祭禮答問』 分析을 통한 退溪의 俗禮觀 考察」, 『退溪學報』 128, 2010.

_____, 「書院享祀禮 定礎에 대한 考察 -白雲洞書院 享祀禮 修正을 중심으로-」, 『퇴계학과 유교문화』 53, 2013.

_____, 「퇴계 예학관련 문헌자료의 전개양상」, 『퇴계학논집』 17, 2015a.

_____, 「退溪 禮說에 대한 沙溪의 비판과 계승」, 『한국실학연구』 30, 2015b.

_____, 「『家禮』 題主條 '讀畢懷之'에 대한 解釋과 論辨」, 『퇴계학보』 140, 2016.

_____, 「'향(鄕)'에 대한 퇴계의 이해와 실천」, 『한국서원학보』 8, 2019.

황갑연, 「유가철학에 있어서 文과 道의 관계에 관한 연구」, 『범한철학』 36, 2005.

[學術論文](國外)

徐远和, 「李退溪的禮樂思想」, 『退溪學報』 107·108, 2000.

呂绍纲, 「退溪禮說初探」, 『退溪學報』 102, 1995.

王杰·顾建军, 「早期儒家"礼"文化内涵的嬗变」, 『哲学动态』(京) 2008年5期, 2008.

刘泽华, 「先秦礼论初探」, 『中国文化研究集刊』 第4辑, 夏旦大学出版社, 1987.

李建国, 「周礼文化与塬始儒学」, 浙江大学古籍研究所 编, 『禮学与中国传统文化－庆祝沈文倬先生 九十华诞国际学术研讨会論文集』, 中华书局, 2006.

李无未, 「退溪家禮'循俗'問題」, 『退溪學報』 107·108, 2000.

周 何, 「李退溪之禮學」, 『退溪學報』 19, 1978.

_____, 「李退溪對文公家禮之運用」, 『退溪學報』 42, 1984.

朱汉民, 「朱熹的書院祭祀：統合道統與釋奠」, 『한국학논총』 33, 2010a.

_____, 「宋儒對"性理之學"的建构」, 『儒學復興과 現代社會』(成均館大學校·國際儒學聯合會 主 催 "2010儒學思想國際學術會議" 資料集), 2010b.

_____, 「南宋书院的学祠与学统」, 『湖南大学学报』(社会科学版), 2015年 第2期, 2015.

(재)한국연구원 한국연구총서 목록